ELEKTRONISCHES RECHNEN UND REGELN

Herausgegeben von

Prof. Dr. HANS FRÜHAUF · Prof. Dr. WILHELM KÄMMERER
Prof. Dr. KURT SCHRÖDER · Prof. Dr. HELMUT WINKLER

Sonderband 5

EINFÜHRUNG IN DIE THEORIE ENDLICHER AUTOMATEN

von

N. E. KOBRINSKI · B. A. TRACHTENBROT

AKADEMIE-VERLAG · BERLIN
1967

N. E. KOBRINSKI · B. A. TRACHTENBROT

EINFÜHRUNG IN DIE THEORIE ENDLICHER AUTOMATEN

In deutscher Sprache herausgegeben

von

Prof. Dr. Helmut Thiele und Rolf Lindner

Mit 157 Abbildungen und 66 Tabellen

AKADEMIE-VERLAG · BERLIN

1967

Н. Е. Кобринский и Б. А. Трахтенброт
Введение в теорию конечных автоматов

Erschienen bei Fismatgis, Moskau

Deutsche Übersetzung:
Dipl.-Math. Siegmar Gerber und
Dr. Peter H. Starke

Erschienen im Akademie-Verlag GmbH, 108 Berlin, Leipziger Straße 3—4

Lizenznummer 202 · 100/426/67
Gesamtherstellung: VEB Druckerei „Thomas Müntzer", 582 Bad Langensalza
Bestellnummer: 5529 . ES 20 K 3 / 19 B 4

VORWORT ZUR DEUTSCHEN AUSGABE

Die bisher in deutscher Sprache erschienenen Lehrbücher und Monographien über Probleme der digitalen Informationsverarbeitung kann man im wesentlichen in zwei Gruppen einteilen.

Zu der einen Gruppe können die mehr oder weniger stark praktisch orientierten Werke gezählt werden. Sie sind häufig aus Erfahrungen bei der Konstruktion informationsverarbeitender Maschinen oder bei der Nutzung derartiger Anlagen entstanden. Die behandelten Themenstellungen reichen von Fragen der Bauelemententechnik, des Aufbaus einfacher oder komplizierter Schaltungen (etwa von ganzen Rechenwerken) über Probleme der Speichertechnik, der Programmierung (Maschinensprachen, problemorientierte Sprachen, Compiler usw.) und der peripheren Geräte bis zu den Aufgaben, die beim Einsatz von Rechenanlagen und dem Aufbau von Rechenzentren zu lösen sind. Diese Bücher haben vorwiegend beschreibenden Charakter, die mitgeteilten Resultate und vorgeschlagenen Lösungen stammen meistens aus der Erfahrung und sind seltener durch theoretische Überlegungen gewonnen oder gar mathematisch deduziert worden.

In der anderen Gruppe kann man die mehr oder weniger theoretisch orientierten Publikationen zusammenfassen. Sie sind dadurch charakterisiert, daß Schaltungen, Maschinenstrukturen, Automaten und Programmierungsverfahren zum Gegenstand einer mathematischen Betrachtung gemacht und die Resultate durch mathematische Ableitungen gewonnen werden. Diese theoretischen Untersuchungen lassen sich beim heutigen Entwicklungsstand etwa in folgende Einzeldisziplinen aufgliedern: Schaltalgebra, Theorie der abstrakten Automaten, der Kellerautomaten, der TURING-Maschinen und der stochastischen Automaten, Theorie der Algorithmen und der rekursiven Funktionen, Theorie algorithmischer Sprachen, Codierungs- und Informationstheorie. Die dabei verwendeten mathematischen Methoden entstammen im wesentlichen der Mathematischen Logik, der Algebra, der Wahrscheinlichkeitsrechnung und der Mathematischen Statistik; analytische Betrachtungen dagegen spielen eine untergeordnete Rolle.

Es ist eine Erfahrungstatsache, daß die Abhandlungen der zweiten Gruppe für den Praktiker sehr nützlich sind, ihn jedoch häufig noch schwer ansprechen bzw. ihm wegen ihres hohen Abstraktionsgrades und wegen der nicht unmittelbar sichtbaren technischen und praktischen Bezüge schwer zugänglich sind. Umgekehrt kann man feststellen, daß vorwiegend theoretisch Interessierte die Abhandlungen der ersten Gruppe ungern benutzen, weil sie dort die aus der Mathematik gewohnten korrekten Begriffsbildungen und allgemeinen Methoden vermissen. Es ist deshalb außerordentlich wichtig, hier eine Brücke zu schlagen.

Man muß daher sehr anerkennen, daß sich der Akademie-Verlag Berlin entschlossen hat, das Werk von KOBRINSKI/TRACHTENBROT „Einführung in die Theorie endlicher Automaten“ in deutscher Übersetzung herauszugeben. Dieses Buch zeichnet sich dadurch aus, daß es den Autoren gelungen ist, auf einem wohlabgegrenzten Gebiet (Analyse und Synthese von kombinatorischen und sequentiellen Schaltungen, Beschreibungsverfahren für sequentielle informationsverarbeitende Prozesse) eine enge Verbindung zwischen Theorie und Praxis herzustellen. Für dieses Vorhaben sind die Autoren ideal prädestiniert; KOBRINSKI verfügt über große praktische Erfahrungen auf dem Gebiet der Elektronik und Rechentechnik, TRACHTENBROT dagegen beherrscht als Logiker und Mathematiker hervorragend die theoretischen Methoden. Das hier vorliegende Buch wendet sich gleichermaßen an den Mathematiker wie an den Techniker. Dem Praktiker wird das Verständnis dadurch erleichtert, daß die z. T. tiefliegenden theoretischen Resultate durch viele Beispiele erläutert werden und zugunsten einer möglichst verständlichen Darstellung die mathematischen Betrachtungen und die Beweise häufig nicht in voller Allgemeinheit durchgeführt werden. Der Mathematiker dagegen sollte das nicht als Mangel empfinden; ihm dürfte es zum Beispiel nicht schwerfallen, sich (evtl. anhand von zusätzlicher Literatur) die volle Allgemeinheit der Darlegungen selbst herzustellen. Für ihn hat die Lektüre dieses Buches vielmehr den großen Vorteil, daß er dadurch angehalten wird, seine mathematischen Kenntnisse mit technischen Vorstellungen zu verbinden.

Das vorliegende Werk wurde im Jahre 1958 begonnen und 1962 herausgegeben. Man muß deshalb die Frage stellen, ob es angesichts der stürmischen Entwicklung der Kybernetik inzwischen veraltet ist und eine Herausgabe in deutscher Sprache sich nicht mehr lohnt. Diese Frage muß entschieden verneint werden, weil die meisten der in dem Buch enthaltenen Resultate eine tiefliegende und prinzipielle Bedeutung haben und von bleibendem Wert sind. Daran ändert auch die Tatsache nichts, daß die technische Entwicklung in den letzten zehn Jahren sehr schnell vorangegangen ist und demgemäß die in Kapitel III enthaltenen Betrachtungen über Bauelemente und Baugruppen sowie einige Beispiele aus Kapitel IV heute zum Teil als überholt angesehen werden müssen.

Die Herausgeber der deutschen Ausgabe haben an einigen Stellen, die hier nicht im einzelnen aufgezählt werden können, im Text aber meistens gekennzeichnet sind, etwas stärker, als es sonst bei Übersetzungen üblich ist, in die Struktur des Originals eingegriffen. Zunächst ist zu sagen, daß unter Verzicht auf eine Satz-für-Satz-Übertragung (oder gar eine wörtliche Übersetzung) eine dem heutigen Entwicklungsstand möglichst entsprechende Darstellung angestrebt worden ist. Dazu wurden häufig Definitionen und Erläuterungen, die im Original fehlten oder nur kurz angedeutet waren, hinzugefügt bzw. vervollständigt. Es ist ferner selbstverständlich, daß eine Reihe kleinerer und größerer sachlicher Unkorrektheiten und Fehler ausgemerzt worden ist. Ein stärkerer Eingriff in das Original besteht darin, daß der Begriff des abstrakten Automaten, wie er dem deutschen Leser insbesondere durch die Übersetzung W. M. GLUSCHKOW „Theorie der abstrakten Automaten" (VEB Deutscher Verlag der Wissenschaften, Berlin 1963) bekanntgeworden ist, in die Übersetzung aufgenommen und konsequent verwendet wird. Darüber hinaus wurde, um das Wichtigste über abstrakte Automaten kurz zusammengefaßt darstellen zu können, in Kapitel II ein neuer Paragraph (§ 3) eingefügt. Die Herausgeber der deutschen Ausgabe fühlten sich gegenüber Autoren und Lesern aus folgenden Gründen zu diesen Abänderungen verpflichtet und berechtigt. Zur Zeit der Abfassung des Werkes hatte sich die Theorie der abstrakten Automaten eben erst über die Anfänge hinaus entwickelt, und der Begriff des abstrakten Automaten war im Grunde genommen noch nicht voll präzisiert. Dies ist die Ursache dafür, daß im Original die Beziehungen zwischen *Automatenoperatoren* und den sogenannten *kanonischen Gleichungen* für Automatenoperatoren (die kanonischen Gleichungen charakterisieren, modern ausgedrückt, die Arbeitsweise eines abstrakten Automaten, in dem der betrachtete Automatenoperator dargestellt wird) nicht völlig klar sind. Es kann angenommen werden, daß diese Abänderungen und Ergänzungen die Lektüre der vorliegenden Übersetzung erleichtern. Durch ein zusätzliches Verzeichnis einschlägiger Arbeiten, die nach Erscheinen des Originals publiziert wurden, soll der Leser auf einige Aspekte der weiteren Entwicklung hingewiesen werden.

Es wurde darauf verzichtet, im Kapitel III über das Original hinausgehend Bauelemente, die inzwischen in den Mittelpunkt des Interesses gerückt sind, zu besprechen. Ein Hinzufügen derartiger Beschreibungen allein hätte der Gesamtkonzeption dieses Buches widersprochen; eine enge Verknüpfung mit den späteren theoretischen Betrachtungen und Beispielen wäre dagegen mit einem zu starken Eingriff in den Gesamtaufbau verbunden gewesen.

Den Herausgebern der deutschen Ausgabe bleibt zum Schluß die angenehme Pflicht, Dank zu sagen; an erster Stelle den beiden Autoren für ihr Verständnis hinsichtlich der angedeuteten Übersetzungsprobleme und für ihre Hilfe bei der Beseitigung von Fehlern im Original. Dem Akademie-Verlag, Berlin, sei gedankt für die Initiative zur deutschen Herausgabe dieses Werkes und für das verständnisvolle Eingehen auf unsere Wünsche bei Drucklegung und Korrektur; in gleicher Weise gebührt auch Dank dem VEB Druckerei „Thomas Müntzer", Bad Langensalza, für die gute Arbeit bei der Gesamtherstellung.

Schließlich möchten wir herzlich danken einigen Studenten der Sektion Mathematik der Friedrich-Schiller-Universität Jena für die Hilfe bei den Korrekturen, der Anfertigung der Register und der Zusammenstellung des zusätzlichen Literaturverzeichnisses, insbesondere Herrn K. FISCHER, jedoch auch den Herren L. BERNHARDT, H.-G. KLEPPE, G. KUMMER.

Jena, im Mai 1967

Die Herausgeber der deutschen Ausgabe

VORWORT ZUR RUSSISCHEN AUSGABE

In den letzten Jahren wurden immer häufiger Arbeiten publiziert, in denen die Konstruktion und Verwendung verschiedener Automaten zur digitalen Informationsverarbeitung behandelt wird. Dazu gehören vor allem Beiträge über Ziffernrechenmaschinen, (automatisch arbeitende) Steuer- und Regelungsanlagen und sogenannte Roboter, d. h. Aggregate, die lebende Organismen in einem gewissen Sinne modellieren. Solche Automaten können einerseits aufgefaßt werden als Anlagen zur Lösung einer bestimmten Aufgabe, andererseits als Systeme von Blöcken, aus denen die verschiedensten Steuerungs- und Regelungsanlagen aufgebaut werden können. Diese Blöcke bestehen im allgemeinen wieder aus kleineren Einheiten, die mit den verschiedensten Bauelementen, wie elektromechanischen Relais, Elektronenröhren, Halbleitern, Ferritkernen u. ä. bestückt sind. Gegenwärtig wächst die Zahl der vorhandenen Typen derartiger Automaten sehr schnell an und ihr Anwendungsbereich erweitert sich ständig. Damit gewinnt auch die Theorie der digital-arbeitenden Automaten immer mehr an Bedeutung.

In dieser Theorie studiert man insbesondere, wie bestimmte informationsverarbeitende Prozesse automatisiert, Produktivität und Zuverlässigkeit der Arbeit von Automaten gesteigert und effektive Verfahren zur Analyse und Synthese von Automaten aufgestellt werden können. Diesen Problemen wird gegenwärtig sowohl in der Sowjetunion als auch im Ausland größte Aufmerksamkeit gewidmet. In in- und ausländischen Zeitschriften sind bisher zahlreiche Artikel zu verschiedenen Fragen der Automatentheorie erschienen. Jedoch sind darunter kaum Arbeiten mit monographischem Charakter zu finden. Der Bedarf an Literatur, die einen großen Leserkreis mit dem gegenwärtigen Stand der Theorie der digital-arbeitenden Automaten vertraut macht, wächst ununterbrochen.

Aus diesen Gründen unternahmen die Autoren den Versuch, die Hauptprobleme der Theorie der sogenannten endlichen Automaten systematisch darzustellen und dabei verschiedene Aspekte dieser Theorie klar abzugrenzen.

Im ersten Kapitel des Buches wird in kurzer Form das aus der mathematischen Logik mitgeteilt, was im folgenden bei der Untersuchung der Analyse und Synthese von logischen Netzen wichtig ist. Hier finden sich die Grundbegriffe sowie einige Sätze der Aussagenlogik und die bekanntesten Verfahren zur Minimisierung aussagenlogischer Ausdrücke. Die Autoren hielten es für zweckmäßig, in dieses Kapitel auch die Grundbegriffe der Prädikatenlogik aufzunehmen; denn Operatoren, die durch endliche Automaten realisierbar sind, können sehr elegant durch Ausdrücke gewisser Prädikatenkalküle beschrieben werden.

Im zweiten Kapitel werden die betrachteten Operatoren definiert und allgemeine Fragen der Konstruktion logischer Netze (ausgehend von gewissen gegebenen Elementarautomaten) betrachtet; außerdem wird ein Satz über die Realisierbarkeit endlicher Automaten formuliert und begründet.

Im dritten Kapitel werden in logischen Netzen verwendete konkrete physikalische Bauelemente und Baugruppen sowie von ihnen realisierte Operatoren beschrieben. Es werden nur kontaktlose Bauelemente betrachtet, und unter diesen nur solche, die bei der Konstruktion digital-arbeitender Automaten eine größere Bedeutung in der Praxis erlangt haben, nämlich Schaltungen mit Elektronenröhren, Halbleitern und Ferritkernen. Die Beschreibung der logischen Eigenschaften der genannten Schaltungen bildet den Hauptinhalt des dritten Kapitels. Die physikalische Seite dieser Fragen wird dabei nur soweit beleuchtet, daß die Funktionsweise derartiger Schaltungen ohne besondere Vorkenntnisse verständlich ist.

Das vierte Kapitel ist der Analyse von Automaten gewidmet. Nach den dort beschriebenen Verfahren kann man feststellen, ob die betrachtete Schaltung eine sequentielle Informationsverarbeitung realisiert, und, falls die Antwort positiv ausfällt, den Operator, der durch diese Schaltung realisiert wird, charakterisieren. Durch die gewählte Codierung der zu verarbeitenden Informationen ergibt sich häufig ein zu großer Speicher. Zur Analyseaufgabe gehört daher auch, eine derartige Überdimensionierung herauszufinden und zu beseitigen. Schließlich werden im vierten Kapitel noch einige allgemeine Eigenschaften von Operatoren behandelt, darunter solche, die mit der Verarbeitung periodischer Eingabefolgen in Zusammenhang stehen.

In den letzten drei Kapiteln wird das Problem der Synthese von Automaten studiert. Im fünften Kapitel werden Probleme der sogenannten abstrakten Synthese untersucht, insbesondere die Aufgabe, von der ursprünglichen Niederschrift der Arbeitsbedingungen eines projektierten Automaten zu einer formalisierten Beschreibung des Operators, der durch diesen Automaten realisiert wird, überzugehen. Hier wird auch die Möglichkeit untersucht, ob Prädikatenkalküle zur Beschreibung des zu realisierenden Operators verwendet werden können.

Der Übergang von einer formalisierten Beschreibung eines Operators zu einem Schema, das sich aus Elementarautomaten vorgegebenen Typs aufbaut und diesen Operator realisiert, heißt strukturelle Synthese eines Automaten. Sie wird in den folgenden Kapiteln behandelt. Im sechsten Kapitel werden Syntheseverfahren für logische Netze betrachtet, bei denen nur Schaltelemente verwendet werden, die in der Praxis sehr häufig Verwendung finden. Außerdem finden sich in diesem Kapitel viele Beispiele für die Synthese von logischen Netzen, darunter auch für das logische Netz „Die Maus im Labyrinth“.

Im siebenten Kapitel werden insbesondere effektive Methoden zur Synthese optimaler logischer Netze dargestellt. Bei diesen Verfahren ist es nicht erforderlich, alle fraglichen Netze durchzuprüfen. Sie basieren auf asymptotischen Abschätzungen der „Kompliziertheit" logischer Netze. In diesem Kapitel werden auch einige in der Praxis wichtige Operatoren betrachtet, die eine wesentlich einfachere Realisierung als die durch den Grenzwertsatz für fast alle Operatoren garantierte besitzen. Schließlich wird untersucht, ob die Synthese durch richtige Wahl der Informationscodierung verbessert werden kann.

Bei der Niederschrift des Buches benutzten die Autoren Material aus Vorlesungen über mathematische Logik und die Theorie der Rechenmaschinen, die sie mehrmals vor Studenten des polytechnischen und des pädagogischen Instituts in Pensa gehalten haben. Der Leser kann dieses Buch ohne spezielle mathematische Vorbildung verstehen. Die Kenntnisse, die in den Mathematikkursen an höheren technischen Lehranstalten vermittelt werden, erleichtern Ingenieuren einschlägiger Spezialisierungsrichtungen (z. B. Fernmeldetechnik, Automatisierungstechnik, Rechentechnik) die Lektüre dieses Buches.

Natürlich haben die Orientierung auf einen großen Leserkreis einerseits und der Umfang des Werkes andererseits eine gewisse Auswahl des Stoffes und der Darstellungsweisen erforderlich gemacht. Insbesondere mußte darauf verzichtet werden, eine ganze Reihe von Resultaten — darunter auch eigene — hier wiederzugeben. Sie betreffen Probleme, die in den Kapiteln V und VII betrachtet werden, und interessieren im wesentlichen nur die auf dem betreffenden Gebiet Arbeitenden. Diesen Lesern wird unsere Darstellung stellenweise zu breit erscheinen. Resultate, die erst in den letzten Jahren erzielt wurden, konnten wir nicht mehr berücksichtigen (der Hauptteil des Buches wurde im Jahre 1958 niedergeschrieben). Aus diesen Gründen kann das vorliegende Buch nur als eine Einführung in die sich stürmisch entwickelnde Theorie der digitalen Automaten betrachtet werden. Das wurde auch im Titel zum Ausdruck gebracht.

Die Einleitung, das erste (außer § 5), das dritte und sechste Kapitel wurden von N. E. Kobrinski verfaßt: das zweite, vierte, fünfte und siebente Kapitel sowie § 5 des ersten Kapitels schrieb B. A. Trachtenbrot.

Beim Abfassen des Manuskripts halfen uns S. W. Jablonski, O. B. Lupanow, M. L. Zetlin und L. M. Schechtman durch viele nützliche Ratschläge und auch dadurch, daß sie uns liebenswürdigerweise Unterlagen ihrer Arbeiten über Fragen, die in diesem Buch berührt worden sind, zur Verfügung stellten. S. W. Jablonski, J. I. Shurawlew, N. W. Beljakin und A. I. Baryschew sahen das Manuskript aufmerksam durch und gaben uns wertvolle, Inhalt und Methodik der Darstellung betreffende Hinweise. B. W. Birjukow redigierte das Manuskript überaus sorgfältig. Es ist uns eine angenehme Pflicht, ihnen allen für die uns zuteil gewordene Hilfe Dank zu sagen.

N. E. Kobrinski

B. A. Trachtenbrot

INHALTSVERZEICHNIS

Einleitung 1

Kapitel I. Grundbegriffe der mathematischen Logik 11

§ 1. Allgemeine Vorbemerkungen 11
§ 2. Einführung in die Aussagenlogik 15
§ 3. Optimierung von Normalformen 29
§ 4. Zerlegung BOOLEscher Funktionen 41
§ 5. Grundbegriffe der Prädikatenlogik 48
1. Prädikate und Quantifikatoren 48
2. Definition der Ausdrücke des Prädikatenkalküls der ersten Stufe 52
3. Interpretation der Ausdrücke des Prädikatenkalküls der ersten Stufe. Grundlegende äquivalente Umformungen 54
4. Der Prädikatenkalkül der zweiten Stufe 58
5. Beschränkte Quantifikatoren 59

Kapitel II. Operatoren und logische Netze 63

§ 1. Alphabete. Operatoren. Wortfunktionen 63
§ 2. Automatenoperatoren. Graphen. Zustände von Automatenoperatoren 67
§ 3. Abstrakte Automaten 76
§ 4. Reguläre Automatenoperatoren. Endliche abstrakte Automaten . . 80
§ 5. Elementarautomaten und Schemata 83
§ 6. Logische Netze. Analysesatz 88
§ 7. Realisierbarkeit von Operatoren in logischen Netzen 95

Kapitel III. Bauelemente und Baugruppen 100

§ 1. Vorbemerkungen 100
§ 2. Bauelemente auf Röhren- oder Halbleiterbasis 100
1. Physikalische Grundlagen 100
2. Realisierung der elementaren BOOLEschen Funktionen 117
§ 3. Trigger 126
1. Physikalische Grundlagen der Funktionsweise eines Triggers . . 126
2. Von Triggern realisierte Operatoren 135
§ 4. Ferromagnetische Bauelemente 140
1. Physikalische Grundlagen 140
2. Von ferromagnetischen Bauelementen realisierte Operatoren . . 152

Kapitel IV. Analyse von Automaten 160

§ 1. Allgemeine Vorbemerkungen 160
§ 2. Erreichbarkeit 163
§ 3. Unterscheidbarkeit 167
§ 4. Periodizitätstreue 171
§ 5. Analyse von Schemata 175

1. Kontrolle der korrekten Organisiertheit von Schemata 176
2. Konstruktion der von logischen Netzen realisierten endlichen abstrakten Automaten 178
3. Minimisierung des Zustandsalphabets 181

Kapitel V. Beschreibung von Automatenoperatoren 183

§ 1. Allgemeine Vorbemerkungen 183
§ 2. Teilbäume 186
§ 3. Beschreibung von endlichen abstrakten Automaten durch Matrizen . 198
§ 4. Vorbemerkungen zur Anwendung der Prädikatenlogik bei der Beschreibung von Automatenoperatoren 202
§ 5. Beschreibung von Automatenoperatoren im Prädikatenkalkül . . . 209
1. Normierung der Beschränkungen 209
2. Zerlegung von Ausdrücken nach retrospektiven Begleitern 212
3. Synthesealgorithmus für den Übergang vom beschreibenden Ausdruck zum darstellenden abstrakten Automaten 215
4. Beispiel 218
5. Erweiterte Beschreibungsmöglichkeiten 219
§ 6. Vergleich mit dem KLEENEschen Ereigniskalkül 224

Kapitel VI. Praktische Verfahren zur Synthese von Automaten 229

§ 1. Allgemeine Vorbemerkungen 229
§ 2. Synthese einpoliger logischer Netze 231
§ 3. Synthese mehrpoliger logischer Netze 256
§ 4. Synthese des logischen Netzes „Die Maus im Labyrinth“ 268

Kapitel VII. Asymptotische Abschätzungen der Kompliziertheit logischer Netze 277

§ 1. Grundbegriffe. Grenzwertsatz 277
§ 2. Synthesemethoden für logische Netze zur Realisierung BOOLEscher Funktionen. Obere Schranken der Kompliziertheitsgrade 283
1. Modellierung kanonischer alternativer Normalformen 284
2. Verwendung universeller Dechiffratoren 285
3. Die SHANNONsche Methode 285
4. Die LUPANOwsche Methode 286
5. Der allgemeine Fall 290
6. Die Funktion L (m, n) 292
§ 3. Einfach realisierbare Operatoren 293
§ 4. Wahl der Codierungen 304
§ 5. Synthese von Netzen mit Speichervermögen 310

Anhang 315

Literaturverzeichnis 318
Literaturhinweise zur deutschen Ausgabe 322
Namenverzeichnis 327

Sachverzeichnis 329

EINLEITUNG

1. Als *Automaten* werden in der Kybernetik gewöhnlich die verschiedenartigsten Systeme, Geräte und Anlagen bezeichnet, die zur Informationsverarbeitung bestimmt sind. Diese Automaten haben endlich viele Eingänge, durch die sie Informationen aufnehmen, und endlich viele Ausgänge zur Ausgabe der verarbeiteten Informationen. In *digitalen* Automaten, die im vorliegenden Buch betrachtet werden, wird die einzugebende und auszugebende Information durch Symbole aus einer endlichen Menge (Zeichen aus einem endlichen *Alphabet*) codiert. Physikalische Repräsentanten dieser Symbole sind *quantisierte Signale.*

Die Zeit ist durch eine Folge äquidistanter Punkte quantisiert. Die *Zeitquanten* werden in natürlicher Reihenfolge mit $1, 2, \ldots, t, \ldots$ durchnumeriert und *Takte* genannt. In jeden Eingang des Automaten wird je ein Signal pro Takt eingegeben. Mit einer gewissen Verzögerung Δ, die durch die physikalischen Eigenschaften des Automaten bedingt ist, rufen die eingegebenen Signale an den Ausgängen des Automaten gewisse Antwortsignale hervor. Dabei wird angenommen, daß die Spanne — die Reaktionszeit des Automaten — weder von dem betrachteten Takt noch von dem in diesem Takt eingegebenen System von Signalen abhängt. Auf Grund dieser Annahme setzen wir der Bequemlichkeit halber im folgenden voraus, daß $\Delta = 0$ gilt, falls keine anders lautende Voraussetzung getroffen wird.

Im weiteren werden wir nur Automaten betrachten, die sogenannte *deterministische* informationsverarbeitende Prozesse realisieren. Bei derartigen Automaten sind die an den Ausgängen produzierten Symbolfolgen durch die Eingabefolgen eindeutig bestimmt, und wir können sie deshalb *determiniert arbeitend* nennen im Unterschied zu *stochastischen* Automaten, die in Abhängigkeit von den Eingabefolgen *zufällige* Ausgabefolgen produzieren. Bei stochastischen Automaten ist in jedem Takt jedem Symbol eine bestimmte Wahrscheinlichkeit, mit der es in dem betreffenden Takt ausgegeben wird, zugeordnet. Dabei hängt diese Wahrscheinlichkeit im allgemeinen noch von der „Vorgeschichte", z. B. von den vorher eingegebenen Symbolen ab.

Es ist sinnvoll, drei Arten von Automaten, die in einer quantisierten Zeitskala und determiniert arbeiten, zu unterscheiden.

Bei den Automaten des *ersten* Typs hängt das System der Signale, die im Takt t ausgegeben werden, nur vom System der Signale, die in diesem Takt eingegeben werden, ab, so daß also Signale, die vor dem Takt t eingegeben wurden, auf das System der Ausgabesignale des Taktes t keinen Einfluß haben.

Das bedeutet, daß eine Reizung der Eingänge eines Automaten – gleichgültig, in welchem Zeitpunkt sie eintritt – immer dieselbe Erregung der Ausgänge hervorruft. Diese eindeutige und zeitlich unveränderliche Abbildung der Menge aller Systeme von Eingabesignalen auf die Menge aller Systeme von Ausgabesignalen berechtigt zu der Annahme, daß der innere Zustand eines derartigen Automaten zeitlich unveränderlich ist. Anlagen dieses Typs heißen *Automaten ohne Speicher*. Als Beispiel für einen derartigen Automaten mag ein Chiffriergerät zur Codierung von Dezimalziffern durch binäre Tetraden dienen (Abb. 0.1). Die Abhängigkeit der Erregungen der Ausgänge dieses Chiffriergeräts von den Erregungen seiner Eingänge ist in der Tabelle 0.1 dargestellt.

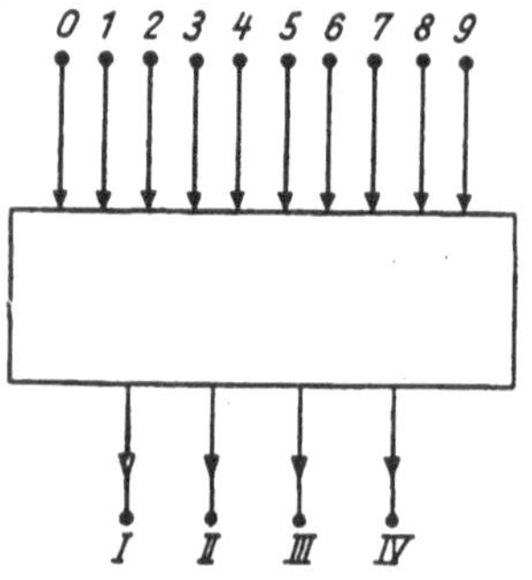

Abb. 0.1

Tabelle 0.1

Eingang \ Ausgänge	I	II	III	IV
0	0	0	0	0
1	0	0	0	1
2	0	0	1	0
3	0	0	1	1
4	0	1	0	0
5	0	1	0	1
6	0	1	1	0
7	0	1	1	1
8	1	0	0	0
9	1	0	0	1

0 – Ausgang nicht erregt; 1 – Ausgang erregt.

In Automaten des *zweiten* Typs hängt das in einem gewissen Takt produzierte System von Ausgabesignalen nicht nur von Signalen, die in demselben Takt eingegeben werden, ab, sondern auch von früher eingegebenen. Diese vorangegangenen äußeren Einflüsse werden in gewisser Weise im Automaten durch Änderung seines Zustandes festgehalten. Deshalb wird angenommen, daß durch das in einem Takt t eingegebene System von Signalen und durch den in diesem Takt vorliegenden Zustand des Automaten sowohl die Reaktion des Automaten, also das System der Ausgabesignale im Takt t als auch sein „neuer Zustand", d. h. sein Zustand im Takt $t + 1$, eindeutig bestimmt sind.

Da ein beliebiges materiell realisiertes System nur aus endlich vielen Teilen besteht, ist es klar, daß es nur *endlich viele* Zustände annehmen kann; die Anzahl dieser Zustände wird als *innere Speicherkapazität* bezeichnet. So werden wir ganz natürlich auf den Begriff des *endlichen Automaten* als einer Anlage geführt, die deterministisch, digital und zeitlich diskontinuierlich arbeitet sowie jeweils endlich viele Eingänge, Ausgänge und Zustände besitzt.

Ein einfaches Beispiel eines endlichen Automaten ist eine Anlage, die eine sukzessive in die Eingabe eingespeiste Folge von Einsen in eine gewisse periodische Folge verwandelt, z. B. in 100100100 .... Es ist klar, daß dieser Automat wenigstens drei verschiedene innere Zustände haben muß.

Endliche Automaten mit einem potentiell unendlichen äußeren Speicher werden zu einem *dritten* Typ von Automaten, den TURING-*Maschinen*, zusammengefaßt. Auf Grund der Untersuchungen des Begriffs der TURING-Maschine und verwandter Begriffsbildungen neigt man heute im allgemeinen zu der Ansicht, daß jeder Algorithmus durch eine TURING-Maschine realisiert werden kann.[1]) Die Theorie der TURING-Maschinen ist daher besonders vom Standpunkt der (allgemeinen) Algorithmentheorie interessant.

In der Automatentheorie kommt das Hauptinteresse dem Studium der endlichen Automaten zu, da sie die Grundlage praktisch realisierbarer Systeme zur digitalen Informationsverarbeitung bilden. Die Automaten des ersten Typs können als Spezialfall der endlichen Automaten betrachtet werden.

2. Ein *realer* Automat wird gewöhnlich durch Verknüpfen gewisser sogenannter *Elementarbestandteile* hergestellt. Der Begriff des Elementarbestandteils muß relativiert aufgefaßt werden und wird zweckmäßigerweise so präzisiert, daß auch Automaten bzw. Schemata selbst (in diesem Falle *Elementarautomaten* oder *Elementarschemata* genannt) zu den Elementarbestandteilen zählen. Ein Elementarbestandteil kann also eine gewisse (meistens hinreichend einfache) Anlage oder Schaltung (Schema) sein, die einen bestimmten Operator realisiert, beispielsweise eine Pentode, die in üblicher Schaltung die SHEFFERsche Funktion realisiert, oder eine Doppeltriode, die in Anodenbasisschaltung mit ihren Gittern als Eingängen die Alternative realisiert. Aber auch solche Objekte wie z. B. Widerstände, Kondensatoren, Kontakte usw., die wir nicht als Elementarautomaten ansehen, werden zu den Elementarbestandteilen gerechnet.

Diese Auffassung wird am besten durch Beispiele illustriert. Abb. 0.2 zeigt zwei digital-arbeitende Schaltungen (Schemata), die eine bestimmte Abhängigkeit zwischen den Erregungen der Eingänge A, B, C, D, E und dem Ausgang Z realisieren. Das Schema in Abb. 0.2a arbeitet mit Kontakten, das in Abb. 0.2b mit Gattern. Bei beiden Schemata wird der Ausgang Z genau dann erregt, wenn wenigstens für eine der folgenden Mengen von Eingängen alle Elemente erregt sind: $\{A, D,\}$ $\{B, C\}$, $\{A, E, C\}$, $\{B, E, D\}$.

Wir merken schon hier an, daß man beim Aufbau von Schemata aus Elementarschemata gewisse Bedingungen berücksichtigen muß, damit die erhaltenen Schemata einwandfrei funktionieren. So ist es zum Beispiel manchmal nicht zulässig, einen Eingang eines Elementarschemas mit mehreren Ausgängen anderer Elementarschemata zu verknüpfen oder Rückkopplungen (Schleifen)

---

[1]) Im Jahre 1936 wurde von A. CHURCH die Hypothese formuliert, daß jede durch einen Algorithmus berechenbare zahlentheoretische Funktion rekursiv ist. Diese Annahme, die die Bezeichnung „CHURCHsche Hypothese" erhalten hat, ist mit der oben formulierten äquivalent, da die Klasse der rekursiven Funktionen mit der Klasse der auf TURING-Maschinen berechenbaren zahlentheoretischen Funktionen zusammenfällt. Man vergleiche dazu etwa: PÉTER, R., Rekursive Funktionen. Berlin 1957. Auch HERMES, H., Aufzählbarkeit, Entscheidbarkeit, Berechenbarkeit. Berlin 1961. — Anm. d. Red.

zu bilden, falls keine zeitliche Verzögerung längs der betreffenden Kanäle auftritt.

Es ist interessant, daß eine ähnliche Situation auch bei der Konstruktion von *Analogiegeräten* entsteht.[1]) In Abb. 0.3 sind zwei Typen solcher Geräte

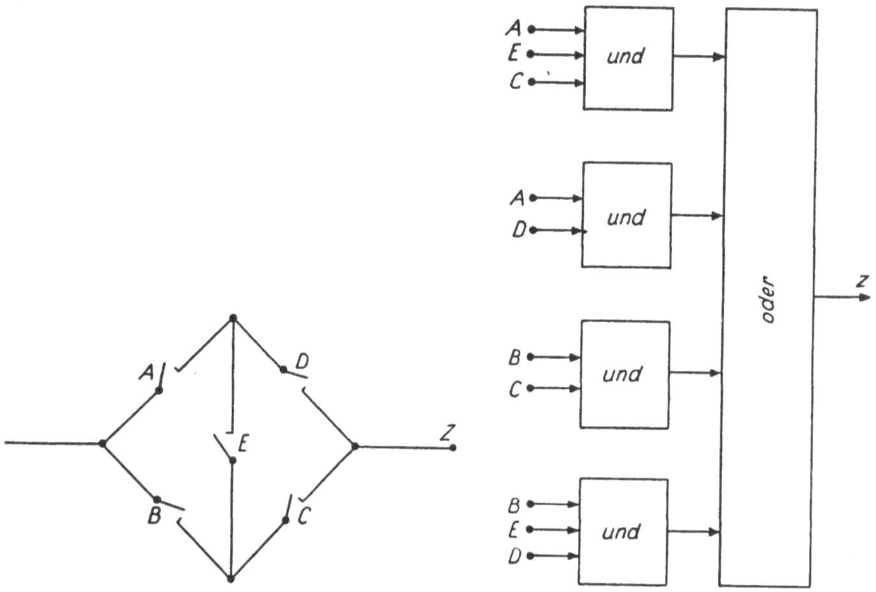

a) Abb. 0.2 b)

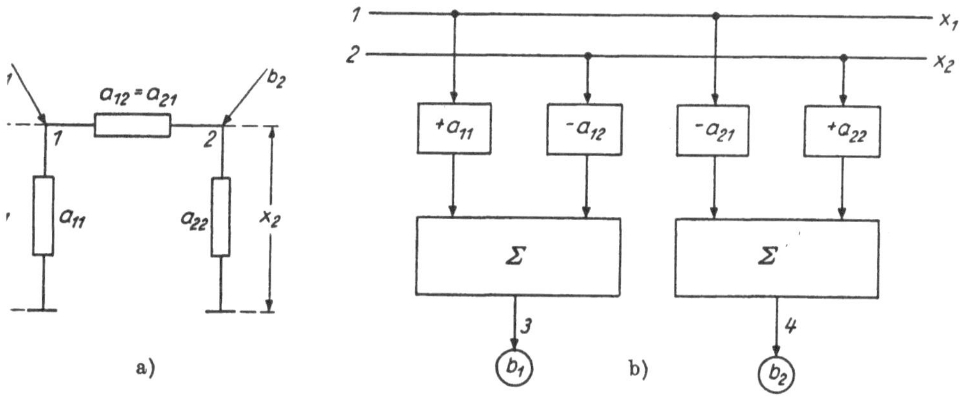

a) b)

Abb. 0.3

---

[1]) Siehe: KOBRINSKI, N. E., Mathematische Analogiegeräte. Gostechisdat, Moskau 1954. (Кобринский, Н. Е., Математические машины непрерывного действия).

zur Lösung eines Systems von zwei linearen algebraischen Gleichungen mit symmetrischer Koeffizientenmatrix ($a_{12} = a_{21}$)

$$a_{11} x_1 - a_{12} x_2 = b_1 ,$$

$$- a_{21} x_1 + a_{22} x_2 = b_2$$

dargestellt. Die in Abb. 0.3a) gezeigte Schaltung wurde nicht aus Elementarschemata, sondern allein aus (veränderlichen) OHMschen Widerständen, deren Größen den Koeffizienten proportional sind, zusammengesetzt. Die Schaltung in Abb. 0.3b) baut sich auf Elementarschaltungen zur Multiplikation mit den Koeffizienten und zur Summation auf. Bei der Verknüpfung dieser Elemente sind analoge Bedingungen (siehe oben) für die richtige Arbeit der Schaltung zu beachten.

3. Die Schemata, die aus Elementarautomaten unter Beachtung bestimmter Verknüpfungsbedingungen aufgebaut sind, nennen wir, wobei wir der von BURKS und WRIGHT geprägten Terminologie folgen, *logische Netze.*[1]) Derartige Netze bilden u. a. den Gegenstand des vorliegenden Buches.

Wenn wir uns hier auf endliche Automaten der erwähnten Form beschränken, so geschieht das aus folgenden Gründen: Die Untersuchungen und Resultate zu grundlegenden Fragen der Automatentheorie (insbesondere Klassifikation, Beschreibungsmethoden und Eigenschaften informationsverarbeitender Operatoren sowie Fragen der Optimierung der Schemata von Automaten) tragen allgemeinen Charakter und werden sowohl auf endliche Automaten, die aus Elementarautomaten, als auch auf solche, die aus anderen Elementarbestandteilen (etwa Kontakten, Widerständen usw.) aufgebaut sind, angewendet. Daher können logische Netze als Modell zum Studium allgemeiner Gesetzmäßigkeiten dienen, die bei Analyse und Synthese beliebiger endlicher Automaten auftreten. Überdies ist die Theorie der Relais-Kontakt-Schaltungen in der sowjetischen Literatur hinreichend breit behandelt. Bei der Entwicklung dieser Theorie spielten die Untersuchungen eine große Rolle, die vor etwa zwanzig Jahren von W. I. SCHESTAKOW und C. E. SHANNON sowie etwas später von M. A. GAWRILOW begonnen wurden. Von diesen Autoren wurden mehrere Übersichten und Monographien über die Theorie der Relais-Kontakt-Schaltungen verfaßt. Diese Theorie entwickelt sich ständig weiter; verschiedenen ihrer Probleme sind viele Arbeiten von G. N. POWAROW, A. G. LUNZ, S. W. JABLONSKI, W. N. ROGINSKI, A. W. KUSNEZOW, O. B. LUPANOW, B. A. TRACHTENBROT, A. SVOBODA und GR. C. MOISIL gewidmet. Im Anschluß an diese Publikationen erschienen, gefördert durch die Entwicklung der Elektronik und insbesondere der Rechentechnik, Arbeiten, in denen Methoden aus der Theorie der Relais-Kontakt-Schaltungen auf logische Netze übertragen und weiterentwickelt wurden. Hier muß man in erster Linie auf Publikationen von H. AIKEN, D. A. HUFFMAN, E. F. MOORE und M. L. ZETLIN hinweisen. Die meisten der erwähnten

[1]) Siehe [10].

Arbeiten befassen sich mit der Konstruktion effektiver auf aussagenlogischen Methoden beruhender Verfahren für Analyse und Synthese digital arbeitender Systeme.

Im Jahre 1953 erschien die Arbeit "Theory of logical nets"[1]) von BURKS und WRIGHT, in der der Begriff des durch ein logisches Netz realisierbaren Operators eingeführt und einige allgemeine Fragen der Struktur und der Organisation logischer Netze mit endlichem Speicher behandelt werden. Eine Reihe von Arbeiten, die allgemeinen Problemen der Theorie der aus Elementarautomaten aufgebauten Automaten mit endlichem Speicher und insbesondere Fragen der Analyse, Synthese und Zuverlässigkeit gewidmet sind, wurden im Sammelband „Automata Studies" unter der Redaktion von C. E. SHANNON und J. MCCARTHY im Jahre 1956 publiziert und noch im gleichen Jahre ins Russische übersetzt.[2]) In den Jahren 1956 bis 1960 erschienen viele Arbeiten zu verschiedenen Problemen der Automatentheorie in sowjetischen und ausländischen Zeitschriften.[3])

4. Unter der *Analyse* eines Automaten verstehen wir die Bestimmung des Operators, der von dem gegebenen Automaten realisiert wird. Zum Analyseproblem gehören ferner eine Klassifikation aller Operatoren mit dem Ziel, die Klasse der durch logische Netze realisierbaren Operatoren auszusondern, sowie das Studium gewisser wichtiger allgemeiner Eigenschaften dieser Operatoren. Schließlich zählen dazu auch die folgenden Probleme: Aufstellung eines Algorithmus zur Beschreibung der Funktionsweise eines endlichen Automaten, dessen Schema gegeben ist, Kontrolle eines Schemas auf korrekte Organisiertheit sowie die Prüfung, ob der gegebene Automat den betrachteten Operator optimal realisiert.

Bei der Untersuchung dieser Probleme werden wir, wie das in der Kybernetik beim Studium realer informationsverarbeitender Systeme üblich ist, zwei Aspekte im Auge behalten; der erste Aspekt beinhaltet die Betrachtung der Funktionsweise von Automaten[4]), der zweite die ihrer inneren Struktur.[5])

Beim Studium der Funktionsweise eines Automaten wird dieser, um die Terminologie der Kybernetik zu benutzen, als „schwarzer Kasten" betrachtet, d. h. als eine Anlage, deren innere Struktur unbekannt ist. Daher wendet man in diesem Falle seine Aufmerksamkeit der Informationsverarbeitung zu, die von dem Automaten realisiert wird, also der Abhängigkeit zwischen den Folgen von Eingabesignalen und den Folgen von Ausgabesignalen. Die Kenntnisse, die man bei solchen „externen" Beobachtungen über das Verhalten des Automaten erhalten kann, sind natürlich nicht so umfangreich wie jene, die

---

[1]) Siehe Fußnote [1]) auf S. 5.

[2]) Siehe [3].

[3]) Darunter z. B.: [1, 2, 4, 5, 8, 9, 48]; GLUSCHKOW, W. M., Die Synthese endlicher Automaten. Ukrain. Math. J. **12** (196). (Глушков, В. М., Синтез конечных автоматов. Укр. матем. журнал).

[4]) Diese Konzeption wird als abstrakte Automatentheorie bezeichnet.

[5]) Diese Auffassung wird als Strukturtheorie bezeichnet.

man bei der Analyse seiner inneren Struktur gewinnen kann. Dennoch können auch bei dem ersten Verfahren bestimmte Schlüsse auf die innere Struktur des Automaten gezogen und gewisse Eigenschaften der durch den Automaten realisierten Operatoren gefunden werden. Bei der Lösung des Syntheseproblems ist die Kenntnis dieser Eigenschaften häufig von Nutzen.

Resultate dieser Art erzielten unabhängig voneinander E. F. MOORE[1]) und B. A. TRACHTENBROT[2]). Sie zeigten, daß zwischen der Länge eines Experiments (d. h. der Länge einer endlichen Folge von Eingabesignalen), mit dessen Hilfe man innere Zustände eines Automaten als verschieden erkennen kann, und der Speicherkapazität dieses Automaten ein bestimmter Zusammenhang besteht. Durch Untersuchung der inneren Struktur eines Automaten kann man seine Konstruktionsprinzipien erkennen und den Zusammenhang zwischen seiner inneren Struktur und dem von ihm realisierten Operator finden. Das bedeutet, daß auf Grund einer Analyse der Verknüpfungen und der funktionalen Eigenschaften der Elementarschemata eine formale Beschreibung des durch den Automaten realisierten Operators angegeben werden kann.

5. Es ist angebracht, hier etwas näher auf die Frage nach *Beschreibungsmethoden* für die betrachteten Operatoren einzugehen. Es leuchtet ein, daß dieses Problem nicht nur bei der Analyse, sondern in viel stärkerem Maße bei der Synthese logischer Netze Bedeutung hat; denn der Operator, den ein Automat realisieren soll, muß auf irgendeine Weise beschrieben sein. Dabei ist die *Beschreibung* eines Operators durch eine *formalisierte Sprache*, zu der wir die *Darstellung* eines Operators in einem *abstrakten Automaten* zählen (Anm. d. Red.), grundlegend.

Kombinatorische Operatoren (d. h. Operatoren, die in Automaten ohne Speicher darstellbar sind), können durch eine einzige Tabelle (ähnlich Tabelle 0.1 auf Seite 2) beschrieben werden; *sequentielle* Operatoren (das sind Operatoren, die im allgemeinen nur in Automaten mit Speicher darstellbar sind) werden dagegen durch sogenannte *kanonische Gleichungen*[3]) festgelegt. In der Praxis tritt jedoch häufig der Fall ein, daß ein Operator, der durch ein logisches Netz realisiert werden soll, in Form einer Vorschrift mitgeteilt wird, die nicht formalisiert ist. Damit entsteht die Aufgabe, von einer gegebenen beliebigen Beschreibung eines Operators zu einer formalisierten überzugehen. Ist der zu realisierende Operator kombinatorisch, so bereitet es keine Schwierigkeiten, ihn sogar durch eine Tabelle zu charakterisieren. Dazu braucht man nur (wie bei dem oben als Beispiel untersuchten Chiffrator) alle möglichen Systeme von Eingabegrößen mit den dazugehörigen Systemen von Ausgabegrößen anzugeben.

---

[1]) Siehe [49].

[2]) Siehe [68].

[3]) Man spricht in diesem Falle auch von einer Beschreibung durch eine Überführungs- und eine Ausgabefunktion oder von einer Darstellung in einem abstrakten Automaten. Man vergleiche dazu GLUSCHKOW, W. M., Theorie der abstrakten Automaten. VEB Deutscher Verlag der Wissenschaften, Berlin 1963 (Übersetzung aus dem Russischen). — Anm. d. Red.

Bei der Beschreibung von sequentiellen Operatoren mit Speicher ist die Lage wesentlich komplizierter. In gewissen einfachen Fällen ist es auch hier möglich, von einem Operator unmittelbar zu einem ihn darstellenden Automaten überzugehen. In der Mehrzahl der Fälle ist es jedoch keine triviale Aufgabe, zu einem sequentiellen Operator einen ihn darstellenden abstrakten Automaten anzugeben, vielmehr ist die Lösung dieser Aufgabe bisweilen mit beachtlichen Schwierigkeiten verbunden. Nehmen wir beispielsweise an, daß der Operator der sequentiellen Addition von Paaren (mehrstelliger) Dualzahlen dargestellt werden soll. Alle möglichen Kombinationen von Eingabefolgen mit den zugehörigen Ausgabefolgen aufzuzählen, ist praktisch unmöglich. Durch eine arithmetische Analyse des Additionsprozesses gelangt man zu einer Beschreibung, die auf den Additionsregeln für einstellige Dualzahlen unter Berücksichtigung des Übertrags von einer Stelle zur nächsthöheren basiert.

Wir zeigen noch an Hand eines Beispiels, daß ein darstellender abstrakter Automat unter Umständen erst nach einer ziemlich komplizierten logischen Analyse des den Operator beschreibenden Textes angegeben werden kann. Wir wählen das russische Alphabet als Eingabealphabet und zeichnen darin durch die folgenden Eigenschaften sechs Teilmengen aus: „Vokal", „Konsonant", „großer Buchstabe", „kleiner Buchstabe", „lateinischer Buchstabe", „nichtlateinischer Buchstabe". Das Ausgabealphabet bestehe aus den Buchstaben 0 und 1. Der zu betrachtende Operator wird durch folgende Vorschrift festgelegt: „Im Takt t wird 1 ausgegeben, wenn es einen Takt τ mit $\tau < t$ gibt, zu dem ein großer Buchstabe eingegeben wurde, und falls es zu jedem Takt s mit $\tau \leqq s \leqq t$, zu dem ein Vokal eingegeben wurde, einen Takt σ mit $\tau \leqq \sigma \leqq s$ gibt, zu dem ein nichtlateinischer Buchstabe eingegeben wurde." Offenbar ist das keine formalisierte Beschreibung. Jedoch kann diese Formulierung durch einen Ausdruck eines bestimmten Prädikatenkalküls (siehe § 1 und § 5 in Kap. V) formalisiert werden. Dieser Ausdruck kann dann, in Abhängigkeit von den konkreten Synthesebedingungen, durch eine geeignete Transformation in einen abstrakten Automaten übergeführt werden.

Der Untersuchung verschiedener Beschreibungsverfahren für sequentielle Operatoren sind viele Arbeiten sowjetischer und ausländischer Wissenschaftler gewidmet, insbesondere Arbeiten von S. C. Kleene und W. M. Gluschkow (über den Kalkül der regulären Ausdrücke), J. T. Medwedjew, M. A. Gawrilow (über Schaltfolgetabellen), M. L. Zetlin (Übergangsmatrizen), J. J. Basilewski (über die Sprache der Zeitfunktionen), B. A. Trachtenbrot (über einen speziellen Prädikatenkalkül[1])), E. F. Moore (über Graphen), D. A. Huffman u. a.

6. Ist ein Operator in einem abstrakten Automaten dargestellt, so kann man unmittelbar zur *Synthese* des entsprechenden logischen Netzes übergehen. Dieses Syntheseproblem kann in folgende Teilprobleme aufgegliedert werden:

---

[1]) Die sogenannten Schaltfolgetabellen. Siehe [17].

[2]) Man vergleiche dazu auch [7]. – Anm. d. Red.

Aufbau logischer Netze, ausgehend von einem gegebenen System von Elementarautomaten; Angabe von Regeln zur Konstruktion logischer Netze; Charakterisierung der Klasse von Operatoren, die durch logische Netze realisiert werden; Erforschung allgemeiner Gesetzmäßigkeiten, die bei der Synthese logischer Netze und der Abschätzung ihrer Kompliziertheit auftreten.

7. Wie bereits erwähnt, sind in digital arbeitenden Anlagen quantisierte Signale die Träger der Information. In der modernen Digitaltechnik werden Signale verschiedener physikalischer Natur verwendet. Sie nehmen gewöhnlich zwei feste Zustände an, und diesen Zuständen werden die Buchstaben eines Alphabetes mit zwei Zeichen (meist 0 und 1) zugeordnet. Reale Schaltungen, die als Elementarautomaten beim Aufbau logischer Netze verwendet werden, sind in der Regel nur zur Verarbeitung „binärer" Signale fähig, d. h., ihre Eingabe- und Ausgabekanäle können nur in zwei verschiedene Zustände versetzt werden. Deshalb werden die Eingabe- und Ausgabezeichen eines logischen Netzes binär codiert und bei der Synthese von Netzen Ergebnisse der zweiwertigen Logik benutzt.

8. Bei der Synthese eines Automaten und bei seiner technischen Fertigung müssen gewöhnlich verschiedene Probleme gelöst werden. Einige davon werden von konkreten Projektierungs- und Verwendungsbedingungen der Anlage bestimmt (wie beispielsweise Abmessungen, Kosten, Arbeitsbedingungen usw.); andere sind allgemeinerer Natur und können mathematisch behandelt werden, zu diesen gehören z. B. Probleme der Minimisierung (d. h. einer möglichst ökonomischen Realisierung) und der Zuverlässigkeit logischer Netze.

Die meisten der erwähnten Arbeiten über die Synthese logischer Netze sind verschiedenen Verfahren zur Synthese von ökonomischen Netzen (d. h. von Netzen, die aus einer möglichst kleinen Anzahl von Elementarbestandteilen aufgebaut sind) gewidmet. Gleichzeitig wurden in vielen Publikationen allgemeine Gesetzmäßigkeiten, die sich bei der Realisierung abstrakter Automaten zeigen, insbesondere asymptotische Abschätzungen der Anzahl der notwendigen Elemente, untersucht. Für Automaten ohne Speicher wurden derartige Untersuchungen von C. E. Shannon[1]) begonnen und in den Arbeiten von O. B. Lupanow[2]) zu Ende geführt. Später wurden verwandte Gesetzmäßigkeiten von S. W. Jablonski[3]) und anderen Autoren für einige Klassen von Automaten. die eine relativ einfache Realisierung besitzen, und von B. A. Trachtenbrot[4]) für Automaten mit Speicher entdeckt.

Eine große theoretische und praktische Bedeutung kommt gegenwärtig dem Problem der Zuverlässigkeit logischer Netze zu. Dabei geht man von Bauelementen oder Baugruppen aus, die mit einer gegebenen festen Wahrscheinlichkeit „richtig" funktionieren. Es sind Syntheseverfahren aufzustellen, mit denen logische Netze aus den gegebenen Bauelementen oder Baugrup-

[1]) Siehe [63].
[2]) Siehe [43].
[3]) Siehe [29].
[4]) Siehe [71].

pen gebildet werden können, die mit einer vorgeschriebenen Wahrscheinlichkeit „richtig" funktionieren. Dieser Problemkreis erfordert die Anwendung wahrscheinlichkeitstheoretischer und statistischer Methoden; erste grundlegende Ideen hat J. v. NEUMANN entwickelt.[1])

9. Die Fragen der Analyse, Synthese und Zuverlässigkeit von Automaten werden in der Theorie der logischen Netze unter einer gewissen *Idealisierung* der Arbeitsbedingungen konkreter Anlagen dargestellt. Dabei nimmt man an, daß die verwendeten Signale (als Informationsträger) feste diskrete Werte haben, die Signalleistung bleibt dabei unberücksichtigt. Der stetige Ablauf der Zeit wird durch eine Folge von Zeitintervallen — Takte — ersetzt, und es wird angenommen, daß eine Änderung des Signalwertes nur von einem Takt zum anderen, jedoch nicht während eines Taktes vonstatten gehen kann. Bei der Untersuchung logischer Netze wird von gewissen Eigenschaften konkreter Bauelemente und Baugruppen abstrahiert. So vernachlässigt man die unvermeidliche Trägheit der Elemente, wenn die dadurch entstehende relative Verzögerung ihrer Ausgabesignale klein im Vergleich zum Arbeitstakt des logischen Netzes ist. Liegt diese Verzögerung in der Größenordnung eines Taktes (oder eines Vielfachen davon), so wird in diesem Netz ein *Verzögerungselement* realisiert. Da die Arbeitsgeschwindigkeit der Automaten ständig größer wird und die von ihnen realisierten Prozesse immer komplizierter werden, wächst auch der Einfluß der erwähnten Faktoren auf das Funktionieren und die Zuverlässigkeit logischer Netze. Dadurch erhalten Fragen der Theorie „realer" logischer Netze, deren Arbeitsbedingungen sich denen konkreter automatischer Anlagen mehr annähern, große Bedeutung. Einige Versuche in dieser Richtung wurden in der Arbeit von M. L. ZETLIN und L. M. SCHECHTMAN[2]) unternommen, auch die angeführte Arbeit von S. W. JABLONSKI über die Anwendung der mehrwertigen Logik bei der Analyse und Synthese elektronischer Schaltungen läßt großes Interesse für diese Problematik erkennen.

Im vorliegenden Buch können nur einige dieser Probleme aus der Theorie der endlichen Automaten behandelt werden.

---

[1]) Siehe [52].
[2]) Siehe [76].

KAPITEL I

GRUNDBEGRIFFE DER MATHEMATISCHEN LOGIK

§ 1. Allgemeine Vorbemerkungen[1])

Wie in der Einleitung bereits erwähnt, sind in diskret arbeitenden Systemen die materiellen Träger der zu verarbeitenden Information gewöhnlich gequantelte Signale mit zwei Zuständen (Binärsignale), denen zwei bestimmte Bedeutungen zugeordnet sind. Derartige Signale können physikalisch auf verschiedene Weise realisiert werden, etwa als Spannungen, Ströme oder als mechanische Größen.

Den zwei Zuständen eines Binärsignals werden zwei verschiedene Symbole, meist 0 und 1, zugeordnet. Ist es bei einem Binärsignal sinnvoll, von einem „aktiven" und einem „passiven" Zustand zu sprechen, so wird dem aktiven meistens 1 und dem passiven 0 zugeordnet. In logischen Netzen werden allein Binärsignale verarbeitet. Die Funktionsweise logischer Netze wird so eingerichtet, daß Zwischenzustände, die beim Übergang von einem Zustand in den anderen auftreten können, auf die Verarbeitung der Signale keinen Einfluß haben.

Soll ein Algorithmus oder ein Prozeß, durch den eine in einem (endlichen) Alphabet A codierte Information verarbeitet wird, durch ein logisches Netz realisiert werden, so ist eine Verschlüsselung der Buchstaben von A in einem Binärcode erforderlich. Dazu wird ein Alphabet, das aus zwei Buchstaben besteht, zugrunde gelegt, im folgenden stets das Alphabet $\{0, 1\}$. Wörter über dem Alphabet $\{0, 1\}$ sind endliche Zeichenreihen, gebildet aus den Buchstaben 0 und 1; unter der *Länge* eines Wortes versteht man dabei die Anzahl der Plätze, an denen in diesem Wort ein Buchstabe steht. Eine Binärcodierung des Alpha-

Tabelle I.1

x_1	x_2	x_3	...	x_{n-1}	x_n	$f(x_1, x_2, \ldots, x_{n-1}, x_n)$
0	0	0	...	0	0	$f(0, 0, 0, \ldots, 0, 0)$
0	0	0	...	0	1	$f(0, 0, 0, \ldots, 0, 1)$
...	...	...	...	...	...	....
...	...	...	...	...	...	....
...	...	...	...	...	...	....
1	1	1	...	1	0	$f(1, 1, 1, \ldots, 1, 0)$
1	1	1	...	1	1	$f(1, 1, 1, \ldots, 1, 1)$

[1]) Bei der Darstellung von §§ 1–3 dieses Kapitels haben wir uns auf die grundlegende Arbeit [28] gestützt.

betes A mittels $\{0, 1\}$ wird dann durch eine eineindeutige Abbildung von A auf eine gewisse Menge von Wörtern über $\{0, 1\}$ gegeben. So sind zum Beispiel durch die Tabelle 0.1 (siehe Seite 2) den Dezimalziffern eineindeutig Wörter der Länge vier (Tetraden) über $\{0, 1\}$ zugeordnet. Die den Buchstaben von A zugeordneten Wörter heißen häufig *Codewörter* oder *Codegruppen*.

Offenbar gibt es über $\{0, 1\}$ 2^n Wörter der Länge n (n eine positive ganze Zahl). Im Fall $n = 3$ sind dies die acht Wörter 000, 001, 010, 011, 100, 101, 110, 111.

Definition. f heißt eine (n-stellige) Boole*sche Funktion*[1]) genau dann, wenn f eine eindeutige Abbildung ist, die jedem n-Tupel von Elementen aus $\{0, 1\}$ wieder einen Wert aus $\{0, 1\}$ zuordnet.

Die Menge aller Booleschen Funktionen (beliebiger Stellenzahl) wird durch S angedeutet. Eine Boolesche Funktion mit n Variablen kann offenbar durch eine Tabelle der Form I.1 vollständig festgelegt werden.

Es sei $[\sigma_1, \sigma_2, \ldots, \sigma_n]$ ein beliebiges n-Tupel von Elementen aus $\{0, 1\}$. Die natürliche Zahl g, die dieser im Dualsystem gegebenen Ziffernfolge entspricht, ist durch die Gleichung

$$g = \sum_{\nu=1}^{n} \sigma_\nu \cdot 2^{n-\nu}$$

definiert und wird auch durch $g(\sigma_1, \sigma_2, \ldots, \sigma_n)$ bezeichnet. Es ist klar, daß auf diese Weise die Menge der n-Tupel $[\sigma_1, \sigma_2, \ldots, \sigma_n]$ eindeutig auf die Menge der Zahlen $\{0, 1, \ldots, 2^n - 1\}$ abgebildet wird. Die Umkehrung dieser Abbildung ist ebenfalls eindeutig, und wir bezeichnen das zu einer Zahl g aus $\{0, 1, \ldots, 2^n - 1\}$ gehörende n-Tupel durch $[\sigma^{(1)}(g), \sigma^{(2)}(g), \ldots, \sigma^{(n)}(g)]$. Offenbar gilt dann

$$g = \sum_{\nu=1}^{n} \sigma^{(\nu)}(g) \cdot 2^{n-\nu} .$$

Man kann die folgende Ordnung $\precsim$ für derartige n-Tupel definieren: $[\sigma_1, \sigma_2, \ldots, \sigma_n] \precsim [\sigma_1', \sigma_2', \ldots, \sigma_n']$ genau dann, wenn $g(\sigma_1, \sigma_2, \ldots, \sigma_n) \leqq g(\sigma_1', \sigma_2', \ldots, \sigma_n')$. Im weiteren werden in Tabellen, bei mehrgliedrigen Konjunktionen und Alternativen die n-Tupel $[\sigma_1, \sigma_2, \ldots, \sigma_n]$ stets gemäß der Relation $\precsim$ angeordnet (man vergleiche dazu z. B. Tabelle I.1).

Da jedem n-Tupel von Argumenten entweder der Funktionswert 0 oder der Funktionswert 1 zugeordnet werden kann, gibt es genau 2^{2^n} Boolesche Funktionen mit n Variablen.

Es muß betont werden, daß die Zahl 2^{2^n} der n-stelligen Booleschen Funktionen mit wachsendem n sehr schnell ansteigt. Außerdem wird bei einer großen Anzahl von Argumenten (etwa $n > 5$) die Tabelle der Form I.1 sehr kompli-

---

[1]) Benannt nach dem englischen Logiker George Boole (1815–1864), der gewisse derartige Funktionen als erster untersucht hat. Im Russischen meistens Функции алгебры логики (Funktionen der Algebra der Logik) benannt. In der mathematischen Logik werden die Booleschen Funktionen in deutscher Sprache häufig auch als zweiwertige aussagenlogische Wahrheitsfunktionen bezeichnet. — Anm. d. Red.

ziert. In diesen Fällen ist es zweckmäßig, BOOLEsche Funktionen durch Tabellen einer anderen Form festzulegen (siehe § 3 dieses Kapitels).

BOOLEsche Funktionen können in eine enge Beziehung zur zweiwertigen Aussagenlogik gebracht werden. Dazu wird vorausgesetzt, daß jede Aussage[1]) a entweder falsch oder wahr ist. Dem Wahrheitswert „wahr" bzw. „falsch" wird 1 bzw. 0 zugeordnet. Unter einer n-stelligen *aussagenlogischen Verknüpfung* F versteht man eine eindeutige Abbildung, die jedem n-Tupel $[a_1, \ldots, a_n]$ von Aussagen eine „zusammengesetzte" Aussage, angedeutet durch $F(a_1, \ldots, a_n)$, zuordnet. F heißt *extensional*, falls für jedes n-Tupel $[a_1, \ldots, a_n]$ von Aussagen der Wahrheitswert der zusammengesetzten Aussage $F(a_1, \ldots, a_n)$ nur von den Wahrheitswerten der Aussagen $a_1, \ldots, a_n$, jedoch nicht von den Aussagen $a_1, \ldots, a_n$ selbst abhängt. Ist F extensional, so kann man F eindeutig eine BOOLEsche Funktion f zuordnen, die das „logische Verhalten" von F vollständig beschreibt. Dazu setzen wir für eine beliebige Aussage a: $\omega(a) = 1$ bzw. 0, falls a wahr bzw. falsch ist; f wird dann wie folgt definiert:

$$f(\omega(a_1), \ldots, \omega(a_n)) = \omega(F(a_1, \ldots, a_n)) .$$

Wegen der Extensionalität von F ist f durch diese Gleichung eindeutig definiert.

Für das Folgende ist es zweckmäßig, in der Menge aller BOOLEschen Funktionen gewisse als „*elementare*"[2]) auszuzeichnen. Diese werden durch bestimmte aussagenlogische Verknüpfungen, die häufig auch entsprechend „elementare" aussagenlogische Verknüpfungen genannt werden, festgelegt.

In derselben Weise, wie die elementaren aussagenlogischen Verknüpfungen häufig zum Aufbau komplizierter Aussagen benutzt werden, setzt man aus den elementaren BOOLEschen Funktionen komplizierte BOOLEsche Funktionen zusammen.

Es seien jetzt x, x_1, x_2 Variablen, die nur Werte aus $\{0, 1\}$ annehmen (in diesem Falle häufig auch BOOLEsche Variablen genannt). Als „elementare" BOOLEsche Funktionen werden die folgenden angesehen:

1. Die *Negation* $^-$ (auch *Komplement* genannt).

Nach Definition gilt: $\bar{x} = 1$ genau dann, wenn $x = 0$. — Die Negation ist durch die extensionale aussagenlogische Verknüpfung „nicht" festgelegt; denn für jede Aussage a ist die Aussage „nicht a" wahr genau dann, wenn a falsch ist.

2. Die *Konjunktion* $\wedge$ (auch *logisches Produkt* genannt).

Nach Definition gilt: $x_1 \wedge x_2 = 1$ genau dann, wenn $x_1 = 1$ und $x_2 = 1$. — Die Konjunktion ist durch die extensionale aussagenlogische Verknüpfung „und" festgelegt; denn für jede Aussage a_1, a_2 ist die Aussage „a_1 und a_2" wahr genau dann, wenn a_1 und a_2 wahr sind. — In diesem Buch wird anstatt $x_1 \wedge x_2$ häufig auch $x_1 \cdot x_2$ oder einfach $x_1 x_2$ geschrieben.

---

[1]) Der Begriff der Aussage wird hier nicht definiert, sondern anschaulich-intuitiv verwendet. — Anm. d. Red.

[2]) Häufig auch *klassische* genannt. — Anm. d. Red.

3. Die *Alternative* $\vee$ (auch *Disjunktion* oder *logische Summe* genannt).

Nach Definition gilt: $x_1 \vee x_2 = 1$ genau dann, wenn $x_1 = 1$ oder $x_2 = 1$. – Die Alternative ist durch die extensionale aussagenlogische Verknüpfung „oder" (nicht ausschließendes Oder!) festgelegt; denn für jede Aussage a_1, a_2 ist die Aussage „a_1 oder a_2" wahr genau dann, wenn a_1 oder a_2 wahr ist. – In manchen Darstellungen wird anstatt $a_1 \vee a_2$ auch $a_1 + a_2$ geschrieben.

4. Die *Implikation* $\rightarrow$.

Nach Definition gilt: $x_1 \rightarrow x_2 = 0$ genau dann, wenn $x_1 = 1$ und $x_2 = 0$. – Die Implikation ist durch die extensionale aussagenlogische Verknüpfung „Wenn–so" festgelegt; denn für jede Aussage a_1, a_2 ist die Aussage „Wenn a_1, so a_2" falsch genau dann, wenn a_1 wahr und a_2 falsch ist.[1])

5. Die *Äquivalenz* $\leftrightarrow$.

Nach Definition gilt: $x_1 \leftrightarrow x_2 = 1$ genau dann, wenn einer der beiden folgenden Fälle gilt: $x_1 = x_2 = 1$ oder $x_1 = x_2 = 0$. – Die Äquivalenz ist durch die extensionale aussagenlogische Verknüpfung „genau dann, wenn" festgelegt; denn für jede Aussage a_1, a_2 ist die Aussage „a_1 genau dann, wenn a_2" wahr genau dann, wenn a_1 und a_2 wahr oder a_1 und a_2 falsch sind.

Die angegebenen elementaren Booleschen Funktionen werden auch durch die folgenden Tabellen definiert:

Tabelle I.2

x	$\bar{x}$
0	1
1	0

Tabelle I.3

x_1	x_2	$x_1 \cdot x_2$	$x_1 \vee x_2$	$x_2 \rightarrow x_2$	$x_1 \leftrightarrow x_2$
0	0	0	0	1	1
0	1	0	1	1	0
1	0	0	1	0	0
1	1	1	1	1	1

Später wird gezeigt, daß jede Boolesche Funktion durch Superposition aus den angegebenen „elementaren" erzeugt werden kann. Die dabei entstehenden Fragen werden in der *Aussagenlogik* untersucht, und zwar dem Vorgehen der *mathematischen Logik* entsprechend im Rahmen von bestimmten *formalisierten Sprachen* (die in der Regel *Aussagenkalküle* genannt werden).

Mit den Ausdrucksmitteln des Aussagenkalküls, der auf den angegebenen „elementaren" Booleschen Funktionen beruht (und deshalb häufig „*klassischer*" Aussagenkalkül genannt wird), kann die Arbeitsweise logischer Netze sehr elegant beschrieben werden. Wir betrachten dazu als Beispiel die auf Seite 4, Abb. 0.2, angegebene Schaltung. Offenbar ist der Ausgang Z erregt genau dann, wenn die Eingänge A und D oder B und C oder A und E und C oder B und E und D erregt sind. Dieser Zusammenhang kann durch den folgenden Ausdruck

[1]) Auf diese Weise wird die sogenannte *materiale Implikation* definiert. Sie entspricht dem Gebrauch der „Wenn-so" Verknüpfung, wie er in der klassischen Mathematik üblich ist. – Anm. d. Red.

charakterisiert werden:

$$Z \leftrightarrow A\,D \vee B\,C \vee A\,E\,C \vee B\,E\,D\,.$$

Zur Beschreibung komplizierter Zusammenhänge reichen Aussagenkalküle nicht aus. Das trifft zum Beispiel auf die Arbeitsweise des auf Seite 8 angegebenen Operators zu, der eine beliebige Folge von Buchstaben des russischen Alphabets in eine Folge von Dualziffern umformt. In diesem Fall muß der Begriff der Aussage weiter analysiert werden. Dabei stellt man fest, daß die einfachsten (d. h. die in der Aussagenlogik als unzerlegbar geltenden) Aussagen aus Prädikaten und Zeichen für Individuen zusammengesetzt sind. Die damit zusammenhängenden Probleme werden in der *Prädikatenlogik* studiert, und zwar durch Konstruktion und Untersuchung von *Prädikatenkalkülen.*

Das vorliegende Kapitel dient einer Einführung in die Aussagen- und in die Prädikatenlogik etwa in dem Umfang, wie dies beim Studium der Analyse- und Syntheseprobleme logischer Netze erforderlich ist. Im zweiten Paragraphen wird der klassische Aussagenkalkül entwickelt und im dritten werden die wichtigsten Optimierungsverfahren für Ausdrücke dieses Kalküls dargestellt. Untersuchungen über die Zerlegung von BOOLEschen Funktionen, die von O. B. LUPANOW[1]) stammen, bilden den Inhalt von § 4. Diese Resultate finden bei der Lösung von Optimierungsproblemen logischer Netze Anwendung. Im fünften (letzten) Paragraphen dieses Kapitels wird ein kurzer Einblick in die Prädikatenlogik gegeben.

§ 2. Einführung in die Aussagenlogik

Im folgenden wird ein bestimmter Aussagenkalkül, der häufig auch der ,,klassische" Aussagenkalkül genannt wird, aufgebaut und verwendet.

Dazu gehen wir von den folgenden *Grundzeichen* aus:

1. Die *Aussagenvariablen* $p, q, r, \ldots, x, y, z$ (evtl. mit positiven ganzen Zahlen als untere Indizes, also $p_1, q_1, r_1, \ldots, x_1, y_1, z_1, p_2, q_2, r_2, \ldots, x_2, y_2, z_2$ usw.).

2. Die Zeichen ,,0" und ,,1" als *Konstante.*

3. Die Zeichen ,,$\sim$" ,,$\wedge$" ,,$\vee$" ,,$\rightarrow$" ,,$\leftrightarrow$" als Bezeichnungen[2]) für die angegebenen ,,elementaren" BOOLEschen Funktionen, im folgenden auch *Funktoren* genannt.

---

[1]) Siehe [43].

[2]) Wir weisen darauf hin, daß in dem aufzubauenden Aussagenkalkül die klassischen Wahrheitsfunktionen dieselben Bezeichnungen erhalten wie in der Umgangssprache. Daraus können, wenn man acht gibt, keine Mißverständnisse entstehen. Um aber die Umgangssprache von der betrachteten formalisierten Sprache besser abzugrenzen, verwenden manche Autoren auf diesen verschiedenen Ebenen auch verschiedene Bezeichnungen für dasselbe Objekt. So werden die klassischen BOOLEschen Funktionen in der Umgangssprache in der angegebenen Reihenfolge häufig durch non, et, vel, seq, aeq bezeichnet. Man vergleiche dazu G. ASSER, Einführung in die Mathematische Logik I. Aussagenkalkül. Teubner, Leipzig 1959.

4. Die Klammern „(“ „)“ als *technische Zeichen*.

Aus den angegebenen Grundzeichen werden endliche *Zeichenreihen* (d. h. *Wörter*) gebildet und durch die folgende induktive Definition aus der Gesamtheit aller so zu bildenden endlichen Zeichenreihen die *Ausdrücke* (des betrachteten klassischen Aussagenkalküls) ausgesondert:

1. Alle Aussagenvariablen sowie die Konstanten 0 und 1 sind Ausdrücke.

2. a) Ist die Zeichenreihe Z ein Ausdruck, so ist auch die Zeichenreihe $\sim Z$ ein Ausdruck.

b) Sind die Zeichenreihen Z_1 und Z_2 Ausdrücke, so sind auch die Zeichenreihen $(Z_1 \wedge Z_2)$, $(Z_1 \vee Z_2)$, $(Z_1 \rightarrow Z_2)$ und $(Z_1 \leftrightarrow Z_2)$ Ausdrücke.

3. Eine Zeichenreihe ist nur dann ein Ausdruck, wenn dies bereits auf Grund von 1 oder 2 gilt.

Beispiel. Die Zeichenreihe $\big(((x \wedge y) \rightarrow (x \vee y)) \vee z\big)$ ist ein Ausdruck. Das kann man folgendermaßen einsehen: Da x und y nach 1 der obigen Definition Ausdrücke sind, gilt dies nach 2b) auch für $(x \wedge y)$, $(x \vee y)$ und $\big((x \wedge y) \rightarrow (x \vee y)\big)$. Da ferner z nach 1 ein Ausdruck ist, folgt schließlich, daß auch $\big(((x \wedge y) \rightarrow (x \vee y)) \vee z\big)$ ein Ausdruck ist.

Beliebige Ausdrücke werden durch H (evtl. mit Unterscheidungsindizes) bezeichnet.

Bei der Angabe einzelner Ausdrücke dürfen auf Grund folgender Regeln Klammern weggelassen bzw. andere Vereinfachungen vorgenommen werden.

1. Im fertigen Ausdruck dürfen evtl. vorhandene Außenklammern weggelassen werden.

2. In der angegebenen Reihenfolge $\wedge \vee \rightarrow \leftrightarrow$ bindet jedes Zeichen stärker als alle nachfolgenden. Gemäß dieser Vereinbarung werden in einem gegebenen Ausdruck evtl. gewisse Klammern entbehrlich; sie dürfen weggelassen werden.

3. Anstatt $\sim H$ ist auch die Schreibweise $\bar{H}$ erlaubt.

4. $(H_1 \wedge \ldots \wedge H_n)$ und $\bigwedge_{\nu=1}^{n} H_\nu$ bzw. $(H_1 \vee \ldots \vee H_n)$ und $\bigvee_{\nu=1}^{n} H_\nu$ bzw. $(H_1 \leftrightarrow \ldots \leftrightarrow H_n)$ sind Abkürzungen für $\big(\ldots((H_1 \wedge H_2) \wedge H_3) \wedge \ldots \wedge H_n\big)$ bzw. für $\big(\ldots((H_1 \vee H_2) \vee H_3) \vee \ldots \vee H_n\big)$ bzw. für $\big(\ldots((H_1 \leftrightarrow H_2) \leftrightarrow H_3) \leftrightarrow \ldots \leftrightarrow H_n\big)$.

5. Anstatt $(H_1 \wedge H_2)$ sind auch die Schreibweisen $(H_1 \cdot H_2)$ und $(H_1 H_2)$ erlaubt. Dieselben Vereinfachungen sind auch für mehrgliedrige Konjunktionen und Alternativen zulässig.

6. Neben runden Klammern dürfen auch eckige und geschweifte verwendet werden.

Durch Anwendung dieser Regeln können die Ausdrücke

$$((x \wedge y) \rightarrow z)\,, \quad (p \leftrightarrow (q \vee \sim r))\,, \quad ((x \wedge y) \rightarrow (x \vee y))\,,$$
$$((x \wedge \sim y) \vee z)\,, \quad \big((x \wedge y) \vee (x \wedge (z \wedge (\sim x \vee y)))\big)$$

etwa folgendermaßen vereinfacht werden:

$$x \wedge y \rightarrow z\,, \quad p \leftrightarrow q \vee \bar{r}\,, \quad x \wedge y \rightarrow x \vee y\,,$$
$$x\,\bar{y} \vee z\,, \quad x\,y \vee x\,z\,(\bar{x} \vee y)\,.$$

Unter einer *Belegung* der Aussagenvariablen versteht man eine eindeutige Abbildung, die jeder Aussagenvariablen ein Element aus $\{0, 1\}$ zuordnet.

Durch eine induktive Definition kann jedem Ausdruck der *Wert* aus $\{0, 1\}$ zugeordnet werden, den dieser Ausdruck bei einer vorgegebenen Belegung der Aussagenvariablen annimmt. Auf diese Weise *repräsentiert* jeder Ausdruck eine bestimmte BOOLEsche Funktion.

Ist H ein Ausdruck, in dem etwa genau die Aussagenvariablen $x_1, \ldots, x_n$ vorkommen (angedeutet durch $H(x_1, \ldots, x_n)$), und repräsentiert H die BOOLEsche Funktion $f(x_1, \ldots, x_n)$, dann wird dies angedeutet durch:

$$f(x_1, \ldots, x_n) = H(x_1, \ldots, x_n)\,.^{1)}$$

Definition. Ausdrücke H_1 und H_2 heißen *äquivalent* oder *wertverlaufsgleich* (in Zeichen: H_1 äq H_2 oder einfach $H_1 = H_2$[1])) genau dann, wenn für jede Belegung der Aussagenvariablen die von H_1 und H_2 angenommenen Wahrheitswerte gleich sind.

Offenbar ist die Äquivalenz von Ausdrücken eine *entscheidbare* Relation; denn um zu entscheiden, ob H_1 äq H_2 gilt, braucht man nur alle Belegungen der Aussagenvariablen, die in H_1 oder H_2 vorkommen, durchzuprüfen; sind dies etwa n Variablen, so ergeben sich 2^n Möglichkeiten.

Beispiel 1. $(x_1 \wedge x_2) \wedge x_3 = x_1 \wedge (x_2 \wedge x_3)$.

Um diese Behauptung zu beweisen, prüfen wir die $2^3 = 8$ in Frage kommenden Belegungen durch. Die Werte, die die Ausdrücke $(x_1 \wedge x_2) \wedge x_3$ und $x_1 \wedge (x_2 \wedge x_3)$ bei diesen Belegungen annehmen, sind in der Tabelle I.4 angegeben. Der Übersichtlichkeit halber geben wir auch die Werte an, die die Teilausdrücke $x_1 \wedge x_2$ und $x_2 \wedge x_3$ annehmen.

Tabelle I.4

x_1	x_2	x_3	$x_1 \wedge x_2$	$(x_1 \wedge x_2) \wedge x_3$	$x_2 \wedge x_3$	$x_1 \wedge (x_2 \wedge x_3)$
0	0	0	0	0	0	0
0	0	1	0	0	0	0
0	1	0	0	0	0	0
0	1	1	0	0	1	0
1	0	0	0	0	0	0
1	0	1	0	0	0	0
1	1	0	1	0	0	0
1	1	1	1	1	1	1

Beispiel 2. Es gilt nicht $\bar{x} \vee y = \overline{x \wedge y}$.

Dies ergibt sich aus der folgenden Tabelle, die wie die in Beispiel 1 angegebene konstruiert wird.

---

[1]) Diese mehrdeutige Verwendung des Gleichheitszeichens kann nicht zu Mißverständnissen führen, da in jedem konkreten Fall klar ist, was gemeint ist. — Anm. d. Red.

Tabelle I.5

x	y	$\bar{x}$	$\bar{x} \vee y$	$x \wedge y$	$\overline{x \wedge y}$
0	0	1	1	0	1
0	1	1	1	0	1
1	0	0	0	0	1
1	1	0	1	1	0

Durch Anwendung der Belegungsmethode können die folgenden Wertverlaufsgleichheiten bewiesen werden:

1. Konjunktion, Alternative und Äquivalenz sind *assoziativ*, d. h., es gilt

$$(x_1 \wedge x_2) \wedge x_3 = x_1 \wedge (x_2 \wedge x_3)\,,$$
$$(x_1 \vee x_2) \vee x_3 = x_1 \vee (x_2 \vee x_3)\,,$$
$$(x_1 \leftrightarrow x_2) \leftrightarrow x_3 = x_1 \leftrightarrow (x_2 \leftrightarrow x_3)\,.$$

Aus diesem Grunde dürfen Ausdrücke, die als Funktoren nur das Konjunktionszeichen bzw. das Alternationszeichen bzw. das Äquivalenzzeichen enthalten, auch ohne Klammern geschrieben werden, d. h., es gilt

$$(x_1 \wedge x_2) \wedge x_3 = x_1 \wedge (x_2 \wedge x_3) = x_1 \wedge x_2 \wedge x_3\,,$$
$$(x_1 \vee x_2) \vee x_3 = x_1 \vee (x_2 \vee x_3) = x_1 \vee x_2 \vee x_3\,,$$
$$(x_1 \leftrightarrow x_2) \leftrightarrow x_3 = x_1 \leftrightarrow (x_2 \leftrightarrow x_3) = x_1 \leftrightarrow x_2 \leftrightarrow x_3\,.$$

2. Konjunktion, Alternative und Äquivalenz sind *kommutativ*:

$$x_1 \wedge x_2 = x_2 \wedge x_1\,,$$
$$x_1 \vee x_2 = x_2 \vee x_1\,,$$
$$x_1 \leftrightarrow x_2 = x_2 \leftrightarrow x_1\,.$$

3. Konjunktion und Alternative sind *idempotent*:

$$x \wedge x = x\,,$$
$$x \vee x = x\,.$$

4. Die Konjunktion ist bezüglich der Alternative und die Alternative auch bezüglich der Konjunktion *distributiv*, d. h., es gilt

$$(x_1 \vee x_2) \wedge x_3 = (x_1 \wedge x_3) \vee (x_2 \wedge x_3)\,,$$
$$(x_1 \wedge x_2) \vee x_3 = (x_1 \vee x_3) \wedge (x_2 \vee x_3)$$

oder in anderer Schreibweise:

$$(x_1 \vee x_2) \cdot x_3 = x_1 \cdot x_3 \vee x_2 \cdot x_3\,,$$
$$x_1 \cdot x_2 \vee x_3 = (x_1 \vee x_3) \cdot (x_2 \vee x_3)\,.$$

5. Konjunktion und Alternative haben weiter folgende Eigenschaften:

$$x \wedge 0 = 0 ,$$
$$x \wedge 1 = x ,$$
$$x \vee 0 = x ,$$
$$x \vee 1 = 1 .$$

Da wir einer wahren Aussage 1 und einer falschen 0 zugeordnet haben, können diese Beziehungen folgendermaßen interpretiert werden: Das Resultat der konjunktiven (bzw. alternativen) Verknüpfung einer beliebigen Aussage a mit einer wahren (bzw. falschen) Aussage ist äquivalent mit a selbst. Das Resultat einer konjunktiven (bzw. alternativen) Verknüpfung einer beliebigen Aussage a mit einer falschen (bzw. wahren) Aussage ist äquivalent mit dieser falschen (bzw. dieser wahren) Aussage und darüber hinaus mit jeder falschen (bzw. jeder wahren) Aussage.

6. Schließlich gelten noch die Relationen

$$x \wedge \bar{x} = 0 ,$$
$$x \vee \bar{x} = 1 ,$$
$$\bar{\bar{x}} = x .$$

Die erste dieser Beziehungen wird häufig auch *Satz vom ausgeschlossenen Widerspruch* bezeichnet. Sie besagt, daß das Resultat der konjunktiven Verknüpfung einer beliebigen Aussage mit ihrer Verneinung stets falsch ist. Die zweite heißt meistens *Satz vom ausgeschlossenen Dritten.* Sie drückt aus, daß das Resultat der alternativen Verknüpfung einer beliebigen Aussage mit ihrer Verneinung stets wahr ist. Die letzte schließlich ist so zu interpretieren, daß die doppelte Verneinung einer beliebigen Aussage mit dieser Aussage selbst äquivalent ist.

7. Wir führen für das Folgende die Bezeichnung $x_j^{\sigma_j}$ ein, wobei σ_j gleich 0 oder 1 sein kann und festgesetzt wird, daß

$$x^0 = \bar{x} , \qquad x^1 = x$$

gilt.

Eine Konjunktion der Form

$$x_1^{\sigma_1} x_2^{\sigma_2} \ldots x_n^{\sigma_n}$$

nimmt dann und nur dann den Wert 1 an, wenn $x_1, x_2, \ldots, x_n$ in der angegebenen Reihenfolge die Werte $\sigma_1, \sigma_2, \ldots, \sigma_n$ erhalten. In allen übrigen Fällen (d. h., wenn mindestens eine der Aussagenvariablen x_ν nicht den Wert σ_ν erhält), nimmt diese Konjunktion den Wert 0 an.

So nimmt beispielsweise die Konjunktion $x_1 x_2 x_3 x_4$ (d. h. $\sigma_1 = \sigma_2 = \sigma_3 = \sigma_4 = 1$) den Wert 1 dann und nur dann an, wenn x_1, x_2, x_3 und x_4 mit 1 belegt werden, und die Konjunktion $\bar{x}_1 x_2 x_3 \bar{x}_4$ (d. h. $\sigma_1 = \sigma_4 = 0$ und $\sigma_2 = \sigma_3 = 1$) erhält genau dann den Wert 1, wenn x_1, x_4 mit 0 und x_2, x_3 mit 1 belegt werden.

Wir betonen, daß die unter 1 bis 7 angegebenen Sätze gültig bleiben, wenn die Aussagenvariablen $x, x_1, x_2, x_3, \ldots$ durch beliebige Ausdrücke ersetzt werden.

Satz 1. *Für jede (n-stellige)* Boolesche *Funktion f gilt*

$$f(x_1, x_2, x_3, \ldots, x_\nu, x_{\nu+1}, \ldots, x_n)$$
$$= \bigvee_{[\sigma_1, \sigma_2, \ldots, \sigma_\nu]} x_1^{\sigma_1} x_2^{\sigma_2} \ldots x_\nu^{\sigma_\nu} f(\sigma_1, \sigma_2, \ldots, \sigma_\nu, x_{\nu+1}, \ldots, x_n)^{1)} \quad (1 \leqq \nu \leqq n)\,. \tag{1.1}$$

In dieser Formulierung ist die Alternative über alle ν-Tupel $[\sigma_1, \sigma_2, \ldots, \sigma_\nu]$ aus $\{0, 1\}$ zu nehmen; sie besteht also aus 2^ν Gliedern.

Eine derartige Darstellung einer Booleschen Funktion f heißt *Zerlegung nach den Variablen* $x_1, x_2, \ldots, x_\nu$.

Um Satz 1 zu beweisen, betrachten wir ein beliebiges ν-Tupel $[\sigma_1, \sigma_2, \ldots, \sigma_\nu]$ aus $\{0, 1\}$. Wenn wir $x_1, x_2, \ldots, x_\nu$ in der angegebenen Reihenfolge mit $\sigma_1, \sigma_2, \ldots, \sigma_\nu$ belegen, dann erhalten wir auf der linken Seite von (1.1)

$$f(\sigma_1, \sigma_2, \ldots, \sigma_\nu, x_{\nu+1}, \ldots, x_n)\,,$$

und die rechte Seite ist nach 3, 5, 7 äquivalent mit

$$f(\sigma_1, \sigma_2, \ldots, \sigma_\nu, x_{\nu+1}, \ldots, x_n)\,.$$

Damit ist Satz 1 bewiesen.

Beispiel. Es ist die Funktion $f(x_1, x_2, x_3)$ nach den Variablen x_1 und x_2 zu zerlegen. In Übereinstimmung mit (1.1) erhalten wir

$$f(x_1, x_2, x_3) = \bar{x}_1 \bar{x}_2 f(0, 0, x_3) \vee \bar{x}_1 x_2 f(0, 1, x_3) \vee x_1 \bar{x}_2 f(1, 0, x_3) \vee x_1 x_2 f(1, 1, x_3)\,.$$

Aus Satz 1 folgt:

Satz 2. *Jede* Boolesche *Funktion kann allein durch Negation, Konjunktion und Alternative ausgedrückt werden.*[2])

Beweis. Nach Satz 1 gilt für $\nu = n$:

$$f(x_1, x_2, \ldots, x_n) = \bigvee_{[\sigma_1, \sigma_2, \ldots, \sigma_n]} x_1^{\sigma_1} x_2^{\sigma_2} \ldots x_n^{\sigma_n} f(\sigma_1, \sigma_2, \ldots, \sigma_n)\,. \tag{1.2}$$

Da $f(\sigma_1, \sigma_2, \ldots, \sigma_n)$ entweder gleich 0 oder gleich 1 ist, erhält man auf Grund von 5:

$$f(x_1, x_2, \ldots, x_n) = \bigvee_{f(\sigma_1, \sigma_2, \ldots, \sigma_n) = 1} x_1^{\sigma_1} x_2^{\sigma_2} \ldots x_n^{\sigma_n}\,. \tag{1.3}$$

---

[1]) Bei dieser mehrgliedrigen Alternative werden die Glieder grundsätzlich gemäß der auf Seite 12 eingeführten Ordnung für die Menge der ν-Tupel $[\sigma_1, \sigma_2, \ldots, \sigma_\nu]$ angeordnet. – Anm. d. R.

[2]) Das heißt, zu jeder Booleschen Funktion gibt es einen Ausdruck, der allein aus Aussagenvariablen, dem Negations-, Konjunktions- und Alternativzeichen (sowie Klammern) aufgebaut ist und der diese Funktion repräsentiert.

Dabei ist in (1.3) die Alternative über alle n-Tupel $[\sigma_1, \sigma_2, \ldots, \sigma_n]$ zu nehmen, für die $f(\sigma_1, \sigma_2, \ldots, \sigma_n) = 1$ gilt.

Falls f identisch falsch ist, d. h. für jedes n-Tupel $[\sigma_1, \sigma_2, \ldots, \sigma_n]$ aus $\{0, 1\}$ $f(\sigma_1, \sigma_2, \ldots, \sigma_n) = 0$ gilt, also kein n-Tupel $[\sigma_1, \sigma_2, \ldots, \sigma_n]$ mit

$$f(\sigma_1, \sigma_2, \ldots, \sigma_n) = 1$$

existiert, so steht auf der rechten Seite von (1.3) die sogenannte „*leere Alternative*", das ist eine „Alternative, die aus keinem Glied besteht". Dieser Spezialfall wird durch die Formel (1.3) mit erfaßt, wenn man als leere Alternative die Konstante 0 definiert. Dual dazu wird als „*leere Konjunktion*" die Konstante 1 angesehen.

Ein Ausdruck der Form, wie er auf der rechten Seite der Gleichung (1.3) steht, heißt *kanonische alternative Normalform* bezüglich des n-Tupels $[x_1, \ldots, x_n]$ von Aussagenvariablen.

Auf Grund von Gleichung (1.3) ist klar, wie man zu einer durch eine Tabelle gegebenen Booleschen Funktion f die[1]) diese Funktion repräsentierende kanonische alternative Normalform aufstellt: Aus der Tabelle wählt man alle n-Tupel $[\sigma_1, \sigma_2, \ldots, \sigma_n]$ aus, für die die Funktion f den Wert 1 annimmt. Für jedes derartige n-Tupel stellt man die Konjunktion $x_1^{\sigma_1} x_2^{\sigma_2} \ldots x_n^{\sigma_n}$ auf und verbindet diese Glieder alternativ.

Beispiel. Es ist für die in Tabelle I.6 gegebene Boolesche Funktion $f(x_1, x_2, x_3)$ die kanonische alternative Normalform aufzustellen.

Tabelle I.6

x_1	x_2	x_3	$f(x_1, x_2, x_3)$
0	0	0	0
0	0	1	1
0	1	0	1
0	1	1	0
1	0	0	1
1	0	1	0
1	1	0	0
1	1	1	1

Entsprechend den angegebenen Verfahren wählen wir in der Tabelle die zweite, dritte, fünfte und achte Zeile (von oben) aus und erhalten somit die folgende, die Funktion $f(x_1, x_2, x_3)$ repräsentierende kanonische alternative Normalform $\bar{x}_1 \bar{x}_2 x_3 \vee \bar{x}_1 x_2 \bar{x}_3 \vee x_1 \bar{x}_2 \bar{x}_3 \vee x_1 x_2 x_3$.

[1]) Man kann sich leicht überlegen, daß es (bis auf Anordnung der Konjunktionen) genau eine kanonische alternative Normalform gibt, die eine vorgegebene Boolesche Funktion repräsentiert. – Anm. d. Red.

Die Ausdrücke der Form

$$x_1^{\sigma_1} x_2^{\sigma_2} \ldots x_n^{\sigma_n}$$

heißen *Elementarkonjunktionen bezüglich des n-Tupels* $[x_1, x_2, \ldots, x_n]$ *von Aussagenvariablen.*

Analog zu Satz 2 kann gezeigt werden, daß jede n-stellige BOOLEsche Funktion durch eine Konjunktion von Ausdrücken der Form $(x_1^{\sigma_1} \vee x_2^{\sigma_2} \vee \ldots \vee x_n^{\sigma_n})$ repräsentierbar ist. Ein derartiger Ausdruck heißt *kanonische konjunktive Normalform*, und die Ausdrücke der Form $(x_1^{\sigma_1} \vee x_2^{\sigma_2} \vee \ldots \vee x_n^{\sigma_n})$ werden *Elementaralternativen* genannt (jeweils *bezüglich des n-Tupels* $[x_1, x_2, \ldots, x_n]$ *von Aussagenvariablen*).

Bei der Repräsentierung einer BOOLEschen Funktion durch eine kanonische Normalform wird gewöhnlich die alternative gegenüber der konjunktiven bevorzugt, da sie sich einfacher aus der entsprechenden Tabelle gewinnen läßt und übersichtlicher ist.

Auf Grund der auf Seite 12 angegebenen eineindeutigen Zuordnung zwischen der Menge aller n-Tupel $[\sigma_1, \sigma_2, \ldots, \sigma_n]$ über $\{0, 1\}$ und der Menge $\{0, 1, \ldots, 2^n - 1\}$ gemäß Definition

$$g(\sigma_1, \sigma_2, \ldots, \sigma_n) = \sum_{\nu=1}^{n} \sigma_\nu \cdot 2^{n-\nu}$$

können die Elementarkonjunktionen bzw. -alternativen (bzgl. des n-Tupels $[x_{i_1}, x_{i_2}, \ldots, x_{i_n}]$ von Aussagenvariablen) wie folgt durchnumeriert werden:

$$K_j = K_j(x_{i_1}, x_{i_2}, \ldots, x_{i_n}) = x_{i_1}^{\sigma_1} \wedge x_{i_2}^{\sigma_2} \wedge \ldots \wedge x_{i_n}^{\sigma_n}$$

bzw.

$$A_j = A_j(x_{i_1}, x_{i_2}, \ldots, x_{i_n}) = x_{i_1}^{\sigma_1} \vee x_{i_2}^{\sigma_2} \vee \ldots \vee x_{i_n}^{\sigma_n}$$

genau dann, wenn $j = g(\sigma_1, \sigma_2, \ldots, \sigma_n)$.

So erhält man zum Beispiel im Fall $n = 3$ für das Variablentripel $[x_1, x_2, x_3]$:

$$\begin{array}{ll} K_0 = \bar{x}_1 \wedge \bar{x}_2 \wedge \bar{x}_3 \,, & A_0 = \bar{x}_1 \vee \bar{x}_2 \vee \bar{x}_3 \,, \\ K_1 = \bar{x}_1 \wedge \bar{x}_2 \wedge x_3 \,, & A_1 = \bar{x}_1 \vee \bar{x}_2 \vee x_3 \,, \\ \vdots & \vdots \\ K_7 = x_1 \wedge x_2 \wedge x_3 \,, & A_7 = x_1 \vee x_2 \vee x_3 \,. \end{array}$$

Werden in einem Ausdruck H, in dem weder das Implikationszeichen $\rightarrow$ noch das Äquivalenzzeichen $\leftrightarrow$ vorkommt, alle Aussagenvariablen negiert und in der angegebenen Reihenfolge die Zeichen $0, 1, \wedge, \vee$ durch $1, 0, \vee, \wedge$ simultan ersetzt, dann ist der erhaltene Ausdruck wertverlaufsgleich mit der Negation $\sim H$ von H (DE MORGANsche *Regel*).[1]

---

[1]) AUGUSTUS DE MORGAN (1806–1878). Englischer Logiker und Mathematiker, einer der Begründer der mathematischen Logik.

Setzen wir etwa

$$H =_{\mathrm{Df}} (x_1 \vee \bar{x}_2) \cdot (x_3 \vee x_4 \vee x_5) \cdot \bar{x}_6 \,,$$

dann folgt nach der DE MORGANschen Regel

$$\sim H = \bar{x}_1\, x_2 \vee \bar{x}_3\, \bar{x}_4\, \bar{x}_5 \vee x_6 \,.$$

Aus der DE MORGANschen Regel folgt ferner:

$$\overline{x_2 \wedge x_1} = \bar{x}_1 \vee \bar{x}_2 \,,$$
$$\overline{x_1 \vee x_2} = \bar{x}_1 \wedge \bar{x}_2$$

und allgemein für die Elementarkonjunktionen und -alternativen (bezüglich n Variablen):

$$\overline{K_j} = A_k \,, \quad \text{wobei } k = 2^n - 1 - j;$$
$$\overline{A_j} = K_k \,, \quad \text{wobei } k = 2^n - 1 - j;$$

d. h., die Negation einer Elementarkonjunktion (bzw. -alternative) ist wertverlaufsgleich einer Elementaralternative (bzw. -konjunktion), wobei die Indizes j und k bei der festgelegten Anordnung der Elementarkonjunktionen bzw. -alternativen der Relation $j + k = 2^n - 1$ genügen.

Erfüllen die Zahlen j und k die Relation $j + k = 2^n - 1$ und gilt $\sigma_\nu + \bar{\sigma}_\nu = 1$ für jedes ν mit $1 \leqq \nu \leqq n$ (und liegen für jedes ν mit $1 \leqq \nu \leqq n$ die Größen σ_ν und $\bar{\sigma}_\nu$ in $\{0, 1\}$), so ist $j = \sum_{\nu=1}^{n} \sigma_\nu \cdot 2^{n-\nu}$ genau dann, wenn $k = \sum_{\nu=1}^{n} \bar{\sigma}_\nu \cdot 2^{n-\nu}$.

Ist etwa

$$K_5 = x_1 \wedge \bar{x}_2 \wedge x_3 \qquad (5 \sim 101),$$

dann erhält man

$$\overline{K_5} = A_{7-5} = A_2$$
$$= \bar{x}_1 \vee x_2 \vee \bar{x}_3 \qquad (2 \sim 010).$$

Wir betrachten jetzt gewisse Ausdrücke, die bei jeder Belegung den Wert 1 bzw. den Wert 0 annehmen (immer „wahr" werden bzw. immer „falsch" werden).

A) *Die Konjunktion zweier verschiedener Elementarkonjunktionen (bezüglich desselben n-Tupels von Aussagenvariablen) ist stets wertverlaufsgleich mit* 0; *denn zu jedem derartigen Paar von Elementarkonjunktionen gibt es mindestens eine Aussagenvariable, die in der einen Elementarkonjunktion nicht negiert und in der anderen negiert vorkommt.*

Beispiel. $(\bar{x}_1\, x_2\, \bar{x}_3) \cdot (x_1\, \bar{x}_2\, \bar{x}_3) = 0$.

B) *Die Alternative zweier verschiedener Elementaralternativen (bezüglich desselben n-Tupels von Aussagenvariablen) ist stets wertverlaufsgleich mit* 1; *denn zu jedem derartigen Paar von Elementaralternativen gibt es mindestens eine Aussagenvariable, die in der einen Elementaralternative nicht negiert und in der anderen negiert vorkommt.*

Beispiel.

$$(x_1 \vee \bar{x}_2 \vee x_3) \vee (\bar{x}_1 \vee \bar{x}_2 \vee x_3) = 1 .$$

Die Behauptungen A) und B) beweist man einfach mit Hilfe der Belegungsmethode, und zwar unter Verwendung der Tatsache, daß bei jeder Belegung unter den 2^n Elementarkonjunktionen bzw. Elementaralternativen (bezüglich eines n-Tupels von Aussagenvariablen) genau eine wahr bzw. falsch wird. Man kann A) und B) aber auch unmittelbar aus den unter 1, 2, 5 und 6 angegebenen Sätzen herleiten.

C) *Die Alternative über alle 2^n Elementarkonjunktionen (bezüglich eines n-Tupels von Aussagenvariablen) ist wertverlaufsgleich mit* 1.

D) *Die Konjunktion über alle 2^n Elementaralternativen (bezüglich eines n-Tupels von Aussagenvariablen) ist wertverlaufsgleich mit* 0.

Beweis. Die Behauptungen C) und D) kann man wie A) und B) unmittelbar mit der Belegungsmethode einsehen; jedoch können sie auch auf Grund der unter 1 bis 6 angegebenen Sätze wie folgt bewiesen werden: Man „klammert" in den ersten $\frac{2^n}{2}$ Elementarkonjunktionen (bzw. -alternativen) $\bar{x}_1$ und in den restlichen x_1 auf Grund des unter 4 angegebenen Satzes der Distributivität von $\vee$ bezüglich $\wedge$ bzw. $\wedge$ bezüglich $\vee$ „aus" und erhält auf diese Weise einen Ausdruck der Form

$$\bar{x}_1 \cdot H \vee x_1 \cdot H$$

bzw.

$$(\bar{x}_1 \vee H) \cdot (x_1 \vee H) .$$

Der erste bzw. zweite Ausdruck kann dann sukzessive mit Hilfe der unter 4 bis 6 angegebenen Sätze folgendermaßen umgeformt werden:

$$\begin{aligned} &\bar{x}_1 H \vee x_1 H \\ &= (\bar{x}_1 \vee x_1) \cdot H \\ &= 1 \cdot H \\ &= H \quad \text{usw.} \end{aligned} \qquad \text{bzw.} \qquad \begin{aligned} &(\bar{x}_1 \vee H) \cdot (x_1 \vee H) \\ &= \bar{x}_1 x_1 \vee H \\ &= 0 \vee H \\ &= H . \quad \text{usw.} \end{aligned}$$

Beispiele.

ad C) $\bar{x}_1 \bar{x}_2 \bar{x}_3 \vee \bar{x}_1 \bar{x}_2 x_3 \vee \bar{x}_1 x_2 \bar{x}_3 \vee \bar{x}_1 x_2 x_3 \vee x_1 \bar{x}_2 \bar{x}_3 \vee x_1 \bar{x}_2 x_3 \vee x_1 x_2 \bar{x}_3 \vee x_1 x_2 x_3$

$= \bar{x}_1 (\bar{x}_2 \bar{x}_3 \vee \bar{x}_2 x_3 \vee x_2 \bar{x}_3 \vee x_2 x_3) \vee x_1 (\bar{x}_2 \bar{x}_3 \vee \bar{x}_2 x_3 \vee x_2 \bar{x}_3 \vee x_2 x_3)$

$= \bar{x}_1 H \vee x_1 H$ (wobei $H =_{\mathrm{Df}} \bar{x}_2 \bar{x}_3 \vee \bar{x}_2 x_3 \vee x_2 \bar{x}_3 \vee x_2 x_3$)

$= H .$

ad D) $(\bar{x}_1 \vee \bar{x}_2)(\bar{x}_1 \vee x_2)(x_1 \vee \bar{x}_2)(x_1 \vee x_2) = (\bar{x}_1 \vee \bar{x}_2 x_2)(x_1 \vee \bar{x}_2 x_2)$

$= (\bar{x}_1 \vee H)(x_1 \vee H)$ (wobei $H =_{\mathrm{Df}} \bar{x}_2 x_2$)

$= H .$

Aus C) bzw. D) kann man sehr einfach die folgenden Äquivalenzen für beliebige Ausdrücke H herleiten:

$$H\,\bar{x}_1\,\bar{x}_2 \vee H\,\bar{x}_1\,x_2 \vee H\,x_1\,\bar{x}_2 \vee H\,x_1\,x_2 = H \tag{1.4}$$

bzw.

$$(H \vee \bar{x}_1 \vee \bar{x}_2)\,(H \vee \bar{x}_1 \vee x_2)\,(H \vee x_1 \vee \bar{x}_2)\,(H \vee x_1 \vee x_2) = H\,. \tag{1.5}$$

Diese Äquivalenzen gelten entsprechend allgemein für Elementarkonjunktionen bzw. Elementaralternativen bezüglich n Aussagenvariablen, etwa

$$x_1, x_2, \ldots, x_n\,, \qquad n \geqq 1.$$

Gegeben sei eine n-stellige BOOLEsche Funktion $f(x_1, x_2, \ldots, x_n)$. Wir untersuchen jetzt die Frage, *wie aus der die Funktion $f(x_1, x_2, \ldots, x_n)$ repräsentierenden kanonischen alternativen Normalform die entsprechende kanonische konjunktive Normalform gewonnen werden kann und umgekehrt.*

Wir nehmen an, daß

$$f(x_1, x_2, \ldots, x_n) = \bigvee_{\varkappa=1}^{k} K_{i_\varkappa}$$

mit $0 \leqq i_1 < i_2 < \cdots < i_k \leqq 2^n - 1$ gilt, d. h., daß die kanonische alternative Normalform $\bigvee_{\varkappa=1}^{k} K_{i_\varkappa}$ die Funktion $f(x_1, \ldots, x_n)$ repräsentiert. Daraus folgt, daß

$$\bar{f}(x_1, x_2, \ldots, x_n) = \bigvee_{\lambda=1}^{l} K_{j_\lambda}$$

gilt, wobei

$$0 \leqq j_1 < j_2 < \cdots < j_l \leqq 2^n - 1$$

und $\{j_1, j_2, \ldots, j_l\} = \{0, 1, \ldots, 2^n - 1\} \setminus \{i_1, i_2, \ldots, i_k\}$ ist, d. h., die Alternative besteht aus genau denjenigen Elementarkonjunktionen, die in $\bigvee_{\varkappa=1}^{k} K_{i_\varkappa}$ nicht vorkommen (dabei ist die „leere“ Alternative selbstverständlich zugelassen). Aus der zuletzt angegebenen Gleichung erhält man aber

$$\begin{aligned} f(x_1, x_2, \ldots, x_n) &= \sim\Big(\bigvee_{\lambda=1}^{l} K_{j_\lambda}\Big) \\ &= \bigwedge_{\lambda=1}^{l} \sim K_{j_\lambda} \\ &= \bigwedge_{\lambda=1}^{l} A_{(2^n-1)-j_\lambda}\,. \end{aligned}$$

Somit kann, falls zu einer BOOLEschen Funktion die sie repräsentierende kanonische alternative Normalform gegeben ist, die entsprechende kanonische konjunktive Normalform folgendermaßen konstruiert werden: Man verknüpft als erstes alle Elementarkonjunktionen (bezüglich des betreffenden n-Tupels von Variablen), die in der vorliegenden alternativen Normalform nicht vorkommen, alternativ. In dem so erhaltenen Ausdruck vertauscht man in der angegebenen Reihenfolge simultan die Zeichen $\wedge$, $\vee$ mit $\vee$, $\wedge$. Sodann werden simultan alle unnegierten Aussagenvariablen negiert und bei allen negierten das Negationszeichen weggelassen und schließlich die Elementaralternativen in der festgelegten Reihenfolge angeordnet.

Beispiel. Gegeben sei die folgende kanonische alternative Normalform (bezüglich $[x_1, x_2, x_3]$):

$$K_2 \vee K_5 \vee K_6 ,$$

also

$$\bar{x}_1 x_2 \bar{x}_3 \vee x_1 \bar{x}_2 x_3 \vee x_1 x_2 \bar{x}_3 .$$

Wir bilden zuerst

$$K_0 \vee K_1 \vee K_3 \vee K_4 \vee K_7 ,$$

also

$$\bar{x}_1 \bar{x}_2 \bar{x}_3 \vee \bar{x}_1 \bar{x}_2 x_3 \vee \bar{x}_1 x_2 x_3 \vee x_1 \bar{x}_2 \bar{x}_3 \vee x_1 x_2 x_3;$$

daraus erhalten wir durch Vertauschung von $\wedge$ bzw. $\vee$ mit $\vee$ bzw. $\wedge$:

$$(\bar{x}_1 \vee \bar{x}_2 \vee \bar{x}_3)(\bar{x}_1 \vee \bar{x}_2 \vee x_3)(\bar{x}_1 \vee x_2 \vee x_3)(x_1 \vee \bar{x}_2 \vee \bar{x}_3)(x_1 \vee x_2 \vee x_3) .$$

Durch Negieren der unnegierten Variablen bzw. Weglassen des Negationszeichens der negierten Variablen folgt

$$(x_1 \vee x_2 \vee x_3)(x_1 \vee x_2 \vee \bar{x}_3)(x_1 \vee \bar{x}_2 \vee \bar{x}_3)(\bar{x}_1 \vee x_2 \vee x_3)(\bar{x}_1 \vee \bar{x}_2 \vee \bar{x}_3) ,$$

und daraus schließlich durch Umordnen

$$(\bar{x}_1 \vee \bar{x}_2 \vee \bar{x}_3)(\bar{x}_1 \vee x_2 \vee x_3)(x_1 \vee \bar{x}_2 \vee \bar{x}_3)(x_1 \vee x_2 \vee \bar{x}_3)(x_1 \vee x_2 \vee x_3) ,$$

d. h.

$$A_0 \wedge A_3 \wedge A_4 \wedge A_6 \wedge A_7 .$$

Ist eine kanonische konjunktive Normalform gegeben, so kann die entsprechende kanonische alternative Normalform analog konstruiert werden.

Wir untersuchen jetzt die sogenannte *funktionale Vollständigkeit* von Mengen Booleścher Funktionen. Gegeben sei eine beliebige[1]) Menge $\mathfrak{B}$ Boolescher Funktionen.

Definition. $\mathfrak{M}$ heißt *funktional vollständig* genau dann, wenn jede Boolesche Funktion durch Superposition von Funktionen aus $\mathfrak{B}$ erhalten werden kann, d. h.,[2]) wenn jede Boolesche Funktion aus Funktionen der Menge $\mathfrak{M}$ unter Verwendung der folgenden Operationen mit Funktionen konstruiert werden kann:

1. Einsetzung. Gegeben seien die n-stelligen Funktionen $f_1, f_2, \ldots, f_m$ und die m-stellige Funktion g. Man bildet eine neue n-stellige Funktion h durch die Festsetzung:

$$h(x_1, x_2, \ldots, x_n) = g(f_1(x_1, x_2, \ldots, x_n), f_2(x_1, x_2, \ldots, x_n), \ldots, f_m(x_1, x_2, \ldots, x_n)) .$$

[1]) Im Original wird vorausgesetzt, daß die Menge $\mathfrak{B}$ endlich ist. Diese Voraussetzung ist aber entbehrlich. – Anm. d. Red.

[2]) Die folgende ausführliche Formulierung dieser Definition ist dem Original hinzugefügt. – Anm. d. Red.

2. Transposition von Argumenten. Gegeben sei eine n-stellige Funktion f. Man bildet eine neue n-stellige Funktion g durch die Festsetzung:

$$g(x_1, \ldots, x_{\nu-1}, x_\nu, x_{\nu+1}, \ldots, x_n) = f(x_1, \ldots, x_{\nu-1}, x_{\nu+1}, x_\nu, \ldots, x_n) \; (1 \leqq \nu < n) .$$

3. Gleichsetzung von Argumenten. Gegeben sei eine $(n + 1)$-stellige Funktion f. Man bildet eine neue n-stellige Funktion g durch die Festsetzung:

$$g(x_1, x_2, \ldots, x_\nu, \ldots, x_n) = f(x_1, x_2, \ldots, x_\nu, \ldots, x_n, x_\nu) .$$

4. Hinzunahme von fiktiven Variablen. Gegeben sei eine n-stellige Funktion f. Man bildet eine $(n + 1)$-stellige Funktion g durch die Festsetzung:

$$g(x_1, x_2, \ldots, x_n, x_{n+1}) = f(x_1, x, \ldots, x_n) .$$

Beispiel 1. Die Menge $\{\sim, \wedge, \vee\}$ ist funktional vollständig. Dies folgt aus Satz 2, der besagt, daß jede Booleesche Funktion durch einen Ausdruck repräsentiert werden kann, in dem die Zeichen $\rightarrow$ und $\leftrightarrow$ nicht vorkommen. (Die Konstanten 0 und 1 können wie folgt definiert werden: $0 = \bar{x} \wedge x$, $1 = \bar{x} \vee x$.) Insbesondere können die restlichen klassischen Booleeschen Funktionen (am Anfang dieses Paragraphen und in Tabelle I.3 aufgeführt) durch die genannten drei definiert werden. Es gilt nämlich:

$$x_1 \rightarrow x_2 = \bar{x}_1 \bar{x}_2 \vee \bar{x}_1 x_2 \vee x_1 x_2 = \bar{x}_1 \vee x_2 ,$$
$$x_1 \leftrightarrow x_2 = \bar{x}_1 \bar{x}_2 \vee x_1 x_2 .$$

Beispiel 2. Die Mengen $\{\sim, \wedge\}$ und $\{\sim, \vee\}$ sind ebenfalls funktional vollständig.

Es gilt nämlich einerseits $x_1 \vee x_2 = \overline{\bar{x}_1 \wedge \bar{x}_2}$ und andererseits $x_1 \wedge x_2 = \overline{\bar{x}_1 \vee \bar{x}_2}$.

Wir definieren eine weitere zweistellige Funktion wie folgt:

$$x_1 | x_2 =_{\mathrm{Df}} \bar{x}_1 \vee \bar{x}_2 .$$

Sie heißt Sheffersche Funktion und ist durch die Tabelle I.7 beschrieben.

Tabelle I.7

x_1	x_2	$x_1 \| x_2$
0	0	1
0	1	1
1	0	1
1	1	0

Tabelle I.8

x_1	x_2	$x_1 \oplus x_2$
0	0	0
0	1	1
1	0	1
1	1	0

Beispiel 3. Die Menge $\{ \, | \, \}$ ist funktional vollständig.

Das ergibt sich aus $\bar{x} = x|x$, $x_1 \vee x_2 = (x_1|x_1)|(x_2|x_2)$.

Bei der Synthese logischer Netze spielt häufig die Addition mod 2 eine Rolle. Diese Funktion wird durch $\oplus$ bezeichnet und ist in Tabelle I.8 beschrieben.

Die Funktion $\oplus$ entspricht dem ausschließenden Oder, das in der Umgangssprache manchmal als „Entweder—oder" oder auch einfach als „Oder" verwendet wird. Der Tabelle I.8 kann man entnehmen, daß $x_1 \oplus x_2 = \bar{x}_1 x_2 \vee x_1 \bar{x}_2$ gilt.

Beispiel 4. Die Mengen $\{\oplus, 1, \wedge\}$ und $\{\oplus, 1, \vee\}$ sind funktional vollständig. Das erkennt man mit Hilfe der Äquivalenz

$$\bar{x} = x \oplus 1 .$$

Auf Grund der angegebenen Beispiele ist klar, daß es verschiedene funktional vollständige Mengen Boolescher Funktionen gibt. Jede derartige Menge kann als „Basis" oder als „System von Ausgangsfunktionen" gewählt werden in dem Sinne, daß jede Boolesche Funktion aus den Funktionen dieser Menge durch Superposition erzeugt werden kann.

Die Wahl einer funktional vollständigen Menge ist abhängig vom Charakter des betrachteten Problems und von seinen konkreten Lösungsbedingungen.

Außerordentlich wichtig sind notwendige und hinreichende Kriterien, mit denen die funktionale Vollständigkeit (oder Unvollständigkeit) einer Menge Boolescher Funktionen festgestellt werden kann. Weiter unten geben wir ein derartiges Kriterium (ohne Beweis) an. Bei der Formulierung dieses Kriteriums spielen die folgenden fünf Eigenschaften Boolescher Funktionen eine Rolle.

Gegeben sei eine beliebige n-stellige Boolesche Funktion f. Wir definieren:

1. Null-Reproduktion. *f reproduziert die Null* genau dann, wenn gilt:

$$f(0, 0, \ldots, 0) = 0 .$$

2. Eins-Reproduktion (oder auch Positivität). *f reproduziert die Eins* (oder auch: f ist *positiv*) genau dann, wenn gilt:

$$f(1, 1, \ldots, 1) = 1 .$$

3. Selbstdualität. f ist *selbstdual* (oder auch: f ist *ungerade*) genau dann, wenn für jedes $x_1, x_2, \ldots, x_n$ aus $\{0, 1\}$ gilt:

$$f(\bar{x}_1, \bar{x}_2, \ldots, \bar{x}_n) = \bar{f}(x_1, x_2, \ldots, x_n) .$$

4. Monotonie. f ist *monoton* genau dann, wenn für jedes $x_1, x_1', x_2, x_2', \ldots, x_n, x_n'$ aus $\{0, 1\}$ gilt: Wenn $x_\nu \leqq x_\nu'$ für alle ν $(1 \leqq \nu \leqq n)$, so ist $f(x_1, x_2, \ldots, x_n) \leqq f(x_1', x_2', \ldots, x_n')$.

5. Linearität. f ist *linear* genau dann, wenn es Elemente $a_0, a_1, \ldots, a_n$ aus $\{0, 1\}$ gibt, so daß für jedes $x_1, x_2, \ldots, x_n$ aus $\{0, 1\}$ gilt:

$$f(x_1, x_2, \ldots, x_n) = a_0 \oplus a_1 x_1 \oplus \cdots \oplus a_n x_n .$$ [1]

Eine lineare Funktion verändert sich nicht, wenn eine gerade Anzahl ihrer Variablen negiert wird. Zum Beispiel ist die Funktion $f(x_1, x_2, x_3) =_{\mathrm{Df}} x_1 \oplus x_2 \oplus x_3 = (x_1 x_2 \vee \bar{x}_1 \bar{x}_2) x_3 \vee (x_1 \bar{x}_2 \vee \bar{x}_1 x_2) \bar{x}_3$ linear. Man überzeugt sich leicht, daß $f(x_1, x_2, x_3) = x_1 \oplus \bar{x}_2 \oplus \bar{x}_3$ gilt.

---

[1]) Die Operation $\oplus$ ist assoziativ und kommutativ, deshalb sind Klammern unnötig.

Satz 3. (*Notwendiges und hinreichendes Kriterium der funktionalen Vollständigkeit einer Menge* $\mathfrak{B}$ BOOLE*scher Funktionen*). *Eine Menge* $\mathfrak{B}$ BOOLE*scher Funktionen ist funktional vollständig genau dann, wenn es zu jeder der fünf angegebenen Eigenschaften eine Funktion aus* $\mathfrak{B}$ *gibt, die die betreffende Eigenschaft nicht hat.*

Folgerung. Jede funktional vollständige Menge BOOLEscher Funktionen enthält eine Teilmenge, die aus höchstens fünf Elementen besteht und die ebenfalls funktional vollständig ist.[1])

Wir erläutern den eben formulierten Satz an einigen einfachen Beispielen.

1. Die Mengen $\{\sim, \wedge\}$ und $\{\sim, \vee\}$ erfüllen das Kriterium der funktionalen Vollständigkeit; denn die Eigenschaften 1, 2, 4 treffen nicht auf die Negation zu, die Eigenschaften 3 und 5 nicht auf die Konjunktion (bzw. Alternative).

2. Die SHEFFERsche Funktion genügt gleichfalls dem Vollständigkeitskriterium, da sie keine der erwähnten fünf Eigenschaften hat.

3. Ferner ist die Menge $\{\oplus, 1, \wedge\}$ funktional vollständig, da zu jeder der genannten fünf Eigenschaften eine Funktion aus $\{\oplus, 1, \wedge\}$ existiert, die diese Eigenschaft nicht besitzt.

Wie man leicht sieht, wird die Menge $\{\oplus, 1, \wedge\}$ unvollständig, sobald eine der drei Funktionen weggelassen wird. Wenn wir zum Beispiel in dieser Menge die Konstante 1 streichen, dann existiert darin keine Funktion, für die die Eigenschaft 1 (Null-Reproduktion) nicht erfüllt ist. Wird die Konjunktion weggelassen, dann existiert keine Funktion, für die die Eigenschaft 5 nicht erfüllt ist.

4. Wir betrachten jetzt die Menge $\{\rightarrow, \wedge\}$. Sie ist funktional unvollständig, weil darin keine Funktion vorkommt. für die die Eigenschaft 2 (Eins-Reproduktion) nicht erfüllt ist.

Diese Menge wird funktional vollständig, wenn man noch die Konstante 0 hinzunimmt. Mit Hilfe von $\rightarrow$ und 0 kann nämlich die Negation wie folgt definiert werden: $\bar{x} = x \rightarrow 0$. Also sind die Mengen $\{\rightarrow, \wedge, 0\}$ und $\{\rightarrow, \vee, 0\}$ funktional vollständig.[2])

§ 3. Optimierung von Normalformen

Im vorigen Paragraphen wurde gezeigt, daß jede BOOLEsche Funktion $f(x_1, x_2, \ldots, x_n)$ durch eine kanonische alternative Normalform bezüglich $[x_1, x_2, \ldots, x_n]$ repräsentiert werden kann, d. h., daß

$$f(x_1, x_2, \ldots, x_n) = \bigvee_{f(\sigma_1, \sigma_2, \ldots, \sigma_n) = 1} x_1^{\sigma_1} x_2^{\sigma_2} \ldots x_n^{\sigma_n} \tag{1.3}$$

gilt.

Analog ist jede BOOLEsche Funktion auch durch eine kanonische konjunktive Normalform bezüglich $[x_1, x_2, \ldots, x_n]$ repräsentierbar.

Eine kanonische Normalform kann evtl. durch äquivalente Umformungen vereinfacht werden in dem Sinne, daß die Anzahl der Stellen, an denen in diesem Ausdruck Aussagenvariablen stehen, verkleinert wird.

---

[1]) S. W. JABLONSKI zeigte, daß jede funktional vollständige Menge BOOLEscher Funktionen sogar eine funktional vollständige Teilmenge enthält, die aus höchstens vier Elementen besteht. Siehe: JABLONSKI, S. W., Über Superpositionen logischer Funktionen. Mat. Sbornik **30** (72) (1952) 329–348. (Яблонский, С. В., О суперпозициях функций алгебрылочики. Мат. сборник).

[2]) Da $x_1 \vee x_2 = (x_1 \rightarrow x_2) \rightarrow x_2$ gilt, ist sogar die Menge $\{\rightarrow, 0\}$ funktional vollständig. — Anm. d. Red.

Definition. F heißt *Fundamentalkonjunktion* genau dann, wenn F eine Konjunktion aus Aussagenvariablen oder negierten Aussagenvariablen ist und keine Variable mehrfach vorkommt.

Unter dem *Rang* einer Fundamentalkonjunktion versteht man die Anzahl ihrer Konjunktionsglieder. So ist zum Beispiel $x_1 \bar{x}_2 x_4$ eine Fundamentalkonjunktion vom Rang drei.

Definition. Eine (evtl. leere) wiederholungsfreie Alternative aus Fundamentalkonjunktionen heißt *alternative Normalform.*

Die Begriffe *Fundamentalalternative* und *konjunktive Normalform* werden analog definiert.

Beispiele.

1. Der Ausdruck $x_1 x_3 \vee x_2 \bar{x}_3 \vee \bar{x}_1 x_3 \bar{x}_4$ ist eine alternative Normalform.
2. Der Ausdruck $\bar{x}_1 \vee \bar{x}_3 \vee \bar{x}_4$ ist eine Fundamentalalternative vom Rang 3.
3. Der Ausdruck $(\bar{x}_1 \vee x_3 \vee \bar{x}_4)(\bar{x}_1 \vee x_2)(\bar{x}_3 \vee \bar{x}_4)$ ist eine konjunktive Normalform.

Definition. Eine alternative Normalform N heißt *optimal* genau dann, wenn es keine alternative Normalform N' mit den folgenden Eigenschaften gibt:

a) N' ist wertverlaufsgleich mit N,

b) die Anzahl der Stellen in N', an denen eine Aussagenvariable oder eine negierte Aussagenvariable steht, ist kleiner als die entsprechende Anzahl in N.

Für konjunktive Normalformen wird die Optimalität analog definiert.

Bei der Synthese logischer Netze entsteht die wichtige Aufgabe, zu einem gegebenen Ausdruck eine ihm äquivalente optimale Normalform zu konstruieren. Genauer gesagt, ist nach einem Algorithmus gefragt, der diese Aufgabe für jeden Ausdruck löst.

Der folgende Algorithmus leistet offensichtlich das Gewünschte. Gegeben sei ein Ausdruck H, in dem genau die Aussagenvariablen $x_1, x_2, \ldots, x_n$ (unnegiert oder negiert) vorkommen. Nun existiert einerseits zu H sicher eine wertverlaufsgleiche kanonische alternative Normalform K bezüglich $[x_1, x_2, \ldots, x_n]$. Andererseits ist in einer beliebigen kanonischen alternativen Normalform bezüglich $[x_1, x_2, \ldots, x_n]$ die Anzahl der Stellen, an denen eine unnegierte oder negierte Aussagenvariable steht, durch

$$n \cdot 2^n \tag{1.6}$$

beschränkt. Also genügt es, die (endlich vielen!) alternativen Normalformen, in denen höchstens Aussagenvariablen aus $\{x_1, x_2, \ldots, x_n\}$ vorkommen und in denen an höchstens $n \cdot 2^n$ Stellen unnegierte oder negierte Aussagenvariablen stehen, daraufhin durchzuprüfen, ob sie mit H wertverlaufsgleich sind. Da diese Durchsicht für jede gegebene alternative Normalform N nach endlich vielen Schritten beendet ist (wobei die Anzahl der Schritte selbstverständlich von N abhängt), kann auf diese Weise stets eine optimale zu H äquivalente alternative Normalform gefunden werden. — Zur Auffindung optimaler konjunktiver Normalformen gibt es einen analogen Algorithmus.

Der beschriebene „Probieralgorithmus" ist allerdings sehr „unökonomisch", denn schon für relativ kleine n ist die Anzahl der erforderlichen „Probierschritte" so groß, daß das Verfahren praktisch undurchführbar ist. Demgemäß benutzt man in der Praxis andere „ökonomischere" Algorithmen. Jedoch ist festzustellen, daß diese Algorithmen nicht in allen Fällen zu einer optimalen Normalform führen; man kann mit ihnen aber in jedem Falle eine „beinahe" optimale Normalform konstruieren, und zwar mit einem Arbeitsaufwand, der wesentlich geringer ist als der durch den Probieralgorithmus entstehende. Allerdings ist auch bei diesen Algorithmen ein Probieren in einem gewissen Umfang nicht völlig zu umgehen. Dies ist dadurch bedingt, daß die Vereinfachung auf verschiedenen Wegen erreicht werden kann. Außerdem ist das Resultat im allgemeinen nicht eindeutig bestimmt, da es zu einer Booleschen Funktion mehrere sie repräsentierende optimale alternative (bzw. konjunktive) Normalformen geben kann. So existieren zum Beispiel für den Ausdruck

$$\bar{x}_1 \bar{x}_2 \bar{x}_3 \vee \bar{x}_1 \bar{x}_2 x_3 \vee \bar{x}_1 x_2 \bar{x}_3 \vee x_1 \bar{x}_2 x_3 \vee x_1 x_2 \bar{x}_3 \vee x_1 x_2 x_3$$

die folgenden äquivalenten optimalen alternativen Normalformen:

$$\bar{x}_1 \bar{x}_2 \vee x_1 x_3 \vee x_2 \bar{x}_3 \quad \text{und} \quad \bar{x}_1 \bar{x}_3 \vee x_1 x_2 \vee \bar{x}_2 x_3 \,.$$

Kanonische alternative Normalformen werden häufig unter Verwendung von

1. $H \bar{x} \vee H x = H$ (Kürzung eines überflüssigen Gliedes),
2. $H x \vee H = H$ (elementare Absorptionsregel),
3. $H x_1 \vee H x_2 = H(x_1 \vee x_2)$ (Ausklammerung)

und kanonische konjunktive Normalformen entsprechend unter Verwendung von

1'. $(H \vee \bar{x}) \wedge (H \vee x) = H$,
2'. $(H \vee x) \wedge H = H$,
3'. $(H \vee x_1) \wedge (H \vee x_2) = H \vee (x_1 \wedge x_2)$

vereinfacht.

Wir bemerken, daß die jeweils ersten zwei Umformungen nicht aus dem Bereich der alternativen (bzw. konjunktiven) Normalformen einer Booleschen Funktion hinausführen; bei der unter 3. bzw. 3'. angegebenen Umformung ist dies der Fall.

Im vorliegenden Paragraphen werden Algorithmen betrachtet, denen allein die unter 1. und 2. bzw. 1'. und 2'. angegebenen Vereinfachungsregeln zugrunde liegen. Die zu optimierenden Booleschen Funktionen sind durch eine Tabelle gegeben, oder es liegt die sie repräsentierende kanonische alternative Normalform vor.

Wir leiten zunächst ein Kriterium ab, bei dem die Absorption zur Vereinfachung alternativer Normalformen herangezogen wird. Dazu führen wir den Begriff der Orthogonalität von Fundamentalkonjunktionen ein.

Definition. Fundamentalkonjunktionen F_i und F_j heißen *orthogonal* genau dann, wenn $F_i \wedge F_j = 0$ gilt.

Offenbar sind nichtleere Fundamentalkonjunktionen F_i und F_j orthogonal genau dann, wenn es eine Aussagenvariable gibt, die in der einen dieser Fundamentalkonjunktionen unnegiert und in der anderen negiert vorkommt. Demgemäß sind zum Beispiel die Fundamentalkonjunktionen $\bar{x}_1 x_2$ und $x_1 x_2$ orthogonal.

Definition. Wir sagen, daß der Ausdruck H_2 den Ausdruck H_1 *absorbiert* genau dann, wenn $H_1 \rightarrow H_2 = 1$ gilt.[1])

Dieser Absorptionsbegriff ist wichtig, weil folgendes gilt: H_2 absorbiert H_1, d. h. $H_1 \rightarrow H_2 = 1$ genau dann, wenn $H_1 \vee H_2 = H_2$.

Der auf Seite 31 eingeführte Absorptionsbegriff, der mit der Gültigkeit von $H x \vee H = H$ zusammenhängt, stellt einen Spezialfall dar.

Der folgende Satz, der hier nicht bewiesen werden soll, ist ein notwendiges und hinreichendes Kriterium dafür, daß eine Fundamentalkonjunktion von einer alternativen Normalform absorbiert wird.

Satz 4 (Absorptionskriterium.[2]) *Es seien* $F, F_1, F_2, \ldots, F_k$ $(k \geqq 1)$ *Fundamentalkonjunktionen. Dann wird* F *von* $F_1 \vee F_2 \vee \cdots \vee F_k$ *absorbiert genau dann, wenn es Fundamentalkonjunktionen* $F'_1, F''_1, F'_2, F''_2, \ldots, F'_k, F''_k$ *mit folgenden Eigenschaften gibt:*

1. $F_\varkappa = F'_\varkappa \wedge F''_\varkappa \qquad (\varkappa = 1, 2, \ldots, k)$,
2. $F \rightarrow F'_1 \wedge F'_2 \wedge \cdots \wedge F'_k = 1$,
3. $F''_1 \vee F''_2 \vee \cdots \vee F''_k = 1$.

Beispiel. Wir setzen

$$F =_{\mathrm{Df}} x_2 x_3 x_4 ,$$

$$F_1 =_{\mathrm{Df}} \bar{x}_1 \bar{x}_2 x_3 ,$$

$$F_2 =_{\mathrm{Df}} x_1 x_2 x_3 ,$$

$$F_3 =_{\mathrm{Df}} \bar{x}_1 x_3 x_4 .$$

Die Behauptung

$$F \rightarrow F_1 \vee F_2 \vee F_3 = 1$$

kann auf Grund von Satz 4 wie folgt bewiesen werden. Wir definieren dazu:

$$F'_1 =_{\mathrm{Df}} x_3 , \qquad F''_1 =_{\mathrm{Df}} \bar{x}_1 \bar{x}_2 ,$$

$$F'_2 =_{\mathrm{Df}} x_2 x_3 , \qquad F''_2 =_{\mathrm{Df}} x_1 ,$$

$$F'_3 =_{\mathrm{Df}} x_3 x_4 , \qquad F''_3 =_{\mathrm{Df}} \bar{x}_1 .$$

---

[1]) Im Original ist diese Definition nur für den Fall formuliert, daß H_1 eine Fundamentalkonjunktion und H_2 eine alternative Normalform ist. — Anm. d. Red.

[2]) Siehe [64, 28].

Dann ist zu zeigen:

1. $F_\varkappa = F'_\varkappa \wedge F''_\varkappa \quad (\varkappa = 1, 2, 3)$,
2. $x_2\, x_3\, x_4 \to x_3 \wedge x_2\, x_3 \wedge x_3\, x_4 = 1$,
3. $\bar{x}_1\, \bar{x}_2 \vee x_1 \vee \bar{x}_1 = 1$.

Die Bedingung 1 gilt nach Definition von $F'_\varkappa$, $F''_\varkappa$ $(\varkappa = 1, 2, 3)$, die Gültigkeit von 2 und 3 ist evident.

Wir beschreiben jetzt allgemeine Methoden zur Konstruktion optimaler oder „beinahe" optimaler alternativer Normalformen für gegebene Booleschen Funktionen bzw. für gegebene Ausdrücke.

Eine stets anwendbare Methode ist die *direkte Vereinfachung* kanonischer alternativer Normalformen. Dazu werden die folgenden zwei Definitionen eingeführt.

Definition. Fundamentalkonjunktionen F_i und F_j heißen *benachbart* genau dann, wenn es eine Fundamentalkonjunktion F, eine Aussagenvariable x_k und ein σ aus $\{0, 1\}$ gibt, so daß $F_i = F\, \overline{x_k^\sigma}$ und $F_j = F\, x_k^\sigma$ gilt.

Definition. Es seien F eine Fundamentalkonjunktion und $\mathfrak{F}$ eine Menge von Fundamentalkonjunktionen. F heißt *isoliert* zu $\mathfrak{F}$ genau dann, wenn es in $\mathfrak{F}$ keine mit F benachbarte Konjunktion gibt.

Gegeben seien eine beliebige n-stellige Boolesche Funktion f und die f repräsentierende kanonische alternative Normalform N. Die Menge der Elementarkonjunktionen, aus denen N besteht, sei $\mathfrak{K}_1$. Diese Elementarkonjunktionen haben offenbar sämtlich den Rang n.

Als erstes sondern wir aus der Menge $\mathfrak{K}_1$ diejenigen Elemente aus, die zu $\mathfrak{K}_1$ selbst isoliert sind. Dies seien etwa $F_1^n, F_2^n, \ldots, F_{i_1}^n$. In der Restmenge $\mathfrak{R}_1$, also in der Menge

$$\mathfrak{R}_1 = \mathfrak{K}_1 \setminus \{F_1^n, F_2^n, \ldots, F_{i_1}^n\}$$

gibt es zu jeder Elementarkonjunktion eine ihr benachbarte. Wir wenden nun auf alle Paare benachbarter Elemente aus $\mathfrak{R}_1$ die äquivalente Umformung

$$F_i \vee F_j = F\, \bar{x}^\sigma \vee F\, x^\sigma = F\, (\bar{x}^\sigma \vee x^\sigma) = F$$

an und erhalten so eine Menge $\mathfrak{K}_2$ von Fundamentalkonjunktionen des Ranges $n - 1$, wobei die Alternative $\bigvee \mathfrak{R}_1$ aus den Elementen von $\mathfrak{R}_1$ äquivalent mit der Alternative $\bigvee \mathfrak{K}_2$ aus den Elementen aus $\mathfrak{K}_2$ ist, also

$$\bigvee \mathfrak{R}_1 = \bigvee \mathfrak{K}_2$$

gilt.

Im zweiten Schritt sondern wir aus $\mathfrak{K}_2$ diejenigen Konjunktionen aus, die zu $\mathfrak{K}_2$ selbst isoliert sind. Dies seien etwa

$$F_1^{n-1}, F_2^{n-1}, \ldots, F_{i_2}^{n-1}.$$

In der Restmenge $\mathfrak{R}_2$, also in der Menge

$$\mathfrak{R}_2 = \mathfrak{K}_2 \setminus \{F_1^{n-1}, F_2^{n-1}, \ldots, F_{i_2}^{n-1}\}$$

gibt es (wie in $\mathfrak{R}_1$) zu jeder Fundamentalkonjunktion eine ihr benachbarte. Somit kann man (wieder durch die oben angegebene äquivalente Umformung) von $\mathfrak{R}_2$ zu einer Menge $\mathfrak{K}_3$ von Fundamentalkonjunktionen übergehen, wobei ähnlich wie oben

$$\bigvee \mathfrak{R}_2 = \bigvee \mathfrak{K}_3$$

gilt.

Ist die gegebene Boolesche Funktion f identisch Null, so ist gar kein Schritt auszuführen; denn in diesem Fall ist 0 die zu f gehörende kanonische alternative Normalform, und diese ist optimal.

Ist f nicht identisch Null, so bricht das beschriebene Verfahren offenbar nach endlich vielen Schritten ab, wobei es für dieses Abbrechen zwei Möglichkeiten gibt.

Das Verfahren breche etwa nach s Schritten ab. Dann ist entweder

a) $\mathfrak{R}_s$ leer,

oder

b) $\mathfrak{R}_{s-1}$ besteht aus (mindestens zwei) Fundamentalkonjunktionen des Ranges 1, und es ist demgemäß $\mathfrak{K}_s = \{1\}$.

Die im σ-ten Schritt ($\sigma = 1, 2, \ldots, s$) ausgesonderten isolierten Fundamentalkonjunktionen seien etwa

$$F_1^{n-\sigma+1}, F_2^{n-\sigma+1}, \ldots, F_{i_\sigma}^{n-\sigma+1}.$$

Dabei ist es durchaus möglich, daß $i_\sigma = 0$, d. h. die Menge $\{F_1^{n-\sigma+1}, F_2^{n-\sigma+1}, \ldots, F_{i_\sigma}^{n-\sigma+1}\}$ leer ist. Auf Grund der vorangegangenen Betrachtungen ist dann klar, daß die anfangs gegebene n-stellige Boolesche Funktion f durch die alternative Normalform[1])

$$\bigvee_{\sigma=1}^{s} (F_1^{n-\sigma+1} \vee F_2^{n-\sigma+1} \vee \cdots \vee F_{i_\sigma}^{n-\sigma+1})$$

repräsentiert wird.

---

[1]) Alle Fundamentalkonjunktionen dieser alternativen Normalform sind Primimplikanten der gegebenen Funktion f.

Zur Definition des Begriffs *Primimplikant* setzt man zuerst:

$F_1 \leqq F_2 =_{\mathrm{Df}}$. Für jede Zeichenreihe Z gilt: Wenn Z negierte oder unnegierte Aussagenvariable ist und wenn Z in F_1 vorkommt, so kommt Z auch in F_2 vor.

Es seien nun H ein Ausdruck, der die Funktion f repräsentiert, und F eine beliebige Fundamentalkonjunktion. Man sagt dann, daß F ein Primimplikant von f ist genau dann, wenn die folgenden zwei Bedingungen erfüllt sind:

1. $F \to H = 1$;

2. Für jede Fundamentalkonjunktion F' gilt: Wenn $F' \to H = 1$, so $F \leqq F'$. — Anm. d. Red.

In der so erhaltenen alternativen Normalform werden nun alle entbehrlichen Fundamentalkonjunktionen gestrichen (Anwendung von Satz 4); das Resultat ist offenbar wieder eine alternative Normalform, die f repräsentiert.[1]) Offenbar hängt das Resultat von der Reihenfolge der Streichungen ab. Jedoch kann man beweisen, daß jede auf diese Weise erhaltene Normalform minimal[2]), aber nicht notwendig *optimal* ist[3]).

Beispiel. Es sei die kanonische alternative Normalform

$$\bar{x}_1 \bar{x}_2 \bar{x}_3 \vee \bar{x}_1 \bar{x}_2 x_3 \vee x_1 \bar{x}_2 x_3 \vee x_1 x_2 x_3$$

zu optimieren. Offenbar existieren keine isolierten Konjunktionen vom Rang 3, aber es gibt die folgenden drei Paare von benachbarten Konjunktionen:

$$[\bar{x}_1 \bar{x}_2 \bar{x}_3,\ \bar{x}_1 \bar{x}_2 x_3]\,,$$
$$[x_1 \bar{x}_2 x_3,\ x_1 x_2 x_3]\,,$$
$$[\bar{x}_1 \bar{x}_2 x_3,\ x_1 \bar{x}_2 x_3]\,.$$

Streicht man darin mit Hilfe der Regel $H\bar{x} \vee Hx = H$ die überflüssigen Konjunktionsglieder, so erhält man die folgenden Fundamentalkonjunktionen vom Rang 2:

$$\bar{x}_1 \bar{x}_2,\ x_1 x_3,\ \bar{x}_2 x_3\,.$$

Aus diesen bilden wir die alternative Normalform

$$\bar{x}_1 \bar{x}_2 \vee x_1 x_3 \vee \bar{x}_2 x_3\,.$$

Sie besteht nur aus isolierten Fundamentalkonjunktionen. Wendet man darauf Satz 4 (Absorptionskriterium) an, so erhält man die minimale alternative Normalform

$$\bar{x}_1 \bar{x}_2 \vee x_1 x_3\,.$$

Diese ist sogar optimal.

Es sei bemerkt, daß die angegebene optimale Normalform auch ohne Absorption (also nur mit Hilfe der Regel zur Kürzung überflüssiger Konjunktionsglieder) hergeleitet werden kann, wenn man allein von den beiden Paaren benachbarter Fundamentalkonjunktionen

$$[\bar{x}_1 \bar{x}_2 \bar{x}_3,\ \bar{x}_1 \bar{x}_2 x_3]\,,$$
$$[x_1 \bar{x}_2 x_3,\ x_1 x_2 x_3]$$

ausgeht. Im allgemeinen muß der dargestellte Minimisierungsalgorithmus jedoch systematisch abgearbeitet werden.

---

[1]) Auf Grund der Bemerkungen in der Fußnote auf S. 34 ist klar, daß sämtliche Alternativglieder dieser Normalform Primimplikanten von f sind. — Anm. d. Red.

[2]) Zur Definition des Begriffs *minimale alternative Normalform* (im Russischen: тупиковая дизъюнктивная нормальная Форма) wird die in der Fußnote auf S. 34 nur für Fundamentalkonjunktionen definierte binäre Relation $\leqq$ für alternative Normalformen folgendermaßen festgelegt:

$N_1 \leqq N_2 =_{\mathrm{Df}}$. Zu jeder Fundamentalkonjunktion F_1, die als Alternativglied in N_1 vorkommt, gibt es eine Fundamentalkonjunktion F_2, die als Alternativglied in N_2 vorkommt, mit $F_1 \leqq F_2$.

Eine alternative Normalform heißt *minimal* genau dann, wenn sie minimales Element bezüglich der binären Relation $\leqq$ ist. — Anm. d. Red.

[3]) Jede optimale alternative Normalform ist jedoch minimal. — Anm. d. Red.

Falls für die Ausgangsfunktion f ein repräsentierender Ausdruck in konjunktiver Normalform vorliegt, so kann eine minimale alternative Normalform von f nach der *Methode der direkten Vereinfachung* wie folgt konstruiert werden. Als erstes formen wir die gegebene konjunktive Normalform durch Anwendung des entsprechenden Distributivgesetzes äquivalent in eine Alternative aus Fundamentalkonjunktionen um. Dann werden mehrfach auftretende Fundamentalkonjunktionen jeweils bis auf ein Exemplar gestrichen sowie die elementare Absorptionsregel angewendet. Das Resultat dieser Umformung ist eine alternative Normalform. Diese wird mit dem angegebenen Algorithmus minimisiert.

Beispiel. Es ist die durch die konjunktive Normalform

$$(\bar{x}_1 \vee x_2 \vee x_3)\ (x_1 \vee \bar{x}_2 \vee \bar{x}_3)$$

repräsentierte Booleesche Funktion f zu minimisieren.

Diese konjunktive Normalform kann durch die oben genannten Umformungen äquivalent in die alternative Normalform

$$\bar{x}_1\,\bar{x}_2 \vee \bar{x}_1\,\bar{x}_3 \vee x_1\,x_2 \vee x_2\,\bar{x}_3 \vee x_1\,x_3 \vee \bar{x}_2\,x_3$$

überführt werden, die nur aus isolierten Fundamentalkonjunktionen vom Rang 2 besteht. Auf die erhaltene alternative Normalform wird Satz 4 (Absorptionskriterium) angewendet. Dazu setzen wir:

$$F =_{\mathrm{Df}} \bar{x}_1\,\bar{x}_3\,,$$

$$F_1 =_{\mathrm{Df}} \bar{x}_1\,\bar{x}_2\,,$$

$$F_2 =_{\mathrm{Df}} x_2\,\bar{x}_3\,,$$

$$F_3 =_{\mathrm{Df}} x_1\,x_3\,,$$

$$F_1' =_{\mathrm{Df}} \bar{x}_1\,, \qquad F_1'' =_{\mathrm{Df}} \bar{x}_2\,,$$

$$F_2' =_{\mathrm{Df}} \bar{x}_3\,, \qquad F_2'' =_{\mathrm{Df}} x_2\,,$$

$$F_3' =_{\mathrm{Df}} 1\,, \qquad F_3'' =_{\mathrm{Df}} x_1\,x_3\,.$$

Dann gilt

$$F_1' \wedge F_2' \wedge F_3' = \bar{x}_1\,\bar{x}_3\,,$$

also

$$F \rightarrow F_1' \wedge F_2' \wedge F_3' = 1\,,$$

sowie

$$F_1'' \vee F_2'' \vee F_3'' = \bar{x}_2 \vee x_2 \vee x_1\,x_3 = 1\,,$$

und somit wird $\bar{x}_1\,\bar{x}_3$ von $\bar{x}_1\,\bar{x}_2 \vee x_2\,\bar{x}_3 \vee x_1\,x_3$ absorbiert.

Analog kann man zeigen, daß außerdem sowohl $x_1\,x_2$ als auch $\bar{x}_2\,x_3$ von $\bar{x}_1\,\bar{x}_2 \vee x_2\,\bar{x}_3 \vee x_1\,x_3$ absobiert werden. Dazu setzen wir für $x_1\,x_2$

$$F_1' =_{\mathrm{Df}} x_2\,, \qquad F_1'' =_{\mathrm{Df}} \bar{x}_3\,,$$

$$F_2' =_{\mathrm{Df}} x_1\,, \qquad F_2'' =_{\mathrm{Df}} x_3\,,$$

$$F_3' =_{\mathrm{Df}} 1\,, \qquad F_3'' =_{\mathrm{Df}} \bar{x}_1\,\bar{x}_2$$

und für $\bar{x}_2 x_3$

$$F'_1 =_{\mathrm{Df}} \bar{x}_2\,, \qquad F''_2 =_{\mathrm{Df}} \bar{x}_1\,,$$
$$F'_2 =_{\mathrm{Df}} x_3\,, \qquad F''_2 =_{\mathrm{Df}} x_1\,,$$
$$F'_3 =_{\mathrm{Df}} 1\,, \qquad F''_3 =_{\mathrm{Df}} x_2\,\bar{x}_3\,.$$

Die alternative Normalform

$$\bar{x}_1\,\bar{x}_2 \vee x_2\,\bar{x}_3 \vee x_1\,x_3$$

repräsentiert somit f. Offenbar kann sie durch Anwendung der Kürzungsregel für überflüssige Konjunktionsglieder und des Absorptionskriteriums nicht weiter vereinfacht werden, d. h., sie ist minimal.

Eine andere f repräsentierende minimale alternative Normalform ist

$$x_1\,x_2 \vee \bar{x}_1\,\bar{x}_3 \vee \bar{x}_2\,x_3\,.$$

Dies kann gezeigt werden, indem man wieder von

$$\bar{x}_1\,\bar{x}_2 \vee \bar{x}_1\,\bar{x}_3 \vee x_2\,\bar{x}_3 \vee \bar{x}_2\,x_3 \vee x_1\,x_2 \vee x_1\,x_3$$

ausgeht und wie oben mit Satz 4 sukzessive nachweist, daß

$$\bar{x}_1\,\bar{x}_2,\ x_2\,\bar{x}_3,\ x_1\,x_3$$

von

$$x_1\,x_2 \vee \bar{x}_1\,\bar{x}_3 \vee \bar{x}_2\,x_3$$

absorbiert werden.

Schließlich kann man beweisen, daß die beiden angegebenen minimalen Normalformen sogar optimal sind.

Aus diesem Beispiel ist zu entnehmen, daß man bei der zweiten Etappe der direkten Minimisierung (Anwendung der Absorptionsregel) eine gewisse (nichtleere) Menge minimaler alternativer Normalformen erhält. Aus dieser Menge sind dann optimale Normalformen auszuwählen.

Hat eine Boolesche Funktion f höchstens fünf Variablen, so ist die *Methode der unbestimmten Koeffizienten*[1]) ein in der Praxis brauchbares Verfahren, mit dem minimale und optimale alternative Normalformen zu f konstruiert werden können.

Das Wesen dieser Methode zeigen wir an Hand der Optimierung einer dreistelligen Booleschen Funktion $f(x_1, x_2, x_3)$. Wir bilden eine alternative Normalform, die aus allen Fundamentalkonjunktionen ersten, zweiten und dritten Ranges, die unter Verwendung der Aussagenvariablen x_1, x_2, x_3 gebildet werden können, besteht. Dabei wird jede dieser Konjunktionen mit einem Koeffizienten, der einen der Werte 0 oder 1 haben kann, multipliziert, und zwar $x_{i_1}^{\sigma_1}$ mit $A_{i_1}^{\sigma_1}$, $x_{i_1}^{\sigma_1}\,x_{i_2}^{\sigma_2}$ mit $A_{i_1 i_2}^{\sigma_1 \sigma_2}$ und $x_{i_1}^{\sigma_1}\,x_{i_2}^{\sigma_2}\,x_{i_3}^{\sigma_3}$ mit $A_{i_1 i_2 i_3}^{\sigma_1 \sigma_2 \sigma_3}$ (wobei $i_1, i_2, i_3 \in \{1, 2, 3\}$ und $\sigma_1, \sigma_2,$

[1]) Siehe: Синтез электронных вычислительных и управляющих схем. И. Л., Москва 1954. Übers. a. d. Englischen. Original: Staff of the Computing Laboratory: Synthesis of Electronic Computing and Control Circuits. Annals of the Computing Laboratory of Harvard University 27, Harvard University Press, Cambridge, Mass., USA, 1951.

Diese Sammlung wurde verfaßt von einer Arbeitsgruppe des Rechenzentrums der Harvard-University, Princeton, USA.

$\sigma_3 \in \{0, 1\}$ sowie $i_1 < i_2 < i_3$ gilt). Somit erhalten wir

$$\left.\begin{aligned} & A_1^0\,\bar{x}_1 \vee A_2^0\,\bar{x}_2 \vee A_3^0\,\bar{x}_3 \vee A_1^1\,x_1 \vee A_2^1\,x_2 \\ \vee\, & A_3^1\,x_3 \vee A_{12}^{00}\,\bar{x}_1\,\bar{x}_2 \vee A_{13}^{00}\,\bar{x}_1\,\bar{x}_3 \vee A_{23}^{00}\,\bar{x}_2\,\bar{x}_3 \\ \vee\, & A_{12}^{01}\,\bar{x}_1\,x_2 \vee A_{13}^{01}\,\bar{x}_1\,x_3 \vee A_{23}^{01}\,\bar{x}_2\,x_3 \vee A_{12}^{10}\,x_1\,\bar{x}_2 \\ \vee\, & A_{13}^{10}\,x_1\,\bar{x}_3 \vee A_{23}^{10}\,x_2\,\bar{x}_3 \vee A_{12}^{11}\,x_1\,x_2 \vee A_{13}^{11}\,x_1\,x_3 \\ \vee\, & A_{23}^{11}\,x_2\,x_3 \vee A_{123}^{000}\,\bar{x}_1\,\bar{x}_2\,\bar{x}_3 \vee A_{123}^{001}\,\bar{x}_1\,\bar{x}_2\,x_3 \\ \vee\, & A_{123}^{010}\,\bar{x}_1\,x_2\,\bar{x}_3 \vee A_{123}^{011}\,\bar{x}_1\,x_2\,x_3 \vee A_{123}^{100}\,x_1\,\bar{x}_2\,\bar{x}_3 \\ \vee\, & A_{123}^{101}\,x_1\,\bar{x}_2\,x_3 \vee A_{123}^{110}\,x_1\,x_2\,\bar{x}_3 \vee A_{123}^{111}\,x_1\,x_2\,x_3\,. \end{aligned}\right\} \qquad (1.7)$$

Wir nehmen nun an, daß diese alternative Normalform die Boolesche Funktion $f(x_1, x_2, x_3)$ repräsentiert. Daraus folgt, daß die eingeführten Koeffizienten die folgenden Gleichungen erfüllen, also eine Lösung des Gleichungssystems (1.8) sind:

$$\left.\begin{aligned} A_1^0 \vee A_2^0 \vee A_3^0 \vee A_{12}^{00} \vee A_{13}^{00} \vee A_{23}^{00} \vee A_{123}^{000} &= f(0, 0, 0)\,, \\ A_1^0 \vee A_2^0 \vee A_3^1 \vee A_{12}^{00} \vee A_{13}^{01} \vee A_{23}^{01} \vee A_{123}^{001} &= f(0, 0, 1)\,, \\ A_1^0 \vee A_2^1 \vee A_3^0 \vee A_{12}^{01} \vee A_{13}^{00} \vee A_{23}^{10} \vee A_{123}^{010} &= f(0, 1, 0)\,, \\ A_1^0 \vee A_2^1 \vee A_3^1 \vee A_{12}^{01} \vee A_{13}^{01} \vee A_{23}^{11} \vee A_{123}^{011} &= f(0, 1, 1)\,, \\ A_1^1 \vee A_2^0 \vee A_3^0 \vee A_{12}^{10} \vee A_{13}^{10} \vee A_{23}^{00} \vee A_{123}^{100} &= f(1, 0, 0)\,, \\ A_1^1 \vee A_2^0 \vee A_3^1 \vee A_{12}^{10} \vee A_{13}^{11} \vee A_{23}^{01} \vee A_{123}^{101} &= f(1, 0, 1)\,, \\ A_1^1 \vee A_2^1 \vee A_3^0 \vee A_{12}^{11} \vee A_{13}^{10} \vee A_{23}^{10} \vee A_{123}^{110} &= f(1, 1, 0)\,, \\ A_1^1 \vee A_2^1 \vee A_3^1 \vee A_{12}^{11} \vee A_{13}^{11} \vee A_{23}^{11} \vee A_{122}^{111} &= f(1, 1, 1)\,. \end{aligned}\right\} \qquad (1.8)$$

Ist umgekehrt eine Lösung von (1.8) gegeben, so wird durch sie eine alternative Normalform festgelegt, die $f(x_1, x_2, x_3)$ repräsentiert.

Wir stehen somit vor der Aufgabe, Lösungen dieses Gleichungssystems zu finden, die minimale oder sogar optimale Normalformen festlegen. Als erstes ist festzustellen, daß alle diejenigen Koeffizienten den Wert Null haben, die in einer Gleichung stehen, deren rechte Seite Null ist. Sodann werden die restlichen Koeffizienten, beginnend mit denen, die Fundamentalkonjunktionen möglichst kleinen Ranges entsprechen, gleich Eins gesetzt; jedoch nur so viele, wie es notwendig ist, damit die Gleichungen, deren rechte Seite Eins ist, erfüllt sind; die übrigen Koeffizienten setzen wir ebenfalls gleich Null.

Beispiel. Es ist die durch die Tabelle I.9 gegebene Boolesche Funktion $f(x_1, x_2, x_3)$ nach der Methode der unbestimmten Koeffizienten zu optimieren.

Die Koeffizienten $A_{i_1}^{\sigma_1}$, $A_{i_1 i_2}^{\sigma_1 \sigma_2}$, $A_{i_1 i_2 i_3}^{\sigma_1 \sigma_2 \sigma_3}$ erfüllen dann das folgende Gleichungssystem:

$$\begin{aligned} A_1^0 \vee A_2^0 \vee A_3^0 \vee A_{12}^{00} \vee A_{13}^{00} \vee A_{23}^{00} \vee A_{123}^{000} &= 0\,, \\ A_1^0 \vee A_2^0 \vee A_3^1 \vee A_{12}^{00} \vee A_{13}^{01} \vee A_{23}^{01} \vee A_{123}^{001} &= 1\,, \\ A_1^0 \vee A_2^1 \vee A_3^0 \vee A_{12}^{01} \vee A_{13}^{00} \vee A_{23}^{10} \vee A_{123}^{010} &= 0\,, \\ A_1^0 \vee A_2^1 \vee A_3^1 \vee A_{12}^{01} \vee A_{13}^{01} \vee A_{23}^{11} \vee A_{123}^{011} &= 0\,, \\ A_1^1 \vee A_2^0 \vee A_3^0 \vee A_{12}^{10} \vee A_{13}^{10} \vee A_{23}^{00} \vee A_{123}^{100} &= 0\,, \\ A_1^1 \vee A_2^0 \vee A_3^1 \vee A_{12}^{10} \vee A_{13}^{11} \vee A_{23}^{01} \vee A_{123}^{101} &= 0\,, \\ A_1^1 \vee A_2^1 \vee A_3^0 \vee A_{12}^{11} \vee A_{13}^{10} \vee A_{23}^{10} \vee A_{123}^{110} &= 1\,, \\ A_1^1 \vee A_2^1 \vee A_3^1 \vee A_{12}^{11} \wedge A_{13}^{11} \vee A_{23}^{11} \vee A_{123}^{111} &= 1\,. \end{aligned}$$

Tabelle I.9

x_1	x_2	x_3	$f(x_1, x_2, x_3)$
0	0	0	0
0	0	1	1
0	1	0	0
0	1	1	0
1	0	0	0
1	0	1	0
1	1	0	1
1	1	1	1

Daraus ergibt sich, daß die Koeffizienten

$$A_1^0,\ A_2^0,\ A_3^0,\ A_{12}^{00},\ A_{13}^{00},\ A_{23}^{00},\ A_{123}^{000},\ A_2^1,\ A_{12}^{01},\ A_{23}^{10},\ A_{123}^{010},$$
$$A_3^1,\ A_{13}^{01},\ A_{23}^{11},\ A_{123}^{011},\ A_1^1,\ A_{12}^{10},\ A_{13}^{10},\ A_{123}^{100},\ A_{13}^{11},\ A_{23}^{01},\ A_{123}^{101}$$

sämtlich Null sind, der Koeffizient A_{113}^{001} den Wert Eins hat und die restlichen, nämlich A_{12}^{11}, A_{123}^{110}, A_{123}^{111}, das Gleichungssystem

$$A_{12}^{11} \vee A_{123}^{110} = 1\,,$$
$$A_{12}^{11} \vee A_{123}^{111} = 1$$

erfüllen.

In dem zuletzt angegebenen System wird A_{12}^{11} gleich Eins gesetzt, und die Koeffizienten A_{123}^{110}, A_{123}^{111} erhalten den Wert Null.

Somit ist

$$x_1\, x_2 \vee \bar{x}_1\, \bar{x}_2\, x_3$$

eine alternative Normalform, die $f(x_1, x_2, x_3)$ repräsentiert. Außerdem ist im vorliegenden Fall auf Grund der Konstruktion klar, daß diese Normalform optimal ist.

Wir haben schon betont, daß die Anzahl der Booleschen Funktionen mit n Variablen für wachsendes n sehr schnell ansteigt. Dadurch wird die Untersuchung Boolescher Funktionen mit großer Variablenanzahl schwierig. Schon die Festlegung einer n-stelligen Booleschen Funktion durch eine Tabelle der üblichen Form ist für großes n sehr umfangreich.

Boolesche Funktionen mit höchstens 8 bis 10 Variablen kann man durch Tabellen der folgenden Form verhältnismäßig kurz festlegen.

Durch Tabelle I.10 ist eine Boolesche Funktion mit fünf Variablen in derartiger Form angegeben.

Tabelle I.10

$x_3^{\sigma_3}\, x_4^{\sigma_4}\, x_5^{\sigma_5}$ / $x_1^{\sigma_1}\, x_2^{\sigma_2}$	$\bar{x}_3\, \bar{x}_4\, \bar{x}_5$	$\bar{x}_3\, \bar{x}_4\, x_5$	$\bar{x}_3\, x_4\, \bar{x}_5$	$\bar{x}_3\, x_4\, x_5$	$x_3\, \bar{x}_4\, \bar{x}_5$	$x_3\, \bar{x}_4\, x_5$	$x_3\, x_4\, \bar{x}_5$	$x_3\, x_4\, x_5$
$\bar{x}_1\, \bar{x}_2$		1	1					
$\bar{x}_1\, x_2$			1			1		
$x_1\, \bar{x}_2$		1			1			
$x_1\, x_2$				1			1	

Im allgemeinen Fall werden diese Tabellen analog aufgebaut. Gegeben sei eine n-stellige BOOLEsche Funktion f. Die n-Tupel binärer Argumente werden in n_1- und n_2-Tupel mit $n_1 + n_2 = n$ zerlegt, wobei in den n_1-Tupeln die ersten n_1 Werte und in den n_2-Tupeln die letzten n_2 Werte zusammengefaßt sind. (Ist n eine gerade Zahl, so wählt man zweckmäßig $n_1 = n_2 = \frac{n}{2}$.) Die zur Charakterisierung von f aufzubauende Tabelle besteht aus 2^{n_1} Zeilen und aus 2^{n_2} Spalten. Nimmt f für ein gegebenes n-Tupel $[\sigma_1, \sigma_2, \ldots, \sigma_n]$ von Werten aus $\{0, 1\}$ den Wert 1 bzw. 0 an, so wird im Durchschnitt der Zeile $[\sigma_1, \sigma_2, \ldots, \sigma_{n_1}]$ mit der Spalte $[\sigma_{n_1+1}, \sigma_{n_1+2}, \ldots, \sigma_n]$ eine 1 bzw. 0 eingetragen.

Wir weisen darauf hin, daß eine BOOLEsche Funktion nicht an allen in Frage kommenden Stellen definiert sein muß. Sie wird in diesem Fall häufig auch *partielle Funktion* genannt.[1]) Tabellen, die derartige Funktionen charakterisieren, sind unvollständig, d. h., gewisse Kästchen bleiben leer.[2])

Ein Ausdruck repräsentiert jedoch stets eine überall definierte BOOLEsche Funktion. Soll nun eine partielle Funktion durch einen Ausdruck repräsentiert werden, muß sie vorher vervollständigt werden. Da die *Vervollständigung* in der Regel keinen einschränkenden Bedingungen unterliegt, gibt es mehrere Möglichkeiten, eine partielle Funktion zu ergänzen. Von diesen wählt man selbstverständlich diejenigen, die zu einer überall definierten BOOLEschen Funktion führen, welche durch eine möglichst einfache alternative Normalform repräsentiert werden kann.

Wir erläutern diese Ausführungen an einem einfachen Beispiel. Dazu betrachten wir die durch Tabelle I.11 festgelegte partielle BOOLEsche Funktion.

Tabelle I.11

x_1	x_2	x_3	$f(x_1, x_2, x_3)$
0	0	0	0
0	0	1	0
0	1	0	1
1	0	0	1
1	0	1	0
1	1	0	1

[1]) Anm. d. Red.

[2]) Auf partielle BOOLEsche Funktionen wird man z. B. geführt, wenn bei einer Dualcodierung eines Alphabets die Anzahl der zu codierenden Buchstaben kleiner ist als die Anzahl der zugelassenen Codegruppen. Werden etwa die Ziffern 0, 1, 2, 3, 4, 5, 6, 7, 8, 9 dual codiert, so werden bei Verwendung eines gleichmäßigen (und minimalen) Codes Gruppen der Länge vier erforderlich. Es gibt 16 derartige Codegruppen, davon werden jedoch nur zehn gebraucht. Will man etwa die Addition für die Zahlen 0 bis 9 im Code beschreiben, so werden dafür zwei achtstellige BOOLEsche Funktionen (eine für das Resultat, die andere für den Übertrag) benötigt; diese sind jedoch nicht für alle Argumente definiert. – Mit den Problemen, die auf Grund dieser Tatsachen entstehen, beschäftigte sich u. a. W. N. ROGINSKI. Die allgemeinsten Lösungen gab J. I. SHURAWLEW an.

Diese Funktion wird gemäß Tabelle I.12 vervollständigt.

Tabelle I.12

x_1	x_2	x_3	$f(x_1, x_2, x_3)$
0	0	0	0
0	0	1	0
0	1	0	1
0	1	1	1
1	0	0	1
1	0	1	0
1	1	0	1
1	1	1	0

Die durch Tabelle I.12 definierte Funktion wird, wie man leicht nachprüfen kann, durch die alternative Normalform

$$\bar{x}_1\, x_2 \vee x_1\, \bar{x}_3$$

repräsentiert. Jede andere alternative Normalform, die die betrachtete partielle BOOLEsche Funktion repräsentiert, ist länger.[1])

§ 4. Zerlegung BOOLEscher Funktionen

Die in § 2 angegebene Beziehung (1.1) (Satz 1) ist eine Zerlegung einer BOOLEschen Funktion mit Hilfe von Alternative und Konjunktion. Bei der Synthese logischer Netze sind auch andere Zerlegungen von Bedeutung. Deshalb soll im vorliegenden Paragraphen das Problem der Zerlegung BOOLEscher Funktionen allgemein behandelt werden.

Als erstes führen wir einen Begriff ein. Es sei $1 \leqq \nu \leqq n$.

Definition. Wir sagen, daß eine n-stellige BOOLEsche Funktion f von der ν-ten Variablen *effektiv abhängt* genau dann, wenn es eine Belegung $[\sigma_1, \sigma_2, \ldots, \sigma_{\nu-1}, \sigma_{\nu+1}, \ldots, \sigma_n]$ der restlichen Variablen gibt,[2]) so daß gilt:

$$f(\sigma_1, \sigma_2, \ldots, \sigma_{\nu-1}, 0, \sigma_{\nu+1}, \ldots, \sigma_n) \neq f(\sigma_1, \sigma_2, \ldots, \sigma_{\nu-1}, 1, \sigma_{\nu+1}, \ldots, \sigma_n)\,. \tag{1.9}$$

Folgerung. Aus der Beziehung (1.9) folgt, daß die einstellige Funktion $f(\sigma_1, \sigma_2, \ldots, \sigma_{\nu-1}, x_\nu, \sigma_{\nu+1}, \ldots, \sigma_n)$ nicht konstant ist, also entweder

$$\left.\begin{array}{ll} & f(\sigma_1, \sigma_2, \ldots, \sigma_{\nu-1}, x_\nu, \sigma_{\nu+1}, \ldots, \sigma_n) = x_\nu \\ \text{oder} & \\ & f(\sigma_1, \sigma_2, \ldots, \sigma_{\nu-1}, x_\nu, \sigma_{\nu+1}, \ldots, \sigma_n) = \bar{x}_\nu \end{array}\right\} \tag{1.10}$$

gilt.

---

[1]) Aus der sehr umfangreichen Literatur über Minimisierungsprobleme der Schaltalgebra möchten wir, abgesehen von den bereits zitierten Arbeiten, noch auf [54, 57, 61, 32, 55, 66) hinweisen.

[2]) Man beachte, daß es im allgemeinen mehrere derartige Belegungen gibt. — Anm. d. Red.

Beispiele.

1. Die durch die Ausdrücke $x_1 \wedge x_2 \wedge \cdots \wedge x_n$ und $x_1 \vee x_2 \vee \cdots \vee x_n$ repräsentierten Funktionen f bzw. f' sind von jeder ihrer Variablen effektiv abhängig. Es gilt nämlich

$$f(1, 1, \ldots, 1, x_\nu, 1, \ldots, 1) = x_\nu$$

und

$$f'(0, 0, \ldots, 0, x_\nu, 0, \ldots, 0) = x_\nu$$

für $1 \leqq \nu \leqq n$.

2. Die Funktion f^*, die durch den Ausdruck $\sim [\sim (\bar{x}_1 \vee \bar{x}_2) \vee \bar{x}_3] \vee \bar{x}_4$ repräsentiert wird, hängt ebenfalls von jeder ihrer Variablen effektiv ab. Um dies einzusehen, betrachten wir die Tabelle I.13.

Tabelle I.13

x_1	x_2	x_3	x_4	$\sim [\sim (\bar{x}_1 \vee \bar{x}_2) \vee \bar{x}_3] \vee \bar{x}_4$
0	0	0	0	1
0	0	0	1	0
0	0	1	0	1
0	0	1	1	1
0	1	0	0	1
0	1	0	1	0
0	1	1	0	1
0	1	1	1	1
1	0	0	0	1
1	0	0	1	0
1	0	1	0	1
1	0	1	1	1
1	1	0	0	1
1	1	0	1	0
1	1	1	0	1
1	1	1	1	0

Daraus kann man entnehmen, daß

$$f^*(x_1, 1, 1, 1) = \bar{x}_1$$

gilt.

Für x_2 findet man

$$f^*(1, x_2, 1, 1) = \bar{x}_2 .$$

Bei der Variablen x_3 gibt es die folgenden drei Möglichkeiten:

$$f^*(0, 0, x_3, 1) = x_3 ,$$

$$f^*(0, 1, x_3, 1) = x_3 ,$$

$$f^*(1, 0, x_3, 1) = x_3 .$$

Für x_4 schließlich gibt es fünf Belegungen $[\sigma_1, \sigma_2, \sigma_3]$ der (restlichen) Variablen x_1, x_2, x_3, so daß $f(\sigma_1, \sigma_2, \sigma_3, x_4)$ effektiv von x_4 abhängt.

Diese Verhältnisse sind in der folgenden Tabelle I.14 zusammengestellt.

Wir betrachten jetzt das Problem der Zerlegung Booleschcher Funktionen unter allgemeineren Gesichtspunkten, d. h., wir lassen als Hilfsmittel nicht nur Alternative und Konjunktion, sondern jede Boolesche Funktion, die von jeder ihrer Variablen effektiv abhängt, zu. In dem folgenden, von O. B.

Tabelle I.14

	x_1	x_2	x_3	x_4	$\sim[\sim(\bar{x}_1 \vee \bar{x}_2) \vee \bar{x}_3] \vee \bar{x}_4$
x_1		1	1	1	$\bar{x}_1$
x_2	1		1	1	$\bar{x}_2$
x_3	0	0		1	x_3
x_3	0	1		1	x_3
x_3	1	0		1	x_3
x_4	0	0	0		$\bar{x}_4$
x_4	0	1	0		$\bar{x}_4$
x_4	1	0	0		$\bar{x}_4$
x_4	1	1	0		$\bar{x}_4$
x_4	1	1	1		$\bar{x}_4$

LUPANOW[1]) stammenden Satz (er ist hier zunächst in einer etwas eingeschränkten Form wiedergegeben) werden die in diesem allgemeinen Fall vorliegenden Verhältnisse beschrieben.

Satz 5. *Es sei F eine 2^k-stellige* BOOLE*sche Funktion, die von jeder ihrer Variablen effektiv abhängt, ansonsten aber beliebig ist. Dann existieren $(k+1)$-stellige* BOOLE*sche Funktionen $\psi_1, \psi_2, \ldots, \psi_{2^k}$* [2]) *derart, daß jede $(k+l)$-stellige* BOOLE*sche Funktion f in der folgenden Form dargestellt werden kann.*

$$\left.\begin{aligned} &f(x_1, x_2, \ldots, x_k, y_1, y_2, \ldots, y_l) \\ &\quad = F\big(\psi_1(x_1, x_2, \ldots, x_k, f(0, 0, \ldots, 0, y_1, y_2, \ldots, y_l)), \\ &\qquad\quad \psi_2(x_1, x_2, \ldots, x_k, f(0, 0, \ldots, 0, 1, y_1, y_2, \ldots, y_l)), \\ &\qquad\quad \vdots \\ &\qquad\quad \psi_{2^k}(x_1, x_2, \ldots, x_k, f(1, 1, \ldots, 1, y_1, y_2, \ldots, y_l))\big). \end{aligned}\right\} \tag{1.11}$$

In diesem Zusammenhang sagen wir, daß f *über die Variablen $x_1, x_2, \ldots, x_k$ bezüglich F und $\psi_1, \psi_2, \ldots, \psi_{2^k}$ zerlegt worden sei* und nennen im folgenden F *äußere Zerlegungsfunktion* und $\psi_1, \psi_2, \ldots, \psi_{2^k}$ *(zu F) adjungierte Funktionen.*

---

1) Siehe [43].

2) Diese Funktionen sind im allgemeinen nicht eindeutig bestimmt. Man vgl. dazu ihre Definition (1.13) und das Beispiel 3 auf S. 46. — Anm. d. Red.

Ist eine äußere Zerlegungsfunktion F gegeben, so können adjungierte Funktionen $\psi_1, \psi_2, \ldots, \psi_{2^k}$, also Funktionen, die der Bedingung (1.11) für jede $(k + l)$-stellige BOOLEsche Funktion f genügen, wie folgt bestimmt werden.

Da F von jeder ihrer Variablen effektiv abhängt, gibt es zu jedem $\varkappa$ mit $1 \leqq \varkappa \leqq 2^k$ Werte $\sigma_{\varkappa 1}, \sigma_{\varkappa 2}, \ldots, \sigma_{\varkappa\, \varkappa-1}, \sigma_{\varkappa\, \varkappa+1}, \ldots, \sigma_{\varkappa 2^k}$ aus $\{0, 1\}$, so daß entweder

$$F(\sigma_{\varkappa 1}, \ldots, \sigma_{\varkappa\, \varkappa-1}, w_\varkappa, \sigma_{\varkappa\, \varkappa+1}, \ldots, \sigma_{\varkappa 2^k}) = w_\varkappa \qquad \text{(a)}$$

oder

$$F(\sigma_{\varkappa 1}, \ldots, \sigma_{\varkappa\, \varkappa-1}, w_\varkappa, \sigma_{\varkappa\, \varkappa+1}, \ldots, \sigma_{\varkappa 2^k}) = \overline{w}_\varkappa \qquad \text{(b)}$$

gilt.

Wir definieren zusätzlich Größen $\sigma_{11}, \sigma_{22}, \ldots, \sigma_{\varkappa\varkappa}, \ldots, \sigma_{2^k 2^k}$, und zwar setzen wir

$$\sigma_{\varkappa\varkappa} = \begin{cases} 0 & \text{im Fall (a)}, \\ 1 & \text{im Fall (b)}. \end{cases}$$

Damit erhält man die Relationen:[1])

$$\left.\begin{array}{l} F(w_1, \sigma_{12}, \sigma_{13}, \ldots, \sigma_{12^k}) = w_1 \oplus \sigma_{11}, \\ F(\sigma_{21}, w_2, \sigma_{23}, \ldots, \sigma_{12^k}) = w_2 \oplus \sigma_{22}, \\ \vdots \\ F(\sigma_{2^k 1}, \sigma_{2^k 2}, \ldots, \sigma_{2^k\, 2^k-1}\, w_{2^k}) = w_{2^k} \oplus \sigma_{2^k 2^k}. \end{array}\right\} \qquad (1.12)$$

Funktionen $\psi_1, \psi_2, \ldots, \psi_{2^k}$ kann man dann folgendermaßen definieren:[2])

$$\left.\begin{array}{l} \psi_{\varkappa'}(h_1(\varkappa-1), h_2(\varkappa-1), \ldots, h_k(\varkappa-1), y) = \begin{cases} \sigma_{\varkappa\varkappa'}, & \text{falls } \varkappa \neq \varkappa', \\ y \oplus \sigma_{\varkappa\varkappa'}, & \text{falls } \varkappa = \varkappa' \end{cases} \\ \qquad (1 \leqq \varkappa \leqq 2^k, \quad 1 \leqq \varkappa' \leqq 2^k). \end{array}\right\} \qquad (1.13)$$

Bevor wir Satz 5 beweisen, soll dieser an drei Beispielen erläutert werden.

Beispiel 1. In Satz 1 wird als äußere Zerlegungsfunktion die (mehrstellige) Alternative benutzt. Wir bestimmen nun für die so gewählte Zerlegungsfunktion die adjungierten Funktionen, und zwar für die Zerlegung einer beliebigen dreistelligen BOOLEschen Funktion f über die ersten zwei Variablen. Da $2^2 = 4$ ist, wählen wir die vierstellige Alternative als äußere Zerlegungsfunktion F, also

$$F(w_1, w_2, w_3, w_4) = w_1 \vee w_2 \vee w_3 \vee w_4 .$$

---

[1]) Das folgt unmittelbar aus den Eigenschaften der „Entweder—Oder-Funktion" $\oplus$; denn für diese Funktion gilt

$$x \oplus 0 = x, \qquad x \oplus 1 = \bar{x}.$$

[2]) In dieser Definition ist $h_i(\varkappa - 1)$ $(1 \leqq i \leqq k,\ 1 \leqq \varkappa \leqq 2^k)$ die i-te Ziffer in der Dualdarstellung von $\varkappa - 1$. Man vgl. dazu die entsprechende Definition auf S. 12. Außerdem wird auf Grund dieser Definition klar, warum die Funktionen $\psi_1, \psi_2, \ldots, \psi_{2^k}$ nicht eindeutig festliegen; denn in ihre Definition gehen die Größen $\sigma_{\varkappa\varkappa'}$ ein, die ihrerseits im allgemeinen nicht eindeutig bestimmt sind. (Vgl. S. 41, Fußnote 2, und S. 46, Beispiel 3). — Anm. d. Red.

Gemäß Bedingung (1.1) müssen wir Elemente $\sigma_{\varkappa\varkappa'}$ $(1 \leqq \varkappa \leqq 4,\ 1 \leqq \varkappa' \leqq 4)$ aus $\{0, 1\}$ angeben, so daß

$$F(w_1, \sigma_{12}, \sigma_{13}, \sigma_{14}) = w_1 \oplus \sigma_{11},$$
$$F(\sigma_{21}, w_2, \sigma_{23}, \sigma_{24}) = w_2 \oplus \sigma_{22},$$
$$F(\sigma_{31}, \sigma_{32}, w_3, \sigma_{34}) = w_3 \oplus \sigma_{33},$$
$$F(\sigma_{41}, \sigma_{42}, \sigma_{43}, w_4) = w_4 \oplus \sigma_{44}$$

gilt. Auf Grund der Eigenschaften der Alternative ist klar, daß diese Beziehungen sicher dann gelten, wenn wir die Größen $\sigma_{\varkappa\varkappa'}$ sämtlich gleich Null setzen.

Die adjungierten Funktionen $\psi_{\varkappa'}$ werden gemäß der unter (1.13) angegebenen allgemeinen Definition wie folgt festgelegt:

$$\psi_{\varkappa'}\big(h_1(\varkappa-1), h_2(\varkappa-1), y\big) = \begin{cases} 0, \text{ falls } \varkappa \neq \varkappa' & (1 \leqq \varkappa \leqq 4, \\ y, \text{ falls } \varkappa = \varkappa' & 1 \leqq \varkappa' \leqq 4). \end{cases}$$

Sie können durch die folgende Tabelle charakterisiert werden.

Tabelle I.15

x_1	x_2	y	ψ_1	ψ_2	ψ_3	ψ_4
0	0	0	0	0	0	0
0	0	1	1	0	0	0
0	1	0	0	0	0	0
0	1	1	0	1	0	0
1	0	0	0	0	0	0
1	0	1	0	0	1	0
1	1	0	0	0	0	0
1	1	1	0	0	0	1

Also gilt

$$\psi_1(x_1, x_2, y) = \bar{x}_1 \bar{x}_2 y, \qquad \psi_2(x_1, x_2, y) = \bar{x}_1 x_2 y,$$
$$\psi_3(x_1, x_2, y) = x_1 \bar{x}_2 y, \qquad \psi_4(x_1, x_2, y) = x_1 x_2 y,$$

und entsprechend (1.11) erhält man für f die Darstellung

$$f(x_1, x_2, y) = \bar{x}_1 \bar{x}_2 f(0, 0, y) \vee \bar{x}_1 x_2 f(0, 1, y) \vee x_1 \bar{x}_2 f(1, 0, y) \vee x_1 x_2 f(1, 1, y).$$

Das stimmt mit dem überein, was wir in § 2 auf Grund von (1.1) erhalten haben.

Beispiel 2. Wie im Beispiel 1 ist eine beliebige dreistellige BOOLEsche Funktion über die ersten beiden Variablen zu zerlegen, wobei die vierstellige Konjunktion

$$F(w_1, w_2, w_3, w_4) = w_1 \wedge w_2 \wedge w_3 \wedge w_4$$

als äußere Zerlegungsfunktion gewählt ist. In diesem Fall setzen wir in (1.12) $\sigma_{\varkappa\varkappa'} = 1$, falls $\varkappa \neq \varkappa'$, und $\sigma_{\varkappa\varkappa} = 0$ sonst $(1 \leqq \varkappa \leqq 4,\ 1 \leqq \varkappa' \leqq 4)$.

Die adjungierten Funktionen werden folgendermaßen definiert:

$$\psi_{\varkappa'}\big(h_1(\varkappa-1), h_2(\varkappa-1), y\big) = \begin{cases} 1, \text{ falls } \varkappa \neq \varkappa' \\ y, \text{ falls } \varkappa = \varkappa' \end{cases} \quad (1 \leqq \varkappa \leqq 4,\ 1 \leqq \varkappa' \leqq 4).$$

Sie lassen sich durch die folgende Tabelle charakterisieren:

Tabelle I.16

x_1	x_2	y	ψ_1	ψ_2	ψ_3	ψ_4
0	0	0	0	1	1	1
0	0	1	1	1	1	1
0	1	0	1	0	1	1
0	1	1	1	1	1	1
1	0	0	1	1	0	1
1	0	1	1	1	1	1
1	1	0	1	1	1	0
1	1	1	1	1	1	1

Also gilt

$$\psi_1(x_1, x_2, y) = x_1 \vee x_2 \vee y\,,$$

$$\psi_2(x_1, x_2, y) = x_1 \vee \bar{x}_2 \vee y\,,$$

$$\psi_3(x_1, x_2, y) = \bar{x}_1 \vee x_2 \vee y\,,$$

$$\psi_4(x_1, x_2, y) = \bar{x}_1 \vee \bar{x}_2 \vee y\,.$$

Man erhält gemäß (1.11) somit die folgende Zerlegung von f:

$$f(x_1, x_2, y) = (x_1 \vee x_2 \vee f(0, 0, y)) \wedge (x_1 \vee \bar{x}_2 \vee f(0, 1, y)) \wedge (\bar{x}_1 \vee x_2 \vee f(1, 0, y)) \wedge$$
$$\wedge (\bar{x}_1 \vee \bar{x}_2 \vee f(1, 1, y))\,.$$

Beispiel 3. Auch in diesem Beispiel soll eine beliebige dreistellige Funktion f über die ersten beiden Variablen zerlegt werden. Als äußere Zerlegungsfunktion wählen wir diesmal

$$F(w_1, w_2, w_3, w_4) = \sim\left(\sim(\overline{w}_1 \vee \overline{w}_2) \vee \overline{w}_3 \vee \overline{w}_4\right).$$

In einem früher betrachteten Beispiel hatten wir Werte $\sigma_{\varkappa\varkappa'}$ ($1 \leqq \varkappa \leqq 4$, $1 \leqq \varkappa' \leqq 4$, $\varkappa \neq \varkappa'$) gefunden, die die gewünschten Eigenschaften haben (siehe Tabelle I.14). Berücksichtigen wir diese Resultate, dann finden wir

$$\sigma_{11} = 1\,, \quad \sigma_{22} = 1\,, \quad \sigma_{33} = 0\,, \quad \sigma_{44} = 1$$

und können Tabelle I.17 aufstellen, durch die die Funktionen $\psi_1, \psi_2, \psi_3, \psi_4$ charakterisiert sind.

Tabelle I.17

x_1	x_2	y	ψ_1	ψ_2	ψ_3	ψ_4
0	0	0	1	1	1	1
0	0	1	0	1	1	1
0	1	0	1	1	0	1
0	1	1	1	0	0	1
1	0	0	1	1	0	0
1	0	1	1	1	1	0
1	1	0	1	1	1	0
1	1	1	1	1	1	1

Auf Grund von Tabelle I.17 erhält man schließlich:

$$\psi_1(x_1, x_2, y) = x_1 \vee x_2 \vee \bar{y}\,,$$
$$\psi_2(x_1, x_2, y) = x_1 \vee \bar{x}_2 \vee \bar{y}\,,$$
$$\psi_3(x_1, x_2, y) = (x_1 \vee \bar{x}_2) \wedge (\bar{x}_1 \vee x_2 \vee y)\,,$$
$$\psi_4(x_1, x_2, y) = (\bar{x}_1 \vee x_2) \wedge (\bar{x}_1 \vee \bar{x}_2 \vee y)\,.$$

Wir beweisen jetzt Satz 5. Es sei eine beliebige Belegung $[\sigma_1, \sigma_2, \ldots, \sigma_k]$ der Variablen $x_1, x_2, \ldots, x_k$ gegeben. Wir setzen

$$\varkappa =_{\mathrm{Df}} g(\sigma_1, \sigma_2, \ldots, \sigma_k)\,.$$

Dann folgt aus (1.12) und (1.13), daß

$$\begin{aligned}
&F\{\psi_1[h_1(\varkappa), h_2(\varkappa), \ldots, h_k(\varkappa), f(0, 0, \ldots, 0, 0, y_1, y_2, \ldots, y_l)]\,,\\
&\quad \psi_2[h_1(\varkappa), h_2(\varkappa), \ldots, h_k(\varkappa), f(0, 0, \ldots, 0, 1, y_1, y_2, \ldots, y_l)]\,,\\
&\quad \ldots\ldots\ldots\ldots\ldots\ldots\ldots\ldots\ldots\ldots\ldots\ldots\\
&\quad \psi_\varkappa[h_1(\varkappa), h_2(\varkappa), \ldots, h_k(\varkappa), f(h_1(\varkappa), h_2(\varkappa), \ldots, h_{k-1}(\varkappa), h_k(\varkappa), y_1, y_2, \ldots, y_l)]\,,\\
&\quad \ldots\ldots\ldots\ldots\ldots\ldots\ldots\ldots\ldots\ldots\ldots\ldots\\
&\quad \psi_{2^k}[h_1(\varkappa), h_2(\varkappa), \ldots, h_k(\varkappa), f(1, 1, \ldots, 1, 1, y_1, y_2, \ldots, y_l)]\}\\
&\qquad = F[\sigma_{\varkappa+1\,1}, \sigma_{\varkappa+1\,2}, \ldots, \sigma_{\varkappa+1\,\varkappa-1}, f(h_1(\varkappa), h_2(\varkappa), \ldots,\\
&\qquad\quad h_k(\varkappa), y_1, y_2, \ldots, y_l) \oplus \sigma_{\varkappa+1\,\varkappa}, \sigma_{\varkappa+1\,\varkappa+1}, \ldots, \sigma_{\varkappa\,2^k}]\\
&\qquad = f(h_1(\varkappa), h_2(\varkappa), \ldots, h_k(\varkappa), y_1, y_2, \ldots, y_l) \oplus \sigma_{\varkappa+1\,\varkappa} \oplus \sigma_{\varkappa+1\,\varkappa}\\
&\qquad = f(h_1(\varkappa), h_2(\varkappa), \ldots, h_k(\varkappa), y_1, y_2, \ldots, y_l)
\end{aligned}$$

ist. Damit ist Satz 5 bewiesen.

Der (uneingeschränkt formulierte) Satz von O. B. LUPANOW schließt auch den Fall ein, daß die Anzahl der Variablen der äußeren Zerlegungsfunktion größer oder gleich 2^k ist, etwa n, wobei $n \geqq 2^k$ gilt. In diesem Fall kann jede beliebige $(k+l)$-stellige BOOLEsche Funktion f auf die folgende Form gebracht werden:

$$\begin{aligned}
&f(x_1, x_2, \ldots, x_k, y_1, y_2, \ldots, y_l)\\
&\quad = F\{\psi_1[x_1, x_2, \ldots, x_k, f(0, 0, \ldots, 0, 0, y_1, y_2, \ldots, y_l)]\,,\\
&\qquad \psi_2[x_1, x_2, \ldots, x_k, f(0, 0, \ldots, 0, 1, y_1, y_2, \ldots, y_l)]\,,\\
&\qquad \ldots\ldots\ldots\ldots\ldots\ldots\ldots\ldots\ldots\ldots\\
&\qquad \psi_{2^k}[x_1, x_2, \ldots, x_k, f(1, 1, \ldots, 1, 1, y_1, y_2, \ldots, y_l)]\,,\\
&\qquad \chi_{2^k+1}(x_1, x_2, \ldots, x_k)\,, \ldots, \chi_n(x_1, x_2, \ldots, x_k)\}\,.
\end{aligned} \tag{1.14}$$

Die dabei auftretenden adjungierten Funktionen $\psi_\varkappa$ sind dieselben wie in Satz 5 (man vgl. (1.13)); die Funktionen $\chi_{\varkappa'}$ werden wie folgt definiert:

$$\chi_{\varkappa'}(h_1(\varkappa-1), h_2(\varkappa-1), \ldots, h_k(\varkappa-1)) = \sigma_{\varkappa\,\varkappa'}\,,$$
$$(1 \leqq \varkappa \leqq 2^k\,,\quad 2^k+1 \leqq \varkappa' \leqq n)\,. \tag{1.15}$$

§ 5. Grundbegriffe der Prädikatenlogik

1. Prädikate und Quantifikatoren

Eine mit den Hilfsmitteln einer natürlichen Sprache festgelegte Boolesche Funktion kann im allgemeinen leicht durch einen Ausdruck des Aussagenkalküls repräsentiert werden, der unter Verwendung von Klammern allein aus Aussagenvariablen und aus den Funktionszeichen $\sim$, $\wedge$, $\vee$ (die in der deutschen Sprache den Wörtern „nicht", „und", „oder" entsprechen) aufgebaut ist.

Beispiel 1. Eine dreistellige Boolesche Funktion f sei wie folgt festgelegt: $f(x_1, x_2, x_3) = 1$ genau dann, wenn a) $x_1 = 1$ oder $x_2 = 1$ und b) $x_3 = 0$. Offenbar wird f durch den Ausdruck

$$(x_1 \vee x_2) \wedge \bar{x}_3$$

repräsentiert.

Kompliziertere logische Beziehungen können im allgemeinen nicht mit den Mitteln der Aussagenlogik erfaßt werden; man muß in diesen Fällen zur Prädikatenlogik übergehen.

Die Grundlage für den Aufbau eines Prädikatenkalküls ist der Begriff des Prädikates[1]) über einem Individuenbereich.

Definition. Gegeben sei ein beliebiger Bereich J, im folgenden *Individuenbereich* genannt. Π heißt (zweiwertiges) *n-stelliges Prädikat* über dem Individenbereich J genau dann, wenn Π eine eindeutige Abbildung ist, die jedem n-Tupel $[x_1, x_2, \ldots, x_n]$ von Individuen aus J einen Wert aus $\{0, 1\}$, angedeutet durch $\Pi(x_1, x_2, \ldots, x_n)$, zugeordnet.

Ein einstelliges Prädikat über J wird auch *Eigenschaft über J* genannt. Einem einstelligen Prädikat Π über J kann man eindeutig eine Teilmenge J'_Π von J zuordnen, nämlich die Menge aller der Elemente x aus J, für die $\Pi(x) = 1$ gilt. Offenbar ist durch die Menge J'_Π das Prädikat Π eindeutig festgelegt. Der Ausdruck $\Pi(x)$ wird inhaltlich als die Aussage „*x hat die Eigenschaft Π*" interpretiert, und diese Aussage ist wahr bzw. falsch, wenn $\Pi(x) = 1$ bzw. $\Pi(x) = 0$ gilt.

Ein n-stelliges ($n \geqq 1$) Prädikat Π über J definiert eindeutig eine Teilmenge J'_Π der Menge $\times_{\nu=1}^{n} J$ aller n-Tupel von Elementen aus J, nämlich die Menge aller der n-Tupel $[x_1, x_2, \ldots, x_n]$ aus $\times_{\nu=1}^{n} J$, für die $\Pi(x_1, x_2, \ldots, x_n) = 1$ gilt. Die Menge J'_Π wird auch *n-stellige Relation über J* genannt, genauer, die durch Π festgelegte n-stellige Relation über J. Offenbar ist auch in diesem Fall durch J'_Π das Prädikat Π eindeutig bestimmt. Der Ausdruck $\Pi(x_1, x_2, \ldots, x_n)$ wird inhaltlich als die Aussage „*$x_1, x_2, \ldots, x_n$ stehen untereinander in der Beziehung Π*" interpretiert, und diese Aussage ist wahr bzw. falsch, wenn $\Pi(x_1, x_2, \ldots, x_n) = 1$ bzw. $\Pi(x_1, x_2, \ldots, x_n) = 0$ gilt.

---

[1]) In der deutschen Literatur häufig auch *Attribut* genannt. — Anm. d. Red.

Im folgenden wird als Individuenbereich meistens die Menge Nz der natürlichen Zahlen $1, 2, 3, \ldots, n, \ldots$ gewählt. Die natürlichen Zahlen werden dabei als (diskret liegende) Zeitpunkte interpretiert.

Beispiel 2. Prädikate über dem Bereich Nz der natürlichen Zahlen.

a) $K(x, y) = 1$ genau dann, wenn x kleiner als y;
b) $\Gamma(x) = 1$ genau dann, wenn x gerade;
c) $P(x) = 1$ genau dann, wenn x Primzahl.

Aus gegebenen Prädikaten (in diesem Zusammenhang „elementare Prädikate", „Grundprädikate" oder „Ausgangsprädikate" genannt) kann man durch Zusammensetzen mit Hilfe aussagenlogischer Operationen, d. h. mittels BOOLEscher Funktionen, neue Prädikate (in diesem Zusammenhang „zusammengesetzte Prädikate" genannt) erzeugen.

Beispiel 3. Als Individuenbereich wird wieder die Menge der natürlichen Zahlen gewählt. Wir setzen

$\Omega(x, y) = 1$ genau dann, wenn folgende Bedingungen gelten:

a) x kleiner als y;
b) x und y gerade oder x und y ungerade;
c) x Primzahl oder y keine Primzahl.

Das Prädikat Ω kann man, wie leicht einzusehen ist, aus den im vorstehenden Beispiel angegebenen Prädikaten und den aussagenlogischen Operationen $\sim, \wedge, \vee$ wie folgt erzeugen:

$$K(x, y) \wedge [\Gamma(x) \wedge \Gamma(y) \vee \overline{\Gamma}(x) \wedge \overline{\Gamma}(y)] \wedge [P(x) \vee \overline{P}(y)] .$$

Man kann sich an dem folgenden Beispiel klarmachen, daß aus gegebenen Prädikaten über einem Individuenbereich mit BOOLEschen Funktionen allein nicht alle Prädikate über diesem Individuenbereich erzeugt werden können.

Beispiel 4. Gegeben seien Prädikate Δ und Δ', die den folgenden Bedingungen genügen:

1. $\Delta(x, y) = 1$ genau dann, wenn folgende Bedingungen gelten:
   a) x kleiner als y;
   b) x und y gerade oder x und y ungerade;
   c) es gibt ein z, das Primzahl ist und nicht zwischen x und y liegt.
2. $\Delta'(x, y) = 1$ genau dann, wenn folgende Bedingungen gelten:
   a) x kleiner als y;
   b) x und y gerade oder x und y ungerade;
   c) für jedes z: Wenn z echt zwischen x und y liegt, so z nicht Primzahl.

Offenbar kann man die jeweils unter c) angegebene Bedingung nicht mit den Mitteln der Aussagenlogik ausdrücken; man ist genötigt, eine neue Art logischer Operationen, nämlich sogenannte *prädikatenlogische Operationen* oder meistens *Quantifikatoren* bzw. kurz *Quantoren* genannt, einzuführen. Quantifikatoren sind, allgemein gesehen, eindeutige Abbildungen, die den Prädikaten über J wiederum Prädikate über J zuordnen. Die wichtigsten Quantifikatoren sind der *Allheitsquantifikator* (auch *Generalisator* genannt) und der *Existenzquanti-*

fikator (auch *Partikularisator* genannt). Mit dem Allheits- bzw. dem Existenzquantifikator werden *Allheits-* bzw. *Existenzaussagen* formalisiert. Die Anwendung des Allheits- bzw. Existenzquantifikators heißt *Generalisierung* bzw. *Partikularisierung* (gemeinsam: *Quantifizierung*). Dabei wird ein $(n + 1)$-stelliges $(n \geqq 0)$ Prädikat in ein n-stelliges übergeführt.

Wir erläutern die Generalisierung und die Partikularisierung zunächst am Beispiel einstelliger Prädikate.

Gegeben sei ein einstelliges Prädikat Π über dem nichtleeren, ansonsten beliebigen Individuenbereich J. Von dem Ausdruck

$\Pi(x)$: x hat die Eigenschaft Π

geht man durch Generalisierung über zu

$\forall x \, \Pi(x)$: Für jedes x gilt: x hat die Eigenschaft Π

bzw. durch Partikularisierung zu

$\exists x \, \Pi(x)$: Es gibt ein x, so daß x die Eigenschaft Π hat.

Dabei gilt nach Definition:

$\forall x \, \Pi(x) = 1$ genau dann, wenn für jedes x des Individuenbereichs J gilt: $\Pi(x) = 1$.

$\exists x \, \Pi(x) = 1$ genau dann, wenn es ein x aus dem Individuenbereich J gibt, so daß $\Pi(x) = 1$ gilt.

Gemäß dieser Definition ist die Aussage $\exists x \, \Gamma(x)$ wahr und die Aussage $\exists x \, K(x, x)$ falsch, denn es gibt eine gerade natürliche Zahl, und keine natürliche Zahl ist kleiner als sie selbst.

Ein Ausdruck der Form $\forall x \, \Pi(x)$ bzw. $\exists x \, \Pi(x)$ kann als *verallgemeinerte Konjunktion bzw. Alternative* aufgefaßt werden.

Ist der Individuenbereich J endlich und besteht etwa aus den Individuen $\xi_1, \xi_2, \ldots, \xi_m$, dann ist $\forall x \, \Pi(x)$ bzw. $\exists x \, \Pi(x)$ äquivalent mit $\Pi(\xi_1) \wedge \Pi(\xi_2) \wedge \wedge \cdots \wedge \Pi(\xi_m)$ bzw. $\Pi(\xi_1) \vee \Pi(\xi_2) \vee \cdots \vee \Pi(\xi_m)$.

Ist der Individuenbereich J unendlich, dann ist $\forall x \, \Pi(x)$ bzw. $\exists x \, \Pi(x)$ äquivalent mit einer „unendlichen" Konjunktion bzw. Alternative; ist zum Beispiel J der Bereich der natürlichen Zahlen, dann sind die obigen Ausdrücke äquivalent mit $\Pi(1) \wedge \Pi(2) \wedge \cdots \wedge \Pi(n) \wedge \ldots$ bzw. mit $\Pi(1) \vee \Pi(2) \vee \cdots \vee \vee \Pi(n) \ldots$.

Die eingeführten Quantifikatoren dürfen auch auf mehrstellige Prädikate angewendet werden. Dabei muß jedoch angegeben werden, auf welche Stelle des gegebenen Prädikates sich die Generalisierung bzw. Partikularisierung bezieht, da sonst Unklarheiten auftreten können.

Werden diese inhaltlich angedeuteten Begriffsbildungen formalisiert, so wird man auf eine (gegenüber dem Aussagenkalkül erweiterte) künstliche Sprache geführt, die *Prädikatenkalkül der ersten Stufe* heißt.

Beim Aufbau des Prädikatenkalküls sind als erstes die verwendeten *Ausdrücke* zu definieren. Wir betrachten dazu zunächst einige Beispiele.

Die im Beispiel 4 definierten Prädikate Δ und Δ' kann man durch die folgenden Ausdrücke repräsentieren:

$$\left.\begin{aligned} &K(x, y) \wedge [\Gamma(x) \wedge \Gamma(y) \vee \overline{\Gamma}(x) \wedge \overline{\Gamma}(y)] \\ &\qquad \wedge \exists\, z\, [P(z) \wedge \sim (K(x, z) \wedge K(z, y))] \\ \text{und} \qquad & \\ &K(x, y) \wedge [\Gamma(x) \wedge \Gamma(y) \vee \overline{\Gamma}(x) \wedge \overline{\Gamma}(y)] \\ &\qquad \wedge \forall\, z\, [K(x, z) \wedge K(z, y) \rightarrow \overline{P}(z)]\,. \end{aligned}\right\} \tag{1.16}$$

Wir definieren zwei dreistellige Prädikate Σ und Π über Nz wie folgt:

$\Sigma(x, y, z) = 1$ genau dann, wenn $x + y = z$,
$\Pi(x, y, z) = 1$ genau dann, wenn $x \cdot y = z$.

Das zweistellige Prädikat $K(x, y)$ („x ist kleiner als y") kann repräsentiert werden durch

$$\exists\, z\; \Sigma(x, z, y)\,.$$

Das Prädikat $\Xi(x)$ („x ist eine zusammengesetzte Zahl") wird repräsentiert durch den Ausdruck

$$\exists\, v\, \exists\, w\, [K(v, x) \wedge K(w, x) \wedge \Pi(v, w, x)]$$

(„es gibt Zahlen v und w, die kleiner als x sind und deren Produkt gleich x ist"). Wenn man beachtet, daß $K(x, y)$ durch $\exists\, z\; \Sigma(x, z, y)$ repräsentiert wird, so kann man $\Xi(x)$ wie folgt ausdrücken:

$$\exists\, v\, \exists\, w\, [\exists\, z\; \Sigma(v, z, x) \wedge \exists\, z\; \Sigma(w, z, x) \wedge \Pi(v, w, x)]\,. \tag{1.17}$$

Das Prädikat $P(x)$ („x ist eine Primzahl") kann folgendermaßen definiert werden:

$$\sim \Xi(x) \wedge x \neq 1\,.$$

Die Prädikate $\Gamma(x)$ („x ist eine gerade Zahl") und $\overline{\Gamma}(x)$ („x ist eine ungerade Zahl") können ebenfalls leicht mittels Σ ausgedrückt werden:

$$\left.\begin{aligned} &\exists\, y\; \Sigma(y, y, x) \\ \text{und} \qquad & \\ &\forall\, y \sim \Sigma(y, y, x)\,. \end{aligned}\right\} \tag{1.18}$$

Bei den bisher betrachteten Beispielen lag stets ein bestimmter Individuenbereich, nämlich der Bereich Nz der natürlichen Zahlen zugrunde, und die in den Ausdrücken vorkommenden Symbole für Prädikate hatten stets eine genau festgelegte Bedeutung, waren also *Prädikatenkonstanten*. Für die Prädikatenlogik ist aber charakteristisch, daß nicht nur logische Beziehungen in einem bestimmten Individuenbereich, etwa dem Bereich Nz der natürlichen Zahlen, sondern in beliebigen (nichtleeren)[1]) Individuenbereichen studiert werden. In

[1]) Um unliebsame Spezialfälle auszuschließen, läßt man bei prädikatenlogischen Betrachtungen im allgemeinen den leeren Individuenbereich nicht zu. Es gibt jedoch auch Untersuchungen, in denen der leere Individuenbereich gleichberechtigt neben beliebigen nichtleeren Individuenbereichen betrachtet wird. — Anm. d. Red.

diesem Fall wird aber der Begriff (von Ausnahmen abgesehen)[1]) der (mit einer festen Bedeutung versehenen) Prädikatenkonstanten sinnlos, und man muß ihn durch den Begriff der *Prädikatenvariablen* ersetzen.

2. Definition der Ausdrücke des Prädikatenkalküls der ersten Stufe

Als erstes geben wir den *Zeichenvorrat* an, aus dem die zu definierenden Ausdrücke aufgebaut werden. Er besteht aus:

1. Individuenvariablen: Kleine lateinische Buchstaben.[2]) Sie dürfen mit Unterscheidungsindizes versehen werden.

2. Prädikatenvariablen: Große lateinische Buchstaben. Jede Prädikatenvariable trägt oben rechts eine natürliche Zahl als Index; dieser Index gibt ihre *Stellenzahl* an. Eine Prädikatenvariable darf ebenfalls mit Unterscheidungsindizes versehen werden; ein derartiger Index wird unten rechts angebracht.

3. Aussagenlogischen Funktoren: $\sim \wedge \vee \leftrightarrow 0\ 1$

4. Prädikatenlogischen Funktoren: $\forall\ \exists$

5. Technischen Zeichen: ( ) , .

In der Menge aller *endlichen linearen Zeichenreihen*, die aus den angegebenen Grundzeichen gebildet werden können, zeichnen wir durch die folgenden Bedingungen die *Ausdrücke* aus. Diese Bedingungen stellen somit eine induktive Definition des Begriffs „Ausdruck" dar.

1. Prädikative Ausdrücke.

Sind $v_1, v_2, \ldots, v_n$ Individuenvariablen und ist P^n eine Prädikatenvariable, so ist $P^n(v_1, v_2, \ldots, v_n)$ ein Ausdruck. Ferner sind 0 und 1 Ausdrücke.

2. Zusammengesetzte Ausdrücke.[3])

a) Sind Z, Z_1, Z_2 Ausdrücke, so sind auch $\sim Z$, $(Z_1 \wedge Z_2)$, $(Z_1 \vee Z_2)$, $(Z_1 \rightarrow Z_2)$ und $(Z_1 \leftrightarrow Z_2)$ Ausdrücke.

---

[1]) Ausnahmen sind z. B. das n-stellige Allprädikat über J:

$$A^n(x_1, \ldots, x_n) = 1 \quad \text{für alle } x_1, x_2, \ldots, x_n \text{ aus } J;$$

und die n-stellige Identität über J ($n \geqq 2$):

$$I^n(x_1, \ldots, x_n) = 1 \quad \text{genau dann, wenn } x_1 = x_2 = \cdots = x_n .$$

– Anm. d. Red.

[2]) Man beachte, daß gewisse kleine lateinische Buchstaben im Aussagenkalkül als Aussagenvariablen, im Prädikatenkalkül als Individuenvariablen und in der Umgangssprache ebenfalls als Individuenvariablen verwendet werden. Ferner werden der Generalisator bzw. der Partikularisator sowohl in der Umgangssprache als auch im Prädikatenkalkül durch dasselbe Symbol bezeichnet. (Man vgl. dazu auch die Fußnote 2 auf S. 15.) Es ist jedoch stets aus dem Zusammenhang klar, was gemeint ist, und deshalb können keine Unklarheiten entstehen. – Anm. d. Red.

[3]) An dieser Stelle wurde die (induktive) Ausdrucksdefinition gegenüber dem Original abgeändert. – Anm. d. Red.

b) Ist Z ein Ausdruck, in dem die Individuenvariable v vollfrei[1]) vorkommt, so sind auch $\forall\, v\, Z$ und $\exists\, v\, Z$ Ausdrücke.

3. Eine Zeichenreihe ist nur dann ein Ausdruck, wenn dies auf Grund von 1 oder 2 der Fall ist.

Beliebige Ausdrücke werden (wie im Aussagenkalkül) durch H (evtl. mit Unterscheidungsindizes) bezeichnet.

Bei der Angabe konkreter Ausdrücke dürfen dieselben Vereinfachungsregeln, die für Ausdrücke des Aussagenkalküls vereinbart worden waren, angewendet werden. Außerdem ist es zulässig, wenn keine Mißverständnisse dadurch verursacht werden können, daß der Stellenindex einer Prädikatenvariablen weggelassen wird.

Beispiel. Wir betrachten jetzt ein Beispiel zur induktiven Definition des Begriffes „Ausdruck". Es seien S und P dreistellige Prädikatenvariablen (die Stellenindizes werden vereinbarungsgemäß weggelassen). Dann kann man folgendermaßen schrittweise einen Ausdruck aufbauen:

a) $S(v, u, x)$, $S(w, u, x)$, $P(v, w, x)$

(prädikative Ausdrücke),

b) $\exists\, u\, S(v, u, x)$, $\exists\, u\, S(w, u, x)$

(Partikularisierung),

c) $(\exists\, u\, S(v, u, x) \wedge \exists\, u\, S(w, u, x) \wedge P(v, w, x))$

(konjunktive Verknüpfung, dabei Anwendung der Vereinfachungsregel für die Angabe einer mehrgliedrigen Konjunktion),

d) $\exists\, v\, \exists\, w(\exists\, u\, S(v, u, x) \wedge \exists\, u\, S(w, u, x) \wedge P(v, w, x))$

(zweimalige Partikularisierung).

Der zuletzt angegebene Ausdruck entsteht offenbar aus dem unter (1.17) angegebenen, wenn die Prädikate Σ und Π durch die Prädikatenvariablen S und P (in der angegebenen Reihenfolge) und die Individuenvariable z durch u ersetzt werden.

Kommt in einem Ausdruck H an einer bestimmten Stelle die Individuenvariable v vor und steht unmittelbar vor v eines der Zeichen $\forall$ oder $\exists$, so heißt v an der betreffenden Stelle *quantifiziert.*

Zu jeder in H an einer bestimmten Stelle quantifiziert vorkommenden Individuenvariablen v existiert stets ein eindeutig bestimmter Teilausdruck H' von H, der unmittelbar auf v an der betreffenden Stelle folgt und in dem v vollfrei vorkommt. Der Ausdruck H wird der *Wirkungsbereich* der an der betreffenden Stelle quantifiziert vorkommenden Individuenvariablen bezeichnet.

Kommt in einem Ausdruck H die Individuenvariable v an einer bestimmten Stelle vor und ist sie an dieser Stelle weder quantifiziert noch kommt sie dort in einem Wirkungsbereich von sich selbst vor, dann sagt man, daß sie an der betreffenden Stelle *frei* vorkomme; ist eine der letzten beiden Bedingungen

[1]) Man sagt, daß eine Individuenvariable v in einer Zeichenreihe Z *vollfrei* vorkommt genau dann, wenn zwar v in Z vorkommt, jedoch darin weder $\forall\, v$ noch $\exists\, v$ vorkommt. Wir deuten dies durch $Z(v)$ an. — Anm. d. Red.

verletzt, dann sagt man, daß sie an der betreffenden Stelle *gebunden* vorkomme. Schließlich nennt man schlechthin v in H frei (bzw. gebunden) genau dann, wenn es eine Stelle in H gibt, an der v frei (bzw. gebunden) vorkommt.

Beispiel. In dem Ausdruck

$$\left(\forall\, x\, P(x, y) \wedge Q(x, y)\right)$$

kommt die Individuenvariable x an der dritten Stelle quantifiziert vor (und damit gebunden), an der sechsten gebunden und an der dreizehnten frei vor; y kommt dagegen vollfrei vor und kommt damit an allen Stellen, an denen sie überhaupt steht, frei vor.

Ähnliche Verhältnisse herrschen z. B. bei Ausdrücken der Form $\int_0^1 f(x, t)\, dx + g(x)$.

Kommt eine Individuenvariable an einer bestimmten Stelle in H quantifiziert vor, so wird ihr an dieser Stelle durch die folgende induktive Definition ein sogenannter *Rang* zugeordnet:

1. Sie hat den Rang 1 genau dann, wenn in ihrem Wirkungsbereich keine quantifizierte Variable vorkommt.
2. Sie hat den Rang $k + 1$ genau dann, wenn in ihrem Wirkungsbereich mindestens eine quantifizierte Variable mit dem Rang k vorkommt.

Beispiel. In dem Ausdruck

$$\exists\, v \exists\, w\left(\exists\, u\, S(v, u, x) \wedge \exists\, u\, S(w, u, x) \wedge P(v, w, x)\right)$$

hat die quantifizierte Individuenvariable u an beiden Stellen den Rang 1, während w den Rang 2 und v den Rang 3 hat.

3. Interpretation der Ausdrücke des Prädikatenkalküls der ersten Stufe. Grundlegende äquivalente Umformungen

Der zweite wesentliche Schritt[1]) beim Aufbau des Prädikatenkalküls der ersten Stufe besteht darin, daß die definierten Ausdrücke interpretiert werden.

Gegeben sei ein beliebiger nichtleerer Individuenbereich J.

Unter einer *Belegung* β der Individuen- und der Prädikatenvariablen über J versteht man eine eindeutige Abbildung, die jeder Individuenvariablen ein Individuum aus J und für jedes n jeder n-stelligen Prädikatenvariablen ein n-stelliges Prädikat über J zuordnet.

Durch eine induktive Definition wird nun für eine beliebige vorgegebene Belegung β über J jedem Ausdruck H eindeutig ein *Wert* aus $\{0, 1\}$ zugeordnet; nämlich der *Wert, den der Ausdruck H bei der gegebenen Belegung β über J annimmt.*

Wir sagen, daß ein Ausdruck H *allgemeingültig* ist genau dann, wenn für jeden nichtleeren Individuenbereich J und jede Belegung β über J der Ausdruck H bei β den Wert 1 annimmt.

[1]) Der dritte Schritt (hier nicht mehr betrachtet) besteht darin, daß man einen Ableitungsbegriff und ein Axiomensystem angibt. — Anm. d. Red.

Ferner heißt H *erfüllbar* genau dann, wenn es einen nichtleeren Individuenbereich J und eine Belegung β über J gibt, so daß H bei β den Wert 1 annimmt.

Schließlich wird H *Kontradiktion* genannt genau dann, wenn für jeden nichtleeren Individuenbereich J und für jede Belegung β über J der Ausdruck H bei β den Wert 0 annimmt.

Offenbar ist H eine Kontradiktion genau dann, wenn $\sim H$ allgemeingültig ist.

Ein Ausdruck H, in dem genau die Prädikatenvariablen $P_1^{n_1}, P_2^{n_2}, \ldots, P_k^{n_k}$ vorkommen und genau die Individuenvariablen $v_1, v_2, \ldots, v_l$ frei vorkommen, definiert einen Operator, der für jeden nichtleeren Individuenbereich J jedem k-Tupel $[\Pi_1^{n_1}, \Pi_2^{n_2}, \ldots, \Pi_k^{n_k}]$ von Prädikaten über J (mit der Stellenzahl n_1 bzw. n_2 bzw. ... bzw. n_k) eindeutig ein l-stelliges Prädikat über J zuordnet.

Bisher haben wir den Prädikatenkalkül nur als Kommunikationsmittel betrachtet, d. h. als eine formalisierte Sprache, mit deren Hilfe gewisse Aussagen erfaßt werden können.

Es ist von großer Bedeutung, daß die Ausdrücke des Prädikatenkalküls, ähnlich wie die des Aussagenkalküls, *semantisch äquivalent umgeformt* werden können und daß sich die Umformungen vollständig durch ein Regelsystem erfassen lassen.[1])

Definition. H_1 *semantisch äquivalent*[2]) *mit* H_2 (H_1 äq H_2) genau dann, wenn für jeden nichtleeren Individuenbereich J und jede Belegung β über J H_1 und H_2 denselben Wert annehmen.

Offenbar sind H_1 und H_2 äquivalent genau dann, wenn $(H_1 \leftrightarrow H_2)$ allgemeingültig ist.

Beispiel. Die folgenden Ausdrücke sind äquivalent:

$$\forall z\, P(z) \wedge \sim\big(Q(x,x) \wedge \exists y\, R(x,y)\big)\,, \tag{1.19a}$$

$$\forall z\, P(z) \wedge \big(\sim Q(x,x) \vee \sim \exists y\, R(x,y)\big)\,, \tag{1.19b}$$

$$\forall z\, P(z) \wedge \sim Q(x,x) \vee \forall z\, P(z) \wedge \sim \exists y\, R(x,y)\,. \tag{1.19c}$$

Diese Behauptung folgt aus der Tatsache, daß für Ausdrücke H_1, H_2, H_3 des Aussagenkalküls die Ausdrücke

$$H_1 \wedge \sim(H_2 \wedge H_3)\,,$$

$$H_1 \wedge (\overline{H}_2 \vee \overline{H}_3)\,,$$

$$(H_1 \wedge \overline{H}_2) \vee (H_1 \wedge \overline{H}_3)$$

äquivalent sind und daß alle Umformungen, die im Aussagenkalkül zu äquivalenten Ausdrücken führen, dieselbe Eigenschaft erst recht im Prädikatenkalkül haben.

Äquivalente Umformungen, in denen Quantifikatoren eine Rolle spielen, sind natürlich nur im Prädikatenkalkül sinnvoll. Sie müssen jedoch gesondert

[1]) Dies besagt der GÖDELsche Vollständigkeitssatz. Man vgl. GÖDEL, K., Die Vollständigkeit der Axiome des logischen Funktionenkalküls. Monatshefte Math. Phys. **37** (1930) 349–360. – Anm. d. Red.

[2]) Im folgenden kurz *äquivalent* genannt. – Anm. d. Red.

begründet werden. Allerdings helfen dabei Analogien zwischen $\forall$ und $\wedge$ einerseits und $\exists$ und $\vee$ andererseits.

I. Beziehungen zwischen $\forall$ und $\exists$

$$\forall\, x\, H(x) \text{ äq } \sim \exists\, x \sim H(x)\,, \tag{Ia}$$

$$\exists\, x\, H(x) \text{ äq } \sim \forall\, x \sim H(x)\,. \tag{Ib}$$

Auf Grund dieser Äquivalenzen kann der Allheitsquantifikator durch den Existenzquantifikator ersetzt werden und umgekehrt. Sie sind den im Aussagenkalkül angegebenen Äquivalenzen

$$H_1 \wedge H_2 \quad \text{äq} \quad \sim(\sim H_1 \vee \sim H_2)\,,$$

$$H_1 \vee H_2 \quad \text{äq} \quad \sim(\sim H_1 \wedge \sim H_2)$$

analog.

Wendet man auf den Teilausdruck $\sim \exists\, y\, R(x, y)$ in (1.19c) die Äquivalenz (Ib) an und berücksichtigt, daß $\sim \sim H$ äq H ist, so folgt, daß der Ausdruck (1.19c) äquivalent ist mit

$$\forall\, z\, P(z) \wedge \sim Q(x, x) \vee \forall\, z\, P(z) \wedge \forall\, y \sim R(x, y)\,.$$

II. Verteilungssätze für $\forall$ in einer Konjunktion und für $\exists$ in einer Alternative

$$\forall\, x\big(H_1(x) \wedge H_2(x)\big) \text{ äq } \forall\, x\, H_1(x) \wedge \forall\, x\, H_2(x)\,, \tag{IIa}$$

$$\exists\, x\big(H_1(x) \vee H_2(x)\big) \text{ äq } \exists\, x\, H_1(x) \vee \exists\, x\, H_2(x)\,. \tag{IIb}$$

III. Vertauschungssätze für gleichartige Quantifikatoren

$$\forall\, x\, \forall\, y\, H(x, y) \text{ äq } \forall\, y\, \forall\, x\, H(x, y)\,, \tag{IIIa}$$

$$\exists\, x\, \exists\, y\, H(x, y) \text{ äq } \exists\, y\, \exists\, x\, H(x, y)\,. \tag{IIIb}$$

Die Äquivalenzen (IIa) und (IIb) besagen inhaltlich, daß der Generalisator und das Konjunktionszeichen einerseits und der Partikularisator und das Alternativzeichen andererseits vertauschbar sind. Außerdem ist zu bemerken, daß diese Äquivalenzen auch für endlich viele Konjunktions- bzw. Alternativglieder gelten.

Die Äquivalenzen (IIIa) und (IIIb) drücken aus, daß die Reihenfolge gleichartiger Quantifikatoren beliebig abgeändert werden darf.

Die unter II angegebenen Verschiebungssätze gelten nicht mehr, wenn in IIa) das Zeichen $\wedge$ durch $\vee$ und in IIb) das Zeichen $\vee$ durch $\wedge$ ersetzt wird. Außerdem gelten die unter III angegebenen Vertauschungssätze nicht mehr, wenn in IIIa) die Variable y nicht generalisiert, sondern partikularisiert, und in IIIb) y nicht partikularisiert, sondern generalisiert vorkommt, d. h., die folgenden Äquivalenzen gelten *nicht für beliebige* $H_1(x)$, $H_2(x)$, $H(x, y)$:

$$\forall\, x(H_1(x) \vee H_2(x)) \text{ äq } \forall\, x\, H_1(x) \vee \forall\, x\, H_2(x)\,, \tag{1.20a}$$

$$\exists\, x(H_1(x) \wedge H_2(x)) \text{ äq } \exists\, x\, H_1(x) \wedge \exists\, x\, H_2(x)\,, \tag{1.20b}$$

$$\forall\, x \exists\, y\, H(x, y) \quad \text{äq } \exists\, y \forall\, x\, H(x, y)\,, \tag{1.20c}$$

$$\exists\, x \forall\, y\, H(x, y) \quad \text{äq } \forall\, y \exists\, x\, H(x, y)\,.^{1)} \tag{1.20d}$$

Das kann man leicht durch Beispiele nachprüfen.

Es gelten jedoch die folgenden Implikationen, d. h., die folgenden Ausdrücke sind allgemeingültig:

$$\forall\, x\, H_1(x) \vee \forall\, x\, H_2(x) \rightarrow \forall\, x\, (H_1(x) \vee H_2(x))\,, \tag{1.20a'}$$

$$\exists\, x\, (H_1(x) \wedge H_2(x)) \quad \rightarrow \exists\, x\, H_1(x) \wedge \exists\, x\, H_2(x)\,, \tag{1.20b'}$$

$$\exists\, y \forall\, x\, H(x, y) \quad \rightarrow \forall\, x \exists\, y\, H(x, y)\,. \tag{1.20c'}$$

IV. Verschiebungssätze für $\forall$ und $\exists$

Gegeben seien Ausdrücke H und H^* derart, daß die Individuenvariable x in H vollfrei und in H^* nicht vorkommt. Dann gelten die folgenden Äquivalenzen:

$$\forall\, x\, (H(x) \wedge H^*) \text{ äq } \forall\, x\, H(x) \wedge H^*\,, \tag{IVa}$$

$$\forall\, x\, (H(x) \vee H^*) \text{ äq } \forall\, x\, H(x) \vee H^*\,, \tag{IVb}$$

$$\exists\, x\, (H(x) \wedge H^*) \text{ äq } \exists\, x\, H(x) \wedge H^*\,, \tag{IVc}$$

$$\exists\, x\, (H(x) \vee H^*) \text{ äq } \exists\, x\, H(x) \vee H^*\,. \tag{IVd}$$

Mit Hilfe dieser Äquivalenzen kann der Wirkungsbereich einer quantifizierten Individuenvariablen je nach Wunsch verkürzt oder verlängert werden. Man beachte, daß die Äquivalenzen (IVb) und (IVc) einen gewissen Ersatz für die nicht gültigen Äquivalenzen (1.20a) bzw. (1.20b) darstellen.

Beispiel. Gegeben sei der Ausdruck

$$\forall\, x\, (H_1(x) \vee H^* \rightarrow H_2(x) \wedge H^*)\,,$$

wobei in H^* die Individuenvariable x nicht vorkomme. Wir zeigen, wie H^* aus dem Wirkungsbereich der generalisierten Variablen x herausgezogen werden kann. Dies wird durch folgende Umformungsschritte erreicht, bei denen der Leitgedanke darin besteht, daß der Wirkungsbereich in eine konjunktive Normalform (semantisch äquivalent) umgeformt wird:

$$\forall\, x\, (H_1(x) \vee H^* \rightarrow H_2(x) \wedge H^*)\,.$$

Elimination von $\rightarrow$:

$$\forall\, x[\sim (H_1(x) \vee H^*) \vee H_2(x) \wedge H^*]\,.$$

---

[1]) Offenbar geht (1.20d) durch eine Umbenennung der gebundenen Individuenvariablen x und y aus (1.20c) hervor und umgekehrt. — Anm. d. Red.

Anwendung der De Morganschen Regel:

$$\forall\, x\, [\overline{H}_1(x) \wedge \overline{H}^* \vee H_2(x) \wedge H^*]\,.$$

Ausdistribuieren:

$$\forall\, x\, \big[\big(\overline{H}_1(x) \vee H_2(x)\big) \wedge \big(\overline{H}_1(x) \vee H^*\big) \wedge \big(\overline{H}^* \vee H_2(x)\big) \wedge (\overline{H}^* \vee H^*)\big]\,.$$

Weglassen von $\overline{H}^* \vee H^*$, Anwendung des Satzes der Kommutativität für $\vee$:

$$\forall\, x\, \big[\big(\overline{H}_1(x) \vee H_2(x)\big) \wedge \big(\overline{H}_1(x) \vee H^*\big) \wedge \big(H_2(x) \vee \overline{H}^*\big)\big]\,.$$

Anwendung von IIa):

$$\forall\, x \big(\overline{H}_1(x) \vee H_2(x)\big) \wedge \forall\, x \big(\overline{H}_1(x) \vee H^*\big) \wedge \forall\, x \big(H_2(x) \vee \overline{H}^*\big)\,.$$

Anwendung von IVb):

$$\forall\, x \big(\overline{H}_1(x) \vee H_2(x)\big) \wedge \big(\forall\, x\, \overline{H}_1(x) \vee H^*\big) \wedge \big(\forall\, x\, H_2(x) \vee \overline{H}^*\big)\,.$$

Damit ist ein Ausdruck konstruiert, der zum anfänglich gegebenen semantisch äquivalent ist und in dem H^* nicht mehr im Wirkungsbereich der generalisierten Variablen x steht.

Soll in dem Ausdruck

$$\exists\, x \big(H_1(x) \vee H^* \rightarrow H_2(x) \wedge H^*\big)$$

H^* aus dem Wirkungsbereich der partikularisierten Variablen x herausgezogen werden, so besteht der wesentliche Schritt darin, daß der Wirkungsbereich (semantisch äquivalent) in eine alternative Normalform umgeformt wird.

Umformungen der im letzten Beispiel beschriebenen Art werden wir im Kapitel V sehr häufig verwenden.

4. Der Prädikatenkalkül der zweiten Stufe

Der Prädikatenkalkül der ersten Stufe ist gegenüber dem Aussagenkalkül wesentlich ausdrucksfähiger. Die Ursache dafür besteht darin, daß die Begriffe des Prädikates und des Quantifikators zur Verfügung stehen. Die Ausdrucksfähigkeit des Prädikatenkalküls der ersten Stufe reicht jedoch zur Formulierung vieler (komplizierterer) Zusammenhänge noch nicht aus. Dieser Mangel wird behoben, wenn sich Quantifikatoren nicht allein auf Individuenvariablen, sondern auch auf Prädikatenvariablen beziehen dürfen, d. h. auch Prädikatenvariablen generalisiert und partikularisiert werden dürfen.

Ausdrücke des *Prädikatenkalküls der zweiten Stufe* sind z. B.

$$\forall\, P \big(P(x) \vee \overline{P}(x)\big)\,, \tag{1.21}$$

$$\exists\, P\big(P(x) \wedge \forall\, y\; Q(x, y)\big)\,. \tag{1.22}$$

In dem Ausdruck (1.21) kommt die Individuenvariable x frei, die Prädikatenvariable P dagegen gebunden vor. Demgemäß repräsentiert dieser Ausdruck bei gegebenem Individuenbereich J ein einstelliges Prädikat über J, und zwar das einstellige *Allprädikat über* J, d. h. dasjenige Prädikat, das für jedes Individuum aus J den Wert 1 annimmt.

In dem Ausdruck (1.22) kommt sowohl die Individuenvariable x als auch die Prädikatenvariable Q frei vor. Dieser Ausdruck repräsentiert in Abhängigkeit von der Belegung der Variablen x und Q ein einstelliges Prädikat, repräsentiert also einen Operator, der einem beliebigen zweistelligen Prädikat über einem nichtleeren Individuenbereich J eindeutig ein einstelliges Prädikat über J zuordnet.

Die Ausdrücke des Prädikatenkalküls der zweiten Stufe können ebenfalls induktiv definiert werden. Dazu wird von denselben Grundzeichen, die wir bei der Definition der Ausdrücke des Prädikatenkalküls der ersten Stufe gewählt hatten, ausgegangen. Die dort gegebene induktive Definition der Ausdrücke wird durch die folgende Bedingung erweitert:

2. c) Ist Z ein Ausdruck und kommt in Z die Prädikatenvariable P vollfrei vor, dann sind auch $\forall\, P\, Z$ und $\exists\, P\, Z$ Ausdrücke.

Ein in einem Ausdruck an einer bestimmten Stelle stehender Quantifikator hat dort die *Stufe* Eins bzw. Zwei genau dann, wenn rechts von diesem Quantifikator eine Individuenvariable bzw. eine Prädikatenvariable steht.

Die Ausdrücke des Prädikatenkalküls der zweiten Stufe werden analog den Definitionen in der ersten Stufe interpretiert. Ebenfalls analog werden die Begriffe „allgemeingültig", „erfüllbar", „Kontradiktion" und „semantisch äquivalent" definiert.

Die unter I bis IV für die erste Stufe angegebenen Äquivalenzen können auf Ausdrücke der zweiten Stufe übertragen werden, und zwar gelten sie hier sowohl für Quantifikatoren der ersten als auch der zweiten Stufe.

Demgemäß ist z. B. der Ausdruck (1.22) semantisch äquivalent mit

$$\exists\, P\, P(x) \wedge \forall\, y\, Q(x, y)\,. \tag{1.22a}$$

Da nun der Ausdruck

$$\exists\, P\, P(x)$$

allgemeingültig ist, folgt, daß der Ausdruck (1.22a) und damit auch (1.22) schließlich semantisch äquivalent mit

$$\forall\, y\, Q(x, y) \tag{1.22b}$$

ist.

5. Beschränkte Quantifikatoren

Für die späteren Anwendungen (siehe Kapitel V) sind die folgenden Einschränkungen des Prädikatenkalküls der zweiten Stufe grundlegend:

1. Die Individuenvariablen dürfen nur *beschränkt quantifiziert* werden, d. h. die Regel 2b) (siehe Seite 52) zur Erzeugung neuer Ausdrücke wird wie folgt abgeändert:

Ist Z ein Ausdruck, in dem die Individuenvariable v vollfrei vorkommt, so sind auch $\underset{v<w}{\forall}\, v\, Z$, $\underset{v<w}{\exists}\, v\, Z$, $\underset{v\leqq w}{\forall}\, v\, Z$, $\underset{v\leqq w}{\exists}\, v\, Z$, $\underset{u<v<w}{\forall}\, v\, Z$, $\underset{u<v<w}{\exists}\, v\, Z$, $\underset{u\leqq v<w}{\forall}\, v\, Z$, $\underset{u\leqq v<w}{\exists}\, v\, Z$, $\underset{u<v\leqq w}{\forall}\, v\, Z$, $\underset{u<v\leqq w}{\exists}\, v\, Z$, $\underset{u\leqq v\leqq w}{\forall}\, v\, Z$ und $\underset{u\leqq v\leqq w}{\exists}\, v\, Z$ Ausdrücke.

2. Als Individuenbereich J, in dem die Ausdrücke interpretiert werden, wird nur der Bereich Nz der natürlichen Zahlen verwendet.

3. Es werden keine mehrstelligen, sondern nur einstellige Prädikatenvariablen zugelassen.

Die an zweiter Stelle angegebene Einschränkung bedeutet, daß im Grunde genommen kein Logik-Kalkül, sondern eine formalisierte Arithmetik (der zweiten Stufe mit beschränkten Quantifikatoren der ersten Stufe) betrachtet wird. Die natürlichen Zahlen werden später als Zeitpunkte einer diskreten Zeitskala gedeutet.

Wie die beschränkten Quantifikatoren zu interpretieren sind, erläutern wir an den Beispielen $\underset{v<w}{\forall}\, v\, H(v)$ und $\underset{v<w}{\exists}\, v\, H(v)$.

Gegeben sei eine Belegung β über Nz.

Der Ausdruck $\underset{v<w}{\forall}\, v\, H(v)$ nimmt per definitionem bei der Belegung β den Wert 1 an (d. h., er wird wahr) genau dann, wenn für jede Belegung β' über Nz gilt: Unterscheiden sich β und β' höchstens für die Individuenvariable v und ist die natürliche Zahl $\beta'(v)$ kleiner als die natürliche Zahl $\beta'(w)$, so nimmt $H(v)$ bei β' den Wert 1 an.

Der Ausdruck $\underset{v<w}{\exists}\, v\, H(v)$ nimmt per definitionem bei der Belegung β den Wert 1 an genau dann, wenn es eine Belegung β' über Nz mit folgenden Eigenschaften gibt: β und β' unterscheiden sich höchstens an der Stelle v, $\beta'(v)$ ist kleiner als $\beta'(w)$ und $H(v)$ nimmt bei β' den Wert 1 an.

Werden in dem betrachteten Kalkül die gewöhnlichen Quantifikatoren erster Stufe und die Konstante $<$ („kleiner") als Grundbegriffe aufgenommen, so lassen sich die beschränkten Quantifikatoren sehr einfach definieren. Wir betrachten dazu ebenfalls nur zwei Beispiele.

Beispiele.

$$\underset{v<w}{\forall}\, v\, H(v) =_{\mathrm{Df}} \forall\, v\,\big(v< w \rightarrow H(v)\big)\,,$$

$$\underset{v<w}{\exists}\, v\, H(v) =_{\mathrm{Df}} \exists\, v\,\big(v< w \wedge H(v)\big)\,.$$

Wir weisen darauf hin, daß sich die Anzahl der vollfrei bzw. frei vorkommenden Individuenvariablen beim Übergang von $H(v)$ z. B. zu $\underset{v<w}{\forall}\, v\, H(v)$ im allgemeinen nicht verringert. Die in $H(v)$ vollfrei vorkommende Variable v wird zwar gebunden; kommt nun in $H(v)$ die Variable w nicht bzw. höchstens gebunden vor, dann kommt sie in $\underset{v<w}{\forall}\, v\, H(v)$ vollfrei bzw. frei vor.

Beispiel eines Ausdrucks mit beschränkten Quantifikatoren.

$$\underset{x<z}{\exists}\, x\,\big(P(x) \wedge \underset{x<y<z}{\forall}\, y\,(Q(y) \vee \sim P(z))\big)\,. \tag{1.23}$$

Die einzige in diesem Ausdruck frei und zugleich auch vollfrei vorkommende Individuenvariable ist z. Sie kommt als obere Schranke im Quantifikator $\underset{x<z}{\exists}\, x$ und als Argument in $P(z)$ vor. In dem Ausdruck

$$\underset{x<y<z}{\forall}\, y\,(Q(y) \vee \sim P(z))$$

kommen die Individuenvariablen x und z vollfrei vor.

In dem unter (1.23) angegebenen Ausdruck kommen gemäß Einschränkung 3 keine mehrstelligen Prädikatenvariablen vor. Selbstverständlich könnte man in dem betrachteten Kalkül auch mehrstellige Prädikatenvariablen zulassen, aber für unsere Zwecke (man vergleiche dazu Kapitel V) ist es wesentlich, daß keine mehrstelligen Prädikatenvariablen vorkommen.

Die Quantifikatoren der zweiten Stufe dürfen uneingeschränkt angewendet werden. Demgemäß ist z. B.

$$\exists P(\underset{x<y}{\forall} x\, P(x) \to Q(y))$$

ein zulässiger Ausdruck.

Wir gehen jetzt kurz auf äquivalente Umformungen von Ausdrücken ein, in denen beschränkte Quantifikatoren vorkommen.

Die angegebenen Äquivalenzen (I), (II) und (IV) gelten auch für beschränkte Quantifikatoren.

Wir zeigen beispielsweise, wie der unter (1.23) angegebene Ausdruck äquivalent so umgeformt werden kann, daß der Teilausdruck $\sim P(z)$ nicht mehr im Wirkungsbereich des Quantifikators ersten Ranges $\underset{x<y<z}{\forall} y$ und auch nicht mehr im Wirkungsbereich des Quantifikators zweiten Ranges $\underset{x<z}{\exists} x$ steht. Wir nehmen folgende Umformungsschritte vor:

$$\underset{x<z}{\exists} x\, [P(x) \wedge \underset{x<y<z}{\forall} y\, (Q(y) \vee \sim P(z))]\,.$$

Anwendung von IVb):

$$\underset{x<z}{\exists} x\, [P(x) \wedge (\underset{x<y<z}{\forall} y\, Q(y) \vee \sim P(z))]\,.$$

Ausdistributieren:

$$\underset{x<z}{\exists} x\, [(P(x) \wedge \underset{x<y<z}{\forall} y\, Q(y)) \vee (P(x) \wedge \sim P(z))]\,.$$

Anwendung von IIb):

$$\underset{x<z}{\exists} x\, (P(x) \wedge \underset{x<y<z}{\forall} y\, Q(y)) \vee \underset{x<z}{\exists} x\, (P(x) \wedge \sim P(z))\,.$$

Anwendung von IVc):

$$\underset{x<z}{\exists} x\, (P(x) \wedge \underset{x<y<z}{\forall} y\, Q(y)) \vee (\underset{x<z}{\exists} x\, P(x) \wedge \sim P(z))\,.$$

Die Äquivalenzen III gelten im allgemeinen nicht mehr für beschränkte Quantifikatoren. Das erläutern wir an dem folgenden Beispiel.

Beispiel.

Gegeben sei der Ausdruck

$$\underset{y<z}{\exists} y\, \underset{x<y}{\exists} x\, P(x)\,.$$

Vertauscht man darin $\underset{y<z}{\exists} y$ und $\underset{x<y}{\exists} x$, so erhält man

$$\underset{x<y}{\exists} x\, \underset{y<z}{\exists} y\, P(x)\,.$$

Diese Zeichenreihe ist aber nach unserer Definition kein Ausdruck.

Man kann leicht zeigen, daß die Prädikate $x < y$, $x = y$, $x = n$, $x < n$, $x = y - n$, $x = y + n$ durch Ausdrücke des betrachteten Kalküls mit beschränkten Quantifikatoren repräsentiert werden können, falls x, y beliebige Individuenvariablen sind und n eine Konstante ist, die eine natürliche Zahl bezeichnet. Zum Beispiel kann man definieren:

$$x < y =_{\mathrm{Df}} \underset{x \leqq z < y}{\exists z} \big(P(z) \to P(z)\big),$$

$$x = 1 =_{\mathrm{Df}} \underset{y < x}{\forall y} \sim \big(P(y) \to P(y)\big).$$

Aus diesem Grunde erweitern wir den betrachteten Kalkül durch die oben angegebenen Prädikate als Grundbegriffe. Dadurch können viele Sachverhalte wesentlich einfacher im Kalkül ausgedrückt werden.

Bei der äquivalenten Umformung von Ausdrücken, in denen beschränkte Quantifikatoren vorkommen, sind noch folgende Sätze wichtig. Sie ergeben sich unmittelbar aus der Ordnungsrelation für natürliche Zahlen:

1. $\underset{x<1}{\exists x}\, H(x)$ ist eine Kontradiktion, da vor 1 keine natürliche Zahl liegt.[1]

2. $\underset{x<1}{\forall x}\, H(x)$ ist allgemeingültig, da dieser Ausdruck mit $\forall x \big(x < 1 \to H(x)\big)$ äquivalent ist und die Prämisse $x < 1$ bei jeder Belegung (über dem Bereich der natürlichen Zahlen) falsch wird.

1'. $\underset{y<x<y}{\exists x}\, H(x)$, $\underset{y \leqq x<y}{\exists x}\, H(x)$ und $\underset{y<x \leqq y}{\exists x}\, H(x)$ sind Kontradiktionen.

2'. $\underset{y<x<y}{\forall x}\, H(x)$, $\underset{y \leqq x<y}{\forall x}\, H(x)$ und $\underset{y<x \leqq y}{\forall x}\, H(x)$ sind allgemeingültig.

3. $\underset{x \leqq y}{\exists x}\, H(x)$ äq $\underset{x<y}{\exists x}\, H(x) \vee H(y)$,

4. $\underset{x \leqq y}{\forall x}\, H(x)$ äq $\underset{x<y}{\forall x}\, H(x) \wedge H(y)$,

3'. $\underset{x \leqq y < z}{\exists y}\, H(y)$ äq $x < z \wedge H(x) \vee \underset{x<y<z}{\exists y}\, H(y)$,

3''. $\underset{x < y \leqq z}{\exists y}\, H(y)$ äq $\underset{x<y<z}{\exists y}\, H(y) \vee x < z \wedge H(z)$,

3'''. $\underset{x \leqq y \leqq z}{\exists y}\, H(y)$ äq $\underset{x<y<z}{\exists y}\, H(y) \vee x < z \wedge \big(H(x) \vee H(z)\big)$,

4'. $\underset{x \leqq y < z}{\forall y}\, H(y)$ äq $\big(x < z \to H(x)\big) \wedge \underset{x<y<z}{\forall y}\, H(y)$,

4''. $\underset{x < y \leqq z}{\forall y}\, H(y)$ äq $\underset{x<y<z}{\forall y}\, H(y) \wedge \big(x < z \to H(z)\big)$,

4'''. $\underset{x \leqq y \leqq z}{\forall y}\, H(y)$ äq $\underset{x<y<z}{\forall y}\, H(y)\, \big(x < z \to H(x) \wedge H(z)\big)$.

---

[1]) Auf Grund der getroffenen Festsetzung ist 0 keine natürliche Zahl. — Anm. d. Red.

KAPITEL II

OPERATOREN UND LOGISCHE NETZE

§ 1. Alphabete. Operatoren. Wortfunktionen

In diesem Kapitel definieren wir eine Reihe von Begriffen und geben einige Grundprobleme der Theorie endlicher Automaten an. Unter einem *endlichen Automaten* ist das mathematische Modell eines synchron arbeitenden Systems zur Verarbeitung diskreter Signale zu verstehen. Jedes reale derartige System ist durch seinen inneren Aufbau (seine Struktur), sein Funktionsprinzip und die durch dieses System realisierten Operatoren charakterisiert. Somit ist der Begriff *realer endlicher Automat* als Zusammenfassung von *Schema* (*logisches Netz*) und *Operator* (der durch das Schema realisiert wird)[1]) zu verstehen. Die folgenden Definitionen werden meistens durch inhaltliche Betrachtungen gerechtfertigt. Bei diesen Betrachtungen werden gewisse Termini, wie zum Beispiel „*Anlage*" (im Sinne von „*Gerät*", „*System*", „*Automat*" usw.), „*Zustand eines realen Systems*", „*effektive Umformung*" u. ä., rein anschaulich-intuitiv verwendet.

In den Paragraphen 2 und 3 wird die Klasse der *regulären Automatenoperatoren* definiert[2]) und begründet, daß die von realen Systemen einer bestimmten Art realisierten Operatoren notwendig reguläre Automatenoperatoren sind. Die Umkehrung dieser Behauptung wird in Paragraph 6 untersucht; d. h., es wird gezeigt, daß beliebige reguläre Automatenoperatoren durch reale Systeme realisierbar sind. Vorher werden jedoch die Vorstellungen über die Struktur endlicher Automaten durch den Begriff „logisches Netz" präzisiert (§§ 4 und 5).

Wir erläutern als erstes, was wir unter „*diskreten Signalen*" und „*synchroner Verarbeitung*" von diskreten Signalen verstehen wollen. Abb. 2.1. zeigt ein synchron arbeitendes System, welches diskrete Signale verarbeitet. In die Eingänge[3]) $e_1, e_2, \ldots, e_m$ werden die Eingabesignale eingespeist und an den

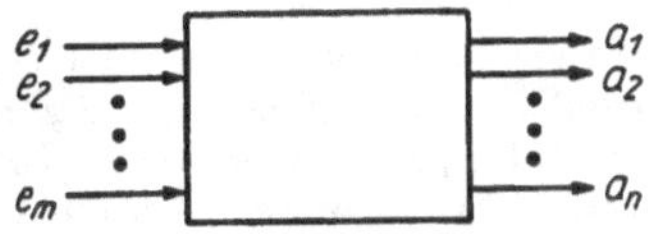

Abb. 2.1

[1]) In der Theorie der abstrakten Automaten wird der Begriff endlicher abstrakter Automat in einem verallgemeinerten Sinne verwendet.

[2]) Im Original „ограниченно-детерминированный оператор" (beschränkt determinierter Operator). — Anm. d. Red.

[3]) Falls $m = 0$ ist, sprechen wir von einem autonom arbeitenden Automaten, falls $n = 0$ ist, von einem Automaten ohne Ausgabe.

Ausgängen $a_1, a_2, \ldots, a_n$ erhält man die Ausgabesignale. Jedem Ein- und Ausgang[1]) ist eine gewisse endliche Menge von Signalen, auch Symbole genannt, zugeordnet. Wir nennen eine derartige Menge *Alphabet* und bezeichnen die Symbole, aus denen ein Alphabet besteht, als *Buchstaben*. Ein Alphabet mit k Buchstaben wird physikalisch durch k paarweise verschiedene Zustände, in denen sich ein Eingang bzw. Ausgang befinden kann, realisiert. Jede endliche geordnete Folge von Buchstaben des gegebenen Alphabets X heißt *Signalwort* oder kurz *Wort* (*über dem Alphabet* X). Unter *synchroner Arbeitsweise* ist folgendes zu verstehen: Die Zeit ist durch diskret und äquidistant liegende Punkte (Zeitpunkte) in Intervalle gleicher Länge eingeteilt. Diese Intervalle heißen *Takte* und werden durch $1, 2, \ldots, t, \ldots$ bezeichnet. In jedem Takt t wird in jeden Eingang und an jedem Ausgang genau ein Buchstabe, angedeutet durch $e(t)$ bzw. $a(t)$, ein- bzw. ausgegeben. In den Takten $t, t+1, \ldots, t'$ $(t \leqq t')$ wird somit ein beliebig gewähltes System von *Eingabewörtern*

$$\left.\begin{array}{l} e_1(t)\, e_1(t+1) \ldots e_1(t') \\ e_2(t)\, e_2(t+1) \ldots e_2(t') \\ \cdots\cdots\cdots\cdots\cdots\cdots \\ e_m(t)\, e_m(t+1) \ldots e_m(t') \end{array}\right\} \quad (2.1)$$

in ein System

$$\left.\begin{array}{l} a_1(t)\, a_1(t+1) \ldots a_1(t') \\ a_2(t)\, a_2(t+1) \ldots a_2(t') \\ \cdots\cdots\cdots\cdots\cdots\cdots \\ a_n(t)\, a_n(t+1) \ldots a_n(t') \end{array}\right\} \quad (2.2)$$

von *Ausgabewörtern* umgeformt.

Offensichtlich sind Alphabete mit der gleichen Anzahl von Buchstaben (*gleichmächtige* Alphabete) zwar nicht physikalisch-technisch, jedoch mathematisch gleichwertig, denn der Übergang zu einem anderen Alphabet mit gleicher Mächtigkeit läuft nur auf eine isomorphe Abbildung hinaus. Deshalb werden im folgenden, sofern dadurch keine Mißverständnisse entstehen können, als Buchstaben eines k-elementigen Alphabets stets die natürlichen Zahlen $0, 1, 2, \ldots, k-1$ verwendet.

Beispiel. Eine Triode kann als synchron arbeitender Signalwandler mit einem Eingang und einem Ausgang aufgefaßt werden. Das dem Eingang bzw. Ausgang zugeordnete Alphabet besteht aus zwei Buchstaben, nämlich 0 und 1. Diese Symbole entsprechen den beiden ausgezeichneten Zuständen, in denen sich sowohl das Gitter (Eingang) als auch die Anodenleitung (Ausgang) befinden können. Gitter bzw. Anodenleitung können niedriges (Zustand 0) oder hohes (Zustand 1) Potential tragen. Dabei wird 0 am Eingang immer in 1 am Ausgang umgewandelt und umgekehrt. Die Triode realisiert also die Negation.

Trägt das Gitter dauernd hohes Potential, so bedeutet dies die Eingabe eines nur aus Einsen bestehenden Wortes in den Eingangskanal. Dabei ist die Anzahl der Einsen gleich

[1]) Manchmal werden sie auch Eingangs- bzw. Ausgangskanäle genannt.

dem Verhältnis der Eingabezeit zur gewählten Zeiteinheit der einzelnen Arbeitstakte (wobei vorausgesetzt wird, daß die Eingabezeit ein Vielfaches dieser Zeiteinheit ist).

Es sei ein endliches System von Alphabeten

$$X_1, X_2, \ldots, X_l \tag{2.3}$$

gegeben, wobei das Alphabet X_λ aus k_λ $(1 \leqq \lambda \leqq l, 1 \leqq k_\lambda)$ Buchstaben besteht. Einige oder auch alle Alphabete des Systems dürfen zusammenfallen. Offenbar existieren genau $k_1 \cdot k_2 \ldots k_l$ Wörter der Form $x_1 x_2 \ldots x_l$, falls die Buchstaben in der angegebenen Reihenfolge unabhängig voneinander aus den Alphabeten $X_1, X_2, \ldots, X_l$ gewählt sind. Wir definieren diese Wörter als Buchstaben eines neuen Alphabetes X, des sogenannten *direkten Produkts* der Alphabete $X_1, X_2, \ldots, X_l$ bei der gegebenen Anordnung, und bezeichnen dieses wie üblich durch $X_1 \times X_2 \times \cdots \times X_l$. Sind die Alphabete $X_1, X_2, \ldots, X_l$ sämtlich gleich, so heißt ihr direktes Produkt *direkte Potenz* des Alphabetes X und wird durch X^l bezeichnet. Besteht das Alphabet X aus k Buchstaben, dann hat das Alphabet X^l offenbar die Mächtigkeit k^l. Der Definition des direkten Produkts analog kann man die Ein- bzw. Ausgänge eines Automaten zu einem Ein- bzw. Ausgang zusammenfassen.[1]) Werden etwa die Buchstaben $x_1, \ldots, x_l$ mit $x_\lambda \in X_\lambda$ $(1 \leqq \lambda \leqq l)$ gleichzeitig an den entsprechenden Ein- bzw. Ausgängen ein- bzw. ausgegeben, so ist dies gleichwertig damit, daß der Buchstabe $x_1 \ldots x_l$ des direkten Produkts $X_1 \times X_2 \times \cdots \times X_l$ an dem durch Zusammenfassung entstandenen Ein- bzw. Ausgang ein- bzw. ausgegeben wird. Der beschriebene Übergang zu einem Ein- und einem Ausgang wird immer dann ausgeführt, wenn dadurch keine Mißverständnisse oder Schwierigkeiten entstehen.[2])

Ist eine derartige Zusammenfassung möglich, so genügt es ohne Beschränkung der Allgemeinheit, Automaten mit einem Eingang und einem Ausgang zu betrachten. Auch der umgekehrte Übergang, *Codierung* oder *Verschlüsselung* genannt, ist wichtig. Ein vorgegebenes Alphabet X wird dabei eineindeutig auf eine (evtl. echte) Teilmenge eines direkten Produktes von Alphabeten $X_1, \ldots, X_l$ abgebildet, wobei jedes X_λ $(1 \leqq \lambda \leqq l)$ aus weniger Buchstaben besteht als das Ausgangsalphabet. Dabei wird meistens jedes X_λ $(1 \leqq \lambda \leqq l)$ als $\{0, 1\}$ gewählt, und man spricht in diesem Fall von Verschlüsselung in einem *Binärcode*.

Beispiel. Das 28 Buchstaben umfassende russische Alphabet kann durch 28 Wörter der Länge 5 (häufig „Fünfergruppen" genannt) des Alphabetes $\{0, 1\}$ binär verschlüsselt werden. Dabei entsprechen den Buchstaben а, б, в, ... die Codewörter 10000, 00110, 01101, .. . Die Buchstaben von Alphabeten, die aus 10 Buchstaben bestehen (etwa aus den Ziffern 0, 1, 2, ..., 9), werden häufig durch Wörter der Länge 4 über $\{0, 1\}$ (Tetraden) codiert.

---

[1]) Dabei muß natürlich die Reihenfolge der Kanäle festliegen, damit jedes System von l Buchstaben als ein Buchstabe eines festen direkten Produktes von Alphabeten betrachtet werden kann.

[2]) Notwendig dafür, daß man Eingänge bzw. Ausgänge im erläuterten Sinne zusammenfassen kann, ist zum Beispiel, daß die betreffenden Eingänge bzw. Ausgänge synchron arbeiten.

Offenbar können die Buchstaben eines Alphabetes der Mächtigkeit k immer durch die Wörter einer direkten Potenz oder einer Teilmenge einer direkten Potenz eines zweielementigen Alphabetes codiert werden. Die Buchstaben dieses Alphabetes kann man durch Gruppen zu je s Binärbuchstaben codieren genau dann, wenn die natürliche Zahl s die Bedingung

$$s \geqq \operatorname{ld} k \tag{2.4}$$

erfüllt.

Ein endlicher Automat kann im allgemeinen beliebig lange (endliche) Signalwörter verarbeiten. Aus diesem Grund ist es zweckmäßig, zur Betrachtung sogenannter „*unendlicher*“ Signalwörter überzugehen. Gegeben sei ein beliebiges Alphabet X.

Definition. Wir nennen ξ *unendliches Signalwort* (oder auch *unendliche Signalfolge* oder kurz *Signalfolge*) über X genau dann, wenn ξ eine eindeutige Abbildung von der Menge der natürlichen Zahlen Nz in X ist.

Abb. 2.2

Der Funktionswert von ξ an der Stelle t ($t \in Nz$) wird durch $\xi(t)$ angegeben. Um eine Signalfolge ξ etwas einprägsamer anzugeben, wird gelegentlich

$$\xi(1)\,\xi(2)\,\ldots\,\xi(t)\,\ldots$$

geschrieben. Signalfolgen über Alphabeten werden durch kleine griechische Buchstaben angedeutet, und die Menge aller Signalfolgen über X bezeichnen wir durch $\mathfrak{F}_X$. Ist X ein Eingabe- oder Ausgabealphabet eines endlichen Automaten, so nennen wir ein Element aus $\mathfrak{F}_X$ Eingabe- bzw. Ausgabefolge und $\xi(t)$ das im Takt t ein- bzw. ausgegebene Signal. Die Verarbeitung von Signalfolgen wird durch den Begriff des Operators erfaßt. Gegeben seien die beliebigen Alphabete X und Y.

Definition. Wir nennen Θ *Operator über* $[X, Y]$ genau dann, wenn Θ eine Abbildung ist, die jedem Element ξ aus $\mathfrak{F}_X$ eindeutig ein Element aus $\mathfrak{F}_Y$, angedeutet durch $\Theta(\xi)$, zuordnet.

Auch die Auffassung, daß ein Automat nur endliche Signalfolgen verarbeitet, ist wichtig. Daher definiert man:

Definition. Wir nennen p *endliches Signalwort* (oder auch *endliche Signalfolge* oder kurz *Wort*) über X genau dann, wenn es eine natürliche Zahl n gibt, so daß p eine eindeutige Abbildung von der Menge $\{1, 2, \ldots, n\}$ in X ist. Außerdem wird das leere Wort, bezeichnet durch e, zugelassen.

Ist in p der ν-ten Stelle ($1 \leqq \nu \leqq n$) der Buchstabe x_ν zugeordnet, so gibt man p gelegentlich auch in der Form

$$x_1 x_2 \ldots x_n$$

an. Die Menge aller (endlichen) Wörter über X (das leere Wort eingeschlossen) wird durch $\mathfrak{W}_X$ angedeutet.

Die Verarbeitung endlicher Signalfolgen erfaßt man durch den Begriff der Wortfunktion.

Definition. φ heißt *Wortfunktion* über $[X, Y]$ genau dann, wenn φ eine Abbildung ist, die jedem Wort p aus $\mathfrak{W}_X$ eindeutig ein Wort aus $\mathfrak{W}_Y$, angedeutet durch $\varphi(p)$, zuordnet.

§ 2. Automatenoperatoren. Graphen. Zustände von Automatenoperatoren

Gegeben sei ein endlicher Automat $\mathfrak{A}$ mit je einem Eingang und Ausgang. (Siehe Abb. 2.2.) Das dem Ein- bzw. Ausgang zugeordnete Alphabet sei X bzw. Y.

Ein derartiger Automat führt jede Signalfolge ξ über X, also jede Eingabefolge

$$\xi(1)\,\xi(2)\ldots\xi(t)\ldots, \tag{2.5}$$

in eine Signalfolge η über Y, also in eine Ausgabefolge

$$\eta(1)\,\eta(2)\ldots\eta(t)\ldots, \tag{2.6}$$

über. Somit realisiert dieser Automat $\mathfrak{A}$ einen Operator über $[X, Y]$; er wird durch $\Theta_{\mathfrak{A}}$ bezeichnet.

Wir stellen uns die Aufgabe, die durch Automaten realisierten Operatoren genauer zu studieren, insbesondere zu klassifizieren.

Offensichtlich arbeitet jedes reale System des beschriebenen Typs *retrospektiv*, d. h., der zum Zeitpunkt t ausgegebene Buchstabe $\eta(t)$ ist nicht von später eingegebenen abhängig, also nicht von $\xi(t')$ für $t' > t$. Diese Tatsache wird durch die folgende Definition erfaßt.

Es seien X und Y beliebige Alphabete.

Definition. Wir nennen Θ *Automatenoperator* (oder *retrospektiven Operator*) *über* $[X, Y]$ genau dann, wenn Θ eine eindeutige Abbildung von $\mathfrak{F}_X$ in $\mathfrak{F}_Y$ ist und für jedes ξ und ξ' aus $\mathfrak{F}_X$ und jedes t aus Nz gilt: Wenn $\xi(t') = \xi'(t')$ für jedes $t' \leqq t$ ist, so ist $\Theta(\xi)\,(t) = \Theta(\xi')\,(t)$.

Automatenoperatoren stehen in enger Verbindung mit sogenannten *Automatenfunktionen.*

Definition. Wir nennen φ *Automatenfunktion* (auch *sequentielle Funktion*) über $[X, Y]$ genau dann, wenn φ eine Wortfunktion über $[X, Y]$ ist und die folgenden Bedingungen erfüllt:

a) Für jedes Wort p aus $\mathfrak{W}_X$ gilt: p und $\varphi(p)$ sind gleichlang, d. h., sie haben die gleiche Anzahl von Buchstaben.

b) Zu jedem Wort p und zu jedem Wort q aus $\mathfrak{W}_X$ gibt es ein Wort r aus $\mathfrak{W}_Y$, so daß gilt: $\varphi(p\,q) = \varphi(p)\,r$.

Es ist unmittelbar klar, daß ein Automatenoperator Θ über $[X, Y]$ eindeutig eine Automatenfunktion φ über $[X, Y]$ festlegt und umgekehrt.

Wir betrachten jetzt einige spezielle Klassen von Automatenoperatoren.

1. *Operatoren ohne Speichervermögen* (auch *kombinatorische Operatoren* genannt).

Definition. Θ heißt *Operator ohne Speichervermögen* (oder auch *kombinatorischer Operator*) über $[X, Y]$ genau dann, wenn Θ ein Operator über $[X, Y]$ ist und für jedes ξ und ξ' aus $\mathfrak{F}_X$ und jedes t aus Nz gilt: Wenn $\xi(t) = \xi'(t)$, so $\Theta(\xi)\,(t) = \Theta(\xi')\,(t)$.

Dies bedeutet, daß der Ausgabebuchstabe im Takt t, etwa $\eta(t)$, höchstens vom Eingabebuchstaben im Takt t, etwa $\xi(t)$, abhängt.

Es ist klar, daß ein kombinatorischer Operator ein Automatenoperator ist. Ferner sieht man leicht ein, daß ein solcher Operator eindeutig festgelegt ist durch eine eindeutige Abbildung f von X in Y.

Wird ein kombinatorischer Operator (über $[\{0, 1\}, \{0, 1\}]$) durch eine Triode realisiert, so ist diese Funktion f die Negation.

Sind für einen kombinatorischen Operator Θ die Eingabe- bzw. Ausgabebuchstaben m-Tupel bzw. n-Tupel aus $\{0, 1\}$, so wird Θ durch ein n-Tupel $[f_1, f_2, \ldots, f_n]$ von m-stelligen Booleschen Funktionen festgelegt.

In diesem Fall kann der kombinatorische Operator durch ein System von Ausdrücken des zweiwertigen Aussagenkalküls beschrieben werden. Der von einer Triode realisierte Operator wird z. B. durch den Ausdruck $\bar{x}$ repräsentiert ($m = n = 1$).

Wir betrachten jetzt die durch Tabelle II.1 definierten Booleschen Funktionen.

Tabelle II.1

x_1	x_2	x_3	$f_1(x_1, x_2, x_3)$	$f_2(x_1, x_2, x_3)$
0	0	0	0	0
0	0	1	1	1
0	1	0	1	1
1	0	0	0	1
1	0	1	0	0
1	1	0	1	0

In dieser Tabelle ist nicht jedem der 2^3 möglichen Argumentpaare ein Funktionswert zugeordnet, folglich sind die so festgelegten Booleschen Funktionen nicht überall definiert. Nun repräsentiert aber — wie wir wissen — ein Ausdruck stets eine überall definierte Boolesche Funktion. Um die Funktionen f_1 und f_2 durch Ausdrücke zu charakterisieren, muß man daher zuerst ihre Tabelle —

wie in Kapitel I. § 3 erwähnt, vervollständigen. Dabei gibt es verschiedene Möglichkeiten. Wie in Kapitel I bereits erwähnt, kann man manchmal durch geschickte Wahl der Vervollständigung erreichen, daß die neue Funktion durch einen ziemlich einfachen Ausdruck repräsentiert werden kann. Als eine der möglichen Varianten, die Tabelle II.1 zu vervollständigen, geben wir Tabelle II.2 an.

Tabelle II.2

x_1	x_2	x_3	$f_1'(x_1, x_2, x_3)$	$f_2'(x_1, x_2, x_3)$
0	0	0	0	0
0	0	1	1	1
0	1	0	1	1
0	1	1	(1)	(1)
1	0	0	0	1
1	0	1	0	0
1	1	0	1	0
1	1	1	(0)	(0)

Die ergänzten Funktionswerte stehen in dieser Tabelle in Klammern.

Die durch die angegebene Tabelle definierten Booleschen Funktionen werden durch die folgenden kanonischen alternativen Normalformen repräsentiert:

$$\bar{x}_1\,\bar{x}_2\,x_3 \vee \bar{x}_1\,x_2\,\bar{x}_3 \vee \bar{x}_1\,x_2\,x_3 \vee x_1\,x_2\,\bar{x}_3\,,$$

$$\bar{x}_1\,\bar{x}_2\,x_3 \vee \bar{x}_1\,x_2\,\bar{x}_3 \vee \bar{x}_1\,x_2\,x_3 \vee x_1\,\bar{x}_2\,\bar{x}_3\,.$$

Mit Hilfe bekannter äquivalenter Umformungen erhalten wir die beiden repräsentierenden Ausdrücke:

$$\bar{x}_1\,x_3 \vee x_2\,\bar{x}_3\,,$$

$$\bar{x}_1\,(x_2 \vee x_3) \vee x_1\,(\overline{x_2 \vee x_3})\,.$$

2. *Konstante Operatoren*

Definition. Θ heißt *konstanter Operator* über $[X, Y]$ genau dann, wenn Θ ein Operator über $[X, Y]$ ist und für jedes ξ und ξ' aus $\mathfrak{F}_X$ gilt $\Theta(\xi) = \Theta(\xi')$.

Wir sagen, daß die Ausgabefolge η, auf die ein konstanter Operator Θ jede Eingabefolge ξ aus $\mathfrak{F}_X$ abbildet, den Operator Θ *erzeuge*.

Offenbar ist ein konstanter Operator ein Automatenoperator; er ist sogar kombinatorisch.

Konstante Operatoren werden physikalisch durch sogenannte *autonom arbeitende* Automaten realisiert, das sind Automaten ohne Eingänge und Automaten, bei denen die Ausgabegrößen nicht von den Eingabegrößen abhängen.

Für das Folgende ist es nützlich, Automatenoperatoren durch bestimmte *gerichtete Graphen*, nämlich *unendliche gerichtete Bäume*, zu charakterisieren.

Gegeben sei ein beliebiges nichtleeres Alphabet X. Diesem Alphabet ordnen wir wie folgt einen gerichteten Graphen $\mathfrak{B}_X$ zu: Als Menge aller *Knoten* von $\mathfrak{B}_X$

wählen wir $\mathfrak{W}_X$, als Menge aller *Kanten* von $\mathfrak{B}_X$ die Menge aller geordneten Paare der Form $[p, p\,x]$, wobei $p \in \mathfrak{W}_X$ und $x \in X$. Anfangspunkt der Kante $[p, p\,x]$ ist p, Endpunkt $p\,x$.

Offenbar gilt: $\mathfrak{B}_X$ ist ein unendlicher gerichteter Baum mit der Wurzel e, und die Mächtigkeit der Menge aller Kanten, die einem beliebigen festen Knoten entspringen, ist gleich der Mächtigkeit von X.

Wir ordnen nun jedem Knoten p und jeder Kante $[p, p\,x]$ von $\mathfrak{B}_X$ genau eine natürliche Zahl zu. Sie wird *Rang* des Knotens p bzw. der Kante $[p, p\,x]$ genannt und durch $\mathrm{Rg}(p)$ bzw. durch $\mathrm{Rg}([p, p\,x])$ bezeichnet. Hierzu erklären wir induktiv eine Funktion $l(p)$ (*Länge* von p) für Wörter p:

$$l(e) = 0\,,$$

$$l(p\,x) = l(p) + 1\,,$$

und setzen dann für Knoten $\mathrm{Rg}(p) = l(p) + 1$ und für Kanten $\mathrm{Rg}([p, p\,x]) = \mathrm{Rg}(p)$.

Die Menge aller Kanten vom Rang t $(t = 1, 2, 3, \ldots)$, die offenbar aus $\mathfrak{k}^t$ Kanten besteht (wobei $\mathfrak{k}$ die Kardinalzahl von X ist), nennen wir t-te *Stufe* des Baumes $\mathfrak{B}_X$. In Abb. 2.3 sind die untersten drei Stufen eines Baumes $\mathfrak{B}_X$ dargestellt, dessen Alphabet X aus zwei Elementen besteht, etwa $X = \{0, 1\}$.

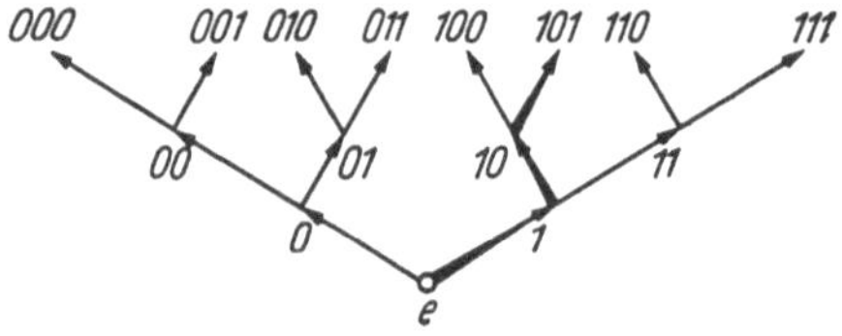

Abb. 2.3

Wir betrachten jetzt eine beliebige Folge ξ aus $\mathfrak{F}_X$. Dieser Folge entspricht im Baum $\mathfrak{B}_X$ ein bestimmter Weg, der in der Wurzel e beginnt und entlang einer Kante ersten Ranges über den entsprechenden Knoten des Ranges 2 zu einer Kante zweiten Ranges führt usw.

Umgekehrt stellt jeder Weg, der aus jeder Stufe genau eine Kante enthält, eindeutig eine Buchstabenfolge über dem Alphabet X dar. In der Abb. 2.3 sind die ersten drei Kanten des der Folge 101 ... entsprechenden Weges durch Fettdruck gekennzeichnet.

Bei dieser Zuordnung der beschriebenen Wege in $\mathfrak{B}_X$ zu den Buchstabenfolgen über X ergibt sich folgendes: Unterscheiden sich Buchstabenfolgen ξ und ξ' aus $\mathfrak{F}_X$ zum ersten Male an der Stelle t, dann fallen die Kanten der ihnen zugeordneten Wege in $\mathfrak{B}_X$ für jeden Rang t' mit $1 \leqq t' < t$ zusammen, und zwar unabhängig davon, ob für t'' mit $t'' > t$ die Gleichung $\xi(t'') = \xi'(t'')$ gilt oder nicht.

Ferner gilt: Haben Wege der beschriebenen Art aus $\mathfrak{B}_X$ für einen Rang $t \geqq 1$ einen Knoten gemeinsam, so fallen für jedes t' mit $1 \leqq t' \leqq t$ ihre Kanten vom Rang t' zusammen.

Es soll nun gezeigt werden, wie man Automatenoperatoren durch geeignete Graphen charakterisieren kann.

Definition. $[\mathfrak{B}_X, \beta]$ heißt *bewerteter Baum* genau dann, wenn $\mathfrak{B}_X$ der dem Alphabet X zugeordnete Baum und β eine eindeutige Abbildung ist, die jeder Kante von $\mathfrak{B}_X$ einen Buchstaben aus Y zuordnet.

Es ist klar, daß ein bewerteter Baum $[\mathfrak{B}_X, \beta]$ eindeutig einen Operator über $[X, Y]$, angedeutet durch $\Theta_{[\mathfrak{B}_X, \beta]}$, definiert, nämlich folgendermaßen: Gegeben sei eine beliebige Folge ξ über X. Der Folge ξ entspricht nun in $\mathfrak{B}_X$ eindeutig ein unendlicher gerichteter Weg, der in der Wurzel e beginnt. Auf Grund von β ist diesem Weg eine Folge über Y eindeutig zugeordnet, etwa η. Wir setzen dann:

$$\Theta_{[\mathfrak{B}_X, \beta]}(\xi) = \eta .$$

Beispiel. In Abb. 2.4 ist ein bewerteter Baum angegeben, dessen Operator z. B. die Signalfolge 1011 ... über dem Alphabet $\{0, 1\}$ in die Signalfolge 2010 ... über dem Alphabet $\{0, 1, 2\}$ überführt.

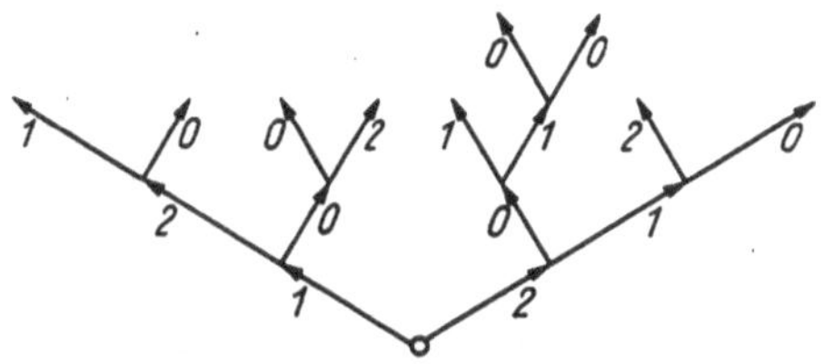

Abb. 2.4

Offenbar ist jeder durch einen bewerteten Baum festgelegte Operator retrospektiv. Falls nämlich Eingabefolgen ξ und ξ' für alle t' mit $1 \leqq t' \leqq t$ übereinstimmen, dann trifft das auch für die ihnen im Baum $\mathfrak{B}_X$ zugeordneten Wege für alle Kanten mit dem Rang t', wobei $1 \leqq t' \leqq t$, zu. Daher stimmen auch die entsprechenden Ausgabefolgen η und η' für alle t' mit $1 \leqq t' \leqq t$ überein[1]).

Wie man leicht sieht, gilt auch die Umkehrung: Jeder Automatenoperator Θ mit X als Eingabe- und Y als Ausgabealphabet kann durch einen bewerteten Baum der Form $[\mathfrak{B}_X, \beta]$ charakterisiert werden. Dazu konstruieren wir zunächst den Baum $\mathfrak{B}_X$. Aus diesem Baum sei eine beliebige Kante gegeben; sie habe etwa den Rang t. Nun haben alle in der Wurzel e beginnenden unendlichen Wege von $\mathfrak{B}_X$, in denen die gegebene Kante vorkommt, dieselben Kanten für jeden Rang kleiner als t; also stimmen die diesen Wegen zugeordneten Buchstabenfolgen bis zur Argumentstelle t überein. Da Θ ein Automatenoperator ist, stimmen alle Ausgabefolgen, wenn man Θ auf die genannten Buchstaben-

[1]) Das heißt, $\eta(t)$ ist eindeutig durch $\xi(1), \ldots, \xi(t)$ bestimmt.

folgen anwendet, an der Stelle t überein, und dieser für die Stelle t erhaltene Wert wird der anfangs gewählten Kante des Ranges t zugeordnet.

Beispiele.

1. Der durch eine Triode realisierte kombinatorische Operator kann durch den in Abb. 2.5a) angegebenen bewerteten Baum charakterisiert werden. Man stellt fest, daß bei einem kombinatorischen Operator die Bewertung der Kanten nicht von ihrem Rang abhängt (daß also Kanten, die sich in den einzelnen Rängen einander entsprechen, d. h. denen derselbe Eingabebuchstabe zugeordnet ist, mit demselben Buchstaben des Ausgabealphabets bewertet sind).

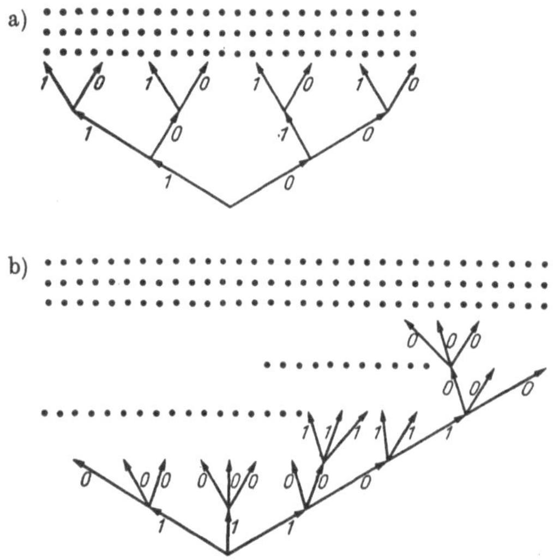

Abb. 2.5

2. Wir legen ein dreielementiges Eingabealphabet X und als Ausgabealphabet Y die Menge $\{0, 1\}$ zugrunde. Der von der Folge 1010010001 ... erzeugte konstante Operator wird durch den in Abb. 2.5b) angegebenen Baum charakterisiert. Die Kanten vom Rang 1 sind also mit 1, die Kanten vom Rang 2 mit 0 bewertet. Allgemein wird jeder Kante des Ranges t das t-te Glied der oben angegebenen Folge über $\{0, 1\}$ zugeordnet. Somit erkennt man, daß bei einem konstanten Operator in dem bewerteten Baum allen Kanten einer festen Stufe derselbe Ausgabebuchstabe zugeordnet ist.

3. Wir betrachten jetzt den Automatenoperator, der durch den in Abb. 2.6a) angegebenen bewerteten Baum charakterisiert ist. Die verwendeten Alphabete sind X und Y

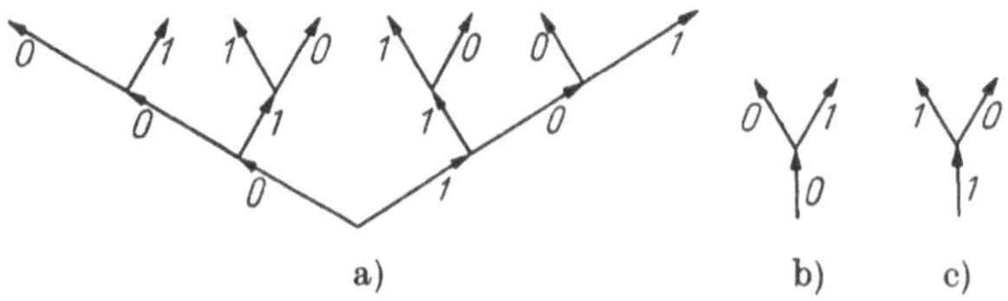

Abb. 2.6

mit $X = Y = \{0, 1\}$. Jede mit 0 bewertete Kante soll sich gemäß Abb. 2.6b), jede mit 1 bewertete gemäß Abb. 2.6c)[1]) „verzweigen". Dieser Operator läßt die aus lauter Nullen bestehende Eingabefolge invariant. Dagegen wird die nur aus Einsen bestehende Folge auf die alternierende Folge 101010 . . . abgebildet.

Von großer Wichtigkeit für das Folgende ist der Begriff *Restoperator eines Operators*, aus bestimmten, später zu erläuternden Gründen auch *Zustand* genannt.

Gegeben seien Alphabete X und Y sowie ein Automatenoperator Θ über $[X, Y]$. Wir betrachten den bewerteten Baum $[\mathfrak{B}_X, \beta]$, der den Operator Θ charakterisiert und zeichnen in $\mathfrak{B}_X$ einen beliebigen Knoten, etwa p mit dem Rang t_1, aus. Durch $[\mathfrak{B}_X, \beta]_p$ bezeichnen wir den bewerteten Baum, der aus allen Knoten und Kanten besteht, die in den unendlichen Wegen vorkommen, welche in dem ausgezeichneten Knoten p beginnen. Im folgenden wird $[\mathfrak{B}_X, \beta]_p$ auch *bewerteter Ast* von $[\mathfrak{B}_X, \beta]$ genannt. Offenbar charakterisiert $[\mathfrak{B}_X, \beta]_p$ wieder einen Automatenoperator über $[X, Y]$; wir bezeichnen ihn durch Θ_p.

Definition. Der Automatenoperator Θ_p, der durch den bewerteten Baum $[\mathfrak{B}_X, \beta]_p$ festgelegt ist, heißt (der durch den Knoten p erzeugte) *Restoperator* (oder *Zustand*) *des Operators* Θ.

Dem Operator Θ_p wird ebenfalls ein *Rang* zugeordnet, und zwar erhält er den Rang n genau dann, wenn p den Rang n (d. h. die Länge $n - 1$) hat.

Aus dieser Definition folgt unmittelbar, daß es zu jedem Automatenoperator Θ genau einen Restoperator ersten Ranges, nämlich Θ_e, gibt, und daß Θ_e mit Θ übereinstimmt.

Man stellt fest, daß von verschiedenen bewerteten Ästen der Form $[\mathfrak{B}_X, \beta]_p$ eines bewerteten Baumes $[\mathfrak{B}_X, \beta]$ derselbe Automatenoperator charakterisiert werden kann. Dies führt zu der folgenden Festlegung.

Definition. Die bewerteten Äste $[\mathfrak{B}_X, \beta]_p$ und $[\mathfrak{B}_X, \beta]_{p'}$ des bewerteten Baumes $[\mathfrak{B}_X, \beta]$ heißen *äquivalent* genau dann, wenn die durch sie charakterisierten Operatoren Θ_p und $\Theta_{p'}$ gleich sind ($p, p' \in \mathfrak{W}_X$).

Beispiele.

1. In dem in Abb. 2.5a) angegebenen bewerteten Baum, der einen kombinatorischen Operator charakterisiert, sind alle Äste äquivalent. Dies bedeutet, daß der betrachtete kombinatorische Operator nur *einen* Zustand, nämlich sich selbst, hat.

Man kann leicht nachprüfen, daß die angegebene Eigenschaft für kombinatorische Operatoren charakteristisch ist.

2. In dem in Abb. 2.5.b) angegebenen bewerten Baum $[\mathfrak{B}_X, \beta]$ existieren unendlich viele paarweise nicht äquivalente bewertete Äste, und zwar gilt genauer: Äste dieses Baumes sind genau dann nicht äquivalent, wenn ihre Ränge verschieden sind. Ein Restoperator Θ_p des Ranges t_1 erzeugt offenbar diejenige Folge, die man aus der Folge 10100100010000 . . . (welche von dem durch $[\mathfrak{B}_X, \beta]$ charakterisierten Operator Θ erzeugt wird) durch Streichen der ersten $(t_1 - 1)$ Buchstaben erhält.

3. In dem in Abb. 2.6a) angegebenen bewerteten Baum $[\mathfrak{B}_X, \beta]$ gibt es schließlich zwei maximale Klassen untereinander äquivalenter bewerteter Äste, d. h., die für bewertete Äste eingeführte Äquivalenzrelation erzeugt in diesem Fall genau zwei Äquivalenzklassen.

---

[1]) Dabei wird vorausgesetzt, daß die von der Wurzel ausgehenden Kanten mit 0 und 1 (in der Reihenfolge von links nach rechts) bewertet sind.

Mündet nämlich in die Wurzel eines Astes $[\mathfrak{B}_X, \beta]_p$ von $[\mathfrak{B}_X, \beta]$ eine Kante ein, die mit 0 bewertet ist, so ist dieser Ast mit $[\mathfrak{B}_X, \beta]$ äquivalent; ist diese Kante jedoch mit 1 bewertet, so ist $[\mathfrak{B}_X, \beta]_p$ mit dem Ast zweiten Ranges äquivalent, der als Wurzel den Knoten (zweiten Ranges) hat, in den die mit 1 bewertete Kante ersten Ranges einmündet.

Der Begriff Zustand Θ_p eines Automatenoperators Θ ist physikalisch-technisch wie folgt zu interpretieren: Gegeben sei ein realer diskret arbeitender Automat $\mathfrak{A}$, der den Operator Θ realisiert. Man setzt voraus, daß die Realisierung von Θ, also die Umformung von Eingabefolgen in Ausgabefolgen gemäß Θ, wesentlich darauf beruht, daß $\mathfrak{A}$ eine Folge diskreter innerer Zustände durchläuft und daß $\mathfrak{A}$ für jede Eingabefolge ξ stets in demselben inneren Zustand gestartet wird (dieser Zustand wird dann auch *Anfangszustand* genannt). Das Anfangsstück $\xi(1)\,\xi(2)\ldots\xi(t_1 - 1)$ der Länge $t_1 - 1$ einer gewählten Eingabefolge ξ überführt, wenn es bis einschließlich des Buchstaben $\xi(t_1 - 1)$ eingegeben wird, den Automaten $\mathfrak{A}$ in einen bestimmten inneren Zustand, etwa ζ_{t_1}. Wird nun der Automat $\mathfrak{A}$ stets mit ζ_{t_1} als Anfangszustand gestartet, dann realisiert er, wie man unmittelbar der entsprechenden Definition entnehmen kann, den Operator Θ_p, falls $p = \xi(1)\,\xi(2)\ldots\xi(t_1 - 1)$ gesetzt wird. Damit ist physikalisch-technisch klar, warum Θ_p ein Zustand von Θ genannt wird.

Da der Begriff des Restoperators (Zustands) eines Automatenoperators so außerordentlich wichtig ist, geben wir eine von der graphentheoretischen Interpretation unabhängige, zweite Definition dieses Begriffs an.

Definition. Es sei ein beliebiges Wort p aus $\mathfrak{W}_X$ der Form $p = x_1 x_2 \ldots x_n$ $(x_1, x_2, \ldots, x_n \in X)$ gegeben. Wir setzen für beliebiges ξ aus $\mathfrak{F}_X$ und η aus $\mathfrak{F}_Y$ stets $\Theta_p(\xi) = \eta$ genau dann, wenn es ein ξ' aus $\mathfrak{F}_X$ und ein η' aus $\mathfrak{F}_Y$ mit folgenden Eigenschaften gibt: $\xi'(t) = x_t$ für jede natürliche Zahl t mit $1 \leqq t \leqq n$, $\xi'(t) = \xi(t - n)$ und $\eta'(t) = \eta(t - n)$ für jede natürliche Zahl t mit $n < t$ sowie schließlich $\Theta(\xi') = \eta'$.

Diese Definition besagt, daß man zu gegebenen p und ξ den Funktionswert $\Theta_p(\xi)$ folgendermaßen erhält: Als erstes wird eine neue Signalfolge ξ' konstruiert, indem man vor ξ das Wort p setzt. Danach wendet man auf ξ' den Operator Θ an, schließlich wird in der Resultatfolge $\Theta(\xi')$ das Anfangsstück der Länge n entfernt. Der Rest ist die Folge $\Theta_p(\xi)$.

Man kann sich sehr einfach überlegen, daß die für Θ_p angegebenen zwei Definitionen äquivalent sind.

Wir notieren uns für Automatenoperatoren und ihre Zustände die folgenden Zusammenhänge. Gegeben seien beliebige Wörter p und q aus $\mathfrak{W}_X$ sowie ein Automatenoperator Θ über $[X, Y]$. Dann gilt:

1. Der durch p erzeugte Zustand Θ_p von Θ ist ebenfalls ein Automatenoperator über $[X, Y]$.

2. Der durch q erzeugte Zustand $(\Theta_p)_q$ des Automatenoperators Θ_p ist auch ein Zustand von Θ, nämlich der von $p\,q$ erzeugte, d. h., es gilt $(\Theta_p)_q = \Theta_{(p\,q)}$.

Eine weitere außerordentlich wichtige Begriffsbildung ist die folgende.

Definition. Unter dem *Gewicht* $\mathrm{G}(\Theta)$ *eines Automatenoperators* Θ verstehen wir die Kardinalzahl der Menge seiner Zustände.

Für jeden Automatenoperator gilt

$$G(\Theta_p) \leqq G(\Theta) ,$$

also ist das Gewicht eines Automatenoperators stets größer oder gleich dem Gewicht eines beliebigen seiner Zustände

Gegeben seien beliebige nichtleere Mengen X, X', X'' sowie ein Automatenoperator Θ' über $[X, X']$ und ein Automatenoperator Θ'' über $[X', X'']$. Dann ist der Operator Θ über $[X, X'']$, der durch die Gleichung

$$\Theta(\xi) = \Theta''(\Theta'(\xi))$$

definiert ist (also durch Einsetzen von Θ' in Θ'' entsteht), ebenfalls ein Automatenoperator, und für sein Gewicht gilt die Abschätzung

$$G(\Theta) \leqq G(\Theta'') \cdot G(\Theta') .$$

Zu Beginn dieses Paragraphen haben wir dargelegt, welcher Zusammenhang zwischen Automatenoperatoren und Automatenfunktionen (jeweils über $[X, Y]$) besteht.

Die Beziehungen lassen sich auch auf „Zustand" und „Gewicht" ausdehnen. Dazu müssen wir zunächst diese Begriffe für Automatenfunktionen definieren.

Definition. Gegeben seien ein Wort p aus $\mathfrak{W}_X$ und eine Automatenfunktion φ über $[X, Y]$. Unter dem *Zustand* φ_p von φ, der durch das Wort p erzeugt wird, versteht man die durch die folgende Gleichung eindeutig festgelegte Funktion:

$$\varphi(p\,q) = \varphi(p)\,\varphi_p(q) \tag{2.7}$$

(q beliebig aus $\mathfrak{W}_X$).

Das *Gewicht* $G(\varphi)$ *einer Automatenfunktion* φ wird analog zu der betreffenden Definition für Automatenoperatoren als Kardinalzahl der Menge aller Zustände von φ eingeführt.

Gegeben seien ein Automatenoperator Θ und eine Automatenfunktion φ (jeweils über $[X, Y]$), die sich im Sinne der Betrachtung zu Beginn dieses Paragraphen gegenseitig erzeugen. Dann gilt:

1. $G(\Theta) = G(\varphi)$.

2. Für jedes Wort p aus $\mathfrak{W}_X$ erzeugen sich Θ_p und φ_p gegenseitig und es gilt:

$$G(\Theta_p) = G(\varphi_p) .$$

Ist Θ' bzw. Θ'' ein Automatenoperator über $[X, X']$ bzw. $[X', X'']$, ist ferner φ' bzw. φ'' eine Automatenfunktion über $[X, X']$ bzw. $[X', X'']$, gilt außerdem $\Theta(\xi) = \Theta''(\Theta'(\xi))$ für alle ξ aus $\mathfrak{F}_X$ und $\varphi(p) = \varphi''(\varphi'(p))$ für alle p aus $\mathfrak{W}_X$, bestimmen sich schließlich Θ' und φ' sowie Θ'' und φ'' gegenseitig, so gilt:

1. φ ist eine Automatenfunktion über $[X, X'']$.
2. Θ und φ bestimmen sich gegenseitig.
3. $G(\varphi) \leqq G(\varphi'') \cdot G(\varphi')$.

§ 3. Abstrakte Automaten

Wir definieren jetzt den Begriff des abstrakten Automaten und legen dar, welcher Zusammenhang zwischen Automatenoperatoren und abstrakten Automaten besteht.

Definition. $\mathfrak{A} = [X, Y, Z, f, g]$ heißt *abstrakter Automat* genau dann, wenn X, Y und Z beliebige nichtleere Mengen und f bzw. g eine eindeutige Abbildung von $Z \times X$ in Y bzw. Z ist.

Man nennt die Elemente aus X Eingabesignale (oder auch Eingabebuchstaben), die Elemente aus Y Ausgabesignale (oder auch Ausgabebuchstaben) und die Elemente aus Z Zustände (oder auch Zustandsbuchstaben) von $\mathfrak{A}$. Demgemäß heißen X, Y, Z in der angegebenen Reihenfolge Menge der Eingabesignale, Ausgabesignale, Zustände (oder auch Eingabealphabet, Ausgabealphabet, Zustandsalphabet) von $\mathfrak{A}$. Ferner heißen f Ausgabefunktion und g Überführungsfunktion des abstrakten Automaten $\mathfrak{A}$.[1])

Es sei nun ein beliebiger Zustand z von $\mathfrak{A}$ gegeben. Dann wird durch $\mathfrak{A}$ und z, wenn man z als Anfangszustand von $\mathfrak{A}$ ansieht, eindeutig ein Operator über $[X, Y]$, angedeutet durch $\Theta_{\mathfrak{A},z}$, wie folgt festgelegt.

Definition. Für jedes $\xi \in \mathfrak{F}_X$ und $\eta \in \mathfrak{F}_Y$ wird $\Theta_{\mathfrak{A},z}(\xi) = \eta$ genau dann gesetzt, wenn es ein $\zeta \in \mathfrak{F}_Z$ gibt, so daß für alle $t \in Nz$ gilt:

$$\left.\begin{aligned} \eta(t) &= f(\zeta(t), \xi(t)) \,, \\ \zeta(1) &= z \,, \\ \zeta(t+1) &= g(\zeta(t), \xi(t)) \,. \end{aligned}\right\} \qquad (2.8)$$

Zunächst stellt man fest, daß $\Theta_{\mathfrak{A},z}$ eine eindeutige Abbildung von $\mathfrak{F}_X$ in $\mathfrak{F}_Y$ ist; denn das in der Definition angegebene Funktionalgleichungssystem (bekannte Größen: f, z, g und ξ; unbekannte Größen: η und ζ) hat bei fest gegebenem f, g und z für jedes $\xi \in \mathfrak{F}_X$ genau einen Lösungsvektor $[\eta, \zeta]$ ($\eta \in \mathfrak{F}_Y$, $\zeta \in \mathfrak{F}_Z$). Man nennt η die vom abstrakten Automaten $\mathfrak{A}$ zur Eingabefolge ξ gelieferte Ausgabefolge; ζ heißt entsprechend die Zustandsfolge, die $\mathfrak{A}$ bei Eingabe von ξ durchläuft. Ferner werden die angegebenen Funktionalgleichungen *kanonische Gleichungen des Operators* $\Theta_{\mathfrak{A},z}$ oder auch *den Operator* $\Theta_{\mathfrak{A},z}$ *charakterisierende Gleichungen* genannt.

Ferner ist klar, daß $\Theta_{\mathfrak{A},z}$ ein Automatenoperator ist.

Somit wird auf die angegebene Weise von jedem Zustand z aus Z des abstrakten Automaten $\mathfrak{A}$ ein Automatenoperator erzeugt. Dabei ist es durchaus möglich, daß verschiedenen Zuständen derselbe Operator zugeordnet ist. Dieser Sachverhalt gibt Anlaß zu den folgenden zwei Definitionen.

Definition. Ist $\mathfrak{A} = [X, Y, Z, f, g]$ ein abstrakter Automat und sind z, z' beliebige Zustände aus Z, so heißen z, z' *äquivalent* (in Zeichen $z \sim z'$) genau dann, wenn für jedes $\xi \in \mathfrak{F}_X$ die Gleichung $\Theta_{\mathfrak{A},z}(\xi) = \Theta_{\mathfrak{A},z'}(\xi)$ gilt, d. h., wenn die Operatoren $\Theta_{\mathfrak{A},z}$ und $\Theta_{\mathfrak{A},z'}$ gleich sind.

---

[1]) In der Literatur findet man auch: Ergebnisfunktion und Überführungsfunktion bzw. äußere und innere Funktion.

Es ist klar, daß $\sim$ eine Äquivalenzrelation über Z ist. Diese Äquivalenzrelation wird später (siehe Seite 181) als entscheidendes Hilfsmittel bei der Minimisierung der Zustandsanzahl abstrakter Automaten verwendet.

Gegeben seien jetzt abstrakte Automaten $\mathfrak{A}$ und $\mathfrak{A}'$ der Form:

$$\mathfrak{A} = [X, Y, Z, f, g],$$

$$\mathfrak{A}' = [X, Y, Z', f', g'],$$

d. h., die Eingabealphabete von $\mathfrak{A}$ und $\mathfrak{A}'$ stimmen überein, desgleichen ihre Ausgabealphabete. Es ist klar, wie in diesem Falle die oben für Zustände aus Z definierte Äquivalenzrelation auf den Fall, daß z in Z und z' in Z' liegt, übertragen werden kann. Völlig analog zur obigen Definition nennt man im vorliegenden Falle die Zustände z und z' äquivalent (in Zeichen wieder: $z \sim z'$) genau dann, wenn $\Theta_{\mathfrak{A},z} = \Theta_{\mathfrak{A}',z'}$ gilt. Schließlich definiert man:

Definition. $\mathfrak{A}$ und $\mathfrak{A}'$ heißen *äquivalent* genau dann, wenn es zu jedem Zustand von $\mathfrak{A}$ einen ihm äquivalenten von $\mathfrak{A}'$ gibt und umgekehrt.

Im Zusammenhang mit den eingeführten Begriffsbildungen ist noch die folgende wichtig.

Definition. $\mathfrak{A} = [X, Y, Z, f, g, z]$ heißt *initialer abstrakter Automat* genau dann, wenn $\mathfrak{A}^* = [X, Y, Z, f, g]$ ein abstrakter Automat ist und $z \in Z$ gilt. Der von $\mathfrak{A}^*$ und z festgelegte Automatenoperator $\Theta_{\mathfrak{A}^*,z}$ wird kurz durch $\Theta_{\mathfrak{A}}$ bezeichnet. Initiale abstrakte Automaten $\mathfrak{A}$ und $\mathfrak{A}'$ der Form $\mathfrak{A} = [X, Y, Z, f, g, z]$ und $\mathfrak{A}' = [X, Y, Z', f', g', z']$ heißen äquivalent genau dann, wenn z und z' äquivalent sind.

Gegeben sei jetzt wieder ein beliebiger (nicht initialer) abstrakter Automat $\mathfrak{A}$ der Form $\mathfrak{A} = [X, Y, Z, f, g]$, ferner sei ein Zustand $z \in Z$ fest gewählt. Zu Beginn dieses Kapitels hatten wir dargelegt, in welcher Form sich Automatenoperatoren und Automatenfunktionen über $[X, Y]$ gegenseitig eindeutig festlegen. Es soll nun gezeigt werden, wie die Automatenfunktion, die den Automatenoperator $\Theta_{\mathfrak{A},z}$ festgelegt, mit dem abstrakten Automaten selbst zusammenhängt. (Diese Automatenfunktion wird im folgenden durch $\varphi_{\mathfrak{A},z}$ bezeichnet.) Diesem Vorhaben dienen die folgenden zwei Definitionen:

Definition. (*Der Zustand z', in den der abstrakte Automat $\mathfrak{A}$ durch das Wort $p \in \mathfrak{W}_X$ überführt wird, falls er im Zustand z gestartet wird.*) Der Zustand z' wird durch eine Funktion $\bar{g}$ beschrieben, die aus g durch Ausdehnung des Definitionsbereiches von $Z \times X$ auf $Z \times \mathfrak{W}_X$ gemäß der folgenden rekursiven Definition entsteht:

$$\left.\begin{aligned} \bar{g}(z, e) &= z\,, \\ \bar{g}(z, p\,x) &= g(\bar{g}(z, p)\,x) \quad (p \in \mathfrak{W}_X,\, x \in X) \end{aligned}\right\}. \tag{2.9}$$

Definition. (*Das Wort q aus $\mathfrak{W}_Y$, das der abstrakte Automat $\mathfrak{A}$ ausgibt, wenn ihm das Wort p aus $\mathfrak{W}_X$ eingegeben wird und er im Zustand $z \in Z$ gestartet wird.*) Das Wort q wird durch eine Funktion F beschrieben, die aus f durch

Ausdehnung des Definitionsbereiches von $Z \times X$ auf $Z \times \mathfrak{W}_X$ gemäß der folgenden rekursiven Definition entsteht:

$$\left.\begin{aligned} F(z, e) &= e\,, \\ F(z, p\,x) &= F(z, p)\, f(\bar{g}(z, p), x)\,. \end{aligned}\right\} \tag{2.10}$$

Die Automatenfunktion $\varphi_{\mathfrak{A}, z}$ kann, wie leicht einzusehen ist, wie folgt definiert werden:

$$\varphi_{\mathfrak{A}, z}(p) =_{\mathrm{Df}} F(z, p)\,.$$

Über das Gewicht und die Zustände eines in einem abstrakten Automaten $\mathfrak{A} = [X, Y, Z, f, g]$ durch einen Zustand z aus Z erzeugten Automatenoperators $\Theta_{\mathfrak{A}, z}$ kann man folgendes aussagen:

1. Das Gewicht von $\Theta_{\mathfrak{A}, z}$ ist kleiner oder gleich der Kardinalzahl von Z.

2. Für jedes p aus $\mathfrak{W}_X$ ist der Zustand $(\Theta_{\mathfrak{A}, z})_p$ von $\Theta_{\mathfrak{A}, z}$ in $\mathfrak{A}$ darstellbar, und zwar durch den Zustand $\bar{g}(z, p)$, d. h., es gilt

$$(\Theta_{\mathfrak{A}, z})_p = \Theta_{\mathfrak{A}, \bar{g}(z, p)}\,. \tag{2.11}$$

Wir haben erläutert, in welcher Weise jedem abstrakten Automaten $\mathfrak{A} = [X, Y, Z, f, g]$ eine bestimmte Menge von Automatenoperatoren über $[X, Y]$ zugeordnet wird. Diese Menge mit gegebenen Hilfsmitteln zu charakterisieren, wird in der Theorie der abstrakten Automaten das *Analyse-Problem* genannt.

Wir stellen jetzt umgekehrt die Frage, ob es zu einer beliebigen Menge $\mathfrak{M}$ von Automatenoperatoren über $[X, Y]$ stets einen abstrakten Automaten $\mathfrak{A}$ gibt, so daß (mindestens) jeder Operator aus $\mathfrak{M}$ in $\mathfrak{A}$ darstellbar ist (*Synthese*). Dieses Problem ist in der Tat lösbar.

Dazu gehen wir zum System $\mathfrak{M}'$ aller von den Automatenoperatoren aus $\mathfrak{M}$ erzeugten Automatenfunktionen über und setzen:

$$Z =_{\mathrm{Df}} \text{Menge aller Zustände } \varphi_p \text{ von Funktionen } \varphi \text{ aus } \mathfrak{M}',$$

$$f(\varphi_p, x) =_{\mathrm{Df}} \varphi_p(x)\,,$$

$$g(\varphi_p, x) =_{\mathrm{Df}} \varphi_{p\,x}\,.$$

Man überlegt sich sehr einfach, daß in dem konstruierten abstrakten Automaten $\mathfrak{A} = [X, Y, Z, f, g]$ genau alle Zustände der Operatoren aus $\mathfrak{M}$ darstellbar sind, also mindestens alle Operatoren aus $\mathfrak{M}$.

Auf Grund der obigen Konstruktion wird auch die Bezeichnung „Zustand" von Θ für die Operatoren der Form Θ_p plausibel.

Zum Schluß dieses Paragraphen wollen wir die *Arbeitsweise* eines abstrakten Automaten graphentheoretisch veranschaulichen. Dazu sei ein abstrakter Automat $\mathfrak{A} = [X, Y, Z, f, g]$ sowie ein Zustand z aus Z gegeben. Wir betrachten den bewerteten Baum $[\mathfrak{B}_X, \beta]$, der den Automatenoperator $\Theta_{\mathfrak{A}, z}$ charakterisiert. (In den folgenden Darlegungen bleibt z fest.) Alle Kanten von $\mathfrak{B}_X$ haben nach Definition von $\mathfrak{B}_X$ die Form $[p, p\,x]$ mit $p \in \mathfrak{W}_X$ und $x \in X$, und für die Funktion β, die den Kanten von $\mathfrak{B}_X$ Elemente aus Y zuordnet, gilt die Beziehung:

$$\beta([p, p\,x]) = f(\bar{g}(z, p), x)\,.$$

Wir gehen von dem bewerteten Baum $[\mathfrak{B}_X, \beta]$ zu dem zweifach bewerteten Baum $[\mathfrak{B}_X, \beta, \gamma]$ über, wobei γ eine eindeutige Abbildung ist, die jedem Knoten von $\mathfrak{B}_X$ einen Zustand von $\mathfrak{A}$ gemäß folgender Festsetzung zuordnet:

$$\gamma(e) =_{\mathrm{Df}} z ,$$
$$\gamma(p\, x) =_{\mathrm{Df}} g(\gamma(p), x) .$$

Es ist unmittelbar klar, daß (für das fest gewählte z) die Abbildung γ die Beziehung

$$\gamma(p) = \bar{g}(z, p)$$

erfüllt.

Man überlegt sich, daß für beliebige Knoten p und p' von $[\mathfrak{B}_X, \beta, \gamma]$ gilt: $\gamma(p) \sim \gamma(p')$ genau dann, wenn die bewerteten Äste $[\mathfrak{B}_X, \beta]_p$ und $[\mathfrak{B}_X, \beta]_{p'}$ äquivalent sind.

Beispiel. Wir legen die Zustandsmenge $Z = \{z_0, z_1\}$ zugrunde und betrachten den in Abb. 2.6a) angegebenen bewerteten Baum. Den Knoten dieses Baumes werden, wie in Abb. 2.7 angegeben, Elemente aus Z zugeordnet. Der Eingabefolge 1001 ... entspricht die Ausgabefolge 1110 ... und die Zustandsfolge $z_0\, z_1\, z_1\, z_1 \ldots$ (Die entsprechenden Kanten sind durch Fettdruck gekennzeichnet.)

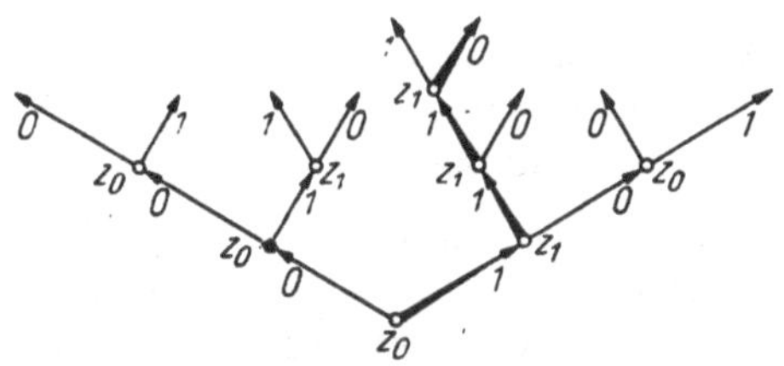

Abb. 2.7

Wir haben eben gezeigt, wie einem abstrakten Automaten $\mathfrak{A}$ ein sogenannter doppelt bewerteter Baum $[\mathfrak{B}_X, \beta, \gamma]$, der die Arbeitsweise von $\mathfrak{A}$ veranschaulicht, zugeordnet werden kann. Dieser Zuordnungsprozeß ist auch in der entgegengesetzten Richtung, allerdings nur unter einer gewissen Einschränkung, durchführbar. Gegeben sei dazu ein beliebiger zweifach bewerteter Baum $[\mathfrak{B}_X, \beta, \gamma]$, dessen Abbildung β bzw. γ die nichtleere Menge Y bzw. Z als Wertebereich hat. Wir nehmen an, daß dieser Baum die folgende einschränkende Bedingung erfüllt: Für jeden Knoten p und p' von $[\mathfrak{B}_X, \beta, \gamma]$ gilt: Ist $\gamma(p) = \gamma(p')$, d. h., wird den Knoten p und p' durch γ dasselbe Element aus Z zugeordnet, so sind die bewerteten Äste $[\mathfrak{B}_X, \beta]_p$ und $[\mathfrak{B}_X, \beta]_{p'}$ äquivalent und ferner gilt $\gamma(p\, x) = \gamma(p'\, x)$ für jedes x aus X.

Man kann unter dieser Voraussetzung eine Ausgabefunktion f und eine Überführungsfunktion g wie folgt definieren:

$$\left.\begin{aligned} f(z, x) &=_{\mathrm{Df}} \beta([p, p\, x]) \\ g(z, x) &=_{\mathrm{Df}} \gamma(p\, x) \end{aligned}\right\} \text{ falls } \gamma(p) = z .$$

Als erstes ist zu zeigen, daß diese Definition von p unabhängig ist. Gegeben sei also ein Knoten p' von $\mathfrak{B}_X$ mit $\gamma(p') = z$. Somit gilt $\gamma(p) = \gamma(p')$. Nach unserer Voraussetzung definieren dann aber $[\mathfrak{B}_X, \beta]_p$ und $[\mathfrak{B}_X, \beta]_{p'}$ denselben Automatenoperator, und daraus folgt, daß den Kanten $[p, p\,x]$ und $[p', p'x]$ durch β dasselbe Element aus Y zugeordnet wird, also $\beta([p, p\,x]) = \beta([p', p'x])$ gilt. Damit ist die Unabhängigkeit für f bewiesen; für g gilt sie trivialerweise auf Grund der Bedingung $\gamma(p\,x) = \gamma(p'x)$.

§ 4. Reguläre Automatenoperatoren. Endliche abstrakte Automaten

Definition. Ein Automatenoperator heißt *regulär* (oder *Automatenoperator mit endlichem Speichervermögen*) genau dann, wenn sein Gewicht endlich ist, d. h., wenn er höchstens endlich viele Zustände hat.

Auf Grund dieser Definition gilt für einen beliebigen Automatenoperator trivialerweise, daß er genau dann regulär (bzw. kombinatorisch) ist, wenn sein Gewicht eine natürliche Zahl (bzw. Eins) ist.

Ferner folgt aus § 2 unmittelbar, falls man den Begriff *reguläre Automatenfunktion* analog faßt:

Erzeugen sich die Automatenfunktion φ und der Automatenoperator Θ über $[X, Y]$ wechselseitig, so ist Θ genau dann ein regulärer Automatenoperator, wenn φ eine reguläre Automatenfunktion ist.

Definition. Ein abstrakter Automat $\mathfrak{A} = [X, Y, Z, f, g]$ heißt *endlich* genau dann, wenn die Alphabete X, Y und Z endlich sind.

Da ein reales System nach Voraussetzung nur endlich viele unterscheidbare Zustände annehmen kann, betrachten wir im folgenden lediglich die Klasse der regulären Automatenoperatoren und der endlichen abstrakten Automaten. Der im Beispiel 2 (Seite 72) betrachtete konstante Operator fällt also nicht mehr in den Bereich unserer Untersuchungen. Ob jeder reguläre Automatenoperator wirklich physikalisch realisierbar ist und inwieweit dies durch synchron arbeitende Systeme möglich ist, soll später in § 6 betrachtet werden.

Auf Grund der Überlegungen in § 3 folgt jedoch bereits: Jeder von einem Zustand z eines endlichen abstrakten Automaten $\mathfrak{A} = [X, Y, Z, f, g]$ erzeugte Automatenoperator $\Theta_{\mathfrak{A},z}$ ist regulär, und zu jedem regulären Automatenoperator Θ über den endlichen Alphabeten X und Y gibt es einen abstrakten Automaten $\mathfrak{A} = [X, Y, Z, f, g]$ und einen Zustand z aus Z, so daß $\Theta_{\mathfrak{A},z} = \Theta$ gilt und Z endliches Alphabet ist. Der Beweis aus § 3 für beliebige Automaten und Automatenoperatoren kann wörtlich für diese Behauptung übertragen werden. Die Endlichkeit der Zustandsmengen (des dargestellten Automatenoperators bzw. des darstellenden Automaten) folgt unmittelbar aus den dort angegebenen entsprechenden Abschätzungen.

Zum Schluß dieses Abschnittes wenden wir uns den Möglichkeiten zur Beschreibung der Funktionen f und g eines endlichen abstrakten Automaten zu.

Es ist klar, daß im Falle endlicher abstrakter Automaten die Funktionen f und g durch Tabellen beschrieben werden können. Wenn die Alphabete X, Y und Z darüber hinaus binär, d. h. wenn f und g BOOLEsche Funktionen sind, so ist es — wie aus Kapitel I bekannt — insbesondere möglich, Ausdrücke H_1 und H_2 (in den Variablen z und x) des Aussagenkalküls zu finden, die die Funktionen f und g repräsentieren.

Beispiel. Der durch den bewerteten Baum in Abb. 2.6a) charakterisierte reguläre Automatenoperator Θ über $[X, Y]$ mit $X = Y = \{0, 1\}$ ist im Zustand 0 des endlichen Automaten $\mathfrak{A} = [X, Y\{0, 1\}, f, g]$ darstellbar (f und g sind in Tabelle II.3 beschrieben).

Tabelle II.3

x	z	$f(z, x)$	$g(z, x)$
0	0	0	0
0	1	1	1
1	0	1	1
1	1	0	0

Man überlegt sich leicht, daß die BOOLEschen Funktionen f und g durch die Ausdrücke

$$x\,\bar{z} \vee \bar{x}\,z$$

$$\text{und} \quad x\,\bar{z} \vee \bar{x}\,z \quad (\text{bzw. } x \oplus z \text{ und } x \oplus z)$$

repräsentiert werden.

Bisweilen werden die Alphabete X bzw. Y bzw. Z eines endlichen abstrakten Automaten $\mathfrak{A} = [X, Y, Z, f, g]$ als direkte Produkte $X = \mathop{\times}\limits_{\mu=1}^{m} X_\mu$ bzw. $Y = \mathop{\times}\limits_{\nu=1}^{n} Y_\nu$ bzw. $Z = \mathop{\times}\limits_{\varkappa=1}^{k} Z_\varkappa$ endlicher Systeme $\{X_\mu, \mu = 1, \ldots, m\}$ bzw. $\{Y_\nu, \nu = 1, \ldots, n\}$ bzw. $\{Z_\varkappa, \varkappa = 1, \ldots, k\}$ endlicher Alphabete aufgefaßt (siehe Seite 65).

Es ist ohne Mühe einzusehen, daß die Funktionen f und g in solchen Fällen durch Familien $\{f_\nu, \nu = 1, \ldots, n\}$ und $\{g_\varkappa, \varkappa = 1, \ldots, k\}$ eindeutiger $(k + m)$-stelliger Abbildungen von $(\mathop{\times}\limits_{\varkappa=1}^{k} Z_\varkappa \times \mathop{\times}\limits_{\mu=1}^{m} X_\mu)$ in Y_ν bzw. $Z_\varkappa$ ($\varkappa = 1, \ldots, k$; $\nu = 1, \ldots, n$) charakterisierbar sind, so daß für jedes $z = z_1 \ldots z_k$ aus Z und jedes $x = x_1 \ldots x_m$ aus X gilt:

$$\begin{aligned} f(z, x) &= [f_1(z_1, \ldots, z_k, x_1, \ldots, x_m), \ldots, f_n(z_1, \ldots, z_k, x_1, \ldots, x_m)] \\ \text{und} \quad g(z, x) &= [g_1(z_1, \ldots, z_k, x_1, \ldots, x_m), \ldots, g_k(z_1, \ldots, z_k, x_1, \ldots, x_m)]\,. \end{aligned} \tag{2.12}$$

Der Vorteil dieser Beschreibung bei der Verwendung binärer Alphabete (d. h. $Z_\varkappa = X_\mu = Y_\nu = \{0, 1\}$, $\varkappa = 1, \ldots, k$; $\mu = 1, \ldots, m$; $\nu = 1, \ldots, n$) wird sich im folgenden zeigen. Wir verweisen zunächst darauf, daß es im letztgenannten Fall wiederum möglich ist, die (BOOLEschen) Funktionen f und g durch Ausdrücke in den Variablen $z_1, \ldots, z_k, x_1, \ldots, x_m$ zu repräsentieren.

Beispiele.

1. Der endliche abstrakte Automat $\mathfrak{A} = [X, Y, Z, f, g]$ mit $Y = Z = \{0,1\}$, $X = \{0,1\}^2$, dessen Ausgabe- und Überführungsfunktion in Tab. II.4 beschrieben sind, erzeugt im Zustand 0 einen regulären Automatenoperator $\Theta_{\mathfrak{A},0}$ über $[X, Y]$ mit dem Gewicht 2, den man als zweistelligen sequentiellen (Dual-) Summationsoperator interpretieren kann.

Tabelle II.4

x_1	x_2	z	$f(z, x_1, x_2)$	$g(z, x_1, x_2)$
0	0	0	0	0
0	0	1	1	0
0	1	0	1	0
0	1	1	0	1
1	0	0	1	0
1	0	1	0	1
1	1	0	0	1
1	1	1	1	1

$\Theta_{\mathfrak{A},0}$ ist durch den Baum in Abb. 2.8 beschrieben.

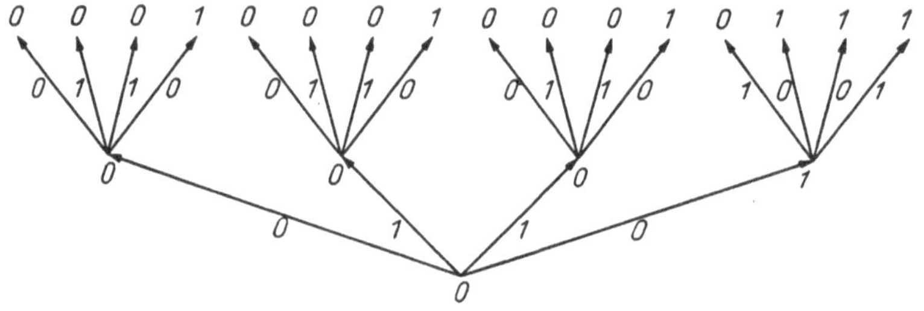

Abb. 2.8

Tabelle II.5

x_1	x_2	z_1	z_2	$f(z_1, z_2, x_1, x_2)$	$g_1(z_1, z_2, x_1, x_2)$	$g_2(z_1, z_2, x_1, x_2)$
0	0	0	0	0	0	0
0	0	0	1	1	0	0
0	0	1	0	0	1	0
0	0	1	1	1	0	0
0	1	0	0	1	1	0
0	1	0	1	0	1	1
0	1	1	0	1	1	0
0	1	1	1	0	1	1
1	0	0	0	1	0	0
1	0	0	1	0	1	1
1	0	1	0	1	0	0
1	0	1	1	0	0	1
1	1	0	0	0	0	1
1	1	0	1	1	0	1
1	1	1	0	0	1	1
1	1	1	1	1	1	1

Die (BOOLEschen) Funktionen f und g des Automaten $\mathfrak{A}$ sind durch die Ausdrücke

$$\bar{x}_1 \bar{x}_2 z \vee \bar{x}_1 x_2 \bar{z} \vee x_1 \bar{x}_2 \bar{z} \vee x_1 x_2 z$$

und

$$x_1 x_2 \vee x_1 z \vee x_2 z$$

repräsentierbar.

2. Der endliche abstrakte Automat $\mathfrak{A} = [X, Y, Z, f, g]$ mit $Y = \{0,1\}$ und $Z = X = \{0,1\}^2$, dessen Ausgabe- und Überführungsfunktion durch Tabelle II.5 beschrieben sind, besitzt äquivalente Zustände, nämlich 00 und 10 bzw. 01 und 11.

Man überzeugt sich leicht hiervon, indem man etwa die Bäume der Operatoren $\Theta_{\mathfrak{A},00}$ und $\Theta_{\mathfrak{A},10}$ bzw. $\Theta_{\mathfrak{A},01}$ und $\Theta_{\mathfrak{A},11}$ vergleicht. Ferner erkennt man, daß der reguläre Automatenoperator $\Theta_{\mathfrak{A},10}$ (und damit auch $\Theta_{\mathfrak{A},00}$) das Gewicht 2 hat und als zweistelliger sequentieller (Dual-)Summationsoperator interpretiert werden kann.

Mit diesem Beispiel sei gleichzeitig noch einmal auf die Notwendigkeit hingewiesen, Verfahren zu entwickeln, die es ermöglichen, zu gegebenen endlichen abstrakten Automaten äquivalente minimale Automaten zu konstruieren.

§ 5. Elementarautomaten und Schemata

In der kybernetischen Literatur wird ein informationsverarbeitendes System, von dem nur sein Verhalten, d. h. der durch dieses System realisierte Operator, bekannt ist, häufig als *black box* bezeichnet. Die Erfahrung lehrt, daß jedes System in einer wohlbestimmten Weise, mehr oder weniger kompliziert, aus Teilsystemen zusammengesetzt ist. Einige mit dieser Beobachtung verbundene Probleme sollen jetzt erläutert werden. Wir präzisieren als erstes, was ein Teilsystem ist und geben danach die Konstruktionsvorschriften an, nach denen Teilsysteme zusammengesetzt werden dürfen.

Ein *Teilsystem* gilt per definitionem als unzerlegbar. Demgemäß ist es zweckmäßig, endliche abstrakte Automaten $\mathfrak{A} = [X, Y, Z, f, g]$ als mathematische Modelle für Teilsysteme einzuführen. Dabei vereinbart man wie in § 4, daß sowohl das Eingabe- als auch das Ausgabealphabet ein direktes Produkt $\underset{\mu=1}{\overset{m}{\times}} X_\mu$ bzw. $\underset{\nu=1}{\overset{n}{\times}} Y_\nu$ von m bzw. n (endlichen) Alphabeten X_μ $(1 \leqq \mu \leqq m)$ bzw. Y_ν $(1 \leqq \nu \leqq n)$ ist. Die sogenannten kanonischen Gleichungen

$$\begin{aligned} \eta(t) &= f(\zeta(t), \xi(t)), \\ \zeta(t) &= z, \\ \zeta(t+1) &= g(\zeta(t), \xi(t)), \end{aligned}$$

die den Automatenoperator $\Theta_{\mathfrak{A},z}$, der durch den Zustand z erzeugt wird, charakterisieren, können in diesem Falle (s. Seite 81) aufgespaltet werden in

$$\left.\begin{aligned} \eta_1(t) &= f_1(\zeta(t), \xi_1(t), \ldots, \xi_m(t)), \\ &\vdots \\ \eta_n(t) &= f_n(\zeta(t), \xi_1(t), \ldots, \xi_m(t)), \\ \zeta(1) &= z, \\ \zeta(t+1) &= g(\zeta(t), \xi_1(t), \ldots, \xi_m(t)). \end{aligned}\right\} \tag{2.13}$$

Diese Aufgliederung wird in dem Sinne aufgefaßt, daß der Automat m Eingänge und n Ausgänge hat; dadurch werden die Kopplungsmöglichkeiten für abstrakte Automaten größer. *Eingänge* und *Ausgänge* werden als *Pole* bezeichnet.

Was ein Teilsystem eines Systems ist, hängt stark von dem jeweiligen Standpunkt ab. Wir legen dementsprechend für die folgenden Betrachtungen eine beliebige nichtleere Menge $\boldsymbol{E}$ von endlichen abstrakten Automaten zugehörigen Eingabe- und Ausgabepolen zugrunde. Die Elemente aus $\boldsymbol{E}$ heißen in diesem Zusammenhang *Elementarautomaten* und werden durch $\mathfrak{E}$ angedeutet (evtl. mit Indizes). Es wird nicht gefordert, daß die Eingabe- bzw. Ausgabe- bzw. Zustandsalphabete der Elemente von $\boldsymbol{E}$ übereinstimmen müssen. Die Eingabe- und Ausgabealphabete eines jeden Elementarautomaten aus $\boldsymbol{E}$ heißen *äußere Alphabete*, das Zustandsalphabet heißt *inneres Alphabet*. Die *Speicherkapazität* eines Elementarautomaten mit k Zuständen wird durch ld k charakterisiert.

Die Menge $\boldsymbol{E}$ präzisiert im vorliegenden Zusammenhang den Begriff unzerlegbares Teilsystem. Alle aufzubauenden Automaten bestehen allein aus Elementarautomaten aus $\boldsymbol{E}$.

Den Begriff *Schema* kann man nun wie folgt fassen. Es sei eine Menge $\boldsymbol{E}$ von Elementarautomaten gegeben. Für ein Element $\mathfrak{E}_i$ aus $\boldsymbol{E}$ bezeichne e^i_μ $(1 \leqq \mu \leqq m_i)$ bzw. a^i_ν $(1 \leqq \nu \leqq n_i)$ den μ-ten bzw. ν-ten Eingang bzw. Ausgang (Pol), das zugehörige Eingabe-(Ausgabe-)Alphabet sei X^i_μ bzw. Y^i_ν; $\mathfrak{P}_e(\boldsymbol{E})$ bzw. $\mathfrak{P}_a(\boldsymbol{E})$ sei die Menge aller Eingangs- bzw. Ausgangspole der Elemente von $\boldsymbol{E}$. Ferner sei $\Gamma = [P, K, \alpha]$ ein beliebiger endlicher gerichteter Graph, d. h. P eine endliche Menge von Knoten, K eine endliche Menge von gerichteten Kanten und α eine eindeutige Abbildung von K in $P \times P$.

Definition. $\mathfrak{S} = [\Gamma, \boldsymbol{E}, h]$ heißt *Schema über* $\boldsymbol{E}$ genau dann, wenn $\Gamma = [P, K, \alpha]$ ein endlicher Graph und h eine eindeutige Abbildung von $P \cup K$ in $\boldsymbol{E} \cup (\mathfrak{P}_a(\boldsymbol{E}) \times \mathfrak{P}_e(\boldsymbol{E}))$ ist, für die gilt: 1. $h(P) \subseteq \boldsymbol{E}$; 2. $h(K) \subseteq \mathfrak{P}_a(\boldsymbol{E}) \times \mathfrak{P}_e(\boldsymbol{E})$; 3. wenn $h(k) = [a^i_\nu, e^j_\mu]$ und $\alpha(k) = [A, B]$, so $h(A) = \mathfrak{E}_i$, $h(B) = \mathfrak{E}_j$ und $Y^i_\nu = X^j_\mu (k \in K)$.

Das heißt, man denkt sich jeden Knoten von Γ mit einem Elementarautomaten belegt und zwar so, daß es möglich wird, jeder Kante, die zwei Knoten A und B verbindet, je einen Ausgangs- und Eingangspol (mit gleichen Alphabeten) der betreffenden Automaten zuzuordnen. Letzteres deutet man als Kopplung beider Pole zu einem gemeinsamen Pol und vereinbart, daß die Weiterleitung eines Signals längs dieses Poles verzögerungsfrei erfolgt. Das Bild $h(k_1), \ldots, h(k_n)$ einer Folge $k_1, \ldots, k_n$ von Kanten aus K, die ein Weg ist, nennt man bisweilen *Kanal*.

Man übersieht sofort, daß im allgemeinen in einem Schema die Menge $h(K)$ nur eine Teilmenge von $\mathfrak{P}_a(h(P)) \times \mathfrak{P}_e(h(P))$ ist. Mit anderen Worten, es treten *freie Pole* auf. Die freien Eingangspole, d. h. die Elemente aus $\mathfrak{P}_e(h(P))$, mit denen keine Kanten aus K belegt wurden, sollen im weiteren *Eingänge von* $\mathfrak{S}$, analog die freien Elemente aus $\mathfrak{P}_a(h(P))$ *Ausgänge von* $\mathfrak{S}$ heißen. Die Menge aller Pole bzw. Eingabepole bzw. Ausgabepole eines Schemas $\mathfrak{S}$ wird im folgenden mit $\mathfrak{P}_{\mathfrak{S}}$ bzw. $\mathfrak{P}_{\mathfrak{S},e}$ bzw. $\mathfrak{P}_{\mathfrak{S},a}$ bezeichnet.[1])

Beispiel: Gegeben sei das System $\boldsymbol{E} = \{\mathfrak{E}_\Sigma, \mathfrak{E}_{\mathfrak{Z}}, \mathfrak{E}_\oplus, \mathfrak{E}_V\}$ folgender Elementarautomaten (zur Abkürzung sei im weiteren stets $D = \{0,1\}$ gesetzt; die Funktionen f und g werden durch repräsentierende Ausdrücke gegeben):

1. $\mathfrak{E}_\Sigma = [X_\Sigma, Y_\Sigma, Z_\Sigma, f_\Sigma, g_\Sigma, z]$;
   $X_\Sigma = D^2, \quad Y_\Sigma = Z_\Sigma = D, \quad z = 0,$
   $f_\Sigma : x_1 \oplus x_2 \oplus z, \quad g_\Sigma : x_1 x_2 \vee z\, x_1 \vee z\, x_2$
   ($\Theta_{\mathfrak{E}_\Sigma, 0}$ ist die zweistellige sequentielle duale Addition, d. h. mit Übertrag).
2. $\mathfrak{E}_{\mathfrak{Z}} = [X_{\mathfrak{Z}}, Y_{\mathfrak{Z}}, Z_{\mathfrak{Z}}, f_{\mathfrak{Z}}, g_{\mathfrak{Z}}, z]$;
   $X_{\mathfrak{Z}} = Y_{\mathfrak{Z}} = Z_{\mathfrak{Z}} = D, \quad z = 0,$
   $f_{\mathfrak{Z}} : x \oplus z, \quad g_{\mathfrak{Z}} : x \oplus z$
   ($\Theta_{\mathfrak{E}_{\mathfrak{Z}}, 0}$ ist Dualzähler).
3. $\mathfrak{E}_\oplus = [X_\oplus, Y_\oplus, Z_\oplus, f_\oplus, g_\oplus]$;
   $X_\oplus = D^2, \quad Y_\oplus = D, \quad Z_\oplus = \{z\},$
   $f_\oplus : x_1 \oplus x_2$
   ($\Theta_{\mathfrak{E}_\oplus, z}$ ist die kombinatorische zweistellige duale Addition, d. h. ohne Übertrag).
4. $\mathfrak{E}_V = [X_V, Y_V, Z_V, f_V, g_V]$;
   $X_V = Y_V = Z_V = D,$
   $f_V : z, \quad g_V : x$
   ($\Theta_{\mathfrak{E}_V, 0}$ und $\Theta_{\mathfrak{E}_V, 1}$ sind die um einen Takt verzögerten identischen Abbildungen).

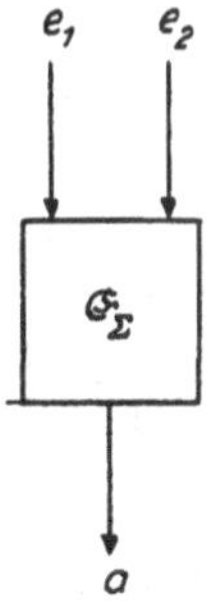

Abb. 2.9

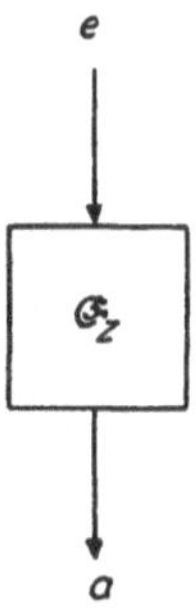

Abb. 2.10

Abb. 2.11

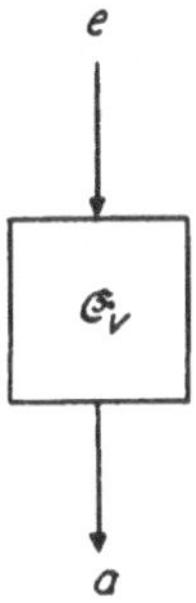

Abb. 2.12

Betrachtet man die in den folgenden Abbildungen dargestellten Schemata über $\boldsymbol{E}$, so erkennt man, daß die gegebene Definition des Begriffes Schema offenbar noch

[1]) In der Praxis werden auch häufig Signale von inneren Polen, d. h. von Polen aus der Menge $\mathfrak{P}_{\mathfrak{S}} - (\mathfrak{P}_{\mathfrak{S},e} \cup \mathfrak{P}_{\mathfrak{S},a})$, abgegriffen und als Ausgabesignale weiterverwendet. Es ist klar, daß diese Fälle vom abstrakten Standpunkt durch den hier gegebenen Begriff des Schemas berücksichtigt sind. Man denke sich etwa an der betreffenden Stelle in $\mathfrak{S}$ einen Elementarautomaten mit einem Eingang und k ($k > 1$) Ausgängen eingesetzt, der die identische Abbildung der Eingabesignale in jedem Ausgang erzeugt. (Siehe auch Kapitel IV.)

zu allgemein ist und daher gewisse Unzulänglichkeiten birgt, die dadurch zum Ausdruck kommen, daß bereits in einigen Schemata unseres Beispieles inkorrekte Informationsabläufe auftreten.

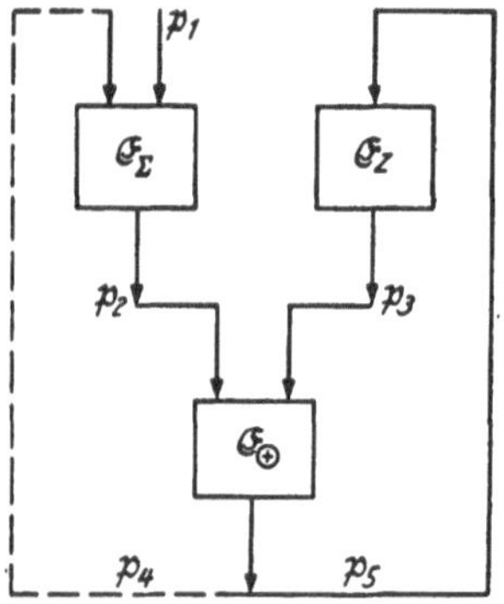

Abb. 2.13

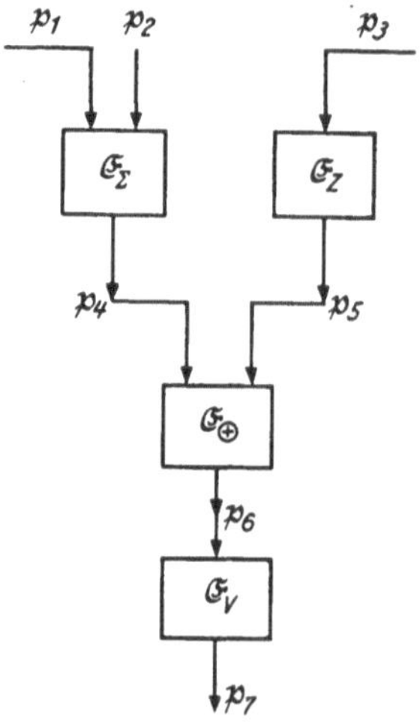

Abb. 2.14

So würde es z. B. im Schema von Abb. 2.15 dazu kommen, daß der Eingang von $\mathfrak{E}_{\mathcal{Z}}$ im gleichen Takt verschiedene Eingabebuchstaben erhält. Im Schema von Abb. 2.13 würde an dem Eingang von $\mathfrak{E}_{\Sigma}$, der mit dem Ausgang von $\mathfrak{E}_{\oplus}$ gekoppelt ist, innerhalb eines Taktes das Eingabesignal und das von $\mathfrak{E}_{\oplus}$ erzeugte Ausgabesignal anliegen.

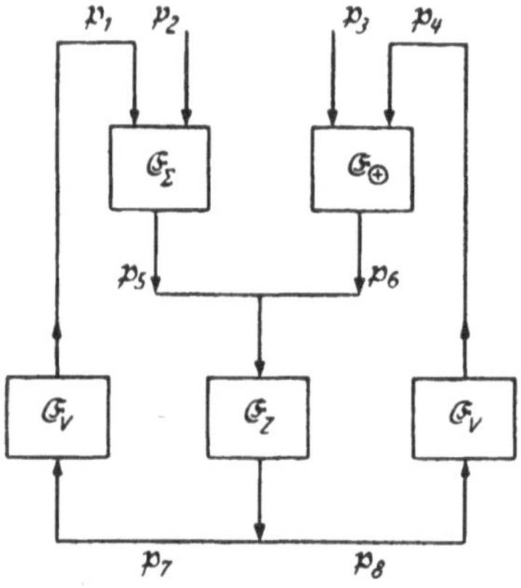

Abb. 2.15

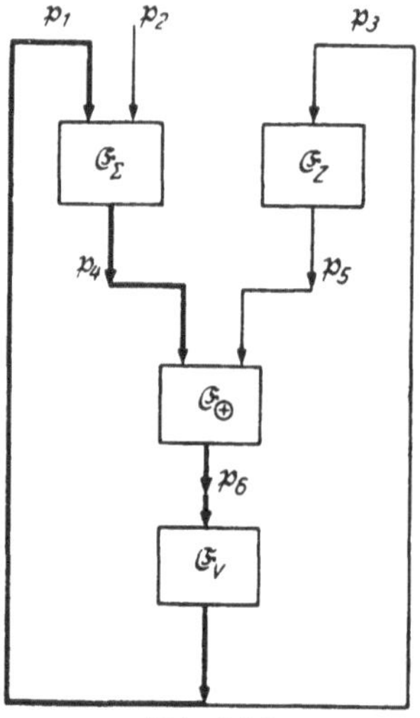

Abb. 2.16

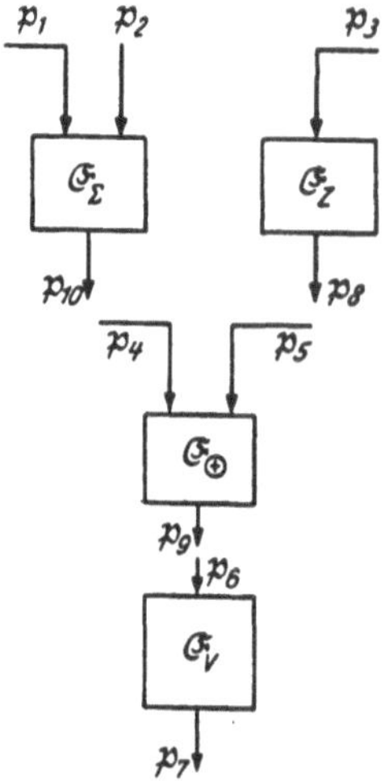

Abb. 2.17

Will man also vom Verhalten der in einem Schema verwendeten Elementarautomaten und von der Art und Weise ihrer Verschaltung eindeutig auf den vom Schema realisierten Operator und umgekehrt von jedem Automatenoperator auf die Beschaffenheit eines realisierenden Schemas schließen, so hat man die Konstruktionsmöglichkeiten weiteren Einschränkungen, die wir im folgenden unter dem Begriff *korrekte Organisiertheit* zusammenfassen, zu unterwerfen.

Dieser hier abstrakt zu definierende Begriff gewährleistet, daß in jedem physikalisch realisierten korrekt organisierten Schema der Informationsfluß frei von jeder unbeabsichtigten Unkorrektheit ist. Man sagt daher:

Definition. Ein Schema $\mathfrak{S} = [\Gamma, \boldsymbol{E}, h]$ heißt *überlagerungsfrei* genau dann, wenn in $\mathfrak{S}$ für zwei beliebige verschiedene Kanten k_1 und k_2 gilt: $h(k_1) = [a^{i_1}_{\nu_1}, e^j_\mu]$ und $h(k_2) = [a^{i_2}_{\nu_2}, e^j_\mu]$ mit $a^{i_1}_{\nu_1} \neq a^{i_2}_{\nu_2}$ genau dann, wenn $\eta_{\nu_1}(t) = \eta_{\nu_2}(t)$ für jedes t $(t = 1, 2, \ldots)$.

Für ein gegebenes Schema $\mathfrak{S} = [\Gamma, \boldsymbol{E}, h]$ sei $\succ\!\!\rightarrow$ eine Relation in der Menge $\mathfrak{P}_\mathfrak{S}$ aller Pole von $\mathfrak{S}$, die wir induktiv wie folgt definieren:

A) Für Pole $\mathfrak{p}_1$ und $\mathfrak{p}_2$ aus $\mathfrak{P}_\mathfrak{S}$ mit $\mathfrak{p}_1 \neq \mathfrak{p}_2$ gilt $\mathfrak{p}_1 \succ\!\!\rightarrow \mathfrak{p}_2$, falls es in $\mathfrak{S}$ einen Elementarautomaten $\mathfrak{E}_i$ aus $\boldsymbol{E}$, einen Eingang e^i_μ und einen Ausgang a^i_ν gibt, so daß gilt: $\mathfrak{p}_1 = e^i_\mu$, $\mathfrak{p}_2 = a^i_\nu$ und es existieren Argumente $z, x_1, \ldots, x_{\mu-1}, x_{\mu+1}, \ldots, x_{m_i}$ und x_μ, x'_μ mit $z \in Z, x_\mu, x'_\mu \in X^i_\mu$ $(1 \leqq \mu \leqq m_i)$, $x_\mu \neq x'_\mu$, so daß $f^i_\nu(z, x_1, \ldots, x_{\mu-1}, x_\mu, x_{\mu+1}, \ldots, x_{m_i}) \neq f^i_\nu(z, x_1, \ldots, x_{\mu-1}, x'_\mu, x_{\mu+1}, \ldots, x_{m_i})$.[1]

B) Wenn $\mathfrak{p}_1 \succ\!\!\rightarrow \mathfrak{p}_2$ und $\mathfrak{p}_2 \succ\!\!\rightarrow \mathfrak{p}_3$, so gilt auch $\mathfrak{p}_1 \succ\!\!\rightarrow \mathfrak{p}_3$.

C) $\succ\!\!\rightarrow$ ist nur dann erklärt, wenn dies auf Grund von A) und B) der Fall ist.

Stehen Pole $\mathfrak{p}$ und $\mathfrak{p}'$ in Relation $(\mathfrak{p} \succ\!\!\rightarrow \mathfrak{p}')$, so sagt man, es gibt einen mit dem Pol $\mathfrak{p}$ beginnenden und mit dem Pol $\mathfrak{p}'$ endenden *unverzögerten Kanal* in $\mathfrak{S}$ bzw. der Pol $\mathfrak{p}'$ ist dem Pol $\mathfrak{p}$ *untergeordnet*.

Definition. Ein Kanal $\mathfrak{p}_1 \ldots \mathfrak{p}_n$ einer Schaltung $\mathfrak{S} = [\Gamma, \boldsymbol{E}, h]$ heißt *geschlossen* genau dann, wenn es in Γ einen Zyklus $k_1 \ldots k_n$ gibt, so daß $\mathfrak{p}_1 \ldots \mathfrak{p}_n = h(k_1) \ldots h(k_n)$ ist.

Man überlegt sich sofort, daß ein geschlossener Kanal $\mathfrak{p}_1 \ldots \mathfrak{p}_n$ eines Schemas $\mathfrak{S}$ genau dann verzögert ist, wenn es ein $\mathfrak{p}_\nu$ $(1 \leqq \nu \leqq n)$ gibt, so daß für kein $\mathfrak{p}_{\nu'}$ mit $\mathfrak{p}_{\nu'} \neq \mathfrak{p}_\nu$ $(1 \leqq \nu' \leqq n)$ die Relation $\mathfrak{p}_{\nu'} \succ\!\!\rightarrow \mathfrak{p}_\nu$ gilt.

Nun sagt man:

Definition. Ein Schema $\mathfrak{S} = [\Gamma, \boldsymbol{E}, h]$ heißt genau dann *korrekt organisiert*, wenn es überlagerungsfrei und frei von unverzögerten geschlossenen Kanälen ist.

Die Schemata von Abb. 2.13 und 2.15 sind daher nicht korrekt organisiert.

Per definitionem ist nunmehr gesichert, daß in einem korrekt organisierten Schema $\mathfrak{S}$ in jedem Takt t der Buchstabe $\eta(t)$ jedes beliebigen Ausganges eines jeden Elementarautomaten $\mathfrak{E}$ aus $\boldsymbol{E}$ eine Funktion ausschließlich des Zustandes von $\mathfrak{E}$ und der Eingabe in diesen Elementarautomaten ist, d. h., das Gesamtverhalten eines korrekt organisierten Schemas resultiert aus dem Verhalten seiner einzelnen Elementarautomaten.

[1]) Mit anderen Worten: f^i_ν ist vom Argument x_μ effektiv abhängig.

Es sei bemerkt, daß reale Schaltungen existieren, bei denen in den Kopplungsstellen von (Ausgangs-)Polen Signalumwandlungen stattfinden (s. dazu Kapitel III). Wir erfassen alle diese Systeme in unserem Modell, indem wir vereinbaren, daß an der betreffenden Kopplungsstelle ein weiterer Elementarautomat (in Kapitel III häufig „fiktive Zelle" genannt) in das Schema eingefügt wird, der den jeweiligen Operator realisiert. (Siehe Abb. 2.18 a), b).)

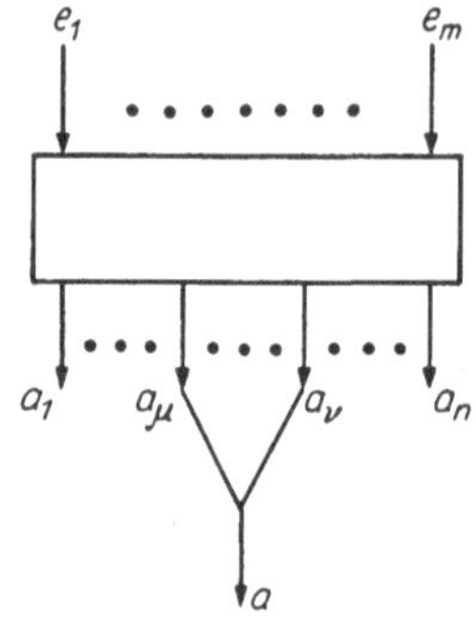

a)

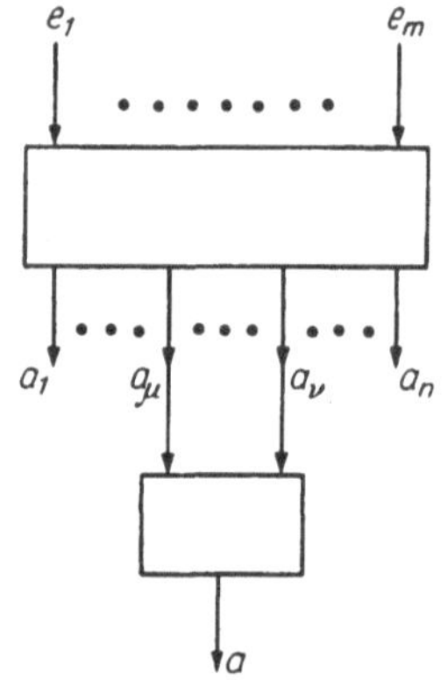

b)

Abb. 2.18

In den folgenden Paragraphen wird eine Teilmenge der Menge aller korrekt organisierten Schemata betrachtet, deren Elemente wir (in Anlehnung an die Terminologie von BURKS und WRIGHT[1])) als *logische Netze* bezeichnen.

§ 6. Logische Netze. Analysesatz

Für den Begriff *logisches Netz* wird in diesem Paragraphen eine induktive Definition gegeben und bewiesen, daß jeder von einem logischen Netz realisierte Operator ein regulärer Automatenoperator ist. Hierzu genügt es auf Grund der Ausführungen von § 4 zu zeigen, daß jedes logische Netz einen endlichen abstrakten Automaten realisiert. Aus den bereits angeführten Beispielen (siehe Abb. 2.13 bis 2.17) ist klar, daß es Schemata gibt, die keine abstrakten Automaten (im Sinne von § 4) realisieren.

Es sei $\boldsymbol{E}$ eine Menge von Elementarautomaten. Man definiert:

(1) Ist $\mathfrak{E} \in \boldsymbol{E}$, so ist $\mathfrak{N} = \{\boldsymbol{E}\}$ ein logisches Netz über $\boldsymbol{E}$. $\mathfrak{N}$ hat m Eingänge und n Ausgänge, wenn m bzw. n die Anzahl der Eingänge bzw. der Ausgänge von $\mathfrak{E}$ ist.

---

[1]) Siehe [10]. Es sei bemerkt, daß logische Netze bei BURKS und WRIGHT als vollständig korrekte logische Netze, Schemata dagegen als logische Netze bezeichnet werden.

(2) Sind $\mathfrak{N}_1$ und $\mathfrak{N}_2$ logische Netze über $\boldsymbol{E}$ ohne gemeinsame Pole, so ist $\mathfrak{N} = \{\mathfrak{N}_1, \mathfrak{N}_2\}$ ein logisches Netz über $\boldsymbol{E}$. $\mathfrak{N}$ hat $m_1 + m_2$ Eingänge und $n_1 + n_2$ Ausgänge, wenn m_k bzw. n_k die Anzahl der Eingänge bzw. Ausgänge von $\mathfrak{N}_k$ $(k = 1, 2)$ ist.

(3) Ist $\mathfrak{N}$ ein logisches Netz über $\boldsymbol{E}$ und entsteht $\mathfrak{N}'$ durch Identifizierung zweier Eingangspole e_1 und e_2 von $\mathfrak{N}$ $(e_1 \neq e_2)$ mit gleichen Alphabeten, so ist $\mathfrak{N}'$ ein logisches Netz über $\boldsymbol{E}$. $\mathfrak{N}'$ hat $m - 1$ Eingänge und n Ausgänge, wenn m bzw. n die Anzahl der Eingänge bzw. Ausgänge von $\mathfrak{N}$ ist.

(4) Ist $\mathfrak{N}$ ein logisches Netz über $\boldsymbol{E}$, ist e bzw. a Eingangs- bzw. Ausgangspol von $\mathfrak{N}$, stimmen die Alphabete von e und a überein und stehen diese Pole nicht in der Relation $e \rightarrow a$, so gilt: Entsteht $\mathfrak{N}'$ aus $\mathfrak{N}$ durch Identifizierung von e und a, so ist $\mathfrak{N}'$ ein logisches Netz über $\boldsymbol{E}$. $\mathfrak{N}'$ hat $m - 1$ Eingänge und $n - 1$ Ausgänge, wenn m bzw. n die Anzahl der Eingänge bzw. Ausgänge von $\mathfrak{N}$ ist.

(5) $\mathfrak{N}$ ist nur dann ein logisches Netz über $\boldsymbol{E}$, wenn dies auf Grund von (1) bis (4) der Fall ist.

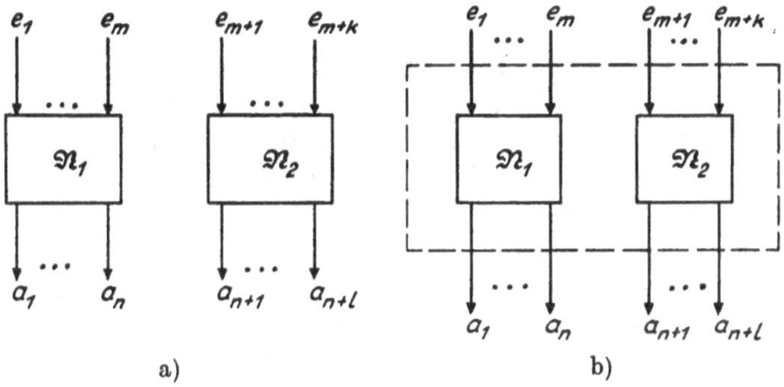

Abb. 2.19

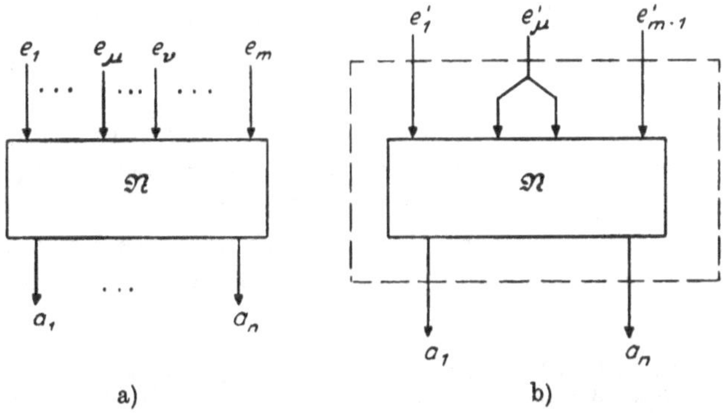

Abb. 2.20

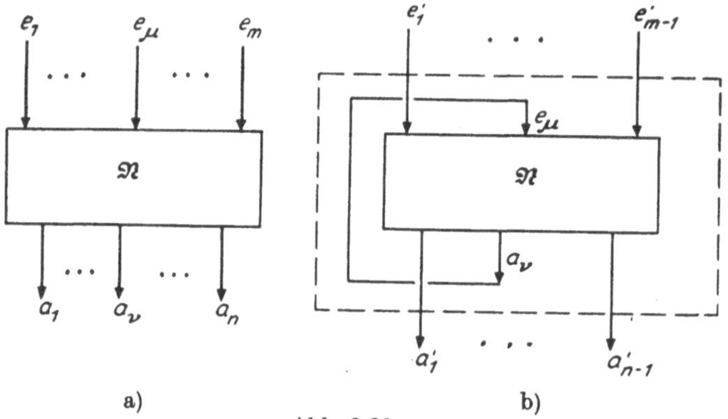

Abb. 2.21

Beim Vergleich der Definitionen für logische Netze und korrekt organisierte Schemata stellt man fest, daß bei ersteren die Identifizierung von freien Eingangspolen möglich ist, während letztere hierfür einen eigens dafür einzusetzenden Elementarautomaten benötigen.[1]) Ferner geht aus der vorstehenden Definition hervor, daß die Identifizierung von Ausgangspolen in logischen Netzen unzulässig ist. Damit ist jedes logische Netz überlagerungsfrei. (Es sei in diesem Zusammenhang auf die Bemerkungen von Seite 88 verwiesen.)

Punkt (4) der Definition garantiert, daß jedes logische Netz frei von unverzögerten geschlossenen Kanälen ist. Wir vermerken ausdrücklich, daß die unverzögerte Signalweiterleitung längs eines jeden Poles postuliert wurde (siehe auch Seite 84). In realen physikalischen Systemen sind alle Kanäle verzögernd. Daher zählt im Sinne dieses Modells ein realer physikalischer Kanal genau dann zur Klasse der unverzögerten Kanäle, wenn die Zeit zwischen dem Auftreten eines Signals am Anfang und am Ende des Kanals kleiner als die Taktlänge[2]) des Systems ist.

Diese wenigen Überlegungen zur Definition des Begriffes logisches Netz lassen bereits erkennen, daß jedes logische Netz über $\boldsymbol{E}$ ein korrekt organisiertes Schema über $\boldsymbol{E}$ ist. Wenden wir uns nun den eingangs genannten Problemen zu.

Jedes logische Netz über einer Menge $\boldsymbol{E}$ von Elementarautomaten realisiert einen endlichen abstrakten Automaten.

Den Beweis führt man durch vollständige Induktion über die Erzeugungsstufe von $\mathfrak{N}$. Es ist folgendes zu zeigen: Hat $\mathfrak{N}$ genau m ($m \geqq 0$) Eingangspole mit den Alphabeten X_μ ($\mu = 1, \ldots, m$), n ($n \geqq 0$) Ausgangspole mit den Alphabeten Y_ν($\nu = 1, \ldots, n$) und k ($k > 0$) Elementarautomaten mit den Zustandsalphabeten $Z_\varkappa$ ($\varkappa = 1, \ldots, k$), so existieren eindeutige Abbildungen f und g

[1]) Dieser Unterschied ist jedoch faktisch bedeutungslos.

[2]) Wir setzen hier und im folgenden voraus, daß für jedes logische Netz ein genereller „Taktgeber“ existiert, der eine für alle Elementarautomaten des Netzes verbindliche Taktfolge liefert.

von $Z \times X$ in Y bzw. Z ($Z = \overset{k}{\underset{\varkappa=1}{\times}} Z_\varkappa$, $X = \overset{m}{\underset{\mu=1}{\times}} X_\mu$, $Y = \overset{n}{\underset{\nu=1}{\times}} Y_\nu$), so daß für jedes z und x mit $z \in Z$, $x \in X$ gilt:

$f(z, x) = y$ genau dann, wenn $\mathfrak{N}$ im Zustand z bei Eingabe von x den Buchstaben y ausgibt.

$g(z, x) = z'$ genau dann, wenn $\mathfrak{N}$ aus dem Zustand z bei Eingabe von x in den Zustand z' übergeht.

(1) Für $\mathfrak{N} = \{\mathfrak{E}\}$, $\mathfrak{E} \in \boldsymbol{E}$ ist nichts zu beweisen.

(2) Es sei für die logischen Netze $\mathfrak{N}_1$ und $\mathfrak{N}_2$ über $\boldsymbol{E}$ die Behauptung bereits bewiesen, d. h., es sei gezeigt, daß es endliche abstrakte Automaten $\mathfrak{A}_1 = [X_1, Y_1, Z_1, f_1, g_1]$ und $\mathfrak{A}_2 = [X_2, Y_2, Z_2, f_2, g_2]$ gibt, die von $\mathfrak{N}_1$ und $\mathfrak{N}_2$ realisiert werden. Dann folgt für das nach (2) (siehe Definition) konstruierte Netz $\mathfrak{N} = \{\mathfrak{N}_1, \mathfrak{N}_2\}$: Setzt man $X =_{\mathrm{Df}} X_1 \times X_2$, $Y =_{\mathrm{Df}} Y_1 \times Y_2$, $Z =_{\mathrm{Df}} Z_1 \times Z_2$,

$$\left.\begin{aligned} f([z_1, z_2], [x_1, x_2]) &=_{\mathrm{Df}} [f_1(z_1, x_1), f_2(z_2, x_2)]\,, \\ g([z_1, z_2], [x_1, x_2]) &=_{\mathrm{Df}} [g_1(z_1, x_1), g_2(z_2, x_2)]\,, \end{aligned}\right\} \tag{2.14}$$

so sind X, Y und Z endliche Mengen und f und g eindeutige Funktionen auf $Z \times X$ mit den geforderten Eigenschaften, d. h., $\mathfrak{N}$ realisiert einen endlichen abstrakten Automaten.

(3) Es sei für ein logisches Netz $\mathfrak{N}$ über $\boldsymbol{E}$ die Behauptung bewiesen, d. h., es sei gezeigt, daß $\mathfrak{N}$ einen endlichen abstrakten Automaten $\mathfrak{A} = [X, Y, Z, f, g]$ realisiert. Ferner setzen wir $X = \overset{m}{\underset{\mu=1}{\times}} X_\mu$ $(m > 1)$, $X_{\mu_1} = X_{\mu_2}$ $(\mu_1 \neq \mu_2)$.

Das durch Identifizierung der Eingangspole e_{μ_1} und e_{μ_2} entstehende logische Netz $\mathfrak{N}'$ über $\boldsymbol{E}$ hat die endlichen Alphabete $X' =_{\mathrm{Df}} X_1 \times \cdots \times X_{\mu_1} \times \cdots \times X_{\mu_2-1} \times X_{\mu_2+1} \times \cdots \times X_m$ (o. B. d. A. sei $\mu_1 < \mu_2$ gesetzt), $Y' =_{\mathrm{Df}} Y$, $Z_1 =_{\mathrm{Df}} Z$. Die Abbildungen f' und g', die wir durch

$$\left.\begin{aligned} &f'(z, x_1, \ldots, x_{\mu_1}, \ldots, x_{\mu_2-1}, x_{\mu_2+1}, \ldots, x_m) \\ &\qquad =_{\mathrm{Df}} f(z, x_1, \ldots, x_{\mu_1}, \ldots, x_{\mu_2-1}, x_{\mu_1}, x_{\mu_2+1}, \ldots, x_m) \\ \text{und}\quad &g(z, x_1, \ldots, x_{\mu_1}, \ldots, x_{\mu_2-1}, x_{\mu_2+1}, \ldots, x_m) \\ &\qquad =_{\mathrm{Df}} g(z, x_1, \ldots, x_{\mu_1}, \ldots, x_{\mu_2-1}, x_{\mu_1}, x_{\mu_2+1}, \ldots, x_m) \end{aligned}\right\} \tag{2.15}$$

definieren, sind auf $Z \times X$ eindeutig und haben die geforderten Eigenschaften. Also realisiert $\mathfrak{N}'$ einen endlichen abstrakten Automaten $\mathfrak{A}' = [X', Y', Z', f', g']$.

(4) Es sei für ein logisches Netz $\mathfrak{N}$ über $\boldsymbol{E}$ die Behauptung bewiesen, d. h., es sei gezeigt, daß $\mathfrak{N}$ einen endlichen abstrakten Automaten $\mathfrak{A} = [X, Y, Z, f, g]$ realisiert. Ferner seien $X =_{\mathrm{Df}} \overset{m}{\underset{\mu=1}{\times}} X_\mu$, $Y =_{\mathrm{Df}} \overset{n}{\underset{\nu=1}{\times}} Y_\nu$ $(m, n > 0)$ und $X_{\mu_0} = Y_{\nu_0}$ $(1 \leqq \mu_0 \leqq m,\ 1 \leqq \nu_0 \leqq n)$. Das durch Identifizierung der Pole a_{ν_0} und e_{μ_0} entstehende logische Netz $\mathfrak{N}'$ über $\boldsymbol{E}$ hat die (endlichen) Alphabete $X' =_{\mathrm{Df}} X_1 \times \cdots \times X_{\mu_0-1} \times X_{\mu_0+1} \times \cdots \times X_m$, $Y' =_{\mathrm{Df}} Y_1 \times \cdots \times Y_{\nu_0-1} \times Y_{\nu_0+1} \times \cdots \times Y_n$, $Z' =_{\mathrm{Df}} Z$. Da die Pole a_{ν_0} und e_{μ_0} nach Konstruktion nicht in

der Relation $e_{\mu_0} \succ\!\!\rightarrow a_{\nu_0}$ stehen, gilt nach Definition von $\succ\!\!\rightarrow$, falls wir mit K_l^n die n-stellige Komponentenauswahlfunktion der l-ten Stelle ($1 \leqq l \leqq n$) bezeichnen (d. h. $K_l^n(a_1, \ldots, a_l, a_{l+1} \ldots a_n) =_{\mathrm{Df}} a_l$ für alle $a_1, \ldots, a_n$): Für jedes z mit $z \in Z'$, $x = [x_1, \ldots, x_{\mu_0-1}, x_{\mu_0}, x_{\mu_0+1}, \ldots, x_m]$ und $x' = [x_1, \ldots, x_{\mu_0-1}, x'_{\mu_0}, x_{\mu_0+1}, \ldots, x_m]$ ($x, x' \in X'$, $x_{\mu_0} \neq x'_{\mu_0}$) ist $K_{\nu_0}^n(f(z, x)) = K_{\nu_0}^n(f(z, x'))$; d. h., es gibt eine $(m-1)$-stellige Funktion f^0 so, daß $f^0(z, x_1, \ldots, x_{\mu_0-1}, x_{\mu_0+1}, \ldots, x_m) = K_{\nu_0}^n(f(z, x_1, \ldots, x_{\mu_0-1}, x_{\mu_0} x_{\mu_0+1}, \ldots, x_m))$ für alle x_{μ_0} ($x_{\mu_0} \in X_{\mu_0}$). Damit definiert man nun Abbildungen f' und g' auf $Z \times X$ wie folgt: Für jedes z mit $z \in Z'$ und jedes x' mit $x' = [x_1, \ldots, x_{\mu_0-1}, x_{\mu_0+1}, \ldots, x_m]$ ist

$$\left.\begin{aligned} f'(z, x') = [&K_1^n(f(z, x_1, \ldots, x_{\mu_0-1}, f^0(z, x'), x_{\mu_0+1}, \ldots, x_m)), \ldots, \\ &K_{\nu_0-1}^n(f(z, x_1, \ldots, x_{\mu_0-1}, f^0(z, x'), x_{\mu_0+1}, \ldots, x_m)), \\ &K_{\nu_0+1}^n(f(z, x_1, \ldots, x_{\mu_0-1}, f^0(z, x'), x_{\mu_0+1}, \ldots, x_m)), \ldots, \\ &K_n^n(f(z, x_1, \ldots, x_{\mu_0-1}, f^0(z, x'), x_{\mu_0+1}, \ldots, x_m))], \\ g(z, x') = \ &g(z, x_1, \ldots, x_{\mu_0-1}, f^0(z, x'), x_{\mu_0+1}, \ldots, x_m). \end{aligned}\right\} \quad (2.16)$$

Die Abbildungen f' und g' sind eindeutig und haben die geforderten Eigenschaften, d. h., $\mathfrak{A}' = [X', Y', Z', f', g']$ ist ein endlicher abstrakter Automat.

Damit ist unsere Behauptung vollständig bewiesen.

Wir verweisen darauf, daß auch in den Fällen, da ein gegebenes logisches Netz $\mathfrak{N}$ über $\boldsymbol{E}$ keine Eingabepole bzw. keine Ausgabepole besitzt, unsere Behauptung noch sinnvoll bleibt. $\mathfrak{N}$ ist dann entsprechend als autonomer Automat (Automat ohne Eingabe) bzw. als Automat ohne Ausgabe zu interpretieren.

Abschließend können wir nunmehr feststellen:

Analysesatz. *Jeder von einem logischen Netz $\mathfrak{N}$ über $\boldsymbol{E}$ mit den Alphabeten* $X = \times_{\mu=1}^{m} X_\mu$, $Y = \times_{\nu=1}^{n} Y_\nu$, $Z = \times_{\varkappa=1}^{k} Z_\varkappa$ ($m, n, k > 0$) *durch einen Zustand z ($z \in Z$) realisierte Operator $\Theta_{\mathfrak{N}, z}$ über $[X, Y]$ ist ein regulärer Automatenoperator.*

Der Beweis liegt auf der Hand. Jedes logische Netz realisiert, wie soeben bewiesen, einen endlichen abstrakten Automaten, und jeder von einem Zustand eines endlichen abstrakten Automaten erzeugte Operator ist ein regulärer Automatenoperator.

Falls $\mathfrak{N}$ aus k Elementarautomaten besteht, wobei das Zustandsalphabet $X_\varkappa$ aus $j_\varkappa$ ($1 \leqq \varkappa \leqq k$) Buchstaben enthält, so besitzt das Netz $\prod_{\varkappa=1}^{k} j_\varkappa$ Zustände, d.h. (s. Seite 84), die Speicherkapazität von $\mathfrak{N}$ ist gleich der Summe der Speicherkapazitäten der Elementarautomaten. Für das Gewicht von $\Theta_{\mathfrak{N}, z}$ ($z \in Z$) gilt $\mathrm{G}(\Theta_{\mathfrak{N}, z}) \leqq \prod_{\varkappa=1}^{k} j_\varkappa$.

Als Beispiel untersuchen wir den vom Netz $\mathfrak{N}$ (Abb. 2.22) durch einen seiner Zustände realisierten Operator. Da $\mathfrak{N}$ ein logisches Netz ist, existieren Funktionen f und g der bekannten Art. Wir konstruieren diese Funktionen schritt-

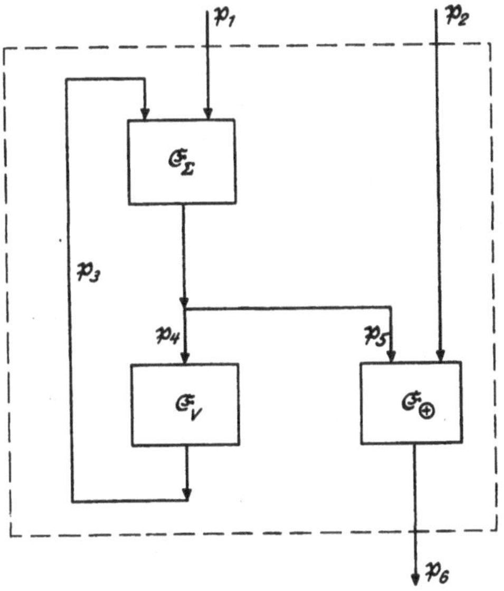

Abb. 2.22

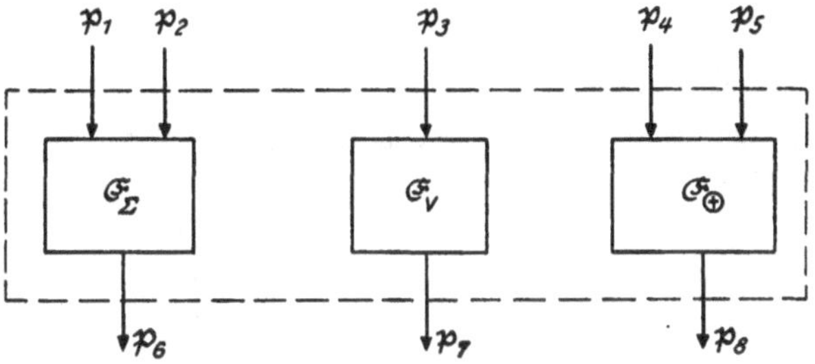

Abb. 2.23

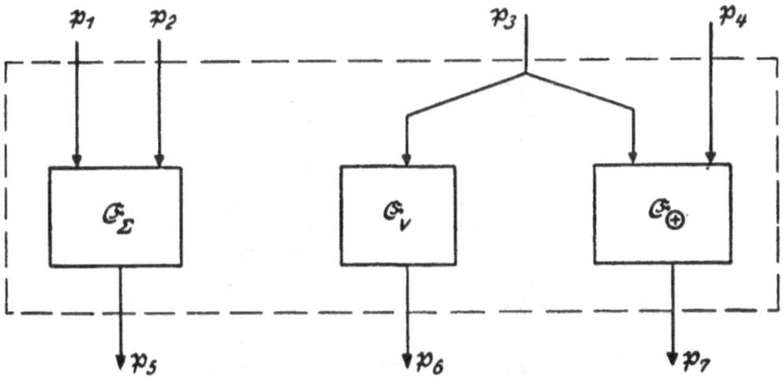

Abb. 2.24

weise. Setzt man beispielsweise im ersten Schritt simultan

$$\mathfrak{N}^1 = \{\mathfrak{E}_\Sigma, \mathfrak{E}_V, \mathfrak{E}_\oplus\}\ , \text{ so ist}$$

$$X^1 = X_\Sigma \times X_V \times X_\oplus\ , \quad Y^1 = Y_\Sigma \times Y_V \times Y_\oplus\ , \quad Z^1 = Z_\Sigma \times Z_V \times Z_\oplus\ ,$$

$$f^1\ :\ [x_{\Sigma 1} \oplus x_{\Sigma 2} \oplus z_\Sigma\ ,\ z_V,\ x_{\oplus 1} \oplus x_{\oplus 2}]\ ,$$

$$g^1\ :\ [x_{\Sigma 1}\, x_{\Sigma 2} \vee z_\Sigma\, x_{\Sigma 1} \vee z_\Sigma\, x_{\Sigma 2},\ x_V,\ z_\oplus]\ .$$

Durch Identifizieren der Pole $\mathfrak{p}_3$ und $\mathfrak{p}_4$ erhält man $\mathfrak{N}^2$ mit

$$X^2 = X_\Sigma \times X_\oplus\ ,\ Y^2 = Y^1,\ Z^2 = Z^1\ ,$$

$$f^2\ :\ [x_{\Sigma 1} \oplus x_{\Sigma 2} \oplus z_\Sigma\ ,\ z_V\ ,\ x_{\oplus 1} \oplus x_{\oplus 2}]\ ,$$

$$g^2\ :\ [x_{\Sigma 1}\, x_{\Sigma 2} \vee z_\Sigma\, x_{\Sigma 1} \vee z_\Sigma\, x_{\Sigma 2}\ ,\ x_{\oplus 1}\ ,\ z_\oplus]\ .$$

Durch Identifizieren der Pole $\mathfrak{p}_5$ und $\mathfrak{p}_3$ von $\mathfrak{N}^2$ (es gilt nicht $\mathfrak{p}_3 \rightarrowtail \mathfrak{p}_5$!) erhält man $\mathfrak{N}^3$ mit (wobei $X_{\oplus 2}$ das Eingabealphabet des Poles $\mathfrak{p}_6$ ist)

$$X^3 = X_\Sigma \times X_{\oplus(2)}\ ,\ Y^3 = Y_V \times Y_\oplus\ ,\ Z^3 = Z^1,$$

$$f^3\ :\ [z_V\ ,\ x_{\Sigma 1} \oplus x_{\Sigma 2} \oplus z_\Sigma \oplus x_{\oplus 2}]\ ,$$

$$g^3\ :\ [x_{\Sigma 1}\, x_{\Sigma 2} \vee z_\Sigma\, x_{\Sigma 1} \vee z_\Sigma\, x_{\Sigma 2}\ ,\ x_{\Sigma 1} \oplus x_{\Sigma 2} \oplus z_\Sigma\ ,\ z_\oplus]\ .$$

Schließlich ergibt die Identifizierung der Pole $\mathfrak{p}_5$ und $\mathfrak{p}_1$ in $\mathfrak{N}^3$ (es gilt nicht $\mathfrak{p}_1 \rightarrowtail \mathfrak{p}_5$!) das Netz $\mathfrak{N}^4$ mit

$$X^4 = X_{\Sigma(2)} \times X_{\oplus(2)}\ ,\ Y^4 = Y_\oplus\ ,\ Z^4 = Z^1\ ,$$

$$f^4\ :\ [z_V \oplus x_{\Sigma 2} \oplus z_\Sigma \oplus x_{\oplus 2}]$$

$$g^4\ :\ [z_V\, x_{\Sigma 2} \vee z_\Sigma\, z_V \vee z_\Sigma\, x_{\Sigma 2}\ ,\ z_V \oplus x_{\Sigma 2} \oplus z_\Sigma\ ,\ z_\oplus]\ .$$

Es ist $\mathfrak{N}^4 = \mathfrak{N}$. Der Baum des Operators $\Theta_{\mathfrak{N},[00\,z_\oplus]}$ ist in Abb. 2.26 angegeben.

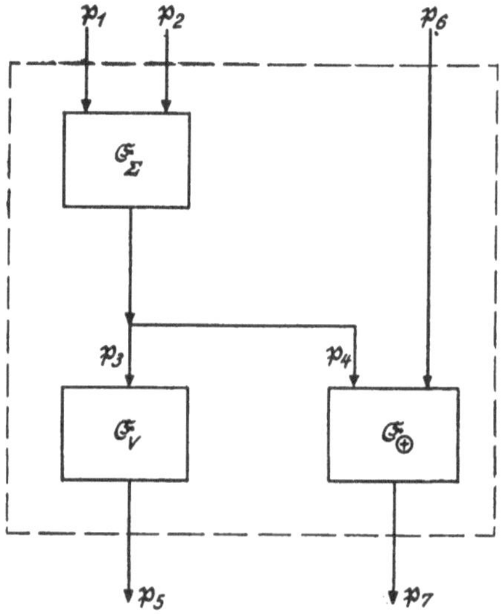

Abb. 2.25

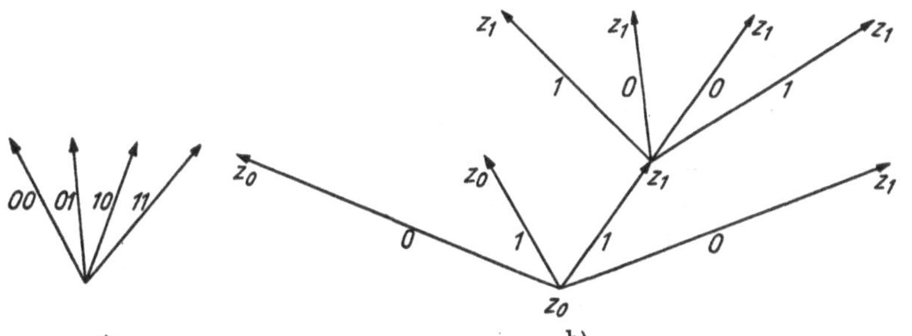

a) b)

Abb. 2.26

§ 7. Realisierbarkeit von Operatoren in logischen Netzen

In § 6 wurde gezeigt, daß jeder von einem realen diskret arbeitenden System realisierte Operator ein regulärer Automatenoperator ist. In diesem Paragraphen untersuchen wir die Umkehrung dieser Behauptung, d. h., wir fragen, ob jeder reguläre Automatenoperator durch ein reales diskret arbeitendes System realisierbar ist.

Hierzu einige Vorbemerkungen.

Beliebige Alphabete X und Y, über denen wir Operatoren betrachten, sollen im folgenden stets in der bekannten Weise binär codiert sein, d. h., ist k bzw. l die Anzahl der Buchstaben von X bzw. Y, so bilden wir X bzw. Y eineindeutig auf eine Teilmenge X' bzw. Y' von D^m bzw. D^n ab, wobei $D = \{0, 1\}$, $m \geqq \operatorname{ld} k$, $n \geqq \operatorname{ld} l$.

Diese Festlegung ist durch die Tatsache gerechtfertigt, daß in realen diskret arbeitenden Systemen vorwiegend binäre Signale Verwendung finden.

Man sieht leicht ein, daß jeder Automatenoperator Θ über den Alphabeten $[X, Y]$ ($X = D^m$, $Y = D^n$) durch ein System $\{\Theta^{(\nu)}, \nu = 1, \ldots, n\}$ von Automatenoperatoren über den Alphabeten $[X, Y_\nu]$ ($Y_\nu = D$) charakterisierbar ist, so daß für jedes ξ aus $\mathfrak{F}_X$

$$\Theta(\xi) = [\Theta^{(1)}(\xi), \ldots, \Theta^{(n)}(\xi)]$$

gilt, wobei

$$\mathrm{G}(\Theta) = \prod_{\nu=1}^{n} \mathrm{G}(\Theta^{(\nu)})$$

ist.

Im allgemeinen wird dabei Θ (und damit auch $\Theta^{(\nu)}$, $\nu = 1, \ldots, n$) nur auf einer Teilmenge von $\mathfrak{F}_X$ eindeutig festgelegt, denn bei einer binären Codierung eines beliebigen Alphabetes, das aus k Buchstaben besteht, ist die Anzahl der im Alphabet D^m ($m \geqq \operatorname{ld} k$) zur Verfügung stehenden Buchstaben stets größer oder gleich k. Man wird daher bei den folgenden Überlegungen voraussetzen, daß Θ beliebig, jedoch möglichst unkompliziert auf $\mathfrak{F}_X$ fortgesetzt ist.

Bevor wir an die Realisierbarkeit beliebiger regulärer Automatenoperatoren über (binär codierten) Alphabeten $[X, Y]$ gehen, stellen wir noch einige Bedingungen für die zugrunde gelegte Menge $\boldsymbol{E}$ von Elementarautomaten auf. Aus dem Kontext wird hervorgehen, daß der Synthesesatz nur beweisbar ist, wenn $\boldsymbol{E}$ diesen Voraussetzungen genügt.

Von der Menge $\boldsymbol{E}$ fordern wir im folgenden stets, daß jeder Elementarautomat $\mathfrak{E}$ aus $\boldsymbol{E}$ nur binäre Eingabe- und Ausgabealphabete besitzt. Die Zweckmäßigkeit dieser Bedingung ist evident.

Definition. Eine Menge $\boldsymbol{E}$ von Elementarautomaten heißt *aussagenlogisch vollständig* genau dann, wenn $B(\boldsymbol{E})$ funktional vollständig ist, wobei $B(\boldsymbol{E})$ eine Menge Boolescher Funktionen ist, die wie folgt festgelegt wird:
Besitzt $\mathfrak{E}$ ($\mathfrak{E} \in \boldsymbol{E}$) m Eingänge und n Ausgänge und ist $\Theta_{\mathfrak{E}, z} = [\Theta_{\mathfrak{E}, z}^{(1)}, \ldots, \Theta_{\mathfrak{E}, z}^{(n_\mathfrak{E})}]$ der von $\mathfrak{E}$ realisierte Automatenoperator und gibt es in der Menge $\{\varphi^{(1)}, \ldots, \varphi^{(n_\mathfrak{E})}\}$ der von diesen Operatoren erzeugten Automatenfunktionen eine kombinatorische Automatenfunktion $\varphi^{(\nu)}$ mit der erzeugenden Booleschen Funktion $f^{(\nu)}$ über $X = D^m$, dann gehört $f^{(\nu)}$ zu $B(\boldsymbol{E})$ (und nur dann).

Als Zwischenresultat folgt:

Ist $\boldsymbol{E}$ eine aussagenlogisch vollständige Menge von Elementarautomaten, so gibt es zu jedem kombinatorischen Operator Θ über $[X, Y]$ $(X = D^m,\ Y = D^n)$ ein logisches Netz $\mathfrak{N}$ und einen Zustand z dieses Netzes, so daß $\Theta = \Theta_{\mathfrak{N}, z}$, d. h., Θ wird durch $\mathfrak{N}$ verzögerungsfrei realisiert.

Der Beweis ist denkbar einfach. Aus Kapitel I wissen wir, daß jede Boolesche Funktion mit Hilfe der Operationen 1 bis 4 (Seite 26) aus Elementen einer funktional vollständigen Menge Boolescher Funktionen konstruierbar ist. Diesen Operationen entsprechen eindeutig die in (1) bis (3) genannten Erzeugungsregeln für logische Netze (§ 6). Damit weiß man aber, wie ein Netz $\mathfrak{N}$ über einer aussagenlogisch vollständigen Menge $\boldsymbol{E}$ von Elementarautomaten zu konstruieren ist, wenn es einen gegebenen kombinatorischen Operator Θ, d. h. ein System Boolescher Funktionen, realisieren soll.

Beispiel.

1) $\mathfrak{E}_\wedge = [X_\wedge, Y_\wedge, \{z\}, f_\wedge, g_\wedge]$, $\quad X_\wedge = D^2$, $\quad Y_\wedge = D$,
$f_\wedge : x_1 \wedge x_2$.

2) $\mathfrak{E}_\vee = [X_\vee, Y_\vee, \{z\}, f_\vee, g_\vee]$, $\quad X_\vee = D^2$, $\quad Y_\vee = D$,
$f_\vee : x_1 \vee x_2$.

3) $\mathfrak{E}_\sim = [X_\sim, Y_\sim, \{z\}, f_\sim, g_\sim]$, $\quad X_\sim = Y_\sim = D$,
$f_\sim : \bar{x}$.

4) $\mathfrak{E}_| = [X_|, Y_|, \{z\}, f_|, g_|]$, $\quad X_| = D^2$, $\quad Y_| = D$,
$f_| : \bar{x}_1 \vee \bar{x}_2$.

Aus Kapitel I ist bekannt, daß sowohl die Menge $\boldsymbol{E}_1 = \{\mathfrak{E}_\wedge, \mathfrak{E}_\vee, \mathfrak{E}_\sim\}$ als auch die Menge $\boldsymbol{E}_2 = \{\mathfrak{E}_|\}$ ein aussagenlogisch vollständiges System von Elementarautomaten ist.

Im Hinblick auf die Realisierbarkeit beliebiger regulärer Automatenoperatoren über binär codierten Alphabeten sagen wir schließlich:

Definition. Eine Menge $\boldsymbol{E}$ von Elementarautomaten heißt *vollständig* genau dann, wenn sie aussagenlogisch vollständig ist und einen Elementarautomaten vom Typ $\mathfrak{E}_V$ enthält. (Zur Bezeichnung siehe Beispiel 4, Seite 85.)

Vollständigkeitskriterien für Systeme von Elementarautomaten findet man bei W. B. KUDRJAWZEW[1]). Diese Untersuchungen stellen Verallgemeinerungen der Aussagen von Satz 3 Kapitel I dar.

Wir kommen nun zum

Synthesesatz. *Ist $\boldsymbol{E}$ ein vollständiges System von Elementarautomaten, so gibt es zu jedem regulären Automatenoperator Θ über den Alphabeten $[X, Y]$ ($X = D^m$, $Y = D^n$) ein logisches Netz $\mathfrak{N}$ mit m binären Eingängen und n binären Ausgängen und einen Zustand z des Netzes, so daß $\Theta_{\mathfrak{N}, z} = \Theta$.*

Beweis. Es sei Θ ein regulärer Automatenoperator über $[X, Y]$ ($X = D^m$, $Y = D^n$, $m, n \geqq 1$). Θ sei charakterisiert durch eine Menge $\{\Theta^{(1)}, \ldots, \Theta^{(n)}\}$ von regulären Automatenoperatoren über den Alphabeten $[X, Y_\nu]$ ($Y_\nu = D$, $\nu = 1, \ldots, n$) mit den bekannten Eigenschaften.

Wir gehen zur Menge $\{\varphi^{(1)}, \ldots, \varphi^{(n)}\}$ der von $\{\Theta^{(1)}, \ldots, \Theta^{(n)}\}$ erzeugten regulären Automatenfunktionen über. Wie in § 4 konstruieren wir einen endlichen abstrakten Automaten $\mathfrak{A} = [X, Y, Z, f, g]$, indem wir setzen:

$$Z =_{\mathrm{Df}} \{[\varphi_p^{(1)}, \ldots, \varphi_p^{(n)}] \,,\; p \in \mathfrak{W}_X\} \,,$$
$$f([\varphi_p^{(1)}, \ldots, \varphi_p^{(n)}], x) =_{\mathrm{Df}} [\varphi_p^{(1)}(x), \ldots, \varphi_p^{(n)}(x)] \,,$$
$$g([\varphi_p^{(1)}, \ldots, \varphi_p^{(n)}], x) =_{\mathrm{Df}} [\varphi_{px}^{(1)}, \ldots, \varphi_{px}^{(n)}] \,,$$
$$[\varphi_p^{(1)}, \ldots, \varphi_p^{(n)}] \in Z, \; x \in X \,.$$

Es ist bereits klar, daß $\Theta_{\mathfrak{A}, [\varphi_e^{(1)}, \ldots, \varphi_e^{(n)}]} = \Theta$ ist.

Bilden wir nun Z eineindeutig auf eine Teilmenge von D^k mit $k \geqq \operatorname{ld} l$ (l Anzahl von Z) ab, so können die Funktionen f und g durch Systeme $\{f^1, \ldots, f^n\}$ und $\{g^1, \ldots, g^k\}$ von $(k + m)$-stelligen BOOLEschen Funktionen beschrieben werden. Wir denken uns sogleich diese im allgemeinen partiellen Funktionen zweckmäßig vervollständigt.

Da $\boldsymbol{E}$ nach Voraussetzung aussagenlogisch vollständig ist, existieren Netze $\mathfrak{M}^1, \ldots, \mathfrak{M}^n$ und $\mathfrak{N}^1, \ldots, \mathfrak{N}^k$ mit je $(k + m)$ Eingängen und je einem Ausgang, so daß die Funktion f^ν bzw. $g^\varkappa$ durch $\mathfrak{M}^\nu$ bzw. $\mathfrak{N}^\varkappa$ verzögerungsfrei realisiert wird ($\varkappa = 1, \ldots, k$; $\nu = 1, \ldots, n$).

Ferner ist $\mathfrak{E}_V \in \boldsymbol{E}$. Aus den Netzen $\mathfrak{M}^\nu$ und $\mathfrak{N}^\varkappa$ konstruieren wir unter Verwendung von k Verzögerungsnetzen $\mathfrak{E}_V^\varkappa$ ($\varkappa = 1, \ldots, k$) wie folgt ein logisches Netz $\mathfrak{N}$:

---

[1]) Siehe [37].

Alle $\varkappa$-ten Eingangspole aller Netze $\mathfrak{M}^\nu$ und $\mathfrak{N}^\varkappa$ werden für jedes $\varkappa$ ($\varkappa = 1, \ldots, k$) identifiziert, desgleichen alle μ-ten Eingangspole ($\mu = 1, \ldots, m$). Die entstandenen Pole seien $\mathfrak{q}_1, \ldots, \mathfrak{q}_k, \mathfrak{p}_1, \ldots, \mathfrak{p}_m$. Den Ausgangspol des Netzes $\mathfrak{N}^\varkappa$ identifizieren wir mit dem Eingangspol von $\mathfrak{E}_V^\varkappa$ ($\varkappa = 1, \ldots, k$). Den Ausgangspol von $\mathfrak{E}_V^\varkappa$ identifizieren wir mit $\mathfrak{q}_\varkappa$ ($\varkappa = 1, \ldots, k$). Man überprüft leicht, daß auf diese Weise ein logisches Netz mit m Eingängen und n Ausgängen entsteht.

Ist nun etwa $[d_1, \ldots, d_k]$ ($d_\varkappa \in D$) das Bild des Zustandes $[\varphi_e^{(1)}, \ldots, \varphi_e^{(n)}]$ bei der oben erwähnten Abbildung, so setzen wir $d_\varkappa$ als Anfangszustand des Automaten $\mathfrak{E}_V^\varkappa$ ($\varkappa = 1, \ldots, k$). Damit ist der Anfangszustand von $\mathfrak{N}$ festgelegt. Aus der Konstruktion folgt unmittelbar, daß $\Theta_{\mathfrak{N}, [d_1, \ldots, d_k]} = \Theta$ ist.

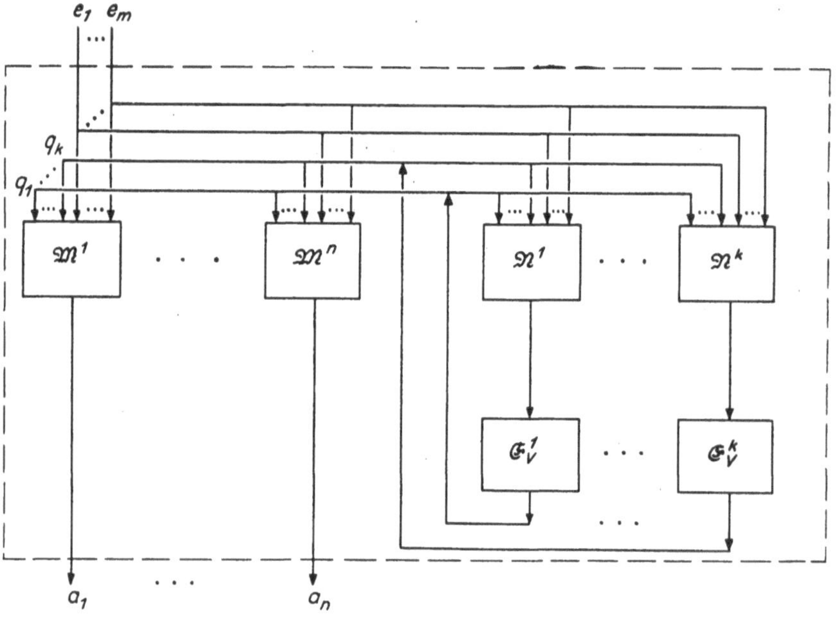

Abb. 2.27

Natürlich ist der vorangegangene Beweis lediglich als Existenzbeweis aufzufassen. Es wurden keinerlei Untersuchungen vorgenommen, ob man z. B. auf die angegebene Weise stets ein Netz erhält, das bezüglich der Anzahl der verwendeten Elementarautomaten optimal ist usw. Sicher wird dies im allgemeinen nicht der Fall sein. In den Kapiteln IV bis VII werden eine Reihe von Methoden und Beispielen behandelt, die zeigen, wie man in konkreten Fällen Syntheseverfahren wählt, die solchen Forderungen zumindest teilweise gerecht werden.

Da im folgenden Kapitel der Nachweis für die Existenz vollständiger Systeme aus realen Elementen (Elementarautomaten) erbracht wird, ist somit die Frage nach der Realisierbarkeit regulärer Automatenoperatoren in realen Systemen beantwortet.

Es zeigt sich nun, daß reale Elementarautomaten, etwa Ferritkern-Elemente (s. Kapitel III) existieren, von denen reguläre Automatenoperatoren einer speziellen Klasse realisiert werden. Um unnötigen Einschränkungen auszuweichen, erweitern wir den Begriff der Vollständigkeit eines Systems von Elementarautomaten, indem wir die Existenz von Elementarautomaten fordern, mit denen folgende Operatoren realisierbar sind.

Es seien Θ und Θ' Automatenoperatoren über den Alphabeten $[X, Y]$, σ und τ natürliche Zahlen.

Definition. Θ heißt *τ-Verschiebung* von Θ' genau dann, wenn für jedes ξ aus $\mathfrak{F}_X$ und jedes t $(t = 1, 2, \ldots)$ die Gleichung

$$\Theta(\xi)(t + \tau) = \Theta'(\xi)(t)$$

erfüllt ist.

Definition. Θ heißt *σ-Ausdehnung* von Θ' genau dann, wenn ein x aus X existiert, so daß für jede Folge ξ aus $\mathfrak{F}_X$ gilt: Wenn $\xi' = \xi(1), \underbrace{x, \ldots, x}_{\sigma-1}, \xi(2), \underbrace{x, \ldots, x}_{\sigma-1}, \ldots, \xi(t), \underbrace{x, \ldots, x}_{\sigma-1}, \ldots$, so ist

$$\Theta(\xi') = r_1, \Theta'(\xi)(1), r_2, \Theta'(\xi)(2), \ldots, r_t, \Theta'(\xi)(t), \ldots$$

$$\text{mit } l(r_t) = \sigma - 1 \; (t = 1, 2, \ldots)\,.$$

Das heißt, die Verallgemeinerung des Begriffes Realisierbarkeit eines regulären Automatenoperators besteht darin, daß auch τ-Verschiebungen und σ-Ausdehnungen von Θ durch logische Netze als Realisierungen von Θ angesehen werden.

KAPITEL III

BAUELEMENTE UND BAUGRUPPEN

§ 1. Vorbemerkungen

Im vorigen Paragraphen wurde festgestellt, daß für die Realisierung beliebiger regulärer Automatenoperatoren in logischen Netzen ein System von Bauelementen, durch die sich eine funktional vollständige Menge Boolescher Funktionen sowie der elementare Verzögerungsoperator realisieren lassen, erforderlich ist. In modernen digital arbeitenden Anlagen werden Bauelemente der unterschiedlichsten Art verwendet. Ihre Funktionsweise beruht auf den verschiedensten Effekten (elektrischen, magnetischen, mechanischen, chemischen und anderen). Sie realisieren gewisse Boolesche Funktionen, die Gesamtheit der realisierten Funktionen muß eine funktional vollständige Menge bilden.

Die Entscheidung, ob das eine oder das andere Bauelement in einem Automaten verwendet werden soll, hängt von der Bestimmung und von den technischen Daten des Automaten ab. Größte Bedeutung kommt dabei der Arbeitsgeschwindigkeit und Zuverlässigkeit der Bauelemente zu; aber auch die Kosten, die man natürlich so niedrig wie möglich halten will, spielen eine Rolle. Des öfteren werden in realen Automaten gleichzeitig Bauelemente, die auf verschiedenen Effekten beruhen, verwendet.

In diesem Buch beschränken wir uns darauf, solche Bauelemente zu untersuchen, die gegenwärtig[1]) von größerer praktischer Bedeutung für die Konstruktion digital arbeitender Automaten sind. Die physikalischen Grundlagen werden nur in dem Maße ausgeführt, als das zum Verständnis der Funktionsweise dieser Bauelemente in logischen Netzen notwendig ist. Das Hauptaugenmerk ist auf die Beschreibung der durch die Bauelemente realisierten Booleschen Funktionen bzw. regulären Automatenoperatoren sowie auf den Nachweis dafür gerichtet, daß gewisse Mengen derartiger Bauelemente funktional vollständige Mengen Boolescher Funktionen realisieren.

In § 2 werden Baueinheiten für logische Netze beschrieben, in denen Elektronenröhren und Halbleiter verwendet werden; § 3 ist der Untersuchung von Triggern gewidmet und im letzten Paragraphen werden magnetische Bauelemente betrachtet.

§ 2. Bauelemente auf Röhren- oder Halbleiterbasis

1. Physikalische Grundlagen[2])

Logische Netze auf der Basis von Elektronenröhren werden hauptsächlich mit Trioden (Abb. 3.1) und Pentoden (Abb. 3.2) bestückt. In beiden

---

[1]) D. h. bei Abfassung dieses Buches im Jahre 1958. — Anm. d. Red.

[2]) Siehe [6].

Abbildungen bezeichnet E_+ die Betriebsspannung, R_a einen Widerstand in der Anodenleitung der jeweiligen Röhre und U_{g_i} die Spannung am i-ten Gitter. Die Eingangssignale erscheinen als elektrische Impulse oder in Form verschiedener Potentiale an den Gittern der Röhre; das entsprechende Ausgangssignal entsteht am Anodenwiderstand der Röhre.

In logischen Netzen, die mit Pentoden bestückt sind, wird die Röhre gewöhnlich am ersten und dritten Gitter gesteuert. Die Ströme dieser Gitter sind bei negativen Gittervorspannungen praktisch gleich Null. Darum wird bei Ver-

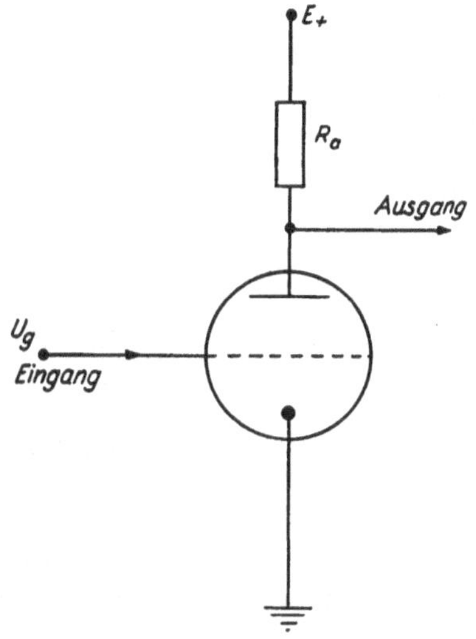

Abb. 3.1

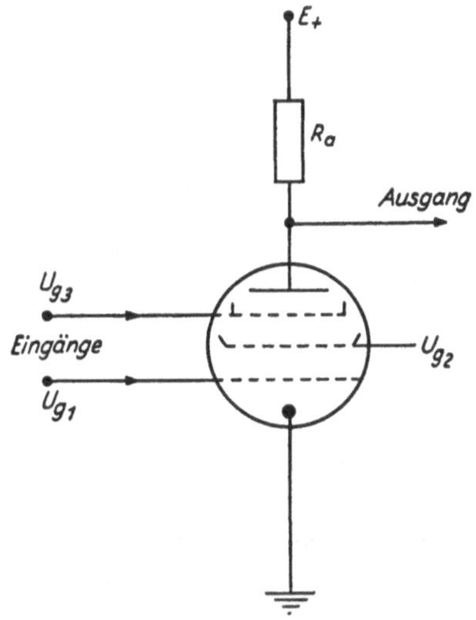

Abb. 3.2

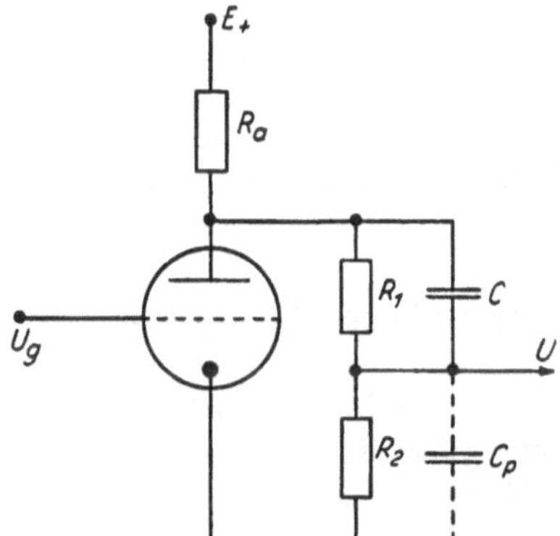

Abb. 3.3

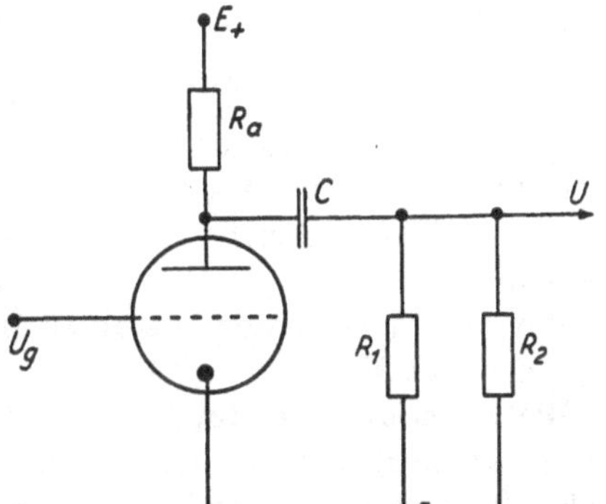

Abb. 3.4

wendung dieser Gitter als Eingangskanäle nur eine kleine Steuerleistung benötigt. Eine Steuerung am zweiten Gitter, dem Schirmgitter, ist mit hohem Energieverbrauch verbunden und wird daher sehr selten angewandt.

Die Verbindung einzelner Stufen von röhrenbestückten Bauelementen logischer Netze, die mit Signalen arbeiten, welche durch verschiedene Potentiale dargestellt werden, wird durch Spannungsteiler (also mit Widerständen) hergestellt (Abb. 3.3); während die einzelnen Stufen in logischen Netzen, die mit Impulsen arbeiten, durch Kondensatoren verbunden werden (Abb. 3.4).

Das Potential am Ausgang des Spannungsteilers wird bei gesperrter Röhre durch folgende Beziehung gegeben:

$$U_H = \frac{E_+ + E_-}{R_a + R_1 + R_2} R_2 - E_- . \tag{3.1}$$

Wenn die Röhre dagegen Strom führt, so nimmt das Potential den (kleineren) Wert

$$U_N = \frac{E_- + \dfrac{R_i}{R_a + R_i} E_+}{R_1 + R_2 + \dfrac{R_a \cdot R_i}{R_a + R_i}} R_2 - E_- \tag{3.2}$$

an, wobei R_i der Innenwiderstand der Röhre ist. Die bei steiler Potentialänderung parasitär wirkende Schaltkapazität C_p wird durch den Kondensator C am Spannungsteiler kompensiert.

Betrachten wir nun Abb. 3.4. Wenn die Röhre gesperrt ist, so wird der Kondensator C über den Widerstand R_a und die Widerstände R_1 und R_2 (deren gemeinsamer Widerstand, da sie parallel geschaltet sind, gleich $\frac{R_1 \cdot R_2}{R_1 + R_2}$ ist) mit der Spannung $E_+ + \frac{E_- \cdot R_2}{R_1 + R_2}$ geladen, wobei die Änderung des Ladestromes exponentiell verläuft. Wird die Röhre geöffnet, so entlädt sich der Kondensator C über die Widerstände $\frac{R_a \cdot R_i}{R_a + R_i}$ und $\frac{R_1 R_2}{R_1 + R_2}$. Wenn die Zeitkonstante von Ladung und Entladung viel kleiner ist als die Einlaufperiode der Impulse von der Röhre, so ruft die Änderung der Potentialdifferenz am Kondensator während der Einlaufperiode keine Verzerrung der Impulse bei ihrer Weitergabe hervor.

Wir untersuchen nun die Realisierung der elementaren BOOLEschen Funktionen durch Röhrenschaltungen.

Die *Negation* wird durch eine Röhrenschaltung, die Negator[1]) heißt, realisiert. Diese Schaltung wird gewöhnlich mit einer Triode bestückt. Abb. 3.5 zeigt die Schaltung eines Negators mit Röhre *Rö2*; der Ausgang von Röhre *Rö1* dient als Quelle von Eingangssignalen.

---

[1]) Manchmal auch *Inverter* genannt. Englisch: "not circuit" oder "inverter"; russisch: „инвертор". — Anm. d. Red.

Wir merken an, daß die Funktion einer Triode in digital arbeitenden Schaltungen von zwei Kennlinienscharen bestimmt wird:

1. der Schar der $I_a - U_a$-Kennlinien, die die Abhängigkeit des Anodenstromes I_a von der Anodenspannung U_a bei verschiedenen Werten der Gitterspannung U_g als Scharparameter widerspiegelt; den ungefähren Verlauf der Kurven $I_a = f(U_a)$ zeigt Abb. 3.6;

2. der Schar der $I_g - U_g$-Kennlinien, die die Abhängigkeit des Gitterstromes I_g von der Gitterspannung U_g bei verschiedenen Anodenspannungen als Schar-

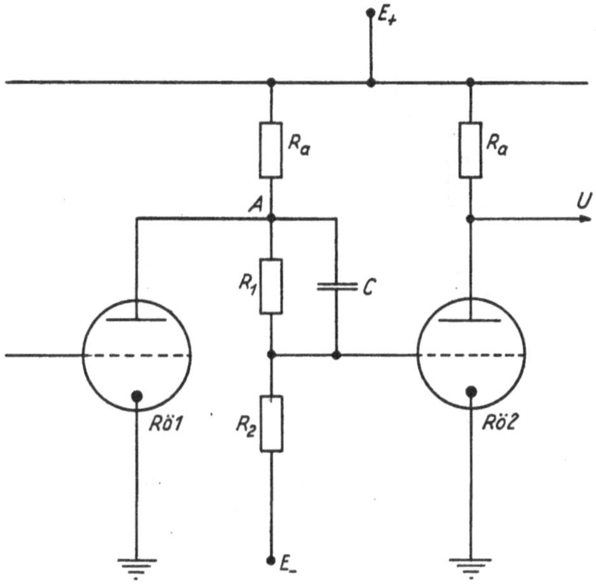

Abb. 3.5

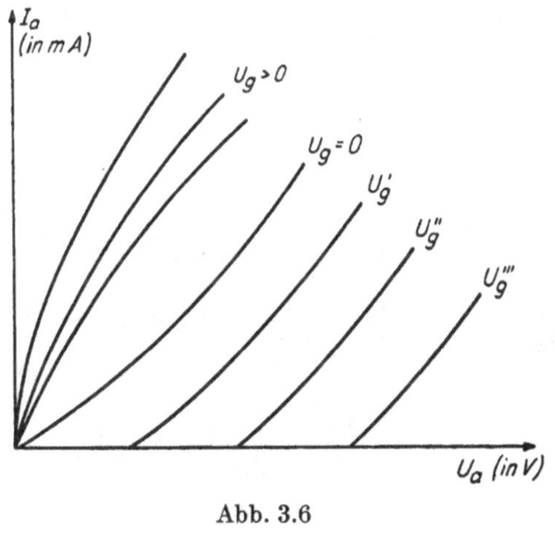

Abb. 3.6

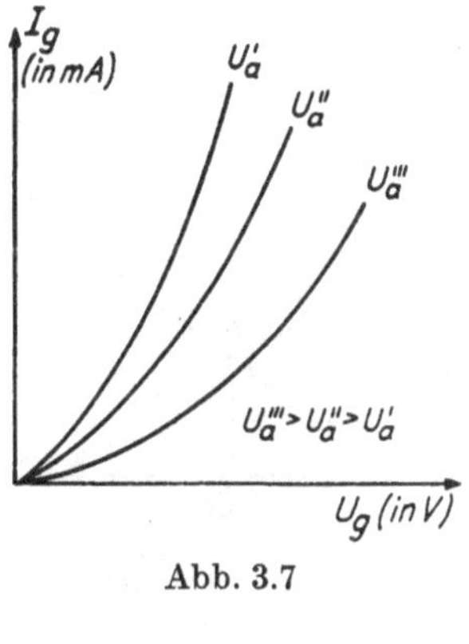

Abb. 3.7

parameter wiedergibt. In Abb. 3.7 sind einige Kurven aus der Schar $I_g = \varphi(U_g)$ dargestellt.

Betrachten wir nun wieder die Schaltung in Abb. 3.5. Ist die Röhre *Rö1* gesperrt, so ist das Potential im Punkt A etwa gleich der Spannung E_+; diesem Zustand ordnen wir den Wert 1 der zweiwertigen Eingangsvariablen des Ne-

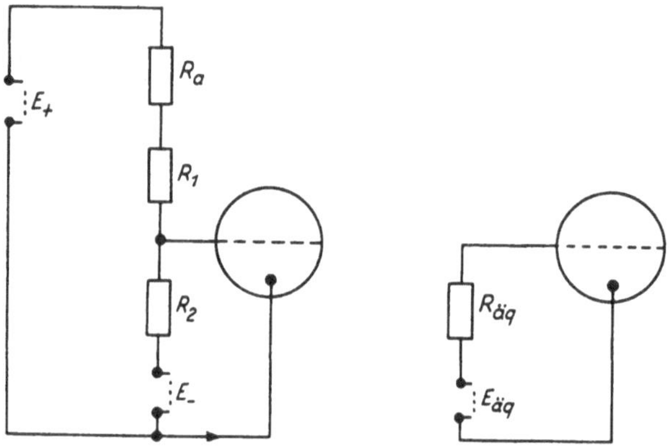

Abb. 3.8

gators zu. Dabei liegt am Gitter der Triode *Rö2* eine geringe positive Spannung U_g', durch die ein Gitterstrom hervorgerufen wird. Ihre Größe kann leicht mittels der äquivalenten Schaltungen bestimmt werden, die in Abb. 3.8 gezeigt sind. Aus ihnen erhält man

$$E_{\text{äq}} = \frac{E_+ + E_-}{R_a + R_1 + R_2} R_2 - E_- \tag{3.3}$$

und

$$R_{\text{äq}} = \frac{R_a + R_1}{R_a + R_1 + R_2} R_2 \,. \tag{3.3'}$$

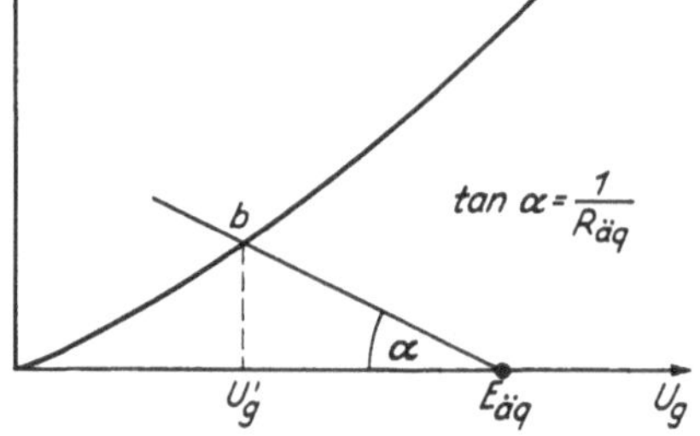

Abb. 3.9

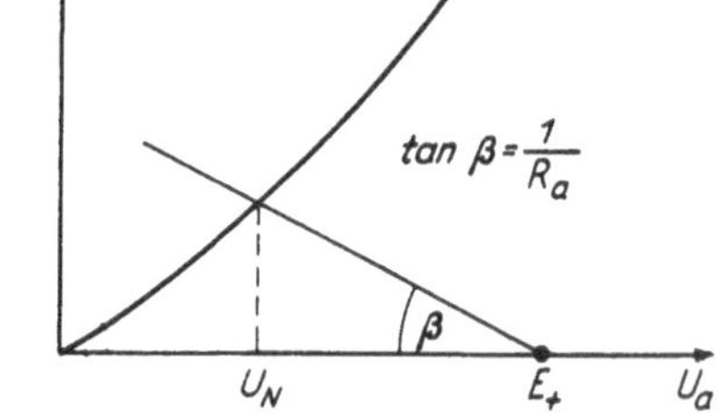

Abb. 3.10

Jetzt suchen wir auf der Gitterkennlinie für den Parameterwert $U_a = E_+$ die Spannung am Gitter von *Rö2*. Dazu zeichnen wir durch den Punkt $U_g = E_{\text{äq}}$ auf der Abszissenachse eine Gerade mit dem Anstieg $-\frac{1}{R_{\text{äq}}}$ (Abb. 3.9).

Die Abszisse des Schnittpunktes b dieser Geraden mit der erwähnten Kennlinie der Triode ist die Gitterspannung U_g'. Bei positiver Gitterspannung ist die Triode *Rö2* geöffnet, und an ihrer Anode stellt sich ein niedriges Ausgangspotential U_N ein, dessen Größe aus der $I_a - U_a$-Kennlinie der Röhre bestimmt werden kann (Abb. 3.10). Wir ordnen diesem Potential den Wert 0 der (zweiwertigen) Ausgangsvariablen des Negators zu. Ist nun anderenfalls die Röhre *Rö1* geöffnet, so ist das Potential im Punkt A gleich U_N; diesem Zustand ist der Wert 0 der Eingangsvariablen zugeordnet. Das Potential am Gitter der Triode *Rö2* ist dann

$$U_g'' = \frac{U_N + E_-}{R_1 + R_2 + \frac{R_a \cdot R_i}{R_a + R_i}} R_2 - E_- . \tag{3.4}$$

Die Daten der Schaltung werden so gewählt, daß die Triode bei dieser Gitterspannung gesperrt ist. Dann stellt sich an der Anode der gesperrten Röhre *Rö2* das hohe Potential $U_H = E_+$ ein; diesem Zustand ist der Wert 1 der Ausgangsvariablen zugeordnet.

Wie wir bereits bemerkten, finden in Röhrenschaltungen neben Trioden auch Pentoden Anwendung, wobei diese am ersten und dritten Gitter gesteuert werden. Für unsere Zwecke genügt es, sich auf den Hinweis zu beschränken, daß diese Gitter unabhängig voneinander den Röhrenzustand beeinflussen und daß bezüglich der Arbeitsweise und der Verbindungsglieder zwischen den einzelnen Stufen keine wesentlichen Unterschiede im Vergleich zu Triodenschaltungen bestehen.

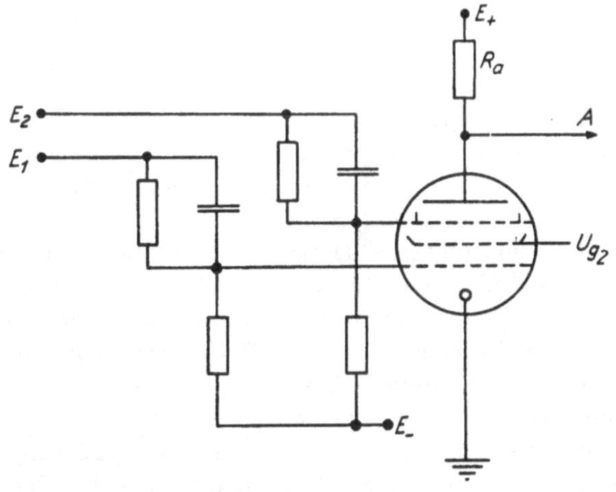

Abb. 3.11

Abb. 3.11 zeigt eine Pentodenschaltung. Wenn die Röhre durch Gitter 1 oder 3 gesperrt ist (d. h., wenn die entsprechende Eingangsvariable gleich 0 ist), fließt kein Strom durch den Widerstand R_a, und das Potential am Ausgang A ist nahezu E_+, d. h., die Ausgangsvariable hat den Wert 1. Wird gleichzeitig hohes Potential an beide Gitter angelegt, so wird die Röhre geöffnet, und das Ausgangspotential stellt sich auf U_N ein.

Als Leistungsverstärker wird in Röhrenschaltungen gewöhnlich die Anodenbasisschaltung verwendet (Abb. 3.12). In dieser ist die Steuerspannung U_{gk} zwischen Gitter und Katode der Röhre gleich der Differenz von Eingangs-

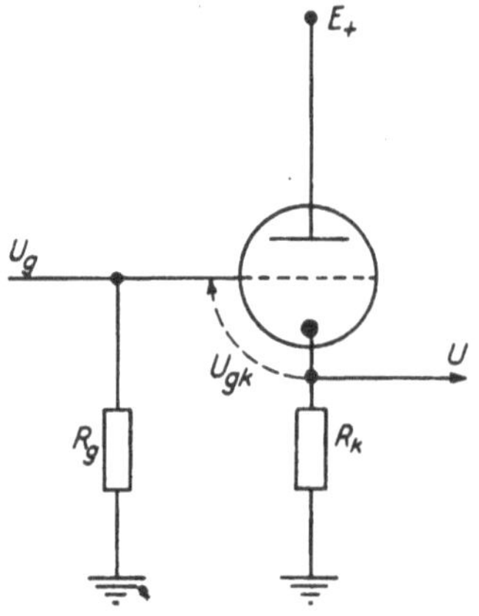

Abb. 3.12

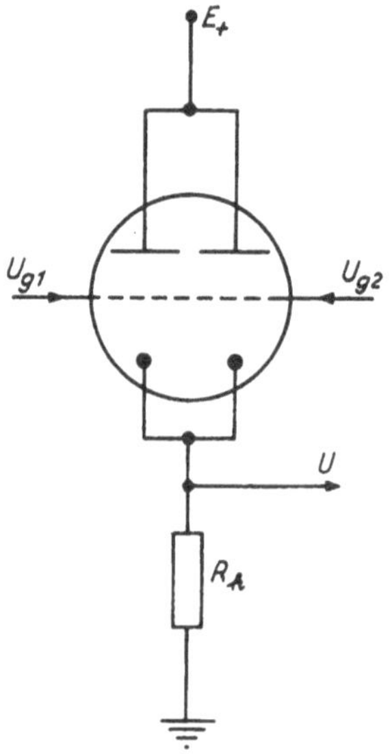

Abb. 3.13

spannung U_g und Ausgangsspannung U. Gibt man auf das Gitter einer Röhre in Anodenbasisschaltung eine (gegen Masse) positive Vorspannung, so kann man bereits mit einer geringen Steuerspannung am Ausgang eine Spannung erhalten, die der Eingangsspannung fast gleich ist.

In Abb. 3.13 ist die Schaltung einer Doppeltriode in Anodenbasisschaltung mit gemeinsamem Katodenwiderstand für beide Systeme wiedergegeben. Gemäß den oben aufgezeigten Eigenschaften einer Anodenbasisschaltung nimmt das Ausgangspotential beim Anlegen des (hohen) Potentials U_H an genau ein Gitter (d. h., die entsprechende Eingangsvariable ist gleich 1) eben diesen Wert an. Wird die Spannung U_H an beide Gitter gleichzeitig gelegt, so erhöht sich die Ausgangsspannung noch etwas, indessen hat diese Vergrößerung bei richtiger Wahl des Widerstandes R_k keinen Einfluß auf die Funktion der Schaltung in einem digital arbeitenden Automaten.

In modernen Schaltungen zur digitalen Informationsverarbeitung werden röhrenbestückte Konstruktionselemente nur noch in Verbindung mit Bauelementen anderer Typen verwendet. Dabei werden Röhren häufig gleichzeitig sowohl zur Realisierung BOOLEscher Funktionen als auch zur Leistungsverstärkung eingesetzt. In digital arbeitenden Anlagen werden vielfach logische Netze verwendet, die aus Röhren- und Halbleiterdioden aufgebaut sind.

Halbleiter- und Röhrendioden eignen sich besonders zum Aufbau von Schaltungen, die die m-stellige Konjunktion bzw. Alternative realisieren. Eine derartige Schaltung zur Realisierung der m-stelligen Konjunktion zeigt Abb. 3.14.

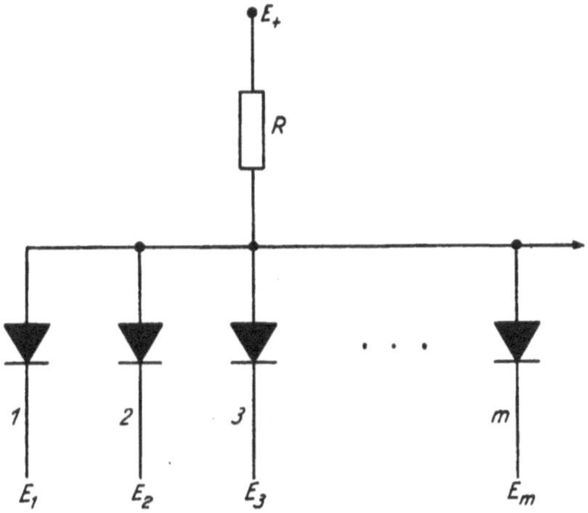

Abb. 3.14

Die Funktionsweise dieser Schaltung beruht darauf, daß der Widerstand R wesentlich größer als der Diodenwiderstand in Durchlaßrichtung (den wir mit R_{AK} bezeichnen) ist, d. h. $R \gg R_{AK}$. An den Eingängen 1, 2, 3, ..., m können zwei Spannungsniveaus anliegen: das hohe Potential E_+ (dann hat die entsprechende Eingangsvariable den Wert 1) und ein kleineres Potential E_N (dann ist der Wert der Eingangsvariablen als 0 definiert). Liegt an allen Eingängen gleichzeitig die Spannung E_+, entweder in Form von Impulsen oder als Eingangspotential, dann verschwindet die an den Dioden liegende Potentialdifferenz, folglich fließt über den Widerstand R kein Strom, und am Ausgang entsteht das hohe Ausgangspotential $U_H = E_+$; bei diesem Zustand nimmt die Ausgangsvariable den Wert 1 an.

Wenn jedoch an wenigstens einem Eingang dieser Schaltung die Spannung niedrig, d.h. gleich E_N, bleibt, so ist die an der entsprechenden Diode liegende Potentialdifferenz von Null verschieden, und über den Widerstand R fließt ein Strom. Der dadurch an R entstehende Spannungsabfall bedingt ein niedriges Ausgangspotential U_N. Da $R \gg R_{AK}$, ist die Größe dieses Potentials annähernd E_N, d. h., der Wert der Ausgangsvariablen ist Null.

Damit eine zuverlässige Arbeitsweise von Diodenschaltungen gewährleistet ist, müssen zusätzlich verschiedene physikalische Bedingungen berücksichtigt werden. Zur Untersuchung dieser Bedingungen benutzen wir die Kennlinie der Diode, d. h. jene Kurve, die die Abhängigkeit des Stroms I durch die Diode von der an ihren Anschlüssen liegenden Spannungsdifferenz V angibt. Den ungefähren Verlauf der Kennlinien von Dioden geben die Kurven 1 (für Halbleiterdioden) und 2 (für Röhren) in Abb. 3.15 wieder.

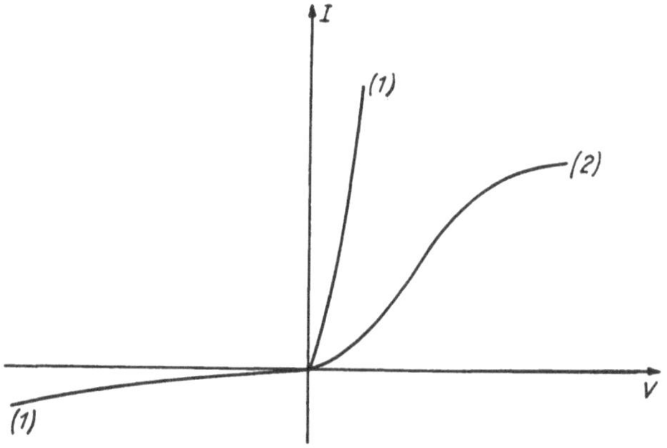

Abb. 3.15

Bei der Konstruktion von Diodenschaltungen mit einer großen Zahl von Elementen muß man den Einfluß des Diodenwiderstandes in Durchlaßrichtung berücksichtigen. Da $R_{AK} \neq 0$ ist, wird die Ausgangsspannung bei einem Eingangspotential von E_N durch folgende Gleichung gegeben:

$$U = U_N + \triangle' U . \tag{3.5}$$

Dabei hängt die Größe der Zusatzspannung $\triangle' U$ am Ausgang vom Widerstand R_{AK} und von der Anzahl m_0 der stromführenden Dioden ab:

$$\triangle' U = f(R_{AK}, m_0) .$$

Der Einfluß von m_0 läßt sich unschwer mittels der Kennlinien der untersuchten Diodenschaltung bestimmen. In Abb. 3.16 sind die Kennlinien der Schaltung für eine (Kurve 3), zwei (Kurve 2) und drei (Kurve 1) stromführenden Dioden wiedergegeben. Außerdem ist die Gerade eingezeichnet, die den durch R fließenden Strom in Abhängigkeit von der an den Dioden abfallenden Spannung V angibt. Offenbar geht sie durch den Punkt $E_+ - E_N$ auf der Abszissenachse (denn wenn die gesamte Spannung an den Dioden abfällt, ist der Strom durch R natürlich 0), und ihr Anstieg ist $-\frac{1}{R}$. Diese Gerade schneidet die Kennlinien in den Punkten a_1, a_2 und a_3, die Abszissen dieser Punkte liefern uns die Größe der Zusatzspannungen für die betrachteten drei Fälle. Wie man sieht, fällt $\Delta' U$ mit wachsender Anzahl der stromführenden Dioden, d. h. mit Vergrößerung der Anzahl der Eingänge, an denen das Potential E_N liegt. Folglich hängt die Höhe der Ausgangsspannung von der Anzahl der gleichzeitig an den Eingängen liegenden einzelnen Signale ab. Diese Streuung ruft keine gefährlichen Konsequenzen hervor, falls das Ausgangssignal dabei nicht die Schaltschwelle der folgenden Stufe überschreitet.

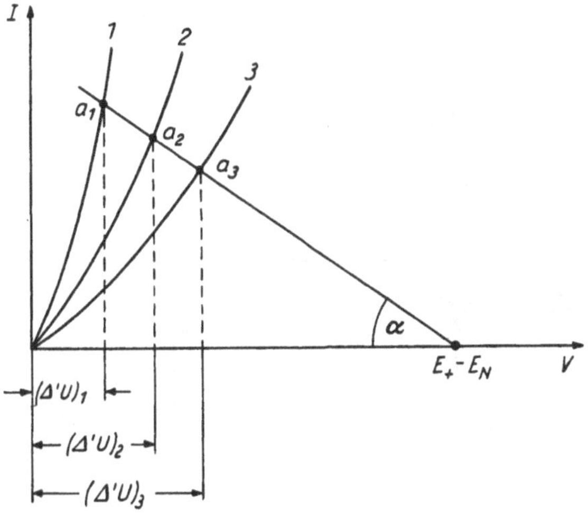

Abb. 3.16

Wir merken ferner an, daß eine beliebige reale Signalquelle (von endlicher Leistung), die eine Diodenschaltung speist, wird, stets einen gewissen, von Null verschiedenen Ausgangswiderstand $R_{\text{Ausg.}}$ besitzt (Abb. 3.17). Auch dieser Widerstand beeinflußt die Arbeit der Diodenschaltung. Wenn

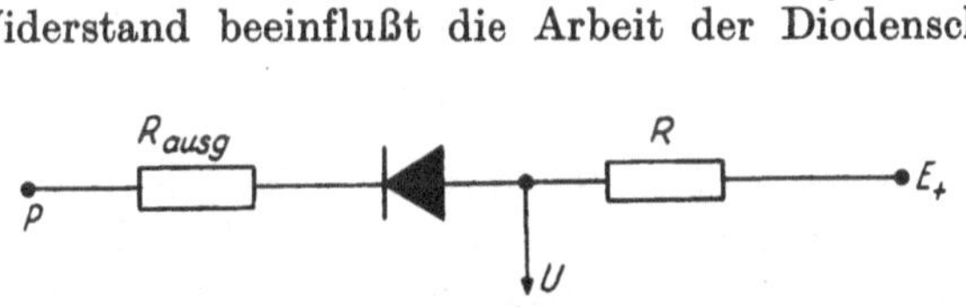

Abb. 3.17

das Potential im Punkt P gleich E_+ ist, dann ist die Ausgangsspannung U ungefähr gleich E_+. Ist aber das Potential im Punkt P gleich U_N, so gilt:

$$U = U_N + \Delta' U + \Delta'' U \,, \tag{3.6}$$

wobei

$$\Delta'' U = \frac{E_+ - U_N}{R + R_{AK} + R_{\text{Ausg.}}} R_{\text{Ausg.}} \tag{3.7}$$

ist. Für $R_{AK} \ll R$ wird die zusätzliche Ausgangsspannung $\Delta'' U$ vom Quotienten $\frac{R_{\text{Ausg.}}}{R}$ bestimmt. Dabei hängt der Widerstand $R_{\text{Ausg.}}$ von der Leistung der Signalquelle ab. Für die Mehrzahl der modernen Trioden, die als Quelle von Eingangssignalen für Diodenschaltungen in Frage kommen, liegt bei Anodenbelastung der Widerstand $R_{\text{Ausg.}}$ zwischen 3 und 10 kΩ.

Wenn man die Streuung der Ausgangsspannung U_N vermindern will, muß man demnach den Widerstand R vergrößern. Indessen wird diese Möglichkeit dadurch begrenzt, daß in jeder Schaltung parasitäre Schaltkapazitäten auftreten (siehe Abb. 3.18). Sind alle Dioden gesperrt, so wird die Kapazität C_p

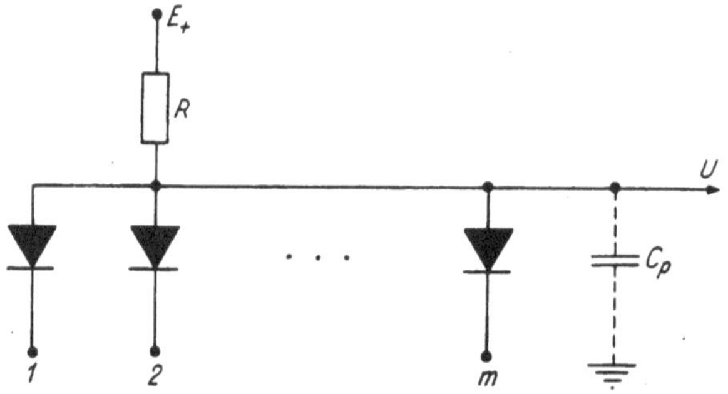

Abb. 3.18

über den Widerstand R mit dem Potential E_+ geladen. Wenn irgendeine Diode geöffnet wird, so entlädt sich diese Kapazität über die stromführende Diode (d. h. über ihren Widerstand R_{AK} in Durchlaßrichtung) und den Ausgangswiderstand der angeschlossenen Signalquelle. Damit bei Eingabe von Eingangsimpulsen einer Länge τ die Ausgangsspannung die geforderte Größe erreicht, muß für die Zeitkonstante $R \cdot C_p$ die Beziehung

$$3 \cdot R \cdot C_p < \tau \tag{3.8}$$

erfüllt sein, aus welcher eine Beschränkung für die Größe von R folgt. Diese Beschränkung ruft zugleich auch einen Einfluß des Sperrwiderstandes R_{KA} der Diode auf die Ausgangsspannung hervor, wobei sich dieser Einfluß mit wachsendem R verstärkt.

Die angedeuteten Gedankengänge führen zu dem Ergebnis, daß bei der Realisierung einer *Konjunktionsschaltung mit Halbleiter- oder Röhrendioden* unbedingt folgende Bedingungen eingehalten werden müssen:

$$\left.\begin{aligned} R_{KA} \gg R \gg R_{AK}\,, \\ R \cdot C_p < \frac{\tau}{3}\,, \\ R > R_{\text{Ausg.}}\,. \end{aligned}\right\} \tag{3.9}$$

Diese Bedingungen bestimmen die höchstzulässige Zahl von Eingängen in einer solchen Konjunktionsschaltung.

In Abb. 3.19 ist eine Diodenschaltung für die *Alternative* angegeben. So wie in der vorigen Schaltung treten auch hier zwei Arten von Signalen an den Eingängen auf, nämlich das Signal 0, d. h., es wird die Eingangsspannung E_N angelegt, und das Signal 1, dem die Spannung E_+ zugeordnet ist. Für $R \gg R_{AK}$ ruft die Spannung E_+, wenn sie an wenigstens einem Eingang liegt, eben dieselbe Spannung am Ausgang der Schaltung hervor. Jedoch hängt die Arbeit dieser Schaltung ebenfalls von den im Zusammenhang mit der Konjunktionsschaltung angeführten Faktoren ab.

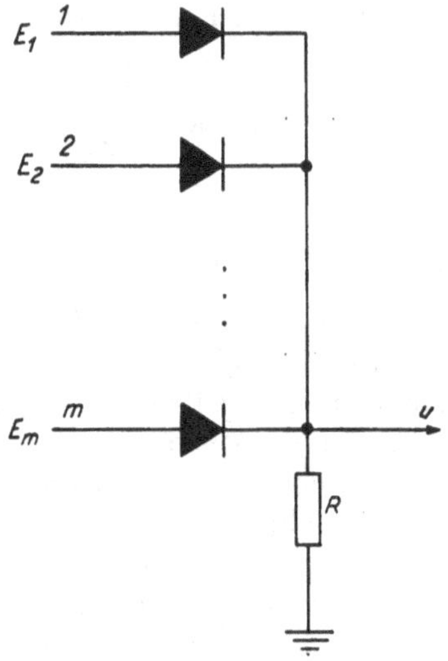

Abb. 3.19

Durch den Spannungsabfall am Durchlaßwiderstand R_{AK} der Diode unterscheidet sich die obere Ausgangsspannung sogar dann von E_+, wenn der Widerstand der Signalquelle verschwindet:

$$U = E_+ - \Delta' U \,. \tag{3.10}$$

Der Widerstand der Quelle führt zu einer weiteren Verminderung des Ausgangspotentials, die durch den Spannungsabfall an $R_{\text{Ausg.}}$ (siehe Abb. 3.20) bedingt ist. Dieser Spannungsabfall vergrößert sich bei Erhöhung des Widerstandes; es gilt

$$\Delta'' U = \frac{E_+}{R_{\text{Ausg.}} + R_{AK} + R} \cdot R_{\text{Ausg.}} \,. \tag{3.11}$$

Schließlich hängt ΔU noch von der Anzahl der gleichzeitig an den Eingängen auftretenden „Einsen“ ab.

Eine Verkleinerung von ΔU kann in jedem Fall wieder durch eine Vergrößerung von R erreicht werden, jedoch ist diese Möglichkeit — wie im Falle der Konjunktionsschaltung — durch die immer auftretende, parasitär wirkende Schaltkapazität und den Sperrwiderstand der verwendeten Dioden begrenzt. Damit die Schaltung für die Alternative einwandfrei funktioniert, müssen die oben angegebenen Bedingungen (3.9) eingehalten werden. Darüber hinaus ist es hier noch notwendig, einen Leistungsverstärker anzufügen, der die Verluste der Signalleistung beim Durchgang durch die Schaltung kompensiert.

Aus den oben angeführten Fakten geht hervor, daß zur Konstruktion komplizierter mehrstufiger Netze mit Dioden eine sorgfältige Analyse der das Netz realisierenden Schaltung unabdingbar ist, wobei dann Bedingungen der Form (3.9) bei der Dimensionierung der Schaltung eingehalten werden müssen.

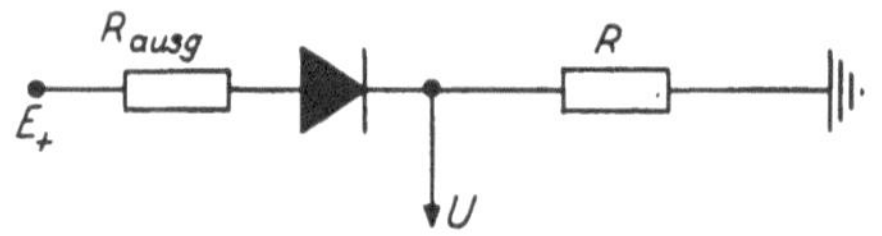

Abb. 3.20

In den letzten Jahren fanden *Spitzen-* und *Flächentransistoren* mannigfache Verwendung als Bauelemente für logische Netze. Die ersten mit Halbleitern bestückten Geräte wurden mit Spitzentransistoren ausgerüstet, Flächentransistoren wurden erst etwas später entwickelt und verwendet.[1])

Transistoren dieser beiden Typen unterscheiden sich voneinander durch ihre physikalischen Eigenschaften (Arbeitsspannung, durch den Transistor erzeugtes Rauschen u. a.), aber auch durch das Produktionsverfahren und die Arbeitsweise. Die Wahl des Transistortyps wird von den konkreten Einsatzbedingungen in dem jeweiligen logischen Netz bestimmt. Die Untersuchung solcher Fragen überschreitet den Rahmen dieses Buches; wir werden uns hier daher auf einige allgemeine Bemerkungen, die auf beide Transistorarten zutreffen, beschränken.

Wie eine (Röhren-)Triode hat auch ein Transistor drei Elektroden: den *Kollektor K*, ein der Anode einer Triode analoges Element, das die elektrischen Ladungsträger auffängt; den *Emitter E* — ein Element, das eine der Röhrenkatode analoge Funktion hat und demgemäß eine Quelle von Ladungsträgern darstellt; schließlich die *Basis B* (manchmal, besonders in älterer Literatur, auch *Block* genannt), ein Element, das dem Gitter der Triode entspricht, das also den Strom der Ladungsträger durch den Transistor steuert.

Für einen Transistor ergeben sich (wie bei einer Triode) drei Schaltmöglichkeiten (siehe Abb. 3.21, wo B die Basis, K den Kollektor und E den Emitter bezeichnen):

a) *die Emitterschaltung* (Abb. 3.21a)), die der Katodenbasisschaltung einer Triode entspricht. Der Arbeitswiderstand liegt im Kollektorkreis, das Eingangssignal wird an die Basis gelegt (der Name der Schaltung leitet sich daraus her,

[1]) Spitzentransistoren werden heute nicht mehr verwendet. — Anm. d. Red.

daß der Emitter die dem Eingangs- und Ausgangskreis gemeinsame Elektrode ist)[1];

b) *die Basisschaltung* (Abb. 3.21b)), das Analogon zur Gitterbasisschaltung einer Triode. Der Arbeitswiderstand liegt wie bei der Emitterschaltung im Kollektorkreis, das Eingangssignal wird dagegen an den Emitter gelegt (gemeinsame Elektrode von Eingangs- und Ausgangskreis ist hier die Basis)[2];

c) *die Kollektorschaltung* (Abb. 3.21c)), die der Anodenbasisschaltung (siehe Abb. 3.12) einer Triode entspricht. Hier liegt der Arbeitswiderstand im Emitterkreis und das Eingangssignal an der Basis.

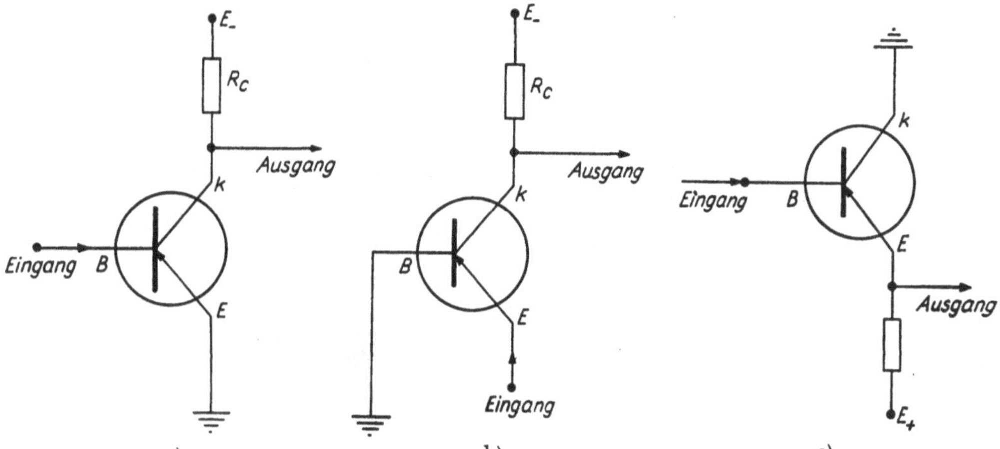

a) b) c)

Abb. 3.21

Die Kennlinien von Transistoren unterscheiden sich bei den verschiedenen Schaltungsarten wesentlich. In digital arbeitenden Anlagen hat die Emitterschaltung größte Verbreitung gefunden. Sie erfordert nur kleine Ströme zur Steuerung des Transistors und gewährleistet, daß auch logische Netze, die aus vielen Stufen aufgebaut sind, sehr zuverlässig funktionieren. Diese Tatsache erklärt sich daraus, daß das Ausgangssignal einer Stufe in dieser Schaltungsart zur Steuerung der folgenden Stufen ausreicht.

In mehrstufigen Transistor-Schaltungen werden verschiedene Arten von Koppelgliedern zwischen den einzelnen Stufen verwendet, die den entsprechenden Gliedern in Röhrenschaltungen analog gebaut sind. Verwendet man Flächentransistoren in Emitterschaltung, so kann man die einzelnen Stufen auch direkt koppeln.[3]) Eine solche Schaltung hat eine Reihe von Vorzügen:

[1]) Anm. d. Red.

[2]) Anm. d. Red.

[3]) Das ist nur möglich, wenn die verwendeten Transistoren genügend kleinen Reststrom haben, z. B. bei Siliziumtransistoren. — Anm. d. Red.

in ihr fehlt eine (durch Kapazitäten oder Induktivitäten hervorgerufene) Energiespeicherung fast völlig, die aufzubringende Leistung ist klein und die Anzahl der Widerstände verhältnismäßig gering.

In bezug auf ihre Funktion sind Flächen- und Spitzentransistoren äquivalent, man kann mit beiden Typen genau dieselben logischen Operationen realisieren. Da es hier nicht unsere Aufgabe ist, eine eingehende Darstellung sämtlicher Konstruktionsaspekte digital arbeitender Automaten zu geben, beschränken wir uns der Einfachheit halber auf die Untersuchung von Schaltungen mit Flächentransistoren in direkter Kopplung.

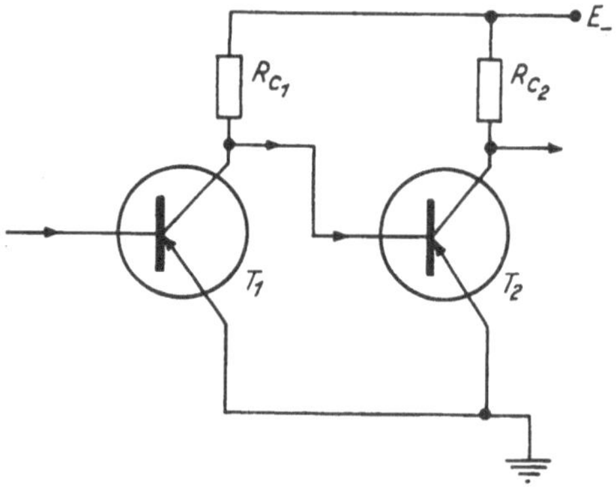

Abb. 3.22

In Abb. 3.22 ist eine Negatorschaltung mit zwei Transistoren in direkter Kopplung (der Kollektor von T_1 liegt direkt an der Basis von T_2) dargestellt. Zur Analyse dieser Schaltung machen wir von zwei Kennlinienscharen eines Transistors Gebrauch: der Abhängigkeit des Kollektorstromes $I_C = f(U_C)$ von der Kollektorspannung U_C bei konstantem Basisstrom (I_B = const) als Scharparameter, und der Abhängigkeit des Basisstromes $I_B = \varphi(U_B)$ von der Basisspannung bei konstanter Kollektorspannung U_C als Scharparameter. Den ungefähren Verlauf der ersten Kennlinienschar zeigt Abb. 3.23. Es können hier drei Bereiche unterschieden werden, die den Hauptarbeitsweisen des Transistors entsprechen. Dabei handelt es sich erstens um den Bereich *I*, den Sperrbereich des Transistors, wo bei hohen Kollektorspannungen nur kleine Kollektorströme fließen, zweitens um den Bereich *II*, den Bereich linearer Verstärkung, und schließlich drittens um den Bereich *III*, den Sättigungsbereich, wo bereits kleinen Kollektorspannungen große Ströme entsprechen. Bei Verwendung eines Transistors als logisches Element eines Automaten arbeitet dieser nur in den Bereichen *I* und *III*. Das steuernde Signal muß so groß sein, daß der Übergang aus dem Sperrbereich in den Sättigungsbereich bzw. umgekehrt gesichert ist. Den ungefähren Verlauf der Kurven $I_B = \varphi(U_B)$ mit U_C = const als Parameter zeigt Abb. 3.24.

Wir wenden uns nun wieder unserer Aufgabe zu, die Arbeit einer Negatorschaltung mit zwei Transistoren (in direkter Kopplung) zu analysieren (Abb. 3.22).

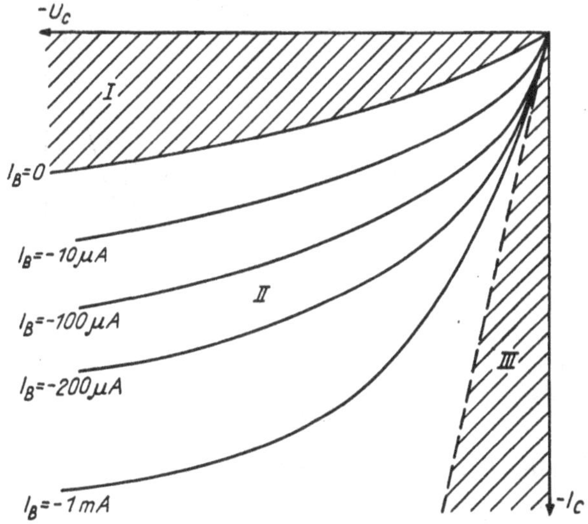

Abb. 3.23

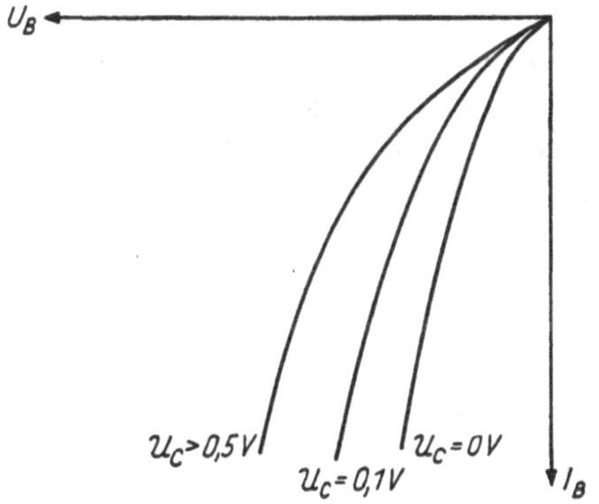

Abb. 3.24

Nehmen wir an, daß der Transistor T_1 gesperrt ist, d. h., daß er im Bereich I arbeitet und daß sein Basisstrom gleich oder doch nahezu gleich Null ist. Wir zeichnen in die Kennlinienschar $I_C = f(U_C)$ durch den Punkt E_- auf der Abszissenachse eine Gerade mit einem gewissen Winkel α gegen die negative Abszissenrichtung ein (siehe Abb. 3.25). Diese Gerade gibt den (vom Emitter zum

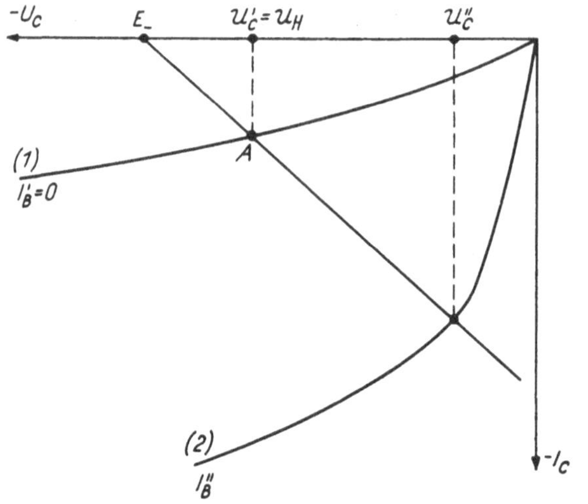

Abb. 3.25

Kollektor) durch den Transistor fließenden Strom in Abhängigkeit vom Spannungsabfall am Transistor an. Offenbar muß der Strom durch den Transistor Null sein, wenn die gesamte Spannung E_- am Transistor abfällt, denn falls ein Strom fließt, fällt ja ein Teil der Spannung an R_{C_1} und am Eingangswiderstand des folgenden Transistors ab. Diese beiden Widerstände bestimmen also auch den Winkel α. Der Schnittpunkt A dieser Geraden mit der Kennlinie (1) liefert uns die Spannung $U'_C = U_H$ am Kollektor des Transistors T_1. Dieser Spannung U_H ordnen wir den Wert 1 der entsprechenden Variablen zu, durch die direkte Kopplung liegt sie auch gleichzeitig an der Basis des Transistors T_2. Mittels der Kennlinie $I_B = \varphi(U_B)$ (Abb. 3.26) finden wir den $U_H = U_B$ entsprechenden Basisstrom von T_2. Dazu ziehen wir durch den Punkt U_H auf der

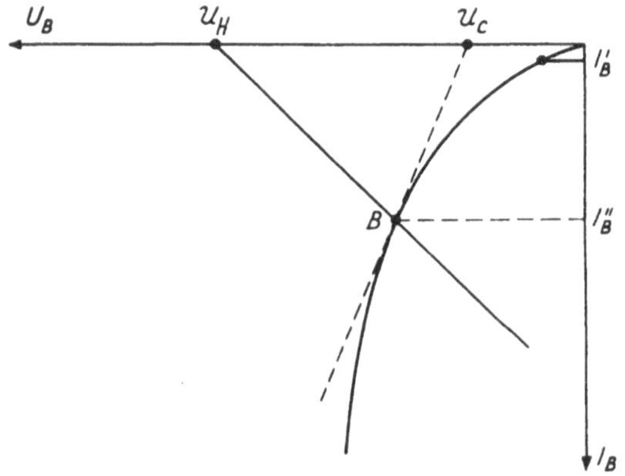

Abb. 3.26

Abszissenachse eine Gerade mit dem Anstieg $-\frac{R_{C_1} \cdot R_{T_1}}{R_{C_1} + R_{T_1}}$, wobei R_{T_1} der Widerstand des Transistors T_1 ist. Die Ordinate des Punktes B liefert den gesuchten Basisstrom. Nun bestimmen wir mit Hilfe der Kennlinie (2) in Abb. 3.25 die Kollektorspannung U_C'' am Transistor T_2. Der ihr entsprechende Wert der Ausgangsvariablen ist 0. Auf dieselbe Weise kann man leicht feststellen, daß die Ausgangsspannung hoch ist, d. h. die Ausgangsvariable den Wert 1 hat, wenn der Transistor T_1 durchlässig ist, d. h. im Bereich *III* arbeitet, und damit an der Basis von T_2 eine Spannung anlegt, der der Wert 0 der Eingangsvariablen von T_2 zugeordnet ist.

2. Realisierung der elementaren BOOLEschen Funktionen

In logischen Netzen, die mit Elektronenröhren und Halbleitern aufgebaut sind, ist die Taktlänge der Informationseingabe gewöhnlich groß im Vergleich zur Schaltzeit der Elemente. Daher kann man annehmen, daß unabhängig von der Stufenzahl des Netzes die Ausgangssignale gleichzeitig mit den Eingangssignalen erscheinen.

Durch die im vorigen Abschnitt untersuchten Schaltungen können alle elementaren BOOLEschen Funktionen realisiert werden. Da die Menge der elementaren BOOLEschen Funktionen funktional vollständig ist (wie wir festgestellt haben, gibt es sogar funktional vollständige echte Teilmengen dieser Menge), kann man mit den betrachteten Schaltanordnungen sogar jede BOOLEsche Funktion realisieren, und zwar unter der oben gemachten Annahme sogar ohne zeitliche Verzögerung.

Bei der Darlegung der Arbeitsweise von Trioden und Transistoren wurde festgestellt, daß mit diesen die Negation realisiert werden kann. Bei einem positiven Potential, dem der Wert 1 der Eingangsvariablen zugeordnet ist, am Gitter einer Triode (bzw. an der Basis eines Transistors)[1]) ist die Ausgangsspannung niedrig, d. h., die Ausgangsvariable nimmt den Wert 0 an. Umgekehrt entspricht dem Wert 0 der Eingangsvariablen, dem ein die Röhre (bzw. den Transistor) sperrendes Potential zugeordnet ist, eine hohe Spannung am Ausgang der Schaltung, d. h., die Ausgangsvariable hat den Wert 1. Folglich wird von einer Triode[2]) bzw. einer Transistorschaltung (Abb. 3.22) die Negation realisiert, d. h.,die realisierte BOOLEsche Funktion T hat die Form

$$T(x) = \bar{x}\,. \tag{3.12}$$

Bei einer Doppeltriode in Anodenbasisschaltung (mit einem gemeinsamen Arbeitswiderstand in der Katodenleitung) ist bei Anlegen eines positiven Signals an wenigstens ein Gitter (d. h., wenigstens eine der beiden Eingangsvariablen hat den Wert 1) der Wert der Ausgangsvariablen gleich 1. Mithin realisiert

[1]) Gemeint ist hier die Basis des Transistors T_1 in Abb. 3.22. — Anm. d. Red.

[2]) In Katodenbasisschaltung (Abb. 3.1). — Anm. d. Red.

diese Schaltung die zweistellige Alternative; die von der beschriebenen Anodenbasisschaltung mit einer Doppeltriode realisierte BOOLEsche Funktion hat also die Form

$$K_2(x_1, x_2) = x_1 \vee x_2 \,. \tag{3.13}$$

Von einer einzelnen Triode in Anodenbasisschaltung wird dagegen die einstellige Identität realisiert, d. h. diejenige BOOLEsche Funktion, die durch

$$K(x) = x$$

gegeben ist.

Für die oben beschriebene Schaltung einer Triode bzw. einer Doppeltriode, durch die die Negation bzw. Alternative realisiert wird (vgl. (3.12) bzw. (3.13)), verabreden wir die in Abb. 3.27a) bzw. 3.27b) dargestellten Blockschaltzeichen.

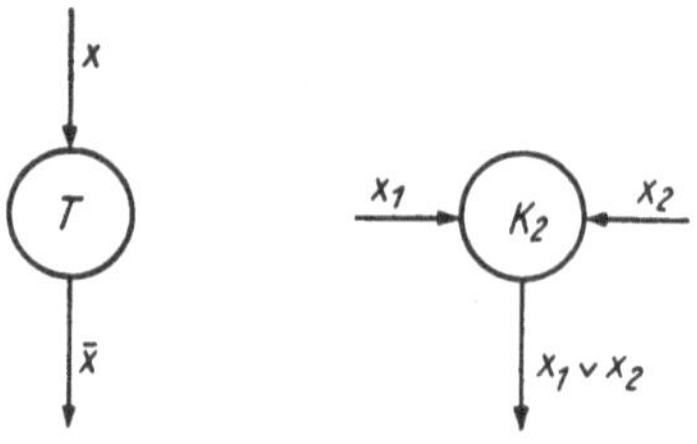

a) b)

Abb. 3.27

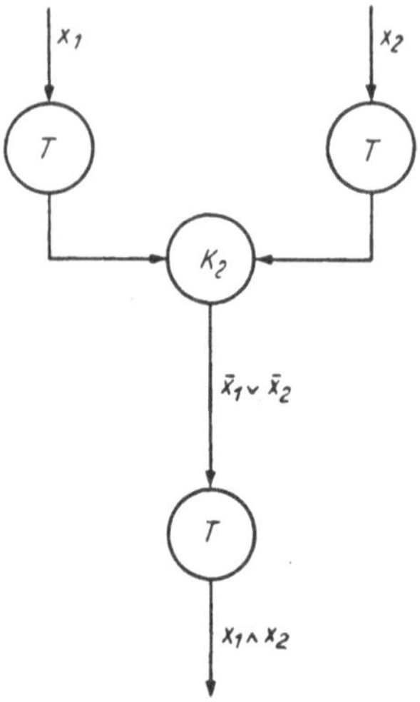

Abb. 3.28

Die von diesen Baugruppen realisierten (elementaren) BOOLEschen Funktionen (Negation und Alternative) bilden eine funktional vollständige Menge.

Abb. 3.28 zeigt, wie man die Konjunktion mit diesen Bauelementen realisieren kann.

Eine Pentode in der durch Abb. 3.11 angegebenen Schaltung (wir verabreden dafür das in Abb. 3.29 angegebene Blockschaltzeichen) realisiert eine BOOLEsche Funktion, die allein eine funktional vollständige Menge bildet. Wenn wir uns noch einmal die Bemerkungen im Abschnitt 1 dieses Paragraphen über die Analogie zwischen den Arbeitsweisen von Triode und Pentode vergegenwärtigen, erkennen wir, daß eine Pentode bei der angegebenen Schaltung die durch Tabelle III.1 beschriebene BOOLEsche Funktion realisiert.

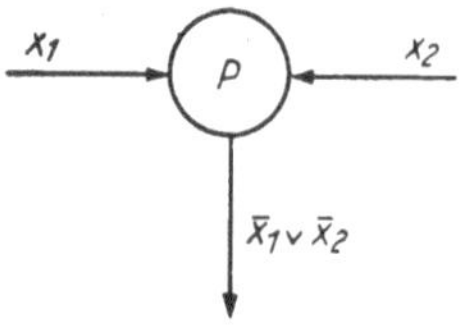

Abb. 3.29

Tabelle III.1

x_1	x_2	$f(x_1, x_2)$
0	0	1
0	1	1
1	0	1
1	1	0

Aus dieser Tabelle ergibt sich sofort, daß $f(x_1, x_2) = \bar{x}_1 \vee \bar{x}_2$ gilt. Folglich ist die von einer Pentode in der betrachteten Schaltungsanordnung realisierte Funktion P die SHEFFERsche Funktion, d. h., es gilt

$$P(x_1, x_2) = \bar{x}_1 \vee \bar{x}_2 , \tag{3.14}$$

und nach Kapitel I, § 3 ist die allein aus der SHEFFERschen Funktion bestehende Menge funktional vollständig.

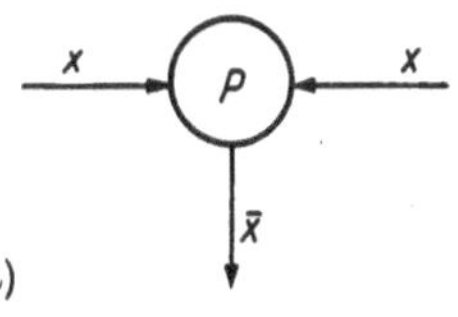

a)

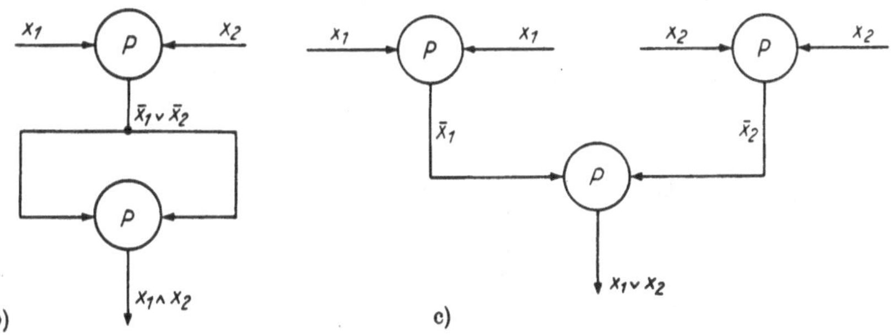

b) c)

Abb. 3.30

Abb. 3.30 zeigt, wie man die Negation (a), die Konjunktion (b) und die Alternative (c) mit Pentoden realisieren kann.

Wie wir schon früher bemerkten, können funktional vollständige Mengen elementarer BOOLEscher Funktionen auch durch Schaltungen mit Halbleitern realisiert werden. Die Negation wird dabei durch eine Transistorschaltung — das Blockschaltzeichen zeigt Abb. 3.31 —, Konjunktion und Alternative werden dagegen häufig mit Dioden realisiert (Abb. 3.32). Die m-stellige Alternative bzw. Konjunktion, die durch die betrachtete Diodenschaltung realisiert wird, bezeichnen wir wie folgt:

$$\left.\begin{aligned} D_A(x_1, x_2, \ldots, x_m) &= x_1 \vee x_2 \vee \ldots \vee x_m , \\ D_K(x_1, x_2, \ldots, x_m) &= x_1 \wedge x_2 \wedge \ldots \wedge x_m . \end{aligned}\right\} \tag{3.15}$$

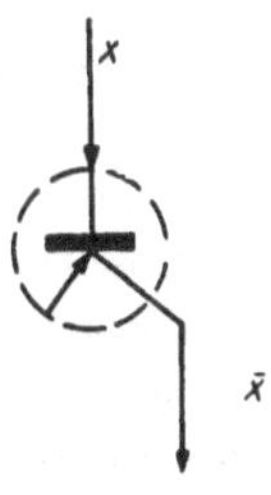

Abb. 3.31

Die höchstzulässige Stellenzahl m dieser Funktionen wird dabei durch die im vorigen Abschnitt aufgezeigten Bedingungen begrenzt.

Unsere bisherigen Betrachtungen über funktional vollständige Mengen elementarer BOOLEscher Funktionen haben mehr theoretischen als praktischen Wert. Es ist klar, daß solche Konjunktions- und Alternativschaltungen, wie sie in Abb. 3.28 und 3.30 dargestellt sind, in denen also eine beträchtliche Anzahl von Bauelementen verwendet wird, bei der Konstruktion von Automaten keine Anwendung finden. Diese Konstruktion wird, wie schon früher erwähnt, gewöhnlich so durchgeführt, daß man Röhren- und Halbleiterschaltungen kombiniert, wobei die Wahl dieser oder jener, eine funktional vollständige Menge bildender Bauelemente von den konkreten Synthesebedingungen des Netzes abhängt.

In logischen Netzen, die mit Röhren und Halbleitern arbeiten, werden oft Ausgangskanäle mit dem Ziel vereinigt, daß man an dem so entstandenen gemeinsamen Ausgang ein Signal erhält, das von den in den zusammengeschalteten Kanälen auftretenden Signalen abhängt. In Kapitel II zeigten wir, daß eine Vereinigung von Ausgangskanälen logischer Netze, die gemäß den physikalischen Bedingungen zulässig ist, als Einschieben „*fiktiver*" *Zellen* in die Schaltung betrachtet werden kann. In Schaltungen mit Röhren und Halbleitern werden „fiktive" Zellen dadurch realisiert, daß die einzelnen Elemente der Schaltung an einen gemeinsamen Arbeitswiderstand angeschlossen sind.

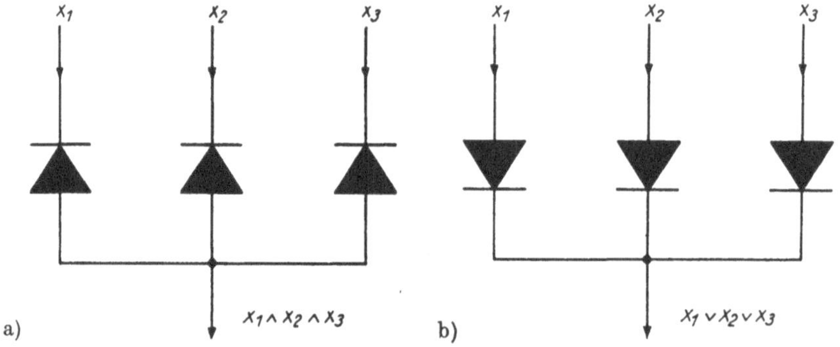

Abb. 3.32

Eine „fiktive" Zelle φ_K, in der die Konjunktion gewisser Eingangssignale, die von Röhren (Trioden oder Pentoden) oder, wie bereits gezeigt wurde, von Dioden geliefert werden können, erzeugt wird, ist dadurch zu realisieren, daß die Anodenwiderstände zu einem einzigen Widerstand zusammengefaßt werden. Die Realisierung einer „fiktiven" Zelle φ_A, in der die Alternative gewisser Variablen, die von Röhren in Anodenbasisschaltung ihre Werte zugewiesen erhalten, gebildet wird, besteht im Zusammenfassen der Katodenwiderstände zu einem gemeinsamen Arbeitswiderstand. Ebensolche „fiktiven" Zellen φ_K und φ_A können durch Parallel- bzw. Reihenschaltung von Transistoren mit gemeinsamem Arbeitswiderstand realisiert werden.

In Abb. 3.33a) ist eine Schaltung (sowie das zugehörige Blockschaltbild) angegeben, die aus einigen Trioden aufgebaut ist, die an einen gemeinsamen Arbeitswiderstand in der Anodenleitung angeschlossen sind. Das punktierte Rechteck deutet die „fiktive" Zelle φ_K an, in der die Konjunktion jener Signale gebildet wird, die über die Ausgangskanäle der Trioden eintreffen. Wie man der Schaltung entnimmt, stellt sich an ihrem Ausgang genau dann das hohe Potential ein, d. h. hat die Ausgangsvariable y genau dann den Wert 1, wenn alle Trioden gesperrt sind, d. h. $x_i = 0$ für alle auftretenden i ist. Wenn mindestens eine der Röhren Strom führt, dann fließt der Anodenstrom über den Widerstand R_a, und das Potential am Ausgang stellt sich auf U_N ein, d. h. $y = 0$.

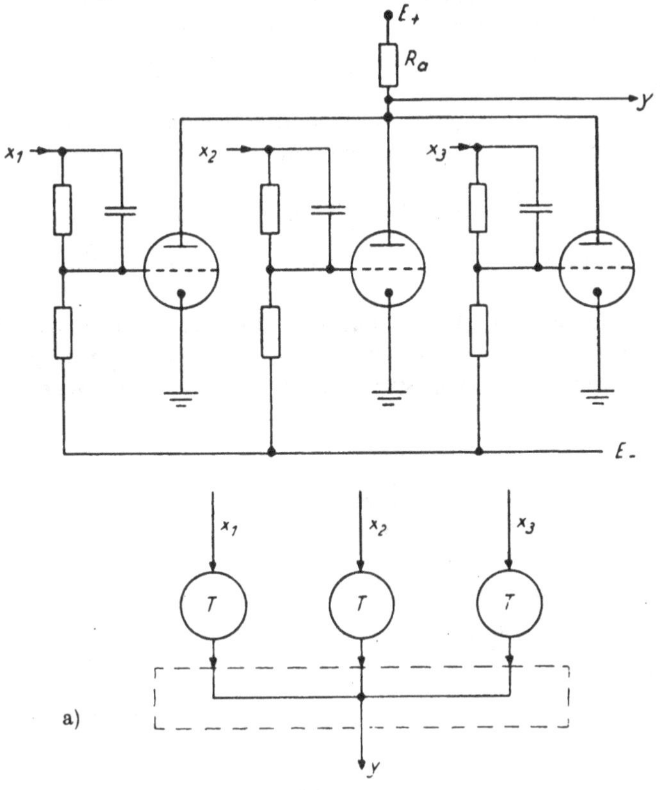

a)

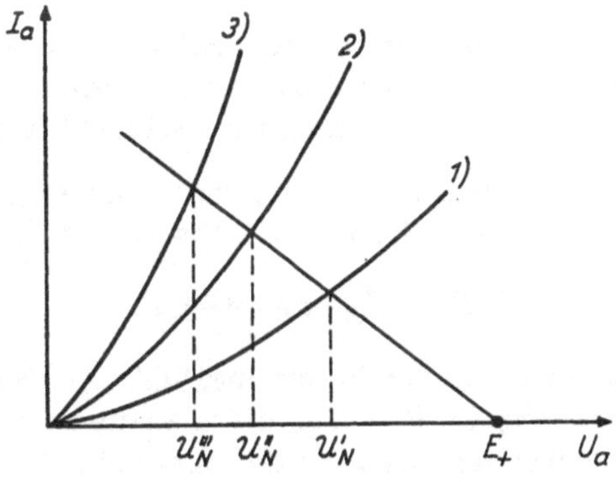

b)

Abb. 3.33

Natürlich hängt das Ausgangspotential bei dieser Schaltung von der Anzahl gleichzeitig stromführender Röhren ab, wie man aus dem I_a/U_a-Kennlinienfeld der Schaltung (Abb. 3.33b)) entnimmt. Dabei beschreibt die Kurve *i*) den Fall, daß *i* Röhren geöffnet sind ($i = 1, 2, 3$). Jedoch hat diese Abhängigkeit keinen Einfluß auf die Arbeit der Schaltung, da sich bei Vergrößerung der Anzahl stromführender Trioden das Ausgangspotential nur weiter unter jene Größe verringert, die bei einer einzigen geöffneten Röhre erreicht wird und bereits $y = 0$ impliziert.

Ein Signal, das am Ausgang der untersuchten Schaltung erscheint, kann also als Konjunktion negierter Eingangsvariablen aufgefaßt werden:

$$y = T(x_1) \wedge T(x_2) \wedge T(x_3) = \bar{x}_1 \wedge \bar{x}_2 \wedge \bar{x}_3 \,. \tag{3.16}$$

Die von einer solchen Schaltung realisierte Booleesche Funktion bezeichnen wir mit $T(x_1, x_2, \ldots, x_m)$.

In Abb. 3.34 ist eine analoge Schaltung mit Transistoren wiedergegeben. Bei dieser Anordnung ist das Potential im Punkt A dann gering gegen Masse, wenn wenigstens ein Transistor Strom führt. Die höchstzulässige Anzahl von

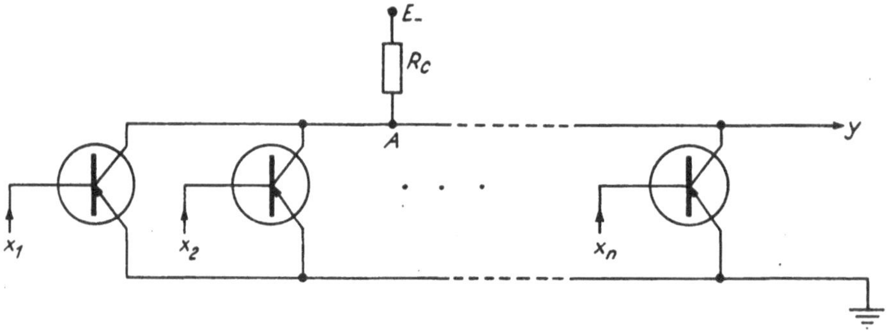

Abb. 3.34

Eingangsvariablen ist bei der untersuchten Schaltung vom Verwendungszweck des Ausgangssignals abhängig. Wird das Ausgangssignal z. B. an einen Transistor zum Negieren gegeben (wodurch man schließlich die Alternative $\bigvee_i x_i$ erhält), so ist die Höchstzahl n von Eingangsvariablen aus folgender Bedingung zu bestimmen (siehe auch im vorigen Abschnitt):

$$E_- - I'_B \cdot R_C \cdot n \geqq U_0 \,.$$

Diese Bedingung folgt aus der Forderung, daß im Fall der Sperrung aller Transistoren die Spannung im Punkt A, die ja an die Basis des Negations-Transistors gelegt wird, höher sein muß als die Spannung U_0, die nötig ist, damit der Negations-Transistor leitend wird.

Abb. 3.35 zeigt eine Schaltung, die man durch sukzessives Hintereinanderschalten von n Transistoren und einem Widerstand (dem gemeinsamen Arbeitswiderstand) erhält. Diese Anordnung realisiert die Alternative der von den Transistoren gelieferten Signale, d. h.

$$y = T(x_1) \vee T(x_2) \vee \ldots \vee T(x_n) = \bar{x}_1 \vee \bar{x}_2 \vee \ldots \vee \bar{x}_n . \tag{3.17}$$

Das Potential im Punkt A ist genau dann klein gegen Masse, wenn alle Transistoren leitend sind, d. h. $x_i = 1$ für alle $i = 1, 2, \ldots n$. Es ist leicht einzusehen, daß diese Schaltung für $n = 2$ die SHEFFERsche Funktion realisiert und also der Schaltung einer Pentode äquivalent ist. Die BOOLEsche Funktion, die von der in Abb. 3.35 dargestellten Schaltung realisiert wird, bezeichnen wir mit $P_n(x_1, x_2, \ldots, x_n)$. Die höchstzulässige Anzahl von Eingangsvariablen dieser Anordnung wird wie oben durch die Verwendungsweise des Ausgangssignals bestimmt.

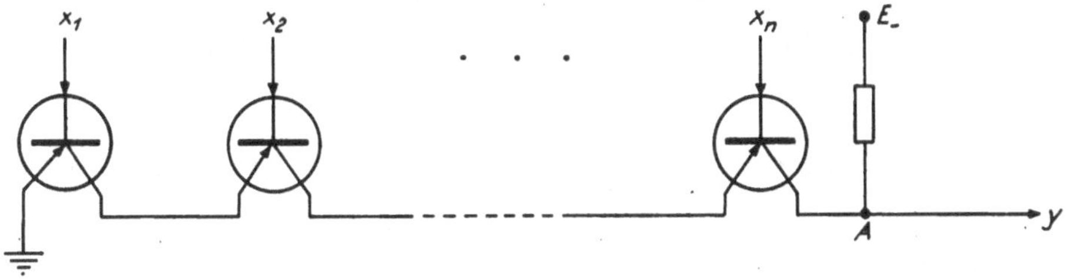

Abb. 3.35

Zum Abschluß dieses Paragraphen betrachten wir die Möglichkeit „fiktive" Zellen zu vereinigen, sowie zulässige Methoden zur Einfügung „fiktiver" Zellen in logische Netze. Untersuchen wir zunächst die Vereinigung gleichartiger Zellen. Es seien φ'_K und φ''_K „fiktive" Zellen mit je m Eingangspolen und einem Ausgangspol. An den Ausgängen y' und y'' werden die Konjunktionen

$$y' = x'_1 \wedge x'_2 \wedge \ldots \wedge x'_k \wedge \ldots \wedge x'_j \wedge \ldots \wedge x'_m$$

und

$$y'' = x''_1 \wedge x''_2 \wedge \ldots \wedge x''_k \wedge \ldots \wedge x''_j \wedge \ldots \wedge x''_m$$

gewisser Signale erzeugt, die an die Eingangspole der Zellen von röhren- oder halbleiterbestückten Konstruktionselementen des Netzes geliefert werden (Abb. 3.36a)). Gesucht ist der Operator, der durch dasjenige Netz realisiert wird, das wir erhalten, wenn wir irgendeinen Eingangspol x'_k oder den Ausgangspol y' der Zelle φ'_K an einen Eingangspol x''_j der Zelle φ''_K anschließen. Wir stellen fest, daß infolge der physikalischen Realisierung „fiktiver" Zellen das Anschließen eines beliebigen Eingangs- oder des Ausgangspoles von φ'_K an einen beliebigen Pol der Zelle φ''_K mit dem Identifizieren der Pole U' und U'' äquivalent ist.

Dabei entsteht das in Abb. 3.36 b) dargestellte Netz, das die Funktion

$$y = y' \wedge y''$$

erzeugt.

Auf analoge Weise kann gezeigt werden, daß die Vereinigung „fiktiver“ Zellen φ_A' und φ_A'', von denen jeweils eine Alternative

$$y' = x_1' \vee x_2' \vee \ldots \vee x_k' \vee \ldots \vee x_j' \vee \ldots \vee x_m'$$

bzw.

$$y'' = x_1'' \vee x_2'' \vee \ldots \vee x_k'' \vee \ldots \vee x_j'' \vee \ldots \vee x_m''$$

der Signale realisiert wird, die über die jeweiligen Eingängen eintreffen, die Funktion

$$y = y' \vee y''$$

realisiert. Die Vereinigung gleichartiger Zellen ist also zulässig, dabei entsteht eine erweiterte Zelle desselben Typs mit einer Anzahl von Eingangspolen, die gleich der Summe der Eingangspolzahlen der zu vereinigenden Zellen ist.

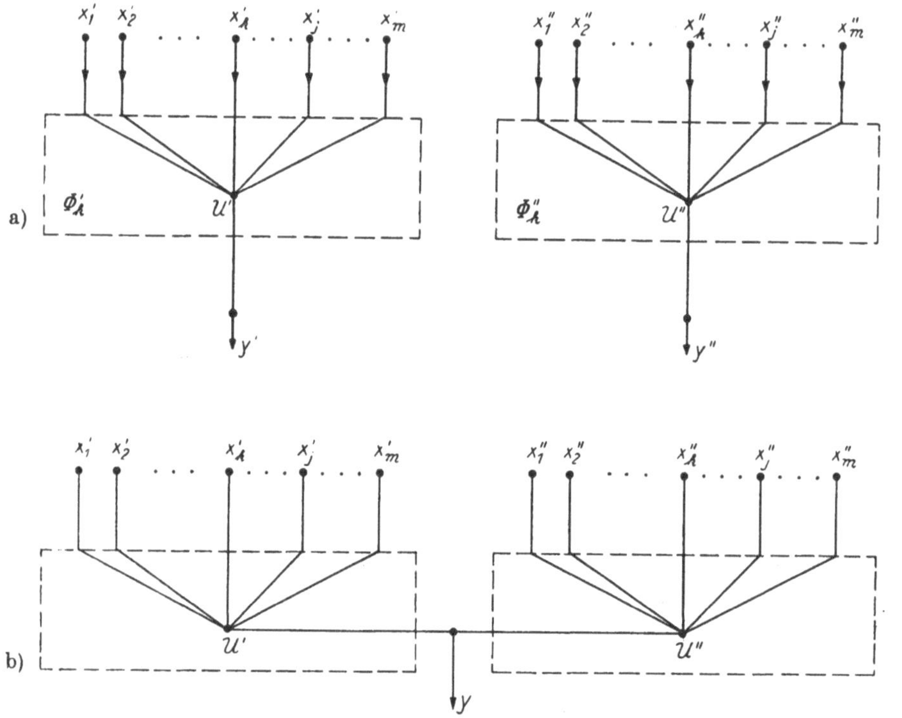

Abb. 3.36

Man sieht leicht ein, daß bei einer Vereinigung verschiedenartiger „fiktiver“ Zellen die korrekte Funktion des Netzes gestört wird. Es seien z. B. „fiktive“ Zellen φ_K und φ_A gegeben, welche die Funktionen

$$y' = x_1' \wedge x_2' \wedge x_3'$$

und

$$y'' = x_1'' \vee x_2'' \vee x_3''$$

gewisser Signale realisieren, die von Dioden geliefert werden. Abb. 3.37a) zeigt vereinfachte elektrische Schaltungen zur Realisierung von Konjunktion

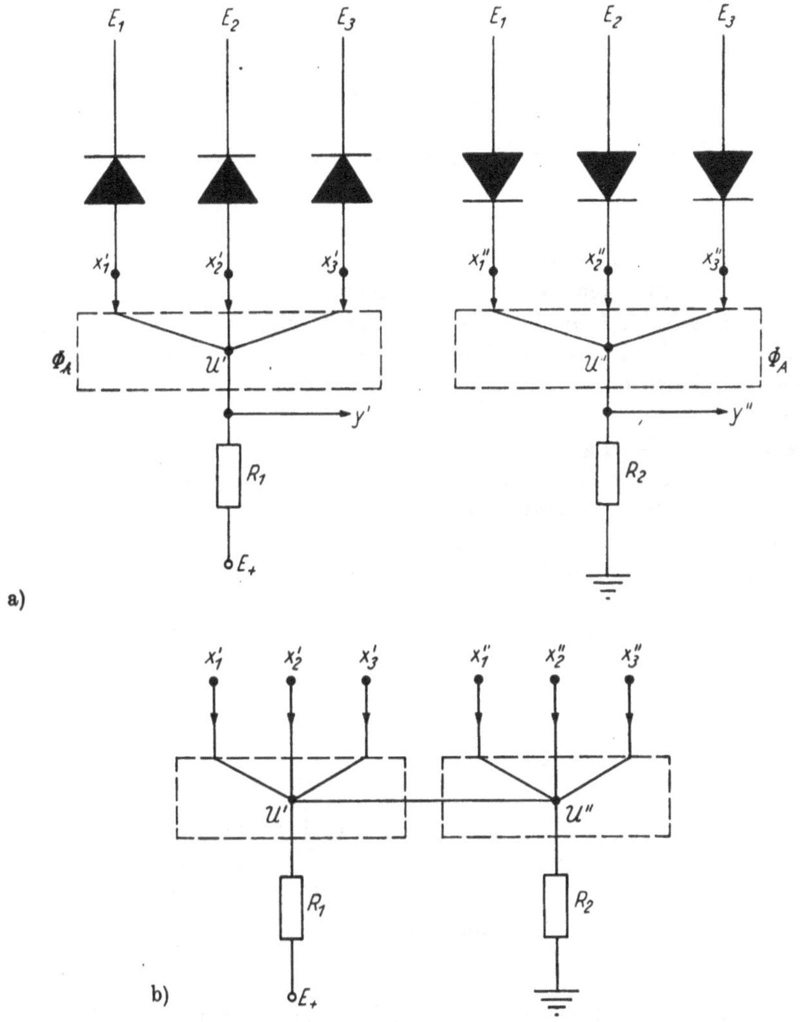

Abb. 3.37

und Alternative. Das Anschließen eines beliebigen Poles der Zelle φ_K an einen beliebigen Pol der Zelle φ_A oder umgekehrt bedeutet, wie in den oben betrachteten Fällen, die Identifizierung der Pole U' und U'' und führt zu einer Schaltung, wie sie in Abb. 3.37b) dargestellt ist. Wie man der Schaltung unmittelbar entnimmt, gibt es hier eine direkte Verbindung von der Stromquelle (über R_1 und R_2) zur Masse.

Um eine gegenseitige Beeinflussung „fiktiver" Zellen auszuschließen und Kurzschlüsse zu vermeiden, kann auch der Anschluß von Eingangspolen „fiktiver" Zellen an äußere Pole des logischen Netzes, von denen die Information gewöhnlich in die Eingangspole einer Vielzahl von Konstruktionselementen eintritt, nicht zugelassen werden.

§ 3. Trigger[1])

1. Physikalische Grundlagen der Funktionsweise eines Triggers[2])

Als *Trigger* wird üblicherweise ein elektronisches Relais mit zwei stabilen Gleichgewichtszuständen bezeichnet, wobei der Übergang aus dem einen Gleichgewichtszustand in den anderen durch äußere Signale bewirkt wird. Ein Trigger kann auf der Basis von Vakuumröhren, Thyratrons, Transistoren und anderen elektronischen Bauelementen (z. B. ferromagnetischen Elementen) hergestellt werden.

Trigger werden häufig beim Aufbau logischer Netze verwendet. Der Einsatz von Triggern zur Informationssammlung und -speicherung in Systemen verbürgt, daß diese Systeme sehr zuverlässig arbeiten und in bezug auf die Anzahl ihrer Bauelemente sehr ökonomisch sind.

Betrachten wir den in Abb. 3.38 dargestellten Stromkreis, der aus einer Spannungsquelle E, einem linearen Widerstand R und einem nichtlinearen Wider-

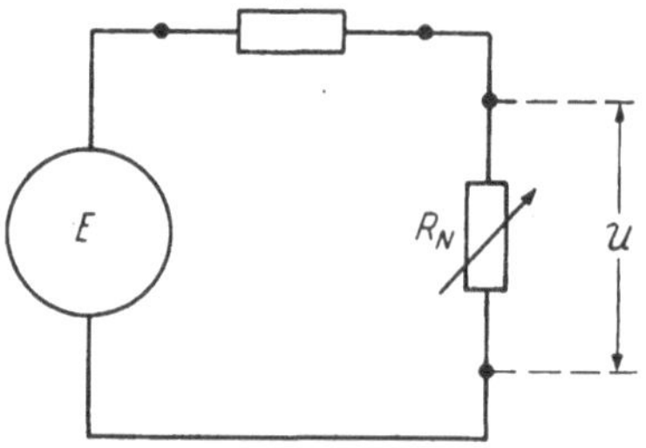

Abb. 3.38

1) Auch Flipflop bzw. bistabiler Multivibrator genannt. — Anm. d. Red.
2) Siehe [47].

stand R_N besteht. Die Kurve *abcd* in Abb. 3.39 stelle die Kennlinie dieses nichtlinearen Bauelementes dar, d. h. die Abhängigkeit des Stromes I, der das Bauelement durchfließt, von der Spannungsdifferenz an seinen Anschlüssen. Das Teilstück *bc* der Kurve besitzt einen negativen Anstieg; in diesem Bereich hat das Element R_N eine negativen Widerstand, da mit wachsender Spannungs-

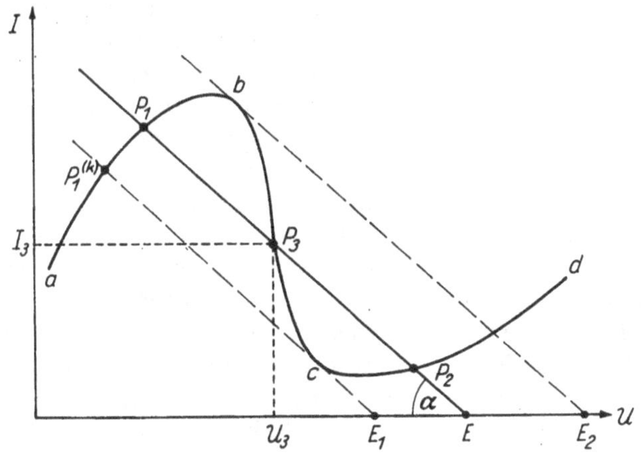

Abb. 3.39

differenz an den Anschlüssen von R_N der Strom I kleiner wird. Die Größe des Stromes, der in dem betrachteten elektrischen Stromkreis fließt, wird durch folgende Beziehungen bestimmt:

$$\left.\begin{aligned} U &= E - I \cdot R\,, \\ I &= f(U)\,. \end{aligned}\right\} \tag{3.18}$$

und kann leicht auf graphischem Wege ermittelt werden. Dazu zieht man durch den Punkt E auf der Abszissenachse eine Gerade mit dem Winkel $\alpha = \arctan \frac{1}{R}$ gegen die negative Richtung der Abszisse. (Diese Gerade gibt den durch R fließenden Strom in Abhängigkeit vom Spannungsabfall U an R_N an.) Die Schnittpunkte P_1, P_2 und P_3 dieser Geraden mit der Kennlinie des nichtlinearen Widerstandes R_N bestimmen Werte des Stromes, bei denen die betrachtete Schaltung im Gleichgewicht ist. Die Punkte P_1 und P_2 sind stabile Gleichgewichtszustände, während der Punkt P_3 ein instabiler Gleichgewichtszustand ist. Wir wollen hier keinen strengen Beweis für diese Behauptungen führen, sondern lediglich die funktionellen Eigenschaften des Kreises analysieren.

Nehmen wir an, die Schaltung befinde sich im Gleichgewichtszustand P_3. Dabei hat der Spannungsabfall am nichtlinearen Element eine gewisse Größe U_3, und der durch dieses Element fließende Strom ist gleich I_3. Dann wird eine geringe Erhöhung des Stromes von einer Verringerung des Spannungsabfalls am nichtlinearen Widerstand R_N begleitet, und der Anteil der am Widerstand R liegenden Eingangsspannung E vergrößert sich. Das bewirkt eine weitere Erhöhung des Stromes in diesem Kreis. Als Ergebnis der oben angenommenen geringen Stromerhöhung geht das System schnell in den stabilen Gleichgewichtszustand P_1 über. Auf analoge Weise überlegt man sich, daß eine kleine Verringerung des Stromes I_3 die Schaltung in den anderen stabilen Gleichgewichtszustand überführt, nämlich in den Zustand, der durch P_2 gegeben ist.

Der Übergang dieses Systems aus einem Gleichgewichtszustand in den anderen findet unter dem Einfluß eines die Eingangsspannung E ändernden äußeren Signals statt. Die Schaltung möge in einem Gleichgewichtszustand sein, der einem gewissen Punkt $P_1^{(k)}$ auf dem Abschnitt ab der Kennlinie des betrachteten nichtlinearen Elementes entspricht. Bei Vergrößerung der Eingangsspannung verschiebt sich dieser Punkt in Richtung auf den Punkt b der Kennlinie hin. Wenn die Eingangsspannung den Wert E_2 erreicht, geht die Schaltung in den anderen stabilen Zustand über, und der Gleichgewichtspunkt siedelt in den Abschnitt cd der Kennlinie über. Eine weitere Vergrößerung der Eingangsspannung ändert den Zustand der Schaltung nicht. Zu seiner Rückführung in den ursprünglichen Gleichgewichtszustand ist es notwendig, die Eingangsspannung auf den Wert E_1 zu verkleinern. Also hat ein elektrischer Stromkreis mit einem nichtlinearen Widerstand, dessen Kennlinie einen Abschnitt mit negativem Anstieg enthält, zwei stabile Gleichgewichtszustände. Das Ausgangssignal hängt vom Eingangssignal und vom Zustand der Schaltung ab.

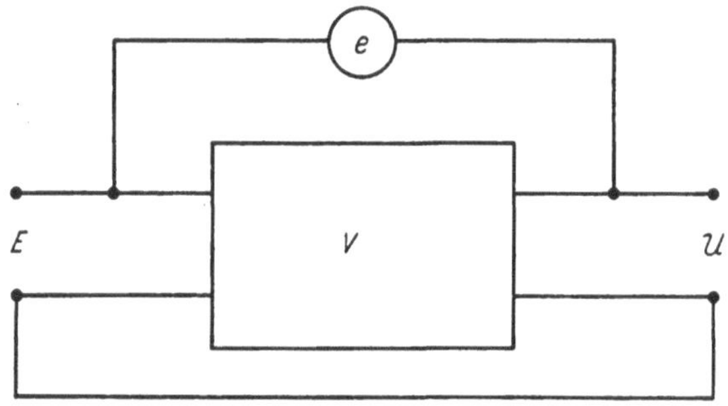

Abb. 3.40

Ein elektrischer Stromkreis mit den betrachteten Eigenschaften kann in Form eines nichtlinearen Verstärkers, dessen Daten und Arbeitsweise passend gewählt sind und in dessen Schaltung eine positive Rückkopplung eingefügt worden ist, realisiert werden (Abb. 3.40. Eine Erklärung des in dieser Abbildung gezeigten Schemas wird weiter unten gegeben). Das Hinzufügen einer Rückkopplung ist mit dem Einfügen eines Elementes mit negativem Widerstand äquivalent.

Die Abhängigkeit $U' = f(E')$ zwischen der Eingangs- und der Ausgangsspannung des Verstärkers möge bei aufgetrennter Rückkopplung die in Abb. 3.41 dargestellte Form haben. Eine derartige Kennlinie kann man beispielsweise mit Hilfe einer Schaltung erzeugen, die mit zwei Trioden, die als Negator arbeiten, aufgebaut ist. (Abb. 3.42). Der Abschnitt $a'b'$ der Kurve entspricht großen

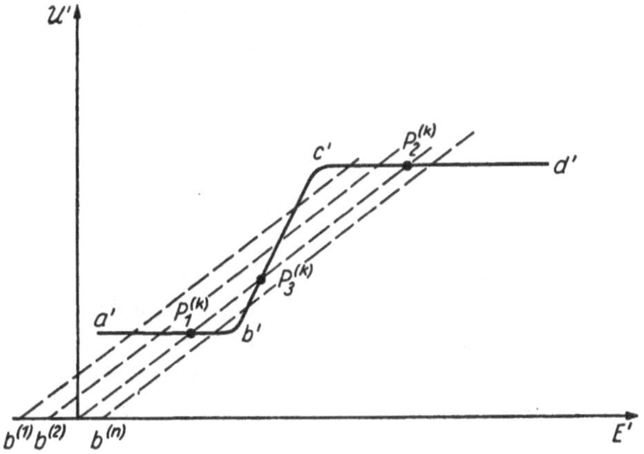

Abb. 3.41

negativen Spannungen am Eingang der Triode T', wodurch diese Röhre gesperrt wird. An ihrer Anode stellt sich dann ein hohes Potential ein, und dieses Potential liegt auch am Gitter der Triode T''. An der Anode von T'' kann dann nur eine niedrige Ausgangsspannung abgenommen werden. Eine Änderung der Eingangsspannung in dem durch den Abschnitt $a'b'$ der Kurve bestimmten

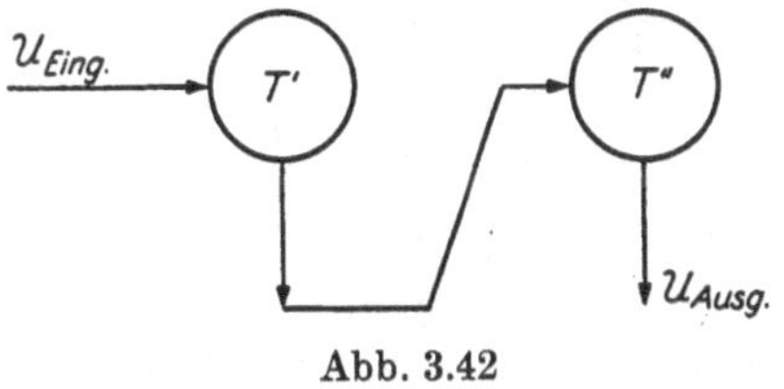

Abb. 3.42

Bereich hat keinen Einfluß auf die Größe der Ausgangsspannung, diese bleibt praktisch konstant. Dem Punkt b' der Kurve entspricht das Eingangspotential, bei dem T' geöffnet wird. Eine weitere Erhöhung der Eingangsspannung führt zu einer schnellen Verminderung des Potentials an der Anode von T' und damit zu einer entsprechenden Verringerung der Gitterspannung von T''. Die Ausgangsspannung U' steigt dabei schnell an (Abschnitt $b'c'$). Im Punkt c', dem das Potential entspricht, bei dem die Röhre T'' gesperrt wird, erreicht die Ausgangsspannung ihren Maximalwert, der praktisch auf dem ganzen Abschnitt $c'd'$ beibehalten wird. In diesem Bereich arbeitet die Schaltung mit geöffneter Triode T' und gesperrter Röhre T''.

Kehren wir nun zu unserer Aufgabe zurück, die Arbeit des Verstärkers V mit positiver Rückkopplung (Abb. 3.40) zu untersuchen, wobei die Rückkopplung in der Abbildung als Quelle einer Steuerspannung e dargestellt ist. Bei geschlossenem Rückkopplungskreis nimmt die Beziehung zwischen den Spannungen am Verstärker folgende Form an:

$$U' = f(E') , \tag{3.19}$$

$$U' = E' - e . \tag{3.20}$$

Die Gleichung (3.19) gilt, wie oben ausgeführt, für die Schaltung mit offener Rückkopplung, und ihr entspricht die Kurve $a'b'c'd'$ in Abb. 3.41; Gleichung (3.20) bestimmt eine Schar (mit e als Parameter) von Geraden, die parallel sind und — bei gleichem Maßstab auf beiden Achsen — die Achsen unter dem Winkel 45° schneiden. Die Schnittpunkte $P_1^{(k)}$, $P_2^{(k)}$, $P_3^{(k)}$ einer beliebigen Geraden aus der betrachteten Schar mit der Kurve $a'b'c'd'$ bestimmen die Gleichgewichtszustände der Schaltung bei einem festen Spannungswert $e^{(k)}$, der durch die Rückkopplung bedingt wird.

Wir wählen ein Koordinatensystem $[U, e]$ und tragen für jeden festen Wert $e^{(k)}$ in der Vertikalen die Spannungswerte U auf, die dabei den Gleichgewichtszuständen des Systems entsprechen (Abb. 3.43). Der geometrische Ort aller Gleichgewichtspunkte ist eine Kurve, die aus drei Abschnitten I, II, III besteht. Eine Untersuchung der Gleichgewichtszustände zeigt, daß die Abschnitte I und II Bereiche stabilen Gleichgewichtes sind, während die im Abschnitt III

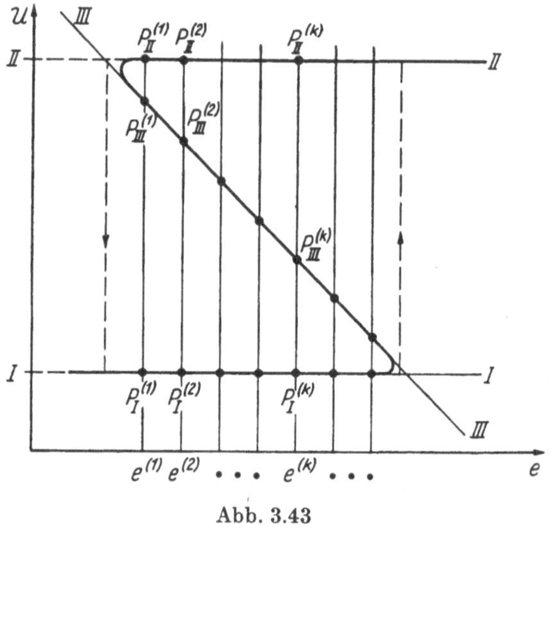

Abb. 3.43

gelegenen Punkte instabilen Gleichgewichtszuständen des betrachteten Verstärkers mit positiver Rückkopplung entsprechen. Ruft eine Änderung des äußeren Signals eine Veränderung des Signals im Rückkopplungskreis hervor, so geht das System sprungartig aus dem einen stabilen Gleichgewichtszustand (der etwa durch einen Punkt im Abschnitt *I* gegeben wird) in den anderen stabilen Gleichgewichtszustand (der dann durch einen Punkt im Abschnitt *II* definiert ist) über und umgekehrt. Der dazwischenliegende Gleichgewichtszustand, der beim Übergangsprozeß entsteht, z. B. in dem Moment, wenn in der in Abb. 3.42 wiedergegebenen Schaltung beide Röhren geöffnet oder gesperrt sind, ist instabil.

Die oben dargestellten Überlegungen bilden die Grundlage zur Konstruktion von Triggern. In digital arbeitenden Automaten hat in letzter Zeit der sogenannte *statische Trigger* große Verbreitung gefunden, der gewöhnlich als Kette zweier Negatoren mit positiver Rückkopplung ausgeführt wird.

Abb. 3.44a) zeigt eine typische Triggerschaltung in vereinfachter Form, die mit zwei Trioden aufgebaut ist, welche durch Spannungsteiler gekoppelt sind

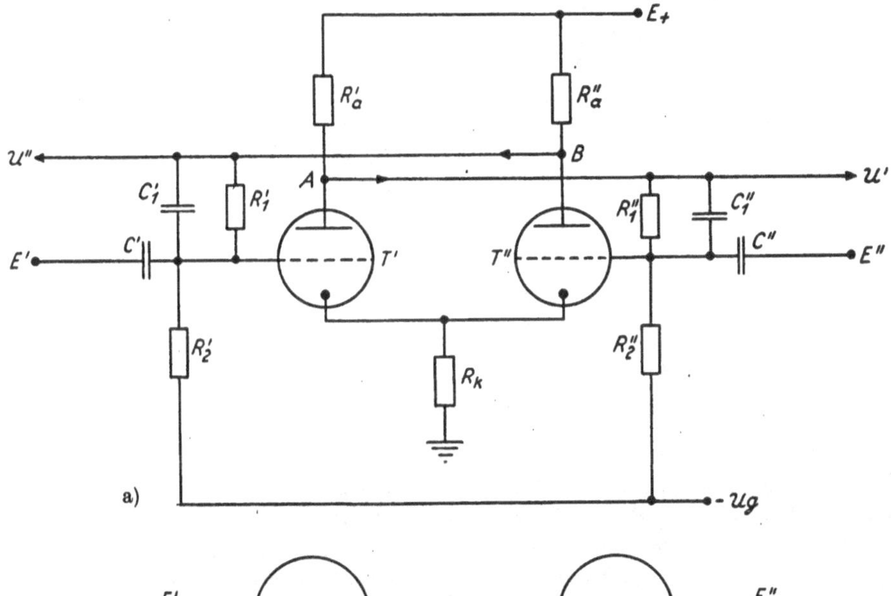

a)

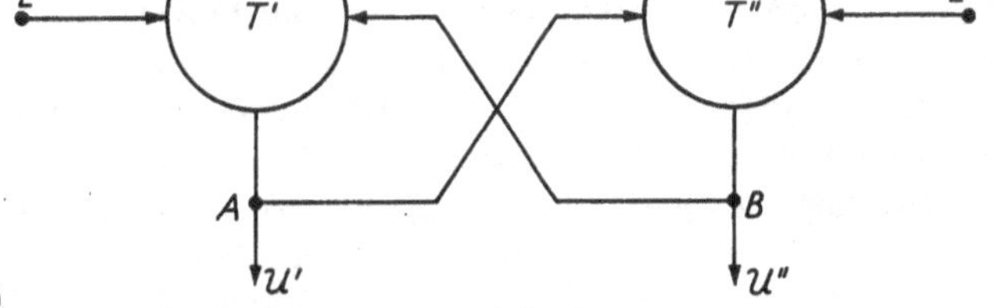

b)

Abb. 3.44

und einzeln an ihren Gittern gesteuert werden. Abb. 3.44 b) zeigt das entsprechende Blockschaltbild.

Trennt man in der vorliegenden Triggerschaltung die Anodenleitung der Röhre T'' von der gemeinsamen Speiseleitung ab und schließt sie an eine eigene Spannungsquelle E an, so erhalten wir ein System, das dem in Abb. 3.38 dargestellten Stromkreis äquivalent ist. Dem Widerstand R entspricht dabei der Anodenwiderstand R_a'', und der nichtlineare Widerstand R_N wird durch die gesamte Triggerschaltung bis zum Punkt B gebildet. Die Kennlinie des betrachteten Teils der Triggerschaltung hat die in Abb. 3.45 dargestellte Form, enthält also einen Abschnitt *III* mit negativem Anstieg, was durch die positive

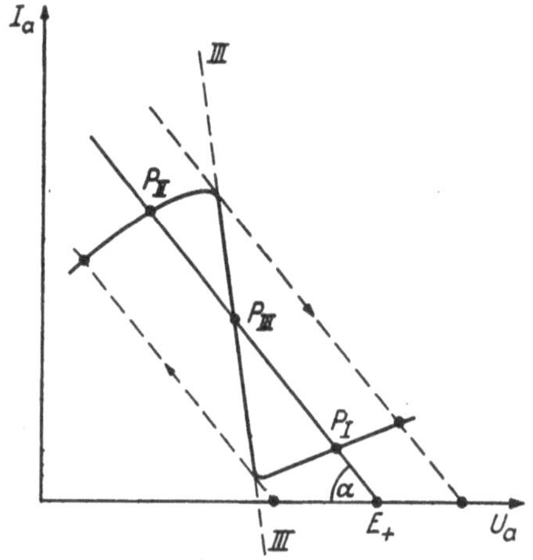

Abb. 3.45

Rückkopplung innerhalb des Triggers hervorgerufen wird. Die durch den Abszissenpunkt E_+ mit dem Winkel $\alpha = \arctan \frac{1}{R_a''}$ zur negativen Abszissenrichtung gezogene Gerade schneidet die Kennlinie in den drei Punkten P_I, P_{II}, P_{III}. Der Punkt P_{II} entspricht jenem stabilen Gleichgewichtszustand des Systems, bei dem die Röhre T'' geöffnet und die Röhre T' gesperrt ist; der Punkt P_I hingegen dem stabilen Gleichgewichtszustand, bei dem T' geöffnet und T'' gesperrt ist. Der Punkt P_{III} ist ein Punkt instabilen Gleichgewichts, der von dem betrachteten System beim Übergangsprozeß durchlaufen wird.

Bei Änderung der Anodenspannung E_a oder bei Eingabe entsprechender Steuersignale auf die Gitter oder die Katoden der Röhren geht der Trigger aus einem stabilen Gleichgewichtszustand in den anderen über.

Die beiden stabilen Zustände des Triggers werden gewöhnlich durch die Potentiale in den Punkten A und B der Schaltung (Abb. 3.44) charakterisiert. Dem einen Zustand entspricht ein niedriges Spannungsniveau im Punkt A und hohe Spannung im Punkt B (d. h., die Röhre T' führt Strom, und die Triode

T'' ist gesperrt); dem anderen entspricht die umgekehrte Verteilung der Spannungsgrößen: hohes Potential im Punkt A und niedriges im Punkt B (d. h., T' ist gesperrt, und T'' führt Strom). Der Übergang des Triggers aus dem einen in den anderen stabilen Zustand wird durch Eingabe von Steuerimpulsen in die Eingänge des Systems bewirkt. In manchen Schaltungen wird der Zustand des Systems auch mit Impulsen, die an die Katoden oder Anoden der Röhren gegeben werden, realisiert.

Zur Steuerung können sowohl positive als auch negative Impulse verwendet werden. Da die betrachtete Schaltung aber für negative Impulse besonders empfindlich ist, wird sie gewöhnlich mit negativen Impulsen gesteuert, die eine Amplitude von etwa 50 Volt und eine Dauer von Bruchteilen einer Mikrosekunde haben. Das Zeitintervall zwischen zwei aufeinanderfolgenden Steuerimpulsen — der Arbeitstakt des Triggers — muß länger als die zum Umschalten und nachfolgendem Erholen, d. h. Stabilisieren, der Schaltung erforderliche Zeit sein.

Ein Trigger kann in verschiedener Weise gesteuert werden: durch sukzessive Eingabe von Impulsen an jedem der in Abb. 3.44 dargestellten Eingänge der Schaltung[1]) oder durch gleichzeitige Eingabe an beiden Eingängen[2]). Dieser Fall ist damit gleichwertig, daß beide Eingänge zu einem einzigen vereinigt werden (Abb. 3.46).

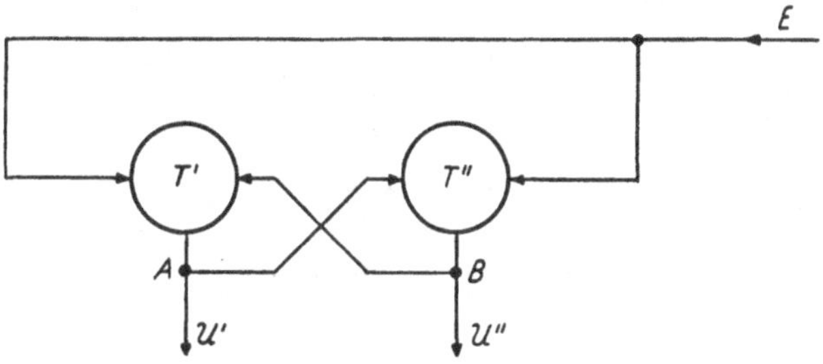

Abb. 3.46

Untersuchen wir nun die Reaktionen der Triggerschaltung auf gewisse Eingabesignale, die durch Impulse negativer Polarität realisiert werden, etwas ausführlicher. Der in Abb. 3.44 wiedergegebene Trigger befinde sich in dem Zustand, bei dem die Röhre T' gesperrt und T'' geöffnet ist. Dann ändert die Eingabe eines negativen Impulses in den Eingang E' den Zustand des Systems nicht: Der Punkt P_I (Abb. 3.45) wandert nach rechts. Das Potential im Punkt A bleibt hoch, es ändert sich praktisch überhaupt nicht. Bei Eingabe eines negativen Impulses der angegebenen Amplitude auf das Gitter der Röhre T'' wird diese Röhre gesperrt, und das Potential im Punkt B wächst schnell an. Die Röhre T' wird geöffnet, und das Spannungsniveau im Punkt A vermindert sich. Diesem Vorgang entspricht ein Wandern des Punktes P_I in Abb. 3.45 nach links mit

[1]) Auch *unsymmetrische Tastung* oder *R–S-Tastung* genannt. — Anm. d. Red.

[2]) Auch *symmetrische Tastung* genannt. — Anm. d. Red.

nachfolgendem Übergang des Gleichgewichtspunktes in den linken Teil der Kennlinie. Im Resultat des Übergangsprozesses erreicht das System den zweiten stabilen Gleichgewichtszustand (Punkt P_{II}), wobei also die Triode T' geöffnet und T'' gesperrt ist. Eine Rückkehr des Systems in den ursprünglichen Zustand kann durch Eingabe eines negativen Impulses in den Eingang E' des Triggers erreicht werden.

In der Schaltung, deren Blockschaltbild Abb. 3.46 zeigt, tritt der negative Impuls in beide Eingänge des Triggers gleichzeitig ein. Durch geeignete Dimensionierung der Schaltung, insbesondere durch passende Wahl der Gitterspannungen und der Impulsamplitude, kann erreicht werden, daß bei Eintreffen

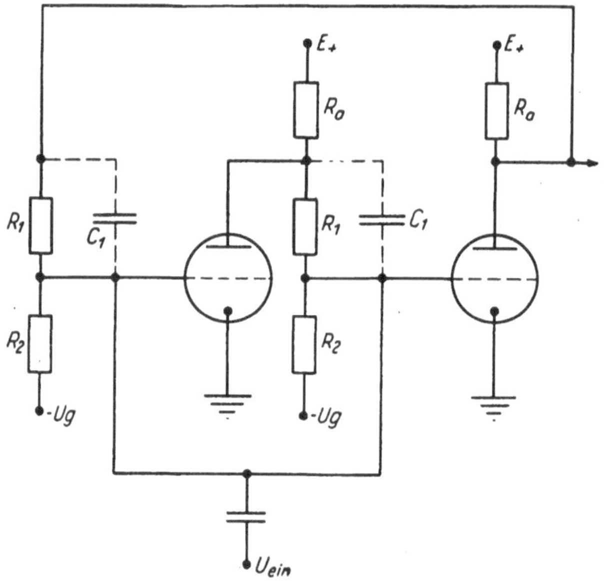

Abb. 3.47

eines Impulses die stromführende Röhre gesperrt und, als Folge davon, die gesperrte Röhre geöffnet wird. Also verändert jeder erste Steuerimpuls den Zustand des Systems und jeder zweite stellt ihn wieder her. Ein solcherart geschalteter Trigger mit nur einem Eingang (Abb. 3.46) wird manchmal auch „*Zähler modulo 2*" genannt. Wir merken noch an, daß die Kapazitäten in den Eingängen der Schaltung (Abb. 3.44) bewirken, daß der Trigger nur auf eine Änderung des Eingangssignals anspricht und die Dauer des Signals keinen Einfluß ausübt.

Die Dimensionierung einer Triggerschaltung und des Steuersignals zur Sicherung einer zuverlässigen Arbeitsweise erfolgt analog zur Dimensionierung eines mit Impulsen arbeitenden Negators, bei dem die Ausgangsspannung gleich der Eingangsspannung ist (Abb. 3.47). Jede Röhre der

Schaltung ist mit den in Serie geschalteten Widerständen R_1 und R_2 und mit der Kapazität C_1 (Eingangskapazität der Röhren, Schaltkapazitäten) belastet. Damit der Trigger zuverlässig arbeitet, ist es notwendig, daß die Röhren entweder einen relativ starken Strom führen oder vollständig gesperrt sind. Soll mit negativen Impulsen gesteuert werden, so darf, wenn die Röhre mit Sicherheit gesperrt werden soll, die Amplitude der Impulse nicht kleiner als die an der Triode abfallende Spannung sein.

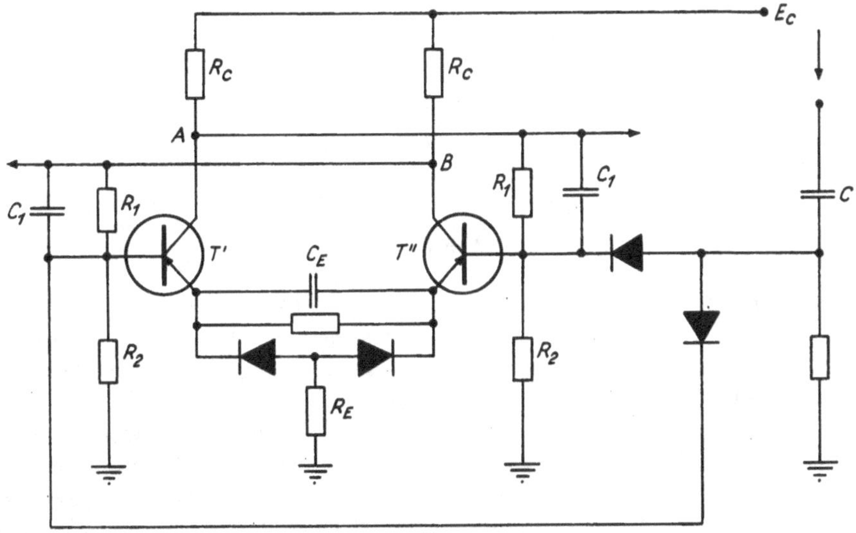

Abb. 3.48

Abb. 3.48 zeigt eine der gebräuchlichen Triggerschaltungen mit Transistoren, die mit automatischer Arbeitspunktverschiebung arbeitet. Letztere ergibt sich durch den Spannungsabfall am Emitterwiderstand R_E, der von dem Emitterstrom des jeweils geöffneten Transistors hervorgerufen wird. Der Widerstand R_E in der Emitterleitung vergrößert den Eingangswiderstand der Schaltung und erhöht ihre Stabilität und Zuverlässigkeit. Die Dioden und der Kondensator in der Emitterleitung erhöhen die Empfindlichkeit und Arbeitsgeschwindigkeit des Triggers.

2. Von Triggern[1]) realisierte Operatoren

Der Zustand eines Triggers kann dadurch charakterisiert werden, daß man die Verteilung der Potentiale auf die Punkte A und B seiner Schaltung (Abb. 3.49) angibt. Wir ordnen dem Potential im Punkt A eine zweiwertige Variable ζ_A zu, die den Wert 1 bzw. 0 annimmt, wenn die Spannung im Punkt A hoch bzw.

[1]) Siehe [74].

niedrig ist (d. h. T' gesperrt bzw. geöffnet ist.). Wir stellen fest, daß $\zeta_A = \bar{\zeta}_B$ ist. Die Eingangsvariablen, die angeben, ob (durch negative Impulse dargestellte) Signale an die Gitter der Trioden T' und T'' treten, bezeichnen wir mit ω' und ω''.

Aus der vorangegangenen Beschreibung der Triggerschaltung folgt, daß im Zustand $\zeta_A = 1$ die Eingabe eines Signals in den linken Eingang den Zustand des Triggers nicht ändert, wohingegen ein Signal, das bei diesem Zustand an den rechten Eingang gelangt, den Trigger in den durch $\zeta_A = 0$ beschriebenen

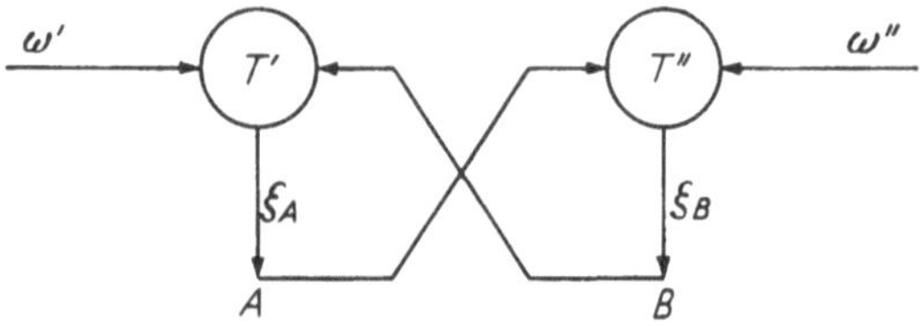

Abb. 3.49

Zustand versetzt. Analog dazu beeinflußt das Signal ω'' den Trigger im Zustand 0 (d. h. $\zeta_A = 0$) nicht, während ein Signal ω' das System in den Zustand 1 überführt. Für den untersuchten Trigger ist eine Eingabe von Signalen an beiden Eingängen gleichzeitig nicht zulässig.

Beim Übergang des Triggers vom Zustand $\zeta_A(t) = 1$ in den Zustand $\zeta_A\,(t + 1) = 0$ entsteht an der Anode der linken Triode ein negativer Spannungsabfall. Dieser negative Impuls wird in logischen Netzen zur Steuerung der nächsten Stufe benutzt. Der positive Impuls, der an derselben Anode beim Übergang des Triggers aus dem Zustand $\zeta_A(t) = 0$ in den Zustand $\zeta_A\,(t + 1) = 1$ entsteht, hat keinen Einfluß auf die Arbeit der folgenden Stufe.

Unter Benutzung obiger Überlegungen stellen wir nun eine Funktionstabelle auf, welche die Arbeit des Triggers beschreibt. Die Zeilen der Tabelle, in denen gleichzeitig bei $\omega'(t)$ und $\omega''(t)$ Einsen stehen (was dem Fall der gleichzeitigen Eingabe von Impulsen in beide Eingänge des Triggers entspricht, den wir, wie schon gesagt, ausschließen) fügen wir mit der Absicht hinzu, eine einfache Darstellung der Tabelle zu ermöglichen. Die Tabelle hat folgendes Aussehen:

Tabelle III.2

$\zeta_A(t)$	$\omega'(t)$	$\omega''(t)$	$\zeta_A\,(t + 1)$	$\eta_A(t)$
0	0	0	0	0
0	0	1	0	0
0	1	0	1	0
0	1	1	1	0
1	0	0	1	0
1	0	1	0	1
1	1	0	1	0
1	1	1	0	1

Aus der Tabelle erhalten wir

$$\zeta_A(t+1) = \left(\omega'(t) \wedge \overline{\zeta_A(t)}\right) \vee \left(\overline{\omega''(t)} \wedge \zeta_A(t)\right), \tag{3.21}$$

$$\eta_A(t) = \omega''(t) \wedge \zeta_A(t)\,. \tag{3.22}$$

Die Beziehung (3.22) kann auf verschiedene Arten durch Trigger realisiert werden; ein Beispiel zeigt die Schaltung in Abb. 3.50.

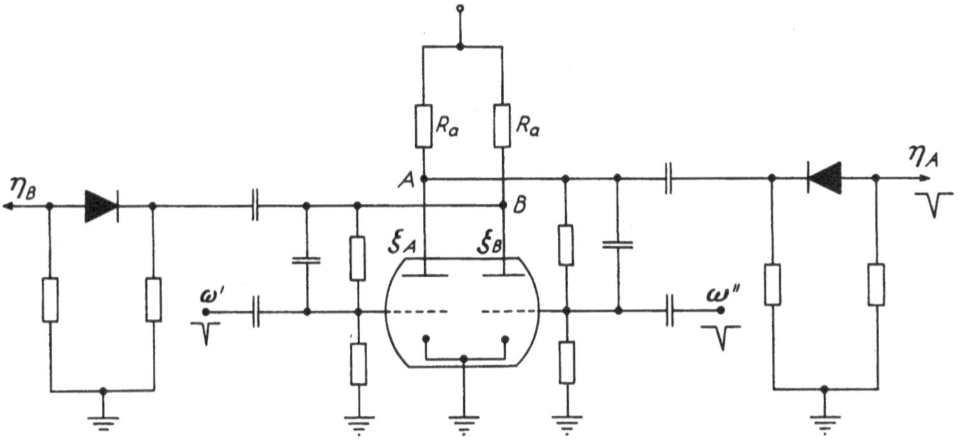

Abb. 3.50

Zu (3.21) und (3.22) analoge Beziehungen können auch für $\zeta_B(t+1)$ und $\eta_B(t)$ gewonnen werden. Wegen der Symmetrie der Triggerschaltung haben sie folgende Form:

$$\zeta_B(t+1) = \left(\omega''(t) \wedge \overline{\zeta_B(t)}\right) \vee \left(\overline{\omega'(t)} \wedge \zeta_B(t)\right), \tag{3.23}$$

$$\eta_B(t) = \omega'(t) \wedge \zeta_B(t)\,. \tag{3.24}$$

In Triggern mit zusammengeschalteten Eingängen erscheint das Steuersignal gleichzeitig an den Gittern beider Trioden. Setzen wir in den Ausdrücken (3.21) und (3.22) $\omega'(t) = \omega''(t) = \omega(t)$, so erhalten wir Gleichungen für den Trigger mit einem Eingang in folgender Form:

$$\zeta_A(t+1) = \left(\omega(t) \wedge \overline{\zeta_A(t)}\right) \vee \left(\overline{\omega(t)} \wedge \zeta_A(t)\right) = \omega(t) \oplus \zeta_A(t)\,, \tag{3.25}$$

$$\eta_A(t) = \omega(t) \wedge \zeta_A(t)\,. \tag{3.26}$$

Die Abbildungen 3.51 und 3.52 zeigen die Blockschaltzeichen für Trigger, die wir im weiteren benutzen werden.

Wenn ein Trigger in eine Schaltung eingebaut werden muß, die mit positiven Impulsen oder mit positiven Spannungsabfällen arbeitet, so werden seine Eingänge mit Negatoren T ausgerüstet, die gewöhnlich „Ziehröhren“ genannt werden (Abb. 3.53). Als Ausgabesignal des Triggers, das ja hier positiv sein muß, dient dann das beim Sperren der Triode T' entstehende Signal $\eta_A(t)$. Das Sperren der Triode T' entspricht dem Übergang des Triggers aus dem Zustand $\zeta_A(t) = 0$ in den Zustand $\zeta_A\,(t+1) = 1$, der durch das Eingabesignal $\xi''(t) = 1$ hervorgerufen wird. Folglich gilt im untersuchten Fall:

$$\zeta_A(t+1) \doteq \left(\overline{\zeta_A(t)} \wedge \xi''(t)\right) \vee \left(\zeta_A(t) \wedge \overline{\xi'(t)}\right), \tag{3.27}$$

$$\eta_A(t) = \overline{\zeta_A(t)} \wedge \xi''(t)\,. \tag{3.28}$$

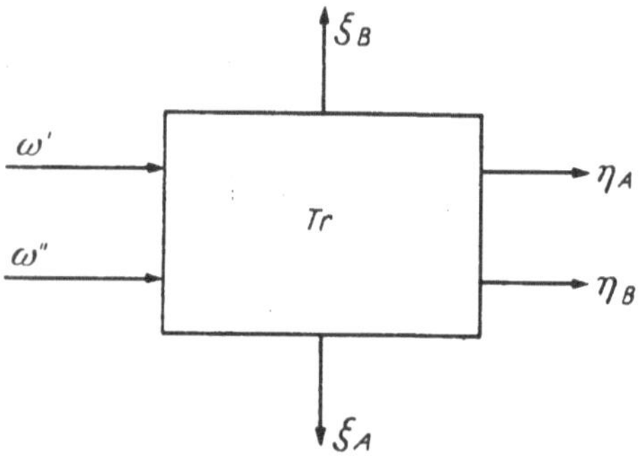

Abb. 3.51

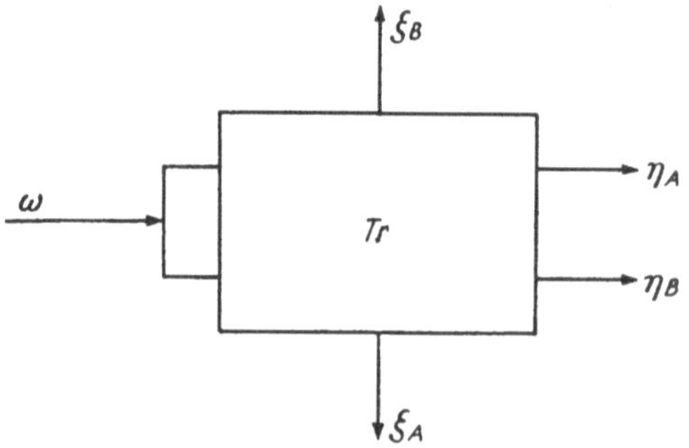

Abb. 3.52

Das Eingabesignal $\xi'(t)$ führt den Trigger wieder in den Zustand $\zeta_A = 0$ zurück. Wenn man berücksichtigt, daß in der betrachteten Schaltung

$$\xi''(t) = \overline{\omega'(t)} \quad \text{und} \quad \xi'(t) = \overline{\omega''(t)}$$

gilt, dann kann man die Beziehungen (3.27) und (3.28) in folgende Form bringen:

$$\zeta_A(t+1) = \left(\overline{\zeta_A(t)} \wedge \overline{\omega'(t)}\right) \vee \left(\zeta_A(t) \wedge \omega''(t)\right), \tag{3.27'}$$

$$\eta_A(t) = \overline{\zeta_A(t)} \wedge \overline{\omega'(t)}\,. \tag{3.28'}$$

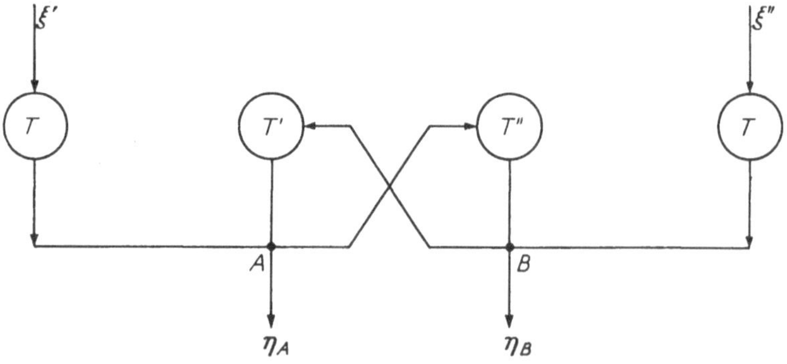

Abb. 3.53

Die so erhaltenen Formeln unterscheiden sich von den Gleichungen (3.21) und (3.22) darin, daß hier die negativen Steuersignale ω' und ω'' durch 0 codiert sind.

Zum Abschluß unserer Betrachtungen untersuchen wir noch den sogenannten *dynamischen Trigger*. Dabei handelt es sich um eine Triggerschaltung mit zwei Eingängen, die sich vom statischen Fall dadurch unterscheidet, daß bei Eingabe eines Signales $\omega'(t) = 1$ in den betreffenden Eingang eine ganze Folge

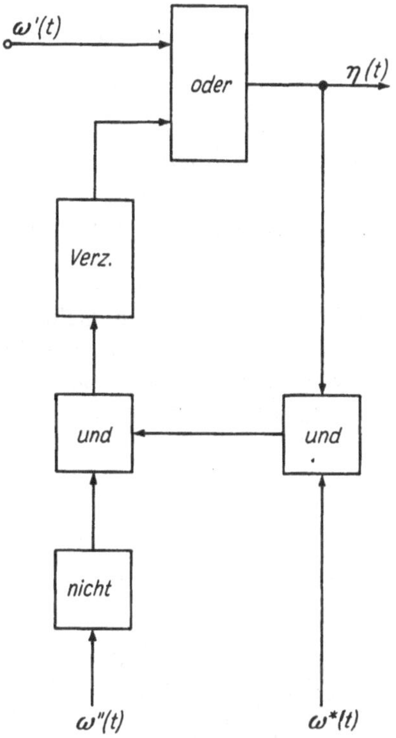

Abb. 3.54

von Signalen $\eta(t) = 1$, $\eta\,(t + 1) = 1$, $\eta\,(t + 2) = 1, \ldots$ am Ausgang erscheint, die erst beim Eintreffen eines Eingangssignales $\omega''\;(t + s) = 1$ abbricht. In der Zeitspanne von t bis $t + s$ eintreffende Eingangssignale $\omega'(t') = 1$ ändern die Ausgangsaktivität nicht. Das logische Netz eines dynamischen Triggers ist in Abb. 3.54 dargestellt.

Man entnimmt der Abbildung unmittelbar, daß

$$\eta(t) = \omega'(t) \vee \left(\eta\,(t - 1) \wedge \overline{\omega''\;(t - 1)} \wedge \omega^*\,(t - 1)\right) \tag{3.29}$$

ist, wobei $\omega^*(t)$ ein Synchronisierimpuls ist, der in jedem Takt am Eingang erscheint. Da also stets $\omega^*(t) = 1$ gilt, kann der Ausdruck (3.29) folgendermaßen geschrieben werden:

$$\eta(t) = \omega'(t) \vee \left(\eta\,(t-1) \wedge \overline{\omega''\,(t-1)}\right).$$

Der dynamische Trigger hat eine weit größere Arbeitsgeschwindigkeit als der statische, seine Elemente arbeiten unter leichteren Bedingungen, und die röhrenbestückte Variante dieses Triggers hat geringere Abmessungen als ein statischer Trigger.

§ 4. Ferromagnetische Bauelemente[1])

1. Physikalische Grundlagen[2])

Konstruktionselemente für Automaten, die auf der Basis ferromagnetischer Elemente hergestellt werden, stehen den mit Röhren oder Halbleitern bestückten Elementen vorläufig in bezug auf die Arbeitsgeschwindigkeit noch nach, sie sind aber zuverlässiger, haben geringere Abmessungen und sind verhältnismäßig billig.

Die weiteste Verbreitung haben ferromagnetische Elemente gefunden, die in Form eines Ringes ausgeführt sind, auf den mehrere Eingangs- und eine Ausgangswicklungen aufgebracht sind (Abb. 3.55). Als Material für diese Ringkerne werden gewöhnlich Ferrite verwendet, die man durch Sintern aus Eisen-, Nickel- und Manganoxyden gewinnt.

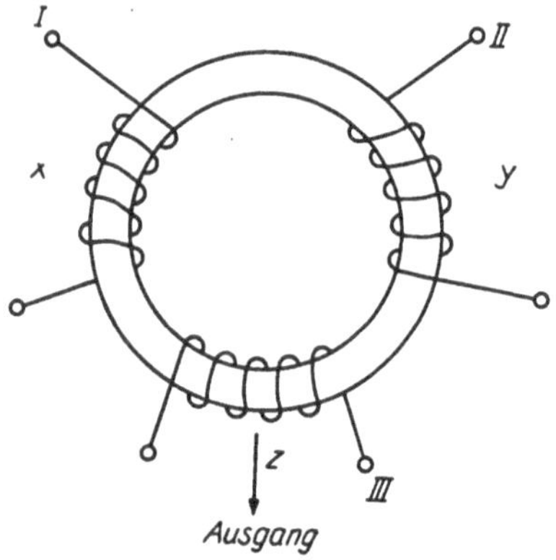

Abb. 3.55

Die magnetischen Eigenschaften von Ferritkernen werden durch die Abhängigkeit der magnetischen Induktion B von der magnetischen Feldstärke H charakterisiert. Diese Abhängigkeit, die man als $B = B(H)$ schreiben kann, ist nicht eindeutig, weil die Größe der magnetischen Induktion nicht nur von

[1]) Beim Abfassen dieses Paragraphen benutzten wir die grundlegende Arbeit [76].

[2]) Siehe [58].

der gegebenen Feldstärke, sondern bis zur Ummagnetisierung auch von einer Restmagnetisierung des Kerns abhängt. Der Einfluß dieser Restmagnetisierung verschwindet jedoch bei hinreichend großen Werten von H, so daß dort $B(H)$ eindeutig ist. Stellt man die betrachtete Abhängigkeit graphisch dar (Abb. 3.56), so erhält man die Hystereseschleife des Ferritkerns.

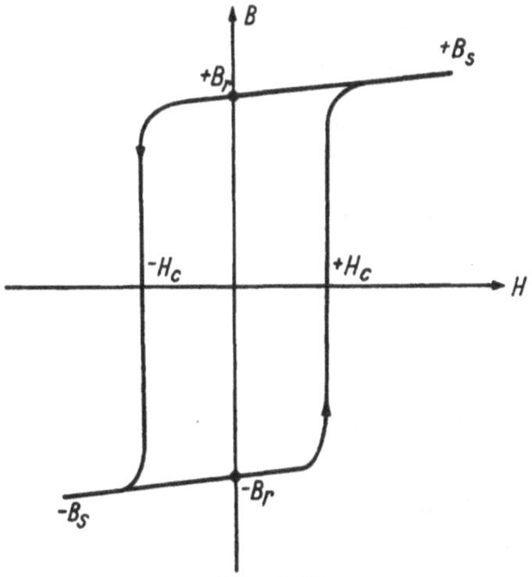

Abb. 3.56

Beim Fehlen eines magnetischen Feldes, d. h. in den Intervallen zwischen den von außen eingegebenen Signalen, bei der Feldstärke $H = 0$ also, nimmt die magnetische Induktion des Kernes entweder den Wert $+ B_r$ oder den Wert $- B_r$ an.[1]) Wir ordnen dem Kern eine zweiwertige Variable zu, verabreden, daß der Zustand des Kernes bei der magnetischen Induktion $+ B_r$ *aktiv* genannt wird und setzen fest, daß die Variable genau dann den Wert 1 hat, wenn der Kern aktiv ist. Entsprechend nennen wir den Magnetisierungszustand $- B_r$ *passiv* und ordnen diesem Zustand den Wert 0 der betrachteten Variablen zu.

In Schaltungen mit solchen ferromagnetischen Elementen sind verschiedene Arbeitsweisen für die Kerne möglich. Wir betrachten zunächst sogenannte *Transformator-Schaltungen*, in denen ein Ferritkern als Transformator arbeitet. Derartige Schaltungen sind in modernen digital arbeitenden Automaten weit verbreitet.

Damit ein Kern als „Transformator" arbeitet, speist man seine Eingangswicklungen in der Regel mit unipolaren Impulsen. Durch verschiedene Spannungen an den Wicklungen werden verschiedene Feldstärken erzeugt.

Es ist bequem, alle Eingangswicklungen eines Kernes, die seinen Magnetisierungszustand bestimmen, in zwei Gruppen einzuteilen: Erstens die Wicklungen, mit deren Hilfe der Kern in den Zustand 1 überführt werden kann

---

[1]) Die Punkte $+ B_r$ und $- B_r$ heißen Remanenzpunkte.

(im folgenden „Eins-Wicklungen" genannt) und zweitens die Wicklungen, deren Einwirkung den Kern in den Zustand 0 versetzt (im folgenden „Null-Wicklungen" genannt).

Nehmen wir an, der Kern befinde sich im Zustand 1, d. h., seine magnetische Induktion ist $+B_r$. Bei Eingabe eines (hinreichend starken) Impulses in eine Eins-Wicklung erhöht sich die magnetische Induktion auf $+B_m$, aber nach dem Impuls stellt sich wieder der Wert $+B_r$ ein. Dabei ändert sich die magnetische Induktion um den Betrag

$$\Delta_a B = B_m - B_r \,. \tag{3.30}$$

Gelangt jedoch ein Impuls an eine Null-Wicklung, so nimmt die magnetische Induktion des Kerns zunächst den Wert $-B_m$ an und geht nach Abklingen des Impulses auf $-B_r$ zurück. Folglich ist die Änderung der magnetischen Induktion in diesem Fall gleich

$$\Delta_e B = B_m + B_r \,. \tag{3.31}$$

Analoge Änderungen der magnetischen Induktion ergeben sich für den Fall, daß der Kern im Zustand 0 Impulse an einer Null- bzw. an einer Eins-Wicklung erhält.

Bei einer Änderung der magnetischen Induktion eines Ferritkerns entstehen in den Wicklungen elektromotorische Kräfte folgender Größe:

$$U = -\, W\, S \frac{dB}{dt}\, 10^{-8} \text{ (Volt)}\,, \tag{3.32}$$

wobei W die Windungszahl der Spule und S der Querschnitt des verwendeten Drahtes ist.

Diese Beziehung kann näherungsweise durch die Formel

$$U = -\, W\, S\, \frac{\Delta B}{\tau}\, 10^{-8} \tag{3.33}$$

ausgedrückt werden, wobei τ die Ummagnetisierungszeit ist, die von den Daten des Kernes einerseits und dem aufgewendeten Magnetfeld andererseits abhängt. Aus (3.33) ergibt sich, daß bei Änderung des Magnetisierungszustandes eines Ferritkerns die in den Wicklungen auftretenden elektromotorischen Kräfte folgende Größe haben:

$$U_e = -\, W\, S \frac{\Delta_e B}{\tau}\, 10^{-8} = -\, W\, S \frac{B_m + B_r}{\tau}\, 10^{-8} \,. \tag{3.34}$$

Die als Störimpuls auftretende elektromotorische Kraft, die bei einer Magnetisierungsänderung ohne Vorzeichenwechsel, d. h. ohne Änderung des Kernzustandes, entsteht, ist

$$U_a = -\, W\, S \frac{B_m - B_r}{\tau}\, 10^{-8} \,. \tag{3.35}$$

Die Polarität der elektromotorischen Kräfte hängt von der Richtung der angewendeten Felder ab.

Bei Verwendung von Ferritkernen als Bauelemente logischer Netze ist es nötig, das Verhältnis $\frac{U_a}{U_e}$ möglichst klein zu machen. Dieser Bruch hängt von dem Parameter $\alpha = \frac{B_r}{B_m}$ ab, dem sogenannten Rechteckkoeffizienten der Hystereseschleife. Für Ferrite liegt der Wert von α zwischen 0,9 und 0,98. Mit solchen Ferriten können zuverlässige Schaltungen konstruiert werden, auf deren Funktionieren die oben erwähnten Störimpulse keinen Einfluß haben.

In den von uns untersuchten Transformatorschaltungen können die Impulse gleichzeitig an Eingangswicklungen beider Gruppen erscheinen, also sowohl an Eins- als auch an Null-Wicklungen. Der dabei entstehende Magnetisierungszustand wird durch die algebraische Summe der von den einzelnen Spulen erzeugten Magnetfelder bestimmt. Daraus ergibt sich die Möglichkeit, logische Operationen mit Ferritkernen zu realisieren. Dieser Vorgang geschieht in zwei Etappen, die wir *Schreiben* und *Lesen* nennen wollen.

Beim *Schreiben* treten die Impulse, die den zweiwertigen Eingangsvariablen zugeordnet sind, an die Eingangswicklungen des Kerns, und dieser geht — entsprechend der von ihm realisierten BOOLEschen Funktion — in den Zustand 0 oder 1 über. Eine der Null-Wicklungen wird nur zum *Lesen* benutzt. Ein Impuls, der an diese Spule gegeben wird, führt den Kern in den Zustand 0 über und induziert in der Ausgangswicklung ein Signal, das den Wert der Ausgangsvariablen definiert.

Bei der Konstruktion von Schaltungen mit Ferritkernen muß man darauf achten, daß eine ausreichende Leistung des von den Kernen abgegebenen Ausgangssignals gewährleistet ist. Die Leistung des Ausgangssignals muß zur Steuerung aller folgenden Elemente, jedoch mindestens für zwei, ausreichen. Außerdem müssen wechselseitige Beeinflussungen der Wicklungen ausgeschlossen werden und Richtung und Synchronität der Informationsverarbeitung gewährleistet werden, d. h., die Signale dürfen nur von einem steuernden zu dem zu steuernden Kern gelangen und das nur während der Lesezeit. Das bedeutet, daß die Eingabe der Schreibimpulse an irgendeinen Kern nicht den Zustand der von ihm gesteuerten Elemente verändert und das Erscheinen des Leseimpulses nicht den Zustand jener Elemente beeinflußt, die den Kern steuern.

Diese Bedingungen erfüllt man dadurch, daß man die Verbindungsglieder zwischen den einzelnen Kernen entsprechend auslegt. Dazu gibt es mehrere Möglichkeiten. In sogenannten *Ferritkern-Dioden-Transformator-Schaltungen* enthalten die erwähnten Verbindungsglieder zwischen den Kernen Halbleiterdioden (Abb. 3.57). Beim Übergang des Kernes A_1 aus dem Zustand 1 in den Zustand 0 entsteht an der Ausgangswicklung ein Impuls, der einen den Kern der folgenden Stufe ummagnetisierenden Strom durch das Verbindungsglied erzeugt. Geht der Kern A_1 vom Zustand 0 wieder in den Zustand 1 über, so entsteht an der Ausgangswicklung ebenfalls ein Impuls, der aber — gegenüber dem vorigen Impuls — entgegengesetzt gepolt ist, so daß er wegen der Diode keinen Strom durch das Verbindungsglied erzwingen kann.

In den sogenannten *Ferritkern-Transistor-Transformator-Schaltungen* enthalten die Verbindungsglieder Transistoren (Abb. 3.58). Beim Übergang des Kernes A_1 vom Zustand 0 in den Zustand 1 entsteht an der Ausgangswicklung eine elektromotorische Kraft positiver Polarität. Dabei erhält die Basis des Transistors T einen positiven Impuls, und folglich fließt kein Kollektorstrom.

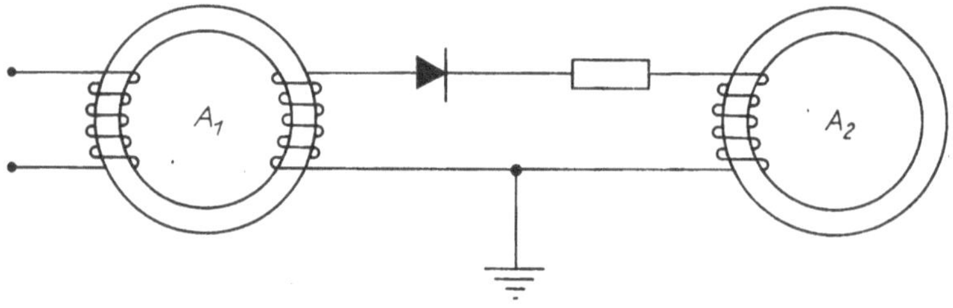

Abb. 3.57

Wenn der Kern A_1 beim Lesen aus dem Zustand 1 in den Zustand 0 überführt wird, dann trifft an der Basis ein negativer Impuls ein, der einen zur Ummagnetisierung des Kerns A_2 ausreichenden Strom im Kollektorkreis hervorruft. Andererseits führt eine eventuelle Änderung des Zustandes von A_2 und die damit zusammenhängende Potentialänderung am Kollektor des Transistors

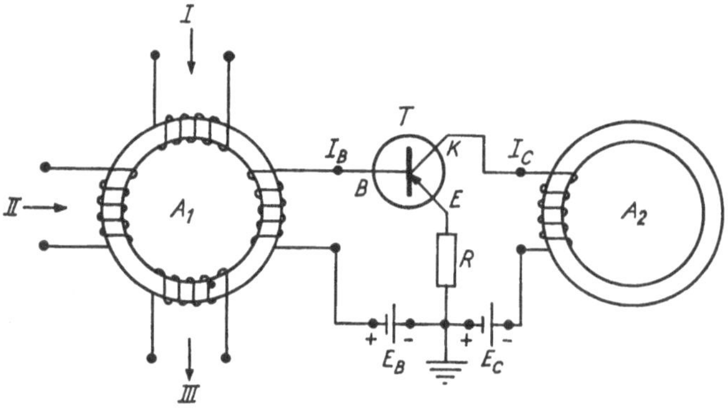

Abb. 3.58

nicht zu einem nennenswerten Strom im Basis- oder Kollektorkreis. Damit wird gesichert, daß sich der Zustand des Kerns A_1 nicht durch eine Zustandsänderung von A_2 verändert, also keine Information in die falsche Richtung fließt.

Die Zuverlässigkeit derartiger Schaltungen hängt wesentlich von der Länge der Steuerimpulse und ihrer Synchronität ab. In realen Schaltungen entstehen infolge von Änderungen der Kerndaten und der Verbindungsglieder Abweichungen in der Länge der Ausgangsimpulse. Bei mehrstufigen Systemen kann das zu einer derartigen Streuung in der Impulslänge an den Ausgängen der Kerne höherer Stufen führen, daß eine Synchronität der Impulse nicht mehr gewährleistet ist, was seinerseits Störungen der Arbeit des Netzes nach sich zieht. Darum werden besondere Maßnahmen mit dem Ziel getroffen, daß entstehende Abweichungen nicht die zulässigen Toleranzen überschreiten. Dazu gehört die sorgfältige Auswahl der Kerne, das Einfügen sogenannter Impulsformer[1]) und Synchronisatoren[2]) in die Schaltung usw. Eine ausführliche Untersuchung dieser Fragen ist jedoch nicht unsere Aufgabe, wir werden also in Zukunft das Funktionieren der betrachteten Schaltungen ohne Berechnung der erwähnten Abweichungen analysieren.

Bei der praktischen Realisierung von Schaltungen mit Ferritkernen müssen besondere Maßnahmen getroffen werden, um zu sichern, daß die Kerne, die sowohl Eins-Wicklungen als auch Null-Wicklungen tragen, richtig arbeiten. Das erklärt sich daraus, daß, unabhängig von der Zahl der zu einem gewissen Zeitpunkt an Eins-Wicklungen eintreffenden Impulse, der Kern im Zustand 0 verbleiben soll, wenn nur ein Impuls zu dieser Zeit an eine Null-Wicklung tritt. Es gibt verschiedene Methoden, die gewährleisten, daß diese Bedingung eingehalten wird. Manchmal läßt man das Schreiben in zwei Etappen vor sich gehen, anstatt die Eins- und Null-Wicklungen gleichzeitig mit den entsprechenden Impulsen zu beliefern. Für Schaltungen, in denen das Schreiben gleichzeitig mit beiden Wicklungstypen vorgenommen wird, muß dann gelten, daß das von einer Null-Wicklung erzeugte Feld das gesamte von allen Eins-Wicklungen produzierte Magnetfeld übertrifft. Das ist deshalb besonders wichtig, damit das von allen Wicklungen erzeugte Feld während der gesamten Schreibperiode nicht positiv ist, wenn eine Null-Wicklung einen Impuls erhält. Dazu erhalten die Null-Wicklungen Impulse einer größeren Länge als die Eins-Wicklungen.

Im Zusammenhang mit diesen Schwierigkeiten ist es notwendig, bei der Konstruktion von Ferritkern-Transformator-Schaltungen zwei Typen, G und H, von Bauelementen zu verwenden, die sich nur durch die Länge des Ausgabesignals unterscheiden. Das Ausgabesignal von Elementen des Typs G dient zur Speisung von Eins-Wicklungen, während das von Elementen des Typs H eine größere Länge hat und zur Speisung von Null-Wicklungen verwendet wird. In funktioneller Hinsicht sind jedoch die Elemente vom Typ G und H äquivalent.

Je nach der Art und Weise, wie die Informationen von den Kernen abgelesen werden, unterscheidet man Ein-, Zwei- und Dreitakt-Transformator-Schaltungen. Die Lesemethode hängt davon ab, wie die Lesewicklungen zusammengeschaltet sind.

---

[1]) Glieder, die die richtige Länge und Form der Impulse wiederherstellen.

[2]) In den Synchronisatoren werden aus den Ausgangsimpulsen mittels synchronisierender Impulse in genau fixierten Zeitpunkten enge Streifen herausgeschnitten. Mit dieser Methode erreicht man eine genaue Synchronisation der Impulse, die an die Kerne der folgenden Stufe treten. (Synchronisatoren werden im Deutschen *Koinzidenzgatter* genannt. —Anm. d. Red.)

Bei den *Eintakt-Schaltungen* sind die Lesewicklungen aller Kerne in Reihe geschaltet (Abb. 3.59), d. h., der Leseimpuls erscheint an allen Kernen gleichzeitig (wenn man einmal die Verzögerung des Impulses beim Durchgang durch die Wicklungen unberücksichtigt läßt). Bei dieser Lesemethode müssen in die Verbindungsglieder zwischen den einzelnen Kernen Verzögerungselemente eingesetzt werden, damit die Eingangsimpulse und der Leseimpuls zeitlich gegen-

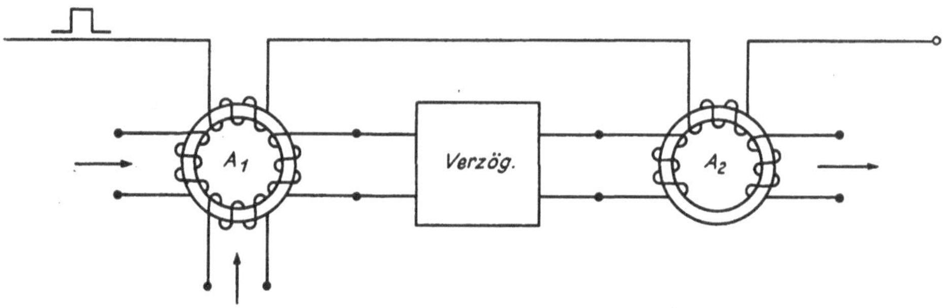

Abb. 3.59

einander verschoben am Kern eintreffen. Die Verzögerungszeit τ_v muß so gewählt sein, daß das Eingangssignal für den Kern A_2 diesen erst nach seiner Ummagnetisierung in den Zustand 0 durch den Leseimpuls erreicht. Abb. 3.60 zeigt die zeitliche Verteilung der Schreib- und Leseimpulse, die an den Kernen A_1 und A_2 eintreffen. Der Impuls, der das Lesen der Information vom Kern A_1 bewirkt, ist gegen den Eingangsimpuls um die Zeit τ_p verschoben. Diese Zeit ist zur sicheren Ummagnetisierung des Kernes während des Lesens erforderlich.

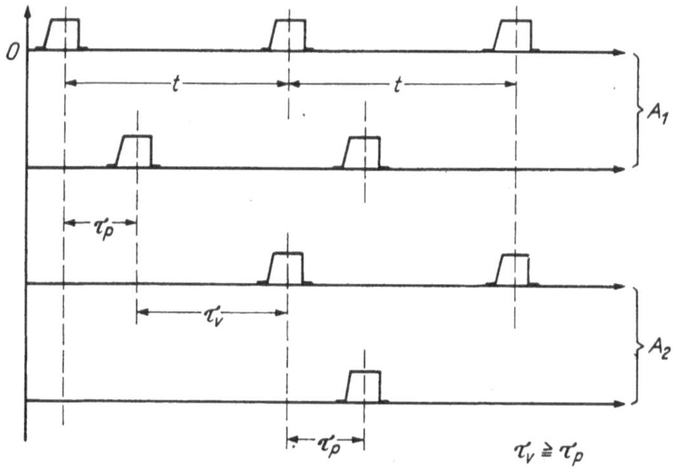

Abb. 3.60

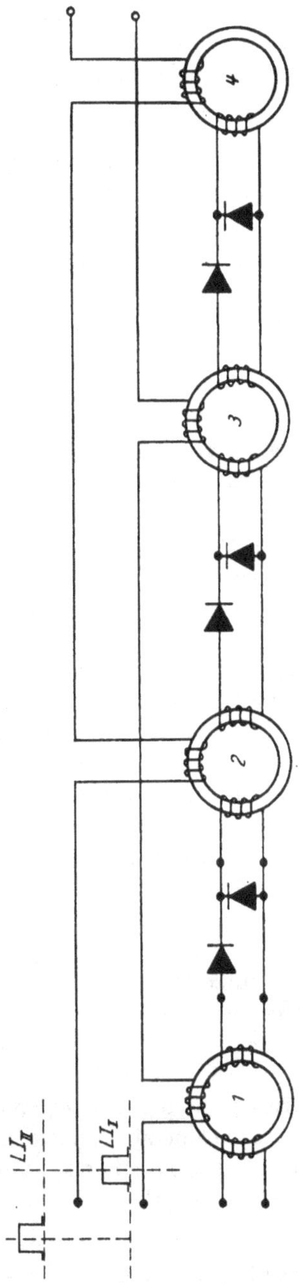

Abb. 3.61

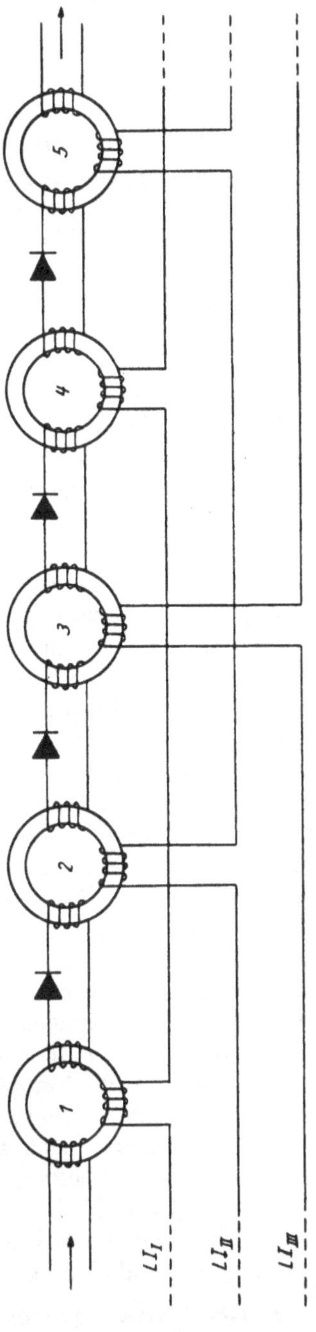

Abb. 3.62

Der vom Kern A_1 abgelesene Impuls erscheint nach Ablauf der Zeit τ_v am Kern A_2 und wird dort mit dem nächsten Leseimpuls abgelesen. Gewöhnlich wird $\tau_v \geqq \tau_p$ gewählt. Die Schreibimpulse an einer Stufe sind dann gegenüber den Schreibimpulsen an der vorigen und der folgenden Stufe um einen Eingabetakt verschoben. Die Zahl der Leseimpulse, die zur Weitergabe der Informationen von den Eingabepolen bis zu den Ausgabepolen eines Netzes nötig sind, ist im allgemeinen gleich der Stufenzahl des Netzes.

Zuverlässiger und bequemer aufzubauen sind sogenannte *Zweitakt-Schaltungen*. Bei diesen Schaltungen ist die Menge der Lesewicklungen in zwei Gruppen eingeteilt. Zur ersten Gruppe gehören alle Lesewicklungen von Kernen aus Stufen mit einer ungeraden Stufennummer (die Stufen werden vom Eingang aus mit *I* beginnend numeriert), und zur zweiten Gruppe gehören diejenigen Wicklungen, die auf Kerne aus „geraden Stufen“ gewickelt sind (Abb. 3.61). Sämtliche Wicklungen einer Gruppe sind in Reihe geschaltet und an eine für jede Gruppe besondere Quelle für Leseimpulse angeschlossen. Dabei sind die Impulse, die die erste Quelle aussendet, gegenüber den von der zweiten emittierten Impulse zeitlich verschoben. Zuerst erscheint der Leseimpuls LI_I an den Lesewicklungen der „ungeraden Stufen“. Die in diesen Stufen gelesene Information tritt an die Kerne der folgenden, also geraden Stufen. Nach Ablauf einer gewissen Zeit, die zur sicheren Funktion der Schaltelemente nötig ist, erscheint der Leseimpuls LI_{II} an den Lesewicklungen der geraden Stufen, und die dort gespeicherte Information wird an die Kerne der folgenden ungeraden Stufen weitergegeben usw.

Hohe Resistenz gegen Störungen und vollständige Unterdrückung von Informationsflüssen in falscher Richtung zeichnet die *Dreitakt-Schaltungen* mit Ferritkernen aus (Abb. 3.62). Hier ist die Menge der Lesewicklungen sogar in drei Gruppen eingeteilt, die von verschiedenen Quellen ihre Impulse erhalten. Die Impulse treten an den Lesewicklungen um die Zeit τ verschoben auf, die nötig ist, um eine sichere Übertragung der Information von einem Kern an den folgenden zu gewährleisten. Zur Unterdrückung von Informationsrückflüssen wird gleichzeitig mit dem Leseimpuls, der an einer Gruppe von Wicklungen anliegt, an die Gruppe, an der der Leseimpuls unmittelbar zuvor gelegen hatte, ein Ergänzungsimpuls gegeben.

Dreitakt-Ferritkern-Schaltungen erfordern allerdings eine wesentliche Erhöhung der Kernanzahl. Darum haben diese Schaltungen ungeachtet ihrer hohen Zuverlässigkeit keine große Verbreitung gefunden. Am häufigsten werden Zweitakt-Ferritkern-Schaltungen angewandt.

Zum Abschluß geben wir noch eine kurze Beschreibung der sogenannten *Ferritkern-Dioden-Drossel-Schaltungen*[1]). Dieses Bauelement lenkte in der letzten Zeit die Aufmerksamkeit auf sich, weil es einfach herzustellen und sehr zuverlässig ist. In einer derartigen Schaltung wirkt der Ferritkern nicht als Transformator, sondern als Drossel.

[1]) Siehe [59]. (Im Original: „ферродиодный дроссельный элемент“. — Anm. d. Red.)

Die Prinzipschaltung eines solchen Bauelements zeigt Abb. 3.63. Es besteht aus dem Kern K, der eine oder mehrere Eingangswicklungen $W_{\text{Eing.}}$ und eine Ausgangswicklung $W_{\text{Ausg.}}$ trägt. In Reihe mit den Wicklungen sind Dioden D_1 und D_2 geschaltet. Um die Arbeitsweise einer derartigen Schaltung zu erläutern, speisen wir sie über die Leitung S mit einer sinusförmigen Wechselspannung der Frequenz f und der Amplitude E. Infolge der Wirkungsweise der Dioden fließen im Eingangs- und im Ausgangskreis nur in verschiedenen Halbperioden der angelegten Spannung Ströme. Wir nennen die Halbperiode, während der im Eingangskreis ein Strom fließen kann, *Bestimmungshalbperiode* und jene, während der im Ausgangskreis ein Strom fließt, *Arbeitshalbperiode*.

Der Kern K befinde sich zu Beginn der Bestimmungshalbperiode in dem Zustand, dem der Punkt A der Hystereseschleife (Abb. 3.64) entspricht, und es

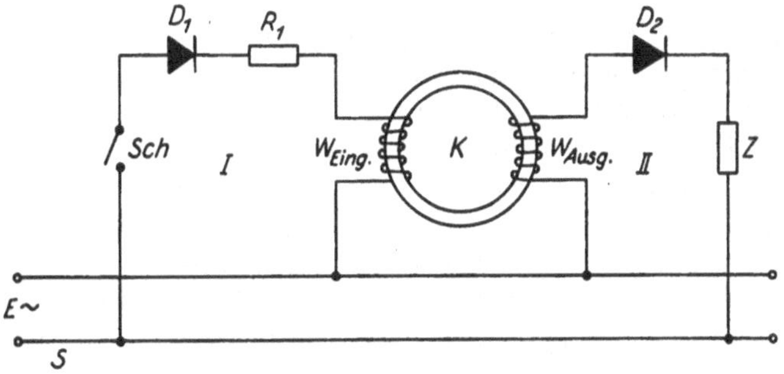

Abb. 3.63

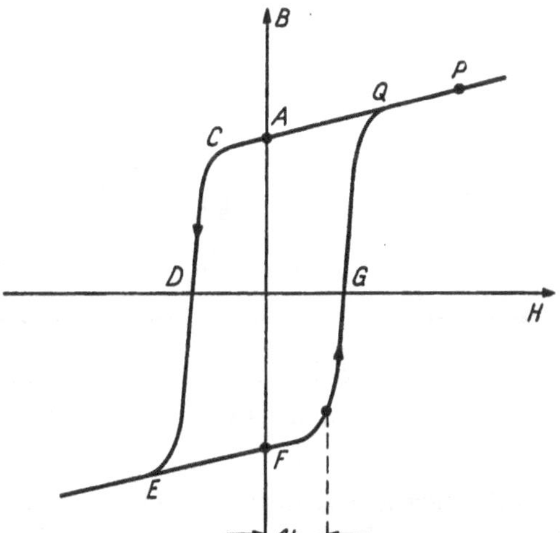

Abb. 3.64

fließe während dieser Halbperiode kein Strom durch die Eingangswicklung, d. h., wir nehmen an, daß der Schalter *Sch* geöffnet ist (Abb. 3.63). Dann ändert sich in der folgenden Arbeitshalbperiode die magnetische Induktion des Kernes entsprechend dem Abschnitt *AQPA* der Hystereseschleife, und der Spannungsabfall an der Ausgangswicklung $W_{\text{Ausg.}}$ des Kerns ist gering. Dabei entsteht am Arbeitswiderstand Z ein Spannungsimpuls, der fast der angelegten Spannung der Arbeitshalbperiode gleich ist, und der Strom im Ausgangskreis erreicht die Größe

$$I_{\text{Ausg.}} = \frac{E}{Z}$$

(die Impedanz der Ausgangsspule ist klein, falls wie hier keine Ummagnetisierung stattfindet).

Wenn während der Bestimmungshalbperiode im Eingangskreis ein Strom fließt (der Schalter *Sch* also geschlossen ist), dann wird der Kern (entsprechend dem Abschnitt *ACDEF* der Hystereseschleife) ummagnetisiert und geht in den dem Punkt F entsprechenden Zustand über. Dann führt der in der folgenden Arbeitshalbperiode im Ausgangskreis fließende Strom den Kern (entsprechend dem Abschnitt *FGQA*) in den ursprünglichen Zustand zurück. Dabei entsteht an der Ausgangswicklung des Kerns ein Impuls, dessen Amplitude annähernd gleich der Amplitude der angelegten Spannung ist, wogegen der am Arbeitswiderstand entstehende Impuls nur eine kleine Amplitude aufweist.

Wenn also während der Bestimmungshalbperiode, die etwa den Moment t der Zeitskala bildet, im Eingangskreis kein Strom fließt, dann fließt während der darauf folgenden Arbeitshalbperiode (also im Moment $t + 1$) im Ausgangskreis ein großer Strom. Fließt dagegen während der Bestimmungshalbperiode t im Eingangskreis ein zur Ummagnetisierung des Kerns ausreichender Strom, dann ist der Strom im Ausgangskreis im Moment $t + 1$ gering.

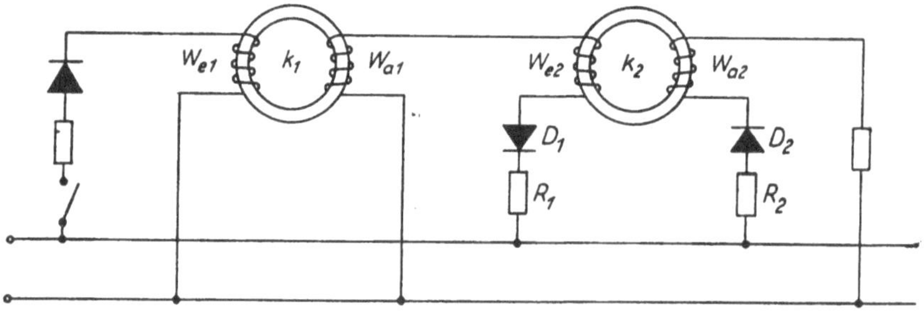

Abb. 3.65

Wir schalten nun zwei derartige Bauelemente so zusammen, wie es in Abb. 3.65 dargestellt ist (die Windungszahl jeder Eingangswicklung eines Kernes muß kleiner sein als die Windungszahl seiner Ausgangswicklung). In dieser Schaltung dient der Eingangskreis des zweiten Elementes als Ausgangswiderstand des ersten Elements. Der Kern K_1 möge während der Bestimmungshalbperiode aus dem Zustand A in den Zustand F (Abb. 3.64) ummagnetisiert worden sein. Wie aus der Schaltung ersichtlich, fließt in derselben Halbperiode auch im Ausgangskreis des Kerns K_2 ein Strom, und infolgedessen ist K_2 am Ende dieser Halbperiode im Zustand A unabhängig vom vorher bestehenden Magnetisierungszustand. Während der folgenden Halbperiode geht der Kern K_1 wieder in den Ausgangszustand (Punkt A der Hystereseschleife) über, der Zustand von K_2 ändert sich dabei nicht (da aus den erwähnten Gründen der Strom in der Ausgangswicklung von K_1 klein bleibt). Wenn während der Bestimmungshalbperiode im Eingangskreis des ersten Kerns kein Strom fließt, dann befinden sich zu Beginn der folgenden Arbeitshalbperiode beide Kerne K_1 und K_2 in demselben, dem Punkt A der Hystereseschleife (Abb. 3.64) entsprechenden Zustand. Im Verlauf der Arbeitshalbperiode wird der Kern K_2 in den durch den Punkt F gegebenen Zustand ummagnetisiert. Also wird in mehrstufigen Schaltungen aus solchen Drossel-Schaltungen, falls im Moment t der Kern einer gewissen Stufe ummagnetisiert wird, der Kern der folgenden Stufe im Moment $t + 1$ nicht ummagnetisiert und umgekehrt.

Betrachten wir nun einen Kern mit zwei Eingangswicklungen, die verschiedenen Wicklungssinn haben. Die Wicklung, mit deren Hilfe die soeben beschriebene Arbeitsweise des Kernes möglich wird, nennen wir Ummagnetisierungswicklung W_u, und die Wicklung, die ein entgegengesetztes Magnetfeld erzeugt, heißt Verhinderungswicklung W_v. Ein Strom durch die Verhinderungswicklung während der Bestimmungshalbperiode überführt den Kern in den dem Punkt A der Hystereseschleife entsprechenden Zustand unabhängig vom vorher bestehenden Zustand. Dabei fließt in der Arbeitshalbperiode im Ausgangskreis des Kernes der Strom I_a. Wir wählen die Parameter der Wicklungen so, daß bei ein und demselben Strom I_a für alle Wicklungen gilt

$$H_{ua} - H_{va} < H_0 ,$$

wobei H_{ua} und H_{va} die vom Strom I_a in der Ummagnetisierungs- bzw. Verhinderungswicklung erzeugten Felder sind und H_0 der zu einer Magnetisierungsänderung erforderliche Mindestwert der Feldstärke ist. Dann geht der Kern unabhängig vom ursprünglichen Magnetisierungszustand in den dem Punkt A der Hystereseschleife entsprechenden Zustand über, wenn in beiden Eingangswicklungen der Strom I_a fließt. Die angegebene Bedingung muß eingehalten werden, wenn das Bauelement zuverlässig arbeiten soll.

Das soeben beschriebene Bauelement, das wir im weiteren Bauelement vom Typ R nennen, kann etwa 4 bis 10 weitere Kerne steuern, deren Eingangswicklungen dabei nach Belieben in Reihe oder parallel geschaltet sind. Aus verschiedenen Gründen ist aber dabei die Parallelschaltung der zu speisenden Wicklungen vorzuziehen.

2. Von ferromagnetischen Bauelementen realisierte Operatoren

Nehmen wir an, daß bei dem in Abb. 3.55 dargestellten Ferritkern die Wicklung I eine Eins-Wicklung und Wicklung II eine Null-Wicklung ist. Abb. 3.66 zeigt Blockschaltzeichen für Ferritkerne mit einer Wicklung von Typ I (a) bzw. mit einer Wicklung vom Typ II (b) und mit beiden Wicklungen (c). Gesucht ist der von einem solchen Bauelement realisierte Operator.

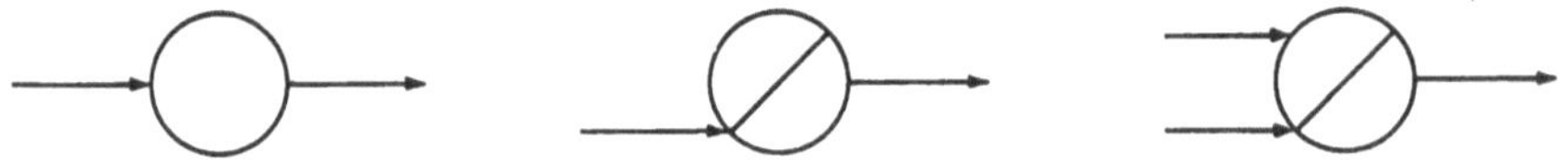

Abb. 3.66

Einleitend erinnern wir daran, daß die Eingabe eines Impulses an eine Eins-Wicklung das Element in einen Zustand versetzt, dem wir den Wert 1 der entsprechenden Variablen zuordnen. Wird ein Signal auf eine Null-Wicklung oder auf beide Wicklungen gleichzeitig gegeben, so geht das Element in den anderen Zustand über, dem wir den Wert 0 der betrachteten Variablen zuordnen. Beim Übergang des Kerns aus dem Zustand 1 in den Zustand 0 entsteht in der Ausgangswicklung ein Signal, dem der Wert 1 der Ausgangsvariablen zuzuordnen ist, wogegen das in der gleichen Wicklung beim Übergang vom Zustand 0 in den Zustand 1 induzierte Signal dem Wert 0 der Ausgangsvariablen entspricht.

Hat ein Kern genau eine Eins- und genau eine Null-Wicklung, so bezeichnen wir im Takt t die Eingabesignale, die auf die Eins- bzw. Null-Wicklung gelangen, mit $\xi(t)$ bzw. $\xi'(t)$; ferner bezeichnen wir im gleichen Takt den Zustand des Kernes mit $\zeta(t)$ und das Ausgabesignal mit $\eta(t)$. Dann wird der von dem betrachteten Bauelement realisierte Operator durch Tabelle III.3 beschrieben.

Tabelle III.3

$\zeta(t)$	$\xi(t)$	$\xi'(t)$	$\zeta(t+1)$	$\eta(t)$
0	0	0	0	0
0	0	1	0	0
0	1	0	1	0
0	1	1	0	0
1	0	0	1	0
1	0	1	0	1
1	1	0	1	0
1	1	1	0	1

Aus Tabelle III.3 erhalten wir die folgenden kanonischen Gleichungen des von dem untersuchten Bauelement realisierten regulären Automatenoperators:

$$\left.\begin{aligned} \eta(t) &= \zeta(t) \wedge \xi'(t)\,, \\ \zeta(t+1) &= (\zeta(t) \vee \xi(t)) \wedge \bar{\xi}'(t)\,. \end{aligned}\right\} \qquad (3.36)$$

Im allgemeinen Fall, wenn der Kern also m Eins-Wicklungen und n Null-Wicklungen trägt, haben die kanonischen Gleichungen dieses Operators folgende Form:

$$\left.\begin{aligned} \eta(t) &= \zeta(t) \wedge \left(\xi_1'(t) \vee \xi_2'(t) \vee \ldots \vee \xi_n'(t)\right), \\ \zeta(t+1) &= \left(\zeta(t) \vee \xi_1(t) \vee \xi_2(t) \vee \ldots \vee \xi_m(t)\right) \wedge \bar{\xi}_1'(t) \wedge \bar{\xi}_2'(t) \wedge \ldots \wedge \bar{\xi}_n'(t) . \end{aligned}\right\} \quad (3.37)$$

Wie im vorigen Abschnitt dieses Paragraphen gezeigt wurde, werden bei der Realisierung BOOLEscher Funktionen mit ferromagnetischen Bauelementen die Informationen in zwei aufeinanderfolgenden Etappen in die Kerne eingeschrieben bzw. gelesen.

Dabei kann das Schreiben durch Eingabe von Signalen gleichzeitig an den Eins- und Null-Wicklungen realisiert werden. Das Lesesignal (genauer Lese*befehl*) erscheint an einer besonderen Null-Wicklung, der *Lesewicklung*.

Wir zeigen nun, daß man mit dieser Schaltung der Ferritkerne, d. h. mit dem oben angegebenen Operator, eine funktional vollständige Menge elementarer BOOLEscher Funktionen realisieren kann, allerdings mit einer Verzögerung um eine gewisse Anzahl von Takten (d. h. in einer Zeitskala mit einer größeren Einheit als vorher).

Wir nehmen an, daß das in Abb. 3.67 dargestellte Bauelement außer den erwähnten Wicklungen eine weitere, in der Abbildung nicht gezeigte Null-Wicklung trägt, die nur zum Lesen der auf dem Kern befindlichen Information

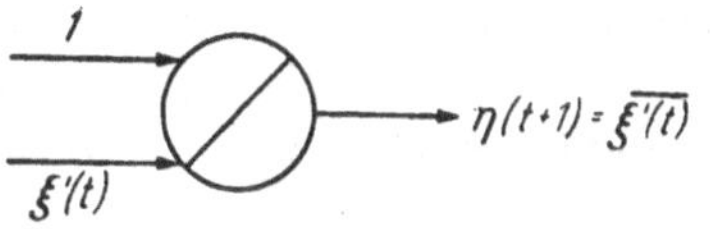

Abb. 3.67

dient. Der Takt t sei ein Schreibtakt, und es sei $\zeta(t) = 0$. Wir geben auf die Eins- und die Null-Wicklung die Signale 1 bzw. $\xi'(t)$ sowie auf die Lesewicklung das Signal $\omega(t) = 0$ (da es sich ja um einen Schreibtakt handelt). Nach den oben angegebenen kanonischen Gleichungen gilt dann

$$\eta(t) = 0 ,$$
$$\zeta(t+1) = \overline{\xi'(t)} .$$

Im Takt $t + 1$ erscheint, weil es sich um einen Lesetakt handelt, das Signal $\omega(t + 1) = 1$ an der Lesewicklung. Dabei gilt

$$\eta(t+1) = \zeta(t+1) \wedge \omega(t+1) = \overline{\xi'(t)} ,$$
$$\zeta(t+2) = 0 .$$

Wir sehen, daß das betrachtete Bauelement die *Negation* mit einer Verzögerung von einem Takt realisiert. Je nach dem Verwendungszweck des Ausgabesignals wird beim Einsetzen dieses Bauelements die Variante G oder H gewählt. Die entsprechenden Operatoren bezeichnen wir mit $G(1, y)$ und $H(1, y)$, wobei also

$$G(1, y) = H(1, y) = \bar{y} \tag{3.38}$$

gilt.

Gleichzeitig ist klar, daß man unter denselben Anfangsbedingungen und mit derselben Organisation des Lesens bei Eingabe der Signale $\xi(t)$ bzw. 0 in die Eins- bzw. Null-Wicklung

$$\zeta\,(t + 1) = \xi(t)\,,$$

d. h.

$$G(x, 0) = x$$

erhält; das Bauelement realisiert in diesem Fall also eine Verzögerung des Eingabesignals um einen Takt.

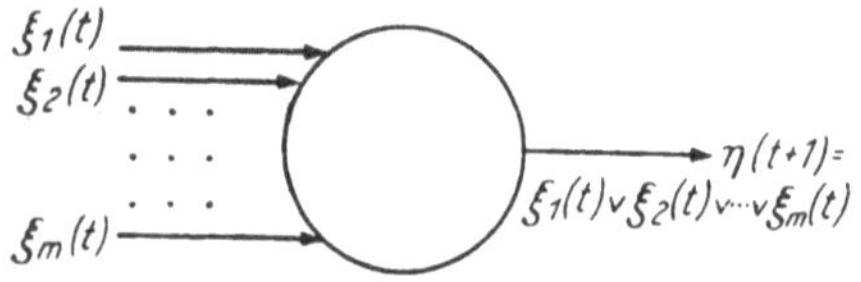

Abb. 3.68

Mit Hilfe eines einzigen Kerns kann auch die m-stellige *Alternative* realisiert werden (siehe das Schaltzeichen in Abb. 3.68). Ist t ein Schreib- und dementsprechend $t + 1$ ein Lesetakt, ferner $\zeta(t) = 0$, so gilt

$$\zeta\,(t + 1) = \xi_1(t) \vee \xi_2(t) \vee \ldots \vee \xi_m(t)$$

und bei Eingabe des Leseimpulses im Moment $t + 1$

$$\eta\,(t + 1) = \zeta\,(t + 1) = \xi_1(t) \vee \xi_2(t) \vee \ldots \vee \xi_m(t)\,.$$

Die m-stellige Alternative wird also wie die Negation mit einer Verzögerung von einem Takt realisiert.

Mit Hilfe eines einzigen Kerns, der m Eins- und n Null-Wicklungen trägt, kann die Funktion

$$(x_1 \vee x_2 \vee \ldots \vee x_m) \wedge (\bar{x}_1' \wedge \bar{x}_2' \wedge \ldots \wedge \bar{x}_n')$$

realisiert werden, und zwar mit einem Takt Verzögerung, d. h., es gilt

$$\eta\,(t + 1) = \big(\xi_1(t) \vee \xi_2(t) \vee \ldots \vee \xi_m(t)\big) \wedge \big(\bar{\xi}_1'(t) \wedge \bar{\xi}_2'(t) \wedge \ldots \wedge \bar{\xi}_n'(t)\big)\,.$$

Für den Fall $m = n = 1$ ergibt sich dann

$$\eta\,(t + 1) = \xi(t) \wedge \bar{\xi}'(t)\,. \tag{3.39}$$

Den Operator, der durch (3.39) definiert wird, bezeichnen wir mit $G(x, y)$ bzw. $H(x, y)$.

Die *Konjunktion* realisiert man mit Ferritbauelementen auf Grund der bekannten Beziehung

$$x_1 \wedge x_2 \wedge \ldots \wedge x_k = \overline{\bar{x}_1 \vee \bar{x}_2 \vee \ldots \vee \bar{x}_k}\,.$$

Im allgemeinen ist dazu eine dreistufige Schaltung erforderlich (Abb. 3.69). In der ersten Stufe werden die Negationen der Eingabesignale gebildet, die zweite Stufe realisiert die Alternative der von der ersten Stufe gelieferten Ausgabesignale, und in der dritten Stufe wird das Ausgabesignal der zweiten Stufe

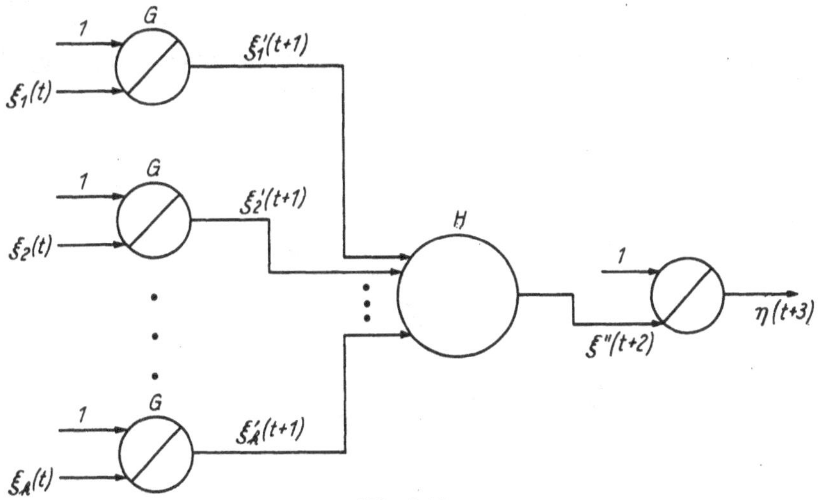

Abb. 3.69

negiert; das Ausgabesignal der dritten Stufe ist somit die Konjunktion der Eingabesignale unserer Schaltung. Mit anderen Worten, es gilt

$$\xi'_\varkappa(t+1) = \overline{\xi_\varkappa(t)}\quad,\qquad 1 \leqq \varkappa \leqq k\,,$$

$$\xi''(t+2) = \bigvee_{\varkappa=1}^{k} \xi'_\varkappa(t+1) = \bigvee_{\varkappa=1}^{k} \overline{\xi_\varkappa(t)}\,,$$

$$\eta(t+3) = \overline{\xi''(t+2)} = \overline{\bigvee_{\varkappa=1}^{k} \overline{\xi_\varkappa(t)}} = \bigwedge_{\varkappa=1}^{k} \xi_\varkappa(t)\,.$$

Die Konjunktion kann also im allgemeinen nur mit der Verzögerung $\sigma = 3$ realisiert werden. Indessen wird in mit Ferritkernen aufgebauten Schaltungen die Alternative gewisser Ausgangsvariablen, die von anderen Bauelementen der Schaltung geliefert werden, sehr häufig einfach durch Vereinigung derjenigen Ausgangspole des Netzes gebildet, die als Glieder in dieser Alternative vorkommen (Abb. 3.70). Das führt zu einer Verminderung der Kernanzahl und der Anzahl der Takte, die zur Realisierung einer funktional vollständigen Menge elementarer Boolescher Funktionen erforderlich sind. Insbesondere vereinfacht sich unter diesen Bedingungen das Netz für die Konjunktion, die dann gemäß der folgenden Gleichung (mit der Verzögerung $\sigma = 2$) zu realisieren ist (Abb. 3.71):

$$\begin{aligned} \eta\,(t+2) &= \xi_1(t) \wedge \xi_2(t) \wedge \ldots \wedge \xi_k(t) \\ &= G\bigl(1, H(1, \xi_1(t)) \vee H(1, \xi_2(t)) \vee \ldots \vee H(1, \xi_k(t))\bigr)\,. \end{aligned} \tag{3.40}$$

In Abb. 3.72 ist eine Schaltung für die Konjunktion zweier (also $k = 2$) Variablen nach einer Formel angegeben, die sich von (3.40) etwas unterscheidet; sie hat die Form

$$\eta\,(t+2) = \xi_1(t) \wedge \xi_2(t) = G\bigl(G(\xi_1(t), 0), H(1, \xi_2(t))\bigr)\,.$$

Der Kern 1 dient hier als Verzögerungsstrecke für das Eingabesignal ξ_1, damit die Signale ξ_1 und ξ_2 gleichzeitig an den Kern 2 gelangen.

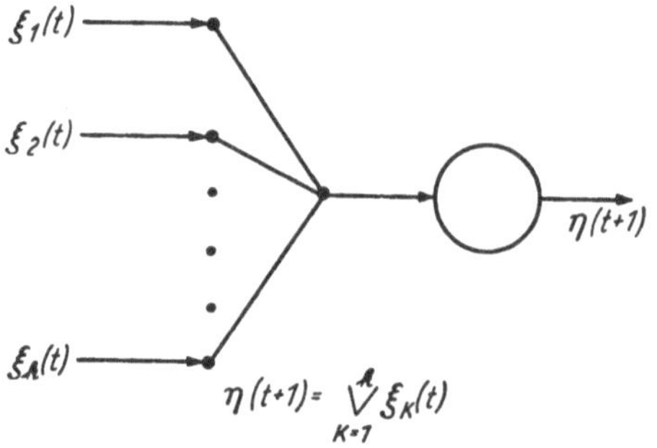

Abb. 3.70

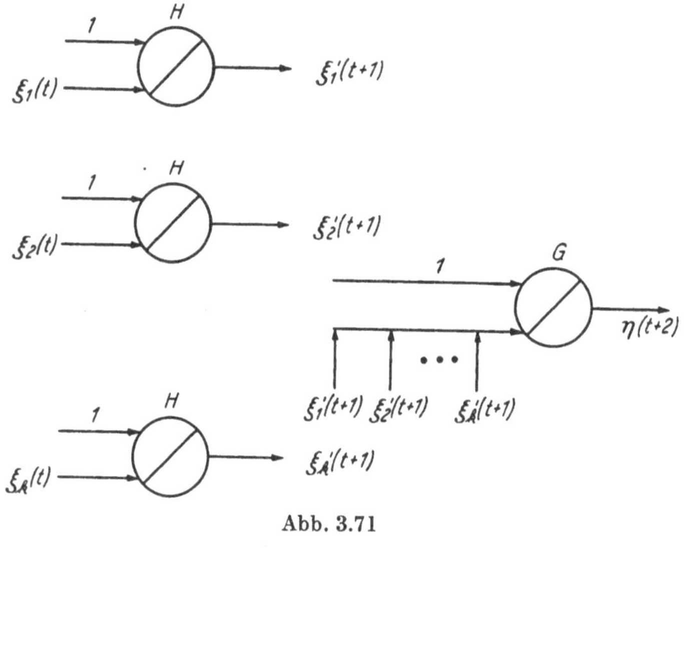

Abb. 3.71

Auf Grund dieser Betrachtungen ist klar, daß eine funktional vollständige Menge elementarer Booleschen Funktionen durch Ferritkern-Schaltungen mit der Verzögerung $\sigma = 2$ realisiert werden kann. Wir merken nebenbei folgendes an: Da die Alternative ohne Vergrößerung der Stufenzahl des Netzes realisiert werden kann, ist es möglich, eine beliebige kanonische alternative Normalform durch eine zweistufige Schaltung zu realisieren, d. h. mit der Verzögerung $\sigma = 2$, und zwar je nach der gewählten Verknüpfung der Lesewicklungen durch eine Eintakt- oder eine Zweitakt-Schaltung.

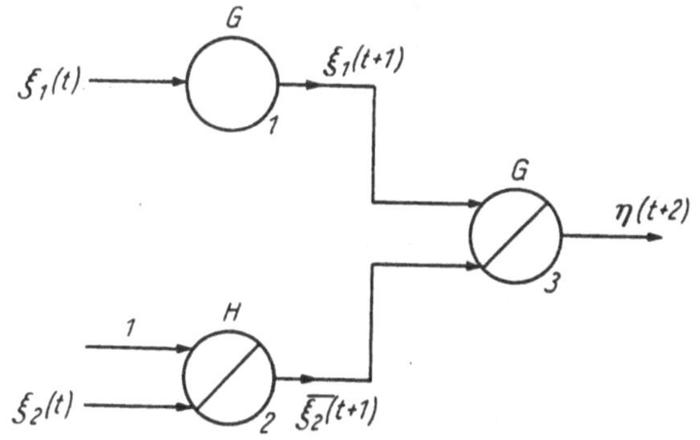

Abb. 3.72

Abschließend gehen wir nun zur Beschreibung der von den angegebenen Drosselschaltungen[1]) realisierten Operatoren über. Wir versehen einen Kern mit zwei Eingangswicklungen, nämlich einer Ummagnetisierungs- und einer Verhinderungswicklung, sowie mit einer Ausgangswicklung. Das Schaltzeichen für ein solches Bauelement zeigt Abb. 3.73; hier ist a der Eingangspol der Ummagnetisierungswicklung, b der der Verhinderungswicklung und c der Aus-

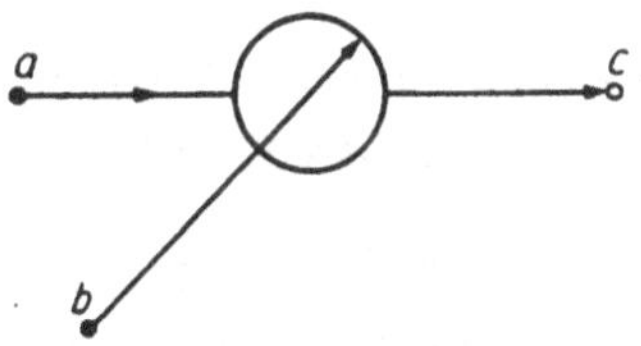

Abb. 3.73

gangspol. Dem Zustand ζ des Kernes, dem der Punkt A der Hystereseschleife (siehe Abb. 3.64) entspricht, ordnen wir den Wert 1 der Zustandsvariablen zu, und dem Zustand, der dem Punkt F entspricht, den Wert 0. Die Eingabesignale, die auf die Ummagnetisierungs- und die Verhinderungswicklung gegeben werden, bezeichnen wir mit ξ bzw. ξ' und das Ausgangssignal mit η (wobei dem Fall, daß in dem betrachteten Kreis der Strom I_u fließt, der Wert 1 der entspre-

[1]) Siehe die in der Fußnote auf S. 148 angegebene Arbeit von L. M. Schechtman.

chenden Variablen zugeordnet ist). Dann können wir unter Benutzung der im vorigen Abschnitt dieses Paragraphen ausgeführten Beschreibung der Funktionsweise der betrachteten Drosselschaltungen folgende Tabelle aufstellen:

Tabelle III.4

$\zeta(t)$	$\xi(t)$	$\xi'(t)$	$\zeta(t+1)$
0	0	0	0
0	0	1	1
0	1	0	0
0	1	1	1
1	0	0	1
1	0	1	1
1	1	0	0
1	1	1	1

Aus Tabelle III.4 entnehmen wir, daß

$$\zeta(t+1) = \left(\zeta(t) \wedge \bar{\xi}(t)\right) \vee \xi'(t) \tag{3.42}$$

ist. Für die Ausgangsfunktion gilt

$$\left.\begin{aligned} \eta(t) &= 0\,, \\ \eta(t+1) &= \zeta(t+1)\,, \quad \zeta(t+2) = \zeta(t)\,. \end{aligned}\right\} \tag{3.43}$$

Wir zeigen jetzt, daß mit Bauelementen des betrachteten Typs funktional vollständige Mengen Boolescher Funktionen mit einer Verzögerung um eine gewisse Anzahl von Takten (d. h. in einer Zeitskala mit einer evtl. größeren Einheit als vorher) realisiert werden können. Der Takt t sei eine Bestimmungshalbperiode, ferner sei $\zeta(t) = 1$ und $\xi'(t) = 0$. Dann gilt nach (3.42) und (3.43)

$$\eta(t+1) = \overline{\xi(t)}\,.$$

Also realisiert ein Kern mit einer Ummagnetisierungswicklung in einer Drosselschaltung die Negation mit einer Verzögerung von einem Takt:

$$R(x, 0) = \bar{x}\,. \tag{3.44}$$

Wir merken gleichzeitig an, daß für $\zeta(t) = 1$ und $\xi(t) = 1$

$$\eta(t+1) = \xi'(t) \qquad \text{bzw.} \qquad R(1, y) = y$$

gilt, d. h., unter den angegebenen Bedingungen arbeitet der Kern wie ein gewöhnliches Verzögerungselement, das das Eingabesignal für einen Takt zurückhält.

Die Alternative wird genauso realisiert wie in Transformatorschaltungen, d. h., im allgemeinen so, daß einfach die Ausgangskanäle derjenigen Elemente, die die Glieder der Alternative realisieren, vereinigt werden.

Die Konjunktion kann auf Grund der Gleichung

$$x_1 \wedge x_2 \wedge \ldots \wedge x_k = \overline{\bar{x}_1 \vee \bar{x}_2 \vee \ldots \vee \bar{x}_k}$$

erhalten werden und — ebenso wie mit Transformatorschaltungen — mit der Verzögerung $\sigma = 2$ realisiert werden:

$$\begin{aligned}\eta\,(t+2) &= \xi_1(t) \wedge \xi_2(t) \wedge \ldots \wedge \xi_k(t) \\ &= R\,(R(\xi_1, 0) \vee R(\xi_2, 0) \vee \ldots \vee R(\xi_k, 0), 0)\,. \qquad (3.45)\end{aligned}$$

In Abb. 3.74 ist die Schaltung, die der Beziehung (3.45) für den Fall $k = 2$ entspricht, wiedergegeben.

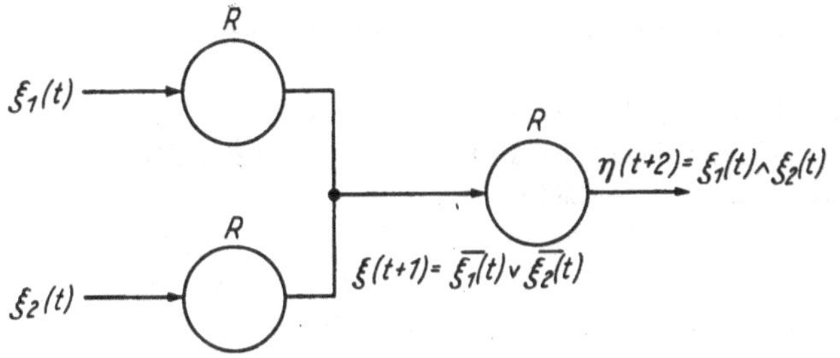

Abb. 3.74

Es ist erwähnenswert, daß es möglich ist, die Implikation mit einer Verzögerung von nur einem Takt mit einem einzigen Element zu realisieren. Wie man sieht, folgt aus (3.42) und (3.43) bei $\zeta(t) = 1$

$$\eta\,(t+1) = \overline{\xi(t)} \vee \xi'(t) = R(\xi, 0) \vee R(1, \xi')\,.$$

Abschließend merken wir an, daß mit Hilfe von Drosselelementen jede kanonische alternative Normalform mit einer Verzögerung von zwei Takten realisiert werden kann (wie das auch bei Transformatorschaltungen der Fall war).

KAPITEL IV

ANALYSE VON AUTOMATEN

§ 1. Allgemeine Vorbemerkungen

Im vorliegenden Paragraphen beschäftigen wir uns mit der Analyse von Automaten, einer Aufgabe, der wir uns bereits am Schluß des Kapitels II kurz zugewandt hatten. Dort untersuchten wir gemeinsame Eigenschaften aller der Automatenoperatoren, die in realen diskret arbeitenden Systemen realisierbar sind.

Man kann jedoch das *Analyseproblem* für einen Automaten auf verschiedene Arten in Abhängigkeit davon formulieren, was von der Struktur dieses Automaten bekannt ist und was über seine Funktionsweise erfahren werden soll. Häufig liegen die Dinge so, daß das Schema des Automaten (gewöhnlich in Form einer Zeichnung) vorliegt und nun herausgefunden werden soll, welchen Operator dieses Schema realisiert. Betrachten wir diese Situation etwas näher.

Wie wir aus Kapitel II bereits wissen, kann ein Schema erst dann angegeben werden, wenn eine Menge $\boldsymbol{E}$ von Elementarautomaten, die beim Aufbau des Schemas verwendet werden dürfen, festgelegt ist und außerdem für die Elementarautomaten aus $\boldsymbol{E}$ bekannt ist, wie sie miteinander verknüpft, d. h. welche Ausgänge an welche Eingänge gekoppelt werden können. Nicht jedes Schema über $\boldsymbol{E}$ ist ein logisches Netz; so sind zum Beispiel in dem in Abb. 2.15 dargestellten Schema zwei Ausgangskanäle ($\mathfrak{p}_5$ und $\mathfrak{p}_6$) zusammengefaßt, obwohl die Konstruktionsregeln für logische Netze solche Zusammenfassungen nicht zulassen. Das Analyseproblem setzt daher voraus, daß bereits geklärt ist, ob es sich bei dem vorgegebenen Schema überhaupt um ein logisches Netz handelt, oder noch etwas allgemeiner, ob es überhaupt den zugrunde liegenden Bedingungen für eine ,,korrekte Organisiertheit" genügt (z. B. in dem Sinne, wie das für Röhrenschaltungen eingeführt wurde).

Es sei bekannt, daß ein vorgegebenes Schema ein logisches Netz ist. Dann entsteht natürlich die Frage, welche regulären Automatenoperatoren von diesem Netz realisiert werden. Dabei ist sowohl nach dem vom gesamten Netz realisierten Operator als auch nach dem im verallgemeinerten Sinne vom Netz realisierten Operator (vgl. Fußnote auf S. 85) gefragt. Wir betrachten einen regulären Automatenoperator als gegeben, wenn ein endlicher abstrakter Automat $\mathfrak{A}$, in dem dieser Operator darstellbar ist, vorliegt; dabei können die Ausgabe- und die Überführungsfunktion von $\mathfrak{A}$ durch Tabellen charakterisiert sein.

Schließlich ist zu beachten, daß das Gewicht eines Automatenoperators Θ, der in einem abstrakten Automaten $\mathfrak{A}$ dargestellt ist, stets kleiner oder gleich der Mächtigkeit der Zustandsmenge von $\mathfrak{A}$ ist (darauf haben wir bereits in Kapitel II, § 3 hingewiesen); in vielen Fällen ist allerdings das Gewicht von Θ wesentlich kleiner als die Mächtigkeit der Zustandsmenge von $\mathfrak{A}$. Dies bedeutet jedoch (da es zu jedem Automatenoperator Θ etwa mit dem Gewicht $\mathfrak{k}$ einen abstrakten Automaten $\mathfrak{A}$ gibt, dessen Zustandsmenge die Mächtigkeit $\mathfrak{k}$ hat), daß Tabellen, die die Ausgabe- und die Überführungsfunktion von $\mathfrak{A}$ charakterisieren, unnötig umfangreich werden. Es entsteht somit die Frage, wie die Zustandsmenge eines abstrakten Automaten $\mathfrak{A}$ minimisiert werden kann, d. h., wie ein abstrakter Automat $\mathfrak{A}'$ (möglichst unter Verwendung von $\mathfrak{A}$) konstruiert werden kann, in dem Θ ebenfalls darstellbar ist und dessen Zustandsmenge möglichst wenig Elemente enthält.

Wir können also die folgenden drei Probleme notieren, die bei der Analyse eines Automaten zu untersuchen sind:

1. Prüfung, ob das Schema korrekt organisiert ist.

2. Konstruktion eines endlichen abstrakten Automaten, in dem der reguläre Automatenoperator, der durch das gegebene logische Netz realisiert wird, darstellbar ist.

3. Minimisierung der verwendeten Menge von Zuständen.

Bevor wir in Paragraph 5 näher auf diese Punkte eingehen, beschäftigen wir uns etwas ausführlicher mit den Ursachen dafür, daß meistens eine zu umfangreiche Zustandsmenge verwendet wird. Gemäß den Definitionen in Kapitel II bezeichnet man ld k als Kapazität des inneren Speichers eines gegebenen endlichen Elementarautomaten $\mathfrak{E}$, wobei k die Anzahl der inneren Zustände von $\mathfrak{E}$ ist. Durch die gewählte Codierung kann zum Beispiel eine unnötig große Zustandsmenge entstehen. Am häufigsten wird ein Binärcode, bei dem die Buchstabenanzahl eine Zweierpotenz ist, verwendet, obwohl im allgemeinen das Gewicht des betrachteten Operators keine Zahl dieser Art ist. Diese Erscheinung erklärt sich daraus, daß verschiedene innere Zustände eines Elementarautomaten nicht notwendig verschiedene Operatoren erzeugen. Man sieht leicht ein, daß, wenn ein logisches Netz aus solchen Elementen zusammengesetzt ist, die Kapazität seines inneren Speichers (die gleich der Summe der Speicherkapazitäten der Elemente ist) größer als der Logarithmus der Zahl sein kann, die das Gewicht des durch das Netz realisierten Operators angibt. Indessen kann ein Überschuß an Speicherkapazität auch in einem logischen Netz auftreten, obwohl seine Elementarautomaten keinen derartigen Überschuß haben. Ferner ist zu beachten, daß das Gewicht eines Operators, der nur zu gewissen Ausgangspolen eines logischen Netzes $\mathfrak{N}$ gehört, wesentlich kleiner sein kann als die Anzahl der Zustände des Netzes, und zwar sogar dann, wenn das Gewicht des Operators, der allen Ausgangspolen dieses Netzes entspricht, gleich der Anzahl der Zustände von $\mathfrak{N}$ ist. Durch die Anzahl der Zustände eines logischen Netzes erhalten wir somit nur eine obere Schranke für das Gewicht der Operatoren, die durch dieses Netz realisiert werden; die genauen Werte können mit dem noch zu beschreibenden Minimisierungsverfahren gefunden werden.

Beispiel. Ein logisches Netz $\mathfrak{N}$ bestehe aus Elementarautomaten, von denen kombinatorische Automatenoperatoren (d. h. bei binärer Codierung: BOOLEsche Funktionen) realisiert werden, und aus drei Verzögerungsgliedern vom Typ $\mathfrak{E}_V$. Dann ist die innere Speicherkapazität von $\mathfrak{N}$ gleich drei, d. h., das Gewicht eines beliebigen Automatenoperators, der an gewissen Ausgangspolen realisiert wird, ist kleiner oder gleich acht, wobei es durchaus vorkommen kann, daß dieser Operator kombinatorisch ist. Die angegebene Abschätzung gestattet zugleich, weitere Aussagen über eventuelle Eigenschaften dieses Operators zu machen (s. hierzu § 4).

Dieses triviale Beispiel ist in dem Sinne instruktiv, als es zeigt, daß schon eine unvollständige Information über die Struktur eines Automaten bestimmte Aussagen über die Eigenschaften der durch ihn realisierten Operatoren zuläßt. Darum ist es gerechtfertigt, das Analyseproblem auch für den Fall zu formulieren, daß die Struktur des Automaten unbekannt (oder teilweise unbekannt) ist und nur einige allgemeine Eigenschaften des durch ihn realisierten Operators gesucht sind. Wir werden in diesem Zusammenhang eine Reihe von Eigenschaften abstrakter Automaten (und damit der von ihnen erzeugten Automatenoperatoren), wie *Erreichbarkeit*, *Unterscheidbarkeit*, *Periodizitätstreue* betrachten und entsprechende Kriterien aufstellen, in die das Gewicht des Operators (und folglich auch die Speicherkapazität des realisierenden Netzes) maßgeblich eingeht.

Es seien ein oder mehrere Exemplare eines zu untersuchenden Automaten mit unbekannter Struktur gegeben. Wir nehmen an, daß man mit diesen Automaten *Experimente* in der Form durchführen kann, daß man ihnen gewisse Eingabefolgen zuführt und bestimmte Ausgabefolgen erhält. Unter Benutzung der eben erwähnten Begriffe kann man durch derartige Experimente wichtige Eigenschaften der durch diese Automaten realisierten Operatoren auffinden und in manchen Fällen diese Operatoren sogar eindeutig bestimmen. Diese Konzeption ist auch zur Klärung der Frage nützlich, ob zwei Automaten mit verschiedener Struktur vom Standpunkt ihrer „Leistungsfähigkeit" als gleichwertig anzusehen sind. Dieser Problemkreis wird in den Paragraphen 2 bis 4 dieses Kapitels untersucht und im Paragraphen 2 von Kapitel V abgeschlossen.

Am Ende dieses Paragraphen fassen wir noch einmal die Möglichkeiten zur Beschreibung endlicher abstrakter Automaten (d. h. insbesondere ihrer Ausgabe- und Überführungsfunktionen) zusammen.

1. Die Beschreibung der Funktionen f und g in Tabellen der Form II.4 bzw. IV.1 und IV.2 bzw. IV.3 ist gleichermaßen möglich.

Tabelle IV.1

x_1	x_2	z: 0	z: 1
0	0	0	1
0	1	1	0
1	0	1	0
1	1	0	1

Tabelle IV.2

x_1	x_2	z: 0	z: 1
0	0	0	0
0	1	0	1
1	0	0	1
1	1	1	1

Tabelle IV.3

x_1	x_2	z: 0	z: 1
0	0	0|0	1|0
0	1	1|0	0|1
1	0	1|0	0|1
1	1	0|1	1|1

2. Neben der in § 3, Kap. II, angegebenen graphentheoretischen Veranschaulichung der Arbeitsweise eines endlichen abstrakten Automaten kann man den sogenannten *Überführungsgraphen* benutzen.

Man definiert hierzu:

$\mathfrak{G}(\mathfrak{A}) =_{\mathrm{Df}} [P, K, \alpha, \beta]$ heißt *Überführungsgraph* des endlichen abstrakten Automaten $\mathfrak{A} = [X, Y, Z, f, g]$ genau dann, wenn

$$P =_{\mathrm{Df}} Z \text{ (Menge der Knoten)},$$

$$K =_{\mathrm{Df}} Z \times X \text{ (Menge der Kanten) und}$$

α bzw. β eine eindeutige Abbildung von K in $P \times P$ bzw. Y ist, für die

$$\alpha([z, x]) =_{\mathrm{Df}} [z, g(z, x)] \quad \text{bzw.}$$

$$\beta([z, x]) =_{\mathrm{Df}} f(z, x) \qquad (z \in Z,\ x \in X)$$

gilt.

Im allgemeinen stellt man hierbei die Knoten als kleine Kreise dar, in die man den jeweiligen Zustand schreibt, und benennt jede gerichtete Kante $[z, x]$ mit x und $\beta([z, x])$ (zumeist in der Form $x/\beta([z, x])$). In Abb. 4.1 ist der Überführungsgraph des Automaten von Tab. II.4 angegeben, der den in Abb. 2.8 beschriebenen regulären Automatenoperator im Zustand 0 darstellt.

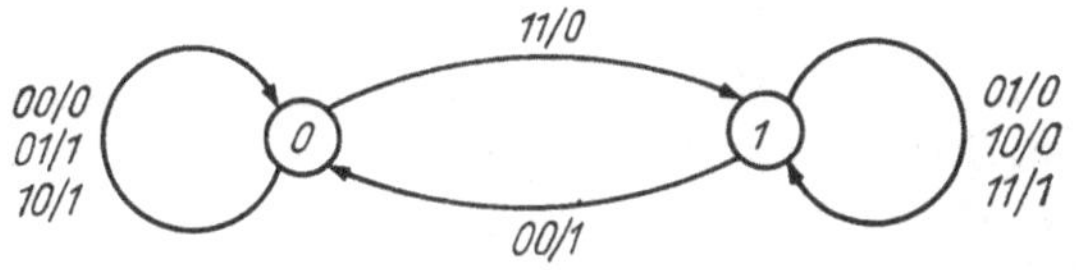

Abb. 4.1

Man erkennt unschwer, daß man von einem doppelt bewerteten Baum (siehe § 3) zum Überführungsgraphen des Automaten übergehen kann, indem man ersteren „abschließt", d. h. alle Knoten des Baumes, denen ein gleicher Zustand des Automaten zugeordnet ist, identifiziert.

In den beiden folgenden Paragraphen werden nun die Begriffe *Erreichbarkeit* und *Unterscheidbarkeit* untersucht, die zur Klärung einer Reihe von speziellen Eigenschaften endlicher abstrakter Automaten (und der von ihnen erzeugten regulären Automatenoperatoren) wichtig sind.

§ 2. Erreichbarkeit

Es sei $\mathfrak{A} = [X, Y, Z, f, g]$ ein endlicher abstrakter Automat. Kz(Z) bezeichne die Kardinalzahl der Menge Z seiner Zustände.

Definition. Ein Zustand z' heißt vom Zustand z *erreichbar* (kurz $z \rightsquigarrow z'$) genau dann, wenn es ein Eingabewort p aus $\mathfrak{W}_X$ gibt, so daß $\bar{g}(z, p) = z'$ ist.

Der Begriff Erreichbarkeit besagt also, daß es, falls $z \rightsquigarrow z'$ gilt, möglich ist, den Automaten aus dem Zustand z bei Eingabe eines geeigneten Eingabewortes p eine mit dem Zustand z' endende Folge von Zuständen (die wir bisweilen auch Zustandswort nennen) durchlaufen zu lassen. Graphisch bedeutet das, daß im Überführungsgraphen $\mathfrak{G}(\mathfrak{A})$ eine gerichtete, vom Knoten z zum Knoten z' führende Kantenfolge existiert.

Mit diesem Begriff der Erreichbarkeit ergibt sich eine ähnliche Klassifikation der endlichen abstrakten Automaten und ihrer Zustände wie in der Theorie der MARKOWschen Ketten. Für reguläre Automatenoperatoren wurde diese Klassifikation eingehend in einer Arbeit von J. J. BASILEWSKI[1]) untersucht. Wir beschränken uns hier darauf, einige mit der erwähnten Klassifikation zusammenhängende Begriffe zu betrachten.

Definition. Ein Zustand z eines abstrakten Automaten $\mathfrak{A} = [X, Y, Z, f, g]$ heißt *reproduzierbar* genau dann, wenn für jeden Zustand z' gilt: Wenn $z \rightsquigarrow z'$, so auch $z' \rightsquigarrow z$.

Im anderen Falle heißt z *nicht reproduzierbar.*

Beispiel. Wir betrachten den abstrakten Automaten, dessen Überführungsgraph in Abb. 4.2 dargestellt ist. Man sieht aus der Abbildung sofort, daß der Zustand z_2 nicht reproduzierbar ist; die Eingabe des einbuchstabigen Wortes 00 überführt z_2 in z_0, und von z_0 ist z_2 nicht erreichbar. Man kann sagen, daß der Zustand z_2 „vergessen" wird und nicht mehr wiederhergestellt werden kann.[2])

Definition. Eine Menge C ($C \subseteq Z$) von Zuständen eines abstrakten Automaten heißt genau dann *abgeschlossen*, wenn es kein Paar z, z' von Zuständen mit $z \in C$ und $z' \in Z \setminus C$ gibt, so daß $z \rightsquigarrow z'$ gilt.

Ein Automat heißt *stark zusammenhängend* genau dann, wenn es genau eine abgeschlossene Menge seiner Zustände, nämlich die Menge Z selbst, gibt.

Ist C eine abgeschlossene Menge eines abstrakten Automaten $\mathfrak{A} = [X, Y, Z, f, g]$, so ist das System $\mathfrak{A}' = [X, Y, C, f', g']$ ebenfalls ein abstrakter Automat, wenn f' und g' die Einschränkungen von f und g auf $C \times X$ sind. $\mathfrak{A}'$ stellt also Zustände der von $\mathfrak{A}$ erzeugten Operatoren dar.

Zum Beispiel ist in einem Automaten $\mathfrak{A}$ mit dem Anfangszustand z_0 die Menge $C = \{z : z_0 \rightsquigarrow z\}$ sicher abgeschlossen. Das heißt aber, der von $\mathfrak{A}'$ im Zustand z ($z \in C$) dargestellte Operator ist ein Restoperator des von $\mathfrak{A}$ in z_0 dargestellten Operators.

Der in Abb. 4.2 dargestellte Automat ist nicht stark zusammenhängend, da $C = \{z_0, z_1\}$ abgeschlossen ist. Der vom Automaten $\mathfrak{A}' = [X, Y, C, f', g']$

---

[1]) Siehe [4].

[2]) Vorgreifend merken wir an, daß in den Fällen, wo der abstrakte Automat durch eine konkrete Anlage realisiert ist, ein nicht-reproduzierbarer Zustand manchmal durch eine entsprechende Einwirkung von außen wieder eingestellt werden kann.

in z_0 dargestellte Operator ist der Operator der sequentiellen dualen zweistelligen Addition (vgl. Abb. 4.1).

Man sieht leicht ein, daß ein Automat genau dann stark zusammenhängend ist, wenn für jedes Paar z, z' seiner Zustände die Relation $z \rightsquigarrow z'$ gilt. Der in Abb. 4.1 dargestellte Automat ist beispielsweise stark zusammenhängend.

Weiter folgt: Ist $\mathfrak{A}$ ein stark zusammenhängender abstrakter Automat, so ist jeder Zustand dieses Automaten reproduzierbar.

Die Umkehrung dieses Satzes gilt jedoch nicht; ein Automat, dessen Zustände alle reproduzierbar sind, kann dennoch nicht stark zusammenhängend sein. In diesem Fall zerfällt die Menge aller Zustände in mehrere abgeschlossene und paarweise disjunkte Teilmengen derart, daß innerhalb jeder dieser Teil-

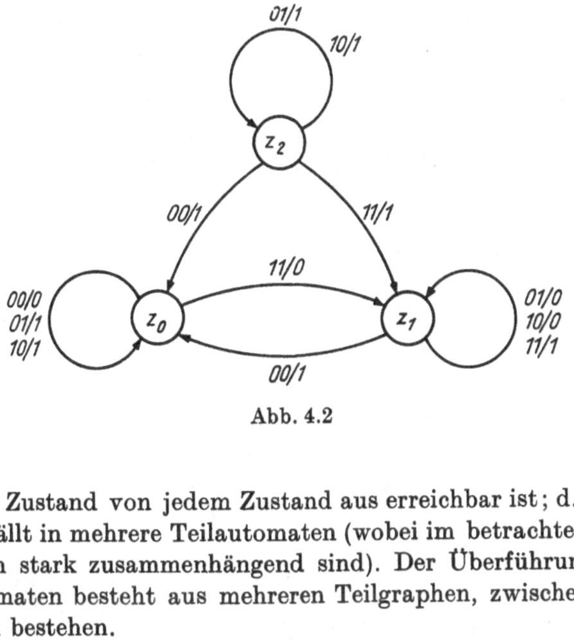

Abb. 4.2

mengen jeder Zustand von jedem Zustand aus erreichbar ist; d. h., ein solcher Automat zerfällt in mehrere Teilautomaten (wobei im betrachteten Falle diese Teilautomaten stark zusammenhängend sind). Der Überführungsgraph eines solchen Automaten besteht aus mehreren Teilgraphen, zwischen denen keine Verbindungen bestehen.

Definition. Die Zahl $\mathrm{eg}(\mathfrak{A})$ heißt *Erreichbarkeitsgrad* eines endlichen abstrakten Automaten $\mathfrak{A}$ genau dann, wenn $\mathrm{eg}(\mathfrak{A})$ das Minimum aller Zahlen ϱ ist, die die folgende Bedingung erfüllen: Für jedes Paar z, z' von Zuständen gilt: Wenn $z \rightsquigarrow z'$, so gibt es ein Wort p aus $\mathfrak{W}_X$ mit $l(p) \leqq \varrho$, so daß $\bar{g}(z, p) = z'$.

Satz 1. *Der Erreichbarkeitsgrad eines beliebigen endlichen Automaten* $\mathfrak{A} = [X, Y, Z, f, g]$ *genügt der Abschätzung* $\mathrm{eg}(\mathfrak{A}) \leqq \mathrm{Kz}(Z) - 1$.

Beweis. Angenommen, es gilt $\mathrm{eg}(\mathfrak{A}) = \mathrm{Kz}(Z) + k$, $k \geqq 0$. Es sei $p = x_1 \ldots x_{\mathrm{eg}(\mathfrak{A})}$ ein Wort (minimaler Länge), das den Zustand z in z' überführt. Im Zustandswort $z_1 \ldots z_{\mathrm{eg}(\mathfrak{A})}$, wobei $z_\varrho = \bar{g}(z, x_1 \ldots x_\varrho)$ $(1 \leqq \varrho \leqq \mathrm{eg}(\mathfrak{A}))$, gibt es wegen $\mathrm{eg}(\mathfrak{A}) \geqq \mathrm{Kz}(Z)$ wenigstens Zustände z_μ und z_ν $(\mu \neq \nu;\ 1 \leqq \mu,\ \nu \leqq \mathrm{eg}(\mathfrak{A}))$ mit $z_\mu = z_\nu$. Es sei $z_\mu = \bar{g}(z, x_1 \ldots x_\mu)$, $z_\nu = \bar{g}(z, x_1 \ldots x_\nu)$ (o. B. d. A.

setzen wir setzen wir $\mu < \nu$ voraus). Für das Wort $p' = x_1 \ldots x_\mu x_\nu \ldots x_{\mathrm{eg}(\mathfrak{A})}$ gilt dann aber $\bar{g}(z, p') = z'$, wobei $\mathrm{l}(p') < \mathrm{l}(p)$, im Widerspruch zur Voraussetzung.

Beschreibt man den von einem endlichen abstrakten Automaten dargestellten Operator durch einen bewerteten Baum $[\mathfrak{B}_X, \beta]$ (siehe Kapitel II, § 4), so folgt aus Satz 1:

Sind $\mathfrak{z}^1, \ldots, \mathfrak{z}^n$ die Äquivalenzklassen in $\{[\mathfrak{B}_X, \beta]_p, p \in \mathfrak{W}_X\}$ modulo der für Äste von $[\mathfrak{B}_X, \beta]$ erklärten Äquivalenz (siehe Kapitel II, § 3), so gibt es in jeder dieser Klassen wenigstens einen Ast $[\mathfrak{B}_X, \beta]_p$ mit $\mathrm{Rg}([\mathfrak{B}_X, \beta]_p) \leq \mathrm{G}(\Theta)$.

Aus diesem Grunde können wir etwa wie folgt ein Repräsentantensystem $\mathfrak{R}$ für $\mathfrak{z}^1, \ldots, \mathfrak{z}^n$ angeben: Es sei $X = \{x_1, \ldots, x_m\}$. Wir führen in der Menge aller Äste, deren Rang kleiner oder gleich der Zahl $\mathrm{G}(\Theta)$ ist, eine Ordnung ein:

$$[\mathfrak{B}_X, \beta]_e \prec [\mathfrak{B}_X, \beta]_{x_1} \prec \cdots \prec [\mathfrak{B}_X, \beta]_{x_m} \prec \cdots \prec [\mathfrak{B}_X, \beta]_{x_m \ldots x_m}$$
$$\left(\mathrm{Rg}([\mathfrak{B}_X, \beta]_{x_m \ldots x_m}) = \mathrm{G}(\Theta)\right). \tag{4.1}$$

Sodann nehmen wir neben $[\mathfrak{B}_X, \beta]_e$ jeden folgenden Ast genau dann in $\mathfrak{R}$ auf, wenn er zu allen in $\mathfrak{R}$ bereits enthaltenen Ästen inäquivalent ist. Offensichtlich enthält $\mathfrak{R}$ genau $\mathrm{G}(\Theta)$ Elemente. Wir wollen $\mathfrak{R}$ bisweilen Standard-Repräsentantensystem für $\mathfrak{z}^1, \ldots, \mathfrak{z}^n$ nennen[1]).

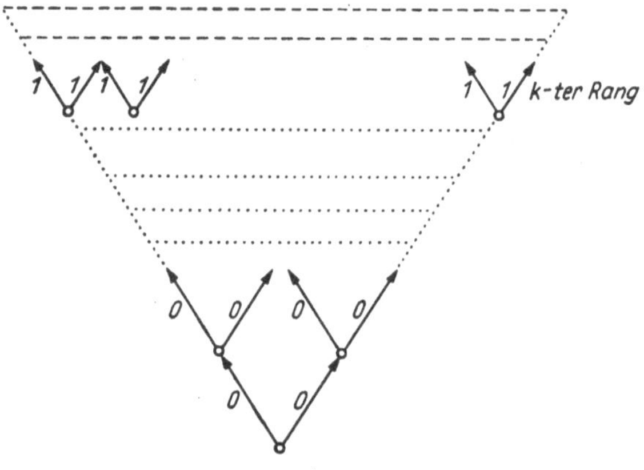

Abb. 4.3

Beispiel. Abb. 4.3 zeigt den Baum eines konstanten Operators mit dem Gewicht k, der eine periodische Ausgabefolge $\underbrace{0 \ldots 0}_{k-1}1\underbrace{0 \ldots 0}_{k-1}10 \ldots$ liefert. Hier ist beispielsweise

$$\mathfrak{R} = \{[\mathfrak{B}_X, \beta]_e, [\mathfrak{B}_X, \beta]_{\underbrace{0 \ldots 0}_{\varkappa}}, \quad \varkappa = 1, \ldots, k-1\}.$$

Aus diesem Beispiel ist auch ersichtlich, daß die in der Folgerung von Satz 1 angegebene Schranke im allgemeinen nicht verbessert werden kann.

[1]) Im Original *Basis* genannt. — Anm. d. Red.

Man kann ohne Mühe Operatoren angeben, die in endlichen abstrakten Automaten, deren Erreichbarkeitsgrad wesentlich kleiner als das Gewicht des betreffenden Operators ist, realisierbar sind. Dieser Umstand darf besonders dann nicht vergessen werden, wenn man eine obere Schranke für den Erreichbarkeitsgrad sucht (siehe Kapitel V, § 2).

Andererseits kann der Erreichbarkeitsgrad eines abstrakten Automaten auch zur Abschätzung des Gewichtes des realisierten Operators nach unten von Nutzen sein. Es sei z. B. im bewerteten Baum eines Operators Θ irgendein Ausgabebuchstabe y zum ersten Male einer Kante μ-ten Ranges, etwa $[p, x]$, zugeordnet und keiner Kante niedrigeren Ranges; dann ist offensichtlich, daß der Ast $[\mathfrak{B}_X, \beta]_p$ inäquivalent zu allen Ästen $[\mathfrak{B}_X, \beta]_q$ mit $\mathrm{Rg}([\mathfrak{B}_X, \beta]_q) \leqq \mu - 1$ ist, wobei q Anfangswort von p ist (einschließlich des leeren Wortes). Also ist $\mathrm{G}(\Theta) \geqq \mu$.

Mit Überlegungen dieser Art kann man manchmal entscheiden, ob ein gegebener Automatenoperator endliches Gewicht hat, d. h. in einem endlichen Automaten realisierbar ist.

Wir betrachten als Beispiel den Operator der sequentiellen Multiplikation, d. h. den Operator der Multiplikation zweier Dualzahlen, der (ähnlich dem Additionsoperator für zwei Dualzahlen) im i-ten Takt die beiden i-ten Ziffern (von rechts gezählt) der gegebenen Eingabefolgen (Multiplikator und Multiplikand) erhält und die i-te Ziffer des Resultates (Produkt) ausgibt. Dieser Operator ist offenbar sequentiell. Die folgenden Überlegungen zeigen jedoch, daß er kein endliches Gewicht hat.

Betrachten wir den Zustand Θ_p, in den der Operator Θ nach Abarbeiten der Ziffernpaare (von rechts nach links)

$$\begin{array}{l} \ldots 100 \ldots 0100 \ldots 0100 \ldots 0 \\ \ldots \underbrace{100 \ldots 0}_{l}\underbrace{100 \ldots 0}_{l}\underbrace{100 \ldots 0}_{l} \end{array}$$

übergeht. Unabhängig von den Ziffern, die nach dem letzten Paar von eingegebenen Einsen erscheinen, wird in den folgenden $l - 1$ Takten die Ziffer 0 ausgegeben. Die erste nichtverschwindende Ausgabeziffer kann im Baum dieses Operators erst l Ränge oberhalb des Knotens p auftreten. Also ist, berücksichtigt man die vorangegangenen Bemerkungen, das Gewicht dieses Operators größer oder gleich l. Da l beliebig gewählt werden kann, hat der betrachtete Operator kein endliches Gewicht, d. h., er ist in keinem endlichen Automaten realisierbar.

§ 3. Unterscheidbarkeit

Wir stellen uns nun folgende Aufgabe: Es seien zwei reguläre Automatenoperatoren Θ_1 und Θ_2 gegeben (dabei kann es sich auch um Zustände eines Operators handeln). Wir setzen im weiteren voraus, daß uns von diesen Operatoren bekannt ist, in welche Ausgabefolgen sie beliebig gewählte Eingabefolgen umarbeiten. Unter diesen Bedingungen ist durch endlich viele Prüfungen zu klären: Sind diese Operatoren gleich?

Eine Situation, die diese Aufgabenstellung rechtfertigt, wird von MOORE[1]) auf folgende Weise beschrieben: Wir setzen voraus, daß wir es mit zwei Automaten zu tun haben, deren innerer Aufbau uns unbekannt ist (d. h., wie man in der Kybernetik sagt, die Automaten treten hier als „schwarze Kästen" — black boxes — auf); diese Automaten mögen die regulären Automatenoperatoren Θ_1 und Θ_2 darstellen. An unseren Automaten können Experimente vorgenommen werden, die darin bestehen, daß ihren Eingängen gewisse Wörter zugeführt werden und dann die „Ergebnisse" verglichen werden, die diese Automaten als Antwort auf ein bestimmtes Wort geben. Mit dieser Definition des Experiments ist nun zu klären (und zwar so allgemein und ökonomisch wie möglich), ob diese Automaten gleichartig funktionieren (d. h. ob sie denselben Operator realisieren oder nicht).

Zur Lösung der eingangs formulierten Aufgabe können Experimente zweier Arten betrachtet werden:

1. Das Einfach-Experiment: Von beiden zu untersuchenden Automaten ist je ein Exemplar vorhanden, und das Experiment besteht darin, ein Eingabewort einer gewissen Länge l (der Länge des Experimentes) in beide Automaten einzugeben und die von den Automaten gelieferten Resultate zu vergleichen.

2. Das Mehrfach-Experiment: Hierbei verfügt der Experimentator über eine gewisse Menge von Automaten, wobei jedes Exemplar von einem der beiden zu untersuchenden Typen ist; der Experimentator gibt in jedes Exemplar ein anderes Eingabewort und vergleicht die Resultate, die von den Automaten als Antwort gegeben werden.

Wir führen einige neue Begriffe ein.

Zustände z und z' eines abstrakten Automaten $\mathfrak{A}$ (oder abstrakter Automaten $\mathfrak{A}_1$ und $\mathfrak{A}_2$ mit gleichen Eingabe- und Ausgabealphabeten) heißen genau dann durch das Eingabewort p aus $\mathfrak{W}_X$ *unterscheidbar*, wenn $F(z, p) \neq F(z', p)$ (bzw. $F_1(z, p) \neq F_2(z', p)$).[2])

Man sieht leicht ein, daß zwei inäquivalente Zustände eines endlichen Automaten (bzw. zweier endlicher Automaten mit gleichen Eingabe- und Ausgabealphabeten) stets durch ein Wort unterscheidbar sind.

Definition 1. Zustände z und z' eines abstrakten Automaten (bzw. zweier Automaten mit gleichen Eingabe- und Ausgabealphabeten) heißen genau dann *k-unterscheidbar* (kurz $z \underset{k}{\not\sim} z'$), wenn es ein Eingabewort p ($p \in \mathfrak{W}_X$) mit $\mathrm{l}(p) \leqq k$ gibt, das sie unterscheidet. Andernfalls heißen sie *k-ununterscheidbar* ($z \underset{k}{\sim} z'$).

Offenbar gilt: Wenn $z \underset{k}{\not\sim} z'$, so auch $z \underset{l}{\not\sim} z'$ für jedes l ($l > k$).

---

[1]) Siehe [49].

[2]) Zur Definition von F siehe Seite 78.

Definition 2. Zustände z und z' eines abstrakten Automaten (bzw. zweier abstrakter Automaten) heißen genau dann *echt k-unterscheidbar* ($z \underset{k}{\dashv\vdash} z'$), wenn $z \underset{k}{\not\sim} z'$ und $z \underset{k-1}{\sim} z'$.

Wir sagen, Zustände z und z' mit $z \underset{k}{\dashv\vdash} z'$ werden *durch ein Eingabewort p echt k-unterschieden*, wenn p die Zustände unterscheidet und $l(p) = k$ gilt.

Die folgenden Behauptungen A), B) und C) können leicht auf Grund der angegebenen Definitionen bewiesen werden:

A) *Zu jedem endlichen Automaten $\mathfrak{A}$ gibt es eine natürliche Zahl k derart, daß je zwei inäquivalente Zustände von $\mathfrak{A}$ bereits k-unterscheidbar sind.*

Diese Behauptung folgt daraus, daß jeder endliche abstrakte Automat höchstens endlich viele Paare inäquivalenter Zustände besitzt.

Definition 3. Das Minimum aller Zahlen k mit der Eigenschaft A) nennen wir *Unterscheidbarkeitsgrad* $\mathrm{ug}(\mathfrak{A})$ des endlichen abstrakten Automaten $\mathfrak{A}$.

Die Funktion ug ist also nur für Automaten mit wenigstens zwei inäquivalenten Zuständen definiert.

B) *Ist $\mathfrak{A} = [X, Y, Z, f, g]$ ein abstrakter Automat und werden zwei seiner Zustände z und z' durch das Wort $p = x_1 \ldots x_n \in \mathfrak{W}_X$ echt unterschieden, so unterscheidet auch das Wort $p' = x_2 \ldots x_n$ die Zustände $g(z, x_1)$ und $g(z', x_1)$ echt.*

Angenommen p' unterscheidet die Zustände $g(z, x_1)$ und $g(z', x_1)$ nicht. Dann wären z und z' bereits 1-unterscheidbar. Also sind $g(z, x_1)$ und $g(z', x_1)$ $(k-1)$-unterscheidbar. Sie sind sogar echt $(k-1)$-unterscheidbar. Wären nämlich die Zustände $g(z, x_1)$ und $g(z', x_1)$ bereits $(k-l)$-unterscheidbar $(l > 1)$, etwa durch das Wort q der Länge $k - l$, so wären die Zustände z und z' durch das Wort $x_1 q$ der Länge $k - l + 1 < k$ unterscheidbar.

Als Folgerung aus der Bemerkung B) erhalten wir: Wenn ein abstrakter Automat $\mathfrak{A}$ zwei echt k-unterscheidbare Zustände besitzt, so hat er auch für beliebiges l $(l < k)$ echt l-unterscheidbare Zustände. Das heißt, wenn unter den Zuständen des Automaten $\mathfrak{A}$ echt k-unterscheidbare Zustände vorkommen, aber keine echt $(k+1)$unterscheidbaren, dann ist $\mathrm{ug}(\mathfrak{A}) = k$. (Die Umkehrung dieser Behauptung folgt unmittelbar aus der Definition.)

C) *Die k-Ununterscheidbarkeit von Zuständen eines Automaten (bzw. zweier Automaten) ist eine Äquivalenzrelation, denn sie ist reflexiv, symmetrisch und transitiv.*

Daher erzeugt die k-Ununterscheidbarkeit für jede natürliche Zahl k eine erschöpfende Zerlegung $\mathfrak{Z}_k$ der Zustandsmenge Z des Automaten in paarweise disjunkte Klassen $\mathfrak{z}_1^{(k)}, \ldots, \mathfrak{z}_n^{(k)}$, so daß $z, z' \in \mathfrak{z}^{(k)}$ genau dann, wenn $z \underset{k}{\sim} z'$.

Wir sagen, eine derartige *Zerlegung* $\mathfrak{Z}_k$ ist genau dann *minimal*, wenn die Klassen von $\mathfrak{Z}_k$ genau die Klassen äquivalenter Zustände des Automaten sind.

Man überlege sich leicht, daß die Zerlegung $\mathfrak{Z}_k$ der Zustandsmenge eines endlichen Automaten $\mathfrak{A}$ genau dann minimal ist, wenn $k \geqq \mathrm{ug}(\mathfrak{A})$ gilt.

Die im weiteren verwendeten Abschätzungen für die Länge von Experimenten beruhen auf folgendem Satz:

Satz 2. *Für jeden endlichen abstrakten Automaten* $\mathfrak{A} = [X, Y, Z, f, g]$, *der wenigstens zwei inäquivalente Zustände besitzt, ist* $\mathrm{ug}(\mathfrak{A}) \leqq \mathrm{Kz}(Z) - 1$.

Beweis. Es seien $\mathfrak{z}_\mu^{(k)}$ und $\mathfrak{z}_\nu^{(k)}$ verschiedene Klassen der nach C) gebildeten Zerlegung $\mathfrak{Z}_k$ von Z. Für z und z' ($z \in \mathfrak{z}_\mu^{(k)}$, $z' \in \mathfrak{z}_\nu^{(k)}$) gilt sicher $z \underset{k}{\nsim} z'$ und erst recht $z \underset{k+1}{\nsim} z'$. Also gibt es keine Klasse der Zerlegung $\mathfrak{Z}_{k+1}$, in der sowohl z als auch z' liegt. Daher gilt für jede Klasse $\mathfrak{z}^{(k)}$ von $\mathfrak{Z}_k$ eine der beiden folgenden Aussagen:

a) $\mathfrak{z}^{(k)}$ ist selbst eine Klasse von $\mathfrak{Z}_{k+1}$.

b) Es gibt Klassen $\mathfrak{z}_1^{(k+1)}, \ldots, \mathfrak{z}_m^{(k+1)}$, so daß $\mathfrak{z}^{(k)} = \bigcup_{\mu=1}^{m} \mathfrak{z}_\mu^{(k+1)}$. Wir behaupten, daß es unter der Voraussetzung $k < \mathrm{ug}(\mathfrak{A})$ eine Klasse $\mathfrak{z}^{(k)}$ gibt, für die der Fall b) zutrifft. In der Tat ist wegen $k < \mathrm{ug}(\mathfrak{A})$ die Zerlegung $\mathfrak{Z}_k$ nicht minimal (siehe C)), d. h., es existieren echt $(k + 1)$-unterscheidbare Zustände.

Damit hat man $\mathrm{Kz}(\mathfrak{Z}_k) + 1 \leqq \mathrm{Kz}(\mathfrak{Z}_{k+1})$, $1 \leqq k \leqq \mathrm{ug}(\mathfrak{A}) - 1$. Nach Voraussetzung über $\mathfrak{A}$ ist $\mathrm{Kz}(\mathfrak{Z}_1) \geqq 2$. Wegen $\mathrm{Kz}(\mathfrak{Z}_{\mathrm{ug}(\mathfrak{A})}) \leqq \mathrm{Kz}(Z)$ folgt $\mathrm{ug}(\mathfrak{A}) \leqq \mathrm{Kz}(Z) - 1$, wie behauptet.

Ohne Beweis führen wir noch folgende Behauptung an:

D) *Zustände z, z' einer Klasse $\mathfrak{z}^{(k)}$ eines abstrakten Automaten sind genau dann $(k + 1)$-unterscheidbar, wenn es ein x aus dem Eingabealphabet X gibt, so daß die Zustände $g(z, x)$ und $g(z', x)$ in verschiedenen Klassen von $\mathfrak{Z}_k$ liegen.*

Aus Satz 2 leitet man leicht den folgenden Satz ab.

Satz 3[1]). *Zustände z und z' der Automaten $\mathfrak{A}_1 = [X, Y, Z_1, f_1, g_1]$ und $\mathfrak{A}_2 = [X, Y, Z_2, f_2, g_2]$ mit gleichen Eingabe- und Ausgabealphabeten sind genau dann äquivalent, wenn es kein Einfach-Experiment mit einer Länge, die nicht größer als $\mathrm{Kz}(Z_1) + \mathrm{Kz}(Z_2) - 1$ ist, gibt, das z und z' unterscheidet.*

Die angegebene Bedingung ist, wie man leicht sieht, notwendig. Wir zeigen, daß sie auch hinreichend ist. Dazu konstruieren wir einen Automaten $\mathfrak{A} = [X, Y, Z, f, g]$ mit $Z =_{\mathrm{Df}} Z_1 \cup Z_2$,

$$f(z, x) =_{\mathrm{Df}} \begin{cases} f_1(z, x), & \text{falls } z \in Z_1 \\ f_2(z, x), & \text{falls } z \in Z_2, \end{cases}$$

$$g(z, x) =_{\mathrm{Df}} \begin{cases} g_1(z, x), & \text{falls } z \in Z_1 \\ g_2(z, x), & \text{falls } z \in Z_2, \end{cases}$$

und wenden auf $\mathfrak{A}$ den Satz 2 an.

Wir führen nun ein Beispiel dafür an, daß die angegebenen Schranken im allgemeinen nicht verbessert werden können.

Wir betrachten die konstanten Operatoren Θ_1 und Θ_2, die folgende periodischen Ausgabefolgen erzeugen:

Θ_1: 11 . . . 1011 . . . 10 . . . ($K - 1$ Einsen und eine Null abwechselnd),

Θ_2: 11 . . . 101 . . . 101 . . . (Eine Eins in der Vorperiode, dann $K - 2$ Einsen und eine Null abwechselnd).

---

1) Siehe [49, 68].

Man überzeugt sich leicht, daß $G(\Theta_1) = G(\Theta_2) = K$ ist, d. h., Θ_1 und Θ_2 sind in endlichen abstrakten Automaten mit K Zuständen durch jeweils einen ihrer Zustände darstellbar. Diese beiden Zustände sind durch kein Experiment einer Länge, die kleiner oder gleich $2\,K - 2$ ist, unterscheidbar, wohl aber durch Experimente der Länge $2\,K - 1$.

Ebenso leicht finden sich Beispiele für endliche abstrakte Automaten, deren Unterscheidbarkeitsgrad wesentlich kleiner als die Kardinalzahl der Menge ihrer Zustände ist. Diese Tatsache muß besonders beachtet werden, wenn man eine obere Schranke für den Unterscheidbarkeitsgrad eines abstrakten Automaten sucht (siehe Kapitel V, § 2).

Beispiel. Aus einer bestimmten Überlegung sei bekannt, daß die Speicherkapazität zweier zu untersuchender Automaten höchstens gleich 3 ist (zum Beispiel kann bekannt sein, daß es sich um logische Netze handelt, bei deren Konstruktion außer kombinatorischen Bauelementen nur je höchstens 3 Verzögerungselemente verwendet wurden). Nehmen wir ferner an, daß für diese Automaten gewisse Anfangszustände z und z' festgelegt sind, die durch kein Experiment einer Länge, die kleiner oder gleich $2 \cdot 2^3 - 1 = 15$ ist, unterscheidbar sind. Dann realisiert der erste Automat im Anfangszustand z denselben Operator wie der zweite Automat im Anfangszustand z'.

§ 4. Periodizitätstreue

In diesem Paragraphen werden charakteristische Eigenschaften regulärer Automatenoperatoren, die bei Verarbeitung *periodischer* Eingabefolgen zutage treten, betrachtet. Diese Untersuchungen wurden dadurch notwendig, daß automatische Anlagen in der Praxis besonders häufig dazu bestimmt sind, Folgen solcher Art zu verarbeiten. Dabei entsteht natürlich die Frage danach, ob auch die Ausgabefolgen periodisch sind und — falls das so ist — wie die Perioden dieser Folgen mit denen der Eingabefolgen zusammenhängen.

Zunächst vereinbaren wir die entsprechenden Bezeichnungen.

Es sei X ein beliebiges nichtleeres Alphabet. Eine Folge ξ aus $\mathfrak{F}_X$ heißt genau dann *reinperiodisch*, wenn es eine natürliche Zahl w ($w \geqq 1$) gibt, so daß $\xi(t) = \xi\,(t + w)$ für jedes t ($t \geqq 1$) gilt. Wir wollen im folgenden unter der *Periodenlänge* w_ξ einer reinperiodischen Folge ξ das Minimum aller derartigen Zahlen w verstehen.

Eine Folge ξ heißt genau dann *periodisch*, wenn es eine natürliche Zahl v gibt, so daß die Folge ξ', die man erhält, wenn man $\xi'(t) = \xi\,(v + t)$ setzt, reinperiodisch ist. Wir nennen das Minimum v_ξ aller dieser Zahlen v *Vorperiodenlänge* der periodischen Folge ξ.

Es ist evident, daß alle reinperiodischen Folgen ξ', die man aus einer periodischen Folge ξ durch die Vorschrift $\xi'(t) = \xi\,(v + t)$ für verschiedene zulässige v gewinnt, die gleiche Periodenlänge haben.

Bisweilen notieren wir eine periodische Folge ξ mit der Vorperiodenlänge v_ξ und der Periodenlänge w_ξ in der Form

$$\xi(1)\,\xi(2)\,\ldots\,\xi(v_\xi)\,[\xi\,(v_\xi + 1)\,\ldots\,\xi\,(v_\xi + w_\xi)]$$

und nennen die Zahl $u_\xi =_{\mathrm{Df}} v_\xi + w_\xi$ *abgeleitete Periodenlänge* von ξ.

Es seien eine periodische Folge ξ und natürliche Zahlen r und s mit $v_\xi < r < s$, $r \equiv s \pmod{w_\xi}$ gegeben. Setzt man dann $\xi'(t) = \xi(r + t - 1)$, $\xi''(t) = \xi(s+t-1)$ so ist, wie man sich leicht überlegt, $\xi' = \xi''$.

Umgekehrt findet man: Gibt es zu einer Folge ξ natürliche Zahlen r und s mit $r < s$, so daß für die Folgen $\xi'(t) = \xi(r + t - 1)$ und $\xi''(t) = \xi(s + t - 1)$ die Beziehung $\xi' = \xi''$ gilt, so ist ξ periodisch mit $v_\xi \leqq r$ und $s - r = k\, w_\xi$, wobei k eine natürliche Zahl ist. Die abgeleitete Periodenlänge u_ξ dieser Folge genügt der Abschätzung $u_\xi \leqq r + (s - r)$, d. h. $u_\xi < s$.

Satz 4. *Jeder reguläre Automatenoperator Θ über $[X, Y]$ bildet jede periodische Folge ξ aus $\mathfrak{F}_X$ auf eine periodische Folge $\Theta(\xi)$ mit $w_{\Theta(\xi)} \leqq \mathrm{G}(\Theta) \cdot w_\xi$ und $u_{\Theta(\xi)} \leqq$ $\leqq v_\xi + \mathrm{G}(\Theta) \cdot w_\xi$ ab.*

Beweis. Es sei Θ in einem endlichen abstrakten Automaten $\mathfrak{A} = [X, Y, Z, f, g]$ mit $\mathrm{Kz}(Z) = \mathrm{G}(\Theta)$ durch einen Zustand z $(z \in Z)$ dargestellt, und ξ sei eine periodische Eingabefolge aus $\mathfrak{F}_X$. Es bezeichne ζ die vom Automaten $\mathfrak{A}$ bei Eingabe von ξ durchlaufene Zustandsfolge aus $\mathfrak{F}_Z$. Wir definieren eine Folge $\omega(t)$ aus $\mathfrak{F}_{Z \times X}$, indem wir

$$\omega(t) = [\zeta(t), \xi(t)]$$

setzen. Da für die Ausgabefolge $\Theta(\xi)$ von $\mathfrak{A}$ für jedes t die Gleichung

$$\Theta(\xi)(t) = f(\zeta(t), \xi(t))$$

gilt, genügt es zu zeigen, daß ω die Behauptung von Satz 4 erfüllt. Wir betrachten das Wort

$$[\zeta(v_\xi + 1), \xi(v_\xi + 1)] \ldots [\zeta(v_\xi + \mathrm{G}(\Theta) \cdot w_\xi + 1), \quad \xi(v_\xi + \mathrm{G}(\Theta) \cdot w_\xi + 1)] \quad (4.2)$$

aus $\mathfrak{W}_{\times X}$. Wegen $\mathrm{Kz}(Z) = \mathrm{G}(\Theta)$ gibt es einen Zustand z, der in diesem Wort mindestens $(w_\xi + 1)$-mal auftritt. In der Menge der Paare mit der ersten Komponente z gibt es wenigstens zwei Paare, etwa $[\zeta(r), \xi(r)]$ und $[\zeta(s), \xi(s)]$ mit $r \neq s$, so daß $s \equiv r \pmod{w_\xi}$ ist. Da nach Voraussetzung $\xi(r) = \xi(s)$ und ferner $\zeta(r) = \zeta(s)$ gilt, folgt $\xi' = \xi''$, wenn ξ' bzw. ξ'' die Folge

$$\xi'(t) =_{\mathrm{Df}} \xi(r + t - 1) \qquad \text{bzw.} \qquad \xi''(t) =_{\mathrm{Df}} \xi(s + t - 1)$$

bezeichnet. Damit ist aber auch $\zeta' = \zeta''$ für die Folgen

$$\zeta'(t) =_{\mathrm{Df}} \zeta(r + t - 1) \qquad \text{und} \qquad \zeta''(t) =_{\mathrm{Df}} \zeta(s + t - 1)\,.$$

Für die Folgen $\omega'(t) =_{\mathrm{Df}} \omega(r + t - 1)$ und $\omega''(t) =_{\mathrm{Df}} \omega(s + t - 1)$ gilt demnach $\omega = \omega''$. Aus den Ungleichungen $v_\xi < r < s \leqq v_\xi + \mathrm{G}(\Theta)\, w_\xi + 1$ folgt die Periodizität von ω, wobei $w_\omega = s - r \leqq \mathrm{G}(\Theta)\, w_\xi$, $u_\omega \leqq s - 1 \leqq v_\xi + \mathrm{G}(\Theta)\, w_\xi$.

Beispiele.

1. Der von dem endlichen abstrakten Automaten $\mathfrak{A} = [X, Y, Z, f, g]$ mit $X = Y = D$, $Z = \{0, 1, \ldots, 7\}$ (f und g siehe Tabelle IV.4 bzw. IV.5) im Zustand 0 erzeugte reguläre

Tabelle IV.4

x \ z	0	1	2	3	4	5	6	7
0	0|0	1|2	0|3	1|1	0|1	1|7	0|2	1|4
1	0|1	1|7	0|2	1|4	0|4	1|6	0|7	1|5

Eingabefolge	ξ:	1	1	1	1	1	1	1	...
Zustandsfolge	ξ:	0	1	7	5	6	7	5	...
Ausgabefolge	η:	0	1	1	1	0	1	1	...
				Periode (1 1 0)					

Tabelle IV.5

x \ z	0	1	2	3	4	5	6	7
0	0|0	1|2	1|3	0|1	0|1	1|7	1|2	0|4
1	0|1	1|7	1|2	0|4	0|4	1|6	1|7	0|5

Eingabefolge	ξ:	1	0	1	0	1	0	1	0	1	0	1	0	...
Zustandsfolge	ζ:	0	1	2	2	3	4	1	7	4	4	1	7	...
Ausgabefolge	η:	0	1	1	1	0	0	1	0	0	0	1	0	...
							Periode (0 1 0 0)							

Automatenoperator bildet die Folge 111 ... (mit der Periodenlänge 1) auf die Folge 01 [110] ab bzw. die Folge 101010 ... auf die Folge 01110 [0100].

2. Es sei Θ ein konstanter Automatenoperator mit $G(\Theta) = K$ über $[X, Y]$ $(X = D)$. Wenn wir den soeben bewiesenen Satz auf die Folge $\xi = [0]$ anwenden, für die ja $v_\xi = 0$ und $w_\xi = 1$ sind, so stellen wir fest, daß

$$\Theta(\xi) = \Theta(\xi)(1) \ldots \Theta(\xi)(v_\xi)\,[\Theta(\xi)(v_\xi + 1) \ldots \Theta(\xi)(v_\xi + w)] \tag{4.3}$$

gilt, wobei $v_\xi + w \leqq 0 + K \cdot 1 = K$ ist. Andererseits ist für einen konstanten regulären Automatenoperator Θ, der die Folge $\Theta(\xi)$ erzeugt, auch $v_\xi + w \geqq K$, da Θ in einem endlichen abstrakten Automaten $\mathfrak{A} = \mathfrak{A}[X, Y, Z, f, g]$ mit

$$\begin{aligned} Z &=_{\mathrm{Df}} \{z_1, \ldots, z_{v_\xi}, z_{v_\xi+1}, \ldots, z_{v_\xi+w}\}, \\ f(z_\nu, x) &=_{\mathrm{Df}} \Theta(\xi)(\nu), \\ g(z_\nu, x) &=_{\mathrm{Df}} z_{\nu+1 \,(\mathrm{mod}\; v_\xi + w)} \qquad (x \in X,\; z \in Z) \end{aligned} \tag{4.4}$$

im Zustand z_1 erzeugbar ist.

Also gilt folgender Satz.

Satz 5.[1]) *Jeder konstante reguläre Automatenoperator erzeugt eine periodische Folge, deren abgeleitete Periodenlänge mit seinem Gewicht übereinstimmt. Zu jeder periodischen Folge mit der abgeleiteten Periodenlänge u gibt es einen konstanten Automatenoperator mit dem Gewicht u, der diese Folge erzeugt.*

[1]) Siehe [10].

Anmerkung. Satz 4 gibt keine Schranke für die Länge der Vorperiode der Ausgabefolge an; diese hängt von der Länge der Vorperiode der Eingabefolge und dem Gewicht des Operators ab. Insbesondere kann eine reinperiodische Folge auf eine periodische Folge mit nichtleerer Vorperiode abgebildet werden.

Das folgende Beispiel zeigt, daß sich die im Satz 4 enthaltenen Abschätzungen im allgemeinen nicht verbessern lassen. Für eine beliebige natürliche Zahl k definiert man als ,,Zähler modulo k'' den regulären Automatenoperator Θ über $[X, Y]$ $(X = Y = D)$, der folgende Eigenschaften besitzt: Für jedes ξ aus $\mathfrak{F}_X$ ist $\Theta(\xi)(t) = 1$ genau dann, wenn $\sum_{\tau=1}^{t} \xi(\tau)$ ohne Rest durch k teilbar ist. Man sieht leicht ein, daß die reinperiodische Folge $\zeta = [0 \ldots 01]$ mit der Periodenlänge w_ξ vom Zähler mod k auf die reinperiodische Folge

$$[\underbrace{11 \ldots 10}_{w_\xi - 1}\ \underbrace{00 \ldots 00}_{w_\xi} \ldots \underbrace{00 \ldots 01}_{w_\xi - 1}]$$

(k Gruppen zu je w_ξ Buchstaben) mit der Periodenlänge $w = k \cdot w_\xi$ abgebildet wird.

Dieser Operator ist durch den endlichen abstrakten Automaten

$$\left.\begin{aligned} &\mathfrak{A} = [X, Y, Z, f, g] \text{ mit } X = Y = D,\ Z = \{z_0, \ldots, z_{k-1}\}, \\ &f(z, x) = \begin{cases} 1, \text{ falls } [z, x] = [z_{k-1}, 1] \text{ oder } [z, x] = [z_0, 0] \\ 0 \text{ sonst}, \end{cases} \\ &g(z, x) = \begin{cases} z, \text{ falls } x = 0 \\ z_{\varkappa+1\,(\mathrm{mod}\,k)}, \text{ falls } [z, x] = [z_\varkappa, 1],\ \varkappa = 1, \ldots, k-1, \end{cases} \end{aligned}\right\} \quad (4.5)$$

im Zustand z_0 darstellbar.

Also existiert zu jedem k und w ein regulärer Automatenoperator Θ mit dem Gewicht k und eine Eingabefolge ξ mit der Periodenlänge w, so daß die Periodenlänge $w_{\Theta(\xi)}$ der Bildfolge $\Theta(\xi)$ gleich dem k-fachen von w ist.

Die im Satz 4 beschriebenen Eigenschaften regulärer Automatenoperatoren und die Beweisidee dieses Satzes sind bei der Analyse realer Automaten von Bedeutung. Es genügen nämlich bereits die üblichen Angaben über den endlichen abstrakten Automaten, in dem der betreffende Automatenoperator dargestellt wird, um die Bildfolge jeder periodischen Eingabefolge effektiv angeben zu können.

Es entsteht nun die Frage, ob die Umkehrung der Aussage von Satz 4 allgemeingültig ist, d. h., ob jeder Automatenoperator regulär ist, wenn er jede periodische Eingabefolge auf eine periodische Ausgabefolge mit einer Periodenlänge, die das k-fache der Periodenlänge der Eingabefolge nicht übersteigt, abbildet und bezüglich der abgeleiteten Periodenlänge den angegebenen Schranken genügt. Ferner ist zu untersuchen, ob bei einem regulären Automatenoperator mit den genannten Eigenschaften das Gewicht dieses Operators durch die Zahl k beschränkt ist. Die folgenden Beispiele verneinen beide Vermutungen.

Es seien X und Y binäre Alphabete, $\xi_0 = 101001000100001\ldots$ eine Folge aus $\mathfrak{F}_X$ und $[\mathfrak{B}_X, \beta]$ ein bewerteter Baum, für den

$$\beta([p, x]) = \begin{cases} x, & \text{falls } p\,x \text{ Anfangsstück von } \xi_0 \text{ ist,} \\ 0 & \text{sonst} \end{cases} \tag{4.6}$$

gesetzt ist. Der durch $[\mathfrak{B}_X, \beta]_e$ charakterisierte Automatenoperator Θ über $[X, Y]$ bildet ξ_0 auf sich ab. Für jede andere Folge ξ

mit
$$\xi(t) = \begin{cases} \xi_0(t), & \text{falls } 1 \leqq t \leqq r \\ \xi'(t - r), & \text{falls } t > r, \end{cases} \tag{4.7}$$

wobei ξ' eine beliebige Folge mit $\xi'(1) \neq \xi_0(r+1)$ ist, gilt

$$\Theta(\xi) = \xi_0(1)\ldots\xi_0(r)\,[0]\,.$$

Man überlegt sich leicht, daß dieser Automatenoperator nicht regulär ist, obwohl auch er die Ungleichungen von Satz 4 erfüllt, wenn man dort $\mathrm{G}(\Theta) = 2$ setzt.

Selbst dann, wenn man von einem Automatenoperator weiß, daß er regulär ist und die Ungleichungen von Satz 4 für ein gewisses K erfüllt, kann man im allgemeinen nicht annehmen, daß sein Gewicht nach oben durch K beschränkt ist.

Um diese Behauptung zu prüfen, genügt es, einen Automatenoperator Θ' zu betrachten, den man so konstruiert, daß er bezüglich der reinperiodischen Folge $\xi_0 = [\underbrace{00\ldots0}_{w_{\xi_0}-1}1]$ die Eigenschaften des Operators vom vorigen Beispiel besitzt. Man stellt leicht fest, daß $\mathrm{G}(\Theta') = w_{\xi_0} + 1$ ist, obwohl die Ungleichungen von Satz 4 bereits für $K = 2$ erfüllt sind.

Der folgende Satz, den wir ohne Beweis angeben, präzisiert die Aussage von Satz 4.

Satz 4'. *Ist Θ ein regulärer Automatenoperator über $[X, Y]$ und ξ eine periodische Folge aus $\mathfrak{F}_X$, so gilt für die Periodenlänge $w_{\Theta(\xi)}$ der Folge $\Theta(\xi)$*

$$w_{\Theta(\xi)} \in \{w \cdot k\colon 1 \leqq k \leqq \mathrm{G}(\Theta),\ w/w_\xi\}\ ^{1)}\,. \tag{4.8}$$

§ 5. Analyse von Schemata

In diesem Paragraphen beschäftigen wir uns mit der Lösung der in Paragraph 1 genannten Probleme 1 bis 3 (siehe Seite 161).

[1]) Die Abkürzung a/b bedeute für ganze Zahlen a und b: a ist *Teiler* von b.

1. Kontrolle der korrekten Organisiertheit von Schemata

Wir bemerkten bereits, daß nicht jedes Schema über einem System $\boldsymbol{E}$ vcn Elementarautomaten ein logisches Netz ist. Mit Hilfe der in den Paragraphen 5 und 6 eingeführten Begriffe formulieren wir daher folgendes Kriterium:

Satz 6.[1]) *Ein Schema* $\mathfrak{S}$ *über einem System* $\boldsymbol{E}$ *von Elementarautomaten ist genau dann ein logisches Netz über* $\boldsymbol{E}$, *wenn es folgenden Bedingungen genügt:*

a) *Es gibt in* $\mathfrak{S}$ *keine Pole, die durch Identifizierung von Ausgangspolen entstanden sind.*

b) *Es gibt in* $\mathfrak{S}$ *keine verzögerungsfreien geschlossenen Kanäle.*

Beweis. Daß die Bedingungen a) und b) notwendig sind, stellt man fest, indem man auf die Definition des Begriffs logisches Netz (Seite 88) zurückgeht. Man nimmt an, daß a) und b) für die Elemente von $\boldsymbol{E}$ erfüllt sind und beweist dann induktiv, daß die durch Anwendung der Regeln 2, 3 und 4 dieser Definition entstehenden logischen Netze über $\boldsymbol{E}$ nicht gegen die Bedingnngen a) und b) verstoßen.

Das Koppeln von Polen bei der Konstruktion eines logischen Netzes geschieht nach den Regeln 3 und 4, die eine Identifizierung von Ausgangspolen nicht vorsehen (Bedingung a)). Durch Anwendung von Regel 3 werden im allgemeinen keine neuen geschlossenen Kanäle erzeugt; wenn durch Anwendung von Regel 4 ein neuer geschlossener Kanal entsteht (der unbedingt durch die identifizierten Pole $\mathfrak{p}$ und $\mathfrak{p}'$ gehen muß), so ist dieser verzögernd, weil gewährleistet ist, daß $\mathfrak{p}'$ nicht dem Pol $\mathfrak{p}$ untergeordnet ist.

Wir beweisen nun, daß die Bedingungen a) und b) auch hinreichend sind. Ein Schema $\mathfrak{S}$ über $\boldsymbol{E}$ möge also diese Bedingungen erfüllen. Dann kann $\mathfrak{S}$, ausgehend von den gegebenen Elementen in $\boldsymbol{E}$, folgendermaßen konstruiert werden:

1. Durch mehrfache Anwendung der Regel 2 wird ein logisches Netz $\mathfrak{N}_1$ gebildet, das genau dieselben Elemente (und in derselben Anzahl) enthält wie $\mathfrak{S}$, wobei aber in $\mathfrak{N}_1$ überhaupt keine Pole identifiziert sind.

2. Durch sukzessives Anwenden von Regel 3 werden die Pole von $\mathfrak{N}_1$ identifiziert, die auch in $\mathfrak{S}$ gekoppelt sind; das so erhaltene logische Netz bezeichnen wir mit $\mathfrak{N}_2$.

3. Da $\mathfrak{S}$ die Bedingung a) erfüllt, sind zur Umformung von $\mathfrak{N}_2$ in $\mathfrak{S}$ nur noch diejenigen Schritte nötig, durch die gewisse Ausgangspole mit Eingangspolen gekoppelt werden. Darum genügt es zu zeigen, daß, gleichgültig in welcher Reihenfolge diese Schritte durchgeführt werden, kein Ausgangspol $\mathfrak{p}'$ mit einem Eingangspol $\mathfrak{p}$ identifiziert wird, dem er untergeordnet ist. Das ist aber in der Tat der Fall, denn sonst würden im Ergebnis solcher Identifizierungen verzögerungsfreie geschlossene Kanäle entstehen, die auch nach den restlichen Identifizierungsschritten, die die Umformung von $\mathfrak{N}_2$ in $\mathfrak{S}$ vollenden, als verzö-

[1]) Siehe [10].

gerungsfreie geschlossene Kanäle in $\mathfrak{S}$ fortbestehen würden. Nach den Voraussetzungen von Satz 6 kommen aber in $\mathfrak{S}$ derartige Kanäle nicht vor. Damit ist der Satz bewiesen.

Wenn wir dieses Kriterium auf das Schema in Abb. 2.13 anwenden, so zeigt sich, daß dieses Schema kein logisches Netz ist, denn es enthält – wie im Kapitel II, § 5 gezeigt wurde – einen verzögerungsfreien geschlossenen Kanal. Das Schema in Abb. 2.16 ist dagegen ein logisches Netz; es unterscheidet sich von dem in Abb. 2.13 dadurch, daß in ihm das Verzögerungselement $\mathfrak{E}_V$ auftritt. Dadurch wird der durch Fettdruck hervorgehobene Kanal in Abb. 2.16 verzögernd. Die Abbildungen 2.14 und 2.17 zeigen logische Netze, die gewisse Zwischenstadien bei der Konstruktion des Netzes in Abb. 2.16 darstellen.

Wir ziehen nun noch eine Folgerung aus Satz 6.

Folgerung. *Jedes Schema über* **E**, *das keine verzögerungsfreien geschlossenen Kanäle hat und in dem jeder Eingangspol mit höchstens einem Ausgangspol gekoppelt ist, ist ein logisches Netz über* **E**.

In den Fällen, in denen in einem Schema sehr viele oder sehr lange geschlossene Kanäle auftreten, erfordert eine Anwendung des in Satz 6 formulierten Kriteriums großen Arbeitsaufwand. Wir geben daher eine Variante dieses Kriteriums an, die zwar auch nicht die bei der Überprüfung von geschlossenen Kanälen auftretenden Schwierigkeiten eliminiert, sich aber doch als nützlich erweisen kann, besonders dann, wenn der vom Netz realisierte endliche abstrakte Automat angegeben werden soll. Daher geht man – analog wie im Beweis des Analysensatzes (Kapitel II, § 6) – von den im Netz vorkommenden Elementarautomaten aus.

Da die Bedingung a) des Kriteriums nicht schwer nachzuprüfen ist, beschränken wir unsere Betrachtungen jetzt auf solche Schemata, für die diese Bedingung bereits erfüllt ist.

Unter einer *korrekten Numerierung eines Schemas* $\mathfrak{S}$ verstehen wir eine eineindeutige Abbildung der Menge aller Pole von $\mathfrak{S}$ auf einen Abschnitt der natürlichen Zahlen mit folgenden Eigenschaften: Jeder Pol mit der Nummer i ist keinem Pol, dessen Nummer j größer oder gleich i ist, untergeordnet.

Folgerung. *Wenn ein Schema eine korrekte Numerierung zuläßt, so ist es ein logisches Netz.*

Tatsächlich zieht ja die Existenz eines verzögerungsfreien geschlossenen Kanals nach sich, daß ein Pol $\mathfrak{p}_i$ vorkommt, der sich selbst untergeordnet ist, d. h. , es müßte $i < i$ gelten.

Man überzeugt sich auch leicht, daß die Umkehrung ebenfalls richtig ist:

Jedes logische Netz besitzt eine korrekte Numerierung.

Eine derartige Numerierung findet man mit Hilfe eines Verfahrens, das darin besteht, den Polen eines logischen Netzes *Ränge* zuzuordnen.

Den Rang 0 bekommt jeder Pol, der keinem Pol des logischen Netzes untergeordnet ist (insbesondere also auch nicht sich selbst). Also wird z. B. allen Eingabepolen eines logischen Netzes der Rang 0 zugeordnet. Es gibt sicher Pole, denen der Rang 0 zuzuordnen ist, da in jedem logischen Netz jede Kette von Polen $\mathfrak{p}_1, \mathfrak{p}_2, \ldots$ mit $\ldots \mathfrak{p}_3 \succ\!\!\rightarrow \mathfrak{p}_2 \succ\!\!\rightarrow \mathfrak{p}_1$ gerade bei einem Pol dieser Art abbricht (sonst wäre ein verzögerungsfreier geschlossener Kanal vorhanden).

Es seien nun schon die Pole mit den Rängen $0, 1, 2, \ldots, n$ bestimmt. Dann wird der Rang $n + 1$ jedem Pol zugeordnet, der nur Polen untergeordnet ist, deren Rang höchstens gleich n ist, wobei es unter diesen Polen auch wenigstens einen mit dem Rang n geben muß. Nach endlich vielen Schritten bricht dieser Rangzuordnungsprozeß ab.

Wir zeigen nun noch, daß auf diese Weise auch jedem Pol des logischen Netzes ein Rang zugeordnet wird. Nehmen wir das Gegenteil an, d. h., es gibt einen Pol $\mathfrak{p}_1$, dem bei diesem Verfahren kein Rang zugeordnet worden ist. Dann ist $\mathfrak{p}_1$ kein Pol vom Rang 0, aber auch nicht sich selbst untergeordnet (verzögerungsfreie geschlossene Kanäle gibt es nicht), darum ist der Pol $\mathfrak{p}_1$ gewissen anderen Polen, etwa $\mathfrak{q}_1, \ldots, \mathfrak{q}_n$ $(n \geqq 1)$, untergeordnet. Unter diesen gibt es wenigstens einen Pol (den wir mit $\mathfrak{p}_2$ bezeichnen), dem ebenfalls kein Rang zugeordnet ist, weil sonst $\mathfrak{p}_1$ einen Rang hätte — nämlich um Eins höher als das Maximum der Ränge von $\mathfrak{q}_1, \mathfrak{q}_2, \ldots, \mathfrak{q}_n$. Die Fortsetzung dieser Überlegungen führt zu dem Ergebnis, daß eine unendliche Folge von Polen $\mathfrak{p}_1, \mathfrak{p}_2, \ldots$ (die alle keinen Rang haben) existiert, wobei $\ldots \mathfrak{p}_3 \succ\!\!\rightarrow \mathfrak{p}_2 \succ\!\!\rightarrow \mathfrak{p}_1$ gilt. Eine solche Folge kann es aber in einem logischen Netz nicht geben.

Nachdem man den Polen Ränge zugeordnet hat, kann man leicht eine korrekte Numerierung herstellen, indem man die natürlichen Zahlen in ihrer natürlichen Reihenfolge verbraucht und dabei zuerst die Pole vom Rang 0 berücksichtigt, dann die vom Rang 1, usw.

Beispiel. In dem in Abb. 2.16 dargestellten logischen Netz erhalten die Pole $\mathfrak{p}_1$, $\mathfrak{p}_2$ und $\mathfrak{p}_3$ den Rang 0, $\mathfrak{p}_4$ und $\mathfrak{p}_5$ den Rang 1 und $\mathfrak{p}_6$ den Rang 2. Unter dem Rang eines logischen Netzes wollen wir das Maximum der Ränge seiner Pole verstehen. Dann ist der Rang des Netzes in Abb. 2.16 gleich 2.

2. Konstruktion der von logischen Netzen realisierten endlichen abstrakten Automaten

Im Beweis des Analysesatzes (Kapitel II, § 6) hatten wir bereits beschrieben, wie wir den von einem logischen Netz realisierten endlichen abstrakten Automaten konstruieren können.

Wir geben hier eine Variante dieses Verfahrens an, die wir sogleich für den verallgemeinerten Fall (Berücksichtigung der Ausgabe an beliebigen Teilmengen von inneren und Ausgangspolen, vgl. Kapitel II, Fußnote 1, Seite 85) herleiten.

Es sei ein logisches Netz $\mathfrak{N}$ über einem System von Elementarautomaten gegeben. Wir führen in der oben beschriebenen Weise eine korrekte Numerierung der Pole des Netzes ein und indizieren die Eingabe- und Ausgabevariablen der Elementarautomaten mit den Nummern der entsprechenden Pole; desgleichen die jeweiligen Komponenten der Ausgabefunktionen (gemeint sind die durch Aufspaltung der Ausgabefunktionen der Elementarautomaten entstehenden Ausgabefunktionen für je einen Ausgangspol jedes Automaten).

Als Eingabealphabet X des zu konstruierenden abstrakten Automaten nehmen wir das Kreuzprodukt der Alphabete aller Eingangspole des Netzes in korrekter Reihenfolge und als Ausgabealphabet das Kreuzprodukt aller Alphabete derjenigen inneren und Ausgangspole des Netzes, die wir als Ausgabeelemente berücksichtigen wollen (ebenfalls in korrekter Reihenfolge). Als Zustandsalphabet verwenden wir das beliebig gebildete Kreuzprodukt der Zustandsalphabete aller in $\mathfrak{N}$ auftretenden Elementarautomaten (gegebenenfalls mit der entsprechenden Vielfachheit).

So erhalten wir beispielsweise für das in Abb. 2.16 dargestellte Netz, wenn wir alle möglichen Ausgaben erfassen:

$$X =_{\mathrm{Df}} X_2\,, \quad Y =_{\mathrm{Df}} Y_1 \times Y_4 \times Y_5 \times Y_6\,, \quad Z =_{\mathrm{Df}} Z_\Sigma \times Z_{\mathfrak{T}} \times Z_\oplus \times Z_V\,. \tag{4.9}$$

Die Ausgabefunktion des gesuchten Automaten bestimmen wir wie folgt:

Wir führen die Ausgabefunktionen der Elementarautomaten in ihrer korrekten Reihenfolge auf und substituieren jede Ausgabefunktion an derjenigen Stelle der folgenden Ausgabefunktionen, die mit Ausgabevariablen gleicher Indizierung belegt sind. Auf Grund der Eigenschaften der korrekten Numerierung ist dieses Verfahren eindeutig und bricht nach endlich vielen Schritten ab. Im Ergebnis dieser Substitution erhalten wir genau die Menge von Funktionen auf $Z \times X$, deren Elemente die Ausgabe des Netzes an den zugehörigen Ausgangspolen beschreiben. Aus dieser Menge wählen wir die zu berücksichtigenden Elemente aus (es seien dies die Ausgabefunktionen $f^{(1)}, \ldots, f^{(n)}$). Mit $f(z, x) = [f^{(1)}(z, x), \ldots, f^{(n)}(z, x)]$ $(z \in Z,\ x \in X)$ ist dann die Ausgabefunktion des zu konstruierenden abstrakten Automaten eindeutig festgelegt.

In unserem Beispiel sind (nach Einführung einer korrekten Numerierung)

$$\left.\begin{array}{ll} f_1\colon\ z_V & f_4\colon y_1 \oplus x_2 \oplus z_\Sigma \\ f_3\colon\ z_V & f_5\colon y_3 \oplus z_{\mathfrak{T}} \\ & f_6\colon y_4 \oplus y_5\,, \end{array}\right\} \tag{4.10}$$

d. h. $f\colon [z_V, z_V \oplus x_2 \oplus z_\Sigma, z_V \oplus z_{\mathfrak{T}}, z_V \oplus x_2 \oplus z_\Sigma \oplus z_V \oplus z_{\mathfrak{T}}]$

oder vereinfacht

$$f\colon [z_V, z_V \oplus x_2 \oplus z_\Sigma\,,\quad z_V \oplus z_{\mathfrak{T}}\,,\quad x_2 \oplus z_\Sigma \oplus z_{\mathfrak{T}}]\,. \tag{4.11}$$

Bei der Festlegung der Überführungsfunktion verfahren wir analog. Zunächst werden die Überführungsfunktionen der Elementarautomaten in der durch das Kreuzprodukt festgelegten Reihenfolge notiert. Sodann substituiert man in jeder Überführungsfunktion an jeder Stelle, die mit einer Ausgabevariablen belegt ist, die bereits konstruierte Ausgabefunktion mit gleicher

Indizierung. Auch dieses Verfahren liefert nach endlich vielen Schritten eine eindeutig bestimmte Menge von Funktionen über $Z \times X$. Es seien dies die Funktionen $g^{(1)}, \ldots, g^{(k)}$. Setzt man dann $g(z, x) = [g^{(1)}(z, x), \ldots, g^{(k)}(z, x)]$, so hat man die Überführungsfunktion des zu konstruierenden Automaten bestimmt.

Aus dieser Konstruktion folgt unmittelbar, daß unser System $\mathfrak{A} = [X, Y, Z, f, g]$ der gesuchte, von $\mathfrak{N}$ realisierte abstrakte Automat ist.

Wir führen unser Beispiel zu Ende:

Es sind

$$\left.\begin{array}{lll} g_\Sigma & : & y_1 x_2 \vee z_\Sigma y_1 \vee z_\Sigma x_2 \\ g_{\mathcal{I}} & : & y_3 \oplus z_{\mathcal{I}} \\ g_\oplus & : & z_\oplus \\ g_V & : & y_6 \,. \end{array}\right\} \tag{4.12}$$

Nach Substitution erhalten wir

$$g\colon [z_V x_2 \vee z_\Sigma z_V \vee z_\Sigma x_2,\ z_V \oplus z_{\mathcal{I}},\ z_\oplus,\ x_2 \oplus z_\Sigma \oplus z_{\mathcal{I}}]$$

oder vereinfacht ($z_\oplus$ ist konstant)

$$g\colon [z_V x_2 \vee z_\Sigma z_V \vee z_\Sigma x_2,\ z_V \oplus z_{\mathcal{I}},\ x_2 \oplus z_\Sigma \oplus z_{\mathcal{I}}]\,. \tag{4.13}$$

Die Werte der Funktionen f und g sind in der Tabelle IV.6 angegeben.

Tabelle IV.6

x \ z	000	001	010	011	100	101	110	111
	Ausgabetabelle							
0	0000	1101	0110	1011	1010	0111	1100	0001
1	1010	0111	1100	0001	0000	1101	0110	1011
	Zustandstabelle							
0	000	010	011	001	001	111	010	100
1	001	111	010	100	100	110	111	101

Wenn wir uns zum Beispiel nur für den durch die Ausgabe am Pol $\mathfrak{p}_5$ des Netzes von Abb. 2.16 realisierten abstrakten Automaten interessieren, so erhalten wir analog

$$\mathfrak{A} = [X, Y, Z, f, g]\,, \quad \text{wobei } X = X_2\,,\ Y = Y_5\,,\ Z = Z_\Sigma \times Z_{\mathcal{I}} \times Z_\oplus \times Z_V\,,$$

$$f\colon z_V \oplus z_\Sigma\,,$$

$$g\colon \text{wie oben.}$$

Die Werte der Funktionen f und g sind der Tabelle IV.5 zu entnehmen (dort ist der Einfachheit halber das Zustandsalphabet dezimal codiert).

Ebenso leicht überlegt man sich, daß der durch die Ausgaben am Pol $\mathfrak{p}_1$ oder $\mathfrak{p}_3$ des gleichen Netzes realisierte abstrakte Automat die Ausgabe- und Überführungsfunktionen besitzt, wie sie in Tabelle IV.4 beschrieben sind.

3. Minimisierung des Zustandsalphabets

Definition. Abstrakte Automaten heißen *äquivalent* genau dann, wenn die in ihnen darstellbaren Mengen von Automatenoperatoren gleich sind.

In diesem Abschnitt geben wir ein Verfahren an, mit dessen Hilfe zu jedem endlichen abstrakten Automaten ein äquivalenter abstrakter Automat konstruiert werden kann, dessen Zustände paarweise inäquivalent sind.

Es sei $\mathfrak{A} = [X, Y, Z, f, g]$ ein endlicher abstrakter Automat. Wir geben einen Algorithmus für die Konstruktion der Folge $\{\mathfrak{Z}_\varkappa\}$, $\varkappa = 1, 2, \ldots$, von Klasseneinteilungen modulo $\underset{\varkappa}{\sim}$ in Z an (siehe Satz 2, § 3).

Im Anfangsschritt ($\varkappa = 1$) gehören zwei Zustände z und z' genau dann zu einer gemeinsamen Klasse aus $\mathfrak{Z}_1$, wenn $f(z, x) = f(z', x)$ für jedes x aus X gilt. Diese Eigenschaft liegt aber genau dann vor, wenn in den Spalten von z und z' der Tabelle von f die Ausgabebuchstaben für jedes x übereinstimmen.

Es sei nun bereits für ein gewisses k ($1 \leqq k$) die Klasseneinteilung $\mathfrak{Z}_k$ gefunden. Wir konstruieren $\mathfrak{Z}_{k+1}$, indem wir zwei Zustände z und z' genau dann in einer Klasse $\mathfrak{z}^{(k+1)} \in \mathfrak{Z}_{k+1}$ erfassen, wenn die Zustände $g(z, x)$ und $g(z', x)$ für jedes x in einer Klasse $\mathfrak{z}^{(k)}$ der Klasseneinteilung $\mathfrak{Z}_k$ liegen. Diese Eigenschaft prüft man unmittelbar, indem man in der Tabelle von g jeden Zustand durch die Klasse $\mathfrak{z}^{(k)}$ ersetzt, der er bei der Klasseneinteilung $\mathfrak{Z}_k$ angehört und feststellt, ob die Spalten von z und z' in dieser Tabelle übereinstimmen. Aus D) (§ 3) ist ersichtlich, daß man auf diese Weise tatsächlich die Klassen von $\mathfrak{Z}_{k+1}$ erhält.

Wir lassen das soeben beschriebene Verfahren genau dann im k_0-ten Schritt abbrechen, wenn k_0 die erste natürliche Zahl ist, für die $\mathfrak{Z}_{k_0+1} = \mathfrak{Z}_{k_0}$ gilt.

Aus Satz 2 (§ 3) folgt, daß eine solche Zahl k_0 stets existiert, wenn $\mathfrak{A}$ endlich ist.

Da k_0 die kleinste natürliche Zahl k ist, für die $\mathfrak{Z}_{k+1} = \mathfrak{Z}_k$ gilt, folgt $\mathrm{ug}(\mathfrak{A}) = k_0$. (Im Falle $k_0 = 1$ ist es natürlich auch möglich, daß $\mathrm{ug}(\mathfrak{A})$ nicht definiert ist, d. h., alle Zustände von $\mathfrak{A}$ sind paarweise äquivalent.)

Damit weiß man aber, daß $\mathfrak{Z}_{k_0}$ minimal ist, d. h., die Klassen von $\mathfrak{Z}_{k_0}$ sind die Äquivalenzklassen modulo $\sim$.

Nun gehen wir zur Konstruktion des Automaten $\mathfrak{B} = [X, Y, Z', f', g']$ mit minimisiertem Zustandsalphabet über, indem wir setzen

$$\left.\begin{aligned} Z' &= \mathfrak{Z}_{k_0}, \\ f'([z]_{k_0}, x) &= f(z, x), \\ g'([z]_{k_0}, x) &= [g(z, x)]_{k_0} \qquad (z \in Z,\ x \in X), \end{aligned}\right\} \tag{4.14}$$

wobei $[z]_{k_0}$ die von z repräsentierte Klasse aus $\mathfrak{Z}_{k_0}$ bezeichne.

Man prüft leicht, daß die Definitionen von f' und g' unabhängig vom Repräsentanten z sind.

Ferner ist unmittelbar einzusehen, daß die Automaten $\mathfrak{A}$ und $\mathfrak{B}$ äquivalent sind.

Schließlich folgt aus der Definition der Äquivalenzklassen, daß in $\mathfrak{B}$ gilt: Wenn $[z]_{k_0} \neq [z']_{k_0}$, so ist $[z]_{k_0} \not\sim [z']_{k_0}$.

Beispiele. Wir betrachten die Tabellen der Funktionen f und g (Tab. IV.5) des endlichen abstrakten Automaten $\mathfrak{A} = [X, Y, Z, f, g]$, der durch die Ausgaben am Pol $\mathfrak{p}_5$ des in Abb. 2.16 dargestellten logischen Netzes realisiert wird.

Wenn wir das soeben beschriebene Verfahren anwenden, so erhalten wir

$$\left.\begin{aligned} \mathfrak{Z}_1 &= \{\{0,3,4,7\},\{1,2,5,6\}\}, \\ \mathfrak{Z}_2 &= \{\{0,7\},\{3,4\},\{1,6\},\{2,5\}\}, \\ \mathfrak{Z}_3 &= \{\{0\},\{7\},\{3,4\},\{1,6\},\{2\},\{5\}\}, \qquad \mathfrak{Z}_4 = \mathfrak{Z}_3. \end{aligned}\right\} \tag{4.15}$$

Hieraus folgen $\mathrm{ug}(\mathfrak{A}) = 3$ und $G(\Theta_{\mathfrak{A},0}) = 6$. Die Ausgabe- und Überführungsfunktion des zu $\mathfrak{A}$ äquivalenten minimisierten Automaten $\mathfrak{B} = [X, Y, Z', f', g']$ mit $Z' = \{0, 1, 2, 3, 5, 7\}$ sind in Tabelle IV.7 beschrieben. (Die Klassen von $\mathfrak{Z}_3$ wurden hier durch Repräsentanten ersetzt.)

Tabelle IV.7

x \ z'	0	1	2	3	5	7
0	0,0	1,2	1,3	0,1	1,7	0,3
1	0,1	1,1	1,2	0,3	1,1	0,5

Eine analoge Untersuchung des abstrakten Automaten, der durch die Ausgaben am Pol $\mathfrak{p}_1$ bzw. an allen inneren Polen vom gleichen Netz realisiert wird (vgl. Tabelle IV.4 und Tabelle IV.6), ergibt, daß alle Zustände im ersten Fall 3-unterscheidbar, im zweiten Fall 1-unterscheidbar sind.

Für das erste dieser beiden Beispiele ist

$$\begin{aligned} \mathfrak{Z}_1 &= \{\{0,2,4,6\},\{1,3,5,7\}\}, \\ \mathfrak{Z}_2 &= \{\{0,6\},\{2,4\},\{1,7\},\{3,5\}\}, \\ \mathfrak{Z}_3 &= \{\{0\},\{6\},\{2\},\{4\},\{1\},\{7\},\{3\},\{5\}\}. \end{aligned} \tag{4.16}$$

KAPITEL V

BESCHREIBUNG VON AUTOMATENOPERATOREN

§ 1. Allgemeine Vorbemerkungen

Im vorliegenden Kapitel behandeln wir die (abstrakte) Synthese von abstrakten Automaten ausführlicher. Am Ende des Kapitels II konnten wir zeigen, daß zu jedem regulären Automatenoperator — sofern er durch einen ihn darstellenden endlichen Automaten charakterisiert ist — ein logisches Netz existiert, das diesen Operator realisiert.

Die Probleme der strukturellen Synthese, d. h. des Überganges vom abstrakten Automaten zum realisierenden logischen Netz über einer gegebenen Menge E von Elementarautomaten können damit im Prinzip[1]) als gelöst betrachtet werden. Analog hat man im Ergebnis der (strukturellen) Analyse (siehe Kapitel IV) den durch ein logisches Netz realisierten Automatenoperator mit Hilfe eines endlichen abstrakten Automaten charakterisiert.

Im allgemeinen ist jedoch nicht zu erwarten, daß der zu realisierende Operator durch einen Baum oder durch den ihn darstellenden abstrakten Automaten bereits gegeben ist. Analog wird bei der Analyse die Beschreibung des von einem logischen Netz realisierten Automatenoperators durch einen Baum bzw. einen abstrakten Automaten nicht in allen Fällen die übersichtlichste sein.

Faßt man also den Begriff der Synthese von realen Automaten im soeben beschriebenen Sinne weiter, so hat man folgende Syntheseetappen zu berücksichtigen:

1. Es liegt eine beliebige Beschreibung des zu realisierenden Automatenoperators vor.
2. Ausgehend von dieser Beschreibung ist eine formalisierte Beschreibung dieses Operators zu finden.
3. Mit Hilfe der formalisierten Beschreibung ist ein abstrakter Automat zu konstruieren, der den Operator darstellt.
4. Es ist ein logisches Netz zu konstruieren, das diesen abstrakten Automaten realisiert.

Unter Verwendung verschiedener Beschreibungsmöglichkeiten von Automatenoperatoren wollen wir hier die Etappen 1 bis 3, die man auch als *abstrakte Synthese* bezeichnet, genauer untersuchen.

Wir erläutern zunächst die Situation an einigen Beispielen.

Es ist festzustellen, ob die im folgenden aufgeführten Operatoren $\Theta^1, \ldots, \Theta^5$ über den Alphabeten $[X, Y]$ in logischen Netzen realisierbar sind. Falls dies

[1]) Das außerordentlich schwierige Problem der Optimierung eines logischen Netzes wurde dabei ausgeklammert. Siehe Kap. VII. — Anm. d. Red.

möglich ist, sind die entsprechenden Netze (über einer geeigneten Menge von Elementarautomaten) zu konstruieren.

1. $X = Y = D^3$ (d. h., die Alphabete X und Y sind binäre Codierungen des Alphabetes $X' = \{0, 1, 2, 3, 4, 5, 6, 7\}$) und für jedes ξ aus $\mathfrak{F}_X$ und jedes $t = 1, 2, \ldots$ ist $\Theta^1(\xi)(t) \equiv \xi(t) + 1 \pmod 7$.
2. $X = Y = D$ und für jedes ξ aus $\mathfrak{F}_X$ und jedes $t = 1, 2, \ldots$ ist $\Theta^2(\xi)(t) = 1$ genau dann, wenn $\xi(t) = 1$ und $2 / \sum_{\tau=1}^{t} \xi(\tau)$.
3. $X = D^3$, $Y = D$ und für jedes $\xi = [\xi_1, \xi_2, \xi_3]$ aus $\mathfrak{F}_X$ und jedes $t = 1, 2, \ldots$ ist $\Theta^3(\xi)(t) = 1$ genau dann, wenn die folgenden Bedingungen erfüllt sind: Es gibt ein σ mit $\sigma < t$, so daß $\xi_1(\sigma) = 1$, und es gilt:
   Für jedes τ mit $\sigma < \tau < t$ ist eine der folgenden Bedingungen erfüllt:
   a) $\xi_2(\tau) = 1$;
   b) es existiert ein λ mit $\sigma < \lambda < \tau$, so daß $\xi_3(\lambda) = 1$.

Abb. 5.1 zeigt die Reihenfolge der angeführten Takte.

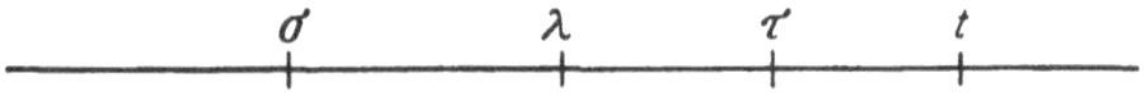

Abb. 5.1

4. $X = Y = D$ und für jedes ξ aus $\mathfrak{F}_X$ und jedes $t = 1, 2, \ldots$ ist $\Theta^4(\xi)(t) = 1$ genau dann, wenn $\xi(t) = 1$ gilt und $\sum_{\tau=1}^{t} \xi(\tau)$ eine Primzahl ist.
5. $X = \{a, b, c\}$, $Y = D$ und Θ^5 wird durch eine Automatenfunktion φ^5 beschrieben, wobei

$$\varphi^5(p) = \begin{cases} 0010101, & \text{falls } p = abcbcba, \\ 0011011, & \text{falls } p = abacaba, \\ \text{beliebig sonst.} \end{cases}$$

Man erkennt sofort, daß der Automatenoperator Θ^4 nicht regulär ist und folglich nicht durch ein logisches Netz realisierbar ist. Die Automatenoperatoren Θ^1, Θ^2 und Θ^3 sind dagegen regulär, Θ^1 ist sogar ein kombinatorischer Operator.

Der Automatenoperator Θ^3 ist in einem abstrakten Automaten $\mathfrak{A} = [X, Y, Z, f, g]$ mit $Z = D^2$ (f und g siehe Tabelle V.1) durch den Zustand 00 darstellbar.

Tabelle V.1

$x_1 x_2 x_3$	00	01	10	11
000	0/00	0/11	1/00	1/11
001	0/00	0/11	1/00	1/11
010	0/00	0/11	1/10	1/11
011	0/00	0/11	1/11	1/11
100	0/10	0/11	1/10	1/11
101	0/10	0/11	1/10	1/11
110	0/10	0/11	1/10	1/11
111	0/10	0/11	1/11	1/11

Die Schwierigkeiten beim Übergang von einer beliebig gefaßten Beschreibung der Eigenschaften eines Operators zum darstellenden abstrakten Automaten bestehen nun unter anderem darin, daß man festzustellen hat, ob dieser Operator ein regulärer Automatenoperator ist und durch welchen abstrakten Automaten er gegebenenfalls darstellbar ist. Sicher ist die Kompliziertheit dieser Untersuchungen von der Art der anfänglichen Beschreibung des Operators abhängig.

Wir betrachten daher zunächst den Fall, daß uns von dem darzustellenden Operator für jedes Wort aus der Eingabewortmenge das Bildwort der vom Operator erzeugten Automatenfunktion bekannt ist.

So weiß man zum Beispiel, daß die vom Automatenoperator Θ^3 erzeugte Automatenfunktion φ^3 das Wort

000 001 010 011 100 101 110 111 011 111 bzw. 011 111 000 101 001 111

auf das Wort 0000011111 bzw. 001011 abbildet.

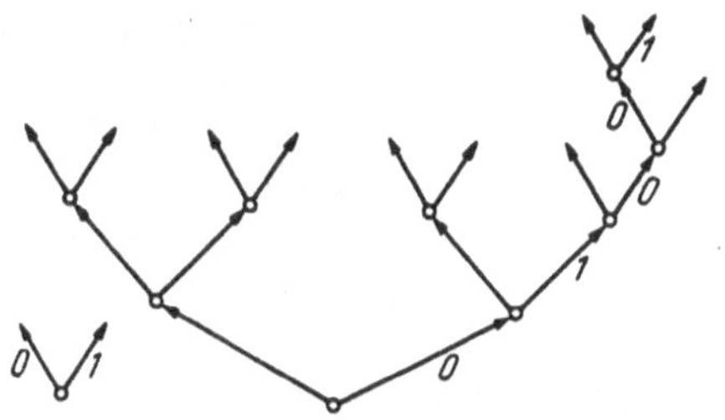

Abb. 5.2

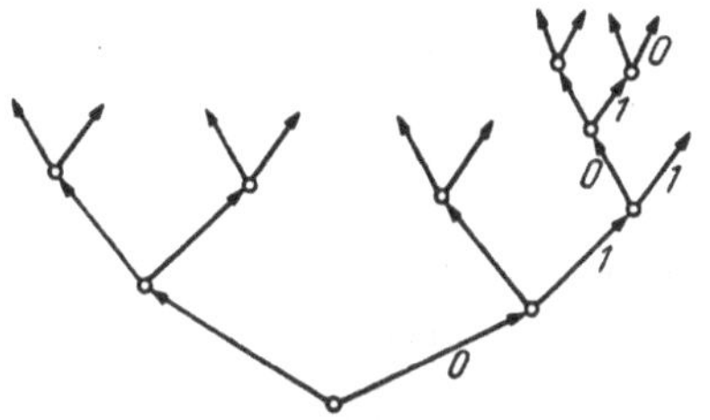

Abb. 5.3

Mit anderen Worten, wir können jeden endlichen Teil des bewerteten Baumes, der den Operator beschreibt, konstruieren. In der Abb. 5.2 bzw. 5.3 ist ein Teil des bewerteten Baumes von Θ^2 bzw. Θ^4 mit den Ausgaben der von diesen Operatoren erzeugten Automatenfunktionen φ^2 bzw. φ^3 für das Eingabewort 11101 bzw. für die Eingabewörter 111 und 11011 dargestellt.

Es ist offensichtlich, daß für einen kombinatorischen Operator der realisierende abstrakte Automat angegeben werden kann, wenn der erste Rang des bewerteten Baumes dieses Operators vollständig konstruiert ist. So hat man zum Beispiel für den Operator Θ^1 zu untersuchen, welche Ausgaben die von Θ^1 erzeugte Automatenfunktion φ^1 für jeden Eingabebuchstaben liefert (vorausgesetzt, man weiß bereits, daß Θ^1 ein kombinatorischer Operator ist).

Liegt jedoch ein Automatenoperator mit Speichervermögen vor, der unter Umständen sogar nichtregulär sein kann, so hat man weitere Untersuchungen vorzunehmen, um Aufschluß über seine Eigenschaften zu gewinnen.

Hierzu kann man die (nach Voraussetzung bekannten) endlichen Teile des bewerteten Baumes, der diesen Operator beschreibt, heranziehen und versuchen, obere Schranken für die wichtigsten Parameter des Operators und des darstellenden Automaten, wie Gewicht, Unterscheidbarkeitsgrad, Erreichbarkeitsgrad zu finden.[1])

[1]) Siehe [17].

Einige damit im Zusammenhang stehende Probleme werden in Paragraph 2 untersucht.

Eine andere Aufgabe besteht darin, von der Beschreibung eines Operators in einer geeigneten formalisierten Sprache zu einem abstrakten Automaten überzugehen, in dem dieser Operator darstellbar ist. Das wird sich besonders dann als zweckmäßig erweisen, wenn der zu untersuchende Operator in dieser formalisierten Sprache vorteilhaft beschreibbar ist.

In Paragraph 3 dieses Kapitels untersuchen wir die von M. L. ZETLIN[1]) vorgeschlagene Beschreibung von endlichen abstrakten Automaten durch Matrizen (nach ZETLIN kurz *Matrixdarstellung* eines Automaten genannt). Ferner werden Algorithmen zur Konstruktion der Matrixdarstellung eines in der üblichen Weise gegebenen endlichen abstrakten Automaten sowie zur Konstruktion eines endlichen abstrakten Automaten aus einer Matrixdarstellung angegeben.

Es zeigt sich, daß man die Eigenschaften eines in einem endlichen abstrakten Automaten dargestellten regulären Automatenoperators im Prädikatenkalkül der zweiten Stufe unter Verwendung einstelliger Prädikate über dem Individuenbereich Nz der natürlichen Zahlen und beschränkt quantifizierter Individuenvariablen beschreiben kann. Formalisierte Beschreibungen dieser Art sind vor allem deshalb von Interesse, weil der Übergang von einer umgangssprachlichen Charakterisierung eines Automatenoperators zu seiner Beschreibung in dieser formalisierten Sprache sowie die sich anschließende Konstruktion des abstrakten Automaten relativ unkompliziert sind. In den Paragraphen 4 und 5 analysieren wir die hiermit zusammenhängenden Probleme ausführlicher.

§ 2. Teilbäume

Es sei X ein beliebiges endliches Alphabet und $\mathfrak{W}$ eine endliche Teilmenge von $\mathfrak{W}_X$. Die Menge aller Anfangswörter von Wörtern aus $\mathfrak{W}$ (einschließlich des leeren Wortes e) wollen wir mit $\boldsymbol{A}(\mathfrak{W})$ bezeichnen.

Unter einem *Teilbaum* $\mathfrak{B}_{X,\mathfrak{W}}$ verstehen wir folgenden gerichteten Graphen: Als Menge der *Knoten* von $\mathfrak{B}_{X,\mathfrak{W}}$ wählen wir die Menge $\boldsymbol{A}(\mathfrak{W})$, als Menge der *Kanten* die geordneten Paare der Form $[p, px]$ mit $p \in \boldsymbol{A}(\mathfrak{W})$, $px \in \boldsymbol{A}(\mathfrak{W})$, wobei p *Anfangspunkt* und px *Endpunkt* der Kante $[p, px]$ ist.

Das System $[\mathfrak{B}_{X,\mathfrak{W}}, \beta]$ heißt genau dann *bewerteter Teilbaum* über $[X, Y]$, wenn β eine eindeutige Abbildung von der Menge aller Kanten aus $\mathfrak{B}_{X,\mathfrak{W}}$ in ein Alphabet Y ist.

Man erkennt sofort, daß jeder bewertete Teilbaum $[\mathfrak{B}_{X,\mathfrak{W}}, \beta]$ über $[X, Y]$ genau die Klasse Φ von Automatenfunktionen über $[X, Y]$ beschreibt, für die gilt: $\varphi \in \Phi$ genau dann, wenn

$$\varphi(p) = \beta([e, x_1])\, \beta([x_1, x_1 x_2]) \ldots \beta([x_1 \ldots x_{n-1}, p]) \tag{5.0}$$

für jedes $p = x_1 \ldots x_n$ aus $\boldsymbol{A}(\mathfrak{W})$ gilt.

[1]) Siehe [76].

Umgekehrt gibt es zu jeder Automatenfunktion φ über $[X, Y]$, deren Werte über einer endlichen Menge $\mathfrak{W}$ von $\mathfrak{W}_X$ bekannt sind, einen Teilbaum $[\mathfrak{B}_{X,\mathfrak{W}}, \beta]$ über $[X, Y]$, so daß die Gleichung (5.0) für jedes p aus $\boldsymbol{A}(\mathfrak{W})$ gilt. Diese Behauptungen folgen unmittelbar aus unseren Überlegungen in Kapitel II, § 2.

Den Knoten und Kanten eines bewerteten Teilbaumes $[\mathfrak{B}_{X,\mathfrak{W}}, \beta]$ ordnen wir in der üblichen Weise *Ränge* zu und nennen jeden nichtleeren Teil eines Teilbaumes, der für ein festes p $(p \in \boldsymbol{A}(\mathfrak{W}))$ aus allen Knoten pr $(pr \in \boldsymbol{A}(\mathfrak{W}))$ und allen Kanten $[pr, prx]$ $(prx \in \boldsymbol{A}(\mathfrak{W}))$ besteht, *Ast* $[\mathfrak{B}_{X,\mathfrak{W}}, \beta]_p$ des Teilbaumes $[\mathfrak{B}_{X,\mathfrak{W}}, \beta]$. Den Ästen ordnen wir wie in Kapitel II, § 2, Ränge zu. Man überlegt sich leicht, daß jeder Ast $\mathfrak{B}_p$ eines bewerteten Teilbaumes $\mathfrak{B}$[1]) wieder eine Klasse Φ_p von Automatenfunktionen mit den oben genannten Eigenschaften charakterisiert.

Bisweilen setzen wir für eine Wortmenge $\mathfrak{W}$ und ein p aus $\mathfrak{W}$: $\mathfrak{W}(p) = \{r: pr \in \mathfrak{W}\}$.

Die Zahl $\max\limits_{r \in \mathfrak{W}(p)} \mathrm{l}(r)$ bezeichnen wir als *Ordnung* $\mathrm{Or}(\mathfrak{B}_p)$ des Astes $\mathfrak{B}_p$ eines bewerteten Teilbaumes $\mathfrak{B}$, d. h., der Teilbaum $\mathfrak{B} = \mathfrak{B}_e$ hat die Ordnung $\mathrm{Or}(\mathfrak{B}) = \max\limits_{p \in \mathfrak{W}} \mathrm{l}(p)$.

Wir nennen einen Teilbaum $\mathfrak{B}_{X,\mathfrak{W}}$ der Ordnung k genau dann *vollständig*, wenn $\mathfrak{W}$ mindestens alle Wörter der Länge k aus $\mathfrak{W}_X$ enthält.

Mit Hilfe dieser soeben eingeführten Begriffe gehen wir an die Untersuchung folgender Probleme:

1. Von einem darzustellenden Operator ist für ein beliebiges k der zugehörige vollständige Teilbaum der Ordnung k bekannt. Kann man ausgehend von der Analyse eines vollständigen Teilbaumes geeignet gewählter Ordnung einen abstrakten Automaten konstruieren, der diesen Operator darstellt?

2. Es ist ein nicht notwendig vollständiger Teilbaum einer festen Ordnung k gegeben. Gesucht ist eine „Fortsetzung“ dieses Teilbaumes zu einem Baum dergestalt, daß der auf diese Weise charakterisierte Automatenoperator regulär ist. Natürlich interessiert man sich hierbei für möglichst ökonomische Varianten.

In der Praxis treten diese Probleme dann auf, wenn man Automaten zu konstruieren hat, die nach Abarbeitung von gewissen Eingabewörtern durch Befehle von „außen“ wieder ihren Anfangszustand annehmen.[2])

Wir modifizieren nun für Teilbäume einige bereits bekannte Begriffe.

Es erweist sich dabei als zweckmäßig, für bewertete Teilbäume $\mathfrak{B}$ über $[X, Y]$ die Abbildung β zu einer Abbildung $\bar{\beta}$ von der Menge aller Kantenfolgen aus $\mathfrak{B}$ in $\mathfrak{W}_Y$ fortzusetzen.

---

[1]) Wenn Mißverständnisse ausgeschlossen sind, so schreiben wir abkürzend $\mathfrak{B}$ für $[\mathfrak{B}_X, {}_{\mathfrak{W}}, \beta]$, desgleichen $\mathfrak{B}_p$ für $[\mathfrak{B}_X, {}_{\mathfrak{W}}, \beta]_p$.

[2]) So muß z. B. eine Alarmanlage nach dem Übergang in den Alarmzustand in den Bereitschaftszustand von Hand zurückgestellt werden.

Wir definieren induktiv über r: $\mathcal{K}_p^r$ ist die dem Wort r zugeordnete, im Knoten p des Teilbaumes $\mathfrak{B}_{X,\mathfrak{W}}$ beginnende *Kantenfolge*:

$$\mathcal{K}_p^x = [p, p\,x]\,,$$

$$\mathcal{K}_p^{rx} = \mathcal{K}_p^r\,[p\,r, p\,r\,x] \qquad x, r\,x \in \boldsymbol{A}(\mathfrak{W}(p))\,;$$

$\bar{\beta}(\mathcal{K}_p^r)$ ist das der Kantenfolge $\mathcal{K}_p^r$ eines bewerteten Teilbaumes $[\mathfrak{B}_{X,\mathfrak{W}}, \beta]$ zugeordnete Wort aus $\mathfrak{W}_Y$:

$$\bar{\beta}(\mathcal{K}_p^x) = \beta([p, p\,x])\,,$$

$$\bar{\beta}(\mathcal{K}_p^{rx}) = \bar{\beta}(\mathcal{K}_p^r)\,\beta(\mathcal{K}_{pr}^x)\,, \qquad x, r\,x \in \boldsymbol{A}(\mathfrak{W}(p))\,.$$

Definition: Äste $\mathfrak{B}_p$ und $\mathfrak{B}_q$ eines bewerteten Teilbaumes $[\mathfrak{B}_{X,\mathfrak{W}}, \beta]$ heißen genau dann *verträglich* ($\mathfrak{B}_p \swarrow\!\searrow \mathfrak{B}_q$), wenn für jedes r aus $\boldsymbol{A}(\mathfrak{W}(p)) \cap \boldsymbol{A}\,(\mathfrak{W}(q))$ die Beziehung $\bar{\beta}(\mathcal{K}_p^r) = \bar{\beta}(\mathcal{K}_q^r)$ gilt; im anderen Falle heißen sie unverträglich ($\swarrow\!|\!\searrow$). Wir nennen Äste $\mathfrak{B}_p$ und $\mathfrak{B}_q$ eines bewerteten Teilbaumes $[\mathfrak{B}_{X,\mathfrak{W}}, \beta]$ genau dann *k-unterscheidbar* ($\mathfrak{B}_p \underset{k}{\swarrow\!|\!\searrow} \mathfrak{B}_q$), wenn es ein Wort r aus $\boldsymbol{A}(\mathfrak{W}(p)) \cap \boldsymbol{A}(\mathfrak{W}(q))$ der Länge $\mathrm{l}(r) \leqq k$ gibt, so daß $\bar{\beta}(\mathcal{K}_p^r) \neq \bar{\beta}(\mathcal{K}_q^r)$ gilt; im anderen Falle heißen sie k-ununterscheidbar ($\underset{k}{\swarrow\!\searrow}$).

Äste $\mathfrak{B}_p$ und $\mathfrak{B}_q$ heißen *echt k-unterscheidbar*, wenn $\mathfrak{B}_p \underset{k}{\swarrow\!|\!\searrow} \mathfrak{B}_q$ und $\mathfrak{B}_p \underset{k-1}{\swarrow\!\searrow} \mathfrak{B}_q$ gilt.

In analoger Weise definieren wir diese Begriffe auch für verschiedene Teilbäume über gleichen Eingabe- und Ausgabealphabeten.

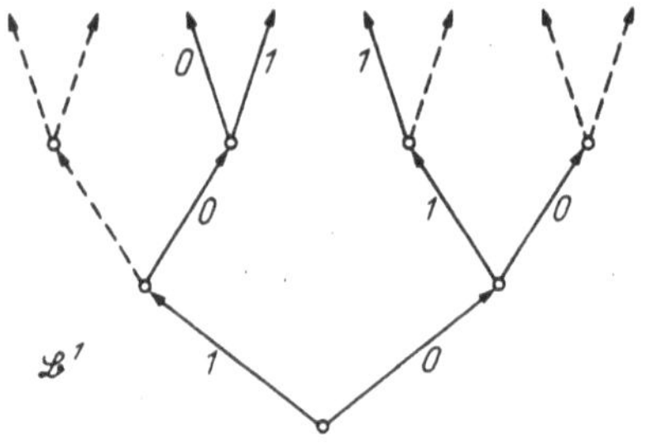

Abb. 5.4

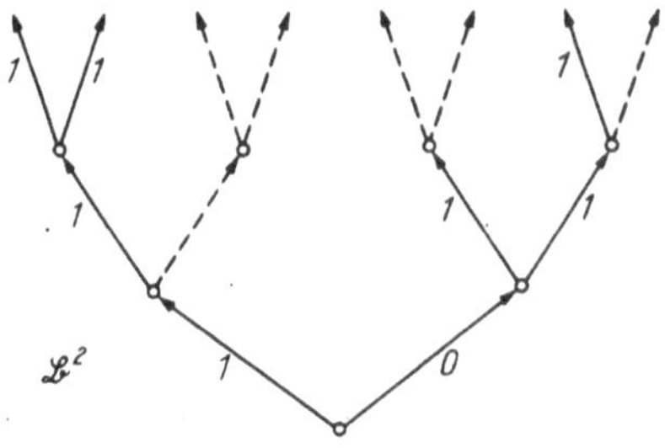

Abb. 5.5

Die in Abb. 5.4 und 5.5 dargestellten Teilbäume $\mathfrak{B}^1$ und $\mathfrak{B}^2$ über $[X, Y]$ ($X = Y = D$) sind echt 2-unterscheidbar durch das Wort 11. Die Äste $\mathfrak{B}_e^1$ und $\mathfrak{B}_0^1$ des Teilbaumes von Abb. 5.4 sind durch das Wort 10 unterscheidbar. In Abb. 5.5 ist der Ast $\mathfrak{B}_e^2$ vom Ast $\mathfrak{B}_1^2$ 1-unterscheidbar, jedoch nicht vom Ast $\mathfrak{B}_0^2$.

Unter dem Gewicht Gw($\mathfrak{B}$) eines bewerteten Teilbaumes $\mathfrak{B}$ wollen wir die maximale Anzahl seiner paarweise unverträglichen Teilbäume verstehen.

Das Minimum aller der Zahlen k, für die je zwei unverträgliche Äste eines bewerteten Teilbaumes k-unterscheidbar sind, wollen wir *Unterscheidbarkeitsgrad* Ug($\mathfrak{B}$) des Teilbaumes $\mathfrak{B}$ nennen.

So sind z. B. Gewicht und Unterscheidbarkeitsgrad des in Abb. 5.4 dargestellten Teilbaumes gleich 2. Der Teilbaum von Abb. 5.5 hat das Gewicht 2 und den Unterscheidbarkeitsgrad 1.

Diese Beispiele zeigen bereits, daß offenbar eine Abschätzung des Unterscheidbarkeitsgrades nach oben durch das Gewicht des Teilbaumes im allgemeinen unmöglich ist (vergleiche hierzu Satz 2, Kapitel IV). Man beweist leicht: Für jedes vorgegebene μ_0 kann man einen Teilbaum mit dem Gewicht 2 und dem Unterscheidbarkeitsgrad μ ($\mu > \mu_0$) konstruieren.

Für den in Abb. 5.6 dargestellten Teilbaum $\mathfrak{B}$ mit Gw ($\mathfrak{B}$) ist z. B. $\bar{\beta}\,(\mathcal{K}_e^{\underbrace{0\ldots01}_{k}}) = \underbrace{0\ldots01}_{k}$ und $\bar{\beta}(\mathcal{K}_e^{1\underbrace{0\ldots01}_{k}}) = \underbrace{10\ldots0}_{k+1}$, d. h., die Teilbäume $\mathfrak{B}_e$ und $\mathfrak{B}_1$ sind echt $k+1$ unterscheidbar.

Die für Äste eines Teilbaumes oder verschiedener Teilbäume über gleichen Alphabeten definierte Verträglichkeit und k-Ununterscheidbarkeit ist zwar *reflexiv* und *symmetrisch*, jedoch im allgemeinen *nicht transitiv*.

So sind z. B. die in Abb. 5.7 angegebenen Teilbäume $\mathfrak{B}^1$ und $\mathfrak{B}^2$ verträglich mit $\mathfrak{B}$, obwohl $\mathfrak{B}^1$ unverträglich mit $\mathfrak{B}^2$ ist.

Mit anderen Worten, die Verträglichkeitsrelation für Äste eines Teilbaumes erzeugt in der Menge aller Äste dieses Teilbaumes im allgemeinen keine Zerlegung in paarweise disjunkte Klassen.

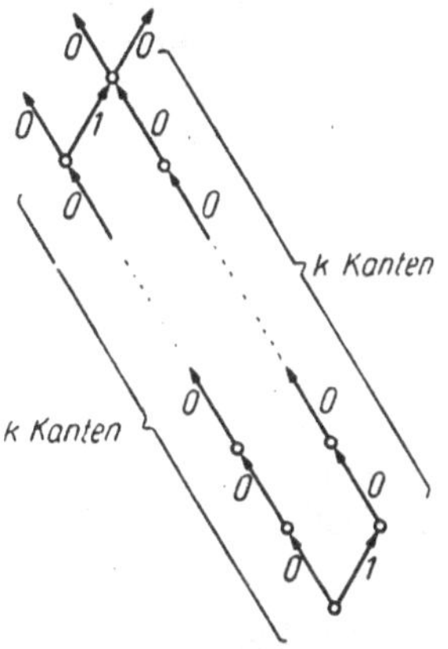

Abb. 5.6

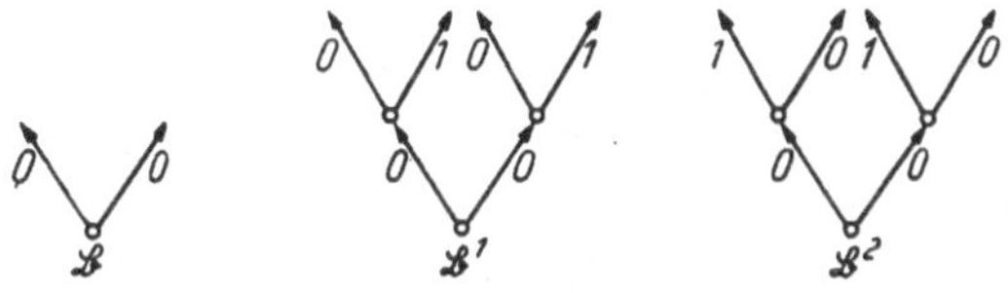

Abb. 5.7

Im weiteren untersuchen wir vorwiegend vollständige Teilbäume. Als Standardrepräsentantensystem einer Zerlegung der Menge aller Äste eines bewerteten Teilbaumes in Verträglichkeitsklassen[1]) nach „$\swarrow\searrow$" wollen wir eine Menge $\mathfrak{S}$ von paarweise unverträglichen Ästen bezeichnen, die in Analogie zum Verfahren in Kapitel IV, § 2 (Seite 166) ausgewählt wurde. Es ist evident,

[1]) Genauer: Maximale Verträglichkeitsklassen, d. h., $\mathfrak{B}_p$ und $\mathfrak{B}_q$ liegen genau dann in einer Verträglichkeitsklasse, wenn $\mathfrak{B}_p \swarrow\searrow \mathfrak{B}_q$.

daß die Mächtigkeit des Standardrepräsentantensystems gleich dem Gewicht des Teilbaumes ist. Wir bemerken in diesem Zusammenhang, daß für „$\swarrow\!\searrow$" eine Transitivität im schwachen Sinne gilt: Ist nämlich $\mathfrak{B}_p \swarrow\!\searrow \mathfrak{B}_q$ und $\mathfrak{B}_r \swarrow\!\searrow \mathfrak{B}_q$ und $\min\left(\mathrm{Or}(\mathfrak{B}_p), \mathrm{Or}(\mathfrak{B}_r)\right) \leqq \mathrm{Or}(\mathfrak{B}_q)$, so hat man $\mathfrak{B}_p \swarrow\!\searrow \mathfrak{B}_r$.

Es sei $\mathfrak{B}$ ein vollständiger bewerteter Teilbaum. $\mathfrak{S}$ bezeichne das oben beschriebene Standardpräsentantensystem für die Verträglichkeitsklassen der Menge aller Äste dieses Teilbaumes.

Wir vereinbaren, die Zahl $\max\limits_{\mathfrak{B}_p \in \mathfrak{S}} \mathrm{l}(p)$ *Erreichbarkeitsgrad* $\mathrm{Eg}(\mathfrak{B})$ des vollständigen bewerteten Teilbaumes $\mathfrak{B}$ zu nennen.

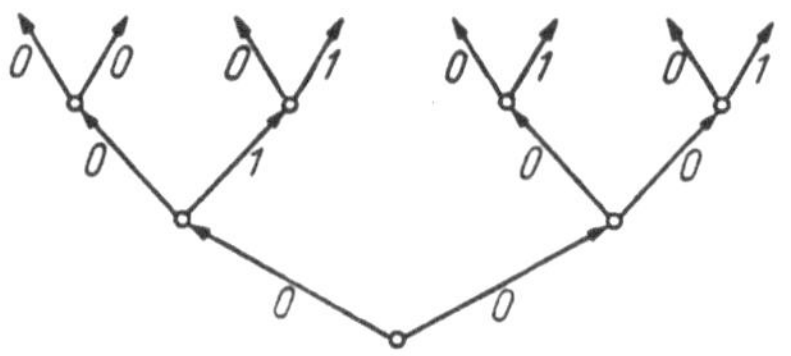

Abb. 5.8

Die in den §§ 2, 3 von Kapitel IV angegebenen Abschätzungen für den Erreichbarkeitsgrad gelten auch in analoger Form für vollständige Teilbäume, wenn man als obere Schranke das Gewicht dieser Bäume verwendet. Die Beweise hierfür können aus denen der betreffenden Sätze von Kapitel IV durch geringfügige Abänderung hergeleitet werden.

Beispiel. Der vollständige bewertete Teilbaum $\mathfrak{B}$ von Abb. 5.8 hat das Standardrepräsentantensystem

$$\mathfrak{B}_e, \mathfrak{B}_0, \mathfrak{B}_1,$$

und es ist $\mathrm{Gw}(\mathfrak{B}) = 3$, $\mathrm{Ug}(\mathfrak{B}) = 2$, $\mathrm{Eg}(\mathfrak{B}) = 1$.

Wir fragen uns nun, welche Informationen wir über einen darzustellenden Automatenoperator aus seinem vollständigen bewerteten Teilbaum einer festen Ordnung gewinnen können. Insbesondere interessieren uns folgende Probleme:

A) Kann man an Hand dieses Teilbaumes entscheiden, ob der Automatenoperator endliches Gewicht hat?

B) Kann man eine obere Schranke für das Gewicht dieses Automatenoperators angeben, wenn man bereits weiß, daß sein Gewicht endlich ist?

Die Beantwortung dieser Fragen gelingt mit Hilfe des Begriffs der *Fortsetzung eines Teilbaumes.*

Wir nennen einen bewerteten Baum $[\mathfrak{B}_X, \beta']$ über $[X, Y]$ genau dann *Fortsetzung* eines Teilbaumes $[\mathfrak{B}_{X,\mathfrak{W}}, \beta]$ über $[X, Y]$, wenn $\beta'([p, px]) = \beta([p, px])$ für jedes p und px aus $\boldsymbol{A}(\mathfrak{W})$ gilt.

Es sei $\mathfrak{B}$ ein vollständiger bewerteter Teilbaum der Ordnung h über den Alphabeten $[X, Y]$, $Y = D$. Wir setzen diesen Teilbaum zu einem bewerteten Baum

$\overline{\mathfrak{B}}$ fort, indem wir jeder Kante vom Rang $h + \varkappa$ ($\varkappa = 1, 2, \ldots$) den $\varkappa$-ten Buchstaben der Folge 1, 0, 1, 0, 0, 1, 0, 0, 0, 1, 0, 0, 0, 0, 1, ... zuordnen. Der durch $[\overline{\mathfrak{B}}_X, \beta']$ charakterisierte Automatenoperator hat offensichtlich unendliches Gewicht. Setzt man jedoch den Teilbaum so fort, daß man allen Kanten vom Rang $h + \varkappa$ ($\varkappa = 1, \ldots, k - 1$) Nullen und allen Kanten vom Rang $h + \varkappa$ ($\varkappa = k, k + 1, \ldots$) Einsen zuordnet, so hat der durch $[\overline{\mathfrak{B}}_X, \beta']$ charakterisierte Automatenoperator Θ endliches Gewicht, und es gilt $\mathrm{G}(\Theta) > k$.

Damit sind die Fragen A) und B) negativ beantwortet.

Man muß also bei weiteren Untersuchungen von der Kenntnis einer oberen Schranke für das Gewicht des darzustellenden Operators ausgehen.

Es seien $\mathfrak{B}$ ein vollständiger bewerteter Teilbaum über $[X, Y]$ und k eine natürliche Zahl.

Wir sagen, $\mathfrak{B}$ ist genau dann *k-fortsetzbar*, wenn es einen bewerteten Baum $\overline{\mathfrak{B}}$ über $[X, Y]$ gibt, der eine Fortsetzung von $\mathfrak{B}$ ist, und für das Gewicht $\mathrm{G}(\Theta)$ des von $\overline{\mathfrak{B}}$ charakterisierten Automatenoperators die Ungleichung $\mathrm{G}(\Theta) \leqq k$ gilt.

Im folgenden werden Kriterien für die k-Fortsetzbarkeit von bewerteten Teilbäumen genannt und Verfahren zur Konstruktion von k-Fortsetzungen beschrieben.

Hat ein bewerteter Teilbaum $\mathfrak{B}$ das Gewicht k_0 und ist er k-fortsetzbar, so gilt $k \geqq k_0$.

In der Tat enthält das Standardrepräsentantensystem $\mathfrak{S}$ dieses Teilbaumes genau k_0 paarweise unverträgliche Äste. Bei jeder Fortsetzung gehen diese Äste des Teilbaumes in paarweise inäquivalente Äste der Fortsetzung über.

Jeder bewertete Teilbaum $\mathfrak{B}$ über $[X, Y]$ mit dem Gewicht k ist k-fortsetzbar.

Zum Beweis dieser Behauptung konstruieren wir zunächst einen endlichen abstrakten Automaten $\mathfrak{A}$. Als Eingabe- bzw. Ausgabealphabet dieses Automaten verwenden wir das Alphabet X bzw. Y. Das Standardrepräsentantensystem $\mathfrak{S}$ des gegebenen Teilbaumes bilden wir mittels einer eineindeutigen Abbildung χ auf eine geeignete Menge Z ab. Sodann setzen wir für jeden Ast $\mathfrak{B}_p$ aus $\mathfrak{S}$ und jedes x aus X

$$f(\chi(\mathfrak{B}_p), x) = \beta([p, p\,x])\,;$$

$$g(\chi(\mathfrak{B}_p), x) = \begin{cases} \chi(\mathfrak{B}_{px})\,, & \text{falls } \mathfrak{B}_{px} \in \mathfrak{S} \\ \chi(\mathfrak{B}_q) & \text{mit } \mathfrak{B}_q \in \mathfrak{S} \text{ und } \mathfrak{B}_q \swarrow\!\searrow \mathfrak{B}_{px}\,, \\ & \text{falls } \mathfrak{B}_{px} \notin \mathfrak{S}\,. \end{cases}$$

Wir bemerken, daß der Fall 2 der Definition von g nicht eindeutig ist. Nach Voraussetzung über $\mathfrak{S}$ gibt es jedoch wenigstens ein Element aus $\mathfrak{S}$ mit den geforderten Eigenschaften. Da nach Konstruktion von $\mathfrak{S}$ der Ast $\mathfrak{B}_e$ Element von $\mathfrak{S}$ ist, beweist man leicht, daß für die vom Automaten $\mathfrak{A} = [X, Y, Z, f, g]$ im Zustand $\chi(\mathfrak{B}_e)$ dargestellte Automatenfunktion φ über $[X, Y]$ gilt:

Für jedes p aus $A(\mathfrak{W})$ ist $\varphi(p) = \bar{\beta}(\mathcal{K}_e^p)$. Damit ist aber gezeigt, daß der reguläre Automatenoperator $\Theta_{\mathfrak{A}, \chi(\mathfrak{B}_e)}$ durch eine Fortsetzung von $\mathfrak{B}$ charakterisiert wird. Da $\mathrm{G}(\Theta_{\mathfrak{A},\,\chi(\mathfrak{B}_e)}) \leqq \mathrm{Kz}(Z) = k$ gilt, ist unsere Behauptung vollständig bewiesen.

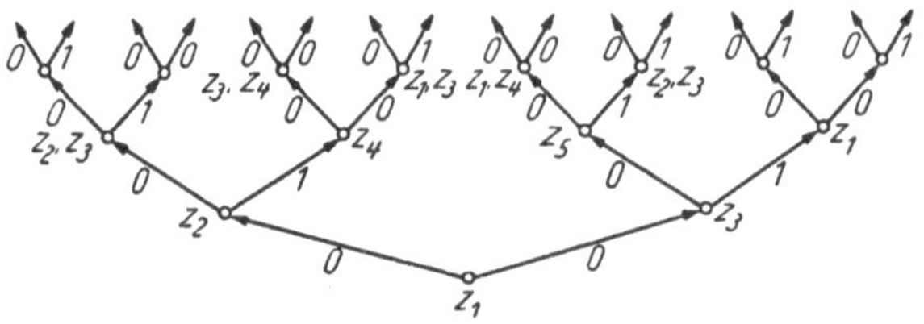

Abb. 5.9

Beispiel. Abb. 5.9 zeigt einen vollständigen bewerteten Teilbaum $\mathfrak{B}$ mit dem Gewicht $k = 5$. Die Äste aus $\mathfrak{S}$ sind hier auf die Menge $\{z_1, \ldots, z_5\}$ abgebildet. Tabelle V.2 zeigt eine der möglichen Definitionen für die Funktion g. (Die Funktion f bleibt nach Definition für jede Wahl von g gleich.)

Tabelle V.2

x \ z	z_1	z_2	z_3	z_4	z_5
0	$0/z_2$	$0/z_2$	$0/z_5$	$0/z_4$	$0/z_1$
1	$0/z_3$	$1/z_4$	$1/z_1$	$0/z_1$	$1/z_2$

Satz 1. *Jeder vollständige bewertete Teilbaum $\mathfrak{B}$ über $[X, Y]$ mit* $\mathrm{Or}(\mathfrak{B}) \geqq \mathrm{Eg}(\mathfrak{B}) + \mathrm{Ug}(\mathfrak{B}) + 1$ *und* $\mathrm{Gw}(\mathfrak{B}) = k$ *ist eindeutig k-fortsetzbar.*

Beweis. Es sei $\mathfrak{S}$ das Standardrepräsentantensystem von $\mathfrak{B}$. Nach Voraussetzung gilt $\mathrm{Or}(\mathfrak{B}_p) > \mathrm{Ug}(\mathfrak{B})$ für jeden Ast $\mathfrak{B}_p$ aus $\mathfrak{S}$. Ferner ist $\mathrm{Or}(\mathfrak{B}_q) \geqq \mathrm{Ug}(\mathfrak{B})$ für jeden Ast $\mathfrak{B}_q$ aus der Menge $\{\mathfrak{B}_r\colon r \in \boldsymbol{A}(\mathfrak{W})\} \setminus \mathfrak{S}$ (siehe Abb. 5.10).

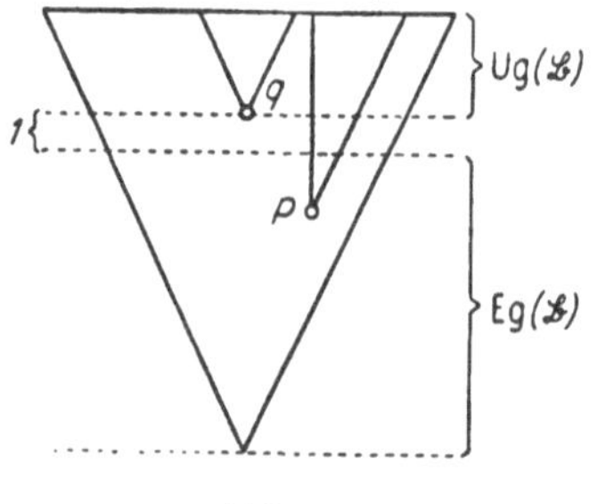

Abb. 5.10

Damit weiß man, daß für jeden Ast $\mathfrak{B}_p$ aus $\mathfrak{S}$ und für jedes x aus X genau ein Ast $\mathfrak{B}_q$ aus $\mathfrak{S}$ mit $\mathfrak{B}_{px} \nearrow\!\searrow \mathfrak{B}_q$ existiert. Folglich hat man bei der auf Seite 191 beschriebenen Konstruktion des abstrakten Automaten $\mathfrak{A} = [X, Y, Z, f, g]$ genau eine Möglichkeit, die Funktion g zu definieren.

Folgerung (vgl. auch Satz 3, Kapitel IV). *Ein vollständiger bewerteter Teilbaum* $\mathfrak{B}$ *über* $[X, Y]$ *mit* $\mathrm{Gw}(\mathfrak{B}) = k$ *ist eindeutig* k*-fortsetzbar*, wenn $\mathrm{Or}(\mathfrak{B}) \geqq 2k - 1$.

Wir stellen uns nun die Aufgabe, einen zu untersuchenden regulären Automatenoperator Θ durch einen bewerteten Teilbaum möglichst geringer Ordnung so zu charakterisieren, daß der durch eine Fortsetzung dieses Teilbaumes beschriebene Operator mit Θ übereinstimmt. Zur Lösung dieser Aufgabe ist — wie wir bereits wissen — die Kenntnis von oberen Schranken für das Gewicht des Operators und für den Erreichbarkeitsgrad und Unterscheidbarkeitsgrad des darstellenden abstrakten Automaten erforderlich.

Es seien Θ ein regulärer Automatenoperator über $[X, Y]$, $\mathfrak{A} = [X, Y, Z, f, g]$ ein endlicher abstrakter Automat mit $\mathrm{Kz}(Z) = \mathrm{G}(\Theta)$, der Θ darstellt, und $\mathfrak{B}$ ein bewerteter Teilbaum des Baumes $\overline{\mathfrak{B}}$ von Θ. Ferner sei $\mathrm{Or}(\mathfrak{B}) \geqq \mathrm{ug}(\mathfrak{A}) + \mathrm{eg}(\mathfrak{A}) + 1$. $\mathfrak{R}$ bezeichne das Standardrepräsentantensystem von Ästen aus $\overline{\mathfrak{B}}$ (siehe Seite 166). Dann gilt für jedes p und q aus $\mathfrak{W}_X$: Wenn $\overline{\mathfrak{B}}_p, \overline{\mathfrak{B}}_q \in \mathfrak{R}$, so ist $\mathfrak{B}_p \not\leftrightarrow \mathfrak{B}_q$. Folglich hat man $\mathrm{G}(\Theta) \leqq \mathrm{Gw}(\mathfrak{B})$. Andererseits gilt natürlich $\mathrm{Gw}(\mathfrak{B}) \leqq \mathrm{G}(\Theta)$. Also ist das Gewicht von $\mathfrak{B}$ gleich dem Gewicht von Θ. Außerdem folgt $\mathrm{Ug}(\mathfrak{B}) = \mathrm{ug}(\mathfrak{A})$, $\mathrm{Eg}(\mathfrak{B}) \leqq \mathrm{eg}(\mathfrak{A})$. Damit sind die Voraussetzungen von Satz 1 erfüllt, d. h., $\mathfrak{B}$ ist eindeutig k-fortsetzbar mit $k = \mathrm{G}(\Theta)$, und der durch diese Fortsetzung beschriebene Operator stimmt mit Θ überein.

Über einen regulären Automatenoperator Θ mögen folgende Angaben vorliegen:

a) Die Werte der von Θ erzeugten Automatenfunktion φ über einer Menge $\mathfrak{W} = \{p : p \in \mathfrak{W}_X \wedge \mathrm{l}(p) = s + r + 1\}$ sind gegeben.
b) Θ ist in einem endlichen abstrakten Automaten $\mathfrak{A}$ mit $\mathrm{ug}(\mathfrak{A}) \leqq s$, $\mathrm{eg}(\mathfrak{A}) \leqq r$ $(r, s > 0)$ darstellbar.

Es ist ein abstrakter endlicher Automat zu konstruieren, der einen Automatenoperator mit diesen Eigenschaften darstellt.

Bei der Lösung dieser Aufgabe kann man wie folgt vorgehen:

1. Konstruktion des entsprechenden vollständigen Teilbaumes $\mathfrak{B}$ der Ordnung $s + r + 1$ über $[X, Y]$.
2. Es sei $\mathrm{Gw}(\mathfrak{B}) = k$. Aus den Voraussetzungen folgt, daß genau eine k-Fortsetzung von $\mathfrak{B}$ existiert.

Der nach dem Verfahren von Seite 191 konstruierte endliche abstrakte Automat leistet das Gewünschte.

Ist dagegen anstelle von b) nur eine obere Schranke k für das Gewicht von Θ bekannt, so benötigt man (siehe a)) die Werte der zugehörigen Automatenfunktion für alle Wörter der Länge $2k - 1$ aus $\mathfrak{W}_X$. Sodann muß man in 1 einen Teilbaum der Ordnung $2k - 1$ konstruieren, will man wie in 2 fortfahren.

Man erkennt, daß in solchen Fällen bereits für kleine Werte von k ein bedeutender Arbeitsaufwand erforderlich ist. Wir untersuchen daher Konstruktionsmethoden, die unkomplizierter sind und zum gleichen Ziel führen.

Es zeigt sich, daß zur Lösung des betrachteten Konstruktionsproblems (siehe Seite 191) nicht notwendig der vollständige bewertete Teilbaum der vorgegebenen Ordnung herangezogen werden muß.

Von einem regulären Automatenoperator Θ über $[X, Y]$ $(\mathrm{Kz}(X) = m)$ sei bekannt, daß er in einem endlichen abstrakten Automaten $\mathfrak{A}$ mit $\mathrm{ug}(\mathfrak{A}) \leqq s$ darstellbar ist. Ferner seien die Werte der zugehörigen Automatenfunktion φ für hinreichend lange Eingabewörter gegeben.

Wir konstruieren zunächst den unseren Gegebenheiten entsprechenden vollständigen Teilbaum $\mathfrak{B}$ der Ordnung $s + 1$ über $[X, Y]$. Es sei χ eine eindeutige Abbildung auf eine geeignete Menge Z, die wir vorerst nur für die Menge $\mathfrak{S}_1$ von Ästen aus $\mathfrak{B}$ mit einem Rang, der 2 nicht übersteigt, definieren:

Wir setzen

$$\chi(\mathfrak{B}_e) = z_0 ;$$

ist χ für $\mathfrak{B}_e, \ldots, \mathfrak{B}_{x_{m_0}}$ $(1 \leqq m_0 < m)$ bereits festgelegt und die Bildmenge Z' konstruiert, so setzen wir

$$\chi(\mathfrak{B}_{x_{m_0+1}}) = \begin{cases} \chi(\mathfrak{B}_{x_\mu}) , & \text{falls } \mathfrak{B}_{x_\mu} \swarrow\!\searrow \mathfrak{B}_{x_{m_0+1}} \\ \chi(\mathfrak{B}_e) , & \text{falls } \mathfrak{B}_{x_\mu} \swarrow\!\searrow \mathfrak{B}_e \\ z \quad \text{mit} \quad z \notin Z' , & \text{sonst} . \end{cases} \quad 1 \leqq \mu \leqq m_0 ,$$

Parallel hierzu füllen wir die erste Spalte (z_0) der Tabellen von f und g aus, indem wir

$$f(z_0, x_\mu) = \beta([e, x_\mu]) \quad \text{und} \quad g(z_0, x_\mu) = \chi(\mathfrak{B}_{x_\mu}) \quad \text{eintragen.}$$

Aus der Menge der Äste vom Rang 2 wählen wir diejenigen aus, denen verschiedene Symbole z zugeordnet wurden. Es sei $\mathfrak{S}_2$ die Menge dieser Äste. Jedem Ast aus $\mathfrak{S}_2$ setzen wir zu einem vollständigen Ast der Ordnung $s + 1$ fort (das ist auf Grund unserer Voraussetzungen über φ möglich). Sodann definieren wir unsere Abbildung χ für alle Äste dritten Ranges, die als Äste von $\mathfrak{S}_2$ auftreten, in der analogen Weise[1]) und vervollständigen die folgenden Spalten der Tabellen von f und g.

Das Verfahren bricht nach endlich vielen Schritten ab, und zwar genau dann, wenn die Abbildung χ keine neuen Symbole erfordert. Man überlegt sich leicht, daß in diesem Falle die Tabellen von f und g vollständig ausgefüllt sind. Der endliche abstrakte Automat $\mathfrak{A} = [X, Y, Z, f, g]$, dessen Zustände die Bilder der Abbildung χ sind und dessen Funktionen f und g durch die oben konstruierten Tabellen vorliegen, stellt im Zustand z_0 einen regulären Automatenoperator mit den genannten Eigenschaften dar.

Wir schätzen noch die Anzahl N der zu konstruierenden Kanten des Teilbaumes ab:

---

[1]) Man überzeugt sich leicht davon, daß in diesem Fall nach Voraussetzung und Konstruktion die Relation „$\swarrow\!\searrow$" in der Menge der jeweils bereits ausgezeichneten Äste transitiv ist.

Zunächst entsteht nach Konstruktion ein vollständiger Teilbaum der Ordnung $s + 1$, d. h. ein Teilbaum mit $m + m^2 + \cdots + m^{s+1} = \frac{m^{s+2} - 1}{m - 1} - 1$ Kanten. Außerdem werden $\mathrm{Kz}(Z) - 1$ Äste um je m^{s+1} Kanten fortgesetzt. Falls also $\mathrm{G}(\Theta) \leqq k$ ist, so gilt

$$N \leqq (k - 1)\, m^{s+1} + \frac{m^{s+2} - 1}{m - 1} - 1\,. \tag{5.1}$$

Für den Spezialfall $s = k - 1$ erhält man

$$N \leqq (k - 1)\, m^{k} + \frac{m^{k+1} - 1}{m - 1} - 1\,. \tag{5.2}$$

Diese Schranke ist wesentlich kleiner als die Anzahl

$$m + \cdots + m^{2k-1} = \frac{m^{2k} - 1}{m - 1} - 1 \tag{5.3}$$

der Kanten eines vollständigen Teilbaumes der Ordnung $2k - 1$.

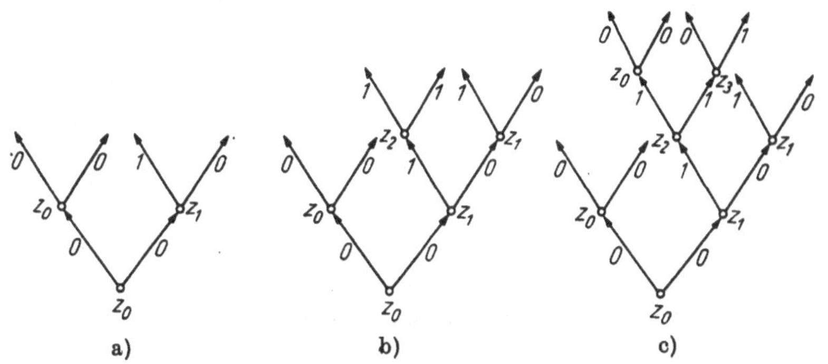

Abb. 5.11

Beispiel. In Abb. 5.11a) bis c) und 5.12 sind die einzelnen Schritte einer Konstruktion, wie sie soeben beschrieben wurde, für den Fall $s = 1$ dargestellt. Die Konstruktion bricht bei einem Teilbaum der Ordnung 5 ab. In Tabelle V.3 sind die Tabellen für die Ausgabe- bzw.

Tabelle V.3

x \ z	z_0	z_1	z_2	z_3
0	$0/z_0$	$1/z_2$	$1/z_0$	$0/z_1$
1	$0/z_1$	$0/z_1$	$1/z_3$	$1/z_3$

Überführungsfunktion des Automaten $\mathfrak{A}$ angegeben. Da $\mathrm{G}(\Theta_{\mathfrak{A}, z_0}) = 4$ ist, müßte man einen vollständigen Teilbaum $\mathfrak{B}$ mit $\mathrm{Or}(\mathfrak{B}) \geqq 2 \cdot 4 - 1 = 7$, d. h. mit $2^8 - 2 = 254$ Kanten konstruieren, würde man das auf Seite 191 beschriebene Konstruktionsverfahren wählen. Falls genauere Abschätzungen für $\mathrm{ug}(\mathfrak{A})$ und $\mathrm{eg}(\mathfrak{A})$ bekannt wären, hätte der entsprechende vollständige Teilbaum die Ordnung $\mathrm{Or}(\mathfrak{B}) = \mathrm{ug}(\mathfrak{A}) + \mathrm{eg}(\mathfrak{A}) + 1 = 1 + 3 + 1 = 5$ und würde aus mindestens $2^6 - 2 = 62$ Kanten bestehen (siehe Satz 1 dieses Paragraphen). Dagegen hat der in Abb. 5.12 dargestellte Teilbaum nur 18 Kanten.

Bei der abstrakten Synthese des Automaten für das Problem „*Die Maus im Labyrinth*" werden wir auf analoge Weise vorgehen.

Es sei $\mathfrak{B}$ ein vollständiger bewerteter Teilbaum über $[X, Y]$. Die Zahl $\mathrm{Or}(\mathfrak{B}) - (\mathrm{Ug}(\mathfrak{B}) + \mathrm{Eg}(\mathfrak{B}) + 1)$ wollen wir *Redundanz* $\mathrm{Re}(\mathfrak{B})$ von $\mathfrak{B}$ nennen. Nach Satz 1 ist jeder Baum $\mathfrak{B}$ mit dem Gewicht $\mathrm{Gw}(\mathfrak{B}) = k$ und positiver Redundanz $\mathrm{Re}(\mathfrak{B})$ eindeutig k-fortsetzbar. Wir verschärfen dieses Resultat wie folgt.

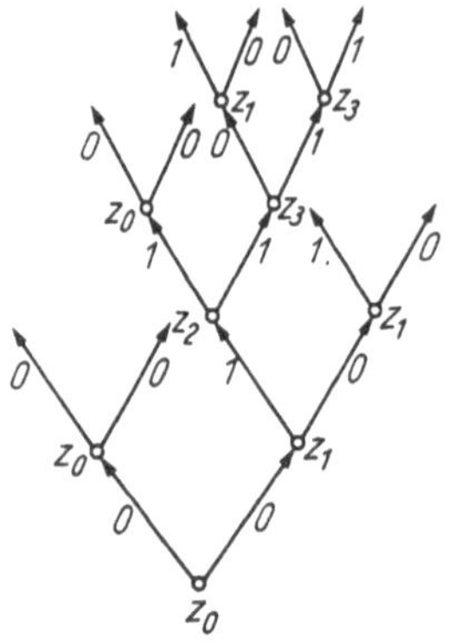

Abb. 5.12

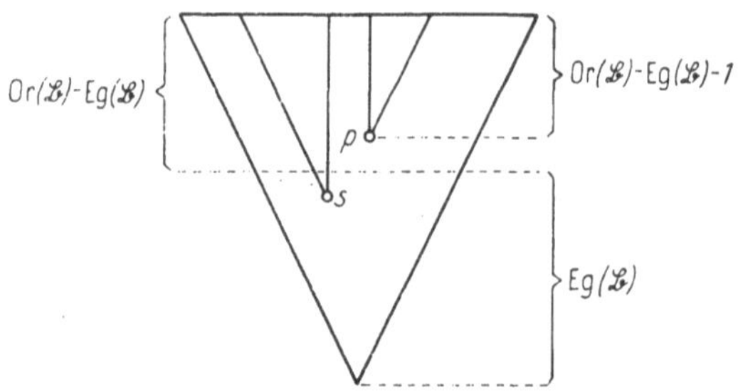

Abb. 5.13

Satz 2. *Für jeden regulären Automatenoperator Θ mit $\mathrm{G}(\Theta) \leqq k'$ gilt: Ist $\mathfrak{B}$ ein vollständiger bewerteter Teilbaum von Θ mit $\mathrm{Re}(\mathfrak{B}) > 0$ und $\mathrm{Gw}(\mathfrak{B}) + \mathrm{Re}(\mathfrak{B}) \geqq k'$, so stimmt die nach Satz 1 eindeutig bestimmte k-Fortsetzung $(k = \mathrm{Gw}(\mathfrak{B}))$ von $\mathfrak{B}$ mit dem Baum von Θ überein.*

Beweis. Es genügt zu zeigen, daß unter den gegebenen Voraussetzungen jeder Operator $\overline{\Theta}$, der durch eine Fortsetzung $\overline{\mathfrak{B}}$ von $\mathfrak{B}$ charakterisiert ist, die nicht mit der nach Satz 1 konstruierten k-Fortsetzung $\mathfrak{B}'$ $(k = \mathrm{Gw}(\mathfrak{B}))$ von $\mathfrak{B}$ übereinstimmt, ein Gewicht hat, das größer als $\mathrm{Gw}(\mathfrak{B}) + \mathrm{Re}(\mathfrak{B})$ ist. Offenbar ist $\mathrm{G}(\overline{\Theta}) > k$. Bezeichnen $\overline{\mathfrak{R}}$ und $\mathfrak{R}'$ die Standardrepräsentantensysteme von $\overline{\mathfrak{B}}$ und $\mathfrak{B}'$, so ist sicher $\mathfrak{R}' \subset \overline{\mathfrak{R}}$. Es sei $\mathfrak{B}_p$ ein Ast aus $\mathfrak{B}$ mit $\overline{\mathfrak{B}}_p \in \overline{\mathfrak{R}} \setminus \mathfrak{R}'$ und $\mathrm{Rg}(\overline{\mathfrak{B}}_p) \leqq \mathrm{Rg}(\overline{\mathfrak{B}}_q)$ für alle $\overline{\mathfrak{B}}_q \in \overline{\mathfrak{R}} \setminus \mathfrak{R}'$. Wir behaupten, daß $\mathrm{Rg}(\mathfrak{B}_p) \leqq \mathrm{Eg}(\mathfrak{B}) + 2$ gilt. Wäre nämlich $\mathrm{Rg}(\mathfrak{B}_p) > \mathrm{Eg}(\mathfrak{B}) + 2$, so würden in $\overline{\mathfrak{R}}$ auch Äste $\overline{\mathfrak{B}}_r$ mit $\mathrm{Rg}(\overline{\mathfrak{B}}_r) \leqq \mathrm{Eg}(\mathfrak{B}) + 2$ existieren. Unter ihnen gibt es dann aber wenigstens einen aus $\overline{\mathfrak{R}} \setminus \mathfrak{R}'$. Es sei $\mathfrak{S}$ das Standardrepräsentantensystem von $\mathfrak{B}$. Sicher ist $\mathfrak{B}_p \in \mathfrak{S}$. Nach Voraussetzung gibt es einen Ast $\overline{\mathfrak{B}}_s$ aus $\overline{\mathfrak{R}}$ mit $\mathrm{Rg}(\mathfrak{B}_s) = \mathrm{Eg}(\mathfrak{B}) + 1$ und $\mathfrak{B}_p \swarrow\!\searrow \mathfrak{B}_s$. Da $\mathrm{Rg}(\mathfrak{B}_s)$, $\mathrm{Rg}\ (\mathfrak{B}_p) \geqq \mathrm{Or}(\mathfrak{B}) - (\mathrm{Eg}(\mathfrak{B}) + 1)$, andererseits aber auch $\overline{\mathfrak{B}}_p \not\sim \overline{\mathfrak{B}}_s$ gilt, folgt $\overline{\mathfrak{B}}_p \underset{\lambda}{\sim\!|\!\sim} \overline{\mathfrak{B}}_s$, wobei

$$\lambda > \mathrm{Or}(\mathfrak{B}) - \mathrm{Eg}(\mathfrak{B}) - 1 = \mathrm{Ug}(\mathfrak{B}) + \mathrm{Re}(\mathfrak{B}) .$$

Ist also $\overline{\mathfrak{A}} = [X, Y, Z, f, g]$ ein abstrakter Automat mit $\mathrm{Kz}(Z) = \mathrm{G}(\overline{\Theta})$, der $\overline{\Theta}$ darstellt, so hat man

$$\mathrm{ug}(\overline{\mathfrak{A}}) > \mathrm{Ug}(\mathfrak{B}) + \mathrm{Re}(\mathfrak{B})\,.$$

Es sei $\mathfrak{Z}_\varkappa$ ($\varkappa = 1, \ldots, \mathrm{ug}(\overline{\mathfrak{A}})$) die Zerlegung von Z in Äquivalenzklassen modulo „$\underset{\varkappa}{\sim}$". Aus unseren Überlegungen folgt $\mathrm{Kz}(\mathfrak{Z}_{\mathrm{Ug}(\mathfrak{B})}) \geqq \mathrm{Gw}(\mathfrak{B})$. Wegen

$$\mathrm{Kz}(\mathfrak{Z}_{\mathrm{Ug}(\mathfrak{B})}) < \mathrm{Kz}(\mathfrak{Z}_{\mathrm{Ug}(\mathfrak{B})+1}) < \cdots < \mathrm{Kz}(\mathfrak{Z}_{\mathrm{Ug}(\mathfrak{B})+\mathrm{Re}(\mathfrak{B})})$$

(siehe Satz 3, Kapitel IV) ist $\mathrm{G}(\overline{\Theta}) < \mathrm{Gw}(\mathfrak{B}) + \mathrm{Re}(\mathfrak{B})$.

Damit ist der Satz bewiesen.

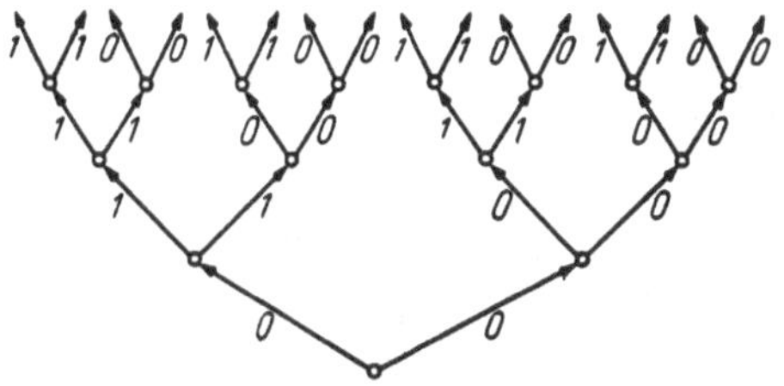

Abb. 5.14

Erläuterung. Angenommen, wir kennen eine obere Schranke $\tilde{k}$ für das Gewicht eines zu beschreibenden Automatenoperators Θ und haben bereits einen vollständigen bewerteten Teilbaum $\mathfrak{B}$ von Θ der Ordnung $\mathrm{Or}(\mathfrak{B}) < 2\,\tilde{k} - 1$ konstruiert. Ist nun $\mathrm{Gw}(\mathfrak{B}) \leqq \tilde{k}$, so haben wir im allgemeinen noch nicht die Gewähr, Θ durch Fortsetzung von $\mathfrak{B}$ eindeutig charakterisieren zu können. Gilt jedoch außerdem die Ungleichung $\mathrm{Gw}(\mathfrak{B}) + \mathrm{Re}(\mathfrak{B}) \geqq k$, so wissen wir aus Satz 2, daß Θ mit dem durch die (nach Satz 1 existierende) eindeutige Fortsetzung von $\mathfrak{B}$ charakterisierten Automatenoperator übereinstimmt.

Beispiel. Es sei für einen Automatenoperator Θ die Abschätzung $\mathrm{G}(\Theta) \leqq 3$ bekannt. Nach Folgerung von Satz 1 ist zur Charakterisierung von Θ ein vollständiger bewerteter Teilbaum der Ordnung 5 notwendig. In Abb. 5.14 ist ein bewerteter Teilbaum $\mathfrak{B}$ mit $\mathrm{Or}(\mathfrak{B}) = 4$ konstruiert. Man überprüft leicht, daß $\mathrm{Gw}(\mathfrak{B}) = 2$ ($\mathfrak{S} = \{\mathfrak{B}_e, \mathfrak{B}_0\}$), $\mathrm{Ug}(\mathfrak{B}) = 1$, $\mathrm{Eg}(\mathfrak{B}) = 1$. Damit hat man $\mathrm{Re}(\mathfrak{B}) = \mathrm{Or}(\mathfrak{B}) - \mathrm{Ug}(\mathfrak{B}) - \mathrm{Eg}(\mathfrak{B}) - 1 = 4 - 3 = 1$. Also ist $\mathrm{Gw}(\mathfrak{B}) + \mathrm{Re}(\mathfrak{B}) = 3$, d. h., die eindeutige Fortsetzung von $\mathfrak{B}$ charakterisiert bereits Θ. Der abstrakte Automat $\mathfrak{A} = [X, Y, Z, f, g]$ mit $X = Y = D$, $Z = \{z_1, z_2\}$, dessen Funktionen f und g in Tabelle V.4 beschrieben sind, stellt Θ im Zustand z_1 dar.

Tabelle V.4

x \ z	z_1	z_2
0	$0/z_2$	$1/z_2$
1	$0/z_1$	$1/z_1$

§ 3. Beschreibung von endlichen abstrakten Automaten durch Matrizen

Zur Beschreibung endlicher abstrakter Automaten kann man neben den üblichen Tabellen für die Ausgabe- und Ergebnisfunktion auch Tabellen mit zwei Eingängen, sogenannte *Überführungs-* und *Ausgabematrizen,* verwenden. Die Charakterisierung eines endlichen abstrakten Automaten durch seine Alphabete und die Überführungs- und Ausgabematrizen nennt man nach M. L. ZETLIN[1]) auch *Matrixdarstellung.*

Wir betrachten folgende einfache Umformungen:

a) Es sind die Tabellen der Überführungs- und Ausgabefunktion eines in Matrixdarstellung gegebenen endlichen abstrakten Automaten aufzustellen (*Synthese*).
b) Es ist die Matrixdarstellung eines endlichen abstrakten Automaten aus den Tabellen seiner Überführungs- und Ausgabefunktion zu bestimmen (*Analyse*).

Es sei $\mathfrak{A} = [X, Y, Z, f, g]$ ein endlicher abstrakter Automat.

Definition. $\mathfrak{M}_g$ heißt genau dann *Überführungsmatrix* von $\mathfrak{A}$, wenn $\mathfrak{M}_g =_{\mathrm{Df}} \|X_{z,z'}\|_{z,z' \in Z}$, wobei $X_{z,z'} =_{\mathrm{Df}} \{x: g(z, x) = z'\}$. (Siehe Tabelle V.5.)

Beispiel. Die Überführungsmatrix des abstrakten Automaten $\mathfrak{A} = [X, Y, Z, f, g]$ mit $X = D^2$, $Y = D$, $Z = D$ (f und g siehe Tabelle II.4) ist in Tabelle V.6 angegeben.

Tabelle V.5

$z \backslash z'$	z_1	z_2	...	z_k
z_1	X_{11}	X_{12}	...	X_{1k}
z_2	X_{21}	X_{22}	...	X_{2k}
$\vdots$	$\vdots$	$\vdots$	$\vdots$	$\vdots$
z_k	X_{k1}	X_{k2}	...	X_{kk}

Wir bemerken, daß die in Kapitel IV definierten Überführungsgraphen offenbar „graphische Darstellungen" von Überführungsmatrizen sind.

Tabelle V.6

$z \backslash z'$	0	1
0	00, 01, 10	11
1	00	01, 10, 11

Aus der Definition der Überführungsmatrix folgt, daß für jedes z aus Z gilt:

a) Wenn $z' \neq z''$ ($z', z'' \in Z$), so ist $X_{z,z'} \cap X_{z,z''} = \emptyset$.
b) $\bigcup_{z' \in Z} X_{z,z'} = X$.

[1]) Siehe [74].

Definition. $\mathfrak{M}_f$ heißt genau dann *Ausgabematrix* von $\mathfrak{A}$, wenn $\mathfrak{M}_f =_{\mathrm{Df}} ||Z_{x,y}||_{x \in X, y \in Y}$, wobei $Z_{x,y} =_{\mathrm{Df}} \{z : f(z, x) = y\}$.

Analog zu a) bzw. b) gilt $Z_{x,y'} \cap Z_{x,y''} = \emptyset$, falls $y' \neq y''$, bzw. $\bigcup_{y \in Y} Z_{x,y} = Z$.

Bisweilen betrachtet man *kombinierte Matrizen* der Form $\mathfrak{M}_{g,f} =_{\mathrm{Df}} ||M_{z,z'}||_{z,z' \in Z}$ bzw. $\mathfrak{M}_{f,g} =_{\mathrm{Df}} ||M_{x,y}||_{x \in X, y \in Y}$, wobei

$$M_{z,z'} =_{\mathrm{Df}} \{[x, y]: g(z, x) = z' \wedge f(z, x) = y\}$$

bzw.

$$M_{x,y} =_{\mathrm{Df}} \{[z, z']: f(z, x) = y \wedge g(z, x) = z'\} .$$

Beispiel. Für den im vorigen Beispiel betrachteten abstrakten Automaten hat die kombinierte Matrix $\mathfrak{M}_{f,g}$ die in Tabelle V.7 dargestellte Form.

Tabelle V.7

x \ y	0	1
00	0/0	1/0
01	1/1	0/0
10	1/1	0/0
11	0/1	1/1

Wie man sieht, bestehen alle Mengen $M_{x,y}$ aus genau einem Paar. So steht z. B. im Schnittpunkt der ersten Zeile mit der zweiten Spalte das Paar [1,0]. Das bedeutet, daß der Automat genau einen Zustand, nämlich 1, besitzt, in dem er bei Eingabe von 00 den Buchstaben 1 ausgibt und den Zustand 0 annimmt.

Der Übergang von den Tabellen der Funktionen f und g zur Matrixdarstellung (Analyse) und umgekehrt (Synthese) besteht im wesentlichen in einer geeigneten Umordnung der Elemente der Tabellen bzw. Matrizen.

Wir untersuchen den Fall, daß die Alphabete X, Y und Z binär codiert vorliegen, etwas ausführlicher, da hier einige Elemente des Aussagenkalküls für die Beschreibung der erforderlichen Analyse- und Synthesealgorithmen vorteilhaft anwendbar sind.

Es seien $X = D^m$, $Y = D^n$, $Z = D^k$ $(m, n, k > 0)$. Wie bereits mehrfach erwähnt, können die Funktionen f und g des abstrakten Automaten $\mathfrak{A}$ in diesem Falle in Tupel $[f^{(1)}, \ldots, f^{(n)}]$ und $[g^{(1)}, \ldots, g^{(k)}]$ von $(m + k)$-stelligen Boole-schen Funktionen aufgespalten werden. Ordnet man nun in der Überführungsmatrix $\mathfrak{M}_g$ und in der Ausgabematrix $\mathfrak{M}_f$ die Zeilen und Spalten in der natürlichen Reihenfolge ihrer zugeordneten Eingänge, so besteht z. B. nach Definition die Menge $X_{[z_1,\ldots,z_k],[z'_1,\ldots,z'_k]}$ aus allen und nur den geordneten Tupeln $[x_1, \ldots, x_m]$ für die

$$\left.\begin{array}{c} g^{(1)}(z_1, \ldots, z_k, x_1, \ldots, x_m) = z'_1 , \\ \vdots \qquad\qquad \vdots \\ g^{(k)}(z_1, \ldots, z_k, x_1, \ldots, x_m) = z'_k . \end{array}\right\} \qquad (5.4)$$

Wir ordnen jeder Menge $X_{[z_1,\dots,z_k],\,[z'_1,\dots,z'_k]}$ eine *charakteristische Funktion* zu, und zwar diejenige m-stellige Booleesche Funktion $F_{[z_1,\dots z_k],\,[z'_1,\dots,z'_k]}$, für die $F_{[z_1,\dots,z_k],\,[z_1,\dots,z_k]}(x_1,\dots,x_m) = 1$ dann und nur dann, wenn $[x_1,\dots,x_m] \in X_{[z_1,\dots,z_k],\,[z'_1,\dots,z'_k]}$.

Nach Kapitel I ist jede dieser Funktionen durch einen Ausdruck des klassischen zweiwertigen Aussagenkalküls repräsentierbar. Wir nennen einen Ausdruck in den Variablen $x_1,\dots,x_m$, der eine charakteristische Funktion repräsentiert, *charakteristischen Ausdruck*.

Beispiel. Die Ausdrücke

$$\begin{aligned} H_{0,0} &=_{\mathrm{Df}} \bar{x}_1\,\bar{x}_2 \vee \bar{x}_1\,x_2 \vee x_1\,\bar{x}_2 \quad (= \bar{x}_1 \vee \bar{x}_2)\,, \\ H_{0,1} &=_{\mathrm{Df}} x_1\,x_2\,, \\ H_{1,0} &=_{\mathrm{Df}} \bar{x}_1\,\bar{x}_2\,, \\ H_{1,1} &=_{\mathrm{Df}} x_1 \vee x_2 \end{aligned}$$

sind offenbar charakteristische Ausdrücke für die Elemente der Matrix $\mathfrak{M}_g$ von Tabelle V.6.

Man überlegt sich leicht, wie man allgemein mit Hilfe des Tupels $[g^{(1)},\dots,g^{(n)}]$ der Überführungsfunktionen eines gegebenen abstrakten Automaten die charakteristischen Funktionen und schließlich charakteristische Ausdrücke für die Elemente von $\mathfrak{M}_g$ aufstellt. Hierzu geht man von der Beziehung

$$\begin{aligned} &F_{[z_1,\dots,z_k];\,[z'_1,\dots,z'_k]}(x_1,\dots,x_m) \\ &\quad = \left(g^{(1)}(z_1,\dots,z_k,x_1,\dots,x_m)\right)^{z'_1} \cdot \ldots \cdot \left(g^{(k)}(z_1,\dots,z_k,x_1,\dots,x_m)\right)^{z'_k} \qquad (5.5) \end{aligned}$$

aus (siehe auch Seite 19).

Beispiel. Es sei $\mathfrak{A} = [X, Y, Z, f, g]$ ein endlicher abstrakter Automat, wobei $X = Z = D^2$, $Y = D$, $g = [g^{(1)}, g^{(2)}]$,

$$\left.\begin{aligned} f&:\quad z_1\,z_2\,(x_1 \vee \bar{x}_2)\,, \\ g^{(1)}&:\quad (\bar{x}_1 \vee x_2 \vee \bar{z}_2)\,(z_1 \vee x_1\,\bar{x}_2)\,, \\ g^{(2)}&:\quad (x_1 \vee \bar{x}_2 \vee z_1)\,(z_2 \vee \bar{x}_1\,x_2)\,. \end{aligned}\right\} \qquad (5.6)$$

Als charakteristischen Ausdruck für das Element $X_{[0,0],\,[0,0]}$ von $\mathfrak{M}_g$ erhält man

$$H_{[0,0],\,[0,0]} =_{\mathrm{Df}} \sim\{(\bar{x}_1 \vee x_2 \vee 1) \wedge (0 \vee x_1\,\bar{x}_2)\} \wedge \sim\{(x_1 \vee \bar{x}_2 \vee 0) \wedge (0 \vee \bar{x}_1\,\bar{x}_2)\}\,,$$

d. h.

$$\bar{x}_1 \vee x_2\,.$$

Die vollständige Matrix $\mathfrak{M}_g$ ist in Tabelle V.8 angegeben, wobei anstelle der Elemente die charakteristischen Ausdrücke eingesetzt sind.

Tabelle V.8

	0 0	0 1	1 0	1 1
0 0	$\bar{x}_1 \vee x_2$	0	$x_1\,\bar{x}_2$	0
0 1	$\bar{x}_1\,x_2$	$x_1 \vee \bar{x}_2$	0	0
1 0	0	0	$x_1 \vee \bar{x}_2$	$\bar{x}_1\,x_2$
1 1	0	$x_1\,\bar{x}_2$	0	$\bar{x}_1 \vee x_2$

Analog hierzu kann man die Ausgabematrix angeben, indem man ihre Elemente durch charakteristische Funktionen bzw. Ausdrücke ersetzt, die man aus der Beziehung

$$F_{[x_1, \ldots, x_m];\,[y_1, \ldots, y_n]}(z_1, \ldots, z_k)$$
$$= \left(f^{(1)}(z_1, \ldots, z_k, x_1, \ldots, x_m)\right)^{y_1} \cdot \ldots \cdot \left(f^{(n)}(z_1, \ldots, z_k, x_1, \ldots, x_m)\right)^{y_n} \qquad (5.7)$$

gewinnt.

Beispiel. Die Matrix $\mathfrak{M}_g$ des Automaten $\mathfrak{A}$ unseres vorigen Beispieles ist in Tabelle V.9 angegeben.

Tabelle V.9

	0	1
0 0	$z_1 \vee \bar{z}_2$	$\bar{z}_1 z_2$
0 1	$z_1 \vee \bar{z}_2$	$\bar{z}_1 z_2$
1 0	1	0
1 1	$z_1 \vee \bar{z}_2$	$\bar{z}_1 z_2$

Falls die Elemente einer Matrix $\mathfrak{M}_g$ charakteristische Ausdrücke oder Funktionen sind, so kann man a) und b) wie folgt abändern:

a′) Je zwei verschiedene Elemente einer Zeile sind orthogonal (d. h., ihre Konjunktion bzw. ihr Produkt ist identisch Null).

b′) Die Alternative aller Ausdrücke einer Zeile (bzw. die entsprechende Boolesche Funktion) ist identisch Eins.

Es ist leicht einzusehen, daß es zu jedem Paar $\mathfrak{M}$, $\mathfrak{M}'$ von Matrizen, deren Elemente Ausdrücke oder Boolesche Funktionen sind, die den Bedingungen a′) und b′) genügen, einen endlichen abstrakten Automaten $\mathfrak{A} = [X, Y, Z, f, g]$ gibt, so daß $\mathfrak{M}_g = \mathfrak{M}$ und $\mathfrak{M}_f = \mathfrak{M}'$ ist. (Natürlich sind hierbei noch einige Voraussetzungen über den Typ der Matrizen und die Anzahl der auftretenden Argumente zu nennen.) Man kann dabei etwa so vorgehen, daß man mit Hilfe der Beziehungen (5.5) und (5.7) die Funktionen $f^{(\nu)}$ und $g^{(\varkappa)}$ aus den Elementen der Matrizen gewinnt.

Da eine allgemeine Beschreibung des entsprechenden Algorithmus sehr umfangreich ist, verdeutlichen wir ihn an einem Beispiel.

Aus der Matrix $\mathfrak{M}$ von Tabelle V.8 ist die Funktion $g = [g^{(1)}, g^{(2)}]$ eines endlichen abstrakten Automaten $\mathfrak{A} = [X, Y, Z, f, g]$ anzugeben, so daß $\mathfrak{M} = \mathfrak{M}_g$ $(X = Z = D^2)$. Wir verfahren wie folgt:

1. In $\mathfrak{M}$ werden alle diejenigen Spalten markiert, für die $z'_\varkappa = 1$ ist $(\varkappa = 1, 2)$. Im Falle $\varkappa = 1$ sind dies die dritte und vierte Spalte von $\mathfrak{M}$.

2. Für jede Zeile $d_1 d_2$ $(d_1, d_2 \in D)$ bilden wir

   a) die Konjunktionen $z_1^{d_1} \cdot z_2^{d_2}$,

b) die Alternativen $D^{(\varkappa)}_{d_1, d_2}$ der in den nach 1 markierten Spalten enthaltenen Matrixelemente. In unserem Falle hat man für $\varkappa = 1$: $D^{(1)}_{0,0} = x_1 \bar{x}_2$; $D^{(1)}_{0,1} = 0$; $D^{(1)}_{1,0} = x_1 \vee \bar{x}_2 \vee \bar{x}_1 x_2 (= 1)$; $D^{(1)}_{1,1} = \bar{x}_1 \vee x_2$.

3. Man stellt die Ausdrücke

$$H_\varkappa = \bigvee_{d_1 d_2} z_1^{d_1} \cdot z_2^{d_2} \cdot D^{(\varkappa)}_{d_1, d_2} \qquad (\varkappa = 1, 2) \tag{5.8}$$

auf. Es folgt unschwer, daß $H_\varkappa$ die Funktion $g^{(\varkappa)}$ mit den geforderten Eigenschaften repräsentiert. Unser Beispiel liefert

$$g^{(1)}: \quad \bar{z}_1 \bar{z}_2 x_1 \bar{x}_2 \vee z_1 \bar{z}_2 \vee z_1 z_2 (\bar{x}_1 \vee x_2) .$$

Durch äquivalente Umformungen dieses Ausdruckes überzeugt man sich davon, daß $g^{(1)}$ mit der entsprechenden Funktion in (5.6) übereinstimmt.

Bei der Herleitung der Funktionen $f^{(\nu)}$ geht man analog vor. Man markiert in der gegebenen Matrix $\mathfrak{M}'$ für jedes $\nu = 1, \ldots, n$ alle Spalten, für die $y_\nu = 1$ ist. Dann wird $f^{(\nu)}$ durch den Ausdruck

$$H_\nu = \bigvee_{d_1, \ldots, d_m} x_1^{d_1} \cdot \ldots \cdot x_m^{d_m} D^{(\nu)}_{d_1, \ldots, d_m} \tag{5.9}$$

repräsentiert.

§ 4. Vorbemerkungen zur Anwendung der Prädikatenlogik bei der Beschreibung von Automatenoperatoren

Die Charakterisierung von Automatenoperatoren durch abstrakte Automaten wurde bereits untersucht. Den hierbei verwendeten Eingabe-, Ausgabe- und Zustandsalphabeten waren keine Beschränkungen auferlegt (bis auf die Forderung der Endlichkeit). Es wurde jedoch mehrfach darauf hingewiesen, daß binäre Codierungen dieser Alphabete von besonderem Interesse sind, da dann in einem endlichen abstrakten Automaten $\mathfrak{A} = [X, Y, Z, f, g]$ mit $X = D^m$, $Y = D^n$ und $Z = D^k$ die Eingabe- bzw. Ausgabe- bzw. Zustandsbuchstaben geordnete m-, n- bzw. k-Tupel aus Nullen und Einsen sind und die Funktionen f und g durch Tupel $[f^{(1)}, \ldots, f^{(n)}]$ und $[g^{(1)}, \ldots, g^{(k)}]$ von $(m + k)$-stelligen Booleschen Funktionen beschreibbar sind, so daß

$$\left.\begin{aligned} &f(z, x) = [f^{(1)}(z, x), \ldots, f^{(n)}(z, x)] \\ \text{und} \quad &g(z, x) = [g^{(1)}(z, x), \ldots, g^{(k)}(z, x)] \\ &(z = [z_1, \ldots, z_k], \quad x = [x_1, \ldots, x_m]) \end{aligned}\right\} \tag{5.10}$$

gilt. Den von einem derartigen abstrakten Automaten im Zustand $z = [z_1, \ldots, z_k]$ dargestellten regulären Automatenoperator $\Theta_{\mathfrak{A}, z}$ erhält man aus den sogenannten *kanonischen Gleichungen*, d. h., man setzt für jedes $\xi = [\xi_1, \ldots, \xi_m]$ aus $\mathfrak{F}_X$ und jedes $\eta = [\eta_1, \ldots, \eta_n]$ aus $\mathfrak{F}_Y$

$$\Theta_{\mathfrak{A}, z}(\xi) = \eta$$

genau dann, wenn es ein $\zeta = [\zeta_1, \ldots, \zeta_k]$ aus $\mathfrak{F}_Z$ gibt, so daß für jedes t aus Nz gilt:

$$\begin{aligned}
\eta_1(t) &= f^{(1)}(\zeta_1(t), \ldots, \zeta_k(t), \xi_1(t), \ldots, \xi_m(t)),\\
&\ \vdots\\
\eta_n(t) &= f^{(n)}(\zeta_1(t), \ldots, \zeta_k(t), \xi_1(t), \ldots, \xi_m(t)),\\
\zeta_1(1) &= z_1,\\
&\ \vdots\\
\zeta_k(1) &= z_k,\\
\zeta_1(t+1) &= g^{(1)}(\zeta_1(t), \ldots, \zeta_k(t), \xi_1(t), \ldots, \xi_m(t)),\\
&\ \vdots\\
\zeta_k(t+1) &= g^{(k)}(\zeta_1(t), \ldots, \zeta_k(t), \xi_1(t), \ldots, \xi_m(t)).
\end{aligned}$$

Wir betrachten nun die Größen ξ_μ, η_ν und $\zeta_\varkappa$ vom Standpunkt der Prädikatenlogik. Nach Definition (siehe Seite 66) ist jede Folge aus $\mathfrak{F}_D$ eine eindeutige Abbildung von der Menge Nz der natürlichen Zahlen 1, 2, ... in die Menge $D = \{0, 1\}$. Mit anderen Worten, jedes Element aus $\mathfrak{F}_D$ kann aufgefaßt werden als ein *einstelliges* (*zweiwertiges*) ***Prädikat*** über dem Individuenbereich Nz. Wir wollen daher im folgenden die Größen ξ_μ, η_ν bzw. $\zeta_\varkappa$ als einstellige zweiwertige Prädikate über Nz, die wir in Analogie zu unseren früheren Bezeichnungsweisen *Eingabe-*, *Ausgabe-* bzw. *Zustandsprädikate* nennen, ansehen. Unser Automatenoperator $\Theta_{\mathfrak{A},z}$ ist demnach eine eindeutige Abbildung von der Menge aller geordneten m-Tupel $[\xi_1, \ldots, \xi_m]$ von Eingabeprädikaten in die Menge aller geordneten n-Tupel $[\eta_1, \ldots, \eta_n]$ von Ausgabeprädikaten.

Es wird sich nun zeigen, daß man diese Abbildung unter Verwendung der in Kapitel I eingeführten aussagenlogischen und prädikatenlogischen Hilfsmittel so beschreiben kann, daß die Überführungsfunktion und Ausgabefunktion eines abstrakten Automaten, der den betrachteten Automatenoperator darstellen soll, ohne sonderliche Mühe angegeben werden können.

Hierzu untersuchen wir zunächst einige einfache Beispiele.

1. Θ sei eine eindeutige Abbildung von der Menge aller 3-Tupel $[\xi_1, \xi_2, \xi_3]$ von Eingabeprädikaten in die Menge aller Ausgabeprädikate η, die wie folgt definiert ist:

Für jedes $[\xi_1, \xi_2, \xi_3]$ ist $\Theta([\xi_1, \xi_2, \xi_3])$ dasjenige Prädikat η, so daß für jedes $t = 1, 2, \ldots$ gilt: $\eta(t) = 1$ genau dann, wenn $\xi_1(t) = 0$ und $\xi_2(t) \neq \xi_3(t)$, d. h., der Ausdruck

$$\eta(t) \longleftrightarrow \overline{\xi}_1(t) \wedge (\xi_2(t) \oplus \xi_3(t))$$

ist für jedes $t = 1, 2, \ldots$ wahr.

Aus diesem Ausdruck ist bereits ersichtlich, daß der hierdurch beschriebene reguläre Automatenoperator im (einzigen) Zustand z des endlichen abstrakten Automaten $\mathfrak{A} = [X, Y, Z, f, g]$ mit

$$X = D^3, \quad X = D, \quad Z = \{z\},$$

$$f\colon \overline{x}_1 \wedge (x_2 \oplus x_3)$$

darstellbar ist.

2. Θ sei die wie folgt definierte eindeutige Abbildung von der Menge aller Eingabeprädikate ξ in die Menge aller Ausgabeprädikate η:

Für jedes ξ, η und jedes t ($t > 1$) ist $\eta(t) = \Theta(\xi)(t) = 1$ genau dann, wenn $\xi(t) \neq \xi(t-1)$; $\eta(1) = d$ ($d \in D$).

D. h.

$$\eta(t) \longleftrightarrow t > 1 \wedge (\xi(t) \oplus \xi(t-1)) \vee t = 1 \wedge d \tag{5.11}$$

ist für jedes $t = 1, 2, \ldots$ wahr.

Vom Ausdruck (5.11) kann man nicht unmittelbar auf die Funktionen f und g eines Automaten schließen, der den von (5.11) beschriebenen Operator darstellt. Wir führen daher als Hilfsmittel ein Zustandsprädikat ζ_1 ein, indem wir für jedes ξ, jedes ζ und jedes $t = 1, 2, \ldots$ setzen:

$$\left.\begin{aligned} \zeta_1(1) &=_{\mathrm{Df}} d_1 \ (d_1 \in D)\,, \\ \zeta_1(t+1) &=_{\mathrm{Df}} \xi(t)\,. \end{aligned}\right\} \tag{5.12}$$

Damit erhält man aus (5.11)[1])

$$\eta(t) \longleftrightarrow t > 1 \wedge (\xi(t) \oplus \zeta_1(t)) \vee t = 1 \wedge d\,.$$

Für diesen Ausdruck trifft dieselbe Bemerkung wie für den Ausdruck (5.11) zu. Wir definieren deshalb ein weiteres Zustandsprädikat ζ_2 wie folgt:

Für jedes $t = 1, 2, \ldots$ ist

$$\begin{aligned} \zeta_2(1) &=_{\mathrm{Df}} 0\,, \\ \zeta_2(t+1) &=_{\mathrm{Df}} 1\,. \end{aligned}$$

Aus unserem letzten Ausdruck folgt nun[1])

$$\begin{aligned} \eta(t) &\longleftrightarrow \zeta_2(t) \wedge \bigl(\xi(t) \oplus \zeta_1(t)\bigr) \vee \bar{\zeta}_2(t) \wedge d\,, \\ \zeta_1(t+1) &\longleftrightarrow \xi(t)\,, \\ \zeta_2(t+1) &\longleftrightarrow 1\,, \quad \zeta_1(1) \longleftrightarrow d_1\,, \quad \zeta_2(1) \longleftrightarrow 0\,. \end{aligned}$$

Hieraus ist ersichtlich, daß der Operator Θ im Zustand $d_1 0$ des endlichen abstrakten Automaten $\mathfrak{A} = [X, Y, Z, f, g]$ mit $X = Y = D$, $Z = D^2$,

$$\begin{aligned} f&: z_2 \wedge (x \oplus z_1) \vee \bar{z}_2 \wedge d \\ g^{(1)}&: x \\ g^{(2)}&: 1 \end{aligned}$$

(siehe Tabelle V.10) darstellbar ist.

Tabelle V.10

x \ $z_1 z_2$	00	01	10	11
0	d/01	0/01	d/01	1/01
1	d/11	1/11	d/11	0/11

Man erkennt, daß $G(\Theta) = 3$ ist, denn die Zustände 00 und 01 sind unabhängig von der Wahl von d inäquivalent.

3. Wir verallgemeinern jetzt das vorige Beispiel, indem wir mehrere Anfangsbedingungen vorgeben.

Es sei

$$\eta(t) \longleftrightarrow t > 3 \wedge \bigl(\xi(t) \oplus \xi(t-1)\bigr) \vee t = 1 \wedge d_1 \vee t = 2 \wedge d_2 \vee t = 3 \wedge d_3\,, \tag{5.13}$$

[1]) D. h. wie bei (5.11), daß die angegebenen Ausdrücke wahr sind (und zwar für jedes $t = 1, 2, \ldots$, falls t darin frei vorkommt). Im folgenden wird dies der Kürze halber nicht mehr ausdrücklich betont. — Anm. d. Red.

wobei die d_i $(i = 1, 2, 3)$ Konstanten aus D sind. Man erkennt, daß in diesem Beispiel anstelle eines Zustandsprädikates ζ_2 zwei Zustandsprädikate, etwa ζ_2 und ζ_3, erforderlich sind; siehe hierzu Tabelle V.11.

Tabelle V.11

t	$\zeta_2(t)$	$\zeta_3(t)$
1	0	1
2	1	0
3	1	1
4	0	0
5	0	0
6	0	0
.	.	.
.	.	.
.	.	.

Jedes Ziffernpaar $\zeta_2(t)$, $\zeta_3(t)$ dieser Tabelle ist für $t \leqq 3$ die binär codierte Zahl t und für $t > 3$ die Null. Es gilt offenbar

$$\left.\begin{aligned} &\zeta_2(t+1) \longleftrightarrow \zeta_2(t) \oplus \zeta_3(t)\,, \\ &\zeta_3(t+1) \longleftrightarrow \zeta_2(t) \wedge \bar{\zeta}_3(t)\,, \\ &\zeta_2(1) \longleftrightarrow 0\,, \quad \zeta_3(1) \longleftrightarrow 1 \end{aligned}\right\} \tag{5.13'}$$

(siehe Tabelle V.12).

Tabelle V.12

$\zeta_2(t)$	$\zeta_3(t)$	$\zeta_2(t+1)$	$\zeta_3(t+1)$
0	0	0	0
0	1	1	0
1	0	1	1
1	1	0	0

Damit erhält man aus (5.13)

$$\left.\begin{aligned} &\eta(t) \longleftrightarrow \bar{\zeta}_2(t) \wedge \bar{\zeta}_3(t) \wedge \big(\xi(t) \oplus \zeta_1(t)\big) \vee \bar{\zeta}_2(t) \wedge \zeta_3(t) \wedge d_1 \vee \zeta_2(t) \wedge \bar{\zeta}_3(t) \\ &\qquad\qquad \wedge d_2 \vee \zeta_2(t) \wedge \zeta_3(t) \wedge d_3\,, \\ &\zeta_1(t+1) \longleftrightarrow \xi(t)\,, \\ &\zeta_2(t+1) \longleftrightarrow \zeta_2(t) \oplus \zeta_3(t)\,, \\ &\zeta_3(t+1) \longleftrightarrow \zeta_2(t) \wedge \bar{\zeta}_3(t)\,, \quad \zeta_1(1) \longleftrightarrow d\,, \quad \zeta_2(1) \longleftrightarrow 0\,, \quad \zeta_3(1) \longleftrightarrow 1\,, \end{aligned}\right\} \tag{5.13''}$$

d. h., der betrachtete Operator ist im Zustand $d01$ $(d \in D)$ des endlichen abstrakten Automaten $\mathfrak{A} = [X, Y, Z, f, g]$ mit $X = Y = D$, $Z = D^3$,

$$f\colon \quad \bar{z}_2\,\bar{z}_3 \wedge (x \oplus z_1) \vee \bar{z}_2\, z_3\, d_1 \vee z_2\, \bar{z}_3\, d_2 \vee z_2\, z_3\, d_3\,,$$

$$g^{(1)}\colon \quad x\,,$$

$$g^{(2)}\colon \quad z_2 \oplus z_3\,,$$

$$g^{(3)}\colon \quad z_2\, \bar{z}_3$$

darstellbar.

Aus diesem Beispiel ist ersichtlich, wie der Übergang von einem durch den Ausdruck

$$\eta(t) \longleftrightarrow H(\xi_1(t), \xi_1(t-1), \ldots, \xi_m(t), \xi_m(t-1), \ldots), \qquad t > \nu \; (\nu \geqq 1)$$

und die Anfangsbedingungen $\eta(t)$, $t = 1, 2, \ldots, \nu$, charakterisierten Automatenoperator zu einem darstellenden abstrakten Automaten zu realisieren ist. Im allgemeinen ist dabei die Zahl der einzuführenden Zustandsprädikate nicht größer als $]\mathrm{ld}\,(\nu + 1)[$[1]. Tritt außerdem ein Eingabeprädikat ξ_μ mit dem Argument $(t - s)$ auf, so sind weitere s Zustandsprädikate wie folgt

$$\begin{aligned} \zeta_1(t+1) &\longleftrightarrow \xi_\mu(t), \\ \zeta_2(t+1) &\longleftrightarrow \zeta_1(t), \\ &\vdots \\ \zeta_s(t+1) &\longleftrightarrow \zeta_{s-1}(t) \end{aligned}$$

einzuführen.

Bemerkung. Für alle derartigen Zustandsprädikate kann man stets $\zeta(1) = 0$ setzen, weil sie durch die angegebenen Bedingungen an der Stelle $t = 1$ nicht definiert sind.

4. Das in den vorangegangenen Beispielen beschriebene Verfahren ist selbst dann noch anwendbar, wenn Θ durch Ausdrücke der Form

$$\eta(t) \longleftrightarrow H(\xi_1(t), \xi_1(t-1), \ldots, \eta(t-1), \eta(t-2, \ldots) \tag{5.14}$$

mit entsprechenden Anfangsbedingungen charakterisiert ist. Neben den bereits erläuterten Zustandsprädikaten

$$\zeta_1(t+1) \longleftrightarrow \xi(t), \qquad \zeta_2'(t+1) \longleftrightarrow \zeta_1'(t), \ldots$$

sind in diesen Fällen weitere Zustandsprädikate wie folgt

$$\zeta_1(t+1) \longleftrightarrow \eta(t), \qquad \zeta_2(t+1) \longleftrightarrow \zeta_1(t), \ldots$$

einzuführen.

Damit erhält man aus (5.14)

$$\begin{aligned} \eta(t) &\longleftrightarrow H(\xi_1(t), \zeta_1(t), \zeta_2(t), \ldots, \zeta_1'(t), \zeta_2'(t), \ldots), \\ \zeta_1(t+1) &\longleftrightarrow \xi(t), \\ \zeta_2(t+1) &\longleftrightarrow \zeta_1(t), \\ &\vdots \\ \zeta_1'(t+1) &\longleftrightarrow H(\xi(t), \zeta_1(t), \zeta_2(t), \ldots, \zeta_1'(t), \zeta_2'(t), \ldots), \\ \zeta_2'(t+1) &\longleftrightarrow \zeta_2(t) \\ &\vdots \end{aligned}$$

mit den entsprechenden Anfangsbedingungen.

So wird z. B. ein Zähler modulo 2 durch einen Ausdruck

$$\eta(t) \longleftrightarrow (\eta(t-1) \oplus \xi(t)) \wedge t > 1 \vee \xi(t) \wedge t = 1$$

---

[1]) $]a[$ soll die kleinste ganze Zahl m mit $a \leqq m$ bedeuten.

beschrieben. Setzen wir $\zeta_1'(t+1) =_{\mathrm{Df}} \eta(t)$ und $\zeta_1'(1) =_{\mathrm{Df}} 0$, so gilt

$$\zeta_1'(1) \oplus \xi(1) \longleftrightarrow \xi(1)\,.$$

Damit hat man

$$\eta(t) \longleftrightarrow \zeta_1'(t) \oplus \xi(t)\,,$$

$$\zeta_1'(t+1) \longleftrightarrow \zeta_1'(t) \oplus \xi(t)$$

mit der Anfangsbedingung $\zeta_1'(1) \longleftrightarrow 0$.

Die Beispiele 1 bis 4 zeigen, daß es möglich ist, von der Beschreibung eines Automatenoperators in der hier erläuterten formalisierten Beschreibung ausgehend einen abstrakten Automaten zu konstruieren, der diesen Operator darstellt. Das soll natürlich nicht bedeuten, daß diese Methoden bei der abstrakten Analyse und Synthese von Automaten unumgänglich sind. In vielen Fällen erweisen sie sich jedoch als äußerst nützlich. Man kann nämlich bereits von der Beschaffenheit der Ausdrücke auf gewisse strukturelle Eigenschaften der realisierenden logischen Netze schließen. So erkennt man unschwer, daß wegen der im Ausdruck (5.14) vorkommenden Prädikate $\eta\,(t-1)$, $\eta\,(t-2), \ldots$ in jedem logischen Netz, das den betreffenden Operator realisiert, geschlossene verzögerte Kanäle vorhanden sein müssen. Ausführlicher gehen wir in Kapitel VII auf diese Probleme ein.

Bisher haben wir Fälle betrachtet, in denen die Ausgabeprädikate unter alleiniger Verwendung der aussagenlogischen Funktoren $\sim$, $\wedge$, $\vee$ durch die Eingabeprädikate (und durch die entsprechenden Anfangsbedingungen) beschrieben wurden. Die „Ausdrucksfähigkeit" unserer formalisierten Sprache vergrößert sich, wenn wir auch die Anwendung von prädikatenlogischen Funktoren (siehe Kapitel I) zulassen.

Beispiel[1]). Eine automatische Bahnschranke funktioniere wie folgt: Befährt ein Zug den Streckenabschnitt AB in der Richtung von A nach B, so sind die Schranken im Zeitintervall $\tau_1 \leqq \sigma < \tau_2$, in dem die Schienen im Punkt A von Rädern berührt werden, geschlossen. Wir setzen der Einfachheit halber weiterhin voraus, daß die Züge länger sind als die Strecke AB. Also berühren die Räder zu einem gewissen Zeitpunkt ϱ zwischen τ_1 und τ_2 die Schienen sowohl im Punkt A als auch in B. Eine Berührung der Schienen im Punkt A bzw. B soll im ersten bzw. zweiten binären Eingabekanal des Automaten das Signal Null hervorrufen. Die Schranken sollen sich genau dann schließen bzw. geschlossen bleiben, wenn am Ausgabekanal des Automaten eine Eins erscheint. Das hat offenbar in folgenden Fällen zu geschehen:

1. Es ist $\xi_1(t) = 0$ und $\xi_2(t) = 0$, d. h., der Zug besetzt den Streckenabschnitt vollständig. Wir notieren für diese Situation $\bar{\xi}_1(t) \wedge \bar{\xi}_2(t)$.

2. Es ist genau eine der beiden Eingaben $\xi_1(t)$, $\xi_2(t)$ Null, d. h., der Zug fährt über einen der Punkte A oder B, ohne den anderen zu berühren. Für eine Berührung in A heißt das

$$\bar{\xi}_1(t) \wedge \xi_2(t) \wedge \underset{\tau<t}{\exists}\,\tau\,[\xi_1(\tau) \wedge \xi_2(\tau) \wedge \underset{\tau<\varrho<t}{\forall}\,\varrho\,\overline{(\xi_1(\varrho) \wedge \xi_2(\varrho))}]\,.$$

---

[1]) Dieses Beispiel ist dem Buch [17] entnommen. Dort wird jedoch ein anderer Lösungsweg eingeschlagen.

Somit hat man

$$\left.\begin{aligned}\eta(t) \longleftrightarrow \bar{\xi}_1(t) \wedge \bar{\xi}_2(t) \vee \bar{\xi}_1(t) \wedge \xi_2(t) \wedge \underset{\tau<t}{\exists}\, \tau\, [\xi_1(\tau) \wedge \xi_2(\tau) \wedge \underset{\tau<\varrho<t}{\forall}\, \varrho\, (\bar{\xi}_1(\varrho) \wedge \xi_2(\varrho))] \\ \vee\, \xi_1(t) \wedge \bar{\xi}_2(t) \wedge \underset{\tau<t}{\exists}\, \tau\, [\xi_1(\tau) \wedge \xi_2(\tau) \wedge \underset{\tau<\varrho<t}{\forall}\, \varrho\, (\xi_1(\varrho) \wedge \bar{\xi}_2(\varrho))]\,.\end{aligned}\right\} \tag{5.15}$$

Das nächste Beispiel soll zeigen, wie man durch geeignete Umformungen von Ausdrücken des Typs (5.15) einen abstrakten Automaten konstruiert, in dem der beschriebene Operator darstellbar ist.

Beispiel. Es sei Θ ein Automatenoperator über $[X, Y]$ $(X = Y = D)$, für den $\eta(t) = \Theta(\xi)(t) = 1$ genau dann gilt, wenn es ein τ mit $1 \leqq \tau \leqq t - 1$ gibt, so daß $\xi(\tau) = 1$ ist. Unter Verwendung des entsprechenden beschränkten Partikularisators kann man schreiben

$$\eta(t) \longleftrightarrow \underset{\tau<t}{\exists}\, \tau\, \xi(\tau)\,. \tag{5.16}$$

Wir wenden auf den Ausdruck von (5.16) gewisse äquivalente Umformungen an, die wir als *Normierung der Beschränkung* bezeichnen.

Ersetzt man in (5.16) t durch $t + 1$, so erhält man

$$\left.\begin{aligned}\eta\,(t + 1) &\longleftrightarrow \underset{\tau<t+1}{\exists}\, \tau\, \xi(\tau)\,, \\ \underset{\tau<t+1}{\exists}\, \tau\, \xi\,(\tau) &\longleftrightarrow \underset{\tau\leqq t}{\exists}\, \tau\, \xi(\tau)\,.\end{aligned}\right\} \tag{5.16'}$$

Nach Kapitel I, § 5, gilt

$$\underset{\tau\leqq t}{\exists}\, \tau\, \xi(\tau) \longleftrightarrow \underset{\tau<t}{\exists}\, \tau\, \xi(\tau) \vee \xi(t)\,. \tag{5.16''}$$

Wenden wir auf das erste Alternativglied der rechten Seite dieser Äquivalenz die Beziehung (5.16) an, so erhalten wir

$$\eta\,(t + 1) \longleftrightarrow \eta(t) \vee \xi(t)\,.$$

Für $t = 1$ folgt aus (5.16) $\eta(1) \longleftrightarrow 0$, da τ nicht kleiner als Eins sein kann. Damit hat man

$$\eta\,(t + 1) \longleftrightarrow \eta(t) \vee \xi(t)\,,$$

$$\eta(1) \longleftrightarrow 0\,.$$

Führen wir wie in den vorangegangenen Beispielen Zustandsprädikate ein, so erhalten wir schließlich

$$\eta(t) \longleftrightarrow \zeta(t)\,, \qquad \zeta\,(t + 1) \longleftrightarrow \zeta(t) \vee \xi(t)$$

mit der Anfangsbedingung $\zeta(1) \longleftrightarrow 0$, d. h., Θ ist im Zustand 0 des endlichen abstrakten Automaten $\mathfrak{A} = [X, Y, Z, f, g]$ mit $X = Y = Z = D$,

$$f\colon\; z\,,$$

$$g\colon\; z \vee x$$

darstellbar.

Völlig analog kann man für Operatoren, die durch Ausdrücke der Form

$$\eta(t) \longleftrightarrow \underset{\tau<t}{\forall}\, \tau\, \xi(\tau) \tag{5.17}$$

gegeben sind, über den Ausdruck

$$\left.\begin{aligned}\eta\,(t + 1) &\longleftrightarrow \eta(t) \wedge \xi(t)\,, \\ \eta(1) &\longleftrightarrow 1\end{aligned}\right\} \tag{5.17'}$$

die Ausdrücke

$$\left.\begin{aligned} \eta(t) &\longleftrightarrow \zeta(t)\,, \\ \zeta(t+1) &\longleftrightarrow \zeta(t) \wedge \zeta(t)\,, \\ \zeta(1) &\longleftrightarrow 1 \end{aligned}\right\} \qquad (5.17'')$$

herleiten, d. h., der Operator ist im Zustand 1 des endlichen abstrakten Automaten $\mathfrak{A} = [X, Y, Z, f, g]$ mit $X = Y = Z = D$,

$$f\colon\ z\,,$$

$$g\colon\ x \wedge z\,,$$

darstellbar.

§ 5. Beschreibung von Automatenoperatoren im Prädikatenkalkül

1. Normierung der Beschränkungen

Wie bereits in § 4 an einigen Beispielen erläutert wurde, hat man die Möglichkeit, Automatenoperatoren mit Hilfe von Ausdrücken des Prädikatenkalküls der ersten Stufe, in denen einstellige Prädikate über dem Individuenbereich Nz und beschränkt quantifizierte Individuenvariablen (siehe Kapitel I, § 5) auftreten, zu beschreiben. Wir beschäftigen uns in diesem Paragraphen ausführlich mit diesem Problem.

Ausdrücke seien im folgenden stets (falls nicht ausdrücklich anders betont) Ausdrücke der Prädikatenlogik der ersten Stufe, in denen nur einstellige Prädikatenvariablen vorkommen und die Individuenvariablen höchstens beschränkt quantifiziert sind.

Als Individuenbereich, über dem die betrachteten Ausdrücke interpretiert werden, sei stets die Menge Nz der natürlichen Zahlen zugrunde gelegt.

Definition. Ein Ausdruck H heißt genau dann *eindimensional*, wenn es in H genau eine vollfrei vorkommende Individuenvariable gibt und jede frei vorkommende Individuenvariable vollfrei vorkommt.

Ist ein Ausdruck H eindimensional und t die vollfrei in H vorkommende Individuenvariable, so schreiben wir symbolisch $H(t)$ und nennen H abkürzend *t-Ausdruck*. Desgleichen notieren wir, falls $\xi_1, \ldots, \xi_n$ die in H vorkommenden Prädikatenvariablen[1]) sind, $H(\xi_1, \ldots, \xi_n; t)$.

Beispiel. Offenbar ist der Ausdruck $H(t)$ auf der rechten Seite der Äquivalenz

$$\eta(t) \longleftrightarrow \bigvee_{\tau<t} \tau\,[\xi_1(\tau) \vee \exists_{\tau<\varrho<t} \varrho\, \xi_2(\varrho)] \qquad (5.18)$$

eindimensional, denn t ist die einzige vollfrei in diesem Ausdruck vorkommende Individuenvariable, und alle anderen Bedingungen sind erfüllt.

Man erkennt, daß durch den Ausdruck (5.18) jeder Belegung der Prädikatenvariablen ξ_1 und ξ_2 eindeutig eine Belegung der Prädikatenvariablen η zugeordnet ist, bei der der Ausdruck (5.18) für jede Belegung von t den Wahrheitswert 1 annimmt.

---

[1]) In den vorliegenden Ausführungen wurde im Interesse einer übersichtlichen Darstellung darauf verzichtet, eine strenge Trennung zwischen Prädikatenvariablen (beispielsweise $X, \ldots$) und Belegungen (z. B. $\xi, \ldots$) vorzunehmen.

Darüber hinaus geht aus der Art, wie die Individuenvariablen τ und ϱ beschränkt quantifiziert sind, hervor, daß bei jeder festen Belegung von ξ_1 und ξ_2 der Wert $H(t_0)$ für jedes t_0 unabhängig von den Werten $\xi_1(t)$ und $\xi_2(t)$ für t mit $t > t_0$ ist. Mit anderen Worten, der Wert des durch $H(t)$ vermöge (5.18) definierten Prädikates η ist für jedes t_0 an der Stelle t_0 ausschließlich von den Werten $\xi_1(t)$ und $\xi_2(t)$ für $t\,(t \leqq t_0)$ abhängig. Damit ist aber offenbar eine Abbildung im Sinne von § 4 beschrieben, d. h., (5.18) charakterisiert einen Automatenoperator.

Es ist evident, daß es zu jeder Individuenvariablen τ, die in einem eindimensionalen Ausdruck $H(t)$ auftritt, eine endliche Menge in $H(t)$ quantifiziert vorkommender Individuenvariablen $\tau_1, \ldots, \tau_k$ gibt, für deren Beschränkungen gilt: $\tau \precsim \tau_1, \tau_1 \precsim \tau_2, \ldots, \tau_k \precsim t$.[1])

Tritt in $H(t)$ eine Beschränkung der Form $\tau \leqq t$ bzw. $\tau < t$ auf, so wollen wir τ *t-beschränkt* bzw. *echt t-beschränkt* nennen.

Die Beschränkungen eines eindimensionalen Ausdruckes $H(t)$ sollen *normiert* heißen, wenn alle in $H(t)$ vorkommenden t-beschränkten Individuenvariablen bereits echt t-beschränkt sind.

Wir erläutern nunmehr die Normierung der Beschränkungen an dem folgenden Beispiel:

$$\eta\,(t+1) \longleftrightarrow \bigvee_{\tau \leqq t} \tau\, [\xi_1(\tau) \vee \exists_{\tau < \varrho \leqq t} \varrho\, \xi_2(\varrho)]\,. \tag{5.18}$$

Im Gegensatz zu (5.16) treten hier zwei quantifizierte Individuenvariablen auf. Wir beginnen die Normierung der Beschränkungen bei der quantifizierten Individuenvariablen vom höchsten Rang (im Beispiel: τ) und erhalten

$$\eta\,(t+1) \longleftrightarrow \bigvee_{\tau < t} \tau\, [\xi_1(\tau) \vee \exists_{\tau < \varrho \leqq t} \varrho\, \xi_2(\varrho)] \wedge [\xi_1(t) \vee \exists_{t < \varrho \leqq t} \varrho\, \xi_2(\varrho)]\,. \tag{5.18'}$$

Existieren im Ausdruck $H(t)$ mehrere quantifizierte Individuenvariablen mit gleichem Rang, so sind ihre Wirkungsbereiche paarweise getrennt. Daher kann man die Äquivalenzen 3' und 4' (S. 62) gleichzeitig anwenden.

Ferner kann man in $H(t)$ Ausdrücke der Form $\exists_{\varrho \precsim \omega \leqq t} \omega\; H'(\omega)$ äquivalent durch

$$\exists_{\varrho \precsim \omega < t} \omega\; H'(\omega) \vee \varrho \precsim t \wedge H'(t) \tag{5.19}$$

ersetzen. Da es sich hierbei um Teilausdrücke eines eindimensionalen Ausdruckes handelt, gibt es einen Teilausdruck $Q_{\varrho \precsim \mu}\, \varrho\, H''(\varrho)$[2]) von $H(t)$, so daß (5.19) Teilausdruck von $H''(\varrho)$ ist und ϱ echt t-beschränkt ist.[3]) Diese Behauptung beweist man unter der Voraussetzung, daß es einen Teilausdruck $\left(\text{etwa } Q_{\sigma \precsim t}\, \sigma\, H'''(\sigma)\right)$ von $H(t)$ gibt, so daß $Q_{\varrho \precsim \mu}\, \varrho\, H''(\varrho)$ Teilausdruck von $H'''(\sigma)$ ist und $Q_{\sigma \precsim t}\, \sigma\, H'''(\sigma)$ bei dem oben beschrie-

[1]) „$\precsim$" bedeutet „$<$" oder „$\leqq$".

[2]) Wir nehmen in unsere Ausdrücke das Zeichen Q auf mit folgender Bedeutung: An der mit Q bezeichneten Stelle des Ausdruckes steht entweder $\forall$ oder $\exists$.

[3]) Wenn wir auf die rechte Seite der Gleichung (S. 18) die Äquivalenz 4 von S. 62 anwenden.

benen Prozeß bereits äquivalent umgeformt wurde. Letzteres ist aber sicher der Fall, da der Rang von σ größer ist als der von ϱ. Somit kann (5.19) durch

$$\underset{\varrho \prec \omega < t}{\exists}\ \omega\ H'(\omega) \vee H'(t) \tag{5.20}$$

in $H(t)$ äquivalent ersetzt werden, wobei zu beachten ist, daß (5.19) und (5.20) untereinander im allgemeinen nicht äquivalent sind. Analog kann man in $H(t)$ Ausdrücke vom Typ $\underset{\varrho \prec \omega \leqq t}{\forall}\ \omega\ H'(w)$ äquivalent durch $\underset{\varrho < \omega \prec t}{\forall}\ \omega\ H'(\omega) \wedge H'(t)$ ersetzen.

Es sei $\mathrm{Rg}(H(t))$ der maximale Rang der in $H(t)$ vorkommenden zwar t-beschränkten, jedoch nicht echt t-beschränkten Individuenvariablen.

Wendet man nun auf $H(t)$ die soeben beschriebenen Umformungen an, so entsteht ein Ausdruck $H'(t)$ mit folgenden Eigenschaften:

1. $H'(t)$ äq $H(t)$.

2. $\mathrm{Rg}(H'(t)) \leqq \mathrm{Rg}(H(t)) - 1$.

3. Jede Individuen- bzw. Prädikatenvariable von $H'(t)$ kommt auch in $H(t)$ vor. Jede Individuenvariable ist in $H'(t)$ frei bzw. gebunden genau dann, wenn sie es auch in $H(t)$ ist.

Definition. Jeder Ausdruck $H'(t)$ mit den in 3 beschriebenen Eigenschaften heißt *Begleiter* des Ausdruckes $H(t)$.

Die oben erläuterten Umformungen führten also von einem t-Ausdruck $H(t)$ zu einem äquivalenten Begleiter dieses Ausdrucks.

Setzen wir nun diese Umformungen fort, indem wir mit $H'(t)$ analog verfahren, so erhalten wir einen äquivalenten Begleiter $H''(t)$ von $H'(t)$ mit $\mathrm{Rg}(H''(t)) \leqq \mathrm{Rg}(H'(t)) - 1$ usw. Nach endlich vielen Schritten gelangt man auf diese Weise zu einem äquivalenten Begleiter $H^+(t)$ von $H(t)$ mit $\mathrm{Rg}(H^+(t)) = 0$, d. h.:

4. $H^+(t)$ enthält keine Teilausdrücke der Form $\underset{\omega \leqq t}{Q}\ \omega\ H^*(\omega)$ und $\underset{\varrho \prec \omega \leqq t}{Q}\ \omega\ H^*(\omega)$.

Ferner stellen wir fest, daß $H^+(t)$ äquivalent umgeformt werden kann in einen Ausdruck $H^{++}(t)$, so daß gilt:

5. $H^+(t)$ enthält keine Teilausdrücke der Form $\underset{t \prec \tau}{Q}\ \tau\ H^*(\tau)$, $\underset{t \prec \tau \prec \omega}{Q}\ \tau\ H^*(\tau)$ und $\underset{t \prec \tau \prec \omega}{Q}\ \tau\ H^*(\tau)$.

Zur Behauptung 5 überlegen wir uns folgendes:

a) Nachdem alle Beschränkungen normiert wurden, existiert offenbar für jede in $H^+(t)$ vorkommende gebundene Individuenvariable τ eine Kette der Form $\tau \prec \tau_1, \ldots, \tau_k < t$ von Beschränkungen aus $H^+(t)$. Dann kann aber jeder Teilausdruck $\underset{t \prec \tau \prec \omega}{\forall}\ \tau\ H^*(\tau)$ bzw. $\underset{t \prec \tau \prec \omega}{\exists}\ H^*(\tau)$ äquivalent durch einen allgemeingültigen Ausdruck W bzw. durch eine Kontradiktion F ersetzt werden.

Diese Behauptung folgt unmittelbar aus den Äquivalenzen

$$H^+(\dots \underset{t \prec \tau \prec \omega}{\exists} \tau\, H^*(\tau) \dots) \text{ äq } H^+(\dots W \wedge \underset{t \prec \tau \prec \omega}{\exists} \tau\, H^*(\tau) \dots) \text{ äq } H^+(\dots \omega < t \wedge \underset{t \prec \tau \prec \omega}{\exists} \tau\, H^*(\tau) \dots)$$

$$\text{äq } H^+(\dots \omega < t \wedge \exists \tau\, (t \prec \tau \wedge \tau \prec \omega \wedge H^*(\tau) \dots)) \text{ äq } H^+(\dots F \dots)$$

und analogen Überlegungen für Teilausdrücke der Form $\underset{t \prec \tau \prec \omega}{\forall} \tau\, H^*(\tau)$.

b) Offenbar gilt $\underset{t \leqq \tau \leqq t}{Q} \tau\, H^*(\tau)$ äq $H^*(t)$.

In allen anderen Fällen geht man wie in 1′ bzw. 2′ (Seite 62) vor.

Wir setzen das Beispiel (5.18′) fort. Berücksichtigt man a), so folgt

$$\eta(t+1) \longleftrightarrow \underset{\tau < t}{\forall} \tau\, [\xi_1(\tau) \vee \underset{\tau < \varrho \leqq t}{\exists} \varrho\, \xi_2(\varrho)] \wedge \xi_1(t)\,. \tag{5.18''}$$

Die Normierung der Beschränkung der Individuenveriablen ϱ führt zu

$$\eta(t+1) \longleftrightarrow \underset{\tau < t}{\forall} \tau\, [\xi_1(\tau) \vee \underset{\tau < \varrho < t}{\exists} \varrho\, \xi_2(\varrho) \vee \xi_2(t)] \wedge \xi_1(t)\,. \tag{5.18'''}$$

2. Zerlegung von Ausdrücken nach retrospektiven Begleitern

Vergleicht man die Ausdrücke $H(t)$ und $H^+(t)$ der rechten Seiten der Äquivalenzen (5.18) und (5.18‴) miteinander, so stellt man fest:

6. In $H(t)$ existieren keine Prädikatenvariablen mit dem Argument t. (In (5.18‴) treten dagegen derartige Variablen auf.)

Definition. Ein eindimensionaler Ausdruck $H(t)$ heißt genau dann *retrospektiv*, wenn für jede Belegung seiner Prädikatenvariablen gilt: Für jedes t_0 ist der Wahrheitswert des Ausdruckes nur abhängig von den Werten der Prädikate für t mit $t < t_0$.

Ein eindimensionaler Ausdruck $H(t)$ ist genau dann retrospektiv, wenn er in einen Ausdruck $H'(t)$ mit den Eigenschaften 4, 5 und 6 äquivalent umgeformt werden kann.

Der Ausdruck $H^+(t)$ von (5.18‴) ist, wie man leicht feststellt, kein retrospektiver Ausdruck.

Man kann nun auf einfache Weise diesen Ausdruck so umformen, daß zumindest ein retrospektiver Teilausdruck entsteht. Hierzu ziehen wir $\xi_2(t)$ aus dem Wirkungsbereich von τ (siehe Kapitel I, Seite 57) und erhalten

$$\eta(t+1) \longleftrightarrow \{\underset{\tau < t}{\forall} \tau\, [\xi_1(\tau) \vee \underset{\tau < \varrho < t}{\exists} \varrho\, \xi_2(\varrho)] \vee \xi_2(t)\} \wedge \xi_1(t)\,. \tag{5.21}$$

Offenbar ist der Ausdruck auf der rechten Seite von (5.21) in einen retrospektiven Begleiter $H_1(t)$ und in nichtretrospektive Teilausdrücke zerlegt, die mit $H_1(t)$ durch aussagenlogische Funktoren verknüpft sind. Derartige Zerlegungen von eindimensionalen Ausdrücken wollen wir *Zerlegung nach retrospektiven Begleitern* nennen.

Wir führen unser Beispiel zu Ende. Ersetzt man in (5.21) $H_1(t)$ äquivalent durch (5.18), so erhält man

$$\eta(t+1) \longleftrightarrow [\eta(t) \vee \xi_2(t)] \wedge \xi_1(t)\,. \tag{5.22}$$

Aus (5.18) folgt ferner unmittelbar

$$\eta(1) \longleftrightarrow \underset{\tau<1}{\forall} \tau \, [\xi_1(\tau) \vee \underset{\tau<\varrho<1}{\exists} \varrho \, \xi_2(\varrho)] ,$$

d. h. $\eta(1) \longleftrightarrow 1$ (vgl. Kapitel I, § 5).

Auf welche Weise man von dieser Beschreibung zu einem endlichen abstrakten Automaten übergeht, in dem der betrachtete Automatenoperator darstellbar ist, wurde in § 4 mehrfach gezeigt.

Somit ist nachgewiesen, daß der durch den eindimensionalen Ausdruck $H(t)$ (5.18) beschriebene Operator regulär ist.

Wir beweisen nun allgemein, daß jeder durch einen eindimensionalen Ausdruck des Prädikatenkalküls der ersten[1]) Stufe beschriebene Operator regulär ist.

Gegeben sei ein eindimensionaler Ausdruck $H(t)$. Treten in $H(t)$ gewisse Prädikatenvariablen ξ_μ mit dem Argument t auf, so kann man $H(t)$ äquivalent derart umformen, daß die $\xi_\mu(t)$ in den Wirkungsbereichen der beschränkt quantifizierten Individuenvariablen nicht mehr vorkommen (vgl. Kapitel I, § 5). Auf diese Weise erhält man einen zu $H(t)$ äquivalenten Ausdruck der Form

$$F(\xi_1(t), \ldots, \xi_m(t), H_1(t), \ldots, H_k(t)) , \tag{5.23}$$

wobei die ξ_μ ($\mu = 1, \ldots, m$) Prädikatenvariablen und die $H_\varkappa(t)$ ($\varkappa = 1, \ldots, k$) retrospektive Begleiter von $H(t)$ sind und F eine $(m + k)$-stellige aussagenlogische Verknüpfung ist.

Von der Gültigkeit dieser Behauptung überzeugt man sich wie folgt: Die Prädikatenvariablen $\xi_\mu(t)$ können nacheinander aus den Wirkungsbereichen quantifizierter Individuenvariablen vom Rang 1, 2 usw. gelöst werden. Hierzu formt man zunächst den Wirkungsbereich der betreffenden Individuenvariablen vom Rang 1 so um, daß sich die Glieder $\xi_\mu(t)$ mit Hilfe der im Kapitel I, § 5, gezeigten Regeln herausziehenlassen. So formt man beispielsweise den Teilausdruck $H(\tau)$ des Ausdruckes $\forall \tau \, H(\tau)$ in eine Konjunktion von Alternativen

$$\{[H'(\tau) \vee G'(t)] \wedge [H''(\tau) \vee G''(t)] \wedge \ldots\}$$

äquivalent um, wobei die Ausdrücke $H^{(\nu)}(\tau)$ keine Prädikatenvariablen mit dem Argument t enthalten und in den $G^{(\nu)}(t)$ die Variable τ nicht vorkommt. Auf diese Weise erhält man

$$\forall \tau \, H(\tau) \text{ äq } \bigwedge_{(\nu)} \forall \tau \, [H^{(\nu)}(\tau) \vee G^{(\nu)}(t)]$$

und schließlich

$$\forall \tau \, H(\tau) \text{ äq } \bigwedge_{(\nu)} [\forall \tau \, H^{(\nu)}(\tau) \vee G^{(\nu)}(t)] .$$

Analog geht man bei Ausdrücken der Form $\exists \tau \, H(\tau)$ vor.

Beispiel. Der eindimensionale Ausdruck

$$\underset{\tau<t}{\exists} \tau \, \{\xi_1(t) \wedge \underset{\tau<\varrho<t}{\forall} \varrho \, [\xi_2(\varrho) \vee \bar{\xi}_1(\varrho) \wedge \xi_2(t)]\}$$

[1]) Später lassen wir diese Beschränkung weg.

ist nach retrospektiven Begleitern zu zerlegen. Da $\xi_1(t)$ sofort aus dem Wirkungsbereich[1]) von τ gezogen werden kann, lösen wir sogleich $\xi_2(t)$ aus dem Wirkungsbereich von ϱ. Hierzu distribuieren wir den Ausdruck im Wirkungsbereich von ϱ aus:

$$\varrho_2(\varrho) \vee \bar{\xi}_1(\xi) \wedge \xi_2(t) \text{ äq } [\xi_2(\varrho) \vee \bar{\xi}_1(\varrho)] \wedge [\xi_2(\varrho) \vee \xi_2(t)] \, .$$

Damit erhält man, wobei zur Abkürzung gesetzt wird $H^* =_{Df} \underset{\tau<\varrho<t}{\forall} \varrho\, (\xi_2(\varrho) \vee \bar{\xi}_1(\varrho) \wedge \xi_2(t))$,

$$H^* \text{ äq } \underset{\tau<\varrho<t}{\forall} \varrho \, \{[\xi_2(\varrho) \vee \bar{\xi}_1(\varrho)] \wedge [\xi_2(\varrho) \vee \xi_2(t)]\} \, ,$$

$$H^* \text{ äq } \underset{\tau<\varrho<t}{\forall} \varrho \, [\xi_2(\varrho) \vee \bar{\xi}_1(\varrho)] \wedge \underset{\tau<\varrho<t}{\forall} \varrho \, [\xi_2(\varrho) \vee \xi_2(t)] \, ,$$

$$H^* \text{ äq } \underset{\tau<\varrho<t}{\forall} \varrho \, [\xi_2(\varrho) \vee \bar{\xi}_1(\varrho)] \wedge [\underset{\tau<\varrho<t}{\forall} \varrho \, \xi_2(\varrho) \vee \xi_2(t)] \, .$$

Um $\xi_2(t)$ aus dem Wirkungsbereich von τ zu lösen, formen wir den letzten Ausdruck unter Verwendung von

$$H_1 \wedge (H_2 \vee H_3) \text{ äq } H_1 \wedge H_2 \vee H_1 \wedge H_3$$

wie folgt um:

$$H^* \text{ äq } \underset{\tau<\varrho<t}{\forall} \varrho \, [\xi_2(\varrho) \vee \bar{\xi}_1(\varrho)] \wedge \underset{\tau<\varrho<t}{\forall} \varrho \, \xi_2(\varrho) \vee \underset{\tau<\varrho<t}{\forall} \varrho \, [\xi_2(\varrho) \vee \bar{\xi}_1(\varrho)] \wedge \xi_2(t) \, .$$

Das erste Alternativglied dieses Ausdrucks kann durch $\underset{\tau<\varrho<t}{\forall} \varrho \; \xi_2(\varrho)$ äquivalent ersetzt werden. Hierzu überlegt man sich, daß

$$\underset{\tau<\varrho<t}{\forall} \varrho \, [\xi_2(\varrho) \vee \bar{\xi}_1(\varrho)] \wedge \underset{\tau<\varrho<t}{\forall} \varrho \, \xi_2(\varrho) \text{ äq } \underset{\tau<\varrho<t}{\forall} \varrho \, [(\xi_2(\varrho) \vee \bar{\xi}_1(\varrho)) \wedge \xi_2(\varrho)]$$

ist und $H_1 \wedge (H_1 \vee H_2)$ äq H_1 gilt. Damit ist der anfangs gegebene Ausdruck äquivalent mit

$$\xi_1(t) \wedge \underset{\tau<t}{\exists} \tau \, \{\underset{\tau<\varrho<t}{\forall} \varrho \, \xi_2(\varrho) \vee \underset{\tau<\varrho<t}{\forall} \varrho \, [\xi_2(\varrho) \vee \bar{\xi}_1(\varrho)] \wedge \xi_2(t)\} \, ,$$

d. h. mit

$$\xi_1(t) \wedge \underset{\tau<t}{\exists} \tau \underset{\tau<\varrho<t}{\forall} \varrho \, \xi_2(\varrho) \vee \xi_2(t) \wedge \underset{\tau<t}{\exists} \tau \underset{\tau<\varrho<t}{\forall} \varrho \, [\xi_2(\varrho) \vee \bar{\xi}_1(\varrho)] \, .$$

Als retrospektive Begleiter treten die Teilausdrücke

$$\underset{\tau<t}{\exists} \tau \underset{\tau<\varrho<t}{\forall} \varrho \, \xi_2(\varrho) \quad \text{und} \quad \underset{\tau<t}{\exists} \tau \underset{\tau<\varrho<t}{\forall} \varrho \, [\xi_2(\varrho) \vee \bar{\xi}_1(\varrho)]$$

auf.

Aus diesem Beispiel geht hervor, wie man die Prädikatenvariablen $\xi_\mu(t)$ schrittweise aus den Wirkungsbereichen der quantifizierten Individuenvariablen zu lösen hat.

Die Zerlegung eindimensionaler Ausdrücke nach retrospektiven Begleitern kann auch auf folgende Weise vorgenommen werden:

Es sei H ein Ausdruck des Prädikatenkalküls der zweiten Stufe, in dem an einer gewissen Stelle der prädikative Ausdruck $\xi(t)$ steht und dort sowohl ξ als auch t frei vorkommen, und es bezeichne $H^{\xi(t)}/_1$ bzw. $H^{\xi(t)}/_0$ den Ausdruck, der entsteht, wenn in H an allen derartigen Stellen der prädikative Ausdruck $\xi(t)$ durch 1 bzw. 0 ersetzt wird. Dann gilt offenbar

$$H \text{ äq } \xi(t) \wedge H^{\xi(t)}/_1 \vee \bar{\xi}(t) \wedge H^{\xi(t)}/_0 \, .$$

[1]) Genauer: Aus dem Wirkungsbereich der an der zweiten Stelle quantifiziert vorkommenden Individuenvariablen. — Wenn in unseren Beispielen keine Verwechslungen möglich sind, so verwenden wir abkürzende Redeweisen wie oben. — Anm. d. Red.

Im gewissen Sinne stellt diese Äquivalenz das Analogon zur Zerlegung einer BOOLEschen Funktion nach einer ihrer Variablen dar (vgl. Kapitel I) und kann entsprechend für mehrere Prädikatenvariablen verallgemeinert werden.

Hieraus leitet man leicht ein Verfahren ab, mit dessen Hilfe eine Zerlegung von eindimensionalen Ausdrücken nach retrospektiven Begleitern möglich ist. Wir verdeutlichen dies am Ausdruck des Beispieles von Seite 213. Dazu bezeichnen wir diesen Ausdruck mit H. Es gilt

$$H^{\xi_1(t)}/_1{}^{\xi_2(t)}/_1 \text{ äq } \underset{\tau<t}{\exists}\ \tau \underset{\tau<\varrho<t}{\forall}\ \varrho\ [\xi_2(\varrho) \vee \bar{\xi}_1(\varrho)]\,,$$

$$H^{\xi_1(t)}/_1{}^{\xi_2(t)}/_0 \text{ äq } \underset{\tau<t}{\exists}\ \tau \underset{\tau<\varrho<t}{\forall}\ \varrho\ \xi_2(\varrho)\,,$$

$$H^{\xi_1(t)}/_0{}^{\xi_2(t)}/_1 \text{ äq } 0\,,$$

$$H^{\xi_1(t)}/_0{}^{\xi_2(t)}/_0 \text{ äq } 0$$

und damit

$$H \text{ äq } \xi_1(t) \wedge \xi_2(t) \wedge \underset{\tau<t}{\exists}\ \tau \underset{\tau<\varrho<t}{\forall}\ \varrho\ [\xi_2(\varrho) \vee \bar{\xi}_1(\varrho)] \vee \xi_1(t) \wedge \bar{\xi}_2(t) \wedge \underset{\tau<t}{\exists}\ \tau \underset{\tau<\varrho<t}{\forall}\ \varrho\ \xi_2(\varrho)\,.$$

Man überzeugt sich leicht davon, daß dieser Ausdruck mit dem Resultat der vorigen Umformung äquivalent ist.

3. Synthesealgorithmus für den Übergang vom beschreibenden Ausdruck zum darstellenden abstrakten Automaten

Es sei ein Operator Θ über $[X, Y]$ ($X = D^m$, $Y = D$) durch einen eindimensionalen t-Ausdruck erster Stufe in den Prädikatenvariablen $\xi_1, \ldots, \xi_m$ in der Form

$$\eta(t) \longleftrightarrow H(\xi_1, \ldots, \xi_m, t)$$

beschrieben.

Wir werden einen Algorithmus angeben, der es gestattet, einen endlichen abstrakten Automaten zu konstruieren, der Θ darstellt.

Eingangs bemerken wir, daß für jeden Ausdruck H die Menge seiner Begleiter unendlich ist, denn zu ihr gehören z. B. alle Ausdrücke H, $H \wedge H$, $H \wedge H \wedge H, \ldots$. Daher überlegen wir uns zunächst, auf welche Weise wir die Begleiter von H geeignet normieren können. Hierzu bietet sich folgende *Standardform* an. Wir definieren dazu für beliebige Ausdrücke H der von uns betrachteten Prädikatenkalküle:

A) H heißt *aussagenlogisch unzerlegbar* genau dann, wenn H ein prädikativer Ausdruck ist oder mit einem Quantifikator beginnt.

B) H heißt *alternative Normalform* genau dann, wenn H aus einer alternativen Normalform H' des klassischen Aussagenkalküls (siehe Seite 30) dadurch entsteht, daß man in H' alle Aussagenvariablen simultan durch aussagenlogisch unzerlegbare Ausdrücke des betrachteten Prädikatenkalküls ersetzt.

C) H heißt *Standardform* genau dann, wenn H eine alternative Normalform ist und außerdem alle Wirkungsbereiche von in H quantifiziert vorkommenden Variablen alternative Normalformen sind.

(Analog kann man eine Standardform definieren, indem man die Forderung „alternative Normalform" durch die Forderung „konjunktive Normalform" ersetzt.)

Als Folgerung halten wir fest:

1. Jeder Ausdruck kann in eine äquivalente Standardform umgeformt werden.

2. Falls eine endliche Menge von Prädikaten- und Individuenvariablen vorgegeben ist, so existieren nur endlich viele Ausdrücke in Standardform, in denen höchstens diese Variablen vorkommen.

Damit ist gewährleistet, daß es zu jedem eindimensionalen Ausdruck nur endlich viele paarweise äquivalente Begleiter in Standardform gibt.

Wir wenden uns nun wieder unserem eingangs genannten Problem zu.

Der im folgenden beschriebene Algorithmus besteht im wesentlichen in der Anwendung der beiden Operationen

A) *Normierung der Beschränkungen eines eindimensionalen Ausdruckes;*

B) *Zerlegung eines eindimensionalen Ausdruckes nach retrospektiven Begleitern.*

Ohne Beschränkung der Allgemeinheit nehmen wir sogleich an, daß die jeweils betrachteten Begleiter in Standardform vorliegen.

Es sei $H(\xi_1, \ldots, \xi_m, t)$ ein eindimensionaler Ausdruck, der vermöge

$$\eta(t) \longleftrightarrow H(\xi_1, \ldots, \xi_m, t)$$

einen Operator beschreibt.

I. a) Falls in H Teilausdrücke der Form $\underset{\omega \leqq t}{Q\,\omega}\, H(\omega)$ bzw. $\underset{\varrho \prec \omega \leqq t}{Q\,\omega}\, H'(\omega)$ auftreten, so wende man die Operation A) an und gehe anschließend zu II.

b) Wenn in H keine derartigen Teilausdrücke vorkommen, so gehe man zu II über.

II. a) Ist der zu untersuchende Ausdruck noch nicht in retrospektive Begleiter zerlegt, so wende man die Operation B) an und gehe anschließend zu III.

b) Wenn der Ausdruck bereits in retrospektive Begleiter zerlegt ist, so gehe man zu III über.

Im Ergebnis von I und II hat man einen zu $H(t)$ äquivalenten Ausdruck

$$F(\xi_1(t), \ldots, \xi_m(t), H_1(t), \ldots, H_s(t))$$

gefunden, wobei die ξ_μ alle Prädikatenvariablen mit dem Argument t in $H(t)$, die $H_\sigma(t)$ retrospektive Begleiter von $H(t)$ sind und F eine $(m + s)$-stellige aussagenlogische Verknüpfung ist.

III. Man ersetze in jedem retrospektiven Begleiter $H_\sigma(t)$ $(1 \leqq \sigma \leqq s)$ in jedem Teilausdruck der Form $\underset{\varrho \prec \omega < t}{Q\, \omega}\, H'(\omega)$ die Variable t durch $t + 1$. Auf jeden derart entstandenen eindimensionalen Ausdruck $H_\sigma(t + 1)$ wende man sinngemäß I und schließlich II an.

Auf diese Weise erhält man für jedes σ $(1 \leqq \sigma \leqq s)$ einen zu $H_\sigma(t)$ äquivalenten Ausdruck

$$F_\sigma(\xi_1(t), \ldots, \xi_m(t), H_1^*(t), \ldots, H_r^*(t)) \,.$$

Schließlich gehe man zu IV über:

IV. a) Falls der Ausdruck $H_\varrho^*(t)$ $(1 \leqq \varrho \leqq r)$ inäquivalent zu allen bisher konstruierten retrospektiven Begleitern ist, so verfahre man mit $H_\varrho^*(t)$ wie in III.

b) Falls alle retrospektiven Begleiter $H_\varrho^*(t)$ bereits zu jeweils einem der bisher konstruierten Begleiter äquivalent sind, so ist das Verfahren zu beenden.

Offenbar ist die Relation „A ist Begleiter von B“ transitiv. Da ferner nach Voraussetzung alle Begleiter in Standardform anzugeben sind, folgt, daß die Menge aller zu konstruierenden Begleiter endlich ist, d. h., unser Verfahren bricht nach endlich vielen Schritten ab. Wenn wir mit $H_1, \ldots, H_k$ die entstandenen paarweise inäquivalenten retrospektiven Begleiter von $H(t)$ bezeichnen, so haben wir schließlich

$$\left.\begin{aligned} \eta(t) &\longleftrightarrow F(\xi_1(t), \ldots, \xi_m(t), H_1(t), \ldots, H_k(t)) \,, \\ H_1(t+1) &\longleftrightarrow G_1(\xi_1(t), \ldots, \xi_m(t), H_1(t), \ldots, H_k(t)) \,, \\ &\vdots \\ H_k(t+1) &\longleftrightarrow G_k(\xi_1(t), \ldots, \xi_m(t), H_1(t), \ldots, H_k(t)) \,, \end{aligned}\right\} \tag{5.24}$$

wobei F und $G_\varkappa$, $\varkappa = 1, \ldots, k$, $(m + k)$-stellige aussagenlogische Verknüpfungen sind.

Führt man noch die Prädikate $\zeta_\varkappa(t)$ mit $\zeta_\varkappa(t) \longleftrightarrow H_\varkappa(t)$ $(\varkappa = 1, \ldots, k)$ ein und bestimmt den Wert von $\zeta_\varkappa(1)$ nach der für das Beispiel (5.18) erläuterten Methode, so folgt aus (5.24) unmittelbar: Sind $f, g_1, \ldots, g_k$ die durch $F, G_1, \ldots, G_k$ repräsentierten $(m + k)$-stelligen Booleschen Funktionen, so wird der durch $\eta(t) \longleftrightarrow H(\xi_1, \ldots, \xi_m, t)$ beschriebene Automatenoperator Θ von dem endlichen abstrakten Automaten $\mathfrak{A} = [X, Y, Z, f, g]$ mit $X = D^m$, $Y = D$, $Z = D^k$ und $g = [g_1, \ldots, g_k]$ im Zustand $[\zeta_1(1), \ldots, \zeta_k(1)]$ dargestellt. Damit ist der Beweis für den folgenden Satz erbracht:

Satz 3. *Jeder Ausdruck $\eta(t) \longleftrightarrow H(\xi_1, \ldots, \xi_m, t)$, in dem $H(\xi_1, \ldots, \xi_m, t)$ ein eindimensionaler Ausdruck des einstelligen Prädikatenkalküls der ersten Stufe ist, beschreibt einen regulären Automatenoperator Θ über $[X, Y]$ $(X = D^m,\ Y = D)$, für den gilt: Für jedes $[\xi_1, \ldots, \xi_m] \in \mathfrak{F}_X$ ist $\Theta([\xi_1, \ldots, \xi_m]) = \eta$ genau dann,* *wenn der Ausdruck $\eta(t) \longleftrightarrow H(\xi_1, \ldots, \xi_m, t)$ bei dieser Belegung für jede Belegung von t den Wahrheitswert 1 hat. Es gibt einen Algorithmus, mit dem ausgehend von $\eta(t) \longleftrightarrow H(\xi_1, \ldots, \xi_m, t)$ ein endlicher abstrakter Automat konstruiert werden kann, der Θ darstellt.*

4. Beispiel

Wir demonstrieren das soeben beschriebene Verfahren am Beispiel 3 von § 1 (Seite 184). Den zu untersuchenden Operator kann man durch folgenden Ausdruck charakterisieren:

$$\eta(t) \longleftrightarrow \exists_{\sigma<t} \sigma \{\xi_1(\sigma) \wedge \forall_{\sigma<\tau<t} \tau [\xi_2(\tau) \vee \exists_{\sigma<\lambda<\tau} \lambda\, \xi_3(\lambda)]\}.$$

Da die Punkte I.b) und II.b) unseres Algorithmus zutreffen, beginnen wir sofort mit III und gehen zu I.a) über:

$$H_1(t+1) \longleftrightarrow \exists_{\sigma\leqq t} \sigma \{\xi_1(\sigma) \wedge \forall_{\sigma<\tau\leqq t} \tau [\xi_2(\tau) \vee \exists_{\sigma<\lambda<\tau} \lambda\, \xi_3(\lambda)]\},$$

$$H_1(t+1) \longleftrightarrow \exists_{\sigma<t} \sigma \{\xi_1(\sigma) \wedge \forall_{\sigma<\tau\leqq t} \tau [\xi_2(\tau) \vee \exists_{\sigma<\lambda<\tau} \lambda\, \xi_3(\lambda)]\} \vee \{\xi_1(t) \wedge \forall_{t<\tau\leqq t} \tau [\xi_2(\tau) \vee \exists_{t<\lambda<\tau} \lambda\, \xi_3(\lambda)]\},$$

$$H_1(t+1) \longleftrightarrow \exists_{\sigma<t} \sigma \{\xi_1(\sigma) \wedge \forall_{\sigma<\tau\leqq t} \tau [\xi_2(\tau) \vee \exists_{\sigma<\lambda<\tau} \lambda\, \xi_3(\lambda)]\} \vee \xi_1(t),$$

$$H_1(t+1) \longleftrightarrow \exists_{\sigma<t} \sigma \{\xi_1(\sigma) \wedge \forall_{\sigma<\tau<t} \tau [\xi_2(\tau) \vee \exists_{\sigma<\lambda<\tau} \lambda\, \xi_3(\lambda)] \wedge [\xi_2(t) \vee \exists_{\sigma<\lambda<t} \lambda\, \xi_3(\lambda)]\} \vee \xi_1(t).$$

Der entstandene Ausdruck wird gemäß II.a) umgeformt. Wir erhalten

$$H_1(t+1) \longleftrightarrow \xi_1(t) \vee [\eta(t) \wedge \xi_2(t)] \vee H_2(t),$$

wobei wir $H_2(t)$ abkürzend für den retrospektiven Begleiter

$$\exists_{\sigma<t} \sigma \{\xi_1(\sigma) \wedge \forall_{\sigma<\tau<t} \tau [\xi_2(\tau) \vee \exists_{\sigma<\lambda<\tau} \lambda\, \xi_3(\lambda)] \wedge \exists_{\sigma<\lambda<t} \lambda\, \xi_3(\lambda)\}$$

gesetzt haben. Die Anwendung von III auf $H_2(t)$ und die sich anschließenden Umformungen nach I.a) und II.a) ergeben

$$H_2(t+1) \longleftrightarrow [\eta(t) \wedge \xi_2(t) \wedge \xi_3(t)] \vee H_2(t).$$

Damit bricht das Verfahren ab. Setzen wir $\zeta_1(t) \longleftrightarrow H_1(t)$; $\zeta_2(t) \longleftrightarrow H_2(t)$, so gilt

$$\eta(t) \longleftrightarrow \zeta_1(t),$$

$$\zeta_1(t+1) \longleftrightarrow \xi_1(t) \vee [\zeta_1(t) \wedge \xi_2(t)] \vee \zeta_2(t),$$

$$\zeta_2(t+1) \longleftrightarrow [\zeta_1(t) \wedge \xi_2(t) \wedge \xi_3(t)] \vee \zeta_2(t),$$

$$\zeta_1(1) \longleftrightarrow 0,$$

$$\zeta_2(1) \longleftrightarrow 0,$$

d. h., der betrachtete Operator wird von dem endlichen abstrakten Automaten $\mathfrak{A} = [X, Y, Z, f, g]$ mit $X = D^3$, $Y = D$, $Z = D^2$, $g = [g_1, g_2]$ und

$$f\colon\ z_1,$$

$$g_1\colon\ x_1 \vee [z_1 \wedge x_2] \vee z_2,$$

$$g_2\colon\ [z_1 \wedge x_2 \wedge x_3] \vee z_2$$

im Zustand [0, 0] dargestellt.

5. Erweiterte Beschreibungsmöglichkeiten

Es zeigt sich nun, daß die Menge der durch Ausdrücke der Form

$$\eta(t) \longleftrightarrow H(\xi_1, \ldots, \xi_m, t)$$

beschriebenen regulären Automatenoperatoren eine echte Teilmenge der Menge aller regulären Automatenoperatoren (über endlichen Alphabeten) ist, d. h., es gibt reguläre Automatenoperatoren, die nicht durch einen eindimensionalen Ausdruck des einstelligen Prädikatenkalküls der ersten Stufe beschreibbar sind.[1])

Wir lenken daher unsere Aufmerksamkeit auf geeignete Erweiterungen der bisher betrachteten formalisierten Sprache und untersuchen diese im folgenden schrittweise.

Offenbar ist der in § 5.3 beschriebene Synthesealgorithmus auch dann noch anwendbar, wenn eindimensionale Ausdrücke auftreten, wie sie in den folgenden Beispielen vorkommen:

$$\eta(t) \longleftrightarrow \underset{\sigma<t}{\exists}\, \sigma\, [\xi_1(\sigma) \wedge \underset{\sigma<\tau<t}{\forall}\, \tau\, \eta(\sigma)]\,,$$

$$\eta(t) \longleftrightarrow \underset{\sigma<t}{\exists}\, \sigma\, \xi_1(\sigma - 1) \wedge \underset{\sigma<\tau<t}{\forall}\, \tau\, \xi_2(\sigma - \tau)\,,$$

d. h., im Gegensatz zu (5.18) findet man im ersten Fall η mit dem Argument σ ($\sigma < t$) und im zweiten Falle Prädikatenvariablen mit dem Argument ($\sigma - 1$) bzw. ($\sigma - \tau$).

Man kann sich leicht überlegen, auf welche Weise Teilausdrücke von dieser Form analog umzuformen sind. Zum Beispiel hat man

$$\xi_1(\sigma - 1) \longleftrightarrow \underset{\lambda<\sigma}{\exists}\, \lambda\, [\sigma = \lambda + 1 \wedge \xi_1(\lambda)]^{2)}.$$

Schließlich gehen wir dazu über, als *beschreibende Ausdrücke* alle Ausdrücke des einstelligen Prädikatenkalküls der zweiten Stufe zuzulassen, in denen die Prädikatenvariablen beliebig quantifiziert, die Individuenvariablen höchstens beschränkt quantifiziert vorkommen, genau eine vollfrei vorkommende Individuenvariable existiert und jede frei vorkommende Individuenvariable auch vollfrei vorkommt.

Wir wollen derartige Ausdrücke $H(t)$ im folgenden *erweiterte eindimensionale Ausdrücke* bzw. *erweiterte t-Ausdrücke* nennen.

Satz 4. *Zu jedem regulären Automatenoperator Θ über $[X, Y]$ ($X = D^m$, $Y = D$) gibt es einen erweiterten eindimensionalen Ausdruck $H(\xi_1, \ldots, \xi_m, t)$ so daß Θ durch den Ausdruck $\eta(t) \longleftrightarrow H(\xi_1, \ldots, \xi_m, t)$ im Sinne von Satz 3 beschrieben wird.*

---

1) Siehe [15].

2) Der in § 5.3 beschriebene Algorithmus kann bei geringer Modifizierung auch angewen det werden, ohne Ausdrücke dieser Art vorher zu eliminieren.

Beweisgedanke.[1])

Es sei Θ ein regulärer Automatenoperator über $[X, Y]$ ($X = D^2$, $Y = D$), der im Anfangszustand $[1, 0]$ des endlichen abstrakten Automaten $\mathfrak{A} = [X, Y, Z, f, g]$, $Z = D^2$, $g = [g_1, g_2]$ dargestellt wird. Offenbar gilt dann (siehe Seite 62)

$$\eta(t) \longleftrightarrow \exists \zeta_1 \exists \zeta_2 \{\zeta_1(1) \wedge \bar{\zeta}_2(1) \wedge \bigvee_{\tau \leq t} \tau [\zeta_1(\tau+1)$$
$$\longleftrightarrow g_1(\zeta_1(\tau), \zeta_2(\tau), \xi_1(\tau), \xi_2(\tau))]$$
$$\wedge \bigvee_{\tau \leq t} \tau [\zeta_2(\tau+1) \longleftrightarrow g_2(\zeta_1(\tau), \zeta_2(\tau), \xi_1(\tau), \xi_2(\tau))]$$
$$\wedge f(\zeta_1(t), \zeta_2(t), \xi_1(t), \xi_2(t))\} .$$

Damit ist im betrachteten Spezialfall die Behauptung von Satz 4 verifiziert.

Weiter haben wir als Verschärfung von Satz 3:

Satz 3'. *Jeder Ausdruck der Form* $\eta(t) \longleftrightarrow H(\xi_1, \ldots, \xi_m, t)$, *wobei* $H(\xi_1, \ldots, \xi_m, t)$ *ein erweiterter eindimensionaler Ausdruck ist, beschreibt einen regulären Automatenoperator* Θ *über* $[X, Y]$ ($X = D^m$, $Y = D$) *im Sinne von Satz* 3.

Da die Normierung der Beschränkungen analog zu den bisher betrachteten Fällen vorzunehmen ist, überlegen wir uns sogleich zum Beweis, wie man im allgemeinen erweiterte eindimensionale Ausdrücke nach retrospektiven Begleitern zu zerlegen hat.

Ist ζ_μ eine in $H(t)$ frei vorkommende Prädikatenvariable mit dem Argument t, so wird $\zeta_\mu(t)$ wie bisher aus den Wirkungsbereichen beschränkt quantifizierter Individuenvariablen gelöst. Weiter hat man: Wenn $H(t)$ ein erweiterter eindimensionaler Ausdruck mit normierten Beschränkungen und $H^*(t)$ bzw. $H^{**}(t)$ ein Teilausdruck der Form $\exists \zeta\, H'(\zeta, t)$ bzw. $\forall \zeta\, H'(\zeta, t)$ von $H(t)$ ist, so gilt

$$H^{H^*}/H^+ \text{ äq } H$$

bzw.

$$H^{H^{**}}/H^{++} \text{ äq } H$$

mit

$$H^+ =_{\mathrm{Df}} \exists \zeta\, [H'^{\zeta(t)}/_1 \vee H'^{\zeta(t)}/_0]$$

bzw.

$$H^{++} =_{\mathrm{Df}} \forall \zeta\, [H'^{\zeta(t)}/_1 \wedge H'^{\zeta(t)}/_0] .$$

Zum Beweis dieser Behauptung sei folgendes bemerkt: Falls in H' der Ausdruck $\zeta(t)$ nicht vorkommt und falls jede Individuenvariable v, für die der Ausdruck $\zeta(v)$ in H' vorkommt, in H' echt t-beschränkt ist, so gilt

$$\exists \zeta\, H'(\zeta, t) \text{ äq } \exists \zeta\, [\zeta(t) \wedge H'(\zeta, t)] \text{ äq } \exists \zeta\, [\bar{\zeta}(t) \wedge H'(\zeta, t)] ,$$

[1]) O. B. d. A. wird hier nur der Fall $X = D^2$ betrachtet.

da der Wahrheitswert von H' nicht von den Werten t' mit $t' \geqq t$ abhängig ist.

Es sei nun H' auf die Form $\zeta(t) \wedge H'^{\zeta(t)}/_1 \vee \bar{\zeta}(t) \wedge H'^{\zeta(t)}/_0$ gebracht. Dann gilt natürlich

$$\exists \zeta\, H'(\zeta, t) \longleftrightarrow \exists \zeta\, [\zeta(t) \wedge H'^{\zeta(t)}/_1] \vee \exists \zeta\, [\bar{\zeta}(t) \wedge H'^{\zeta(t)}/_0]\,,$$

woraus

$$\exists \zeta\, H'(\zeta, t) \longleftrightarrow \exists \zeta\, H'^{\zeta(t)}/_1 \vee \exists \zeta\, H'^{\zeta(t)}/_0$$

folgt, wenn man das zu Beginn dieses Beweises Gesagte beachtet.

Also kann $\exists \zeta\, H'(\zeta, t)$ in H äquivalent durch den Ausdruck

$$\exists \zeta\, [H'^{\zeta(t)}/_1 \vee H'^{\zeta(t)}/_0]$$

ersetzt werden.

Analog geht man auch bei Teilausdrücken der Form $\forall \zeta\, H'(\zeta, t)$ vor.

Beispiel. Der eindimensionale Ausdruck

$$H(t) =_{\mathrm{Df}} \underset{\tau<t}{\exists} \tau\, \{\xi_1(\tau) \wedge \forall \zeta\, [\xi_2(t) \wedge \zeta(\tau) \vee \underset{\tau<\varrho<t}{\forall} \varrho\, (\zeta(t) \wedge \xi_1(\varrho))]\}$$

ist nach retrospektiven Begleitern zu zerlegen.

Wir erhalten für $H^{\xi_2(t)}/_1$ bzw. $H^{\xi_2(t)}/_0$

$$\underset{\tau<t}{\exists} \tau\, \{\xi_1(\tau) \wedge \forall \zeta\, [\zeta(\tau) \vee \underset{\tau<\varrho<t}{\forall} \varrho\, (\zeta(t) \wedge \xi_1(\varrho))]\}\,,$$

$$\underset{\tau<t}{\exists} \tau\, \{\xi_1(\tau) \wedge \forall \zeta \underset{\tau<\varrho<t}{\forall} \varrho\, (\zeta(t) \wedge \xi_1(\varrho))\}\,.$$

Bezeichnen wir den Wirkungsbereich von ζ im ersten bzw. zweiten Ausdruck mit $H_1(t)$ bzw. $H_2(t)$, so folgt mit $F =_{\mathrm{Df}} (0 \wedge \xi_1(\varrho))$

$$H_1{}^{\zeta(t)}/_1 \text{ äq } \zeta(\tau) \vee \underset{\tau<\varrho<t}{\forall} \varrho\, \xi_1(\varrho)\,,$$

$$H_1{}^{\zeta(t)}/_0 \text{ äq } \zeta(\tau) \vee \underset{\tau<\varrho<t}{\forall} \varrho\, F\,,$$

$$H_2{}^{\zeta(t)}/_1 \text{ äq } \underset{\tau<\varrho<t}{\forall} \varrho\, \xi_1(\varrho)\,,$$

$$H_2{}^{\zeta(t)}/_0 \text{ äq } \underset{\tau<\varrho<t}{\forall} \varrho\, F\,.$$

Also hat die Zerlegung von $H(t)$ nach retrospektiven Begleitern die Form

$$\xi_2(t) \wedge \underset{\tau<t}{\exists} \tau\, \{\xi_1(\tau) \wedge \forall \zeta\, [(\zeta(\tau) \vee \underset{\tau<\varrho<t}{\forall} \varrho\, \xi_1(\varrho)) \wedge (\zeta(\tau) \vee \underset{\tau<\varrho<t}{\forall} \varrho\, F)]\} \vee$$

$$\vee\, \bar{\xi}_2(t) \wedge \underset{\tau<t}{\exists} \tau\, \{\xi_1(\tau) \wedge \forall \zeta\, [\underset{\tau<\varrho<t}{\forall} \varrho\, \xi_1(\varrho) \wedge \underset{\tau<\varrho<t}{\forall} \varrho\, F]\}\,.$$

Nach einigen Vereinfachungen ergibt sich

$$\xi_2(t) \wedge \underset{\tau<t}{\exists} \tau\, \{\xi_1(\tau) \wedge \forall \zeta\, [\zeta(\tau) \vee \underset{\tau<\varrho<t}{\forall} \varrho\, F]\} \vee \bar{\xi}_2(t) \wedge \underset{\tau<t}{\exists} \tau\, [\xi_1(\tau) \wedge \underset{\tau<\varrho<t}{\forall} \varrho\, F]\,.$$

Anmerkungen.

1. Bisher wurden nur Operatoren über $[X, Y]$ mit $X = D^m$, $Y = D$ betrachtet. Falls ein Operator über $[X, Y]$ mit $X = D^m$, $Y = D^n$ vorliegt, so ist auf das System beschreibender Ausdrücke

$$\eta_1(t) \longleftrightarrow H_1(\xi_1, \ldots, \xi_m, t),$$
$$\vdots$$
$$\eta_n(t) \longleftrightarrow H_n(\xi_1, \ldots, \xi_m, t)$$

der angegebene Algorithmus analog anzuwenden.

2. Wenn ein eindimensionaler Ausdruck $H(t)$ Teilausdrücke enthält, die ihrerseits eindimensional (etwa in τ, ϱ, ...) sind, so ist es bisweilen zweckmäßig, die Ausdrücke $H(\tau)$ usw. getrennt umzuformen.

Beispiel.

$$\eta(t) \longleftrightarrow \exists_{\tau<t} \tau \, \{\xi_1(\tau) \wedge \forall_{\varrho<\tau} \varrho \, [\xi_2(\varrho) \vee \exists_{\varrho<\sigma<\tau} \sigma \, \xi_3(\sigma)]\},$$

d. h.

$$\eta(t) \longleftrightarrow \exists_{\tau<t} \tau \, [\xi_2(\tau) \wedge \zeta(\tau)],$$

falls man

$$\zeta(\tau) \longleftrightarrow \forall_{\varrho<\tau} \varrho \, [\xi_2(\varrho) \vee \exists_{\varrho<\sigma<\tau} \sigma \, \xi_3(\sigma)]$$

setzt.

Formt man den Ausdruck $H'(\tau)$ der rechten Seite der letzten Äquivalenz um, so erhält man (vergleiche (5.18) bis (5.22))

$$\eta(t+1) \longleftrightarrow \eta(t) \vee [\xi_1(t) \wedge \zeta(t)],$$
$$\zeta(t+1) \longleftrightarrow [\zeta(t) \vee \xi_3(t)] \wedge \xi_2(t).$$

Wir weisen noch darauf hin, daß man durch geringfügige Abänderung der Definition des Begriffes „erweiterter eindimensionaler Ausdruck“ eine Teilklasse der Menge aller regulären Automatenoperatoren einfacher beschreiben kann. Hierzu nehmen wir in die Ausdrücke neben Individuenvariablen auch Terme der Form k_λ bzw. $(\varrho + k_\lambda)$ ($k_\lambda \in Nz$ und konstant) auf. Ist dann in einem eindimensionalen Ausdruck $H(t)$ die Konstante k das Maximum aller vorkommenden Konstanten, so beginnt man die Zerlegung des Ausdrucks nach retrospektiven Begleitern damit, daß man die Prädikatenvariablen mit dem Argument $(t + k)$ aus den Wirkungsbereichen der quantifiziert vorkommenden Individuenvariablen herauszieht.

Dies führt schließlich (etwa für $H(\xi, t)$) zu Ausdrücken der Form

$$\left.\begin{aligned} &\eta(t) \longleftrightarrow F(\xi(t), \xi(t+1), \ldots, \xi(t+k), \zeta_1(t), \ldots, \zeta_k(t)), \\ &\zeta_\varkappa(t+1) \longleftrightarrow G_\varkappa(\xi(t), \xi(t+1), \ldots, \xi(t+k), \zeta_1(t), \ldots, \zeta_k(t)), \\ &\zeta_\varkappa(1) \longleftrightarrow K_\varkappa(\xi(1), \ldots, \xi(k)), \end{aligned}\right\} \qquad (*)$$

wobei F, $G_\varkappa$ bzw. $K_\varkappa$ $(2k+1)$-bzw. k-stellige aussagenlogische Verknüpfungen sind.

Durch dieses System von Ausdrücken wird ein *Operator Θ mit k-Vorgriff* beschrieben, d. h., für jedes ξ aus $\mathfrak{F}_X$ (im Beispiel: $X = D$) und jedes $t \in Nz$ kann der Buchstabe $\Theta(\xi)(t)$ von den Buchstaben $\xi(1), \xi(2), \ldots, \xi(t), \xi(t+1), \ldots, \xi(t+k)$ abhängen.

Falls im beschriebenen Ausdruck $H(t)$ keine frei vorkommenden Prädikatenvariablen konstante Argumente k_λ ($k_\lambda \in Nz$) besitzen (für gebundene Prädikatenvariablen ist das zulässig), so beschreibt $H(t)$ einen regulären Automatenoperator.

Beispiel.

$$\eta(t) \longleftrightarrow \underset{\tau<t}{\exists} \tau \exists \zeta [\xi(\tau+3) \wedge \underset{\varrho<\tau}{\forall} \varrho \zeta(\varrho+4)],$$

$$\eta(t+1) \longleftrightarrow \underset{\tau\leqq t}{\exists} \tau \exists \zeta [\xi(\tau+3) \wedge \underset{\varrho<\tau}{\forall} \varrho \zeta(\varrho+4)],$$

$$\eta(t+1) \longleftrightarrow \underset{\tau<t}{\exists} \tau \exists \zeta [\xi(\tau+3) \wedge \underset{\varrho<\tau}{\forall} \varrho \zeta(\varrho+4)] \vee \exists \zeta [\xi(t+3) \wedge \underset{\varrho<t}{\forall} \varrho \zeta(\varrho+4)],$$

$$\eta(t+1) \longleftrightarrow \eta(t) \vee \xi(t+3) \wedge \zeta'(t),$$

wobei $\zeta'(t) \longleftrightarrow \exists \zeta \underset{\varrho<t}{\forall} \varrho \zeta(\varrho+4)$.

Es ist evident, daß $\zeta'(t)$ allgemeingültig ist.

In unserem Falle handelt es sich somit um folgenden Operator mit 3-Vorgriff:

$$\eta(t) \longleftrightarrow \zeta^*(t),$$

$$\zeta^*(t+1) \longleftrightarrow \zeta^*(t) \vee \xi(t+3),$$

$$\zeta^*(1) \longleftrightarrow 0.$$

Es sei abschließend bemerkt, daß unser Algorithmus auch auf eindimensionale Ausdrücke $H(t)$ anwendbar ist, in denen Prädikate der Form $t = k$, $t < k$ usw. ($k \in Nz$) vorkommen. Dabei sind diese Prädikate nicht notwendig durch Ausdrücke, wie sie auf Seite 62 angegeben wurden, zu ersetzen. Bei der Anwendung des Algorithmus in derartigen Fällen ist lediglich folgendes zu beachten:

a) Die Zerlegung von $H(t)$ nach retrospektiven Begleitern geschieht in der Weise, daß gleichzeitig mit den $\xi_\mu(t)$ auch die Prädikate der Form $t = k$, $t < k$ aus den Wirkungsbereichen der quantifiziert vorkommenden Individuenvariablen gezogen werden.

b) Da es zu allen gebundenen Individuenvariablen τ Ketten der Form $\tau \prec \tau_1 \prec \cdots \prec \tau_k < t$ gibt, sind in $H(t)$ Ausdrücke vom Typ $\tau + k_1 \prec t + k_2$ für $k_1 \leqq k_2$ äquivalent durch 1 ersetzbar.

c) Für Prädikate der Form $t + k_1 = t + k_2$ bzw. $t + k_1 \prec t + k_2$ ist der Wahrheitswert durch k_1 und k_2 fixiert.

Wir wenden uns nun wieder dem im vorigen Paragraphen betrachteten Beispiel (Seite 207 bis 208) zu. Hierbei beschränken sich die Umformungen auf den Teilausdruck

$$\underset{\tau<t}{\exists}\, \tau\, [\xi_1(\tau) \wedge \xi_2(\tau) \wedge \underset{\tau<\varrho<t}{\forall}\, \varrho\, (\bar{\xi}_1(\varrho) \wedge \xi_2(\varrho))]$$

des eindimensionalen Ausdruckes $H(t)$ auf der rechten Seite der Äquivalenz von (5.15). Man erhält schließlich

$$\left.\begin{aligned} \eta(t) &\longleftrightarrow \bar{\xi}_1(t) \wedge \bar{\xi}_2(t) \vee \bar{\xi}_1(t) \wedge \xi_2(t) \wedge \zeta_1(t) \vee \xi_1(t) \wedge \bar{\xi}_2(t) \wedge \zeta_2(t)\,, \\ \zeta_1(t+1) &\longleftrightarrow \zeta_1(t) \wedge \bar{\xi}_1(t) \wedge \xi_2(t) \vee \xi_1(t) \wedge \xi_2(t)\,, \\ \zeta_2(t+1) &\longleftrightarrow \zeta_2(t) \wedge \xi_1(t) \wedge \bar{\xi}_2(t) \vee \xi_1(t) \wedge \xi_2(t)\,, \\ \zeta_1(1) &\longleftrightarrow 0\,, \\ \zeta_2(1) &\longleftrightarrow 0\,, \end{aligned}\right\} \tag{5.25}$$

wobei die Ausdrücke für ζ_1 und ζ_2 noch zu vereinfachen sind.

Die praktische Bedeutung der Zustandsprädikate ζ_1 und ζ_2 erkennt man unschwer: $\zeta_1(t) = 1$ bzw. $\zeta_2(t) = 1)$ genau dann, wenn im Takt t ein Zug den Streckenabschnitt in Richtung $\overrightarrow{AB}$ (bzw. $\overrightarrow{BA}$) passiert.

Bemerkung. Beachtet man, daß eine Eingabe [0, 1] bzw. [1, 0] im Takt t physikalisch gleichbedeutend mit einer auf das gesamte, durch t bezeichnete Zeitintervall eingegebenen Information [0, 1] bzw. [1, 0] ist, so kann man den folgenden vereinfachten Ausdruck zur Beschreibung des Operators verwenden:

$$\eta(t) \longleftrightarrow \bar{\xi}_1(t) \wedge \bar{\xi}_2(t) \vee [\xi_1(t) \oplus \xi_2(t)] \wedge \underset{\tau<t}{\exists}\, \tau\, \{\xi_1(\tau) \wedge \xi_2(\tau) \wedge \underset{\tau<\varrho<t}{\forall}\, \varrho\, [(\xi_1(\varrho) \oplus \xi_2(\varrho)]\}\,.$$

Hieraus folgt

$$\begin{gathered} \eta(t) \longleftrightarrow \bar{\xi}_1(t) \wedge \bar{\xi}_2(t) \vee [\xi_1(t) \oplus \xi_2(t)] \wedge \zeta(t)\,, \\ \zeta(t+1) \longleftrightarrow \zeta(t) \wedge [\xi_1(t) \oplus \xi_2(t)] \wedge \xi_1(t) \wedge \xi_2(t)\,, \\ \zeta(1) \longleftrightarrow 0\,. \end{gathered}$$

Dieser Operator unterscheidet sich von dem durch (5.25) beschriebenen. Beide Operatoren stimmen jedoch auf der Teilmenge von $\mathfrak{F}_{D^1}$ überein, die aus allen (physikalischen) zulässigen Folgen besteht. Hierzu gehören zum Beispiel sicher nicht diejenigen Folgen ξ, für die es ein t gibt, so daß $\xi(t) = [0, 1]$ und $\xi(t+1) = [1, 0]$.[1])

§ 6. Vergleich mit dem Kleeneschen Ereigniskalkül

Analysiert man die Beweisgedanken zu den Sätzen 3, 4 und 3′ des Paragraphen 5, so stellt man fest, daß beim Übergang vom darstellenden abstrakten

[1]) M. A. Gawrilow gibt in seinem Buch [17], aus dem dieses Beispiel entnommen wurde, eine andere Darstellung des Operators an.

Automaten zu einem beschreibenden eindimensionalen Ausdruck (Analyse) gewisse Besonderheiten gegenüber dem Syntheseprozeß auftreten.

Es ist relativ unkompliziert, einen beschreibenden eindimensionalen Ausdruck für einen Automatenoperator anzugeben, wenn der den Operator darstellende abstrakte Automat bekannt ist. Umgekehrt kann aber die Konstruktion eines endlichen abstrakten Automaten, in dem der durch einen eindimensionalen Ausdruck beschriebene Operator dargestellt werden soll, auf erhebliche Schwierigkeiten stoßen, d. h., die Beschreibungsmöglichkeiten für reguläre Automatenoperatoren mit Hilfe geeigneter eindimensionaler Ausdrücke sind im gewissen Sinne reichhaltiger als die durch endliche abstrakte Automaten möglichen Darstellungsweisen, insbesondere also umfassender als der Kalkül der regulären Ereignisse[1]).

Nach KLEENE nennen wir jede Teilmenge E von $\mathfrak{W}_X$ *Ereignis* über dem (nichtleeren) Alphabet X.

In der Potenzmenge $\mathfrak{P}(\mathfrak{W}_X)$ definieren wir wie folgt die zweistelligen Operationen $\vee$ (*Disjunktion* von Ereignissen), $\cdot$ (*Multiplikation* von Ereignissen) und die einstellige Operation $<\ >$ (*Iteration* eines Ereignisses):

$$E_1 \vee E_2 =_{\mathrm{Df}} E_1 \cup E_2 ,$$

$$E_1 \cdot E_2 =_{\mathrm{Df}} \{p\, q : p \in E_1 \wedge q \in E_2\} ,$$

$$\langle E \rangle =_{\mathrm{Df}} \{p_1 \cdot \ldots \cdot p_n : p_\nu \in E\ (1 \leqq \nu \leqq n) \wedge n = 1, 2, \ldots\} \cup \{e\} ,$$

$$(E, E_1, E_2 \in \mathfrak{P}(\mathfrak{W}_X)) .$$

Aus diesen Definitionen geht hervor, daß $\vee$ $\cdot$ und $\langle\ \rangle$ nicht aus $\mathfrak{P}(\mathfrak{W}_X)$ herausführen. Die Operationen $\vee$ und $\cdot$ sind assoziativ, $\vee$ ist darüber hinaus kommutativ und schließlich ist $\cdot$ bezüglich $\vee$ distributiv.

Die Algebra $[\mathfrak{P}(\mathfrak{W}_X)\ \vee, \cdot, \langle\ \rangle]$ heißt *KLEENEsche Ereignisalgebra.*

Der Definition des Begriffes „*reguläres Ereignis*" schicken wir eine induktive Definition des Begriffes „*regulärer Ausdruck*" voraus:

Es sei X ein nichtleeres Alphabet.

1. Jedes Zeichen x ($x \in X$) sowie die Zeichen e und 0 sind reguläre Ausdrücke.
2. Sind R_1 und R_2 reguläre Ausdrücke, so sind es auch die Zeichenreihen $(R_1 \vee R_2)$, $(R_1 \cdot R_2)$, $\langle R_1 \rangle$ und $\langle R_2 \rangle$.
3. Eine Zeichenreihe R ist nur dann ein regulärer Ausdruck, wenn dies auf Grund von 1 und 2 der Fall ist.

Wir interpretieren diese Ausdrücke über $[\mathfrak{P}(\mathfrak{W}_X), \vee, \cdot, \langle\ \rangle]$, indem wir jedem regulären Ausdruck R genau ein Ereignis $E(R)$ wie folgt zuordnen:

1. Besteht R nur aus einem Zeichen x ($x \in X$) bzw. e bzw. 0, so ist $E(R) = \{x\}$ bzw. $E(R) = \{e\}$ bzw. $\varnothing$.
2. Es seien den Ausdrücken R_1, R_2 und R' bereits die Ereignisse $E(R_1)$, $E(R_2)$, $E(R')$ zugeordnet.

[1]) Siehe [34] und [23].

Ist R dann ein Ausdruck der Form $(R_1 \vee R_2)$, $(R_1 \cdot R_2)$ bzw. $\langle R' \rangle$, so ist

$$E(R) = E(R_1) \vee E(R_2) \,,$$

$$E(R) = E(R_1) \cdot E(R_2) \,,$$

$$E(R) = \langle E(R') \rangle \,,$$

wobei $\vee$, $\cdot$ bzw. $\langle\ \rangle$ als Disjunktion, Multiplikation bzw. Iteration (von Ereignissen) zu interpretieren sind.

Das somit eindeutig bestimmte Ereignis $E(R)$ nennen wir das *von R beschriebene Ereignis*. Die Ereignisse $\{x\}$ $(x \in X)$, $\{e\}$ und $\varnothing$ werden *Elementarereignisse* genannt.

Definition. Ein Ereignis E über dem nichtleeren Alphabet X heißt genau dann *regulär*, wenn es einen regulären Ausdruck R (über X) gibt, so daß $E = E(R)$ gilt.

Beispiel. Es sei $X = \{x, y, z\}$. Jedes Wort des durch den regulären Ausdruck $\langle x \vee y \rangle\, z\, z$[1] beschriebenen Ereignisses endet mit den Buchstaben $z\, z$.

Definition. Ein Ereignis E über dem Alphabet X heißt genau dann von einem initialen abstrakten Automaten $\mathfrak{A} = [X, Y, Z, f, g, z]$ durch einen Ausgabebuchstaben y aus Y *darstellbar*, wenn gilt

$$E = \{p \colon p \in \mathfrak{W}_X \wedge \mathrm{LB}(F(z, p)) = y\} \,.$$

Aus der Theorie der abstrakten Automaten ist der folgende Satz bekannt:

Satz.[2] *Ein Ereignis E mit $e \notin E$ über einem endlichen nichtleeren Alphabet X ist genau dann von einem initialen endlichen abstrakten Automaten durch einen Ausgabebuchstaben darstellbar, wenn es regulär ist.*

Wir beweisen hier nur, daß die Regularität von Ereignissen hinreichend ist für die Darstellbarkeit in endlichen Automaten. Es sei $X = \{x_1, \ldots, x_m\}$ und E ein reguläres Ereignis über X. Die Menge X bilden wir mittels einer eineindeutigen Abbildung χ in die Menge $X' = D^m$ ab, indem wir für jedes x_μ aus X setzen:

$$\chi(x_\mu) =_{\mathrm{Df}} [0, \ldots, 0, \underset{\mu}{1}, 0, \ldots, 0] \qquad (1 \leqq \mu \leqq m) \,.$$

Zu jeder Folge $\xi \in \mathfrak{F}_X$ gibt es dann ein m-Tupel $\xi' = [\xi_1, \ldots, \xi_m]$ von zweiwertigen einstelligen Prädikaten ξ_μ, so daß für jedes $t = 1, 2, \ldots$ und jedes μ $(1 \leqq \mu \leqq m)$ gilt

$$\xi_\mu(t) = 1 \text{ genau dann, wenn } \xi(t) = x_\mu \,.$$

[1]) Für die oben definierten regulären Ausdrücke führt man folgende Klammereinsparungsregeln ein: In mehrgliedrigen Disjunktionen bzw. Produkten können die Klammern weggelassen werden; „$\vee$" trennt stärker als „$\cdot$".

[2]) Siehe [23].

Damit können wir nun zu jedem regulären Ausdruck R mit $e \notin E(R)$ über X einen eindimensionalen Ausdruck $H^R(\xi_1, \ldots, \xi_m, t)$ mit folgenden Eigenschaften konstruieren:

Ist Θ^R der von $H^R(t)$ beschriebene Automatenoperator über $[X', Y]$ $(X' = D^m, Y = D)$ und φ^R die von Θ^R erzeugte Automatenfunktion über $[X', Y]$, so gilt für jedes p aus $\mathfrak{W}_X$

$$p \in E(R) \text{ genau dann, wenn } \mathrm{LB}(\varphi^R(\chi(p))) = 1^{1)} .$$

Der Übergang von R zu H^R geschieht induktiv. Im wesentlichen wird damit eine Einbettung des Kalküls der regulären Ausdrücke in unsere Beschreibungsweise vorgenommen.

Es sei $H(t)$ ein beliebiger eindimensionaler Ausdruck, in dem die Individuenvariable τ nicht vorkommt. Mit $H_\tau(t)$ bezeichnen wir dann denjennige Ausdruck, den man erhält, wenn man für jede (einseitig) beschränkt quaniftiziert vorkommende Individuenvariable λ die Beschränkung $\lambda \prec \mu$ durch $\tau < \lambda \prec \mu$ ersetzt.

Beispiel. Es sei $H(t)$ der Ausdruck $\underset{\varrho<t}{\exists} \varrho\, [\xi_1(\varrho) \wedge \underset{\sigma<\varrho}{\forall} \sigma\, \xi_2(\sigma)]$. Dann hat $H_\tau(t)$ die Form $\underset{\tau<\varrho<t}{\exists} \varrho\, [\xi_1(\varrho) \wedge \underset{\tau<\sigma<\varrho}{\forall} \sigma\, \xi_2(\sigma)]$. Offenbar ist $H_\tau(t)$ kein eindimensionaler Ausdruck, denn neben t kommt die Individuenvariable τ vollfrei in $H_\tau(t)$ vor. Man überlegt sich leicht, daß die Werte der durch den Ausdruck

$$\eta(t) \longleftrightarrow H_\tau(t)$$

definierten Prädikate $\eta(t)$ für jedes t_0 bei festem τ $(\tau < t_0)$ nur von den Werten $\xi_1(t)$, $\xi_2(t)$ für $t = \tau + 1, \ldots, t_0$ abhängig sind.

Wir beschreiben nun induktiv, wie man zu einem regulären Ausdruck R über X einen eindimensionalen Ausdruck $H^R(t)$ konstruiert.

1. Falls der Ausdruck R genau aus dem Zeichen x_μ $(x_\mu \in X)$ bzw. 0 besteht, so wählen wir für $H^R(t)$ den eindimensionalen Ausdruck

$$\xi_\mu(t) \wedge t = 1 \wedge \bigwedge_{\substack{\nu=1\\ \nu\neq\mu}}^{m} (\xi_\nu(t) \vee \overline{\xi_\nu(t)}) \quad \text{bzw.} \quad \bigwedge_{\mu=1}^{m} (\xi_\mu(t) \wedge \overline{\xi_\mu(t)}) .$$

2. Es seien den regulären Ausdrücken R_1 und R_2 bereits die Ausdrücke $H^{R_1}(t)$ und $H^{R_2}(t)$ zugeordnet. Ist dann R ein regulärer Ausdruck der Form $R_1 \vee R_2$, $R_1 \cdot R_2$ bzw. $\langle R_1 \rangle$, so konstruiert man wie folgt die zugehörigen eindimensionalen Ausdrücke:

$$H^{R_1}(t) \vee H^{R_2}(t) ,$$

$$\underset{\tau<t}{\exists} \tau\, [H^{R_1}(\tau) \wedge H^{R_2}_\tau(t)] ,$$

---

1) Hierbei setzen wir für $p = x_{\mu 1} \cdots x_{\mu n}$
$\chi(p) =_{\mathrm{Df}} \chi(x_{\mu 1}) \cdots \chi(x_{\mu n})$ und $\mathrm{LB}(p) =_{\mathrm{Df}} x_{\mu n}$.

bzw.

$$\exists \zeta \, [\zeta(t) \wedge \underset{\tau \leqq t}{\forall} \tau \, (\zeta(\tau) \wedge \underset{\varrho < \tau}{\forall} \varrho \, \bar{\zeta}(\varrho) \to H^{R_1}(\tau))$$

$$\wedge \underset{\tau \leqq t}{\forall} \tau \underset{\sigma < t}{\forall} \sigma \, (\zeta(\sigma) \wedge \bar{\zeta}(\tau) \wedge \underset{\sigma < \varrho < \tau}{\forall} \varrho \, \zeta(\varrho) \to H^{R_1}_{\sigma}(\tau))] \, .$$

Erläuterung. Bei einer festen Belegung der Prädikatenvariablen des letzten Ausdrucks ist $\zeta(\tau) = 1$ für $\tau = \tau_\nu$ $(\tau_1 < \tau_2 < \cdots < \tau_n < t)$, wenn für das betrachtete Wort p aus $\mathfrak{W}_X$ mit $\mathrm{l}(p) = t$ eine Darstellung

$$p = p_1 p_2 \cdots p_{n+1} \text{ mit } \mathrm{l}(p_1) = \tau_1, \ \mathrm{l}(p_\nu) = \tau_\nu - \tau_{\nu-1} \ (\nu = 2, \ldots, n), \ \mathrm{l}(p_{n+1}) = t - \tau_n$$

und $p_\nu \in E(R_1)$ $(\nu = 1, \ldots, n + 1)$ existiert.

Anstelle des letzten Ausdruckes kann man auch

$$\exists \zeta \, \{\zeta(t) \wedge \underset{\sigma \leqq t}{\forall} \sigma \, [\zeta(\sigma) \longleftrightarrow H^{R_1}(\sigma) \vee \underset{\tau < \sigma}{\exists} \tau \, (\zeta(\tau) \wedge H^{R_1}_{\tau}(\sigma))]\}$$

verwenden.

KAPITEL VI

PRAKTISCHE VERFAHREN ZUR SYNTHESE VON AUTOMATEN

§ 1. Allgemeine Vorbemerkungen

Bei der Darstellung praktischer Verfahren zur Synthese logischer Netze setzen wir voraus, daß der zu realisierende Operator mit Hilfe einer der im vorigen Kapitel betrachteten Methoden beschrieben ist, d. h. ein darstellender abstrakter Automat vorliegt.

Wir setzen ferner voraus, daß die konkreten Bauelemente, aus denen das Netz zu konstruieren ist, vorgegeben sind und ein vollständiges System von Elementarautomaten bilden (siehe Seite 97). Damit ist gewährleistet, daß ein Netz, das den gegebenen Operator realisiert, konstruiert werden kann.

Die zur Konstruktion des Netzes erforderliche Anzahl von Elementarautomaten hängt erstens davon ab, mit welcher Häufigkeit die Zustands- und Eingabebuchstaben in den Ausdrücken, die die Überführungs- und Ausgabefunktion des darstellenden abstrakten Automaten repräsentieren, auftreten und zweitens davon, welche Operatoren von den verwendeten Elementarautomaten realisiert werden.

Aus den Kapiteln II und III ist bekannt, daß man verschiedene vollständige Systeme von Elementarautomaten zur Verfügung hat. Des weiteren hat man die Möglichkeit, durch (aussagenlogisch) äquivalente Umformungen der Ausdrücke, die die Überführungs- und Ausgabefunktion des darstellenden abstrakten Automaten repräsentieren, die Häufigkeit, mit der die Zustands- und Eingabebuchstaben in diesen Ausdrücken auftreten, zu variieren. Bei der Synthese logischer Netze strebt man natürlich eine Optimierung bezüglich gewisser Parameter an. Insbesondere besteht die Aufgabe, ein Netz zu konstruieren, das eine möglichst geringe Anzahl von Bauelementen (oder eine möglichst kleine Anzahl von Eingangskanälen in Bauelemente des Netzes) enthält.

Die meisten in der letzten Zeit ausgearbeiteten *Syntheseverfahren* beruhen auf der Annahme, daß — unabhängig von der Wahl der Elementarautomaten, die zur Konstruktion des Netzes verwendet werden — die einfachsten logischen Netze zur Realisierung BOOLEscher Funktionen durch Modellierung *optimaler Normalformen*[1]) — also durch Superpositionen von *Negationen*, *Konjunktionen* und *Alternativen* — entstehen. Diese Annahme führt zu einer Synthesemethode, die in der Praxis weiteste Anwendung gefunden hat und aus *zwei Hauptetappen* besteht.

---

[1]) Siehe Kap. I, § 3.

Zuerst werden die Ausdrücke für die Überführungs- und Ausgabefunktion des den gegebenen Automatenoperator darstellenden abstrakten Automaten in optimale Normalformen umgeformt. Dabei werden auch Möglichkeiten zur Vereinfachung der Ausdrücke berücksichtigt, die sich bei der Wahl der Binärcodes für die Alphabete — das Eingabe- und das Zustandsalphabet — ergeben. Im ersten Kapitel wurden einige allgemeine Verfahren zur Optimierung aussagenlogischer Ausdrücke untersucht, die gewährleisten, daß dieser Prozeß in vielen wichtigen praktischen Fällen effektiv durchgeführt werden kann.

In der zweiten Hauptetappe werden die von optimierten Ausdrücken repräsentierten Funktionen als Superpositionen der Überführungs- und Ausgabefunktionen der zur Verwendung kommenden Elementarautomaten dargestellt. Das erreicht man entweder dadurch, daß man diese Funktionen direkt als Superpositionen der entsprechenden Funktionen (der Elementarautomaten) darstellt oder zunächst aus gewissen Elementarautomaten Blöcke konstruiert, von denen die Negation, die Alternative und die Konjunktion realisiert werden. Danach geht man zur Konstruktion des logischen Netzes über, das den gegebenen Automatenoperator realisiert.

Es darf hier nicht unerwähnt bleiben, daß beide Etappen der Synthese logischer Netze ein Durchprobieren verschiedener Möglichkeiten erfordern. Das kommt daher, daß — wie im ersten Kapitel gezeigt wurde — alle gegenwärtig bekannten Methoden zur Optimierung aussagenlogischer Ausdrücke in gewissem Umfang ein Durchprobieren möglicher Varianten verlangen. Auch bei der genannten Superposition kommt man um ein Probieren verschiedener Varianten nicht herum. Daher hängt die endgültige Gestaltung des logischen Netzes in starkem Maße von konkreten Projektierungs- und Arbeitsbedingungen ab, und die Erfahrung und Qualifikation des Projektierenden sind ausschlaggebende Faktoren.

In Kapitel II wurde gezeigt, daß die Realisierung eines Automatenoperators in einem logischen Netz gewöhnlich dazu führt, daß ein System BooLEscher Funktionen durch ein logisches Netz zu realisieren ist.[1]) Dabei muß das Netz eine entsprechende Anzahl von Ausgabepolen (Kanälen) haben, von denen jeder einzelne die Werte genau einer BooLEschen Funktion (aus dem gegebenen Funktionensystem) ausgibt. Man kann ein derartiges logisches Netz entweder durch getrennte Realisierung jeder Funktion herstellen, d. h. dadurch, daß man für jede Funktion unabhängig von den anderen ein logisches Netz konstruiert, oder durch gemeinsame Realisierung des ganzen Systems oder gewisser Teilmengen davon. In diesem Fall werden gewisse Elementarautomaten des Netzes zur Realisierung mehrerer Funktionen ausgenutzt.

In Paragraph 2 dieses Kapitels betrachten wir Verfahren zur *getrennten Realisierung*, d. h. Verfahren zur Konstruktion logischer Netze, bei denen an einem bestimmten Pol die Werte genau einer vorgeschriebenen BooLEschen Funktion

[1]) D. h. genauer: Ein System kombinatorischer Operatoren, das durch ein System BooLEscher Funktionen charakterisiert wird. — Im folgenden wird von dieser abkürzenden Redeweise des öfteren Gebrauch gemacht.

ausgegeben werden. Solche Netze nennen wir, der Terminologie von AIKEN[1]) folgend, *einpolig*. Die Synthese einpoliger Netze wird für alternative und konjunktive Normalformen untersucht.

In Paragraph 3 zeigen wir Verfahren zur Synthese logischer Netze, die Funktionen eines Funktionensystems gemeinsam realisieren. Die dabei konstruierten Netze nennen wir entsprechend *mehrpolig*. Bei der Synthese mehrpoliger Netze wird nicht nur die schaltungstechnische Umsetzung von Normalformen der Aussagenlogik behandelt, sondern auch die von Ausdrücken, die keine Normalformen sind. Die Verfahren zur Konstruktion derartiger Netze sind speziell auch zur Synthese einpoliger Netze tauglich.

Der letzte Paragraph enthält als Beispiel die Synthese eines logischen Netzes zur Lösung eines Labyrinth-Problems.

§ 2. Synthese einpoliger logischer Netze

Der in einem logischen Netz zu realisierende Operator sei in einem endlichen abstrakten Automaten dargestellt, dessen Überführungs- und Ausgabefunktion durch alternative Normalformen repräsentiert sind. Wir setzen voraus, daß diese Ausdrücke bereits optimiert sind bzw. so gewählt wurden, daß man aus ihrer Struktur erkennen kann, wie man sie durch geeignete Superpositionen derjenigen Funktionen, die von den zur Verwendung kommenden Elementarautomaten realisiert werden, äquivalent umformt.

Wir untersuchen zunächst einige allgemeine Probleme im Zusammenhang mit der Superposition von BOOLEschen Funktionen, die in Elementarautomaten vom Typ der in Kapitel III betrachteten Bauelemente auf Elektronenröhren-Basis realisiert werden.

Eine alternative Normalform in m Variablen

$$f(x_1, x_2, \ldots, x_m) = \bigvee_{\sigma_1, \sigma_2, \ldots, \sigma_m} f(\sigma_1, \sigma_2, \ldots, \sigma_m) \wedge [x_1^{\sigma_1} \wedge x_2^{\sigma_2} \wedge \cdots \wedge x_m^{\sigma_m}] \qquad (6.1)$$

kann bereits als Superposition der von Trioden in Katodenbasisschaltung und von Diodenschaltungen realisierten Funktionen (nach Abb. 3.32) aufgefaßt werden. Beachtet man, daß $x_i^0 = \bar{x}_i = T(x_i)$ ist, und ersetzt man in der Formel (6.1) diejenigen Konjunktionsglieder x_i, für die $\sigma_i = 0$ ist, durch $T(x_i)$, so kann (6.1) in folgender Form geschrieben werden:

$$f(x_1, \ldots, x_m) = D_A \{D_K[x_1, x_2, \ldots, T(x_k), \ldots, T(x_m)], \ldots, \\ D_K[x_1, x_2, \ldots, T(x_j), \ldots, T(x_m)]\}\,. \qquad (6.2)$$

Aus (6.2) geht die Art der Verknüpfung der Elementarautomaten und die Anzahl der Eingabekanäle[2]) des Netzes, das die durch (6.1) gegebene Funktion realisiert, eindeutig hervor.

[1]) Siehe [67].

[2]) Im folgenden ist die Gesamtheit aller Eingabe- und inneren Pole gemeint, wenn von Eingabekanälen die Rede ist. — Anm. d. Red.

Beispiel 1. Wir betrachten die BOOLEsche Funktion $f(x_1, x_2, x_3)$, die durch den Ausdruck $(x_1 \wedge \bar{x}_2) \vee (x_2 \wedge \bar{x}_3) \vee (\bar{x}_1 \wedge x_3)$ dargestellt wird. Nach (6.2) kann diese Funktion mit Hilfe der Funktionen T, D_A und D_K wie folgt dargestellt werden:

$$f(x_1, x_2, x_3) = D_A \{ D_K[x_1, T(x_2)], D_K[x_2, T(x_3)], D_K[T(x_1), x_3] \} .$$

In dem erhaltenen Ausdruck schließen die geschweiften Klammern zwölf Stellen ein, an denen eins der Zeichen x_i, D_K oder T steht. Folglich hat das die gegebene Funktion f realisierende Netz — es ist in Abb. 6.1 dargestellt — zwölf Eingabekanäle.

Die Alternative der Konjunktionen E_ι in (6.1) kann auch mit Hilfe der durch Doppeltrioden in Anodenbasisschaltung realisierten Funktionen (siehe Abb. 3.13) realisiert werden. In diesem Fall muß die Alternative

$$f(x_1, \ldots, x_m) = \bigvee_{\iota=1}^{i} E_\iota \quad (i \geqq 2) \tag{6.3}$$

als Superposition der Funktionen $K_2(E_j, E_k)$ dargestellt werden:

$$f(x_1, \ldots, x_m) = K_2\{\ldots[K_2[K_2(E_1, E_2), E_3], E_4], \ldots, E_i\} . \tag{6.4}$$

Dabei ist die Anzahl der Eingabekanäle, die zur Realisierung der Alternative nötig sind, wie oben gleich der Anzahl der Zeichen K_2 und E_ι, die innerhalb der geschweiften Klammern in (6.4) stehen.

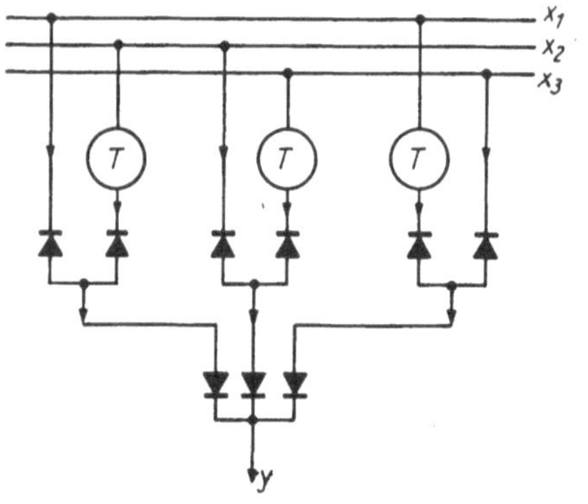

Abb. 6.1

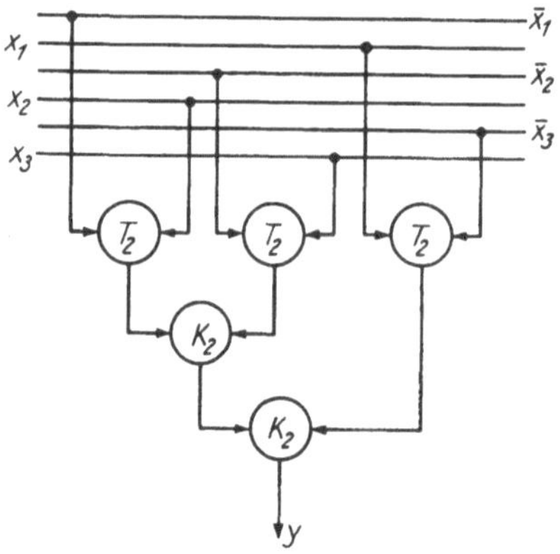

Abb. 6.2

Wie im dritten Kapitel gezeigt wurde, kann in röhrenbestückten Netzen die k-gliedrige Konjunktion von Ausgaben röhrenbestückter Bauelemente durch eine „fiktive Zelle" realisiert werden, indem die Anodenleitungen dieser Elemente vereinigt werden. Bei der Konstruktion logischer Netze mit röhrenbestückten Bauelementen wird diese Methode häufig angewendet, um die Zahl der im Netz benötigten Kanäle zu verringern.

Auf diese Weise kann zum Beispiel jede Fundamentalkonjunktion einer alternativen Normalform durch $T_k(x_1, x_2, \ldots, x_k)$ (siehe Kapitel III, Abb. 3.34, Formel (3.16)) dargestellt werden. Man muß jedoch beachten, daß es nicht zulässig ist, Eingabepole derartiger „fiktiver Zellen“ unmittelbar an die Quellen der Eingabesignale anzuschließen. Bei Eingaben x_i, die als Konjunktionsglieder auftreten und für die $\sigma_i = 1$ ist, hilft man sich dadurch, daß man T zweimal anwendet, d. h.

$$x_i = T(T(x_i)) \,. \tag{6.5}$$

Zum Beispiel kann man die Konjunktion $x_1 \wedge x_2 \wedge \bar{x}_3 \wedge \bar{x}_4$ durch die folgende Superposition $T_4[T(x_1), T(x_2), x_3, x_4]$ darstellen.

Der Einfachheit halber setzen wir im weiteren voraus, daß bei der Konstruktion logischer Netze an den Eingängen gleichzeitig mit einer Variablen x auch ihre Negation $\bar{x}$ zur Verfügung steht.

In Abb. 6.2 ist ein Netz zur Realisierung der Funktion f aus dem Beispiel 1 wiedergegeben, dessen Konstruktion folgende Darstellung von f zugrunde liegt:

$$K_2\{K_2[T_2(\bar{x}_1, x_2), T_2(\bar{x}_2, x_3)], T_2(x_1, \bar{x}_3)\} \,.$$

Die Anzahl der Eingabekanäle, d. h. die Anzahl der Steuergitter der Röhren, ist dabei gleich 10 (wobei allerdings die Kanäle, längs derer die $\bar{x}_i$ eingegeben werden, nicht mitgerechnet sind).

Verwendet man Pentoden zur Konstruktion logischer Netze, so müssen die entsprechenden repräsentierenden Ausdrücke in konjunktiver Normalform vorliegen oder (6.1) muß auf diese Form gebracht werden.[1])

Wir merken an, daß es im betrachteten Fall oft zweckmäßig ist, die durch (6.1) gegebene Funktion so darzustellen, indem man zunächst die Funktion $\bar{f}$ durch eine konjunktive Normalform repräsentiert und dann auf $\bar{f}$ die Negation anwendet:

$$f(x_1, \ldots, x_m) = \bar{\bar{f}} = T(\bar{f}) \,. \tag{6.6}$$

Bei der Darstellung der entweder direkt durch eine konjunktive Normalform oder in Form von (6.6) repräsentierten Funktion f durch eine Superposition von Funktionen $P(x_i, x_j)$ (siehe Kapitel III, Abb. 3.11, Formel (3.14)) müssen folgende Bedingungen beachtet werden:

1. Alternativglieder, für die $\sigma_i = 1$ ist, müssen negiert an die Eingabepole der Pentoden gelegt werden.

2. Bei der Darstellung von k-gliedrigen Alternativen durch Superpositionen von P müssen zwischen die Ausgabepole der Pentoden und die ihnen untergeordneten Eingabepole der nachfolgenden Pentoden Negationselemente eingeschaltet werden.

Unter Beachtung dieser Anmerkung und der Voraussetzung, daß, wie oben erwähnt, die Negationen der Argumente zur Verfügung stehen, stellen wir die

[1]) Geeignete Verfahren für derartige Umformungen wurden im ersten Kapitel behandelt.

Fundamentalalternativen folgendermaßen durch Superposition von P und T dar:

$$x_1^{\sigma_1} \vee x_2^{\sigma_2} \vee \dots \vee x_m^{\sigma_m} = P\Big\{\dots P\Big\{T\big[P\big\{T[P(\bar{x}_1^{\sigma_1}, \bar{x}_2^{\sigma_2})], \bar{x}_3^{\sigma_3}\big\}\big], \bar{x}_4^{\sigma_4}\Big\} \dots \bar{x}_m^{\sigma_m}\Big\}. \quad (6.7)$$

Die Funktion $\bar{f}$, die durch die Konjunktion dieser Alternativen dargestellt wird, kann durch Vereinigung der Pole, an denen die Werte der Funktionen von (6.7) ausgegeben werden, realisiert werden.

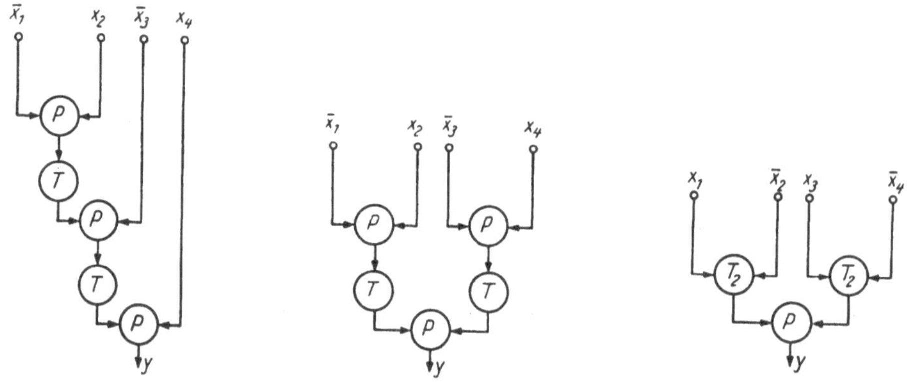

a) b) c)

Abb. 6.3

Beispiel 2. Es ist nach Formel (6.7) ein Netz aus Pentoden zu konstruieren, welches die durch die Alternative

$$x_1 \vee \bar{x}_2 \vee x_3 \vee \bar{x}_4$$

repräsentierte Funktion f realisiert. Wir stellen dazu die Funktion f folgendermaßen dar:

$$f(x_1, x_2, x_3, x_4) = P\,\big\{T[P\{T[P(\bar{x}_1, x_2)], \bar{x}_3\}], x_4\big\}.$$

Das zugehörige Netz zeigt Abb. 6.3a).

Wir merken an, daß es im betrachteten Fall (bei einer geraden Anzahl von Alternativgliedern) zweckmäßiger ist, ein Netz zu konstruieren, das der Superposition

$$P\{\,T[P(\bar{x}_1, x_2)],\, T[P(\bar{x}_3, x_4)]\,\}$$

entspricht (siehe Abb. 6.3b), da hierbei weniger Stufen als zuvor auftreten.

Ein noch einfacheres Netz ergibt sich, wenn man die Darstellung

$$f(x_1, \dots, x_4) = P\{\,T_2(x_1, \bar{x}_2),\, T_2(x_3, \bar{x}_4)\,\}$$

verwendet.

Dieses Netz benötigt nur 6 Steuergitter (siehe Abb. 6.3c) im Vergleich zu 8 Gittern bei den früher angegebenen Netzen.

Fortsetzung von Beispiel 1. Abb. 6.4 zeigt ein mit Pentoden bestücktes Netz zur Realisierung der im Beispiel 1 betrachteten Funktion . Diesem Netz liegt die Beziehung (6.6) zugrunde, die hier folgende Form annimmt:

$$f(x_1, x_2, x_3) = \bar{\bar{f}}(x_1, x_2, x_3) = \overline{(\bar{x}_1 \vee x_2) \wedge (\bar{x}_2 \vee x_3) \wedge (x_1 \vee \bar{x}_3)} = T\{P(x_1, \bar{x}_2) \wedge P(x_2, \bar{x}_3) \wedge P(\bar{x}_1, x_3)\}.$$

Das Netz enthält 7 Steuergitter entsprechend der Zahl der Stellen innerhalb der geschweiften Klammern, an denen die Variablen x_i stehen, vermehrt um den Eingabekanal des Elementarautomaten, der die Funktion T realisiert.

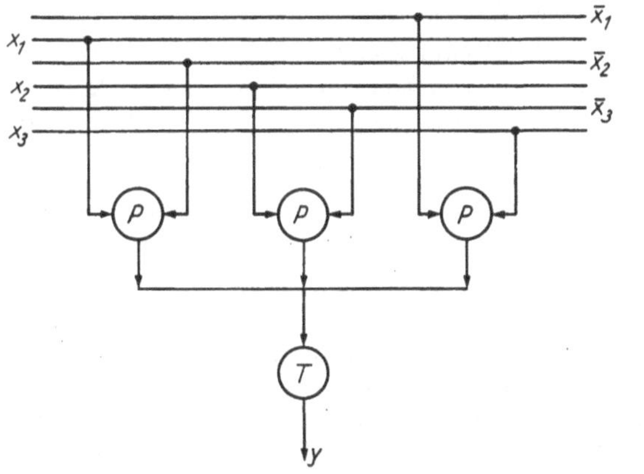

Abb. 6.4

Wir bemerken schließlich noch, daß man zur Darstellung von Fundamentalalternativen der Form $x_1^{\sigma_1} \vee x_2^{\sigma_2} \vee \ldots \vee x_m^{\sigma_m}$ die Funktion $P_m(x_1, x_2, \ldots, x_m)$ benutzen kann, die durch Serienschaltungen von Transistoren nach Abb. 3.35 (siehe Seite 123) realisiert wird.

Die oben durchgeführten Betrachtungen erfassen freilich nicht alle möglichen Fälle bei der Konstruktion kombinatorischer Netze mit Hilfe von Elektronenröhren, da in der Praxis verschiedenste Systeme verwendet werden. Jedoch illustrieren diese Ausführungen die wesentlichen Methoden hinreichend gut.

Wir merken noch an, daß im allgemeinen Fall für die Zahl N der Eingabekanäle eines kombinatorischen Netzes, das eine durch einen Ausdruck in kanonischer Normalform repräsentierte m-stellige Booleesche Funktion realisiert,

$$N \leqq 2^{m-1} \cdot m + 2^{m-1} = (m + 1)\, 2^{m-1} \tag{6.8}$$

gilt.

Dabei ist der Summand $m\, 2^{m-1}$ die Anzahl der Stellen, an denen Variablen stehen, und der Summand 2^{m-1} ist die Anzahl der Konjunktionen oder Alternativen der kanonischen Normalform. Hier ist berücksichtigt worden, daß eine kanonische alternative Normalform, die aus mehr als 2^{m-1} Konjunktionen besteht, durch ihr Komplement oder durch eine konjunktive Normalform ersetzt werden kann, die nicht mehr als 2^{m-1} Alternativen enthält und umgekehrt. Da gewöhnlich die Möglichkeit besteht, kanonische Normalformen zu optimieren, verringert sich die Zahl der für das realisierende Netz nötigen Eingabekanäle im allgemeinen. Für optimale Normalformen ergibt sich diese Anzahl zu

$$N_{\min} = w + \sum_i r_i\,, \tag{6.9}$$

wobei w die Anzahl der Konjunktionen bzw. Alternativen und r_i der Rang der i-ten Konjunktion bzw. Alternative ist.

Oft kann die Anzahl der Eingabekanäle noch weiter durch Umformungen verkleinert werden, die den repräsentierenden Ausdruck der zu realisierenden Funktion aus der Normaldarstellung herausführen. Hierzu gehört zum Beispiel das Ausklammern gemeinsamer Teile der Ausdrücke.

Beispiel 3. Zu konstruieren ist ein mit Elektronenröhren bestücktes Netz, das die durch folgenden Ausdruck repräsentierte Funktion f realisiert:

$$\bar{x}_1 x_2 \bar{x}_3 x_4 \vee \bar{x}_1 \bar{x}_2 \bar{x}_3 \bar{x}_4\,.$$

Dieser Ausdruck kann durch äquivalente Umformungen, die nicht aus dem Bereich der alternativen (oder konjunktiven) Normalformen hinausführen, nicht vereinfacht werden. Eine unmittelbare Realisierung der betrachteten Funktion nach dem angegebenen Ausdruck erfordert 10 Eingabekanäle (die zur Erzeugung der Negationen der Eingabevariablen notwendigen Elemente werden nicht mitgezählt). Durch Ausklammern von $\bar{x}_1 \bar{x}_3$ ergibt sich

$$\bar{x}_1 \wedge \bar{x}_3 \wedge \big((x_2 \wedge x_4) \vee (\bar{x}_2 \wedge \bar{x}_4)\big)\,.$$

Die Funktion f stellen wir nun als eine Superposition von T und P dar und erhalten

$$\bar{x}_1 \wedge \bar{x}_3 \wedge (x_2 \vee \bar{x}_4) \wedge (\bar{x}_2 \vee x_4) = T_2(x_1, x_3) \wedge P(\bar{x}_2, x_4) \wedge P(x_2, \bar{x}_4)\,.$$

Zur Konstruktion eines Netzes, das der vorliegenden Darstellung entspricht, sind nur 6 Steuergitter erforderlich (siehe Abb. 6.5).

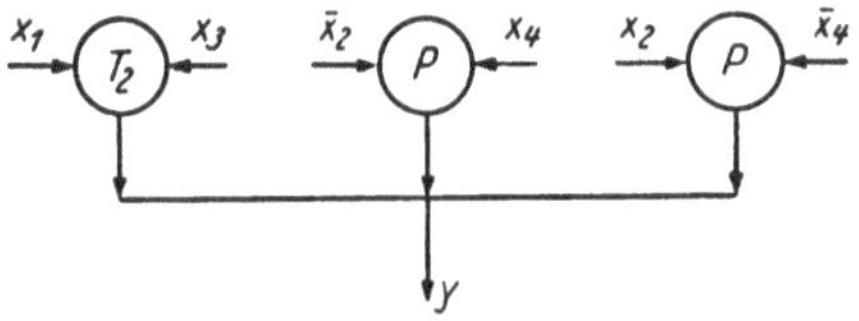

Abb. 6.5

In vielen Fällen kann beim Aufbau logischer Netze die Anzahl der Eingabekanäle wesentlich verringert werden durch Verwendung sogenannter pyramidischer Netze. Derartige Netze basieren auf einer Zerlegung der zu realisierenden Funktion nach gewissen unabhängigen Variablen. Eine Konstruktionsmethode für derartige Netze wird im folgenden Paragraphen bei der Synthese mehrpoliger logischer Netze dargestellt, sie kann aber ebenso zur Synthese einpoliger Netze verwendet werden.

In der Praxis werden vielfach logische Netze verwendet, die *Dechiffratoren* heißen und zur Realisierung einer Menge m-stelliger Konjunktionen verschiedener Ränge bestimmt sind. Wird jede der Konjunktionen getrennt realisiert, so kommt man zur sogenannten *Matrixgestalt* des Dechiffrators. Wir konstruieren als Beispiel einen Dechiffrator, der vier Eingänge und 16 unabhängige

Ausgänge hat. An den Ausgängen sollen die 16 Funktionen realisiert werden, die durch die 16 Konjunktionen der Form

$$x_1^{\sigma_1} \wedge x_2^{\sigma_2} \wedge x_3^{\sigma_3} \wedge x_4^{\sigma_4}\,, \tag{A}$$

d. h.

$$\bar{x}_1 \wedge \bar{x}_2 \wedge \bar{x}_3 \wedge \bar{x}_4\,,$$

$$\bar{x}_1 \wedge \bar{x}_2 \wedge \bar{x}_3 \wedge x_4\,,$$

$$\vdots$$

$$x_1 \wedge x_2 \wedge x_3 \wedge x_4\,,$$

repräsentiert werden ($\sigma_1, \sigma_2, \sigma_3, \sigma_4$ durchlaufen unabhängig voneinander die Menge D).

Wir setzen voraus, daß an den Eingängen des Dechiffrators gleichzeitig mit den Variablen x_i auch deren Negationen $\bar{x}_i$ zur Verfügung stehen und stellen (A)

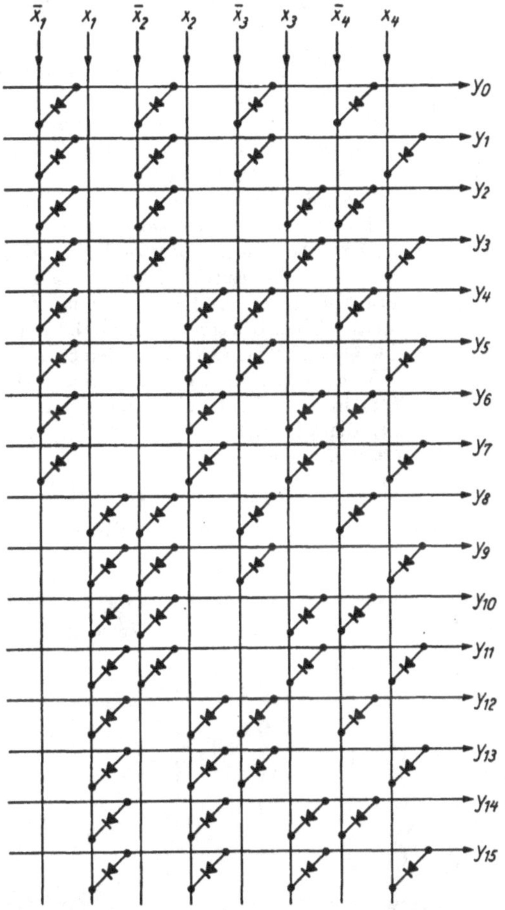

Abb. 6.6

mit Hilfe von D_K dar. Wir erhalten

$$y_j = f_j(x_1, \ldots, x_4) = D_K[x_1^{\sigma_1}, x_2^{\sigma_2}, x_3^{\sigma_3}, x_4^{\sigma_4}],$$

wobei $j = 0, 1, 2, \ldots, 15$ und $j = \sigma_1 \cdot 2^3 + \sigma_2 \cdot 2^2 + \sigma_3 \cdot 2^1 + \sigma_4$.

Das für (A) konstruierte Netz (Diodenschaltung) des Dechiffrators zeigt Abb. 6.6. Die Gesamtzahl der Dioden, die zur Ausführung der Matrixgestalt eines Dechiffrators mit m Eingabevariablen benötigt wird, ist

$$N = m \cdot 2^m. \tag{6.10}$$

In unserem Beispiel ist also $N = 64$.

Die betrachteten Verfahren zur Synthese kombinatorischer logischer Netze mit Hilfe elektronenröhrenbestückter Bauelemente können ohne irgendeine Änderung auch zur Synthese von Röhrennetzen, die reguläre Automatenoperatoren realisieren, verwendet werden. In diesem Fall muß eine entsprechende Anzahl von Verzögerungselementen in das Netz aufgenommen werden.

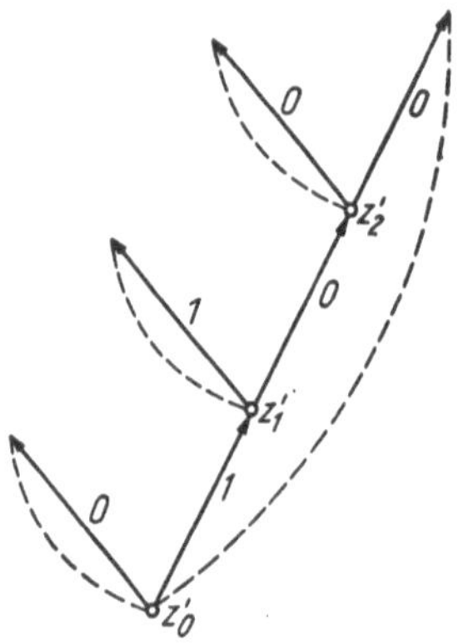

Abb. 6.7

Beispiel 4. Zu konstruieren ist ein röhrenbestücktes Netz, das den regulären Automatenoperator realisiert, der durch den in Abb. 6.7 dargestellten Baum gegeben ist.[1]) Dabei ist dem Eingabebuchstaben 0 (bzw. 1) die linke (bzw. rechte) Kante an jedem Knoten des Baumes zugeordnet. An den Kanten sind die von diesem Operator auszugebenden Buchstaben aus dem Alphabet $\{0, 1\}$ angegeben.

Es ist unschwer festzustellen, daß dieser Baum einen regulären Automatenoperator beschreibt, der eine Folge von Einsen in die Ausgabefolge 10010010... umarbeitet. Die Eingabe einer Null ändert den Zustand des Operators nicht. Ebenso kann der Abb. 6.7 entnommen werden, daß das Gewicht des Operators gleich drei ist.

Wir ordnen den Wurzeln paarweise inäquivalenter Äste verschiedene Buchstaben eines Zustandsalphabets $\{z_0', z_1', z_2'\}$ zu, die wir mit Codewörtern $z_1 z_2$ eines Binärcodes folgendermaßen codieren:

$$z_0' = 00, \quad z_1' = 01, \quad z_2' = 10.$$

Aus dem Baum kann nun die Tabelle VI.1 entnommen werden.

Tabelle VI.1

z_1	z_2	x	$g_1(z_1, z_2, x)$	$g_2(z_1, z_2, x)$	$f(z_1, z_2, x)$
0	0	0	0	0	0
0	0	1	0	1	1
0	1	0	0	1	1
0	1	1	1	0	0
1	0	0	1	0	0
1	0	1	0	0	0
1	1	0	1	0	0
1	1	1	1	0	0

[1]) Zwei Äste dieses Baumes, deren Wurzeln durch eine punktierte Linie verbunden sind, sollen äquivalent sein.

Dabei wurden die Zeilen der Tabelle VI.1, wo $z_1 = z_2 = 1$ ist, so hinzugefügt, daß die Funktion $g =_{\mathrm{Df}} [g_1, g_2]$ möglichst einfach repräsentiert werden kann. Aus dieser Tabelle erhalten wir die kanonischen Gleichungen des durch den abstrakten Automaten

$$\mathfrak{A} = [X, Y, Z, f, g]\,, \quad X = Y = D\,, \quad Z = D^2\,, \quad g = [g_1, g_2]$$

im Zustand 00 dargestellten regulären Automatenoperators wie folgt:

$$\left.\begin{aligned} \eta(t) &= \bar{\zeta}_1(t)\,\bar{\zeta}_2(t)\,\xi(t) \vee \bar{\zeta}_1(t)\,\zeta_2(t)\,\bar{\xi}(t)\,, \\ \zeta_1(t+1) &= \zeta_1(t)\,\bar{\xi}(t) \vee \zeta_2(t)\,\xi(t)\,, \\ \zeta_2(t+1) &= \eta(t)\,, \\ \zeta_1(1) &= \zeta_2(1) = 0\,. \end{aligned}\right\} \qquad \text{(B)}$$

Wir konstruieren ein diesen Operator realisierendes logisches Netz für jeden Ausgang einzeln. Dazu stellen wir (B) als eine Superposition von Operatoren derjenigen Elementarautomaten dar, die wir benutzen wollen, und erhalten z.B.:

$$\left.\begin{aligned} \eta(t) &= \overline{\zeta_1(t)} \wedge \overline{(\xi(t)} \vee \overline{\zeta_2(t)}) \wedge (\xi(t) \vee \zeta_2(t)) \\ &= T\,[\zeta_1(t)] \wedge P\{\xi(t), \zeta_2(t)\} \wedge P\{\overline{\xi(t),}\ T[\zeta_2(t)]\}\,, \\ \zeta_1(t+1) &= \big(\zeta_1(t) \vee \xi(t)\big) \wedge \big(\zeta_2(t) \vee \overline{\xi(t)}\big) \\ &= P\{\overline{\xi(t)}, T[\zeta_1(t)]\} \wedge P\{\xi(t), T[\zeta_2(t)]\}\,, \\ \zeta_2(t+1) &= \eta(t)\,, \quad \zeta_1(1) = \zeta_2(1) = 0\,. \end{aligned}\right\} \qquad \text{(C)}$$

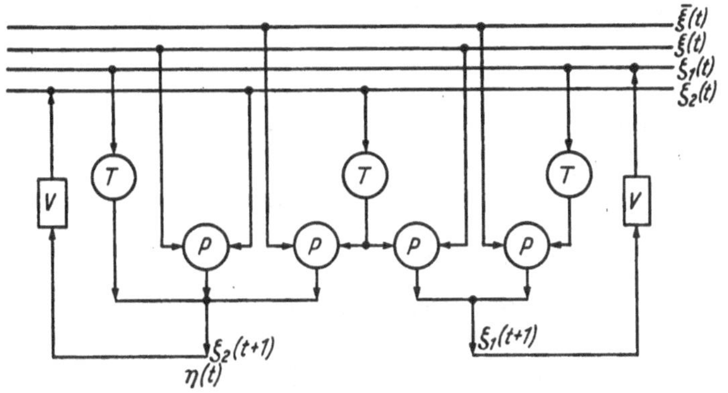

Abb. 6.8

Die Abb. 6.8 zeigt das Netz, das entsprechend (C) konstruiert wurde. Dieses Netz enthält vier Pentoden, drei Trioden und zwei Verzögerungselemente V, die das eintretende Signal um einen Takt verzögern.

Wir gehen nun zur Betrachtung praktischer Verfahren für die Synthese von Netzen über, die mit Triggern bestückt sind und reguläre Automatenoperatoren realisieren.

Es sei ein regulärer Automatenoperator zu realisieren, der durch einen endlichen abstrakten Automaten

$$\mathfrak{A} = [X, Y, Z, f, g]\,, \quad X = D^m\,, \quad Y = D\,, \quad Z = D^k\,, \quad g = [g_1, \ldots, g_k]$$

im Zustand $[d_1, \ldots, d_k]$ dargestellt, d. h. durch die folgenden „kanonischen Gleichungen" beschrieben wird:

$$\eta(t) = f(\xi_1(t), \ldots, \xi_m(t), \zeta_1(t), \ldots, \zeta_k(t)) , \tag{6.11}$$

$$\left.\begin{aligned} \zeta_1(t+1) &= g_1(\xi_1(t), \ldots, \xi_m(t), \zeta_1(t), \ldots, \zeta_k(t)) , \\ &\vdots \\ \zeta_k(t+1) &= g_k(\xi_1(t), \ldots, \xi_m(t), \zeta_1(t), \ldots, \zeta_k(t)) , \\ \zeta_1(1) &= d_1 , \\ &\vdots \\ \zeta_k(1) &= d_k . \end{aligned}\right\} \tag{6.12}$$

Die Funktionen $f, g_1, \ldots, g_k$ seien wie oben durch alternative Normalformen repräsentiert. Nach ZETLIN[1]) zerlegen wir alle Funktionen g_k von (6.12) nach den Variablen $\zeta_k(t)$ gemäß der im ersten Kapitel hergeleiteten Beziehung (1.1) (siehe Seite 20).

Dann erhalten wir:

$$\begin{aligned} \zeta_\varkappa(t+1) = {} & \bar{\zeta}_\varkappa(t) \wedge g_\varkappa(\xi_1(t), \ldots, \xi_m(t), \zeta_1(t), \ldots, \zeta_{\varkappa-1}(t), 0, \zeta_{\varkappa+1}(t), \ldots, \zeta_k(t)) \\ & \vee \zeta_\varkappa(t) \wedge g_\varkappa(\xi_1(t), \ldots, \xi_m(t), \zeta_1(t), \ldots, \zeta_{\varkappa-1}(t), 1, \zeta_{\varkappa+1}(t), \ldots, \zeta_k(t)) . \end{aligned} \tag{6.13}$$

Einem Vergleich dieser Beziehung mit (3.21) (siehe Kapitel III, Seite 137) kann man entnehmen, daß, falls die Eingabesignale des $\varkappa$-ten Triggers so gewählt sind, daß die Gleichungen

$$\left.\begin{aligned} \omega'_\varkappa(t) &= g_\varkappa(\xi_1(t), \ldots, \xi_m(t), \zeta_1(t), \ldots, \zeta_{\varkappa-1}(t), 0, \zeta_{\varkappa+1}(t), \ldots, \zeta_k(t)), \\ \bar{\omega}'_\varkappa(t) &= g_\varkappa(\xi_1(t), \ldots, \xi_m(t), \zeta_1(t), \ldots, \zeta_{\varkappa-1}(t), 1, \zeta_{\varkappa+1}(t), \ldots, \zeta_k(t)) \end{aligned}\right\} \tag{6.14}$$

erfüllt sind, die Funktion, die den Zustand des $\varkappa$-ten Triggers im Takt $t + 1$ angibt, der Funktion (3.21) entspricht. Die Funktionen (6.14) nennen wir *Anschließfunktionen* des $\varkappa$-ten Triggers mit zwei Eingängen.

Analog kann man durch einen Vergleich von (6.13) und (3.25) leicht die Anschließfunktion des $\varkappa$-ten Triggers mit einem Eingang bestimmen:

$$\begin{aligned} \omega_\varkappa(t) = {} & \bar{\zeta}_\varkappa(t) \wedge g_\varkappa(\xi_1(t), \ldots, \xi_m(t), \zeta_1(t), \ldots, \zeta_{\varkappa-1}(t), 0, \zeta_{\varkappa+1}(t), \ldots, \zeta_k(t)) \vee \\ & \vee \zeta_\varkappa(t) \wedge g_\varkappa(\xi_1(t), \ldots, \xi_m(t), \zeta_1(t), \ldots, \zeta_{\varkappa-1}(t), 1, \zeta_{\varkappa+1}(t), \ldots, \zeta_k(t)) . \end{aligned} \tag{6.15}$$

Die erhaltenen Beziehungen bestimmen die Reihenfolge der Konstruktion und die auftretenden Verknüpfungen im logischen Netz, das den regulären Automatenoperator mit dem Gewicht K realisiert. Das Netz enthält $k = [\mathrm{ld}\, K]$ Trigger und gewisse kombinatorische Elemente, die zur Realisierung der Ausgabefunktion f und der Funktionen (6.14) und (6.15) nötig sind.

[1]) Siehe [77].

Beispiel 5. Es ist ein einstelliger Zähler modulo 2, der durch einen Synchronisierimpuls gesteuert wird, aus Triggern zu konstruieren. Die Ausgabegröße $\eta(t)$ erhält genau dann den Wert 1, wenn folgende Bedingungen erfüllt sind:

1. Im Takt t erscheint der Synchronisierimpuls x_s.
2. Dem Takt t ist eine ungerade Zahl von Arbeitstaktintervallen[1]) vorangegangen.
3. Für $t > 1$ lag im Takt $t - 1$ kein Synchronisierimpuls vor.

Das Netz arbeitet mit positiven Impulsen; das gleichzeitige Eingeben des Synchronisier- und des Arbeitsimpulses ist nicht zugelassen.

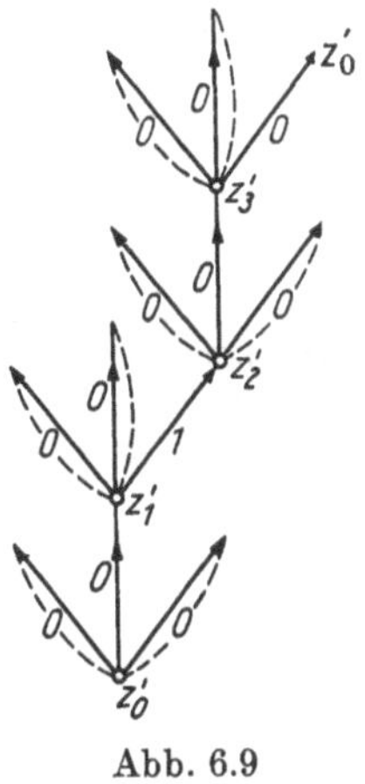

Abb. 6.9

Ein Netz, das den angeführten Forderungen genügt, braucht nicht mehr als 4 Zustände zu haben. In Abb. 6.9 ist der Baum des zu realisierenden regulären Automatenoperators dargestellt. Als Eingabebuchstaben treten die Paare $\bar{x}_a \bar{x}_s$, $x_a \bar{x}_s$, $\bar{x}_a x_s$ auf, denen die linke, mittlere bzw. rechte Kante an jedem Knoten zugeordnet ist.

Zur Codierung des aus vier Buchstaben bestehenden Zustandsalphabets benutzen wir Paare $z_1 z_2$ von Nullen und Einsen; die Buchstaben z_i' werden wie folgt codiert:

$$z_0' = 00\,, \quad z_1' = 10\,, \quad z_2' = 11\,, \quad z_3' = 01\,.$$

Die Tabelle VI.2 ist die aus dem Baum von Abb. 6.9 zu entnehmende Tabelle für die Funktionen f und $g = [g_1, g_2]$ des endlichen abstrakten Automaten $\mathfrak{A} = [X, Y, Z, f, g]$, $X = Z = D^2$, $Y = D$, der den betrachteten Automatenoperator im Zustand 00 darstellt. Die Zeilen, in denen $x_a = x_s = 1$ ist, sind so ausgefüllt worden, daß sich für die Funktionen f, g_1, g_2 möglichst einfache repräsentierende Ausdrücke ergeben.

Tabelle VI.2

z_1	z_2	x_a	x_s	$g_1(z_1, z_2, x_a, x_s)$	$g_2(z_1, z_2, x_a, x_s)$	$f(z_1, z_2, x_a, x_s)$
0	0	0	0	0	0	0
0	0	0	1	0	0	0
0	0	1	0	1	0	0
0	0	1	1	1	0	0
0	1	0	0	0	1	0
0	1	0	1	0	0	0
0	1	1	0	0	1	0
0	1	1	1	0	0	0
1	0	0	0	1	0	0
1	0	0	1	1	1	1
1	0	1	0	1	0	0
1	0	1	1	1	1	1
1	1	0	0	1	1	0
1	1	0	1	1	1	0
1	1	1	0	0	1	0
1	1	1	1	1	1	0

[1]) Unter einem Arbeitstaktintervall verstehen wir eine endliche Aufeinanderfolge von Takten $t + 1, \ldots, t + k$, für die gilt: a) $t = 1$ oder im Takt t wurde ein Synchronisierimpuls eingegeben. b) In jedem der Takte $t + 1, \ldots, t + k$ wurde kein Synchronisierimpuls, aber in mindestens einem ein Arbeitsimpuls eingegeben. c) Im Takt $t + k + 1$ wurde ein Synchronisierimpuls eingegeben. — Anm. d. Red.

Damit erhält man nach einigen Optimierungsschritten

$$\zeta_1(t+1) = \zeta_1(t)\,\bar\zeta_2(t) \vee \zeta_1(t)\,\bar\xi_a(t) \vee \bar\zeta_1(t)\,\bar\zeta_2(t)\,\xi_a(t)\,, \tag{D}$$

$$\zeta_2(t+1) = \zeta_2(t)\,\zeta_1(t) \vee \zeta_2(t)\,\bar\xi_s(t) \vee \bar\zeta_2(t)\,\zeta_1(t)\,\xi_s(t)\,, \tag{E}$$

$$\left.\begin{aligned} \eta(t) &= \zeta_1(t)\,\bar\zeta_2(t)\,\xi_s(t)\,, \\ \zeta_1(1) &= \zeta_2(1) = 0\,. \end{aligned}\right\} \tag{F}$$

Wir konstruieren ein logisches Netz, das die Funktionen (D) und (E) realisiert und mit positiven Impulsen x_a und x_s arbeitet, unter Verwendung von Triggern *Tr*1, *Tr*2 und „Ziehröhren". Unter Berücksichtigung von (6.14) und (3.27) sowie von

$$\omega_1'(t) = \bar\zeta_2(t)\,\xi_a(t)\,,$$
$$\omega_1''(t) = \bar\zeta_2(t) \vee \bar\xi_a(t)$$

erhalten wir den folgenden Ausdruck, aus dem die Konstruktion des Netzes *Tr*1, das mit Pentoden am Eingang bestückt ist, zu entnehmen ist:

$$\begin{aligned}\zeta_1(t+1) &= \{[\bar\zeta_2(t) \vee \bar\xi_a(t)] \wedge \zeta_1(t)\} \vee \{[\zeta_2(t) \vee \bar\xi_a(t)] \wedge \bar\zeta_1(t)\} \\ &= \{P[\zeta_2(t), \xi_a(t)] \wedge \zeta_1(t)\} \vee \{P[\bar\zeta_2(t), \xi_a(t)] \wedge \bar\zeta_1(t)\}\,.\end{aligned}$$

Auf analoge Weise leitet man unter Verwendung von

$$\omega_2'(t) = \zeta_1(t) \wedge \xi_s(t)$$
$$\omega_2''(t) = \zeta_1(t) \vee \bar\xi_s(t)$$

folgende Beziehung her:

$$\begin{aligned}\zeta_2(t+1) &= \{[\zeta_1(t) \vee \bar\xi_s(t)] \wedge \zeta_2(t)\} \vee \{[\bar\zeta_1(t) \vee \bar\xi_s(t)] \wedge \bar\zeta_2(t)\} \\ &= \{P[\bar\zeta_1(t), \xi_s(t)] \wedge \zeta_2(t)\} \vee \{P[\zeta_1(t), \xi_s(t)] \wedge \bar\zeta_2(t)\}\,.\end{aligned}$$

Damit ist das Netz des Triggers *Tr*2 festgelegt. Die Abb. 6.10 zeigt das Netz eines einstelligen Dualzählers mit zwei Triggern, das man auf Grund der angegebenen Beziehungen erhält.

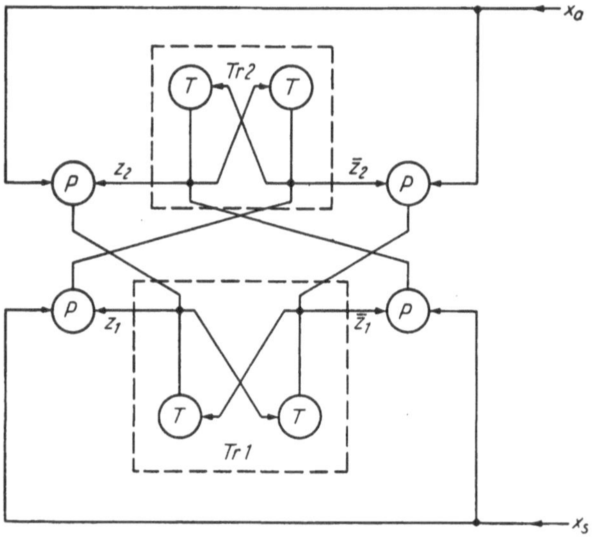

Abb. 6.10

Abb. 6.11 zeigt Netz eines s-stelligen Zählers, das aus den soeben betrachteten einstelligen Zählern aufgebaut ist. Bei der Konstruktion eines solchen Netzes muß man erreichen, daß die Arbeitsimpulse am Eingang der zweiten Stufe mit einer Frequenz eintreffen, die genau halb so groß ist wie die Eintrittsfrequenz der Signale x_a. Wie wir uns oben überlegt haben, hat $\zeta_2(t)$ nämlich bei jedem Arbeitstaktintervall mit ungerader Nummer (nach Eintreffen des entsprechenden Impulses x_s) den Wert 1. Setzt man nun

$$\xi_a^{(2)}(t) = \xi_a(t) \wedge \zeta_2^{(1)}(t) ,$$

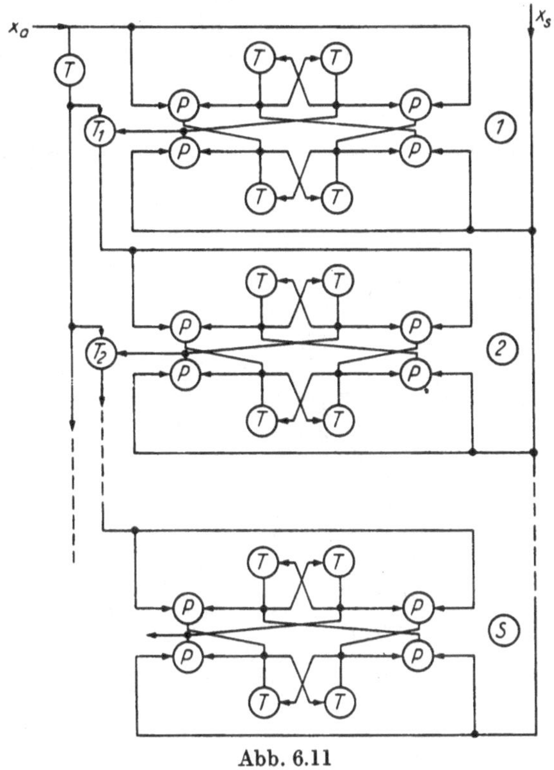

Abb. 6.11

wobei die oberen Indizes die Stufennummern sind, so ist offenbar die erwähnte Forderung an die Frequenz der Signale $x_a^{(2)}$ erfüllt. Entsprechendes gilt auch für die folgenden Stufen:

$$\xi_a^{(n)}(t) = \xi_a(t) \wedge \zeta_2^{(n-1)}(t) = T_2(\bar{\xi}_a(t), \bar{\zeta}^{(n-1)}(t)) .$$

Entsprechend dieser Beziehung werden die einzelnen Stufen des Zählernetzes verbunden.

Beispiel 6. Es ist ein sequentiell arbeitendes Triggernetz zum Vergleich zweier n-stelliger Dualzahlen

$$u = u_n u_{n-1} \dots u_1 \quad \text{und} \quad w = w_n w_{n-1} \dots w_1$$

zu konstruieren.

Die Arbeitsbedingungen des Netzes sind folgende:

1. In jedem Takt t werden dieselben Stellen $u(t)$ und $w(t)$ der Zahlen u und w in die Eingänge des Netzes eingegeben.

2. Das Netz vergleicht die Wörter

$$u(1)\, u(2) \ldots u\,(t-2)\, u\,(t-1)\, u(t)\,, \tag{1}$$

$$w(1)\, w(2) \ldots w\,(t-2)\, w\,(t-1)\, w(t) \tag{2}$$

und gibt das Signal y_3' aus, falls die entsprechenden Zahlen gleich sind. Ist die dem Wort (2) entsprechende Zahl größer als die von (1) beschriebene, so erscheint das Signal y_2' am Ausgang, in dem verbleibenden Fall wird das Signal y_1' ausgegeben.

Wir benutzen ein vierbuchstabiges Eingabealphabet $\{x_1', x_2', x_3', x_4'\}$, das mit Binärcodewörtern $x_1\, x_2$ folgendermaßen codiert wird:

$$x_1' = 00\,, \quad x_2' = 01\,, \quad x_3' = 10\,, \quad x_4' = 11\,.$$

Zur Codierung des Ausgabealphabetes verwenden wir ebenfalls Binärcodewörter $y_1\, y_2$:

$$y_1' = 10\,, \quad y_2' = 01\,, \quad y_3' = 00\,.$$

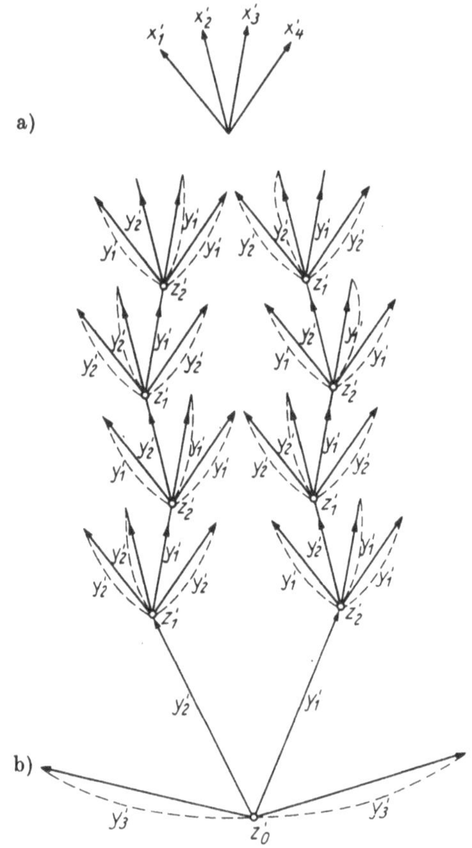

Abb. 6.12

Wir betrachten nun den Baum des zu realisierenden regulären Automatenoperators, der in Abb. 6.12 b) dargestellt ist. Dabei sind die Buchstaben des Eingabealphabets den Kanten so zugeordnet, wie es Abb. 6.12 a) zeigt. Der Baum besitzt drei paarweise inäquivalente Äste, das Gewicht des Operators ist folglich gleich drei. Das Zustandsalphabet unseres darstellenden abstrakten Automaten enthält drei Buchstaben, die folgendermaßen mit Wörtern $z_1 z_2$ codiert werden:

$$z'_0 = 00\,, \quad z'_1 = 01\,, \quad z'_2 = 10\,.$$

Tabelle VI.3

z_1	z_2	x_1	x_2	$g_1(z_1, z_2, x_1, x_2)$	$g_2(z_1, z_2, x_1, x_2)$	$f_1(z_1, z_2, x_1, x_2)$	$f_2(z_1, z_2, x_1, x_2)$
0	0	0	0	0	0	0	0
0	0	0	1	0	1	0	1
0	0	1	0	1	0	1	0
0	0	1	1	0	0	0	0
0	1	0	0	0	1	0	1
0	1	0	1	0	1	0	1
0	1	1	0	1	0	1	0
0	1	1	1	0	1	0	1
1	0	0	0	1	0	1	0
1	0	0	1	0	1	0	1
1	0	1	0	1	0	1	0
1	0	1	1	1	0	1	0

Zur Bildung der Ausgabesignale benutzten wir die statischen Ausgänge der Trigger, d. h., wir benutzen, daß

$$y_1 = z_1 \quad \text{und} \quad y_2 = z_2$$

ist, und konstruieren mit Hilfe des Baumes die Tabelle VI.3 der Funktionen $f = [f_1, f_2]$ und $g = [g_1, g_2]$ des abstrakten Automaten $\mathfrak{A} = [X, Y, Z, f, g]$, $X = Y = Z = D^2$, der den betrachteten Automatenoperator im Zustand 00 darstellt. (Die Zeilen, für die $z_1 = z_2 = 1$ ist, sind nicht aufgeführt; im vorliegenden Falle denken wir sie uns mit Nullen ausgefüllt.)

Damit ergibt sich, wenn man die repräsentierenden Ausdrücke in alternativer Normalform darstellt:

$$\left.\begin{aligned}\zeta_1(t+1) &= [\bar{\zeta}_1(t) \wedge \xi_1(t) \wedge \bar{\xi}_2(t)] \vee [\zeta_1(t) \wedge \bar{\zeta}_2(t) \wedge \bar{\xi}_2(t)] \vee [\zeta_1(t) \wedge \bar{\zeta}_2(t) \wedge \xi_1(t)]\,,\\ \zeta_2(t+1) &= [\bar{\zeta}_2(t) \wedge \bar{\xi}_1(t) \wedge \xi_2(t)] \vee [\bar{\zeta}_1(t) \wedge \zeta_2(t) \wedge \bar{\xi}_1(t)] \vee [\bar{\zeta}_1(t) \wedge \zeta_2(t) \wedge \xi_2(t)]\,,\\ \zeta_1(1) &= \zeta_2(1) = 0\,.\end{aligned}\right\} \quad (\mathrm{A}^*)$$

Das realisierende Netz bauen wir aus Triggern mit zwei Eingängen auf, dabei werden die Eingabesignale in Form positiver Impulse eingegeben. Wir zerlegen die Ausdrücke von (A*) nach den Variablen $\zeta_\varkappa$ mit $\chi = 1, 2$ und erhalten:

$$\omega'_1(t) = \bar{\zeta}_2(t) \wedge [\xi_1(t) \vee \bar{\xi}_2(t)] = T_2\,\{\zeta_2(t), T_2\,[\xi_1(t), \bar{\xi}_2(t)]\}\,, \quad \omega''_1(t) = T\,\{T_2\,[\bar{\xi}_1(t), \xi_2(t)]\}\,. \quad (\mathrm{B}^*)$$

Entsprechend hat man

$$\omega'_2(t) = T_2\,\{\zeta_1(t), T_2\,[\bar{\xi}_1(t), \xi_2(t)]\}\,, \quad \omega''_2(t) = T\,\{T_2\,[\xi_1(t), \bar{\xi}_2(t)]\}\,. \qquad (\mathrm{C}^*)$$

Das Netz, das die Funktionen, die durch die Ausdrücke von (A*), (B*) und (C*) repräsentiert sind, realisiert, ist in Abb. 6.13 dargestellt.

Bei der Synthese von Netzen, die aus Triggern eines bestimmten Typs bestehen, ist es günstig, zur Beschreibung des entsprechenden regulären Automatenoperators mit gegebenem Gewicht die Charakterisierung des darstellenden endlichen abstrakten Automaten mit Hilfe der von ZETLIN[1]) vorgeschlagenen Überführungs- und Ausgabematrizen vorzunehmen. Hieraus kann man die repräsentierenden Ausdrücke sofort entnehmen (siehe Kapitel V, § 3).

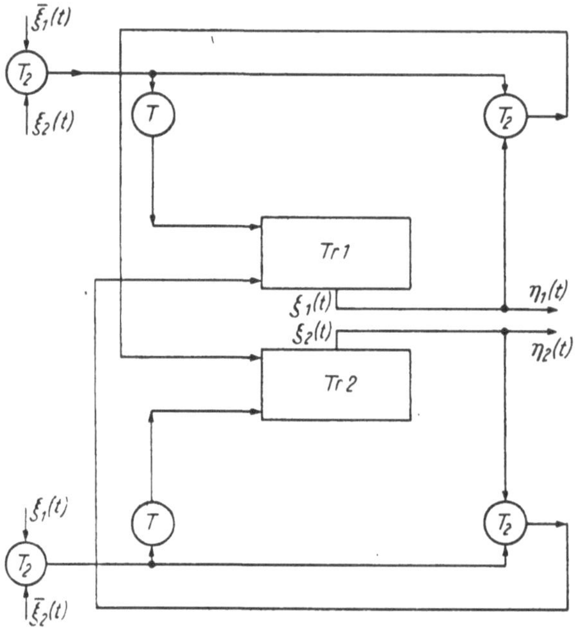

Abb. 6.13

Beispiel 7.[2]) Zu konstruieren ist ein Netz für einen S-stelligen binären Differentialzähler mit 2^S Zuständen $(0, 1, 2, 3, \ldots, 2^S - 1)$, der zwei Eingabepole (für x_1, x_2; $x_\mu \in D$) und zwei Ausgabepole (für y_1, y_2; $y_\nu \in D$) besitzt. Die Arbeitsbedingungen des Netzes sind:

1. Bei $\xi_1(t) = \xi_2(t) = 1$ oder $\xi_1(t) = \xi_2(t) = 0$ ändert sich der Zustand des Netzes nicht.

2. Bei $\xi_1(t) = 1$ und $\xi_2(t) = 0$ geht das Netz aus dem Zustand mit der Nummer j in den Zustand mit der Nummer $j + 1$ (modulo 2^S) über; für $j = 2^S - 1$ ist also der entsprechende Zustand 0.

3. Bei $\xi_1(t) = 0$ und $\xi_2(t) = 1$ geht das Netz aus dem Zustand j in den Zustand $j - 1$ (modulo 2^S) über; für $j = 0$ ist also der entsprechende Zustand $2^S - 1$.

4. Beim Übergang aus dem Zustand $2^S - 1$ in den Zustand 0 emittiert das Netz das Signal $\eta_1(t) = 1$, beim umgekehrten Übergang entsteht das Signal $\eta_2(t) = 1$. In allen anderen Fällen ist $\eta_1(t) = \eta_2(t) = 0$.

---

[1]) Siehe [77].

[2]) Das Beispiel wurde der Arbeit [77] entnommen.

Zunächst konstruieren wir ein derartiges Zählernetz für $S = 2$. Zur Codierung der Nummern der Zustände verwenden wir Codewörter $z_1 z_2$ (die Dualdarstellung dieser Nummern) und stellen dann die Überführungsmatrix und Ausgabematrix auf.

Tabelle VI.4

$z_1 z_2$ \ $z_1' z_2'$	00	01	10	11
00	00, 11	10	–	01
01	01	00, 11	10	–
10	–	01	00, 11	10
11	10	–	01	00, 11

Tabelle VI.5

$x_1 x_2$ \ $y_1 y_2$	00	01	10	11
00	00, 01, 10, 11	–	–	–
01	01, 10, 11	00	–	–
10	00, 01, 10	–	11	–
11	00, 01, 10, 11	–	–	–

Die Tabelle VI.4 bzw. VI.5 stellt die Überführungsmatrix bzw. die Ausgabematrix dar.

Aus der Überführungsmatrix erhalten wir nach Vereinfachungen die folgenden Ausdrücke für g_1 und g_2:

$$\left.\begin{aligned}\zeta_1(t+1) &= [\bar\zeta_1(t) \wedge \bar\zeta_2(t) \wedge \bar\xi_1(t) \wedge \xi_2(t)] \vee [\bar\zeta_1(t) \wedge \zeta_2(t) \wedge \xi_1(t) \wedge \bar\xi_2(t)] \\ &\quad \vee [\zeta_1(t) \wedge \bar\zeta_2(t) \wedge \sim(\bar\xi_1(t) \wedge \xi_2(t))] \vee [\zeta_1(t) \wedge \zeta_2(t) \wedge \sim(\xi_1(t) \wedge \bar\xi_2(t))], \\ \zeta_2(t+1) &= \bar\zeta_2(t) \wedge \{[\bar\xi_1(t) \wedge \xi_2(t)] \vee [\xi_1(t) \wedge \bar\xi_2(t)]\} \\ &\quad \vee \zeta_2(t) \wedge \{[\bar\xi_1(t) \wedge \bar\xi_2(t)] \vee [\xi_1(t) \wedge \xi_2(t)]\}.\end{aligned}\right\} \quad (A^{**})$$

Bei einer Realisierung des Zählers durch Trigger mit einem Eingang, die durch negative Impulse gesteuert werden, ergeben sich die Anschließfunktionen der Trigger auf Grund von (6.14) zu:

$$\left.\begin{aligned}\omega_1(t) &= [\xi_1(t) \wedge \bar\xi_2(t) \wedge \zeta_2(t)] \vee [\bar\xi_1(t) \wedge \xi_2(t) \wedge \zeta_2(t)], \\ \omega_2(t) &= [\bar\xi_1(t) \wedge \xi_2(t)] \vee [\xi_1(t) \wedge \bar\xi_2(t)].\end{aligned}\right\} \quad (B^{**})$$

Nun suchen wir die Beziehungen, die die dynamischen Ausgänge der Trigger beschreiben Für den ersten Trigger ergibt sich folgendes:

$$\left.\begin{aligned}\eta_{1A}(t) &= \omega_1(t) \wedge \zeta_1(t) = [\xi_1(t) \wedge \bar\xi_2(t) \wedge \zeta_1(t) \wedge \zeta_2(t)] \vee [\bar\xi_1(t) \wedge \xi_2(t) \wedge \zeta_1(t) \wedge \bar\zeta_2(t)], \\ \eta_{1B}(t) &= \omega_1(t) \wedge \bar\zeta_1(t) = [\xi_1(t) \wedge \bar\xi_2(t) \wedge \bar\zeta_1(t) \wedge \bar\zeta_2(t)] \vee [\bar\xi_1(t) \wedge \xi_2(t) \wedge \bar\zeta_1(t) \wedge \bar\zeta_2(t)].\end{aligned}\right\} \quad (C^{**})$$

Auf analoge Weise finden wir die Ausgabefunktionen des zweiten Triggers:

$$\left.\begin{aligned}\eta_{2A}(t) &= \omega_2(t) \wedge \zeta_2(t) = [\bar\xi_1(t) \wedge \xi_2(t) \wedge \zeta_2(t)] \vee [\xi_1(t) \wedge \bar\xi_2(t) \wedge \zeta_2(t)], \\ \eta_{2B}(t) &= \omega_2(t) \wedge \bar\zeta_2(t) = [\bar\xi_1(t) \wedge \xi_2(t) \wedge \bar\zeta_2(t)] \vee [\xi_1(t) \vee \bar\xi_2(t) \wedge \bar\zeta_2(t)].\end{aligned}\right\} \quad (D^{**})$$

Aus (B**) und (C**) kann man leicht entnehmen, daß die Anschließfunktion des ersten Triggers wie folgt von den Ausgaben des zweiten Triggers abhängt:

$$\omega_1(t) = [\eta_{2A}(t) \wedge \xi_1(t)] \vee [\eta_{2B}(t) \wedge \xi_2(t)] \,. \tag{E**}$$

Aus der Ausgabematrix lesen wir ab:

$$\left.\begin{aligned} \eta_1(t) &= \xi_1(t) \wedge \bar{\xi}_2(t) \wedge \zeta_1(t) \wedge \zeta_2(t) = \eta_{1A}(t) \wedge \xi_1(t) \,, \\ \eta_2(t) &= \bar{\xi}_1(t) \wedge \xi_2(t) \wedge \bar{\zeta}_1(t) \wedge \bar{\zeta}_2(t) = \eta_{1B}(t) \wedge \xi_2(t) \,. \end{aligned}\right\} \tag{F**}$$

Ausdrücke, die die Schaltung eines S-stelligen Zählers beschreiben, können durch Verallgemeinerung der Beziehungen (A^{**}) — (F^{**}) gewonnen werden. Wir ändern zur Vereinfachung der Notierung die Numerierung der Trigger ab und schreiben die Ausdrücke in folgender Form:

$$\begin{aligned} \omega_1(t) &= [\xi_1(t) \wedge \bar{\xi}_2(t)] \vee [\bar{\xi}_1(t) \wedge \xi_2(t)] \,, \\ \omega_j(t) &= [\xi_1(t) \wedge \bar{\xi}_2(t) \wedge \zeta_1(t) \wedge \zeta_2(t) \wedge \ldots \wedge \zeta_{j-1}(t)] \vee \\ &\quad \vee [\bar{\xi}_1(t) \wedge \xi_2(t) \wedge \bar{\zeta}_1(t) \wedge \bar{\zeta}_2(t) \wedge \ldots \wedge \bar{\zeta}_{j-1}(t)] \,, \qquad (j = 2, 3, \ldots, S) \\ \eta_{jA}(t) &= \omega_j(t) \wedge \zeta_j(t) \,, \\ \eta_{jB}(t) &= \omega_j(t) \wedge \bar{\zeta}_j(t) \,, \\ \omega_{j+1}(t) &= [\eta_{jA}(t) \wedge \xi_1(t)] \vee [\eta_{jB}(t) \wedge \xi_2(t)] \,, \\ \eta_1(t) &= \eta_{SA}(t) \wedge \xi_1(t) \,, \\ \eta_2(t) &= \eta_{SB}(t) \wedge \xi_2(t) \,. \end{aligned}$$

Die Abb. 6.14 zeigt das Netz eines S-stelligen Zählers, der nach dem vorstehenden Prinzip konstruiert wurde. Bei diesem Netz wird die kleinste Stelle der Dualzahl in dem am weitesten links gezeichneten Trigger 1 gespeichert.

Wir betrachten nun Verfahren zur Synthese logischer Netze mit transformatorgekoppelten Ferritkernen im Zweitaktbetrieb.

Wie früher setzen wir voraus, daß die repräsentierenden Ausdrücke der Überführungs- und Ausgabefunktion des darstellenden abstrakten Automaten in kanonischer alternativer Normalform gegeben sind. Zur Konstruktion eines logischen Netzes aus ferritkernbestückten Bauelementen ist es notwendig, diese Funktionen als Superposition der entsprechenden Funktionen der Elementarautomaten darzustellen. Wir erinnern daran, daß bereits im dritten Kapitel auf die Möglichkeit hingewiesen wurde, wie man eine BOOLEsche Funktion anhand ihrer kanonischen alternativen Normalform in einer um $\sigma = 2$ gedehnten Zeitskala realisieren kann. Diese Funktion drücken wir unter Verwendung ihrer kanonischen alternativen Normalform — ZETLIN und SCHECHTMAN[1]) folgend — durch Funktionen, die von ferritkernbestückten Bauelementen realisiert werden, folgendermaßen aus:

$$\begin{aligned} \eta\,(t+2) &= f(\xi_1(t), \xi_2(t), \ldots, \xi_m(t)) \\ &= \bigvee_{\sigma_1, \ldots, \sigma_m} f(\sigma_1, \ldots, \sigma_m) \wedge G\left\{1, \bigvee_{\mu=1}^{m} [\bar{\sigma}_\mu \wedge H(\xi_\mu(t), 0) \vee \sigma_\mu \wedge H(1, \xi_\mu(t))]\right\} . \end{aligned} \tag{6.16}$$

---

1) Siehe [76].

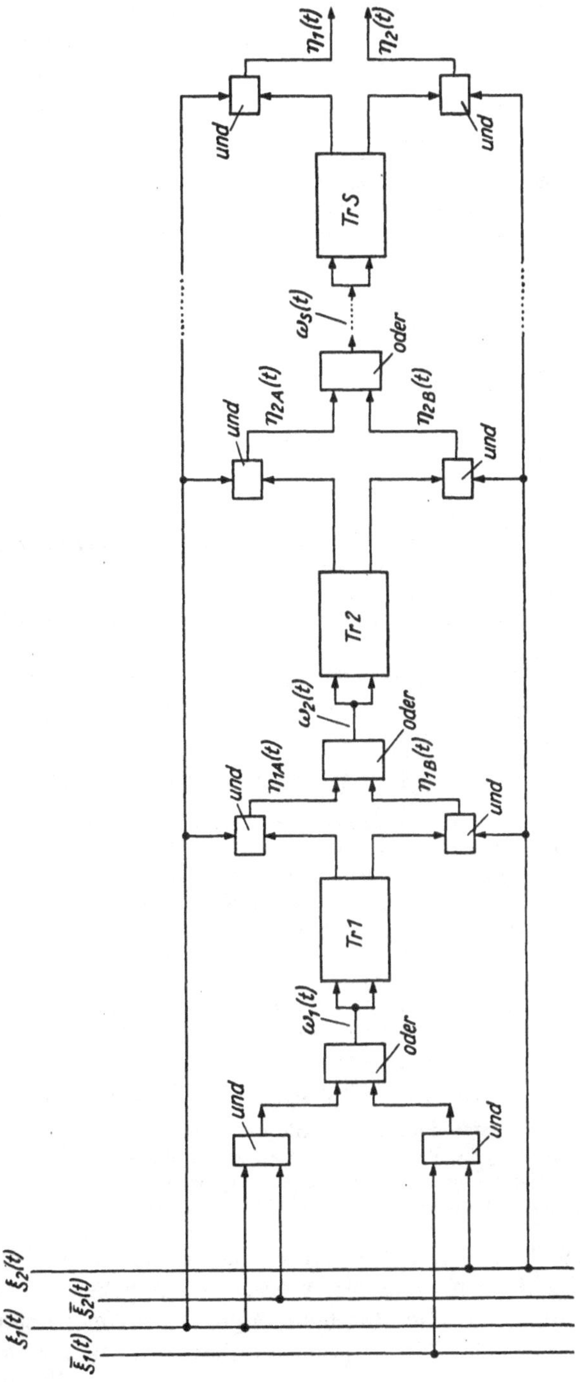

η1(t)
η2(t)
und
und
Tr-S
ωS(t)
oder
η2A(t)
η2B(t)
und
und
Tr 2
ω2(t)
oder
η1A(t)
η1B(t)
und
und
Tr 1
ω1(t)
oder
und
und
ξ1(t)
ξ2(t)
ξ̄1(t)
ξ̄2(t)

Abb. 6.14

Den Ausdruck von (6.16) nennen wir *normale G-Darstellung der Funktion f.* Diese Darstellung bestimmt die Verknüpfung der Bauelemente bei der Konstruktion des logischen Netzes zur Realisierung der Funktion f. Eine zu (6.16) analoge Beziehung kann man ohne besondere Schwierigkeiten auch für beliebige alternative Normalformen herleiten.

Beispiel 8. Es ist ein sequentiell arbeitendes Netz zum Vergleich n-stelliger Dualzahlen, das nach dem „gleich-ungleich-Prinzip“ funktioniert, mit ferritkernbestückten Bauelementen zu konstruieren. Im Unterschied zu dem im Beispiel 5 betrachteten Netz liegt hier die Ausgabe 1 genau dann vor, wenn die zu vergleichenden Zahlen ungleich sind.

Tabelle VI.6

$\zeta(t)$ \ $\zeta(t+2)$	0	1
0	00, 11	01, 10
1	–	00, 01, 10, 11

Es ist unschwer einzusehen, daß das Gewicht des Operators, der die beschriebene Informationsverarbeitung charakterisiert, gleich zwei ist. Zur Codierung der Eingabebuchstaben verwenden wir dieselben Codewörter wie im Beispiel 5 und stellen dann für den zu realisierenden Operator die Überführungsmatrix (siehe Tabelle VI.6) des darstellenden abstrakten Automaten auf.

Aus der Matrix ergeben sich wie folgt die repräsentierenden Ausdrücke:

$$\eta(t+2) = \zeta(t+2) = \zeta(t) \vee \{[\xi_1(t) \wedge \bar{\xi}_2(t)] \vee [\bar{\xi}_1(t) \wedge \xi_2(t)]\} \wedge \bar{\zeta}(t);$$

und nach Vereinfachungen:

$$\eta(t+2) = \zeta(t+2) = \zeta(t) \vee [\xi_1(t) \wedge \bar{\xi}_2(t)] \vee [\bar{\xi}_1(t) \wedge \xi_2(t)]\,. \qquad (A')$$

Den Ausdruck (A′) formen wir nun so um, daß gewisse Teilausdrücke durch äquivalente Ausdrücke ersetzt werden können, wobei die letzteren aus Funktionen aufgebaut sind, die von Ferritkernelementen realisiert werden. Dabei ist zu beachten, daß Signale, die an Erregungswicklungen einerseits, und Signale, die an Entmagnetisierungswicklungen andererseits treten, von verschiedener Dauer sein müssen. Aus diesem Grunde ist es bei der Konstruktion des Netzes nicht gestattet, Kanäle, die verschiedene derartige Wicklungen speisen, zu einem Pol zusammenzuschließen.

Unter Berücksichtigung dieser Anmerkung bringen wir (A′) in folgende Form (zur Vereinfachung der Bezeichnungsweise ersetzen wir hier – wie auch oft im folgenden – die Zeichen $\xi(t)$, $\eta(t)$ bzw. $\zeta(t)$ durch x, y bzw. z):

$$\eta(t+2) = G\{0, [G(z, 0) \vee G(x_1, x_2)]\} \vee G\{1, [H(x_1, 0) \vee H(1, x_2)]\}\,.$$

Die hierdurch repräsentierte Funktion wird von dem in Abb. 6.15 wiedergegebenen Netz realisiert. Dabei tritt die Variable x_1 nur an Erregungswicklungen, x_2 dagegen nur an Entmagnetisierungswicklungen auf. Für das entsprechende Netz werden sechs Kerne benötigt, da in dem obigen Ausdruck die Zeichen G und H insgesamt sechsmal vorkommen.

Im betrachteten Beispiel ging der Umformung der ursprünglichen Ausdrücke eine Vereinfachung ihrer Normalform voraus. In manchen Fällen wird eine derartige Umwandlung einfacher durch eine äquivalente Umformung der normalen G-Darstellung erreicht. Unten werden zu diesem Zweck Beziehungen angegeben, die aus der erwähnten Arbeit von ZETLIN und SCHECHTMAN entnommen sind.

Aus (3.39) folgt unmittelbar, daß

$$\left.\begin{aligned} G(x, x) &= 0\,, \\ \bigvee_{\mu=1}^{m} G(x_\mu, 0) &= G\left(\bigvee_{\mu=1}^{m} x_\mu, 0\right) \end{aligned}\right\} \tag{6.17}$$

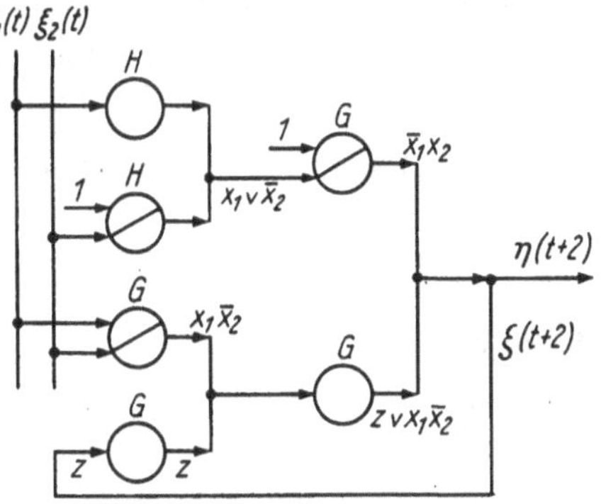

Abb. 6.15

ist. Ebenso leicht lassen sich auch folgende Äquivalenzen beweisen:

$$G[1, (H(x_1, x_2) \vee A)] = G[(G(1, x_1) \vee G(x_2, 0)), A]\,, \tag{6.18}$$

$$G[G(x_1, x_2), A] = G[1, (H(1, x_1) \vee H(x_2, 0) \vee A)]\,, \tag{6.18'}$$

wobei A ein beliebiger Ausdruck ist.

In den Fällen, wo die Funktion $f(x_1, x_2, \ldots, x_m)$ von gewissen Argumenten nicht effektiv abhängt, kann eine Vereinfachung von Netzen auf der Basis folgender Äquivalenz erreicht werden:

$$\bigvee_{\sigma_1, \sigma_2, \ldots, \sigma_n} G\left\{A, B \vee \bigvee_{\nu=1}^{n} [\sigma_\nu \wedge H(1, x_\nu) \vee \bar{\sigma}_\nu \wedge H(x_\nu, 0)]\right\} = G(A, B)\,, \tag{6.19}$$

wobei A und B nicht von $x_1, x_2, \ldots, x_n$ abhängen. So hat zum Beispiel die normale G-Darstellung für die Funktion $f(x_1, x_2, x_3) = (\bar{x}_1 \wedge x_2 \wedge x_3) \vee (x_1 \wedge x_2 \wedge x_3)$ folgende Form:

$$\begin{aligned} f(x_1, x_2, x_3) = G\,[1, (H(x_1, 0) \vee H(1, x_2) \vee H(1, x_3))] \vee \\ \vee\, G\,[1, (H(1, x_1) \vee H(1, x_2) \vee H(1, x_3))]\,. \end{aligned}$$

Durch Anwendung von (6.19) (für $n = 1$, $A = 1$, $B = H(1, x_2) \vee H(1, x_3)$) kann die Funktion in folgender Weise dargestellt werden:

$$f(x_1, x_2, x_3) = G\,[1, (H(1, x_2) \vee H(1, x_3))]\,.$$

Häufig betrachtet man Funktionen, die nur von einer Alternative gewisser ihrer Variablen anstatt direkt von diesen Variablen abhängen. Hier kann man eine Vereinfachung erreichen, wenn man folgende Beziehung verwendet, wobei A und B wie in (6.19) gewählt sind:

$$\bigvee_{\nu=1}^{n} G\left[A, \left(B \vee H(1, x_\nu)\right)\right] = G\left\{A, \left[B \vee H\left(1, \bigvee_{\nu=1}^{n} x_\nu\right)\right]\right\}. \tag{6.20}$$

Für den Spezialfall $n = 2$ nimmt dieser Ausdruck folgende Gestalt an:

$$G\left[A, \left(B \vee H(1, x_1)\right)\right] \vee G\left[A, \left(B \vee H(1, x_2)\right)\right] = G\left[A, \left(B \vee H(1, x_1 \vee x_2)\right)\right]. \tag{6.21}$$

Die Funktion $f = (x_1 \wedge x_2 \wedge x_3) \vee (x_2 \wedge x_3 \wedge x_4)$ zum Beispiel, deren normale G-Darstellung

$$f = G\left[1, \left(H(1, x_1) \vee H(1, x_2) \vee H(1, x_3)\right)\right] \vee G\left[1, \left(H(1, x_2) \vee H(1, x_3) \vee H(1, x_4)\right)\right]$$

lautet, wird auf Grund von (6.21) in

$$f = G\left[1, \left(H(1, x_2) \vee H(1, x_3) \vee H(1, x_1 \vee x_4)\right)\right]$$

überführt.

Beispiel 9. Es ist ein logisches Netz, das einem Trigger mit einem Eingang äquivalent ist, aus Ferritkernen zu konstruieren.

Wir benutzen die Beziehungen (3.25) und (3.26) und die Operatoren, die von Grundschaltungen aus Ferritkernen realisiert werden. Ferner sei hier nochmals an unsere Bemerkung darüber erinnert, wann äußere Pole des Netzes gekoppelt werden dürfen. Dann haben wir

$$\omega(t) \wedge \bar{\zeta}(t) = G\{1, [H(1, w) \vee H(z, 0)]\},$$

$$\bar{\omega}(t) \wedge \zeta(t) = G\{1, [H(w, 0) \vee H(1, z)]\}.$$

Der Zustand des Netzes wird charakterisiert durch:

$$\zeta(t+2) = G\{1, [H(1, w) \vee H(z, 0)]\} \vee G\{1, [H(w, 0) \vee H(1, z)]\}.$$

Realisieren wir die von diesem Ausdruck repräsentierte Funktion, so benötigen wir dazu 6 Ferritkerne. Einen einfacheren Ausdruck erhalten wir durch Verwendung von (6.18′):

$$\zeta(t+2) = G\{1, [H(1, w) \vee H(z, 0)]\} \vee G[G(z, w), 0]. \tag{A''}$$

Das Netz, das die entsprechende Funktion realisiert, enthält nur 5 Ferritkerne.

Die Ausgabefunktion, die den dynamischen Ausgang des Triggers beschreibt, wird repräsentiert durch

$$\eta(t+2) = \omega(t) \wedge \zeta(t) = G\{1, [H(1, z) \vee H(1, w)]\}. \tag{B''}$$

Die Abb. 6.16 zeigt ein Netz mit 8 Ferritkernen, das entsprechend den Ausdrücken (A″) und (B″) konstruiert ist.

Beispiel 10. Für einen sequentiell arbeitenden zweistelligen Dualadder ist ein Netz mit Ferritkernen gesucht, das mit einer um $\sigma = 2$ gedehnten Zeitskala arbeitet. Die Arbeitsbedingungen des Netzes werden durch den in Abb. 6.17 dargestellten Baum gegeben. Den Kanten dieses Baumes sind die Eingabebuchstaben x_1', x_2', x_3', x_4' wie oben (Abb. 6.12 a)) zugeordnet, das Ausgabealphabet enthält nur die beiden Buchstaben 0 und 1.

Wir codieren die Eingabebuchstaben wie folgt mit Codewörtern $x_1 x_2$,

$$x_1' = 00, \quad x_2' = 01, \quad x_3' = 10, \quad x_4' = 11,$$

und wählen 0 und 1 als Buchstaben des Zustandsalphabets des darstellenden abstrakten Automaten 0 und 1. Nach dem in Abb. 6.17 wiedergegebenen Baum stellen wir die Tabellen der Funktionen f und g des abstrakten Automaten $\mathfrak{A} = [X, Y, Z, f, g]$, $Y = Z = D$, $X = D^2$, auf, der den regulären Automatenoperator im Zustand 0 darstellt (siehe Tabelle VI.7).

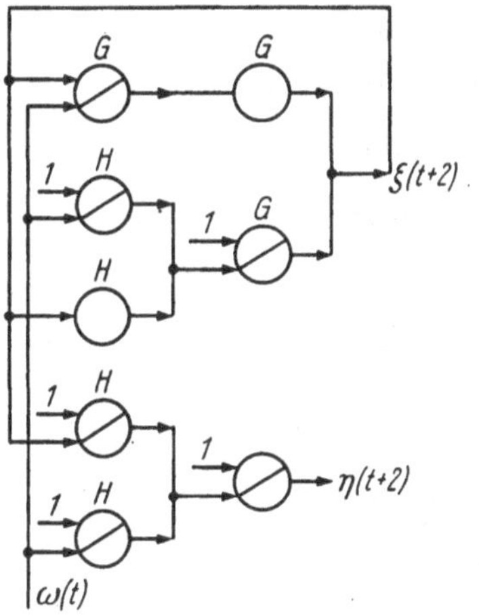

Abb. 6.16

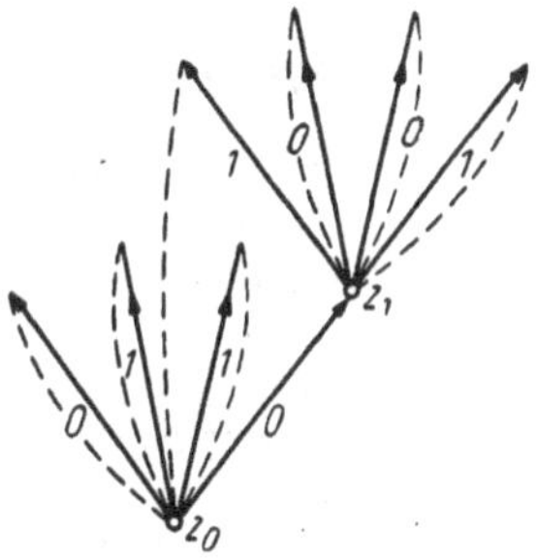

Abb. 6.17

Tabelle VI.7

$\zeta(t)$	$\xi_1(t)$	$\xi_2(t)$	$\zeta\,(t+2)$	$\eta\,(t+2)$
0	0	0	0	0
0	0	1	0	1
0	1	0	0	1
0	1	1	1	0
1	0	0	0	1
1	0	1	1	0
1	1	0	1	0
1	1	1	1	1

Hieraus folgt

$$\begin{aligned}\zeta\,(t+2) &= \big(\overline{\zeta}(t) \wedge \xi_1(t) \wedge \xi_2(t)\big) \vee \big(\zeta(t) \wedge \overline{\xi}_1(t) \wedge \xi_2(t)\big)\\ &\quad \vee \big(\zeta(t) \wedge \xi_1(t) \wedge \overline{\xi}_2(t)\big) \vee \big(\zeta(t) \wedge \xi_1(t) \wedge \xi_2(t)\big)\\ &= \big(\xi_1(t) \wedge \xi_2(t)\big) \vee \big(\zeta(t) \wedge \xi_1(t)\big) \vee \big(\zeta(t) \wedge \xi_2(t)\big)\,, \end{aligned} \qquad (\mathrm{A}''')$$

$$\begin{aligned}\eta\,(t+2) &= \big(\overline{\zeta}(t) \wedge \overline{\xi}_1(t) \wedge \xi_2(t)\big) \vee \big(\overline{\zeta}(t) \wedge \xi_1(t) \wedge \overline{\xi}_2(t)\big)\\ &\quad \vee \big(\zeta(t) \wedge \overline{\xi}_1(t) \wedge \overline{\xi}_2(t)\big) \vee \big(\zeta(t) \wedge \xi_1(t) \wedge \xi_2(t)\big)\,. \end{aligned} \qquad (\mathrm{B}''')$$

Die Ausdrücke (A''') und (B''') lassen sich nicht weiter vereinfachen, wenn man im Bereich der alternativen Normalformen bleibt.

Wir stellen nun (A''') und (B''') als Superposition elementarer Funktionen, die von ferritkernbestückten Bauelementen realisiert werden, dar und erhalten

$$\begin{aligned}\zeta\,(t+2) = {} & H\,[1, (H(1, x_1) \vee H(1, x_2))] \vee H\,[1, (H(1, x_1) \vee H(1, z))] \\ & \vee H\,[1, (H(1, x_2) \vee H(1, z))]\,,\end{aligned} \tag{C'''}$$

$$\begin{aligned}\eta\,(t+2) = {} & G\,[1, (H(z, 0) \vee H(x_1, 0) \vee H(1, x_2))] \\ & \vee G\,[1, (H(z, 0) \vee H(1, x_1) \vee H(x_2, 0))] \\ & \vee G\,[1, (H(1, z) \vee H(x_1, 0) \vee H(x_2, 0))] \\ & \vee G\,[1, (H(1, z) \vee H(1, x_1) \vee H(1, x_2))]\,.\end{aligned} \tag{D'''}$$

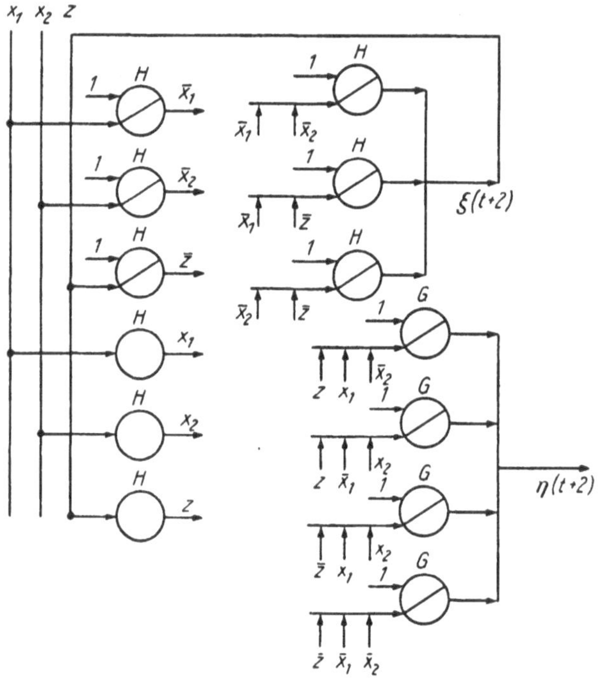

Abb. 6.18

Abb. 6.18 zeigt das Netz, welches die den Ausdrücken (C''') und (D''') entsprechenden Funktionen realisiert; es enthält 13 Ferritkerne. Von diesem Netz wird am Ausgang (y) die Summe der beiden Zahlen und am Ausgang (z) der Übertrag für die nächste Stelle ausgegeben.

Zum Schluß dieses Paragraphen machen wir noch einige Bemerkungen über die Synthese von logischen Netzen mit Ferritkern-Dioden-Drossel-Schaltungen. Mit Hilfe der in Kapitel III hergeleiteten Beziehungen stellen wir eine gegebene Booleesche Funktion f anhand ihrer kanonischen alternativen Normalform folgendermaßen durch Funktionen, die von derartigen Schaltungen realisiert werden, dar

$$\eta(t+2) = f[\xi_1(t), \xi_2(t), \ldots, \xi_m(t)] = \bigvee_{\sigma_1, \sigma_2, \ldots, \sigma_m} f(\sigma_1, \sigma_2, \ldots, \sigma_m)$$

$$\wedge R\left\{\bigvee_{\mu=1}^{m} [\bar{\sigma}_\mu \wedge R(1, \xi_\mu(t)) \vee \sigma_\mu \wedge R(\xi_\mu(t), 0)], 0\right\}. \tag{6.22}$$

Der Ausdruck (6.22) (auch *R-Normalform* genannt) definiert ein Netz mit ferrodiodischen Elementen, das die Funktion f realisiert. Er ist unter Verwendung von Konjunktion, Alternative und Negation aufgebaut; zu seiner Vereinfachung können die schon bekannten Methoden herangezogen werden.

Man sollte jedoch auch beachten, daß mit ferrodiodischen Elementen die Implikation unmittelbar realisiert werden kann. Diese Tatsache gestattet es, wie SCHECHTMAN[1]) zeigte, durch Vereinfachung des Ausdrucks (6.22) (im Sinne einer Verringerung der Elementanzahl oder einer Verbesserung der Arbeitsbedingungen des realisierenden Netzes) einfachere Netze mit Hilfe folgender Umformungen aufzubauen:[2])

$$R(x, x) = 1\,, \tag{6.23}$$

$$R[R(x, 0), 0] = R[1, R(1, x)]\,, \tag{6.24}$$

$$\bigvee_{\mu} R(x, x_\mu) = R\left[x, \bigvee_{\mu} x_\mu\right], \tag{6.25}$$

$$R\left[\left(R(x_1, 0) \vee R(1, x_2) \vee R(1, S)\right), 0\right] = R\left(\left[R(x_1, x_2 \vee S)\right), 0\right]\,, \tag{6.26}$$

$$R\left[\left(S \vee R(x, 0)\right), 0\right] \vee R\left[\left(S \vee R(1, x)\right), 0\right] = R(S, 0)\,, \tag{6.27}$$

wobei S ein beliebiger Ausdruck ist.

Zur Illustration der Syntheseverfahren für logische Netze unter Benutzung ferrodiodischer Elemente konstruieren wir wie im vorigen Beispiel das Netz eines zweistelligen Dualadders. Dazu bringen wir die Ausdrücke (A''') und (B''') auf folgende R-Normalform:

$$\begin{aligned}\eta(t+2) = {} & R\left[\left(R(x_1, 0) \vee R(x_2, 0)\right), 0\right] \\ & \vee R\left[\left(R(z, 0) \vee R(x_1, 0)\right), 0\right] \vee R\left[\left(R(z, 0) \vee R(x_2, 0)\right), 0\right]\,,\end{aligned} \tag{E'''}$$

$$\begin{aligned}\eta(t+2) = {} & R\left[\left(R(1, z) \vee R(1, x_1) \vee R(x_2, 0)\right), 0\right] \\ & \vee R\left[\left(R(1, z) \vee R(1, x_2) \vee R(x_1, 0)\right), 0\right] \\ & \vee R\left[\left(R(z, 0) \vee R(1, x_1) \vee R(1, x_2)\right), 0\right] \\ & \vee R\left[\left(R(z, 0) \vee R(x_1, 0) \vee R(x_2, 0)\right), 0\right].\end{aligned} \tag{F'''}$$

Eine Realisierung der entsprechenden Funktionen erfordert 13 Elemente vom Typ R. Im betrachteten Fall kann durch Umformungen dieser Ausdrücke mit Hilfe der oben angegebenen Beziehungen zwar die Zahl der benötigten Elemente nicht verringert werden, jedoch können die Arbeitsbedingungen des Netzes durch Verringerung der Belastung bestimmter Elemente und durch Verminde-

---

[1]) Siehe [59].

[2]) Wir führen hier nur einige der Umformungen auf, die in der Arbeit [59] abgeleitet worden sind.

rung der Anzahl derjenigen Elemente, die von „Einsen“ erregt werden, verbessert werden.

Unter Benutzung von (6.26) kann der Ausdruck (F''') auf folgende Form gebracht werden:

$$\eta(t+2) = R\left[\left(R(x_1, x_2 \vee z)\right), 0\right] \vee R\left[\left(R(z, x_1 \vee x_2)\right), 0\right] \vee R\left[\left(R(x_2, x_1 \vee z)\right), 0\right] \vee R\left[\left(R(z, 0) \vee R(x_1, 0) \vee R(x_2, 0)\right), 0\right]. \quad (\mathrm{H}''')$$

Die Abb. 6.19 zeigt ein Netz dieses Adders, das aus Ferritkern-Dioden-Drosseln nach den Beziehungen (E''') und (H''') konstruiert worden ist.

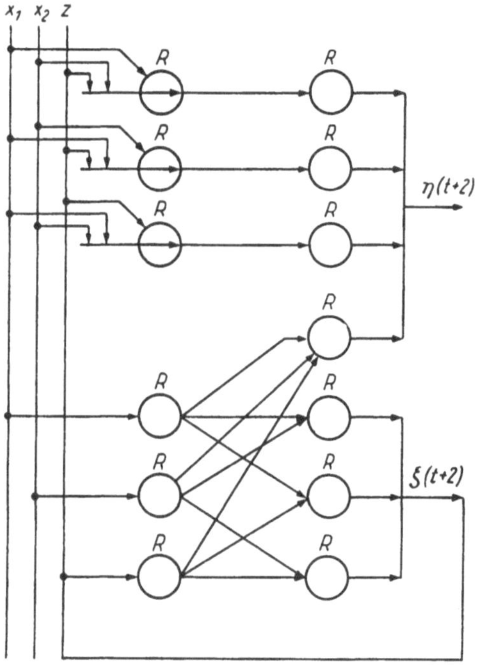

Abb. 6.19

§ 3. Synthese mehrpoliger logischer Netze

Wie wir schon in § 1 bemerkten, kann die Synthese eines logischen Netzes, das ein System von n Booleschen Funktionen realisiert, stets so gestaltet werden, daß n einpolige Netze, von denen jedes für sich eine Funktion des Systems realisiert, konstruiert werden. Diese Lösung führt jedoch sehr häufig zu unökonomischen Netzen. Daher strebt man mitunter Vereinfachungen an, indem man mehrpolige Netze konstruiert, die das gesamte Funktionensystem unmittelbar realisieren.

Zunächst notieren wir, daß ein mehrpoliges logisches Netz manchmal schon vereinfacht werden kann, indem man das von diesem Netz realisierte Funktionensystem sorgfältig daraufhin untersucht, ob Abhängigkeiten zwischen den einzelnen Funktionen des Systems bestehen.

Nehmen wir als Beispiel das System der dreistelligen Funktionen, die durch folgende Ausdrücke repräsentiert werden:

$$H_1 =_{\mathrm{Df}} (\overline{x_1} \wedge x_2 \wedge x_2) \vee (x_1 \wedge \overline{x_2} \wedge \overline{x_3}) ,$$

$$H_2 =_{\mathrm{Df}} (\overline{x_1} \wedge x_2 \wedge x_3) \vee (x_1 \wedge \overline{x_2} \wedge x_3) \vee (x_1 \wedge x_2 \wedge \overline{x_3}) ,$$

$$H_3 =_{\mathrm{Df}} (\overline{x_1} \wedge \overline{x_2} \wedge \overline{x_3}) \vee (\overline{x_1} \wedge x_2 \wedge x_3) \vee (x_1 \wedge \overline{x_2} \wedge x_3) \vee (x_1 \wedge x_2 \wedge \overline{x_3}) ,$$

$$H_4 =_{\mathrm{Df}} (\overline{x_1} \wedge \overline{x_2} \wedge x_3) \vee (\overline{x_1} \wedge x_2 \wedge \overline{x_3}) \vee (x_1 \wedge x_2 \wedge \overline{x_3}) \vee (x_1 \wedge x_2 \wedge x_3) ,$$

$$H_5 =_{\mathrm{Df}} (\overline{x_1} \wedge \overline{x_2} \wedge \overline{x_3}) \vee (\overline{x_1} \wedge x_2 \wedge x_3) \vee (x_1 \wedge \overline{x_2} \wedge \overline{x_3}) \vee (x_1 \wedge \overline{x_2} \wedge x_3) .$$

Es ist nicht schwer, fünf einzelne Netze zur Realisierung dieser Funktionen aufzubauen. Werden diese Netze mit röhrenbestückten Bauelementen ausgeführt, so braucht man insgesamt 41 Steuergitter.

Richten wir nun unsere Aufmerksamkeit darauf, daß für das gegebene Funktionensystem die folgenden Beziehungen gelten:

$$H_3 = H_2 \vee (\overline{x_1} \wedge \overline{x_2} \vee \overline{x_3}) ,$$

$$H_4 = \overline{H_5} ,$$

$$H_5 = H_1 \vee (\overline{x_1} \wedge \overline{x_2} \vee \overline{x_3}) \vee (x_1 \wedge \overline{x_2} \wedge x_3) .$$

Außerdem braucht man, wenn man diese Gleichungen benutzt, die Konjunktionen $(x_1 \wedge x_2 \wedge x_3)$, $(\overline{x_1} \wedge \overline{x_2} \wedge x_3)$ und $(\overline{x_1} \wedge x_2 \wedge \overline{x_3})$ nicht zu bilden. Das Netz, das unter Berücksichtigung dieser Abhängigkeiten konstruiert wurde, enthält insgesamt nur 22 Gitter. Es ist also eine Einsparung von 19 Steuergittern erreicht worden.

Wir betrachten zwei hinreichend allgemeine Verfahren zur Synthese mehrpoliger Netze, die in vielen Fällen ökonomische Konstruktionen gewährleisten. Die erste Methode wird in der Praxis bei der Synthese von Netzen, die höchstens zwei oder drei Ausgänge besitzen, verwendet. Sie basiert darauf, daß bereits realisierte Ausgabefunktionen systematisch zur Realisierung weiterer Ausgabefunktionen herangezogen werden.[1])

Gesucht sei ein Netz zur Realisierung zweier m-stelliger Boolescher Funktionen f_1 und f_2. Wir konstruieren zunächst ein die Funktion f_1 realisierendes Netz und verwenden die so erzeugten Werte von f_1 als Eingabe für ein Netz, das eine $(m + 1)$-stellige Funktion f_2' realisiert (Abb. 6.20). Dabei zeigt sich, daß

$$f_2'(x_1, x_2, \ldots, x_m, f_1(x_1, \ldots, x_m)) \tag{6.28}$$

eine Funktion von m Veränderlichen ist.

---

[1]) Siehe [67].

Von der Funktion f_2' in (6.28) fordern wir, daß

$$f_2'(x_1, \ldots, x_m, f_1(x_1, \ldots, x_m)) = f_2(x_1, \ldots, x_m) \tag{6.29}$$

ist. Diese Bedingung ist, wie man durch Entwickeln von f_2' $(x_1, \ldots, x_m, y)$ nach allen Variablen zeigen kann, gleichwertig mit der folgenden:

$$\left.\begin{aligned} & f_2'(x_1, \ldots, x_m, f_1(x_1, \ldots, x_m)) \\ = & \bigvee_{\sigma_1, \sigma_2, \ldots, \sigma m} f_2(\sigma_1, \ldots, \sigma_m) \wedge f_1^\sigma (x_1, \ldots, x_m) \wedge x_1^{\sigma_1} \wedge \ldots \wedge x^{\sigma m} , \end{aligned}\right\} \tag{6.30}$$

wobei $\sigma = f_1 (\sigma_1, \ldots, \sigma_m)$ gilt.

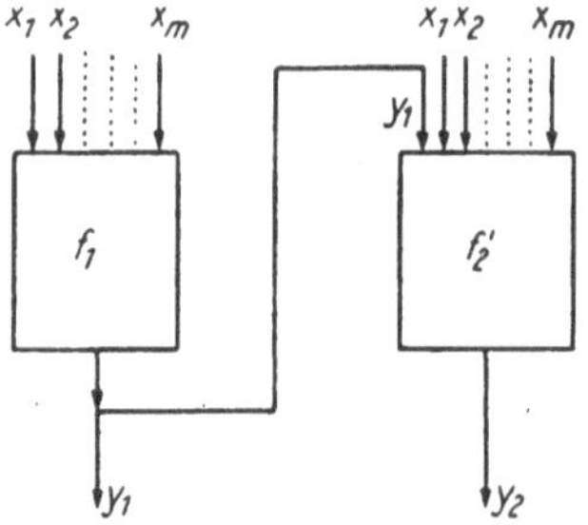

Abb. 6.20

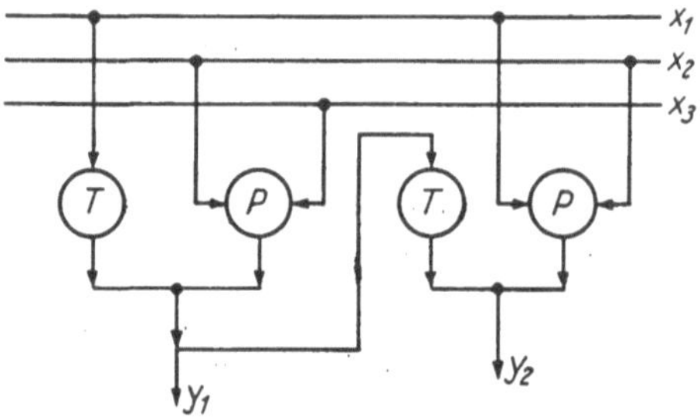

Abb. 6.21

Die Vereinfachung der Funktionen f_1 und f_2' und ihre Realisierung in entsprechenden logischen Netzen erfolgen nach den früher beschriebenen Methoden.

Es ist klar, daß im vorliegenden Fall auch ein zweiter Weg zur Konstruktion des logischen Netzes beschritten werden kann. Man kann nämlich auch die Funktion f_2 zuerst realisieren und ihre Werte als zusätzlichen Eingang in das Netz, das die Funktion f_1 realisiert, verwenden. Daher ist hier, wie auch in anderen analogen Fällen, die Konstruktion eines möglichst einfachen mehrpoligen logischen Netzes mit dem Ausprobieren und Durchrechnen verschiedener Varianten verbunden, die sich aus der Realisierung der gegebenen Funktionen in verschiedener Reihenfolge ergeben.

Wir merken an, daß es im allgemeinen zweckmäßig ist, als Anfangsfunktion diejenige auszuwählen, die zu ihrer Realisierung am wenigsten Bauelemente oder Eingabepole erfordert, danach die bezüglich ihrer Kompliziertheit nächste Funktion, usw. Bei einer derartigen Synthese mehrpoliger Netze muß also zuerst eine detaillierte Untersuchung der die gegebenen Funktionen getrennt realisierenden einpoligen Netze vorgenommen werden.

Beispiel 1. Zu konstruieren ist ein zweipoliges logisches Netz aus Elektronenröhren, das die durch folgende Ausdrücke beschriebenen Funktionen realisiert:

$$f_1\colon \quad y_1 = (\overline{x_1} \wedge \overline{x_2} \wedge \overline{x_3}) \vee (\overline{x_1} \wedge \overline{x_2} \wedge x_3) \vee (\overline{x_1} \wedge x_2 \wedge \overline{x_3}) ,$$

$$f_2\colon \quad y_2 = (\overline{x_1} \wedge x_2 \wedge x_3) \vee (x_1 \wedge \overline{x_2} \wedge \overline{x_3}) \vee (x_1 \wedge \overline{x_2} \wedge x_3) .$$

Bei der Synthese verwenden wir die Ausgabe y_1 als Eingabe des die Funktion f_2' realisierenden Netzes. Dazu wird die Funktion f_2' nach (6.30) folgendermaßen dargestellt:

$$f_2': \quad y_2' = (\overline{y_1} \wedge \overline{x_1} \wedge x_2 \wedge x_3) \vee (\overline{y_1} \wedge x_1 \wedge \overline{x_2} \wedge \overline{x_3}) \vee (\overline{y_1} \wedge x_1 \wedge \overline{x_2} \wedge x_3) \,.$$

Wir optimieren nun die Ausdrücke der beiden Funktionen und stellen f_1 und f_2' als Superpositionen der von röhrenbestückten Bauelementen realisierten Funktionen dar. Dann ergibt sich:

$$\left.\begin{aligned} y_1 &= \overline{x_1} \wedge (\overline{x_2} \vee \overline{x_3}) = T(x_1) \wedge P(x_2, x_3)\,, \\ y_2' &= \overline{y_1} \wedge (\overline{x_1} \vee \overline{x_2}) = T(y_1) \wedge P(x_1, x_2)\,. \end{aligned}\right\} \tag{A}$$

Abb. 6.21 zeigt ein Netz, das die entsprechenden Funktionen realisiert. Für dieses Netz benötigt man 6 Steuergitter. Bei einer getrennten Realisierung der Funktionen f_1 und f_2 würden dagegen 9 Steuergitter gebraucht.

Wir betrachten noch ein weiteres Verfahren zur Synthese mehrpoliger Netze, bei dem ein Teil der Schaltelemente gleichzeitig zur Realisierung *mehrerer* Funktionen herangezogen wird. Dieses Verfahren, die sogenannte *Stufenmethode*, wurde von POWAROW[1]) vorgeschlagen. Sie besteht darin, daß die gegebenen Funktionen zunächst systematisch nach ihren Variablen zerlegt werden und dann ein *pyramidisches mehrpoliges Netz* nach den erhaltenen Ausdrücken konstruiert wird. Dabei werden die Elemente gekoppelt, die gleiche Koeffizienten verschiedener Funktionen realisieren.

Wir stellen die Stufenmethode zur Synthese logischer Netze zunächst für die Realisierung einer m-stelligen BOOLEschen Funktion f dar. Wir zerlegen die Funktion nach der Variablen x_1 und erhalten:

$$f(x_1, \ldots, x_m) = \overline{x_1} f(0, x_2, x_3, \ldots, x_m) \vee x_1 f(1, x_2, x_3, \ldots, x_m)] \,. \tag{6.31}$$

In dem Ausdruck (6.31) kommt in den Teilausdrücken für $f(0, x_2, \ldots, x_m)$ und $f(1, x_2, x_3, \ldots, x_m)$ die Variable x_1 und ihre Negation nicht mehr vor. Zerlegen wir diese Funktionen nach der Variablen x_2, so erhalten wir Funktionen, die die Variable x_2 und ihre Negation nicht mehr enthalten. Setzen wir diesen Prozeß fort, so kommen wir schließlich zu Funktionen, die in elementaren Netzen realisiert werden können.

Ferner stellen wir die Koeffizienten der Zerlegung von (6.31) und der folgenden als Superposition der von elementaren Netzen realisierten Funktionen dar. Dabei werden die Zerlegungskoeffizienten, die Null oder Eins sind, eliminiert. Ein Netz, das derartige Ausdrücke modelliert, heißt *pyramidisch*.

Wir merken an, daß eine m-stellige Funktion in Abhängigkeit von der auszuwählenden Variablen auf verschiedene Weise durch einen Ausdruck des Typs (6.31) dargestellt werden kann. Bei jeder der folgenden Konstruktionsetappen verringert sich die Anzahl der Möglichkeiten, die man für die Wahl der nächsten Variablen hat, um Eins. Folglich gibt es insgesamt

$$m\,(m-1)\,(m-2)\ldots 4 \cdot 3 = \frac{m!}{2}\,[2])$$

[1]) Siehe [54].
[2]) Siehe [67].

verschiedene pyramidische Netze, die dieselbe m-stellige Funktion realisieren und gerade dadurch entstehen, daß die Variablen in verschiedener Reihenfolge verarbeitet werden. Diese pyramidischen Netze haben im allgemeinen auch verschieden viele Eingabekanäle, und ein optimales Netz kann im allgemeinen nur durch ein Durchprüfen aller Varianten gefunden werden.

Beispiel 2. Gesucht ist ein pyramidisches Netz mit röhrenbestückten Bauelementen, das die durch die (im vorliegenden Fall optimale) kanonische alternative Normalform

$$(\overline{x_1} \wedge \overline{x_2} \wedge \overline{x_3} \wedge \overline{x_4}) \vee (\overline{x_1} \wedge x_2 \wedge \overline{x_3} \wedge x_4) \vee (x_1 \wedge x_2 \wedge \overline{x_3} \wedge \overline{x_4}) \vee (x_1 \wedge x_2 \wedge x_3 \wedge x_4)$$

repräsentierte Funktion f realisiert.

Wir zerlegen den Ausdruck zuerst nach der Variablen x_1 und erhalten

$$\{\overline{x_1} \wedge [(\overline{x_2} \wedge \overline{x_3} \wedge \overline{x_4}) \vee (x_2 \wedge \overline{x_3} \wedge x_4)]\} \vee \{x_1 \wedge [(x_2 \wedge \overline{x_3} \wedge \overline{x_4}) \vee (x_2 \wedge x_3 \wedge x_4)]\}$$

$$= \{\overline{x_1} \wedge f^{(1)}(x_2, x_3, x_4)\} \vee \{x_1 \wedge f^{(2)}(x_2, x_3, x_4)\},$$

wobei $f^{(1)}(x_2, x_3, x_4) = (\bar{x}_2 \wedge \bar{x}_3 \wedge \bar{x}_4) \vee (x_2 \wedge \overline{x_3} \wedge x_4)$ und $f^{(2)}(x_2, x_3, x_4) = (x_2 \wedge \overline{x_3} \wedge \overline{x_4}) \vee$ $\vee (x_2 \wedge x_3 \wedge x_4)$ ist.

Die Funktionen $f^{(1)}$ und $f^{(2)}$ stellen wir folgendermaßen dar:

$$f^{(1)}(x_2, x_3, x_4) = \overline{x_3} \wedge \big((\overline{x_2} \wedge \overline{x_4}) \vee (x_2 \wedge x_4)\big) = \overline{x_3} \wedge f^{(3)}(x_2, x_4),$$

wobei $f^{(3)}(x_2, x_4) = (\overline{x_2} \wedge \overline{x_4}) \vee (x_2 \wedge x_4)$ ist,

$$f^{(2)}(x_2, x_3, x_4) = x_2 \wedge \big((\overline{x_3} \wedge \overline{x_4}) \vee (x_3 \wedge x_4)\big) = x_2 \wedge f^{(4)}(x_3, x_4),$$

wobei $f^{(4)}(x_3, x_4) = (\overline{x_3} \wedge \overline{x_4}) \vee (x_3 \wedge x_4)$ ist.

Eine weitere Zerlegung der Funktionen $f^{(3)}$ und $f^{(4)}$ ist unzweckmäßig, da sich dabei keine Vereinfachung ergibt.

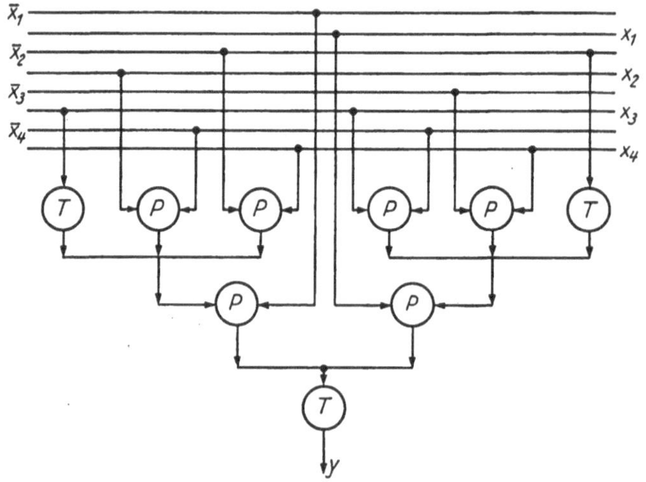

Abb. 6.22

Die erhaltenen Funktionen stellen wir als Superpositionen von T und P dar; dann haben wir

$$\left.\begin{aligned} f^{(3)}(x_2, x_4) &= (\overline{x_2} \vee x_4) \wedge (x_2 \vee \overline{x_4}) = P(x_2, \overline{x_4}) \wedge P(\overline{x_2}, x_4)\,, \\ f^{(4)}(x_3, x_4) &= P(x_3, \overline{x_4}) \wedge P(\overline{x_3}, x_4)\,, \\ f^{(1)}(x_2, x_3, x_4) &= T(x_3) \wedge f^{(3)}\,, \\ f^{(2)}(x_2, x_3, x_4) &= T(\overline{x_2}) \wedge f^{(4)}\,. \end{aligned}\right\} \quad (A')$$

Die Funktion f wird folgendermaßen beschrieben:

$$f(x_1, \ldots, x_4) = T\,\{P(\overline{x_1}, f^{(1)}) \wedge P(x_1, f^{(2)})\}\,. \quad (B')$$

Das nach den Beziehungen (A′) und (B′) konstruierte Netz ist in Abb. 6.22 gezeigt. Es enthält 15 Eingabekanäle. (Es sei hier angemerkt, daß ein Netz zur Realisierung der Funktion f entsprechend ihrer kanonischen Normalform 20 Eingabekanäle erfordert.)

Beispiel 3. Gesucht ist ein Röhrennetz, das die durch die Tabelle VI.8 gegebene Funktion f realisiert.

Aus der Tabelle VI.8 entnehmen wir folgende kanonische alternative Normalform für die Funktion f:

$$f(x_1, x_2, x_3) = (\overline{x_1} \wedge \overline{x_2} \wedge x_3) \vee (\overline{x_1} \wedge x_2 \wedge \overline{x_3}) \vee (x_1 \wedge \overline{x_2} \wedge \overline{x_3}) \vee (x_1 \wedge x_2 \wedge x_3)\,.$$

Tabelle VI.8

x_1	x_2	x_3	$f(x_1, x_2, x_3)$
0	0	0	0
0	0	1	1
0	1	0	1
0	1	1	0
1	0	0	1
1	0	1	0
1	1	0	0
1	1	1	1

Diese Normalform läßt sich in der Klasse der Normalformen nicht weiter vereinfachen. Die Funktion f kann durch ein Netz mit 16 Eingabekanälen realisiert werden.

Wir konstruieren ein pyramidisches Netz für die Funktion f und zerlegen sie dazu zunächst nach der Variablen x_1:

$$\begin{aligned} f(x_1, x_2, x_3) &= \{\overline{x_1} \wedge [(\overline{x_2} \wedge x_3) \vee (x_2 \wedge \overline{x_3})]\} \vee \{x_1 \wedge [(\overline{x_2} \wedge \overline{x_3}) \vee (x_2 \wedge x_3)]\} \\ &= \{\overline{x_1} \wedge f^{(1)}(x_2, x_3)\} \vee \{x_1 \wedge f^{(2)}(x_2, x_3)\}\,, \end{aligned} \quad (A'')$$

wobei $f^{(1)}(x_2, x_3) = (\overline{x_2} \wedge x_3) \vee (x_2 \wedge \overline{x_3})$ und $f^{(2)}(x_2, x_3) = (\overline{x_2} \wedge \overline{x_3}) \vee (x_2 \wedge x_3)$.

Nun ist aber im vorliegenden Fall $f^{(2)} = \overline{f^{(1)}}$, daher nimmt (A″) folgende Form an:

$$f(x_1, x_2, x_3) = (\overline{x_1} \wedge f^{(1)}) \vee (x_1 \wedge \overline{f^{(1)}}) = P(x_1, f^{(1)}) \wedge P(\overline{x_1}, T(\overline{f^{(1)}}))\,, \quad (B'')$$

wobei die Funktion $f^{(1)}$ in folgender Form dargestellt werden kann:

$$f^{(1)}(x_2, x_3) = (\overline{x_2} \vee \overline{x_3}) \wedge (x_2 \vee x_3) = P(x_2, x_3) \wedge P(\overline{x_2}, \overline{x_3})\,. \quad (C'')$$

Das gemäß (B'') und (C'') konstruierte Netz enthält 4 Pentoden und eine Triode; es enthält mithin insgesamt 9 Steuergitter (siehe Abb. 6.23).

Das Vorgehen bei der Synthese mehrpoliger Netze nach der Stufenmethode wird am besten an einem Beispiel erläutert.

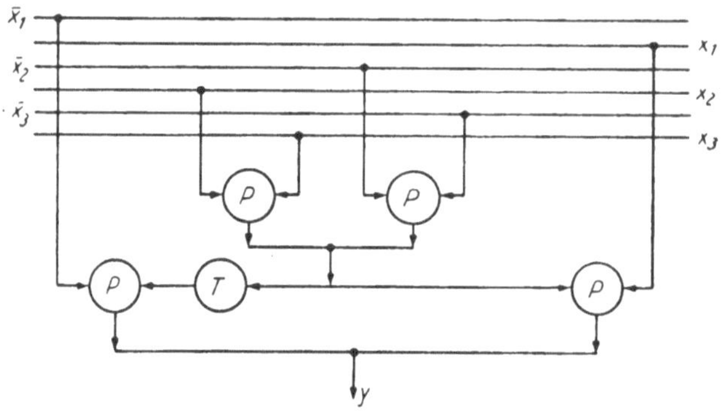

Abb. 6.23

Beispiel 4. Die zu realisierenden dreistelligen BOOLEschen Funktionen f_1, f_2 und f_3 seien wie folgt durch alternative Normalformen repräsentiert:

$$f_1(x_1, x_2, x_3) = (\overline{x_1} \wedge x_2) \vee (\overline{x_1} \wedge x_3) \vee (x_2 \wedge x_3) ,$$

$$f_2(x_1, x_2, x_3) = (x_1 \wedge \overline{x_2}) \vee (x_1 \wedge \overline{x_3}) \vee (\overline{x_2} \wedge \overline{x_3}) ,$$

$$f_3(x_1, x_2, x_3) = (\overline{x_1} \wedge x_2 \wedge x_3) \vee (x_1 \wedge \overline{x_2} \wedge x_3) \vee (x_1 \wedge x_2 \wedge \overline{x_3}) \vee (\overline{x_1} \wedge \overline{x_2} \wedge \overline{x_3}) .$$

Nach POWAROW zerlegen wir nun diese Funktionen, und zwar zuerst nach der Variablen x_1, dann nach x_2 und x_3, und konstruieren die Tabelle der Zerlegung (siehe Tabelle VI.9).

In der Kopfzeile der Tabelle sind rechts die Bezeichnungen f_1, f_2, f_3 der gegebenen Funktionen aufgeschrieben, in der linken Spalte finden sich in den Zeilen $1-3$ die Zerlegungen dieser Funktionen nach der Variablen x_1. In der rechten Spalte sind in dieselben Zeilen die Koeffizienten der Zerlegungen eingetragen, d. h. die Normalformen der Funktionen $f_1^{(1)}$, $f_1^{(2)}$, $f_2^{(1)}$, $f_2^{(2)}$, $f_3^{(1)}$ und $f_3^{(2)}$. In den Zeilen $4-9$ der Tabelle sind die Zerlegungen dieser Koeffizienten nach der Variablen x_2 dargestellt und die zugehörigen Koeffizienten eingetragen. Weitere Zerlegungen (etwa nach der Variablen x_3) sind im betrachteten Beispiel nicht erforderlich.

Nun streichen wir aus der Koeffizientenliste (rechte Spalte der Tabelle VI.9) diejenigen Zerlegungskoeffizienten, die sich wiederholen, die identisch Null oder identisch Eins sind. Danach hat unsere Tabelle folgende Form (siehe Tabelle VI.10):

Die Konstruktion eines mehrpoligen pyramidischen Netzes nach den in der Tabelle VI.10 angegebenen Beziehungen bereitet keine besonderen Schwierigkeiten. Dazu werden die Zerlegungskoeffizienten und die gegebenen Funktionen als Superpositionen elementarer Funktionen dargestellt. Auf diese Weise erhalten wir Ausdrücke, die das gesuchte Netz beschreiben.

Tabelle VI.9

		$f_1 \quad f_2 \quad f_3$
1	$f_1 = \overline{x_1}\, f_1^{(1)} \vee x_1\, f_1^{(2)}$	$f_1^{(1)} = x_2 \vee x_3$ $f_1^{(2)} = x_2\, x_3$
2	$f_2 = \overline{x_1}\, f_2^{(1)} \vee x_1\, f_2^{(2)}$	$f_2^{(1)} = \overline{x_2}\, \overline{x_3}$ $f_2^{(2)} = \overline{x_2} \vee \overline{x_3}$
3	$f_3 = \overline{x_1}\, f_3^{(1)} \vee x_1\, f_3^{(2)}$	$f_3^{(1)} = x_2\, x_3 \vee \overline{x_2}\, \overline{x_3}$ $f_3^{(2)} = x_2\, \overline{x_3} \vee \overline{x_2}\, x_3$
4	$f_1^{(1)} = \overline{x_2}\, f_1^{(3)} \vee x_2\, f_1^{(4)}$	$f_1^{(3)} = x_3$ $f_1^{(4)} = 1$
5	$f_1^{(2)} = \overline{x_2}\, f_1^{(5)} \vee x_2\, f_1^{(6)}$	$f_1^{(5)} = 0$ $f_1^{(6)} = x_3$
6	$f_2^{(1)} = \overline{x_2}\, f_2^{(3)} \vee x_2\, f_2^{(4)}$	$f_2^{(3)} = \overline{x_3}$ $f_2^{(4)} = 0$
7	$f_2^{(2)} = \overline{x_2}\, f_2^{(5)} \vee x_2\, f_2^{(6)}$	$f_2^{(5)} = 1$ $f_2^{(6)} = \overline{x_3}$
8	$f_3^{(1)} = \overline{x_2}\, f_3^{(3)} \vee x_2\, f_3^{(4)}$	$f_3^{(3)} = \overline{x_3}$ $f_3^{(4)} = x_3$
9	$f_3^{(2)} = \overline{x_2}\, f_3^{(5)} \vee x_2\, f_3^{(6)}$	$f_3^{(5)} = x_3$ $f_3^{(6)} = \overline{x_3}$

Tabelle VI.10

	$f_1 \quad f_2 \quad f_3$
$f_1 = \overline{x_1}\, f_1^{(1)} \vee x_1\, f_1^{(2)}$	$f_1^{(1)} = x_2 \vee x_3$ $f_1^{(2)} = x_2\, x_3$
$f_2 = \overline{x_1}\, f_2^{(1)} \vee x_1\, f_2^{(2)}$	$f_2^{(1)} = \overline{x_2}\, \overline{x_3}$ $f_2^{(2)} = \overline{x_2} \vee \overline{x_3}$
$f_3 = \overline{x_1}\, f_3^{(1)} \vee x_1\, f_3^{(2)}$	$f_3^{(1)} = x_2\, x_3 \vee \overline{x_2}\, \overline{x_3}$ $f_3^{(2)} = \overline{f_3^{(1)}}$
$f_1^{(1)} = \overline{x_2}\, \alpha \vee x_2$	$\alpha = x_3$
$f_1^{(2)} = x_2\, \alpha$	$\beta = \overline{x_3}$
$f_2^{(1)} = \overline{x_2}\, \beta$	
$f_2^{(2)} = \overline{x_2} \vee x_2\, \beta$	
$f_3^{(1)} = \overline{x_2}\, \beta \vee x_2\, \alpha$	
$f_3^{(2)} = \overline{f_3^{(1)}}$	

Nehmen wir zum Beispiel an, daß das zu konstruierende Netz aus Elektronenröhren konstruiert werden soll. Dann wird man die gegebenen Funktionen durch folgende Ausdrücke darstellen:

$$f_1(x_1, x_2, x_3) = (\overline{x_1} \vee f_1^{(2)}) \wedge (x_1 \vee f_1^{(1)}) = P(x_1, \overline{f_1^{(2)}}) \wedge P(\overline{x_1}, \overline{f_1^{(1)}}) ,$$

$$f_2(x_1, x_2, x_3) = (\overline{x_1} \vee f_2^{(2)}) \wedge (x_1 \vee f_2^{(1)}) = P(x_1, \overline{f_2^{(2)}}) \wedge P(\overline{x_1}, \overline{f_2^{(1)}}) ,$$

$$f_3(x_1, x_2, x_3) = (\overline{x_1} \vee f_3^{(2)}) \wedge (x_1 \vee f_3^{(1)}) = P(x_1, \overline{f_3^{(2)}}) \wedge P(\overline{x_1}, \overline{f_3^{(1)}}) .$$

Die Zerlegungskoeffizienten nehmen folgende Form an:

$$\overline{f_1^{(1)}} = \bar{\alpha} \wedge \overline{x_2} = T_2(x_2, x_3) ,$$

$$\overline{f_1^{(2)}} = \bar{\alpha} \vee \overline{x_2} = P(x_2, x_3) ,$$

$$\overline{f_2^{(1)}} = x_2 \vee \bar{\beta} = P(\overline{x_2}, \overline{x_3}) ,$$

$$\overline{f_2^{(2)}} = x_2 \wedge \bar{\beta} = T_2(\overline{x_2}, \overline{x_3}) ,$$

$$\overline{f_3^{(1)}} = (x_2 \vee \bar{\beta}) \wedge (\overline{x_2} \vee \bar{\alpha}) = P(\overline{x_2}, \overline{x_3}) \wedge P(x_2, x_3) ,$$

$$\overline{f_3^{(2)}} = T(\overline{f_3^{(1)}}) .$$

Das entsprechende Netz ist in Abb. 6.24 dargestellt. Es enthält 25 Steuergitter.

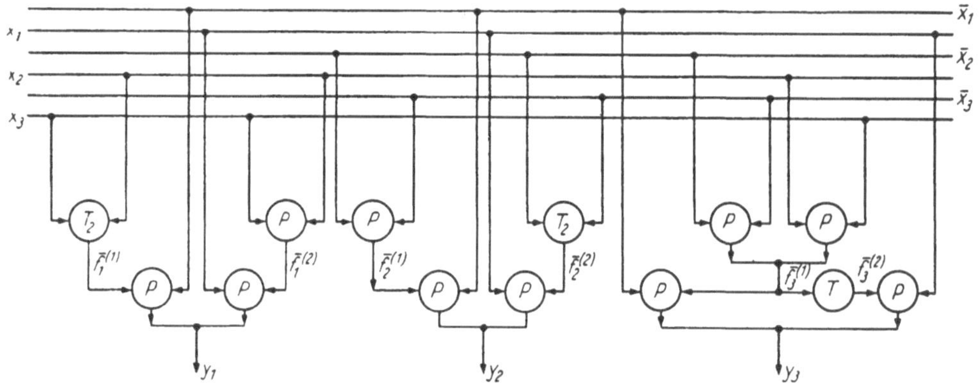

Abb. 6.24

Beispiel 5. Zu konstruieren ist ein Röhrennetz für einen sequentiell arbeitenden Dualadder nach der im Beispiel 10, § 2, gegebenen Beschreibung.

Bei der Konstruktion des Netzes benutzen wir die Größen

$$\zeta\,(t+1) = [\xi_1(t) \wedge \xi_2(t)] \vee [\zeta(t) \wedge \xi_1(t)] \vee [\zeta(t) \wedge \xi_2(t)] \qquad \text{(A*)}$$

als Eingaben für das Netz, dessen Ausgabe $\eta(t)$ liefert. Dementsprechend formen wir die Tabelle VI.7 (Seite 253) zur Tabelle VI.11 um.

Aus der Tabelle VI.11 erhalten wir nach geeigneter Optimierung folgende Darstellung:

$$\eta(t) = \{\bar{\zeta}\,(t+1) \wedge [\zeta(t) \vee \xi_1(t) \vee \xi_2(t)]\} \vee [\zeta(t) \wedge \xi_1(t) \wedge \xi_2(t)] . \qquad \text{(B*)}$$

Tabelle VI.11

$\zeta(t+1)$	$\zeta(t)$	$\xi_1(t)$	$\xi_2(t)$	$\eta(t)$
0	0	0	0	0
0	0	0	1	1
0	0	1	0	1
0	0	1	1	–
0	1	0	0	1
0	1	0	1	–
0	1	1	0	–
0	1	1	1	–
1	0	0	0	–
1	0	0	1	–
1	0	1	0	–
1	0	1	1	0
1	1	0	0	–
1	1	0	1	0
1	1	1	0	0
1	1	1	1	1

Die durch (A*) und (B*) repräsentierten Funktionen stellen wir als Superposition der von elementaren Röhrennetzen realisierten Funktionen dar:

$$\left.\begin{aligned} \bar{\zeta}(t+1) &= P[\xi_1(t), \xi_2(t)] \wedge P[\zeta(t), \xi_1(t)] \wedge P[\zeta(t), \xi_2(t)]\,, \\ \zeta(t+1) &= T(\bar{\zeta}(t+1))\,, \\ \eta(t) &= P\{Q, P[\zeta(t), \xi_1(t)]\} \wedge P\{Q, P[\xi_1(t), \xi_2(t)]\}\,, \end{aligned}\right\} \qquad (C^*)$$

wobei

$$Q = P[\bar{\zeta}(t+1), \zeta(t)] \wedge P[\bar{\zeta}(t+1), \xi_1(t)] \wedge P[\bar{\zeta}(t+1), \xi_2(t)]$$

ist.

Das Netz, das den Ausdrücken (C*) entspricht, ist in Abb. 6.25 dargestellt. Es enthält 21 Steuergitter.

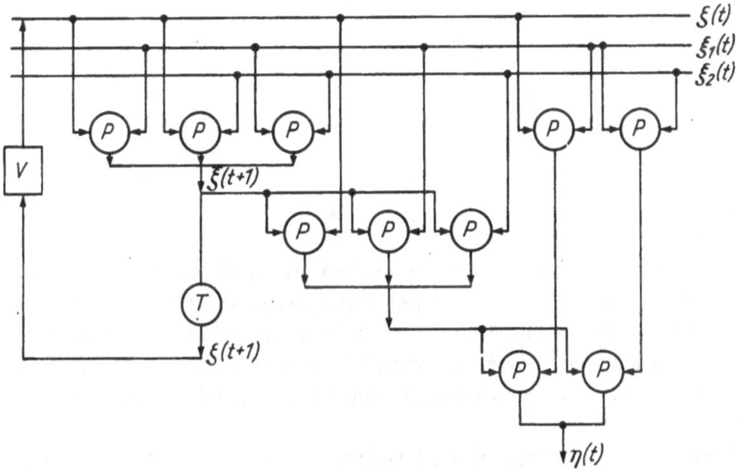

Abb. 6.25

Bei Verwendung der Stufenmethode kann ein noch einfacheres Netz konstruiert werden. Dazu stellen wir die Ausgabefunktion (siehe (B''') aus Beispiel 10, § 2) in folgender Form dar:

$$\begin{aligned}\eta(t) &= \{\bar{\zeta}(t) \wedge [(\bar{\xi}_1(t) \wedge \xi_2(t)) \vee (\xi_1(t) \wedge \bar{\xi}_2(t))]\} \\ &\quad \vee \{\zeta(t) \wedge [(\bar{\xi}_1(t) \wedge \bar{\xi}_2(t)) \vee (\xi_1(t) \wedge \xi_2(t))]\} \\ &= \{\bar{\zeta}(t) \wedge \bar{\chi}(t)\} \vee \{\zeta(t) \wedge \chi(t)\}\,,\end{aligned} \tag{E*}$$

wobei

$$\chi(t) = [\bar{\xi}_1(t) \wedge \bar{\xi}_2(t)] \vee [\xi_1(t) \wedge \xi_2(t)] \tag{F*}$$

ist.

Nun bringen wir den Ausdruck für $\bar{\zeta}\,(t + 1)$ unter Benutzung der Tabelle VI.7 (Seite 253) auf folgende Form:

$$\bar{\zeta}\,(t + 1) = [\bar{\zeta}(t) \wedge \bar{\chi}(t)] \vee [\bar{\xi}_1(t) \wedge \bar{\xi}_2(t)]\,. \tag{G*}$$

Das den Ausdrücken (E*), (F*) und (G*) entsprechende Netz ist in Abb. 6.26 dargestellt. Es enthält insgesamt 14 Steuergitter (dabei sind auch hier die zur Bildung der negierten Variablen notwendigen Gitter nicht mitgezählt).

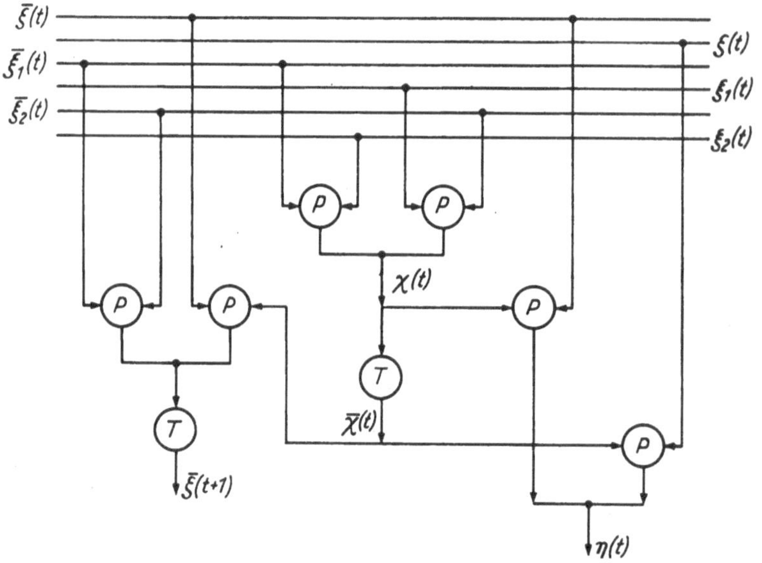

Abb. 6.26

Die Methoden zur Synthese eines Addernetzes, die in diesem Beispiel angewendet wurden, und die dabei hergeleiteten Ausdrücke können auch zur Konstruktion eines Adders aus Ferritkernen benutzt werden. Dabei läßt sich die Kernanzahl verringern, wobei allerdings in diesem Fall das entstehende logische Netz in einer um das doppelte von Beispiel 10, § 2, gedehnten Zeitskala ($\sigma = 4$) arbeitet.

Zum Schluß dieses Paragraphen bemerken wir noch, daß pyramidische Netze häufig bei der Synthese von Dechiffratoren, d. h. von mehrpoligen Netzen, bei denen an jedem Ausgang eine Konjunktion realisiert wird, Verwendung finden. Ein pyramidisches Netz von Dechiffratoren ist weit einfacher als die entsprechende Matrixschaltung (siehe Abb. 6.6 (Seite 237)).

Beispiel 6. Es ist ein pyramidisches Netz für einen Dechiffrator zu konstruieren, der die Glieder einer kanonischen alternativen Normalform in vier Variablen, also Konjunktionen mit je vier Variablen, realisiert.

Diese Konjunktionen stellen wir folgendermaßen dar:

$$y_0 = \overline{x}_4 \wedge p_0', \quad y_1 = x_4 \wedge p_0', \quad y_2 = \overline{x}_4 \wedge p_0'', \quad y_3 = x_4 \wedge p_0'',$$
$$y_4 = \overline{x}_4 \wedge p_1', \quad y_5 = x_4 \wedge p_1', \quad y_6 = \overline{x}_4 \wedge p_1'', \quad y_7 = x_4 \wedge p_1'',$$
$$\dots\dots\dots,$$

wobei

$$p_0' = \overline{x}_3 \wedge p_0, \quad p_0'' = x_3 \wedge p_0, \quad p_1' = \overline{x}_3 \wedge p_1, \quad p_1'' = x_3 \wedge p_1, \dots,$$

und schließlich

$$p_0 = \overline{x}_1 \wedge \overline{x}_2, \quad p_1 = \overline{x}_1 \wedge x_2, \dots .$$

Die Abb. 6.27 zeigt das nach diesem Verfahren konstruierte Netz mit 56 Dioden.

Zur Konstruktion eines pyramidischen Diodennetzes eines Dechiffrators für m Variablen sind allgemein $N = 2^{m+2} - 8$ Dioden erforderlich.

Eine noch einfacheres Dechiffratornetz kann man herstellen, wenn man die Konjunktionen in einzelne Teile zerlegt und gleiche Teile verschiedener Konjunktionen gemeinsam realisiert.

Im betrachteten Beispiel stellt man die Konjunktionen dazu zweckmäßigerweise folgendermaßen dar:

$$y_0 = p_0 \wedge p_0', \quad y_1 = p_0 \wedge p_1', \quad y_2 = p_0 \wedge p_2',$$
$$y_3 = p_0 \wedge p_3', \quad y_4 = p_1 \wedge p_0', \quad y_5 = p_2 \wedge p_2',$$
$$\dots\dots\dots\dots\dots$$

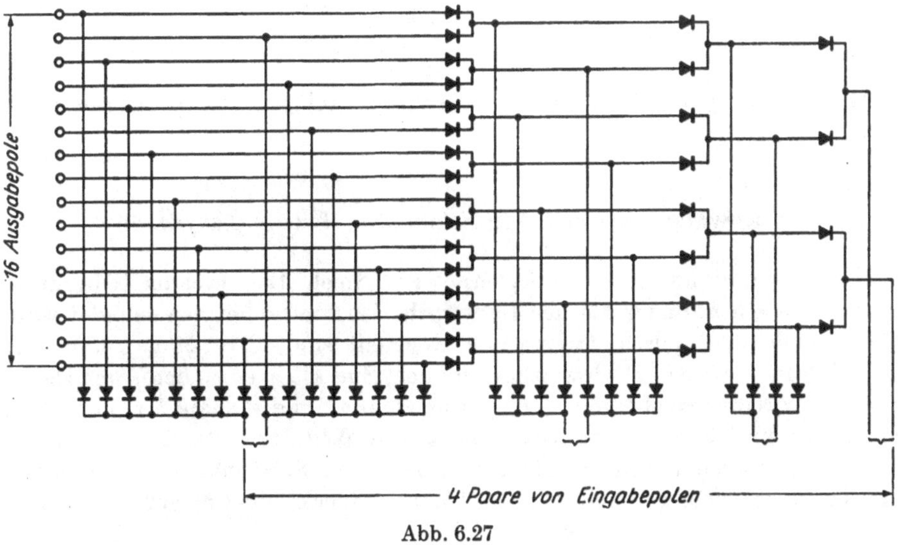

Abb. 6.27

wobei

$$p_0 = \overline{x_1} \wedge \overline{x_2}\,, \quad p_0' = \overline{x_3} \wedge \overline{x_4}\,, \quad p_1 = \overline{x_1} \wedge x_2\,, \quad p_1' = \overline{x_3} \wedge x_4\,,$$

$$p_2 = \overline{x_1} \wedge \overline{x_2}\,, \quad p_2' = x_3 \wedge \overline{x_4}\,, \quad p_3 = x_1 \wedge x_2\,, \quad p_3' = x_3 \wedge x_4$$

gilt.

Das entsprechende Dechiffratornetz, das *Rechteckschema* genannt wird, ist in Abb. 6.28 dargestellt. Es besteht aus 48 Dioden.

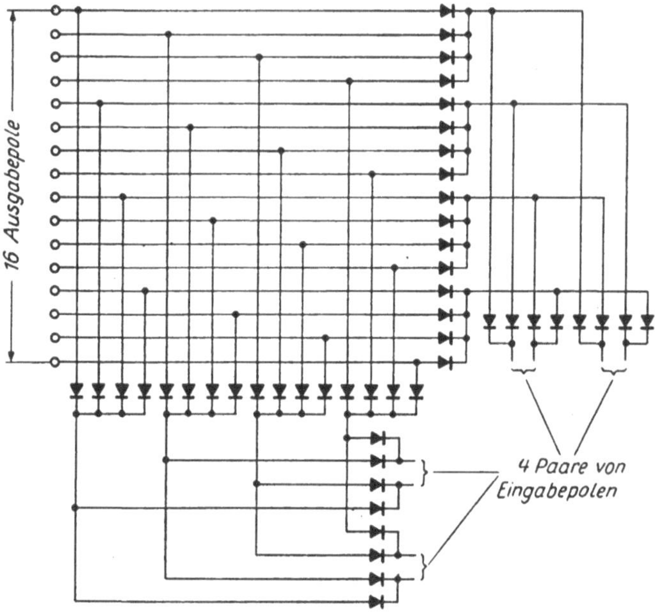

Abb. 6.28

Allgemein sind für Rechteckschemata von m-stelligen Dechiffratoren genau $N = m \cdot 2^{m/2} + 2^{m+1}$ Dioden erforderlich.

§ 4. Synthese des logischen Netzes „Die Maus im Labyrinth"

Das von SHANNON erfundene kybernetische Spiel „Die Maus im Labyrinth" besteht aus einem quadratischen Labyrinth, das von 25 Feldern gebildet wird, die untereinander durch Trennwände abgeteilt sind, der „Maus" und dem „Speck". In ein Feld des Labyrinthes wird der „Speck", in ein anderes die „Maus" gesetzt. Wird das Spiel nun in Gang gesetzt, so beginnt die „Maus" im Labyrinth umherzuirren, bis sie den „Speck" findet. Ihr Weg durch das Labyrinth enthält dabei im allgemeinen eine Reihe von Schleifen. Setzt man die Maus zurück auf das Ausgangsfeld, so bewegt sie sich zum Speck, ohne nochmals Umwege zu machen.

Wir betrachten hier die Aufgabe, einen Weg durch ein Labyrinth zu suchen, und konstruieren ein logisches Netz, das die von der „Maus“ aufgenommenen Informationen in Signale umsetzt, die ihre Bewegung durch das Labyrinth steuern. Zur Vereinfachung der Aufgabe beschränken wir uns auf ein Labyrinth mit dreieckigen Feldern.

Dieses Labyrinth ist wie folgt aufgebaut: In einigen Wänden, die benachbarte Felder trennen, befinden sich Türen, die anderen Wände sind ohne Durchlaß. Die „Maus“ muß einen Weg finden (falls einer existiert), der von dem Feld M, auf das sie zu Beginn des Prozesses gesetzt wird, zu dem Feld S führt, auf dem sich der „Speck“ befindet. Dabei besteht außerdem die Aufgabe, einen schleifenfreien Weg von M nach S zu fixieren (d. h. einen Weg, der nicht zweimal über dasselbe Feld führt). Wenn kein Weg von M nach S existiert, dann soll sich die „Maus“ auf das Startfeld M zurückbewegen, dort stehenbleiben und durch ein Signal das Ende der (in diesem Fall erfolglosen) Suche melden.

Die Anzahl der Felder im Labyrinth beschränken wir in keiner Weise, ebenso machen wir keinerlei Annahmen über das Vorhandensein von Türen zwischen den einzelnen Feldern. Wir setzen jedoch voraus, daß jede Tür mit einer Vorrichtung versehen ist, die unterscheidet und speichert, ob die „Maus“ diese Tür geradzahlig oder ungeradzahlig oft passiert hat. In jeder Etappe der Suche, solange, bis der „Speck“ gefunden ist, betrachtet die „Maus“ nur eine der drei Wände des Feldes, auf dem sie sich jeweils befindet. Die Vorrichtung, mit der jede Tür ausgerüstet ist, gibt eines von drei Signalen, die wir gelbes (GE), rotes (RO) und grünes (GR) Licht nennen. Dieses Signal zeigt an, ob die Tür in der betrachteten Wand einmal, zweimal oder noch keinmal passiert wurde, und wird von der „Maus“ aufgenommen. Das „rote“ Signal erhält die „Maus“ auch von den Wänden ohne Durchlaß, die dazu mit einer entsprechenden Anlage ausgerüstet werden; dabei setzen wir einen Suchmechanismus voraus, der niemals von der „Maus“ verlangt, mehr als zweimal durch dieselbe Tür zu gehen. Daher braucht eine Wand mit einer bereits zweimal passierten Tür nicht von einer Wand ohne Durchlaß unterschieden zu werden. Auf dem Feld S schließlich gibt die „Maus“ das Signal, daß der „Speck“ gefunden ist.

Wir treffen nun noch einige Verabredungen, die für unsere folgenden Überlegungen festgehalten werden. Wenn die „Maus“ in das dreieckige Feld ABE durch die Tür in der Wand A kommt, so untersucht sie von den beiden Wänden B und E diejenige, die sich rechts von ihr befindet (man kann sich das so vorstellen, daß die „Maus“ nur auf der rechten Seite ein Auge besitzt). Wenn die „Maus“ auf das Feld gekommen ist, dreht sie sich also sofort um 60° nach rechts (falls die Dreiecke gleichseitig sind).

Nach unseren obenstehenden Ausführungen besteht das Eingabealphabet des Operators, den das logische Netz „Maus“ realisieren soll, aus vier Buchstaben: GR (grün), RO (rot), GE (gelb) und S (Speck).

Das Ausgabealphabet besteht ebenfalls aus vier Buchstaben, nämlich L, R, $\uparrow$ und ! mit den Bedeutungen: L — Drehung um 120° nach links, R — Drehung um 120° nach rechts, $\uparrow$ — Passieren der untersuchten Tür und ! — Halt.

Von Trachtenbrot[1]) wurde ein Algorithmus zur Suche nach einem Weg durch ein derartiges Labyrinth angegeben, der in leicht veränderter Form von folgendem Schema beschrieben wird:

Von der „Maus" angetroffene Situation	*Vorschrift für ihr Verhalten (Züge)*
1. Auf dem Feld befindet sich der „Speck".	1. Anhalten, erfolgreichen Abschluß der Suche signalisieren!
2. Das Feld hat zwei Türen, die mit dem gelben Signal markiert sind (das Feld ist also bereits einmal von der „Maus" betreten worden).	2. Durch die Tür, die zuletzt passiert wurde, auf das benachbarte Feld zurückkehren! (Dabei wechselt das Signal dieser Tür von gelb nach rot.)
3. Das Feld besitzt wenigstens eine Tür, die grün markiert ist (durch die die „Maus" also noch nicht gegangen ist) und 2 trifft nicht zu.	3. Durch eine beliebige grün markierte Tür zum Nachbarfeld gehen! (Dabei wird das grüne Signal dieser Tür gelb.)
4. Das Feld hat genau eine Tür, die gelb markiert ist (durch die die „Maus" also genau einmal gegangen ist) und keine grün markierte.	4. Durch die gelb markierte Tür zum Nachbarfeld gehen! (Dabei wird das gelbe Signal dieser Tür rot.)
5. Die übriggebliebene Situation: Alle Wände sind rot markiert.	5. Anhalten! Erfolgloses Ende der Suche signalisieren!

Falls die Suche erfolgreich beendet wird, bleibt im Labyrinth ein schleifenfreier Weg gespeichert, der vom Feld M zum Feld S führt. Dieser Weg wird eindeutig durch alle die Türen markiert, die genau einmal durchlaufen wurden.

Wir benutzen den beschriebenen Algorithmus zur Synthese eines logischen Netzes, das die Suche im betrachteten Labyrinth steuert. Die oben beschriebenen Situationen definieren bestimmte Buchstaben aus dem Eingabealphabet, die in das Netz eingegeben werden. Der vom Netz ausgegebene Buchstabe ist das Signal zur Ausführung des entsprechenden Zuges. Die diesen Zug ausführenden Netze, die also die Fortbewegung der „Maus", Änderung der Signalfarbe, Anzeige des (erfolgreichen oder erfolglosen) Endes der Suche realisieren, werden hier nicht untersucht.

Nach dem angegebenen Algorithmus konstruieren wir einen Baum des zu realisierenden regulären Automatenoperators. Vorher bemerken wir, daß dieser Algorithmus unmittelbar zwei inäquivalente Zustände des zu konstruierenden Netzes, die wir z_0 und z_1 nennen, definiert: z_0 ist derjenige Zustand, in den das Netz übergeht, nachdem die „Maus" zum ersten Male durch irgendeine Tür gegangen ist; z_1 ist der Zustand, in den das Netz nach dem zweiten Durchgang der „Maus" durch eine Tür übergeht. Die Inäquivalenz dieser beiden Zustände vereinfacht die Konstruktion des Baumes dadurch, daß dieser nun in zwei getrennte

[1]) Siehe: Trachtenbrot, B. A., Wieso können Automaten rechnen? VEB Deutscher Verlag der Wissenschaften, Berlin 1962 (Übersetzung aus dem Russischen).

Äste zerlegt werden kann: 1. in den Ast mit der Wurzel z_0 und 2. in den Ast mit der Wurzel z_1.

Die Buchstaben des Eingabealphabets ordnen wir den Kanten so zu, wie es Abb. 6.29a) zeigt, und konstruieren zuerst den Ast mit der Wurzel z_0 (Abb. 6.29b), wobei wir folgendes zu beachten haben:

Nachdem die „Maus“ durch irgendeine Tür zum ersten Male gegangen ist und von der rechten Wand des Feldes, in das sie — durch diese Tür — hineingeraten ist, das Signal *GR* erhalten hat, muß — so schreibt es der Algorithmus vor — geprüft werden, ob das gegebene Feld vielleicht schon einmal durchlaufen wurde, so daß sich auf diesem Feld eine Schleife schließt. In diesem Fall senden zwei Türen des Feldes, darunter auch die soeben passierte, das Signal *GE* aus. Die „Maus“ befindet sich also im Zustand z_0 und muß, das Signal *GR* empfangend, sich um 120° nach links wenden, um die linke Wand zu untersuchen. Wenn sie von dieser Wand ebenfalls das Signal *GR* erhält, dann besteht der nächste Zug der „Maus“ darin, daß sie sich auf das benachbarte Feld fortbewegt, wobei das Netz wieder in den Zustand z_0 übergeht. Wenn sie dagegen von der linken Wand das Zeichen *GE* empfängt, so bedeutet das, daß sich auf diesem Feld eine Schleife schließt. Dann muß sich die „Maus“ nochmals um 120° nach links drehen (von der nun betrachteten Wand kann nur das Zeichen *GE* empfangen werden). Der folgende Zug der Maus besteht darin, daß sie die soeben passierte Tür zum benachbarten Feld abermals durchläuft; das Netz geht dabei in den Zustand z_1 über.

In den in Abb. 6.29 dargestellten Ästen sind die Enden derjenigen Kanten, denen ein Eingabebuchstabe entspricht, der im vorliegenden Zustand nicht erscheinen kann, mit einem kleinen Kreuz markiert. Diesen Kanten und den Knoten, in die sie einmünden, kann man beliebige Buchstaben des Ausgabe- bzw. Zustandsalphabets zuordnen. Entsprechende Überlegungen führen zur Konstruktion der übrigen Wege im Ast mit der Wurzel z_0.

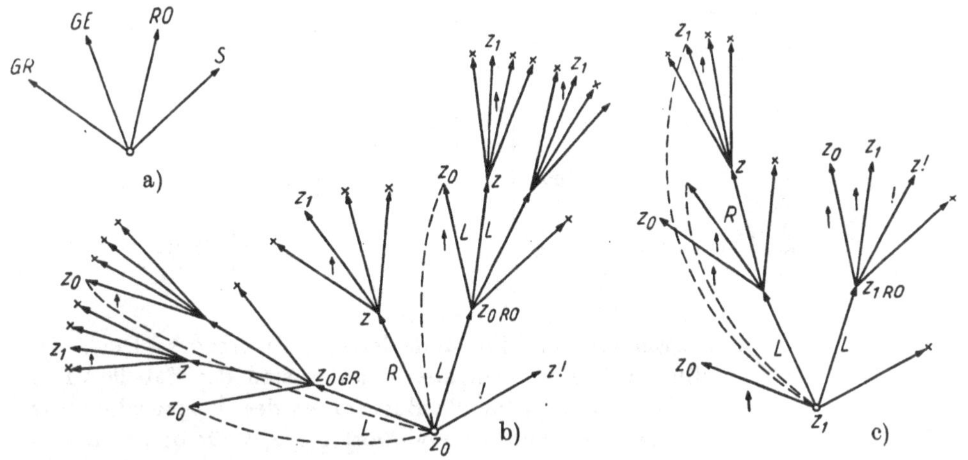

Abb. 6.29

Die Abb. 6.29 c) zeigt den Ast mit der Wurzel z_1, die dem Zustand des Netzes nach zweimaligem Durchlauf der „Maus" durch eine beliebige Tür zugeordnet ist.

Unten ist die Tabelle der Überführungs- und Ausgabefunktion des den Operator realisierenden abstrakten Automaten angegeben (Tab. VI.12). Zum Verständnis dieser Tabelle muß noch die Bedeutung der Zustandsbuchstaben z_0, z_1, z, $z!$, $z_{0\,RO}$, $z_{0\,GR}$, $z_{1\,RO}$, $z_{1\,GE}$ angegeben werden:

z_0 ist der Zustand, in den der Automat übergeht, wenn die „Maus" irgendeine Tür einmal durchlaufen hat;

z_1 ist der Zustand, in den der Automat übergeht, wenn die „Maus" irgendeine Tür das zweite Mal durchlaufen hat;

z ist der Zustand, in dem die „Maus" bereit ist, die untersuchte Tür zu passieren;

$z!$ ist der Ruhezustand;

$z_{0\,RO}$ ist der Zustand, in den der Automat übergeht, wenn nach dem ersten Passieren einer Tür das Signal RO empfangen wird;

$z_{0\,GR}$ ist der Zustand, in den der Automat übergeht, wenn nach dem ersten Passieren einer Tür das Signal GR empfangen wird;

$z_{1\,RO}$ ist der Zustand, in den der Automat übergeht, wenn nach zweimaligem Passieren einer Tür das Signal RO empfangen wird;

$z_{1\,GE}$ ist der Zustand, in den das Netz übergeht, wenn nach zweimaligem Durchgang durch eine Tür das Signal GE empfangen wird.

Tabelle VI.12

Zustand \ Eingabe	Rot	Grün	Gelb	„Speck"
z_0	$L/z_{0\,RO}$	$L/z_{0\,GR}$	R/z	$!/z!$
$z_{0\,RO}$	L/z	$\uparrow/z_0$	L/z	—
$z_{0\,GR}$	R/z	$\uparrow/z_0$	L/z	—
z_1	$L/z_{1\,RO}$	$\uparrow/z_0$	$L/z_{1\,GE}$	—
$z_{1\,RO}$	$!/z!$	$\uparrow/z_0$	$\uparrow/z_1$	—
$z_{1\,GE}$	R/z	$\uparrow/z_0$	—	—
z	—	$\uparrow/z_0$	$\uparrow/z_1$	—
$z!$	$!/z!$	—	—	$!/z!$

Wir wählen für das Eingabe- und Zustandsalphabet Binärcodes. Die Codewörter $x_1\,x_2$ für die Buchstaben des Eingabealphabets sind der Tabelle VI.13 zu entnehmen, die Codewörter $y_1\,y_2$ für die Buchstaben des Ausgabealphabets findet man in der Tabelle VI.14, und die Codewörter $z_1\,z_2\,z_3$ für die Zustandsbuchstaben sind in der Tabelle VI.15 zusammengestellt.

Tabelle VI.13

GR	*GE*	*RO*	*S*
00	01	10	11

Tabelle VI.14

L	*R*	↑	!
00	01	10	11

Tabelle VI.15

z_0	$z_0\,RO$	$z_0\,GR$	z_1	$z_1\,RO$	$z_1\,GE$	z	$z!$
000	001	010	011	100	101	110	111

Unter diesen Bedingungen geht die Tabelle VI.12 in die Tabelle VI.16 über.

Anmerkung. In den Spalten 10—14 der Tabelle VI.16 sind die hinzugefügten Werte von y_1, y_2, z_1, z_2, z_3 in Klammern angegeben.

Aus dieser Tabelle ergeben sich nach Vereinfachungen folgende Ausdrücke:

$$\begin{aligned}\eta_1(t) = {} & \bar{\xi}_1(t) \wedge \{\bar{\xi}_2(t) \wedge [\zeta_2(t) \vee \zeta_3(t)] \vee \zeta_1(t)\} \\ & \vee \xi_1(t) \wedge \{\zeta_1(t) \wedge [\zeta_2(t) \vee \bar{\zeta}_3(t)] \vee \xi_2(t)\}\,, \end{aligned} \qquad (\mathfrak{A})$$

$$\begin{aligned}\eta_2(t) = {} & \xi_2(t) \wedge [(\bar{\zeta}_1(t) \wedge \bar{\zeta}_2(t) \wedge \bar{\zeta}_3(t)) \vee \xi_1(t)] \\ & \vee \xi_1(t) \wedge [(\zeta_2(t) \wedge \bar{\zeta}_3(t)) \vee \zeta_1(t)]\,, \end{aligned} \qquad (\mathfrak{B})$$

$$\zeta_1\,(t+1) = \{\xi_2(t) \wedge [\xi_1(t) \vee \bar{\zeta}_1(t)]\} \vee \{\xi_1(t) \wedge [\zeta_1(t) \vee \zeta_2(t) \vee \zeta_3(t)]\}\,, \qquad (\mathfrak{C})$$

$$\begin{aligned}\zeta_2\,(t+1) = {} & \bar{\xi}_1(t) \wedge \{(\xi_2(t) \wedge [\zeta_1(t) \vee \bar{\zeta}_2(t) \vee \bar{\zeta}_3(t)]) \\ & \vee (\bar{\zeta}_1(t) \wedge \bar{\zeta}_2(t) \wedge \bar{\zeta}_3(t))\} \vee \xi_1(t) \wedge [\xi_2(t) \vee \zeta_1(t) \\ & \vee (\bar{\zeta}_2(t) \wedge \zeta_3(t)) \vee (\zeta_2(t) \wedge \bar{\zeta}_3(t))]\,, \end{aligned} \qquad (\mathfrak{D})$$

$$\begin{aligned}\zeta_3\,(t+1) = {} & \bar{\xi}_1(t) \wedge \{\xi_2(t) \wedge [(\zeta_2(t) \wedge \zeta_3(t)) \vee \zeta_1(t)]\} \\ & \vee \xi_1(t) \wedge \{(\bar{\zeta}_2(t) \wedge \bar{\zeta}_3(t)) \vee (\zeta_1(t) \wedge [\zeta_2(t) \vee \bar{\zeta}_3(t)]) \vee \xi_2(t)\}\,. \end{aligned} \qquad (\mathfrak{E})$$

Wir gehen nun zur Konstruktion des logischen Netzes entsprechend den Ausdrücken ($\mathfrak{A}$)—($\mathfrak{E}$) über, wobei wir die Stufenmethode anwenden. Wir nehmen an, daß das Netz mit röhrenbestückten Bauelementen konstruiert werden soll. Wie schon an Beispielen demonstriert, stellen wir jetzt ($\mathfrak{A}$)—($\mathfrak{E}$) wie folgt dar (wir ersetzen wieder wie oben der Einfachheit halber $\xi(t)$ durch x usw.):

$$y_1 = (\overline{x_1} \wedge f_1^{(1)}) \vee (x_1 \wedge f_1^{(2)})\,,$$

$$f_1^{(1)} = (\overline{x_2} \wedge f_1^{(3)}) \vee (x_2 \wedge z_1)\,,$$

$$f_1^{(3)} = z_1 \vee z_2 \vee z_3\,,$$

$$f_1^{(2)} = (\overline{x_2} \wedge f_1^{(4)}) \vee x_2\,,$$

$$f_1^{(4)} = z_1 \wedge (z_2 \vee \overline{z_3})\,.$$

Tabelle VI.16

Eingabesignal	vorliegender Zustand	Code der Eingabe		Code des Zustandes (2)			Ausgabesignal	angenommener Zustand	Code der Ausgabe		Code des Zustandes (9)		
		x_1	x_2	z_1	z_2	z_3			y_1	y_2	z'_1	z'_3	z'_3
1	2	3	4	5	6	7	8	9	10	11	12	13	14
GR	z_0	0	0	0	0	0	*L*	$z_{0\,GR}$	0	0	0	1	0
GR	$z_{0\,RO}$	0	0	0	0	1	↑	z_0	1	0	0	0	0
GR	$z_{0\,GR}$	0	0	0	1	0	↑	z_0	1	0	0	0	0
GR	z_1	0	0	0	1	1	↑	z_0	1	0	0	0	0
GR	$z_{1\,RO}$	0	0	1	0	0	↑	z_0	1	0	0	0	0
GR	$z_{1\,GE}$	0	0	1	0	1	↑	z_0	1	0	0	0	0
GR	z	0	0	1	1	0	↑	z_0	1	0	0	0	0
GR	$z!$	0	0	1	1	1	—	—	(1)	(0)	(0)	(0)	(0)
GE	z_0	0	1	0	0	0	*R*	z	0	1	1	1	0
GE	$z_{0\,RO}$	0	1	0	0	1	*L*	z	0	0	1	1	0
GE	$z_{0\,GR}$	0	1	0	1	0	*L*	z	0	0	1	1	0
GE	z_1	0	1	0	1	1	*L*	$z_{1\,GE}$	0	0	1	0	1
GE	$z_{1\,RO}$	0	1	1	0	0	↑	z_1	1	0	0	1	1
GE	$z_{1\,GE}$	0	1	1	0	1	—	—	(1)	(0)	(0)	(1)	(1)
GE	z	0	1	1	1	0	↑	z_1	1	0	0	1	1
GE	$z!$	0	1	1	1	1	—	—	(1)	(0)	(0)	(1)	(1)
RO	z_0	1	0	0	0	0	*L*	$z_{0\,RO}$	0	0	0	0	1
RO	$z_{0\,RO}$	1	0	0	0	1	*L*	z	0	0	1	1	0
RO	$z_{0\,GR}$	1	0	0	1	0	*R*	z	0	1	1	1	0
RO	z_1	1	0	0	1	1	*L*	$z_{1\,RO}$	0	0	1	0	0
RO	$z_{1\,RO}$	1	0	1	0	0	!	$z!$	1	1	1	1	1
RO	$z_{1\,GE}$	1	0	1	0	1	*R*	z	0	1	1	1	0
RO	z	1	0	1	1	0	—	—	(1)	(1)	(1)	(1)	(1)
RO	$z!$	1	0	1	1	1	!	$z!$	1	1	1	1	1
S	z_0	1	1	0	0	0	!	$z!$	1	1	1	1	1
S	$z_{0\,RO}$	1	1	0	0	1	—	—	(1)	(1)	(1)	(1)	(1)
S	$z_{0\,GR}$	1	1	0	1	0	—	—	(1)	(1)	(1)	(1)	(1)
S	z_1	1	1	0	1	1	—	—	(1)	(1)	(1)	(1)	(1)
S	$z_{1\,RO}$	1	1	1	0	0	—	—	(1)	(1)	(1)	(1)	(1)
S	$z_{1\,GE}$	1	1	1	0	1	—	—	(1)	(1)	(1)	(1)	(1)
S	z	1	1	1	1	0	—	—	(1)	(1)	(1)	(1)	(1)
S	$z!$	1	1	1	1	1	!	$z!$	1	1	1	1	1

$$y_2 = (\overline{x_1} \wedge f_2^{(1)}) \vee (x_1 \wedge f_2^{(2)}) ,$$

$$f_2^{(1)} = x_2 \wedge f_2^{(3)} ,$$

$$f_2^{(3)} = \overline{f_1^{(3)}} ,$$

$$f_2^{(2)} = (\overline{x_2} \wedge f_2^{(4)}) \vee x_2 ,$$

$$f_2^{(4)} = z_1 \vee (z_2 \wedge \overline{z_3}) .$$

$$z_1 = (\overline{x_1} \wedge f_3^{(1)}) \vee (x_1 \wedge f_3^{(2)}) ,$$

$$f_3^{(1)} = x_2 \wedge \overline{z_1} ,$$

$$f_3^{(2)} = (\overline{x_2} \wedge f_3^{(3)}) \vee x_2 ,$$

$$f_3^{(3)} = f_1^{(3)} .$$

$$z_2 = (\overline{x_1} \wedge f_4^{(1)}) \vee (x_1 \wedge f_4^{(2)}) ,$$

$$f_4^{(1)} = (\overline{x_2} \wedge f_4^{(3)}) \vee (x_2 \wedge f_4^{(4)}) ,$$

$$f_4^{(3)} = \overline{f_1^{(3)}} ,$$

$$f_4^{(4)} = z_1 \vee \overline{z_2} \vee \overline{z_3}$$

$$f_4^{(2)} = (\overline{x_2} \wedge f_4^{(5)}) \vee x_2 ,$$

$$f_4^{(5)} = z_1 \vee (z_2 \wedge \overline{z_3}) \vee (\overline{z_2} \wedge z_3) .$$

$$z_3 = (\overline{x_1} \wedge f_5^{(1)}) \vee (x_1 \wedge f_5^{(2)}) ,$$

$$f_5^{(1)} = x_2 \wedge f_5^{(3)} ,$$

$$f_5^{(3)} = z_1 \vee (z_2 \wedge z_3) ,$$

$$f_5^{(2)} = (\overline{x_2} \wedge f_5^{(4)}) \vee x_2 ,$$

$$f_5^{(4)} = (z_1 \wedge z_2) \vee (z_1 \wedge \overline{z_3}) \vee (\overline{z_2} \wedge \overline{z_3}) .$$

Ferner stellen wir die Funktionen $f_2^{(4)}$, $f_5^{(3)}$, $f_4^{(5)}$ und $f_5^{(4)}$ in folgender Form dar:

$$f_2^{(4)} = \alpha \wedge \gamma , \qquad f_5^{(3)} = \beta \wedge \gamma ,$$

$$f_4^{(5)} = (\overline{z_2} \wedge \beta) \vee (z_2 \wedge \alpha) , \qquad f_5^{(4)} = \alpha \wedge \delta \wedge \eta ,$$

wobei

$$\alpha = z_1 \vee \overline{z_3} , \quad \beta = z_1 \vee z_3 , \quad \gamma = z_1 \vee z_2 , \; \delta = z_1 \vee \overline{z_2} , \; \eta = z_2 \vee \overline{z_3}$$

ist.

Mit Hilfe der folgenden Beziehungen können die erhaltenen Funktionen als Superpositionen von Funktionen, die von röhrenbestückten Bauelementen realisiert werden, dargestellt werden:

$$y_1 = K_2 \{T_2[x_1, \overline{f_1^{(1)}}], T_2[\overline{x_1}, \overline{f_1^{(2)}}]\} ,$$

$$y_2 = K_2 \{T_2[x_1, \overline{f_2^{(1)}}], T_2[\overline{x_1}, \overline{f_2^{(2)}}]\} ,$$

$$z_1 = K_2 \{T_2[x_1, \overline{f_3^{(1)}}], T_2[\overline{x_1}, \overline{f_3^{(2)}}]\} ,$$

$$z_2 = K_2 \{T_2[x_1, \overline{f_4^{(1)}}], T_2[\overline{x_1}, \overline{f_4^{(2)}}]\} ,$$

$$z_3 = K_2 \{T_2[x_1, \overline{f_5^{(1)}}], T_2[\overline{x_1}, \overline{f_5^{(2)}}]\} .$$

Ferner gilt

$$\overline{f_1^{(1)}} = \left(x_2 \vee \overline{f_1^{(3)}}\right) \wedge \left(\overline{x_2} \vee \overline{z_1}\right) = P\left(\overline{x_2}, f_1^{(3)}\right) \wedge P(x_2, z_1) \ ;$$

da

$$f_1^{(3)} = T[T_3(z_1, z_2, z_3)]$$

ist, erhalten wir

$$\overline{f_1^{(1)}} = P\,\{\overline{x_2}, T[T_3(z_1, z_2, z_3)]\} \wedge P(x_2, z_1)\ .$$

Die Darstellung der übrigen Funktionen als Superpositionen von Funktionen, die durch röhrenbestückte Bauelemente realisiert werden, überlassen wir dem Leser. Man erhält schließlich

$$\overline{z_1} = T(z_1)\,, \qquad \alpha = P(\overline{z_1}, z_3)\,,$$

$$\overline{z_2} = T(z_2)\,, \qquad \beta = P(\overline{z_1}, \overline{z_3})\,,$$

$$\overline{z_3} = T(z_3)\,, \qquad \gamma = P(\overline{z_1}, \overline{z_2}),\ \delta = P(\overline{z_1}, z_2),\ \eta = P(\overline{z_2}, z_3),$$

$$\overline{f_1^{(2)}} = \overline{x_2} \wedge \overline{f_1^{(4)}} = T_2\left[x_2, \left(T(\overline{z_1}) \wedge P(\overline{z_2}, z_3)\right)\right],$$

$$\overline{f_2^{(1)}} = \overline{x_2} \vee \overline{f_2^{(3)}} = P\left(x_2, f_2^{(3)}\right) = P\left(x_2, \overline{f_1^{(3)}}\right),$$

$$f_2^{(2)} = \overline{x_2} \wedge \overline{f_2^{(4)}} = T_2\left(x_2, f_2^{(4)}\right),$$

$$f_2^{(4)} = \alpha \wedge \gamma = D_K(\alpha, \gamma)\,,$$

$$\overline{f_3^{(1)}} = \overline{x_2} \vee x_3 = P(x_2, \overline{x_3})\,,$$

$$\overline{f_3^{(2)}} = \overline{x_2} \wedge \overline{f_3^{(3)}} = T_2\left(x_2, f_3^{(3)}\right) = T_2\left(x_2, f_1^{(3)}\right),$$

$$\overline{f_4^{(1)}} = \left(x_2 \vee \overline{f_4^{(3)}}\right) \wedge \left(\overline{x_2} \vee \overline{f_4^{(4)}}\right) = P\left(\overline{x_2}, \overline{f_1^{(3)}}\right) \wedge P[x_2, K_2(\alpha, \overline{z_2})]\,,$$

$$f_4^{(2)} = \overline{x_2} \wedge \overline{f_4^{(5)}} = T_2\left(x_2, f_4^{(5)}\right),$$

$$f_4^{(5)} = T[P(\overline{z_2}, \beta) \wedge P(z_2, \alpha)]\,,$$

$$\overline{f_5^{(1)}} = \overline{x_2} \vee \overline{f_5^{(3)}} = P\left(x_2, \overline{f_5^{(3)}}\right),$$

$$f_5^{(3)} = \beta \wedge \gamma = D_K(\beta, \gamma)\,,$$

$$f_5^{(2)} = \overline{x_2} \wedge \overline{f_5^{(4)}} = T_2\left(x_2, f_5^{(4)}\right),$$

$$f_5^{(4)} = T_2\left(P(\alpha, \delta),\ T(\eta)\right)$$

Das Röhrennetz, das die entsprechenden Funktionen realisiert, enthält 84 Streugitter; dabei sind die zur Bildung der Negationen $\overline{x_1}$ und $\overline{x_2}$ nötigen Gitter nicht mitgerechnet.

KAPITEL VII

ASYMPTOTISCHE ABSCHÄTZUNGEN DER KOMPLIZIERTHEIT LOGISCHER NETZE

§ 1. Grundbegriffe. Grenzwertsatz

In diesem Paragraphen wird die Aufgabe, ein optimales logisches Netz zu konstruieren, das einen gegebenen regulären Automatenoperator realisiert, ganz allgemein untersucht.

Eine Eigentümlichkeit dieser Untersuchung besteht darin, daß sie auf eine Klärung der asymptotischen Gesetzmäßigkeiten, die bei großen Werten der einzelnen Parameter von regulären Automatenoperatoren (Gewicht, Anzahl der Eingabe- bzw. Ausgabebuchstaben) auftreten, gerichtet ist. Eine derartige Konzeption wurde erstmals von C. E. SHANNON[1]) für die Realisierung kombinatorischer Operatoren durch Kontaktschaltungen entwickelt, er hat schon erste wesentliche Resultate in dieser Richtung gefunden. Die von SHANNON formulierte Aufgabe wurde von O. B. LUPANOW vollständig gelöst. LUPANOW verallgemeinerte diese Problematik auch auf Schemata anderer Arten, darunter auch auf logische (kombinatorische) Netze[2]). Dieser Fragenkomplex wird in § 2 behandelt. Die folgenden Paragraphen enthalten das für die Übertragung des Grenzwertsatzes von SHANNON-LUPANOW auf logische Netze mit Speicher nötige Material.

In diesem Paragraphen führen wir eine Reihe von Begriffen und Bezeichnungen ein, die für die weiteren Überlegungen notwendig sind, und formulieren die wichtigsten Sätze. Die Beweise für diese Sätze sowie die entsprechenden Konstruktionen werden erst in den folgenden Paragraphen angegeben; in § 1 beschränken wir uns auf einige Vorbemerkungen.

Wir betrachten die Menge aller logischen Netze[3]) über einem beliebigen — aber festgehaltenen — System E von Elementarautomaten, von dem lediglich verlangt wird, daß es vollständig ist (siehe Kapitel II, § 7). Ein derartiges System nennen wir Basis.[4]) Zur Formulierung der Aufgabe, ein optimales Netz zu finden, das einen gegebenen Automatenoperator realisiert, benötigt man ein Kriterium zum Vergleich von Netzen hinsichtlich bestimmter Merkmale (z. B. Kompliziertheit, Kosten, Zuverlässigkeit). Auf der Grundlage eines derartigen Kriteriums sei jedem Netz $\mathfrak{N}$ eine positive reelle Zahl $L(\mathfrak{N})$ zugeordnet, die als *Kompliziertheitsgrad* (oder auch *Kosten* für die Herstellung

[1]) Siehe [63].

[2]) Siehe [43].

[3]) Im weiteren werden wir das Wort „logisch" manchmal fortlassen.

[4]) Wir betonen im weiteren nicht ständig, daß es sich dabei — den Realitäten entsprechend — um endliche Basen handelt.

von $\mathfrak{N}$) bezeichnet wird. Jeder reguläre Automatenoperator kann wegen der vorausgesetzten Vollständigkeit von $\boldsymbol{E}$ durch Netze über $\boldsymbol{E}$ realisiert werden, wobei sich diese Netze möglicherweise durch ihre Kosten unterscheiden.

Definition. Die untere Grenze der Menge aller Kompliziertheitsgrade $\mathrm{L}(\mathfrak{N})$, wobei $\mathfrak{N}$ ein den regulären Automatenoperator Θ realisierendes logisches Netz über $\boldsymbol{E}$ ist, wird *Kompliziertheitsgrad* (oder auch *Kosten*) *von Θ bezüglich $\boldsymbol{E}$* genannt und durch $\mathrm{L}_{\boldsymbol{E}}(\Theta)$[1]) bezeichnet.

Die Aufgabe, einen Operator Θ über $\boldsymbol{E}$ optimal zu realisieren, besagt dann, ein Netz $\mathfrak{N}$ zu konstruieren, das den Operator realisiert und für das die Gleichung

$$\mathrm{L}(\mathfrak{N}) = \mathrm{L}_{\boldsymbol{E}}(\Theta)$$

gilt.

So kann z. B. in Netzen über einem System röhrenbestückter Bauelemente als Kompliziertheitsgrad die Anzahl der steuernden Gitter, die in diesen Netzen vorkommen, verwendet werden. Ein derartiges Netz realisiert dann einen gegebenen Automatenoperator optimal, wenn die Anzahl der steuernden Gitter dieses Netzes minimal ist.

Offenbar hängt die optimale Realisierung von der gewählten Bewertungsfunktion, die jedem Netz einen Kompliziertheitsgrad zuordnet, ab. In den Untersuchungen dieses Paragraphen erfüllt die Bewertungsfunktion stets die folgenden beiden Forderungen, ansonsten darf sie beliebig gewählt werden:

I. Jeder Elementarautomat $\mathfrak{E}$ aus der vorgegebenen Basis hat einen positiven Kompliziertheitsgrad.

II. Der Kompliziertheitsgrad eines Netzes ist gleich der Summe der Kompliziertheitsgrade seiner Elementarautomaten.

Folglich ergeben sich die Kosten eines Netzes $\mathfrak{N}$ aus der Summe

$n_1 \mathrm{L}(\mathfrak{E}_1) + n_2 \mathrm{L}(\mathfrak{E}_2) + \cdots + n_m \mathrm{L}(\mathfrak{E}_m) \quad (\mathfrak{E}_\mu \in \boldsymbol{E})$, wobei n_μ die Anzahl der Stellen bezeichnet, an denen in $\mathfrak{N}$ der Elementarautomat $\mathfrak{E}_\mu$ vorkommt.

Eine Bewertung, die diese Forderungen erfüllt, hat möglicherweise den Mangel, daß sie nicht den *Charakter der Verknüpfungen* zwischen den Elementarautomaten, sondern nur das Vorkommen dieser im untersuchten Netz widerspiegelt. Im folgenden wird sich jedoch herausstellen, daß die Bedingungen I und II vernünftig und gerechtfertigt sind.

Aus den Forderungen I, II und der Definition des logischen Netzes ergibt sich ein trivialer Algorithmus zur optimalen Realisierung eines gegebenen Operators Θ.

Dieser Algorithmus gründet sich auf folgende Überlegungen:

1. Die Kosten aller möglichen logischen Netze über $\boldsymbol{E}$ können als monoton wachsende Folge aufgeschrieben werden:

$$L_1, L_2, \ldots, L_j, \ldots .$$

Offenbar ist dabei L_1 der Kompliziertheitsgrad von Netzen, die nur aus einem Elementarautomaten $\mathfrak{E}$ mit $\mathrm{L}(\mathfrak{E}) \leq \mathrm{L}(\mathfrak{E}')$, $\mathfrak{E}' \in \boldsymbol{E}$, bestehen.

[1]) Wenn Verwechslungen ausgeschlossen sind, so lassen wir den Index fallen.

2. Zu jeder Zahl L_j gibt es nur endlich viele Netze — wir fassen sic in der Menge S_{L_j} zusammen — deren Kosten höchstens gleich L_j sind, wobei diese Netze eines nach dem anderen konstruiert werden können.

Es sei nun ein beliebiger regulärer Automatenoperator Θ gegeben (wir nehmen an, daß etwa ein abstrakter Automat $\mathfrak{A}$, der Θ darstellt, bekannt ist), für den eine optimale Realisierung gesucht ist. Dann konstruieren wir für jedes feste L_j nacheinander die Netze aus der Menge S_{L_j}; jedes dieser Netze analysieren wir und stellen durch Vergleich mit $\mathfrak{A}$ fest, ob das Netz den Operator realisiert oder nicht. Diesen Prozeß beginnen wir für die Zahl L_1 und setzen ihn mit L_2, L_3 usw. solange fort, bis ein Netz gefunden ist, das den Operator realisiert. Dieses Netz stellt eine[1]) gesuchte optimale Realisierung des Operators dar.

Also löst der vorgeschlagene Algorithmus die gestellte Aufgabe tatsächlich, wobei die ihm zugrunde liegenden Gedanken überaus einfach sind und im wesentlichen die Prüfung einer großen Menge von Netzen verlangen. Man kann sich leicht überlegen, daß die Anzahl der Netze in der Menge S_L mit L wie $(c\,L)^{c\,L}$ wächst, wobei c eine Konstante ist. Darum ist eine Anwendung dieses Algorithmus schon bei verhältnismäßig kleinen Parameterwerten praktisch unmöglich.

Indessen hat der angegebene triviale Algorithmus außer dem bereits genannten noch einen weiteren wesentlichen Mangel: es ist nicht möglich, aus ihm irgendeine Voraussage über den Kompliziertheitsgrad des Netzes abzuleiten, das man als Ergebnis seiner Anwendung erwartet.

Im Hauptteil dieses Kapitels werden effektive Verfahren zur Lösung der Optimierungsaufgabe dargestellt, die keine Durchsicht aller in Frage kommenden Netze erfordern. Die Anwendung dieser Methoden führt nicht nur zu einem (in einem bestimmten Sinne) fast optimalen Netz, sondern gestattet auch, die Kosten dieses Netzes im voraus abzuschätzen.

Zur Untersuchung dieses Fragenkomplexes ist es notwendig, einige wichtige Begriffe und Bezeichnungen einzuführen.

Wir betrachten die Klasse $\mathfrak{K}_{m,n,k}$ aller regulären Automatenoperatoren Θ über $[X, Y]$ $(X = D^m,\ Y = D^n;\ m, n > 0)$, für die $\mathrm{ld}(\mathrm{G}(\Theta)) = k$ ist, d. h. $\lambda = \mathrm{G}(\Theta) = 2^k = 1, 2, 3, \ldots$. Diese Klasse ist für festes m, n und k endlich. Es sei $\mathrm{N}(m, n, k) = \mathrm{Kz}(\mathfrak{K}_{m,n,k})$. Offenbar besteht $\mathfrak{K}_{m,n,k}$ aus allen den Automatenoperatoren, die in endlichen abstrakten Automaten vom Typ $\mathfrak{A} = [X, Y, Z, f, g]$ $X = D^m$, $Y = D^n$, $Z = D^{\tilde{k}}$ $(2^{\tilde{k}-1} < \lambda = 2^k \leq 2^{\tilde{k}},\ \tilde{k} \in \mathrm{Nz})$,

$$\left.\begin{aligned} f\colon\ & [\ldots, f^{(\nu)}(z_1, \ldots, z_{\tilde{k}}, x_1, \ldots, x_m), \ldots],\\ g\colon\ & [\ldots, g^{(\varkappa)}(z_1, \ldots, z_{\tilde{k}}, x_1, \ldots, x_m), \ldots]\\ & (\nu = 1, 2, \ldots, n;\quad \varkappa = 1, 2, \ldots, \tilde{k}) \end{aligned}\right\} \tag{7.1}$$

darstellbar sind.

Wie SHANNON betrachten wir die Funktion $\mathrm{L}(m, n, k)$, deren Wert für jedes Tripel $[m, n, k]$ gerade die kleinste Zahl L derart ist, daß jeder Operator aus

[1]) Es können natürlich auch mehrere existieren.

der Klasse $\mathfrak{K}_{m,n,k}$ in einem Netz realisiert werden kann, dessen Kosten L nicht übersteigen, d. h., es ist

$$\mathrm{L}(m, n, k) =_{\mathrm{Df}} \max_{\Theta \in \mathfrak{K}_{m,n,k}} \mathrm{L}(\Theta) . \tag{7.2}$$

Wir haben oben einen trivialen Algorithmus zur Lösung der Optimierungsaufgabe beschrieben. Es ist klar, daß nach demselben Algorithmus auch jeder Wert der Funktion $\mathrm{L}(m, n, k)$ berechnet werden kann. Dazu genügt es nämlich, für jeden Operator Θ aus der endlichen Klasse $\mathfrak{K}_{m,n,k}$ (mit Hilfe des trivialen Algorithmus) eine optimale Realisierung zu ermitteln, die zugehörigen Kosten $\mathrm{L}(\Theta)$ zu berechnen und von diesen Zahlen die größte zu bestimmen.

Man sieht leicht ein, daß ein solches Verfahren zur Berechnung der Funktion $\mathrm{L}(m, n, k)$ faktisch unbrauchbar ist. Daher entsteht ein Interesse an der Ausarbeitung von Methoden, mit deren Hilfe die Funktion $\mathrm{L}(m, n, k)$ zwar nur näherungsweise, aber dafür mit zumutbarem Aufwand abzuschätzen ist.

Mit diesem Ziel betrachten wir das Verhalten der Funktion $\mathrm{L}(m, n, k)$, wenn $m + k$ gegen Unendlich strebt, n jedoch beschränkt ist. Der Sinn dieser Beschränkung wird sich später zeigen. Bekanntlich ist bei den von uns untersuchten Operatoren der Ausgabebuchstabe $\eta(t)$ eindeutig durch den Eingabebuchstaben $\xi(t)$ und den Zustandsbuchstaben $\zeta(t)$ des darstellenden Automaten bestimmt. Daher ist die Anzahl der Buchstaben des Ausgabealphabets, die bei der Beschreibung des Operators wirklich benutzt werden, nicht größer als die Zahl der Eingabebuchstaben multipliziert mit der Anzahl der Zustandsbuchstaben. Wenn alle (oder ,,fast alle“) Ausgabebuchstaben wirklich verwendet werden, so gilt

$$2^n \leqq 2^m \cdot 2^k , \qquad \text{d. h.} \qquad n \leqq m + k . \tag{7.3}$$

Nun werden aber gewöhnlich nicht alle 2^n n-Tupel $[d_1, \ldots, d_n]$ $(d_\nu \in D)$ tatsächlich als Ausgabebuchstaben benutzt (oft wird aus Zuverlässigkeitsgründen speziell ein redundanter Code gewählt). Daher kann n auch größer als $m + k$ sein. Wir schließen eine solche Redundanz im folgenden nicht aus, sondern fordern lediglich, daß sie nicht zu groß ist, d. h. genauer, wir setzen voraus

$$\lim_{m+k \to \infty} \frac{\mathrm{ld}\, n}{m + k} = 0 . \tag{7.4}$$

Unter dieser Bedingung gelingt es, das Verhalten der Funktion $\mathrm{L}(m, n, k)$ für $m + k \to \infty$ zu klären.[1])

Es ist ganz natürlich, daß in einer Näherungsformel für $\mathrm{L}(m, n, k)$ außer den Parametern m, n, k der Operatoren aus der Klasse $\mathfrak{K}_{m,n,k}$ auch Parameter auftreten, die die Elementarautomaten, aus denen die realisierenden Netze aufgebaut werden sollen, und die zugrundegelegte Bewertungsfunktion charak-

[1]) Wir setzen fest, daß zwei Größen μ, ν *bei einem gewissen Prozeß asymptotisch gleich* $(\mu \cong \nu)$ heißen, wenn bei diesem Prozeß $\lim \frac{\mu}{\nu} = 1$ ist; das bedeutet, daß der relative Fehler, der beim Ersetzen der einen Größe durch die andere entsteht, gegen Null strebt.

terisieren. Vorläufig betrachten wir o. B. d. A. nur vollständige Systeme $\boldsymbol{E}$, welche Elementarautomaten folgender beider Typen enthalten: 1. Elementarautomaten, die nur einen Ausgabepol haben und eine BOOLEsche Funktion realisieren; 2. Elementarautomaten, die nur einen Eingabepol haben und einen regulären Automatenoperator realisieren.

Die Allgemeinheit unserer Überlegungen wird dadurch gewährleistet, daß die Beschränkungen, die wir dem System $\boldsymbol{E}$ auferlegen, kaum lästig und in den meisten Fällen ohnehin erfüllt sind.

Als typisches Beispiel kann man ein System anführen, das Elektronenröhren (als Elementarautomaten vom Typ 1) und ein Verzögerungselement oder einen Trigger mit nur einem Eingang (als Elementarautomat vom Typ 2) enthält.

Wir stellen fest, daß unter den Elementarautomaten vom Typ 1 unbedingt wenigstens einer vorkommen muß, der eine BOOLEsche Funktion realisiert, die von mehr als einer Variablen effektiv abhängig ist. Andernfalls ist das System nicht vollständig, da man mit den Elementen dieses Systems kein logisches Netz konstruieren kann, das eine von mehr als einer Variablen effektiv abhängige BOOLEsche Funktion realisiert.

Die Zahl $\frac{\mathrm{L}(\mathfrak{E})}{m_0 - 1}$, wobei $\mathrm{L}(\mathfrak{E})$ der Kompliziertheitsgrad eines Elementarautomaten vom Typ 1 aus $\boldsymbol{E}$ ist und m_0 ($m_0 > 1$) die Anzahl der Variablen, von denen die durch $\mathfrak{E}$ realisierte BOOLEsche Funktion effektiv abhängt, nennen wir *spezifische Kosteu* bzw. *spezifischen Kompliziertheitsgrad* $\Lambda(\mathfrak{E})$ von $\mathfrak{E}$. Ferner bezeichnen wir das Minimum aller $\Lambda(\mathfrak{E})$ ($\mathfrak{E}$ vom Typ 1 aus $\boldsymbol{E}$) mit Λ. Diese Zahl Λ ist der einzige Parameter der Basis und der gewählten Bewertungsfunktion, der in der Abschätzung, die das Verhalten der Funktion $\mathrm{L}(m, n, k)$ für $m + k \to \infty$ beschreibt, auftritt. Es gilt der folgende Satz:

Grenzwertsatz. *Wenn* $m + k \to \infty$ *und* $\frac{\mathrm{ld}\, n}{m+k} \to 0$ *streben, so gilt*

$$\mathrm{L}(m, n, k) \cong n \Lambda \frac{2^m \cdot 2^k}{m + k} + k \Lambda \frac{(2^m - 1) \cdot 2^k}{m + k}. \tag{7.5}$$

Gleichzeitig gilt unter den im Satz angegebenen Bedingungen (und sogar noch unter etwas allgemeineren Voraussetzungen) folgende Beziehung:

$$\mathrm{ld}\, \mathrm{N}(m, n, k) \cong (2^m - 1)\, 2^k (n + k) + n\, 2^k. \tag{7.6}$$

Daher kann man die Formel (7.5) in folgende, besser überschaubare Form bringen:

$$\mathrm{L}(m, n, k) \cong \Lambda \frac{\mathrm{ld}\, \mathrm{N}(m, n, k)}{\mathrm{ld}\, \mathrm{ld}\, \mathrm{N}(m, n, k)}. \tag{7.7}$$

Speziell für $k = 0$ und $n = 1$ lautet Formel (7.7)

$$\mathrm{L}(m, 1, 0) \cong \Lambda \frac{2^m}{m}. \tag{7.8}$$

Die Funktion $L(m) =_{Df} L(m, 1, 0)$ wurde erstmals von SHANNON zur Abschätzung des Kompliziertheitsgrades der Realisierungen von BOOLEschen Funktionen in m Variablen durch Kontaktschaltungen verwendet.[1]) LUPANOW untersuchte die Funktion $L(m)$ für Kontaktschaltungen und logische Netze[2]) (von ihm „Schaltungen mit funktionalen Elementen" genannt) und fand dafür die Abschätzung (7.8). Die Beziehung (7.5) bewiesen die Autoren durch Übertragung einer von LUPANOW[3]) zur Untersuchung der Realisierung von BOOLEschen Funktionen (das heißt im wesentlichen kombinatorischer Operatoren) entwikkelten Methode auf Operatoren mit Speichervermögen.[4])

Die Formel (7.5) sagt auch aus, daß das Verhalten der Funktion $L(m, n, k)$ nur wenig von der Art der Elementarautomaten, aus denen die realisierenden Netze aufgebaut werden, abhängt, sondern im wesentlichen vom Minimum der spezifischen Kosten (der Elementarautomaten von Typ 1) bestimmt wird. Die Parameter der Elementarautomaten vom Typ 2 gehen überhaupt nicht in die Formel ein. Das bedeutet zum Beispiel, daß das Verhalten der Funktion $L(m, n, k)$ im wesentlichen unverändert bleibt, wenn man zugleich mit den üblichen Verzögerungselementen noch Trigger mit nur einem Eingang oder Elementarautomaten, die periodische Folgen erzeugen, verwendet. Die Auswahl einer bestimmten Basis kann sich bei Operatoren mit kleinen Parameterwerten m, n, k stark im Kompliziertheitsgrad der Realisierungen bemerkbar machen; für große Parameterwerte gilt dagegen die durch (7.5) ausgedrückte Gesetzmäßigkeit.

Man kann den Grenzwertsatz auch unmittelbar aus den Sätzen über die untere und obere Grenze herleiten. Die Behauptungen dieser Sätze werden unter den gleichen Voraussetzungen wie der Grenzwertsatz bewiesen.

Der Satz über die untere Grenze besagt, daß es zu jedem ε ($\varepsilon > 0$) einen Operator Θ aus $\mathfrak{K}_{m,n,k}$ gibt, so daß

$$L(\Theta) \geqq (1 - \varepsilon)\left[n\Lambda \frac{2^m \cdot 2^k}{m + k} + k\Lambda \frac{(2^m - 1) \cdot 2^k}{m + k}\right],$$

d. h.

$$L(\Theta) \geqq (1 - \varepsilon)\Lambda \frac{\operatorname{ld} N(m, n, k)}{\operatorname{ld} \operatorname{ld} N(m, n, k)} \tag{7.9}$$

gilt. Wir geben eine Verschärfung dieser Aussage an:

Es sei $\mathfrak{K}_{m,n,k}(\varepsilon)$ die Menge aller Operatoren aus $\mathfrak{K}_{m,n,k}$ für die bei vorgegebenem ε ($\varepsilon > 0$) die Beziehung (7.9) gilt. Ferner sei $N_{m,n,k}(\varepsilon) = \mathrm{Kz}(\mathfrak{K}_{m,n,k}(\varepsilon))$.

S a t z ü b e r d i e u n t e r e G r e n z e. *Für jedes* ε ($\varepsilon > 0$) *gilt*

$$\frac{N_{m,n,k}(\varepsilon)}{N(m, n, k)} \to 1\,,$$

---

[1]) Siehe [63].
[2]) Siehe [42].
[3]) Siehe [43].
[4]) Siehe [71].

falls $m + k \to \infty$ *und* $\frac{\operatorname{ld} n}{m + k} \to 0$ *strebt und* $m + k$ *rasch über alle Grenzen wächst.*

Damit ist gezeigt, daß die Beziehung (7.9) für fast alle Operatoren aus $\mathfrak{K}_{m,n,k}$ erfüllt ist.

Satz über die obere Grenze. *Zu jedem* ε $(\varepsilon > 0)$ *gibt es ein* ν $(\nu > 0)$, *so daß für jede Klasse* $\mathfrak{K}_{m,n,k}$ *mit* $m + k > \nu$ *und für jeden Operator* Θ *aus dieser Klasse die Ungleichung*

$$\mathrm{L}(\Theta) < (1 + \varepsilon)\left[n \Lambda \frac{2^m \cdot 2^k}{m + k} + k \Lambda \frac{(2^m - 1) \cdot 2^k}{m + k}\right] \tag{7.10}$$

erfüllt ist.

Der Beweis dieses Satzes besteht in der Beschreibung einer effektiven Synthesemethode (die nicht auf ein Durchprüfen aller in Frage kommenden Netze wie beim trivialen Algorithmus hinausläuft), nach der man für großes $m + k$ (bei $m + k \to \infty$) zu beliebigem $\Theta \in \mathfrak{K}_{m,n,k}$ ein logisches Netz konstruieren kann, dessen Kosten die Ungleichung (7.10) erfüllen.

Aus den Sätzen über die untere und obere Grenze folgt außerdem, daß die Funktion $\mathrm{L}(\Theta)$ für fast alle Operatoren $\Theta \in \mathfrak{K}_{m,n,k}$ der Funktion $\mathrm{L}(m, n, k)$ nahekommt, d. h., fast alle Operatoren aus der Klasse $\mathfrak{K}_{m,n,k}$ sind ebenso kompliziert zu realisieren wie der komplizierteste Operator aus dieser Klasse. Gleichzeitig liefert die Synthesemethode, mit der die Abschätzung (7.10) bewiesen wird, *fast optimale Netze* für *fast alle Operatoren.*

Mithin löst diese Synthesemethode in einem gewissen Sinne die Aufgabe, ein optimales Netz zu konstruieren. Eine vollständige Lösung dieses Problems fordert allerdings mehr, nämlich eine Synthesemethode, die für *alle Operatoren* eine *wirklich optimale Realisierung* liefert.

Nach letzten Resultaten von S. W. Jablonski ist es jedoch wahrscheinlich, daß eine vollständige Lösung in diesem Sinne überhaupt nicht existiert, wenn man Methoden außer Betracht läßt, die mit einem trivialen Durchprüfen aller in Frage kommenden Netze arbeiten.[1])

In den folgenden Paragraphen wird das Hauptaugenmerk auf die Darstellung verschiedener Syntheseverfahren gerichtet, mit deren Hilfe schließlich der Satz über die obere Grenze bewiesen wird (§ 5). Den Beweis für den Satz über die untere Grenze und den Beweis für die Beziehung (7.6) führen wir hier nicht, obwohl wir beide Resultate im folgenden benutzen werden.

§ 2. Synthesemethoden für logische Netze zur Realisierung Booleescher Funktionen. Obere Schranken der Kompliziertheitsgrade

In diesem Paragraphen werden verschiedene effektive[2]) Synthesemethoden beschrieben, die man bei der Konstruktion von Netzen zur Realisierung Boole-

---

[1]) Siehe [29].

[2]) Effektiv in dem Sinne, daß diese Methoden nicht auf ein Durchprüfen aller in Frage kommenden Netze hinauslaufen.

scher Funktionen anwenden kann, und die Kosten dieser Netze für $m \to \infty$ abgeschätzt.

Es seien $\boldsymbol{A}$ eine der im folgenden aufgeführten Methoden, $\mathfrak{K}_{m,1,0}$ die Menge aller kombinatorischen Operatoren über $[X, Y]$, $X = D^m$, $Y = D$ (d. h. BOOLEscher Funktionen in m Variablen) und $\boldsymbol{A}(\Theta)$ das mit Hilfe von $\boldsymbol{A}$ konstruierte Netz, in dem Θ aus $\mathfrak{K}_{m,1,0}$ realisiert wird. Wir setzen dann

$$\mathrm{L}_{\boldsymbol{A}}(m) =_{\mathrm{Df}} \max_{\Theta \in \mathfrak{K}_{m,1,0}} \mathrm{L}(\boldsymbol{A}(\Theta)) .$$

Eine Methode $\boldsymbol{B}$ nennen wir *stärker* als eine Methode $\boldsymbol{A}$, wenn $\mathrm{L}_{\boldsymbol{B}}(m) \leqq \mathrm{L}_{\boldsymbol{A}}(m)$ für alle m von einem gewissen m_0 an gilt. Die unten dargestellten Methoden sind nach wachsender Stärke geordnet; die stärkste ist die LUPANOWsche Methode, da sie im Sinne des Grenzwertsatzes die beste Abschätzung nach oben liefert.

Wir verabreden nun einige Termini und Bezeichnungen, die sowohl in diesem als auch im nächsten Paragraphen verwendet werden. Die Bezeichnung „$\wedge$-Zelle“, „$\vee$-Zelle“ bzw. „$\sim$-Zelle“ wenden wir auf Netze an, die die Funktionen $\wedge$, $\vee$ bzw. $\sim$ realisieren.

Insbesondere können natürlich Zellen dieser Art bereits Elementarautomaten der zugrundegelegten Basis sein. Im allgemeinen sind diese Zellen bestimmte Blöcke, die aus Elementarautomaten aufgebaut sind. Solche Blöcke müssen existieren, da die Basis nach Voraussetzung vollständig ist. Die Kosten dieser Zellen bezeichnen wir mit $L_\wedge$, $L_\vee$, $L_\sim$.

In den Punkten 1, 2, 3 und 4 betrachten wir Synthesemethoden für Netze aus $\wedge$-, $\vee$- und $\sim$-Zellen (das entspricht der Darstellung von BOOLEschen Funktionen mittels Alternative, Konjunktion und Negation). Der allgemeinste Fall, daß die Basis beliebige Elementarautomaten enthält, wird im Punkt 5 untersucht, während im Punkt 6 die für BOOLEsche Funktionen entwickelten Resultate auf Systeme solcher Funktionen übertragen werden (allgemeiner Fall des kombinatorischen Operators).

1. Modellierung kanonischer alternativer Normalformen (KANF)

Zur Realisierung einer BOOLEschen Funktion $f(x_1, x_2, \ldots, x_m)$ benötigt man, wenn man von ihrer KANF ausgeht, höchstens m $\sim$-Zellen (zur Realisierung der Negationen $\bar{x}_1, \bar{x}_2, \ldots, \bar{x}_m$), höchstens $(m-1)\,2^m$ $\wedge$-Zellen (um alle Funktionen der Form $x_1^{\sigma_1} \wedge x_2^{\sigma_2} \wedge \cdots \wedge x_m^{\sigma_m}$ zu realisieren) und höchstens 2^m $\vee$-Zellen. Deshalb gilt für den Kompliziertheitsgrad einer solchen direkten Modellierung der KANF die Ungleichung:

$$\mathrm{L}_1(m) < m\,L_\sim + (m-1)\,2^m L_\wedge + 2^m L_\vee .$$

Für $m \to \infty$ erhält man

$$L_1(m) < m\, 2^m L_\wedge (1 + o(1))^{1)} . \tag{7.11}$$

Diese Abschätzung kann man verbessern, wenn man bedenkt, daß entweder die Funktion f selbst oder ihre Negation $\bar{f}$ eine KANF mit höchstens 2^{m-1} Elementarkonjunktionen besitzt (siehe Kapitel I). Wir modellieren nun f oder $\bar{f}$ je nachdem, welche von beiden Funktionen die kürzere KANF hat und bilden im zweiten Fall mit einer $\sim$-Zelle die Negation von $\bar{f}$. Damit wird (7.11) verbessert zu

$$L_1(m) < m\, 2^{m-1} L_\wedge (1 + o(1)) \tag{7.11'}$$

2. Verwendung universeller Dechiffratoren

Bei der Methode 1 liegt das Schwergewicht auf den Kosten der $\wedge$-Zellen, die zur Realisierung aller Konjunktionen der Form $x_1^{\sigma_1} \wedge x_2^{\sigma_2} \wedge \cdots \wedge x_m^{\sigma_m}$ benötigt werden. Ein Netz, das alle diese 2^m Konjunktionen realisiert, nennen wir einen *universellen Dechiffrator* (UD) für m Variablen $x_1, \ldots, x_m$. Aus den folgenden Ausführungen geht hervor, daß es ökonomischer ist, einen universellen Dechiffrator zu verwenden, anstatt (wie in 1) die 2^m Konjunktionen einzeln zu realisieren (vgl. Kapitel VI).

Die Anzahl der $\wedge$-Zellen, die zur getrennten Realisierung der Konjunktionen $x_1^{\sigma_1} \wedge x_2^{\sigma_2} \wedge \cdots \wedge x_{\left[\frac{m}{2}\right]}^{\sigma_{\left[\frac{m}{2}\right]}}$ und $x_{\left[\frac{m}{2}\right]+1}^{\sigma_{\left[\frac{m}{2}\right]+1}} \wedge \cdots \wedge x_m^{\sigma_m}$ benötigt werden, ist höchstens gleich $\left(\left[\frac{m}{2}\right] - 1\right) 2^{\left[\frac{m}{2}\right]} + \left(\left]\frac{m}{2}\right[- 1\right) 2^{\left]\frac{m}{2}\right[}$.

Um die Konjunktionen aus m Gliedern zu realisieren, werden höchstens 2^m $\wedge$-Zellen gebraucht (je eine $\left[\frac{m}{2}\right]$- und $\left]\frac{m}{2}\right[$ -gliedrige Konjunktion wird mit einer $\wedge$-Zelle zu einer m-gliedrigen verknüpft). Also gilt für $m \to \infty$

$$L(\mathrm{UD}) < \left(m\, 2^{\frac{m}{2}} + 2^m\right) L_\wedge + m\, L_\sim = 2^m L_\wedge (1 + o(1)) . \tag{7.12}$$

Zur Realisierung der Funktion $f(x_1, x_2, \ldots, x_m)$ braucht man, wenn man den universellen Dechiffrator benutzt, höchstens noch 2^m $\vee$-Zellen. Folglich gilt

$$L_2(m) < 2^m (L_\vee + L_\wedge)(1 + o(1)) . \tag{7.13}$$

3. Die Shannonsche Methode[2]

Eine weitere bemerkenswerte Verschärfung der Abschätzung (7.13) kann durch Zerlegung der Funktion f erreicht werden.

---

[1]) Wir benutzen in (7.11) und im folgenden das Zeichen $\alpha = o(\beta)$ für $\frac{\alpha}{\beta} \to 0$ bzw. $\alpha = O(\beta)$ dafür, daß für gewisse Konstanten m, M $(0 < m < M)$ gilt $m < \frac{\alpha}{\beta} < M$. Insbesondere ist also $o(1)$ eine Größe, die bei dem gegebenen Prozeß gegen 0 strebt.

[2]) Siehe [63].

Es sei $m = l + n$. Wir untersuchen die Zerlegung (siehe Kapitel I)

$$f(x_1, \ldots, x_l, y_1, \ldots, y_n) = \bigvee x_1^{\sigma_1} \wedge \cdots \wedge x_l^{\sigma_l} \wedge f(\sigma_1, \ldots, c_l, y_1, \ldots, y_n) \quad (7.14)$$

für $l \to \infty$, $n \to \infty$.

Zur Realisierung aller Konjunktionen der Form $x_1^{\sigma_1} \wedge x_2^{\sigma_2} \wedge \cdots \wedge x_l^{\sigma_l}$ werden nach (7.12) höchstens $2^l \left(1 + o(1)\right)$ $\wedge$-Zellen benötigt. Es gibt höchstens 2^{2^n} verschiedene Funktionen $f(\sigma_1, \ldots, \sigma_l, y_1, \ldots, y_n)$, und der Kompliziertheitsgrad der Realisierung jeder dieser Funktionen ist höchstens gleich $2^n (L_\wedge + L_\vee) \cdot \cdot \left(1 + o(1)\right)$. Außerdem braucht man noch 2^l $\wedge$-Zellen und ebensoviele $\vee$-Zellen zur Realisierung von (7.14).

Wir erhalten also

$$\mathrm{L}_3(m) < \left[2^{l+1} L_\wedge + 2^l L_\vee + 2^{2^n} \cdot 2^n (L_\wedge + L_\vee)\right] \left(1 + o(1)\right). \quad (7.15)$$

Die rechte Seite der Ungleichung (7.15) hängt davon ab, wie man die Zahl m in die Summanden n und l zerlegt. Daher nimmt man diese Zerlegung so vor, daß die rechte Seite von (7.15) möglichst klein wird. Wählt man $n = \mathrm{ld}\,(m - - 3\,\mathrm{ld}\,m)$, $l = m - \mathrm{ld}\,(m - 3\,\mathrm{ld}\,m)$, so erhält die rechte Seite von (7.15) die Form[1])

$$\left[\frac{2^m}{m - 3\,\mathrm{ld}\,m} (2\,L_\wedge + L_\vee) + \frac{2^m}{m^3} (m - 3\,\mathrm{ld}\,m)\,(L_\wedge + L_\vee)\right] \left(1 + o(1)\right).$$

Folglich ist

$$\mathrm{L}_3(m) < \frac{2^m}{m} (2\,L_\wedge + L_\vee) \left(1 + o(1)\right). \quad (7.16)$$

Diese Synthesemethode wurde zuerst von SHANNON für Kontaktschaltungen angewendet. Die hierbei auftretende Verringerung des Kompliziertheitsgrades der realisierenden Netze erreicht man

a) durch Verwendung eines universellen Dechiffrators UD für l Variablen mit $\mathrm{L(UD)} \leqq 2^l \left(1 + o(1)\right) L_\wedge$ (nach Punkt 2 dieses Paragraphen) und

b) durch Zerlegung der zu realisierenden Funktion nach gewissen ihrer Variablen, wobei die Zahl l dieser Variablen auf folgende Weise bestimmt ist:

$$l = m - \mathrm{ld}\,(m - 3\,\mathrm{ld}\,m).$$

4. Die LUPANOWsche Methode[2])

Die LUPANOWsche Methode ermöglicht eine ökonomischere Realisierung als die SHANNONsche Methode.

Wir entwickeln sie zunächst für den Spezialfall, daß ein Netz wie oben aus $\wedge$-, $\vee$- und $\sim$-Zellen konstruiert werden soll. Danach betrachten wir den all-

[1]) Hier und im folgenden lassen wir eine gewisse Willkür zu und nehmen anstelle des Logarithmus die nächstgrößere ganze Zahl. Für unsere Abschätzungen ist diese Ersetzung unwesentlich.

[2]) Siehe [43].

gemeinen Fall, bei dem das Netz aus Elementarautomaten einer beliebigen Basis besteht. Auf diese Weise wird es leichter, die Rolle der einzelnen Konstruktionsetappen zu verstehen.

Wir zerlegen die m Variablen der Funktion f in drei Gruppen

$$x_1, x_2, \ldots, x_\lambda,$$
$$v_1, v_2, \ldots, v_\mu,$$
$$y_1, y_2, \ldots, y_\nu,$$

Tabelle VII.1

	0	τ_1	1	x_1
	$\vdots$	$\vdots$	$\vdots$	$\vdots$
	0	τ_λ	1	x_λ
	0	σ_1	1	v_1
	$\vdots$	$\vdots$	$\vdots$	$\vdots$
$y_1 y_2 \ldots y_\nu$	0	σ_μ	1	v_μ
$0 0 \ldots 0$		A_1		
		A_2		
		$\vdots$		
$\eta_1 \eta_2 \ldots \eta_\nu$		$\ldots\ldots f(\tau_1, \ldots, \tau_\lambda, \sigma_1, \ldots, \sigma_\mu, \eta_1, \ldots, \eta_\nu) \ldots\ldots$		
		$\vdots$		
$1 1 \ldots 1$		A_p		

wobei $\lambda + \mu + \nu = m$ ist, und beschreiben f durch die von Tabelle VII.1 dargestellte Matrix. Die Zeilen dieser Matrix werden durch die Belegungen $\eta_1, \ldots, \eta_\nu$ der Variablen $y_1, \ldots, y_\nu$ numeriert und die Spalten durch die Belegungen $\tau_1, \ldots, \tau_\lambda; \sigma_1, \ldots, \sigma_\mu$ der Variablen $x_1, \ldots, x_\lambda, v_1, \ldots, v_\mu$ (man vergleiche mit Tabelle I.10, bei der die Zeilen den Variablen x_1, x_2 und die Spalten den Variablen x_3, x_4, x_5 entsprechen).

Wir schreiben dort, wo das nicht zu Mißverständnissen führen kann, x für $x_1, x_2, \ldots, x_\lambda$; ebenso bezeichnen y und v die anderen Variablengruppen und τ, σ und η Belegungen $\tau_1, \ldots, \tau_\lambda; \sigma_1, \ldots, \sigma_\mu; \eta_1, \ldots, \eta_\nu$.

Konstruktionsetappe 1. Die Menge der Zeilen der Matrix wird in Gruppen $A_1, A_2, \ldots, A_p$ von je S Zeilen eingeteilt. Falls 2^ν nicht ohne Rest durch S teilbar ist, darf eine Gruppe — etwa A_p — weniger als S Zeilen enthalten.

Es sei $f_i^{(\tau,\sigma)}$ diejenige Funktion in ν Variablen, die der Bedingung

$$f_i^{(\tau,\sigma)}(y) = \begin{cases} f(\tau, \sigma, y), & \text{falls } y \text{ aus } A_i \\ 0\,, & \text{sonst} \end{cases}$$

genügt ($i = 1, 2, \ldots, p;\ \tau \in D^\lambda,\ \sigma \in D^\mu$).

Dann gilt offensichtlich

$$f(x, v, y) = \bigvee_{i=1}^{p} f_i^{(x,v)}(y) \text{ wobei } p < \frac{2^\nu}{S} + 1\,. \tag{7.17}$$

Anmerkung 1. Es seien τ und σ feste Belegungen von x und v. Dann stehen in der τ, σ-Spalte unserer Matrix die Werte von $f_i^{(\tau,\sigma)}$, unter ihnen befinden sich höchstens S Einsen.[1]) Folglich gilt:

1. In der KANF von $f_i^{(\tau,\sigma)}$ kommen höchstens S Elementarkonjunktionen vor.
2. Für festes i ist die Anzahl der Funktionen $f_i^{(\tau,\sigma)}$ ($\tau \in D^\lambda$, $\sigma \in D^\mu$) höchstens gleich 2^S, d. h., die Gesamtzahl aller Funktionen $f_i^{(\tau,\sigma)}$ ($i = 1 \ldots, p;\ \sigma \in D^\mu,\ \tau \in D^\lambda$) übersteigt nicht die Zahl $p \cdot 2^S$ mit $p \cdot 2^S \leqq \left(\frac{2^\nu}{S} + 1\right) \cdot 2^S$.

Konstruktionsetappe 2. Wir zerlegen wie folgt:

$$f_i^{(x,v)}(y) = \bigvee_\tau x_1^{\tau_1} \wedge x_2^{\tau_2} \wedge \cdots \wedge x_\lambda^{\tau_\lambda} \wedge f_i^{(\tau,v)}(y)\,. \tag{7.18}$$

Also gilt

$$f(x, v, y) = \bigvee_{i=1}^{p} \bigvee_\tau x_1^{\tau_1} \wedge x_2^{\tau_2} \wedge \ldots \wedge x_\lambda^{\tau_\lambda} \wedge f_i^{(\tau,v)}(y)\,. \tag{7.19}$$

Anmerkung 2. Die Anzahl der Funktionen $f_i^{(\tau)}$ $\left(f_i^{(\tau)}(v, y) =_{\mathrm{Df}} f_i^{(\tau,v)}(y)\right)$ übersteigt nicht die Zahl $p \cdot 2^\lambda$, wobei $p \cdot 2^\lambda \leqq \left(\frac{2^\nu}{S} + 1\right) \cdot 2^\lambda$.

Konstruktionsetappe 3. Wir bilden

$$f_i^{(\tau,v)}(y) = \bigvee_\sigma v_1^{\sigma_1} \wedge v_2^{\sigma_2} \wedge \cdots \wedge v_\mu^{\sigma_\mu} \wedge f_i^{(\tau,\sigma)}(y)\,. \tag{7.20}$$

Dementsprechend konstruieren wir nun ein Netz, bestehend aus einzelnen Blöcken, das die Funktion f realisiert (Abb. 7.1). Die Eingänge jedes Blockes sind entweder an Ausgänge von früher konstruierten Blöcken gekoppelt oder sind Eingänge des Netzes. Unten werden die funktionalen Eigenschaften dieser Blöcke angegeben und ihre Kosten abgeschätzt.

Die Blöcke A, B und C sind universelle Dechiffratoren für die Variablengruppen y, v und x. Für ihre Kosten haben wir — falls $\nu \to \infty$, $\mu \to \infty$ und $\lambda \to \infty$ — folgende Abschätzungen (siehe (7.12)):

$$\mathrm{L}(A) < 2^\nu L_\wedge (1 + o(1)),\ \mathrm{L}(B) < 2^\mu L_\wedge (1 + o(1)),\ \mathrm{L}(C) < 2^\nu L_\wedge (1 + o(1))\,.$$

Der Block A^* realisiert alle Funktionen $f_i^{(\tau,\sigma)}(y)$, deren Anzahl (nach An-

[1]) Einsen können höchstens in den Zeilen der Gruppe A_i vorkommen.

merkung 1) nicht größer als $\left(\frac{2^\nu}{S} + 1\right) 2^S$ ist. Jede Funktion wird als Alternative entsprechender Konjunktionen, die von A geliefert werden, realisiert; dazu braucht man (nach Anmerkung 1) höchstens S $\vee$-Zellen.

Also erhalten wir

$$L(A^*) < \left(\frac{2^\nu}{S} + 1\right) 2^S\, S\, L_\vee .$$

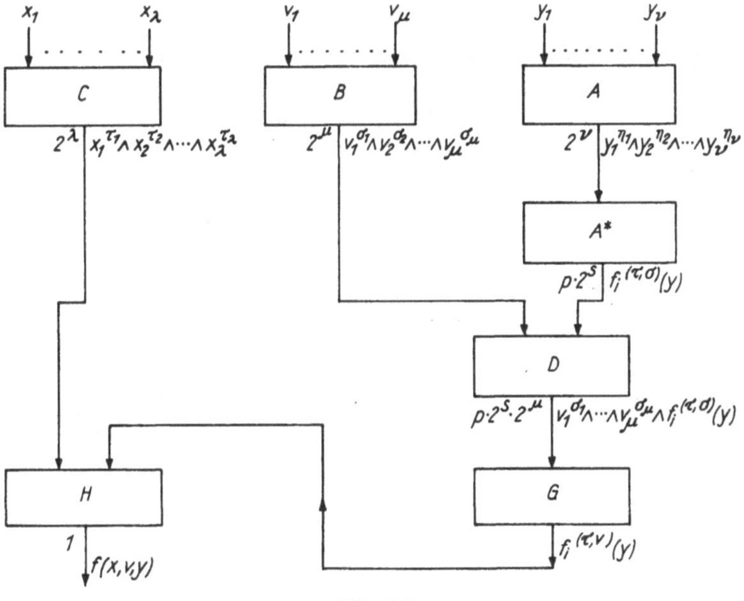

Abb. 7.1

Der Block D realisiert die Funktionen $v_1^{\sigma_1} \wedge v_2^{\sigma_2} \wedge \cdots \wedge v_\mu^{\sigma_\mu} \wedge f_i^{(\tau,\sigma)}(y)$ durch konjunktive Verknüpfung der im Block A^* erzeugten Funktionen mit den im Dechiffrator B realisierten Funktionen. Die Anzahl dieser Funktionen ist höchstens gleich dem Produkt der Zahl der in A^* realisierten Funktionen und der Anzahl der in B realisierten.

Folglich gilt

$$L(D) < \left(\frac{2^\nu}{S} + 1\right) 2^S \cdot 2^\mu\, L_\wedge .$$

Der Block G realisiert alle Funktionen $f_i^{(\tau,\nu)}(y)$, deren Gesamtzahl (nach Anmerkung 2) höchstens gleich $\left(\frac{2^\nu}{S} + 1\right) 2^\lambda$ ist, wobei die im Block D realisierten Funktionen als Grundlage dienen. Dazu braucht man höchstens 2^μ $\vee$-Zellen.

Also gilt

$$L(G) < \left(\frac{2^\nu}{S} + 1\right) 2^\lambda \cdot 2^\mu\, L_\vee .$$

Unter Verwendung der von den Blöcken C und G realisierten Funktionen realisiert der Block H schließlich die Funktion f selbst. Er enthält höchstens $\left(\frac{2^\nu}{S}+1\right)2^\lambda$ $\wedge$-Zellen zur Realisierung der Konjunktionen $x_1^{\tau_1} \wedge x_2^{\tau_2} \wedge \cdots \wedge x_\lambda^{\tau_\lambda} \wedge f_i^{(\tau,v)}(y)$ und höchstens $\left(\frac{2^\nu}{S}+1\right)2^\lambda$ $\vee$-Zellen zur Realisierung der Alternative dieser Konjunktionen.

Wir erhalten also

$$L(H) < \left(\frac{2^\nu}{S}+1\right)2^\lambda \cdot (L_\wedge + L_\vee)\,.$$

Wir schätzen nun die Kosten der einzelnen Blöcke für $m \to \infty$ und unter der Bedingung, daß

$$S = [m - 5\,\mathrm{ld}\,m]\,, \qquad \mu = [\mathrm{ld}\,m]\,,$$
$$\nu = [2\,\mathrm{ld}\,m]\,, \qquad \lambda = m - \mu - \nu \tag{7.21}$$

ist, nach oben ab.

Für den Block G erhält man leicht folgende Schranke:

$$L(G) < \frac{2^m}{m}(1 + o(1))\,L_\vee\,;$$

gleichzeitig zeigt sich, daß die Zahlen

$$L(A),\ L(B),\ L(C),\ L(A^*),\ L(D),\ L(H),$$

und damit auch ihre Summe, unter den angegebenen Bedingungen gleich $o\left(\frac{2^m}{m}\right)$ sind.

Damit erhalten wir die Schranke

$$L(m) < \frac{2^m}{m}(1 + 0(1))\,L_\vee\,. \tag{7.22}$$

Diese Abschätzung ist wesentlich besser als die der SHANNONschen Methode.

5. Der allgemeine Fall

Wir beschreiben nunmehr den *allgemeinen Fall*, daß die Basis beliebige Elementarautomaten enthält. Wir merken noch an, daß bei der im vorigen Punkt untersuchten Konstruktion die Kosten hauptsächlich zu Lasten des Blockes G gehen, der zusammen mit dem Block D die Zerlegung (7.20) der Funktionen f_i nach den Variablen $v_1, v_2, \ldots, v_\mu$ realisiert. Dabei entspricht der Block G den äußeren Zerlegungsfunktionen (siehe Kapitel I, § 4) — in dem von uns betrachteten Fall handelt es sich dabei um 2^μ-gliedrige Alternativen — und der Block D entspricht den adjungierten Funktionen — hier sind das Konjunktionen. Das zeigt uns, daß es im allgemeinen Fall zweckmäßiger ist, anstelle von (7.20) eine Zerlegung folgender Form (vgl. (1.14)) zu verwenden:

$$\left.\begin{aligned} f_i^{(\tau,v)}(y) = F\{\psi_0[v_1, \ldots, v_\mu, f_i^{(\tau,0,0,\ldots 0)}(y)]\,,\\ \psi_1[v_1, \ldots, v_\mu, f_i^{(\tau,0,0,\ldots,0,1)}(y)], \ldots, \psi_{2^\mu-1}[v_1, \ldots, v_\mu, f_i^{(\tau,1,1,\ldots 1)}(y)]\,,\\ \chi_{2^\mu}(v_1, \ldots, v_\mu), \ldots, \chi_{N-1}(v_1, \ldots, v_\mu)\}\,, \end{aligned}\right\} \tag{7.23}$$

wobei die äußere Zerlegungsfunktion F die ökonomischste Realisierung zuläßt.

Es sei zum Beispiel $\mathfrak{E}$ ein Elementarautomat, der die von r Variablen effektiv abhängige Funktion f realisiert und die Kosten $L_{\mathfrak{E}}$ hat. Seine relativen Kosten $\Lambda = \frac{L_{\mathfrak{E}}}{r-1}$ seien minimal, d. h., Λ sei das Minimum der relativen Kosten aller entsprechenden Elementarautomaten. Die äußere Zerlegungsfunktion konstruieren wir durch mehrfache Superposition der Funktion f. Da die Anzahl der hierfür notwendigen Operationen die Zahl $\frac{2^\mu}{r-1} + 1$ nicht übersteigt, gilt für die Kosten L_F des Blocks T_F, der die Funktion F mittels des Elementarautomaten $\mathfrak{E}$ realisiert:

$$L_F < \left(\frac{2^\mu}{r-1} + 1\right) L_{\mathfrak{E}} = \Lambda\, 2^\mu + L_{\mathfrak{E}}\,.$$

Wenn es unter den Elementarautomaten keine $\sim$-Zelle, $\wedge$-Zelle oder $\vee$-Zelle gibt, so kann man, da das System vollständig ist, einen $\sim$-Block, $\wedge$-Block bzw. $\vee$-Block konstruieren; die Kosten dieser Blöcke bezeichnen wir mit $L_\sim$, $L_\wedge$ bzw. $L_\vee$. Daher kann die in Punkt 5 angegebene Konstruktion hier nachgebildet werden. Insbesondere betrifft das die wichtigen Blöcke A, B, C, A^*, H, deren Konstruktion wir in der erwähnten Weise durchführen und dabei dieselben Abschätzungen für ihre Kosten wie oben erhalten. An Stelle der Blöcke D und G konstruieren wir Blöcke D' und G', die zusammen alle Funktionen $f_i^{(\varkappa,v)}(y)$, der Darstellung (7.23) entsprechend, realisieren.

Der Block D' realisiert alle Funktionen $\psi_\iota[v_1, \ldots, v_\mu, f_\iota^{(\tau,\sigma)}(y)]$, wobei $\iota = 1, \ldots, i$; $i \leqq p \cdot 2^{S+\mu}$ [1]), sowie alle Funktionen $\chi_{\iota'}(v_1, \ldots, v_\mu)$, wobei $\iota' = 1, \ldots, i'$; $i' \leqq r$ [2]). Werden die $(\mu+1)$-stelligen Funktionen ψ_ι und die μ-stelligen Funktionen $\chi_{\iota'}$ so realisiert wie im Punkt 2 beschrieben, so liegen die Kosten dabei für jede Funktion unter $2^{\mu+1}(1 + o(1))\, L_\wedge$. Daher gilt

$$\mathrm{L}(D') < p\, 2^{S+\mu+\mu+1} (1 + o(1))\, L_\wedge\,.$$

Der Block G' realisiert ausgehend von den durch den Block D' realisierten Funktionen alle Funktionen $f_i^{(\tau,v)}(y)$. Zur Realisierung jeder derartigen Funktion ist ein Block T_F erforderlich (siehe (7.23)). Wir erhalten also

$$\mathrm{L}(G') < p\, 2^\lambda L_F < \left(\frac{2^v}{S} + 1\right) 2^\lambda (\Lambda\, 2^\mu + L_{\mathfrak{E}})\,.$$

Setzen wir für die Parameter λ, μ, v, S die Werte (7.21) ein, so erhalten wir für $m \to \infty$ die Abschätzung $\mathrm{L}(G') < \Lambda \frac{2^m}{m}(1 + o(1))$, wobei gleichzeitig $\mathrm{L}(D') = o\left(\frac{2^m}{m}\right)$ ist. Wie wir schon zeigten, gilt auch $\mathrm{L}(A) = \mathrm{L}(B) = \mathrm{L}(C) =$

[1]) Vergleiche mit der Anzahl der im Block D realisierten Funktionen.

[2]) Aus der Konstruktion von F mittels $f(x_1, \ldots, x_r)$ ist klar, daß die Zahl der Variablen von F höchstens gleich $2^\mu + r$ ist.

$= \mathrm{L}(A^*) = \mathrm{L}(H) = o\left(\frac{2^m}{m}\right)$, und wir erhalten schließlich

$$\mathrm{L}(m) < \Lambda \frac{2^m}{m} \cdot (1 + o(1)), \qquad (7.24)$$

womit wir den Satz von LUPANOW bewiesen haben.

Anmerkung. Falls unter den Elementarautomaten mit minimalen relativen Kosten eine $\vee$-Zelle auftritt, so ist $\Lambda = \frac{L_\vee}{2-1} = L_\vee$. Die Abschätzung (7.24) geht dann in (7.22) über.

6. Die Funktion L(m, n)

Wir untersuchen nun die Funktion $\mathrm{L}(m, n) =_{\mathrm{Df}} \mathrm{L}(m, n, 0)$, deren Wert an der Stelle m, n die kleinste Zahl L ist, für die gilt: Jeder kombinatorische Operator $\Theta \in \mathfrak{K}_{m,n,0}$ ist durch ein logisches Netz realisierbar, dessen Kosten L nicht übersteigen. Der Operator Θ kann durch ein System von n m-stelligen BOOLEschen Funktionen charakterisiert werden. Am einfachsten realisiert man also den Operator dadurch, daß man die n Komponentenfunktionen $y_\nu = f_\nu (x_1 \ldots, x_m)$ ($\nu = 1, 2, \ldots, n$) mittels einer der angegebenen Methoden einzeln realisiert. Verwenden wir das LUPANOWsche Verfahren, so ergibt sich

$$\mathrm{L}(\Theta) < n \frac{\Lambda \cdot 2^m}{m} (1 + o(1)). \qquad (7.25)$$

Bei der Darstellung praktischer Synthesebeispiele für Netze mit mehreren Ausgängen (Kapitel VI) wurde darauf hingewiesen, daß sich oftmals ein ökonomischeres Netz ergibt, wenn man gemeinsame Teile der die Komponentenfunktionen realisierenden Netze vereinigt, was zum Beispiel mit Hilfe der Stufenmethode geschehen kann.

Diese Tatsache läßt vermuten, daß man die Abschätzung (7.25) verbessern kann, wenn man darauf verzichtet, die Komponentenfunktionen einzeln zu realisieren, und stattdessen Prinzipien einer gemeinsamen Realisierung dieser Funktionen ausarbeitet und anwendet.

Für gewisse Teilklassen der Klasse aller kombinatorischen Operatoren liegen die Dinge ebenso. (Insbesondere bezieht sich das auch auf die im nächsten Paragraphen untersuchte Klasse der monotonen Operatoren.)

Die Abschätzung (7.25) kann jedoch für die Klasse aller kombinatorischen Operatoren unter den angegebenen sehr allgemeinen Voraussetzungen über die Parameter m und n nicht verbessert werden. Diese Überlegungen führen zu der Forderung $\lim \frac{\mathrm{ld}\, n}{m} = 0$, einem Spezialfall ($k = 0$) der Voraussetzung (7.4), deren Bedeutung im § 1 erläutert worden ist.

Unter dieser Voraussetzung gilt ein Satz über die untere Grenze, der besagt, daß bei wachsendem m der Anteil derjenigen kombinatorischen Operatoren, für die

$$\mathrm{L}(\Theta) \geqq \Lambda \frac{2^m \cdot n}{m} (1 - \varepsilon) \qquad (7.25')$$

gilt, gegen 1 konvergiert (wobei ε eine beliebige feste positive Zahl ist).

Daher gilt

$$L(m, n) \cong \Lambda \frac{n\, 2^m}{m} \qquad \left(\text{für } \frac{\operatorname{ld} n}{m} \to 0,\ m \to \infty\right). \qquad (7.25'')$$

§ 3. Einfach realisierbare Operatoren

Die Tatsache, daß die im vorigen Paragraphen hergeleiteten Abschätzungen exponentiellen Typs sich nicht verbessern lassen, kann zu der wenig tröstlichen Schlußfolgerung führen, daß es für die Mehrheit der denkbaren regulären Automatenoperatoren keine einfachen Realisierungen gibt. In gewissem Sinne liegen die Dinge tatsächlich so. Indessen treten in der Praxis nicht völlig beliebige Operatoren auf, sondern eine verhältnismäßig kleine Menge einfacher Operatoren mit einer hinreichend übersehbaren inneren Struktur. Für solche Operatoren gelingt es gewöhnlich, eine vergleichsweise unkomplizierte Realisierung zu finden, deren Kosten sich häufig durch eine Potenz (speziell sogar linear) in m und n abschätzen lassen. Es ist daher eine wichtige Aufgabe, verschiedenartige spezielle Synthesemethoden zu entwickeln, mit denen es möglich ist, Operatoren aus gewissen, praktisch bedeutungsvollen Klassen zu realisieren. Bemerkenswerte Resultate in dieser Hinsicht wurden von JABLONSKI[1]), GAWRILOW[2]), POWAROW[3]), LUPANOW und anderen erzielt.

In diesem Paragraphen werden einige Klassen kombinatorischer Operatoren betrachtet, die mit einem wesentlich unterhalb der für die Klasse aller kombinatorischer Operatoren hergeleiteten Abschätzung liegenden Kostenminimum realisiert werden können. Dabei wird nicht das Ziel verfolgt, genaue und endgültige Abschätzungen herzuleiten, sondern eine Übersicht über einige typische Fälle, in denen einfache Realisierungen möglich sind, gegeben.

1. Von einem beliebigen Automatenoperator interessiere nur, welche Bildwörter $y_1 y_2 \ldots y_m$ aus $\mathfrak{W}_D$ bei der Anwendung der vom Operator erzeugten Automatenfunktion φ auf Eingabewörter $x_1 \ldots x_m$ aus $\mathfrak{W}_D$ bei festem m auftreten. Man kann sich dann die Aufgabe stellen, einen kombinatorischen Operator Θ über $[X, Y]$ ($X = D^m$, $Y = D^m$) zu realisieren, für den $\Theta[\xi_1, \xi_2, \ldots, \xi_m](t) = [y_1, y_2, \ldots, y_m]$ genau dann gilt, wenn $\varphi(\xi_1(t) \ldots \xi_m(t)) = y_1 y_2 \cdots y_m$[4]) ist, d. h., die Komponentenoperatoren Θ_μ von $\Theta = [\Theta_1, \ldots, \Theta_m]$ sind von den Variablen $\xi_{\mu+1}, \ldots, \xi_m$ nicht effektiv abhängig:

$$\begin{aligned} y_1 &= \Theta_1[\xi_1, \ldots, \xi_m](t) = f_1(\xi_1(t)) \\ y_2 &= \Theta_2[\xi_1, \ldots, \xi_m](t) = f_2(\xi_1(t), \xi_2(t)) \\ &\ \ \vdots \qquad\qquad\qquad\quad \vdots \\ y_\mu &= \Theta_\mu[\xi_1, \ldots, \xi_m](t) = f_\mu(\xi_1(t), \xi_2(t), \ldots, \xi_\mu(t)), \quad 1 \leqq \mu \leqq m. \end{aligned}$$

1) Siehe [30].

2) Siehe [17].

3) Siehe: POWAROW, G. N. (Поваров, Г. Н., Новый метод синтеза симметричных контактных схем. ДАН УССР), Eine neue Methode zur Synthese symmetrischer Kontaktschaltungen. Doklady 2 (1955) 115—117.

4) Das ist zum Beispiel der Fall, wenn man einen sequentiellen Adder durch einen Paralleladder ersetzt.

Hier erwartet man natürlich, daß die getrennte Realisierung der Funktionen $f_1, \ldots, f_m$ zu einer besseren Abschätzung als (7.25) führt; wir zeigen, daß dies tatsächlich der Fall ist.

Es sei $n < m$. Dann ist jede Funktion f_ν $(1 \leqq \nu \leqq n)$ höchstens von ν Variablen und die restlichen l Funktionen $f_{n+1}, \ldots, f_m$ $(l = m - n)$ sind höchstens von $n + 1$ bzw. $n + 2$ bzw. ... bzw. m Variablen effektiv abhängig. Wir setzen $l = \operatorname{ld} m^2$ und $n = m - \operatorname{ld} m^2$ und realisieren die Funktionen $f_1, \ldots, f_m$ getrennt. Dann gilt für $m \to \infty$

$$\mathrm{L}(\Theta) < \left[n \Lambda \frac{2^n}{n} + \Lambda \frac{2^{m - \operatorname{ld} m^2}}{m - \operatorname{ld} m^2} + \cdots + \Lambda \frac{2^{m-1}}{m-1} + \Lambda \frac{2^m}{m}\right](1 + o(1))$$

und folglich

$$\mathrm{L}(\Theta) < \left[\Lambda \frac{2^m}{m^2} + \Lambda \frac{2^m + 2^{m-1} + \cdots}{m - \operatorname{ld} m^2}\right](1 + o(1)),$$

woraus man

$$\mathrm{L}(\Theta) < \frac{\Lambda \cdot 2^{m+1}}{m}(1 + o(1)) \tag{7.26}$$

erhält, eine Abschätzung, die wesentlich besser ist als (7.25)[1]).

Diese Überlegungen sind nicht ausdrücklich an eine „parallele" Realisierung eines Automatenoperators gebunden, sondern allgemein auch dann anwendbar, wenn bei einem Operator $\Theta = [\Theta_1, \ldots, \Theta_m]$ über $[D^m, D^n]$ (wobei durchaus $m \neq n$ sein kann) die Komponentenoperatoren Θ_ν nur von einer bestimmten Anzahl $S(\nu)$ von Variablen abhängen. In Abhängigkeit von den Zahlen $S(\nu)$ kann man verschiedene Vereinfachungen der Abschätzung (7.26) erhalten.

2. Im vorigen Punkt wurde das Gewicht des Automatenoperators (genauer, das Gewicht des Teilbaumes der Ordnung m) nicht berücksichtigt. Wir setzen voraus, daß das Gewicht, von dem hier die Rede ist, die Zahl 2^k nicht übersteigt, d. h., der Operator ist in einem endlichen abstrakten Automaten $\mathfrak{A} = [X, Y, Z, f, g]$ $X = Y = D$, $Z = D^k$, $g = [g_1, \ldots, g_k]$,

$$\left.\begin{aligned} y &= f(z_1, \ldots, z_k, x), \\ z_\varkappa &= g_\varkappa(z_1, \ldots, z_k, x), \quad \varkappa = 1, 2, \ldots, k \end{aligned}\right\} \tag{7.27}$$

darstellbar.

Der Übergang von dem logischen Netz, das diesen abstrakten Automaten realisiert (siehe Abb. 7.2), zu einem Netz, das den entsprechenden kombinato-

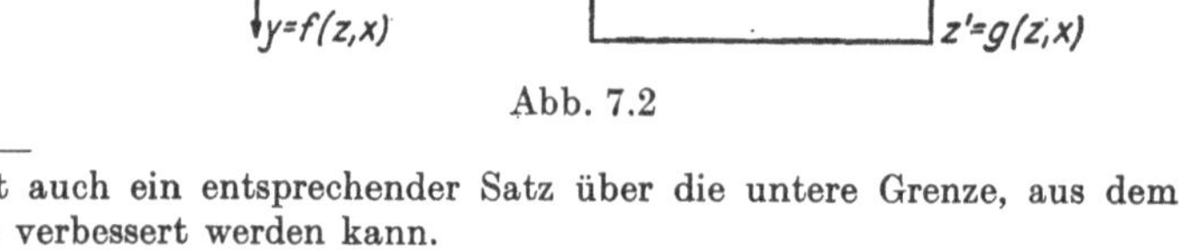

Abb. 7.2

[1]) Es gilt auch ein entsprechender Satz über die untere Grenze, aus dem folgt, daß (7.26) nicht verbessert werden kann.

rischen Operator $\Theta = [\Theta_1, \ldots, \Theta_m]$ über $[D^m, D^m]$ realisiert (siehe Abb. 7.3), ist aus den Abbildungen ersichtlich. Der Einfachheit halber wählten wir dabei $k = 1$ und $m = 3$.

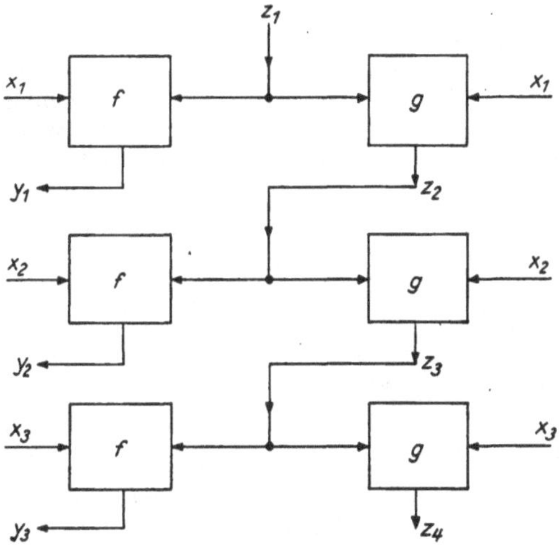

Abb. 7.3

Der kombinatorische Operator Θ wird dann durch folgende Funktionen beschrieben:

$$y_1 = f(z_1, x_1)\,, \quad y_2 = f(z_2, x_2)\,, \quad y_3 = f(z_3, x_3)\,,$$

$$z_2 = g(z_1, x_1)\,, \quad z_3 = g(z_2, x_2)\,.$$

Wenn die Kosten des in Abb. 7.2 dargestellten Netzes (das Verzögerungselement nicht gerechnet) gleich C sind, so betragen die Kosten des in Abbildung 7.3 wiedergegebenen Netzes $C \cdot m$, wobei C eine von m unabhängige Konstante ist.

Damit ist gezeigt, daß zur Verkürzung der Arbeitszeit auf den m-ten Teil ein Netz erforderlich ist, dessen Kompliziertheitsgrad gleich dem m-fachen des Kompliziertheitsgrades des ursprünglichen Netzes ist.

Also werden die kombinatorischen Operatoren

$$\begin{aligned} \Theta^{(1)} &= [\Theta_1] \\ \Theta^{(2)} &= [\Theta_1, \Theta_2] \\ &\vdots \\ \Theta^{(m)} &= [\Theta_1, \ldots, \Theta_m]\,, \end{aligned}$$

die den Teilbäumen der Ordnung $1, 2, \ldots, m$ des gegebenen regulären Automatenoperators entsprechen, mit einer bezüglich m linearen Kostenabschätzung realisiert. Selbstverständlich gilt das auch in dem Fall, daß die Eingabe- und Ausgabebuchstaben nicht Nullen und Einsen, sondern Tupel von Nullen und Einsen sind.

Beispiele.

A. Man bestimme die Kostenabschätzung eines logischen Netzes für den kombinatorischen Operator Θ, der m-stellige Dualzahlen $x = x_m \dots x_1$ und $v = v_m \dots v_1$ auf die ersten m Stellen ihrer Summe y abbildet (wir merken an, daß gleichzeitig mit diesem Operator auch der Übertrag-Operator realisiert werden muß). Bei der Lösung dieser Aufgabe gehen wir davon aus, daß für die Dualziffern $[y_1, y_2, \dots, y_m]$ der Summe und die Überträge $[S_1, S_2 \dots, S_m]$ die Beziehungen

$$y_\mu = x_\mu \oplus S_\mu \oplus v_\mu \qquad (\mu = 1, \dots, m)$$

$$S_1 = 0\,, \quad S_\mu = x_{\mu-1} \wedge (v_{\mu-1} \vee S_{\mu-1}) \vee (v_{\mu-1} \wedge S_{\mu-1}) \qquad (\mu = 2, \dots, m)$$

gelten.

Hieraus gelangt man zu einer (bzgl. m) linearen Kostenabschätzung für das Netz des betrachteten Operators mit einem Koeffizienten $C\,\big(C < 2\,(L_\oplus + L_\wedge + L_\vee)\big)$.

Für $v \equiv \underbrace{1 \dots 1}_{m}$ erhalten wir speziell:

$$y_\mu = x_\mu \oplus S_\mu\,, \quad S_{\mu+1} = x_\mu \wedge S_\mu\,, \quad S_1 = 1 \qquad (\mu = 1, 2, \dots, m)\,.$$

Hier ist also $C < L_\oplus + L_\wedge$. Ähnlich verhält es sich auch, wenn man die Differenz von x und v im oben beschriebenen Sinne realisiert.

B. Wir betrachten ein logisches Netz, das folgenden kombinatorischen Operator Θ über $[X, Y]$ $(X = D^{2m},\ Y = D^m)$ realisiert. Für jedes $\xi = [\xi_1, \dots, \xi_m, \nu_1, \dots, \nu_m] \in \mathfrak{F}_X$ ist $\Theta(\xi)\,(t) = [\dots, \underset{\mu}{1}, \dots]$ genau dann, wenn $|\xi_1(t), \dots, \xi_\mu(t)| < |\nu_1(t), \dots, \nu_\mu(t)|$[1]) gilt $(\mu = 1, \dots, m)$.

Ausgehend von dem entsprechenden Automatenoperator Θ' über $[X', Y']$ $(X' = D^2, Y = D)$: $\xi' = [\xi, \nu] \in \mathfrak{F}_{X'}$, $\Theta'(\xi')\,(t) = 1$ genau dann, wenn

$$|\xi(1), \dots, \xi(t)| < |\nu(1), \dots, \nu(t)|\,,$$

d. h.
$$\eta(t) = \big(\bar{\xi}(t) \wedge \nu(t)\big) \vee [\big(\bar{\xi}(t) \oplus \nu(t)\big) \wedge \eta\,(t-1)]\,,$$

erhält man
$$y_\mu = (\bar{x}_\mu \wedge v_\mu) \vee [(x_\mu \oplus v_\mu) \wedge y_{\mu-1}]; \quad y_0 = 0\,,$$

woraus man eine (bzgl. m) lineare Abschätzung mit dem Koeffizienten

$$C < L_\sim + 2\,L_\wedge + L_\vee + L_\oplus$$

herleitet.

C. Wir wenden uns nun den logischen Netzen zur parallelen Realisierung von Multiplikationen und Divisionen zu. Eine Realisierung dieser Operationen für Paare m-stelliger Dualzahlen führt, entsprechend den bekannten Algorithmen, zu einer m-fachen Iteration von Realisierungen mit linearen Kostenabschätzungen (Addition, Subtraktion, Vergleich...). Daraus leitet man ab, daß die Kostenabschätzungen für die Realisierungen von Multiplikation und Division quadratisch in m sind. Auf dieselbe Weise kann man zeigen, daß die entsprechende Abschätzung für x^v den Faktor m^3 enthält. Die Beweise für diese Tatsachen unterdrücken wir hier vollständig, obwohl wir im folgenden davon Gebrauch machen werden, daß die $2m$-stellige Boolesche Funktion f:

$f(x_1, \dots, x_m, v_1, \dots, v_m) = 1$, genau dann, wenn die Zahl $|x_1, \dots, x_m|$ ohne Rest durch die $|v_1, \dots, v_m|$ teilbar ist,

in Netzen realisierbar ist, deren Kostenabschätzungen bezüglich m quadratisch sind.

---

[1]) Wir setzen $|\sigma_1, \dots, \sigma_m| =_{\mathrm{Df}} \sum_{\mu=1}^{m} \sigma_\mu \cdot 2^{\mu-1} \qquad (\sigma_\mu \in \{0, 1\})$.

3. In der Menge D^m aller m-Tupel von Nullen und Einsen sei eine Teilmenge $\tilde{D}^m$ ausgezeichnet, die wir Menge der *wesentlichen Tupel* nennen. Es sei ferner ein kombinatorischer Operator $\tilde{\Theta}$ gegeben, dessen Eingabealphabet $\tilde{D}^m$ ist und dessen Ausgabealphabet eine Teilmenge $\tilde{D}^n$ der Menge D^n ist. Man sagt selbstverständlich, daß ein logisches Netz $\mathfrak{N}$ den Operator $\tilde{\Theta}$ bereits dann realisiert, wenn es einen kombinatorischen Operator Θ realisiert, der auf ganz D^m definiert ist und auf $\tilde{D}^m$ mit $\tilde{\Theta}$ übereinstimmt. Da durch diese Definition das Verhalten von Θ für die „unwesentlichen" Tupel nicht vorgeschrieben ist, ist es erwünscht, $\tilde{\Theta}$ so auf die unwesentlichen Tupel fortzusetzen, daß dabei die Kosten der Realisierung möglichst gering sind. In diesem Zusammenhang untersuchen wir in den Punkten **3** und **4** gewisse Klassen von BOOLEschen Funktionen und kombinatorischen Operatoren, für die auf Grund ihrer besonderen Eigenschaften eine einfachere Realisierung als im allgemeinen Fall konstruiert werden kann.

Zunächst betrachten wir Klassen K_α, K_β, K_γ, $K_{\beta'}$, $K_{\gamma'}$ von BOOLEschen Funktionen, die durch Bedingungen charakterisiert werden, welche einerseits die Wahl einer Menge $\tilde{D}^m$ von wesentlichen Tupeln betreffen und andererseits besagen, daß die jeweilige Klasse alle Funktionen enthält, die auf D^m beliebig und auf $D^m \backslash \tilde{D}^m$ in spezieller Weise definiert sind. Eine allgemeine Gesetzmäßigkeit, die sich hierbei herausstellt, besteht darin, daß anstelle der im allgemeinen gültigen Abschätzung

$$\mathrm{L}(f) < \Lambda \frac{2^m}{m}(1 + o(1)) = \frac{\mathrm{kz}\,(D^m)}{m}(1 + o(1))$$

für m-stellige BOOLEsche Funktionen die folgende (bessere) Abschätzung

$$\mathrm{L}(f) < \Lambda \frac{\mathrm{kz}\,(\tilde{D}^m)}{m}(1 + o(1))$$

gilt.

Die Funktionen aus den Klassen K_α, K_β und K_γ sollen für unwesentliche Tupel den Wert Null haben.

Die Klasse K_α der m-stelligen BOOLEschen Funktionen. $\tilde{D}^m$ bestehe aus den λ $(2^{m-1} < \lambda \leqq 2^m)$ Tupeln $[x_1, \ldots, x_m]$, für die $|x_1, x_2, \ldots, x_m| < \lambda$ gilt. Dann ist

$$\mathrm{L}(f) < \frac{\lambda}{m}(1 + o(1)) \qquad \text{für} \quad f \in K_\alpha\,, \quad m \to \infty\,.$$

Die Klasse K_β der $(m + \tilde{k})$-stelligen BOOLEschen Funktionen. $\tilde{D}^{m+\tilde{k}}$ bestehe aus den $2^m \cdot \lambda$ Tupeln $[x_1, x_2, \ldots, x_m, v_1, \ldots, v_{\tilde{k}}]$, für die $|v_1, \ldots, v_{\tilde{k}}| < \lambda$ $(2^{\tilde{k}-1} < \lambda \leqq 2^{\tilde{k}})$ ist. Hier gilt:

$$\mathrm{L}(f) < \frac{2^m \cdot \lambda}{m + \tilde{k}}(1 + o(1)) \quad \text{für} \quad f \in K_\beta\,, \quad m + \tilde{k} \to \infty\,.$$

Die Klasse K_γ der $(m+\tilde{k})$-stelligen Booleschen Funktionen. $\tilde{D}^{m+\tilde{k}}$ bestehe aus den $(2^m - 1)\,\lambda$ Tupeln $[x_1, \ldots, x_m, v_1, \ldots, v_{\tilde{k}}]$, für die $|v_1 \ldots v_{\tilde{k}}| < \lambda$ $(2^{\tilde{k}-1} < \lambda \leqq 2^{\tilde{k}})$ und $|x_1, \ldots, x_m| \neq 0$ ist. Dabei gilt:

$$L(f) < \frac{(2^m - 1)\,\lambda}{m+\tilde{k}}(1 + o(1)) \quad \text{für} \quad f \in K_\gamma\,, \quad m + \tilde{k} \to \infty\,.$$

Die Klassen $K_{\beta'}$ und $K_{\gamma'}$ unterscheiden sich von K_β bzw. K_γ nur darin, wie die Funktionen für die unwesentlichen Tupel definiert sind. Wir wählen ein Tupel $[\tau_1, \ldots, \tau_{\tilde{k}}]$ so, daß $|\tau_1, \ldots, \tau_{\tilde{k}}| < \lambda$ und setzen $f(x_1, \ldots, x_m, v_1, .., v_{\tilde{k}}) = f(x_1, \ldots, x_m, \tau_1, \ldots, \tau_{\tilde{k}})$ für alle $[x_1, \ldots, x_m]$ und alle $[v_1, \ldots, v_{\tilde{k}}]$ mit $|v_1, \ldots, v_{\tilde{k}}| \geqq \lambda$. Unter der Voraussetzung, daß für Funktionen aus K_α, K_β und K_γ Synthesemethoden und Abschätzungen der Realisierungskosten schon hergeleitet sind, kann man sofort zeigen, daß die Realisierung von Funktionen aus $K_{\beta'}$ und $K_{\gamma'}$ denselben Kostenabschätzungen unterliegt. Es sei zum Beispiel $f' \in K_{\beta'}$ und unterscheide sich von $f \in K_\beta$ nur in unwesentlichen Tupeln. Es sei ferner Θ ein kombinatorischer Operator über $[D^{\tilde{k}}, D^{\tilde{k}}]$ mit folgenden Eigenschaften:

$$\Theta[\nu_1, \ldots, \nu_{\tilde{k}}](t) = \begin{cases} [\nu_1(t), \ldots, \nu_{\tilde{k}}(t)]\,, & \text{falls } |\nu_1(t), \ldots, \nu_{\tilde{k}}(t)| < \lambda\,, \\ [\tau_1, \ldots, \tau_k]\,, & \text{falls } |\nu_1(t), \ldots, \nu_{\tilde{k}}(t)| \geqq \lambda \end{cases}$$
$$([\nu_1, \ldots, \nu_{\tilde{k}}] \in \mathfrak{F}_{D^{\tilde{k}}})\,.$$

Offensichtlich ist dann $L(f') < L(f) + L(\Theta)$; gleichzeitig wird aber der Summand $L(\Theta)$ durch eine lineare Funktion majorisiert (siehe 2, Beispiel **B**. — Schaltung zum Vergleich von Zahlen) und kann daher vernachlässigt werden.

Wir führen nun die Synthese realisierender Netze für Funktionen aus K_α durch und geben Abschätzungen der Kosten an. Die Übertragung dieser Resultate auf K_β und K_γ ist nicht schwer und wird daher hier nicht durchgeführt.

Es sei $\lambda_\nu = \lambda' \cdot 2^\nu$ die kleinste durch 2^ν teilbare Zahl, die nicht kleiner als λ ist. Dann gilt[1])

$$2^{m-1} \leqq \lambda \leqq \lambda_\nu = \lambda' \cdot 2^\nu \leqq 2^m\,.$$

Wir setzen $\mu = m - \nu$, dann ist $\lambda' \leqq 2^\mu$.

Die Funktionen f aus K_α können in der Form

$$f(x_1, \ldots, x_\mu, x_{\mu+1}, \ldots, x_{\mu+\nu}) = \bigvee_{|\sigma_1, \ldots, \sigma_\mu| < \lambda'} x_1^{\sigma_1} \wedge \cdots \wedge x_\mu^{\sigma_\mu} \wedge f(\sigma_1, \ldots, \sigma_\mu, x_{\mu+1}, \ldots, x_{\mu+\nu})$$

dargestellt werden, da $f(\sigma_1, \ldots, \sigma_\mu, x_{\mu+1}, \ldots, x_{\mu+\nu}) = 0$ für $|\sigma_1, \ldots, \sigma_\mu| \geqq \lambda'$. Bei Benutzung dieser Darstellung gewinnt man

$$L(f) < \Sigma\, L[f(\sigma_1, \ldots, \sigma_\mu, x_{\mu+1}, \ldots, x_{\mu+\nu})] + L(UD_\mu) + \lambda'(L_\wedge + L_\vee)\,,$$

---

[1]) Ferner wird vorausgesetzt, daß $\nu < m$.

wobei UD_μ der universelle Dechiffrator für μ Variablen ist und folglich (nach (7.12)) für $\mu \to \infty$ die Gleichung $\mathrm{L}(\mathrm{UD}_\mu) = O(2^\mu)$ gilt.

Setzen wir $\mu = 3 \operatorname{ld} m$, $\nu = m - 3 \operatorname{ld} m$ und berücksichtigen, daß mit $m \to \infty$ gilt: $\lambda' \cdot 2^\nu = \lambda_\nu \cong \lambda$, so erhalten wir:

$$\mathrm{L}(f) < \left[\lambda' \frac{2^\nu}{m - 3 \operatorname{ld} m} + O(m^3)\right] (1 + o(1)) = \frac{\lambda}{m} (1 + o(1)) .$$

4. Es sei $D^{\tilde{k}}$ die Menge aller $\tilde{k}$-Tupel von Nullen und Einsen und D' $(D' \subseteq D^{\tilde{k}})$ eine Teilmenge der Mächtigkeit λ. Wir betrachten eine Abbildung T von der Menge aller $2^m \lambda$ $(m + \tilde{k})$-Tupel von Nullen und Einsen (der Menge aller wesentlichen Tupel $[x_1, \ldots, x_m, v_1, \ldots, v_{\tilde{k}}]$, für die $[v_1, \ldots, v_{\tilde{k}}] \in D'$ ist) in die Menge D'.

Für jeden kombinatorischen Operator Θ über $[D^{m+\tilde{k}}, D']$ mit

$$\Theta[\xi_1, \ldots, \xi_m, \nu_1, \ldots, \nu_{\tilde{k}}](t) =_{\mathrm{Df}} T(\xi_1(t), \ldots, \xi_m(t), \nu_1(t), \ldots, \nu_{\tilde{k}}(t)),$$

falls $$[\nu_1(t), \ldots, \nu_{\tilde{k}}(t)] \in D' ,$$

kann man ein Netz konstruieren, wobei

$$\mathrm{L}(\Theta) < \Lambda\, \tilde{k} \frac{2^{m+\tilde{k}}}{m + \tilde{k}} (1 + o(1)) \quad \text{für} \quad m + \tilde{k} \to \infty . \qquad (+)$$

Nun betrachten wir die Klasse K_δ aller derjenigen kombinatorischen Operatoren $\Theta = [\Theta_1, \ldots, \Theta_{\tilde{k}}]$, deren zugehörige BOOLEsche Funktionen $f_\varkappa (1 \leqq \varkappa \leqq \tilde{k})$ für unwesentliche Tupel folgender Bedingung genügen:

Es gibt ein Tupel $[\tau_1, \ldots, \tau_{\tilde{k}}] \in D'$ derart, daß für jedes Tupel $[v_1, \ldots, v_{\tilde{k}}] \notin D'$ und jedes $f_\varkappa$ $(\varkappa = 1, \ldots, \tilde{k})$ gilt:

$$f_\varkappa(x_1, \ldots, x_m, v_1, \ldots, v_{\tilde{k}}) = f_\varkappa(x_1, \ldots, x_m, \tau_1, \ldots, \tau_{\tilde{k}}) \qquad (++)$$

(d. h., alle derartigen Tupel sind von $[\tau_1, \ldots, \tau_{\tilde{k}}]$ funktional ununterscheidbar).

Wir geben nun eine Methode zur Synthese von realisierenden Netzen für die Operatoren Θ aus der Klasse K_δ an, wobei die Kosten wie folgt beschränkt sind:

$$\mathrm{L}(\Theta) < \Lambda \operatorname{ld} \lambda \cdot \frac{2^m \cdot \lambda}{m + \operatorname{ld} \lambda} (1 + o(1)) \qquad (7.28)$$

(für $m + \tilde{k} \to \infty$, $2^{\tilde{k}} < \operatorname{ld} m$). (Daß (7.28) besser als (+) ist, kann man etwa für den Fall $m \to \infty$, $\tilde{k} = 2$, $\lambda = 3$ prüfen. In diesem Fall ist (7.28) auch besser als die Abschätzungen, die man erhält, wenn man die bereits erläuterten Verfahren anwendet und die Funktionen $f_\varkappa$ der Klasse $K_{\beta'}$ angehören.)

Wahl der Parameter. Wir zerlegen die Menge der Variablen in zwei Gruppen $[x_1, \ldots, x_\pi]$ und $[x_{\pi+1}, \ldots, x_m]$. Hält man $x_{\pi+1} = \sigma_{\pi+1}, \ldots, x_m = \sigma_m$ fest, so induziert der Operator Θ einen kombinatorischen Operator $\Theta_{[\sigma_{\pi+1}, \ldots, \sigma_m]}$ über $[D^{\pi+\tilde{k}}, D']$. Wegen (++) folgt, daß die Anzahl der *verschiedenen* Operatoren $\Theta_{[\sigma_{\pi+1}, \ldots, \sigma_m]}$ höchstens gleich $\lambda^{\lambda \cdot 2^\pi}$ ist, wobei es $2^{m-\pi}$ Möglichkeiten gibt, $[x_{\pi+1}, \ldots, x_m]$ zu fixieren. Unter unseren Bedingungen

(d. h. $\lambda < \text{ld}\, m$, $m + \tilde{k} \to \infty$) gilt $m \to \infty$. Wählt man außerdem $2^\pi = \text{ld}\, m$, so folgt $\lambda^{\lambda 2^\pi} \leqq (\text{ld}\, m)^{(\text{ld}\, m)^2}$ und damit ist $\lambda^{\lambda 2^\pi}$ auch wesentlich kleiner als $2^{m-\pi}$ $\left(\text{man beachte } \frac{2^m}{\text{ld}\, m} = 2^{m-\pi}\right)$. Dieser Umstand wird bei der Synthese ausgenutzt.

Synthesemethode. Die paarweise verschiedenen Operatoren $\Theta_{[\sigma_{\pi+1}, \ldots, \sigma_m]}$ seien irgendwie aufgezählt: $\Theta_1, \ldots, \Theta_\nu, \ldots, \Theta_n$. Wir ordnen jedem Operator Θ_ν zu:

a) ein System $(\pi + \tilde{k})$-stelliger Boolescher Funktionen $f_\varkappa^\nu$ $(\varkappa = 1, 2, \ldots, \tilde{k})$, das Θ_ν beschreibt;

b) eine $(m - \pi)$-stellige Boolesche Funktion V_ν, für die gilt:

$V_\nu(x_{\pi+1}, \ldots, x_m) = 1$ genau dann, wenn $\Theta_{[x_{\pi+1}, \ldots, x_m]} = \Theta_\nu$.

Dann besitzen die Funktionen $f_\varkappa$ $(\varkappa = 1, 2, \ldots, \tilde{k})$, die den Operator Θ beschreiben, die Darstellung

$$f_\varkappa(x_1, \ldots, x_\pi, x_{\pi+1}, \ldots, x_m, v_1, \ldots, v_{\tilde{k}}) = \bigvee_{\nu=1}^{n} [V_\nu(x_{\pi+1}, \ldots, x_m) \wedge f_\varkappa^\nu(x_1, \ldots, x_\pi, v_1, \ldots, v_{\tilde{k}})] .$$

Dieser Darstellung entsprechend besteht das logische Netz aus folgenden Blöcken (siehe Abb. 7.4):

1. Block H_1. Dieser Block realisiert eine Funktion, die jedes Tupel $[\sigma_{\pi+1}, \ldots, \sigma_m]$ auf die Dualdarstellung $u_1 \ldots u_{\text{ld}\, n}$ der Nummer ν $(\nu \leqq n)$ des zuge-

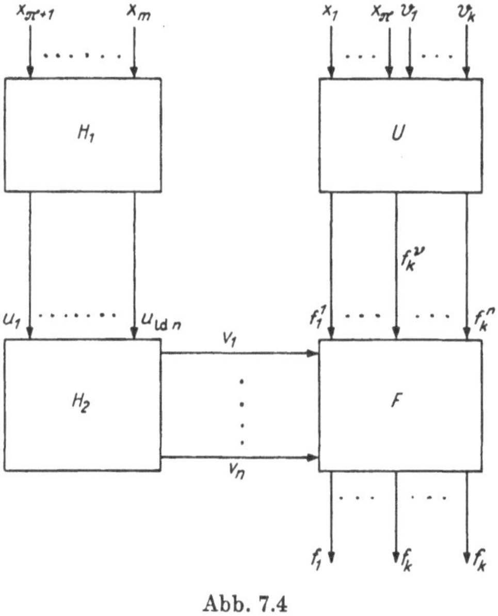

Abb. 7.4

hörigen Operators $\Theta_{[\sigma_\pi+1,\ldots,\sigma_m]}$ abbildet. Bei einer getrennten Realisierung von ld n jeweils $(m-\pi)$-stelligen Funktionen gilt für die Kosten

$$\mathrm{L}(H_1) < \mathrm{ld}\, n \cdot \Lambda \frac{2^{m-\pi}}{m-\pi}(1+o(1)) .$$

2. Block H_2. Zur Realisierung der Funktionen V_ν benötigt man einen universellen Dechiffrator mit den Eingabevariablen $[u_1, \ldots, u_{\mathrm{ld}\, n}]$ und den Ausgängen $V_1, \ldots, V_\nu, \ldots, V_n$. Für seine Kosten gilt (siehe (7.12))

$$\mathrm{L}(H_2) < \Lambda\, n\, (1+o(1)) .$$

3. Block U. Dieser Block realisiert alle $2^{2^{\pi+\tilde{k}}}$ Funktionen in den Variablen $x_1, \ldots, x_\pi, v_1, \ldots, v_{\tilde{k}}$ (darunter auch alle Funktionen $f_\varkappa^\nu$); es gilt

$$\mathrm{L}(U) < \Lambda\, 2^{2^{\pi+\tilde{k}}} \cdot 2^{\pi+\tilde{k}} .$$

4. Block F. Dieser Block realisiert die Funktion $f_\varkappa$, ausgehend von den durch den Block H_2 realisierten Funktionen V_ν und den durch den Block U realisierten Funktionen $f_\varkappa^\nu$. F besteht aus $\tilde{k} \cdot n$ $\wedge$-Zellen und ebensovielen $\vee$-Zellen. Also gilt

$$\mathrm{L}(F) = \tilde{k}\, n\, (L_\wedge + L_\vee) .$$

Es sei nun, wie oben angegeben,

$$m + \tilde{k} \to \infty , \quad \lambda < 2^{\tilde{k}} < \mathrm{ld}\, m , \qquad 2^\pi = \mathrm{ld}\, m , \qquad n \leqq \lambda^{\lambda \cdot 2^\pi} ,$$

d. h.

$$(m-\pi) \cong m \cong (m+\tilde{k}) .$$

Dann gilt, wie man leicht nachprüfen kann,

$$\mathrm{L}(H_1) < \Lambda\, \lambda \cdot 2^\pi\, \mathrm{ld}\, \lambda \frac{2^{m-\pi}}{m-\pi}(1+o(1)) = \Lambda\, \mathrm{ld}\, \lambda \frac{2^m \cdot \lambda}{m}(1+o(1)) ,$$

wobei gleichzeitig $\mathrm{L}(H_2) + \mathrm{L}(U) + \mathrm{L}(F) = o\left(\mathrm{ld}\, \lambda \cdot \frac{2^m \cdot \lambda}{m}\right)$ ist. Da nach unseren Bedingungen $m + \mathrm{ld}\, \lambda \cong m$ gilt, ist damit (7.28) bewiesen.

Wir merken noch an, daß ebenso wie (7.28) auch die für die Realisierungen der Operatoren aus den Klassen K_α, K_β, K_γ, $K_{\beta'}$ und $K_{\gamma'}$ hergeleiteten Kostenabschätzungen nicht verbessert werden können. Diese Tatsache folgt aus einer entsprechenden Modifikation des Satzes über die untere Grenze, die hier — ebenso wie der Beweis dieses Satzes — nicht ausgeführt wird.

5. Die verhältnismäßig einfachen Netze zur Realisierung arithmetischer Operationen können als Grundlage für die Konstruktion einfacher Realisierungen von Operatoren dienen, deren Eigenschaften es erlauben, sie durch arithmetische Operationen und Relationen zu beschreiben.

Wir illustrieren das am Beispiel *monotoner Operatoren.*

Definition. Ein kombinatorischer Operator Θ über $[D^m, D^m]$ heißt genau dann *monoton*, wenn die zahlentheoretische Funktion $\beta(\xi_1(t), \ldots, \xi_m(t)) =_{\mathrm{Df}}$ $=_{\mathrm{Df}} \Theta[\xi_1, \ldots, \xi_m](t)$ von D^m in D^m monoton (nicht notwendig echt monoton) ist.[1])

Wir untersuchen eine Synthesemethode, die die Monotonie des zu realisierenden Operators (ohne Beschränkung der Allgemeinheit nehmen wir an, daß der Operator monoton wachsend ist) berücksichtigt, für den Fall $m = n = k$. Es sei $|\beta^{-1}(y)|$ $(y \in D^m)$ der kleinste Wert von $|x|$ $(x \in D^m)$, für den $|\beta(x)| \geqq |y|$ gilt.

Tabelle VII.2

x	x_4	x_3	x_2	x_1	y_4	y_3	y_2	y_1
0	0	0	0	0	0	0	1	0
1	0	0	0	1	0	0	1	0
2	0	0	1	0	0	0	1	1
3	0	0	1	1	0	1	0	1
4	0	1	0	0	0	1	0	1
5	0	1	0	1	0	1	0	1
6	0	1	1	0	0	1	0	1
7	0	1	1	1	1	0	0	0
8	1	0	0	0	1	0	0	0
9	1	0	0	1	1	0	0	1
10	1	0	1	0	1	1	0	0
11	1	0	1	1	1	1	0	0
12	1	1	0	0	1	1	0	0
13	1	1	0	1	1	1	0	0
14	1	1	1	0	1	1	1	1
15	1	1	1	1	1	1	1	1

In Tabelle VII.2 ist ein monoton wachsender Operator beschrieben (die Argumente sind sowohl in der Dezimal- als auch in der Dualdarstellung gegeben). Im vorliegenden Fall ist zum Beispiel $|\beta^{-1}(0, 0, 0, 1)| = 7$, da $|\beta(x)|$ beginnend mit $|x| = 7$ stets größer oder gleich $|0, 0, 0, 1|$ ist; entsprechend ist z. B. $|\beta^{-1}(0, 0, 1, 1)| = 10$.

Für die Komponente y_m, die höchste Stelle der Zahl $|y|$ $(y = \beta(x))$, gilt offenbar, falls β monoton wachsend ist: $y_m = 1$ genau dann, wenn $|x| \geqq |\beta^{-1}(0, \ldots, 0, 1)|$.

Analog erhält man für die Komponenten $y_{m-1}, y_{m-2}, \ldots$:

$y_{m-1} = 1$ genau dann, wenn

$$|\beta^{-1}(0, \ldots, 0, 1, 0)| \leqq |x| < |\beta^{-1}(0, \ldots, 0, 1)| \quad \text{oder} \quad |\beta^{-1}(0, \ldots, 0, 1, 1)| \leqq |x|\,;$$

$y_{m-2} = 1$ genau dann, wenn eine der folgenden Ungleichungen erfüllt ist:

$$\begin{aligned} &|\beta^{-1}(0, \ldots, 0, 1, 0, 0)| \leqq |x| < |\beta^{-1}(0, \ldots, 0, 1, 0)|, \\ &|\beta^{-1}(0, \ldots, 0, 1, 1, 0)| \leqq |x| < |\beta^{-1}(0, \ldots, 0, 1)|, \\ &|\beta^{-1}(0, \ldots, 0, 1, 0, 1)| \leqq |x| < |\beta^{-1}(0, \ldots, 0, 1, 1)|, \\ &|\beta^{-1}(0, \ldots, 0, 1, 1, 1)| \leqq |x|. \end{aligned} \tag{7.29}$$

[1]) D. h., aus $|x_1, \ldots, x_m| \leqq |x_1', \ldots, x_m'|$ folgt $|\beta(x_1, \ldots, x_m)| \leqq |\beta(x_1', \ldots, x_m')|$.

Für unser Beispiel, den durch die Tabelle VII.2 beschriebenen Operator, finden wir

$y_4 = 1$ genau dann, wenn $7 \leqq |x|$, $y_3 = 1$ genau dann, wenn $3 \leqq |x| < 7]$ oder $10 \leqq |x|$.

Es seien bereits die μ höchsten Stellen der Zahl $|y|$ in dieser Form beschrieben. In den entsprechenden Ausdrücken treten auf:

a) Ausdrücke der Form $|x| \geqq |\beta^{-1}(y)|$ bzw. ihre Negation, also Ausdrücke $|x| < \beta^{-1}(y);|$ die Gesamtzahl der verschiedenen Ausdrücke $|x| \geqq \beta^{-1}(y)|$ ist, wie man leicht sehen kann, höchstens gleich

$$1 + 2 + 2^2 + \cdots + 2^{\mu-1} = 2^\mu - 1 < 2^\mu ;$$

b) Alternativen, deren Anzahl $1 + 2 + 2^2 + \cdots + 2^{\mu-1} < 2^\mu$ nicht übersteigt;

c) Konjunktionen, deren Anzahl ebenfalls kleiner oder gleich 2^μ ist.

Daraus ergibt sich, daß die Abschätzung der Kosten einer gemeinsamen Realisierung der Funktionen für die μ höchsten Komponenten entsprechend den Formeln (7.29) folgende Form hat

$$L'_\mu < 2^\mu (C\,k + L_\wedge + L_\vee + L_\sim) .$$

(Es sei daran erinnert, daß jeder Vergleich $|x| > |\beta^{-1}(y)|$ mit Kosten, die die Zahl $C \cdot k$ nicht übersteigen, realisiert werden kann.)

Für die verbleibenden $(m - \mu)$ Stellen kann man eine getrennte Realisierung nach der LUPANOWschen Methode durchführen, für deren Kosten (bei $k - \mu \to \infty$) gilt

$$L''_{k-\mu} < \Lambda\,(k - \mu) \frac{2^k}{k} (1 + o(1)) .$$

Setzt man $\mu = k - \operatorname{ld} k$, so erhält man für die Kosten $L'_\mu + L''_{k-\mu} = \mathrm{L}(\Theta)$ der Realisierung des Operators Θ die Abschätzung

$$\mathrm{L}(\Theta) < 2\,\Lambda \frac{2^k \cdot \operatorname{ld} k}{k} (1 + o(1)) , \tag{7.30}$$

während man für die Operatoren $\Theta \in \mathfrak{K}_{k,k,0}$ allgemein nur

$$\mathrm{L}(\Theta) \cong \Lambda \frac{k\,2^k}{k} = \Lambda\,2^k$$

hat (siehe (7.25'')).

Anmerkung. Bei der Herleitung einer Kostenabschätzung für die Realisierung monotoner Operatoren wurde die Monotonieeigenschaft nicht vollständig ausgenutzt. Das kann man schon daran sehen, daß die Ausdrücke für y_4 und y_3 des durch die Tabelle VII.2 beschriebenen Operators auch dann gültig bleiben, wenn man, ohne die Spalten x_1, x_2, x_3, x_4 zu ändern, in den Spalten y_1, y_2, y_3, y_4 auf beliebige Weise die Zeilen zwischen zwei horizontalen Linien umstellt (wobei die Monotonie verlorengeht). Die Klasse der Operatoren, die eine Darstellung der Form (7.29) für eine gewisse Zahl der μ höchsten Stellen besitzen, ist umfangreicher als die Klasse der monotonen Operatoren, und für diese Operatorenklasse kann (7.30) nicht verbessert werden. Für monotone Operatoren ist dagegen eine Synthese mit besserer Kostenabschätzung möglich[1]).

§ 4. Wahl der Codierungen

1. Die Abschätzungen, die in den vorigen Paragraphen abgeleitet wurden' bezogen sich auf den Fall, daß für das Eingabe- und Ausgabealphabet ein Binärcode gewählt wurde. Man wird natürlich erwarten, daß in den Fällen, in denen die Wahl der Codierung der Eingabe- und Ausgabealphabete nicht schon durch die Aufgabenstellung festgelegt ist, eine Vereinfachung der Netze durch geeignete Codierungen zu erreichen ist. In der Praxis wird dieser Gedanke stets berücksichtigt. So erlaubt zum Beispiel die Codierung der Ziffern 0, 1, 2, . . ., 9 durch vierstellige Binärcodes (sogenannte „binäre Tetraden“) in arithmetischen Anlagen, die im Dezimalsystem arbeiten (hier spielen diese Ziffern gleichzeitig die Rolle von Eingabe- und Ausgabebuchstaben) bestimmte konstruktive Vereinfachungen. In diesem Paragraphen untersuchen wir eine Verallgemeinerung dieses Problems und betrachten die Möglichkeiten, logische Netze nach Wahl einer geeigneten Codierung zu vereinfachen.

Es sei Θ ein kombinatorischer Operator über $[X, X]$ ($\mathrm{Kz}(X) = K$), d. h., der Operator Θ ist eine eindeutige Abbildung von $\mathfrak{F}_X$ in $\mathfrak{F}_X$. Ist $2^{k-1} < K \leqq 2^k$, so können die Buchstaben aus X mit Codewörtern der Länge k (k-Tupeln) codiert werden, wobei eine getrennte Realisierung nach der LUPANOWschen Methode, unabhängig von der Codierung, der Kostenabschätzung

$$\mathrm{L}(\Theta) < \Lambda\, 2^k (1 + o(1)) \tag{7.31}$$

genügt.

Es entsteht die Frage: Kann man durch eine Wahl der Codierung, die die Besonderheiten des gegebenen Operators berücksichtigt, diese Abschätzung wesentlich verbessern?

Diese Frage ist, wie sich unten ergibt, zu bejahen. Bei den weiteren Untersuchungen beschränken wir uns auf den Fall, daß K eine Potenz von 2 ist: $K = 2^k$.

2. Es sei Θ eine kombinatorischer Operator über $[X, X]$. Wir konstruieren wie folgt einen gerichteten Graphen $\mathfrak{G}(\Theta)$: Als Knoten von $\mathfrak{G}(\Theta)$ verwenden wir die Elemente aus X; als Kanten die geordneten Paare $[x, \varphi(x)]$, wobei φ die von Θ erzeugte Automatenfunktion ist; die Kante $[x, \varphi(x)]$ beginnt im Knoten x und endet im Knoten $\varphi(x)$.

Beispiel. Die Graphen $\mathfrak{G}(\Theta_1)$ und $\mathfrak{G}(\Theta_2)$ der durch die Tabellen VII.3 und VII.4 beschriebenen Operatoren Θ_1 und Θ_2 sind in Abb. 7.5 a) und b) dargestellt.

---

[1]) Kürzlich fand LUPANOW die folgende bessere Abschätzung: $L(\Theta) < 2\,\Lambda \frac{2^k}{k} (1 + o(1))$; siehe [44].

Tabelle VII.3

Eingabe	Ausgabe	Eingabe	Ausgabe
a	c	i	i
b	a	j	j
c	b	k	p
d	e	l	k
e	f	m	l
f	g	n	m
g	h	o	n
h	d	p	o

Tabelle VII.4

Eingabe	Ausgabe	Eingabe	Ausgabe
a	k	i	e
b	a	j	m
c	b	k	b
d	g	l	l
e	d	m	o
f	g	n	m
g	k	o	p
h	l	p	o

Die Abbildung φ_1 bildet die Menge X (eineindeutig) auf sich ab (d. h., ist eine Permutation der Menge X) und der Graph $\mathfrak{G}(\Theta_1)$ zerfällt daher in getrennte Zyklen; im vorliegenden Fall finden wir je einen Zyklus der Länge 6, 5, 3 sowie zwei Zyklen der Länge 1.

Die Abbildung φ_2 ist auf X nicht eineindeutig. Daher existieren im Graphen $\mathfrak{G}(\Theta_2)$ Knoten, in die mehrere Kanten einmünden.

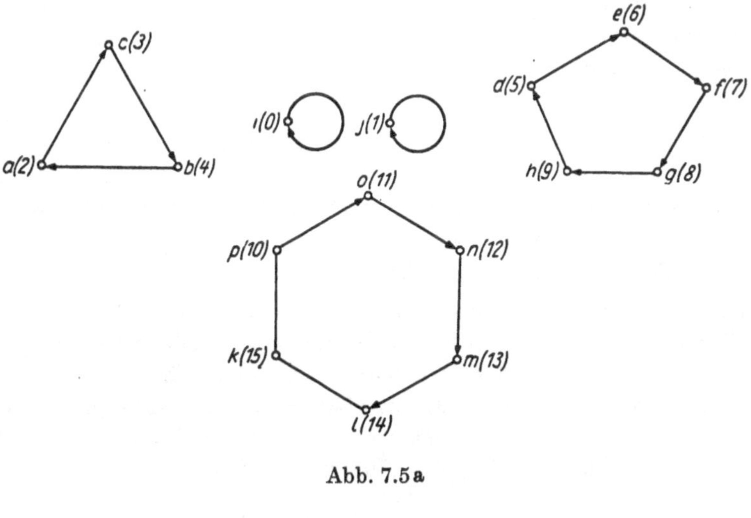

Abb. 7.5a

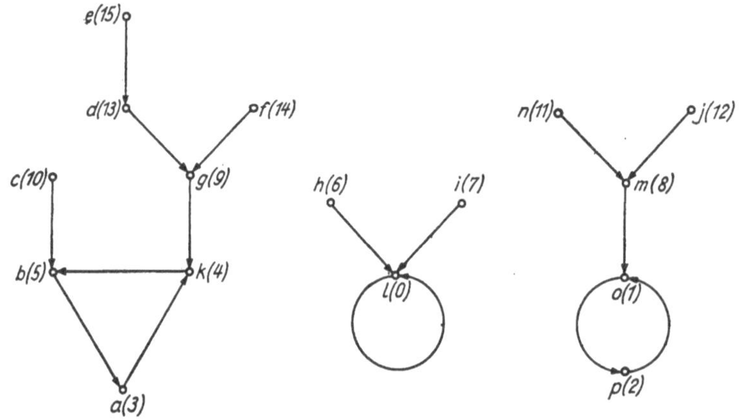

Abb. 7.5 b

Wir ordnen jedem Knoten x des Graphen $\mathfrak{G}(\Theta)$ einen Rang $\mathrm{Rg}(x)$ zu:

1. Knoten, die in Zyklen kliegen, erhalten den Rang 0.

2. Knoten, die nicht in Zyklen liegen und von denen eine Kante zu einem Knoten vom Rang i führt (Von jedem Knoten geht nur eine Kante aus!), erhalten den Rang $i + 1$.

Das heißt, der Rang eines Knotens x ist gleich der Länge der gerichteten Kantenfolge, die vom Knoten x zum ersten Knoten eines Zyklus führt. So hat beispielsweise der Knoten e in Abb. 7.5 b) den größten Rang, nämlich 3. Die Ränge der Knoten f, i, p sind entsprechend 2, 1, 0.

Als geeignete Codierung C des Alphabets X bietet sich eine eineindeutige Abbildung der Menge der Knoten des entsprechenden Graphen auf einen Abschnitt von Nz an. Dabei sind die Dualdarstellungen von $C(x)$ $(x \in X)$ gerade die Codetupel der Buchstaben. Wir wählen nunmehr C so, daß der durch den Graphen $\mathfrak{G}(\Theta)$ beschriebene Operator Θ über $[C(x), C(x)]$ durch arithmetische Operationen und einen monotonen Operator darstellbar ist. Nach § 3 ist in diesem Falle eine gewisse Vereinfachung des realisierenden Netzes möglich.

3. Die Numerierung C der Knoten. Für $i = 0, 1, \ldots, S$ mögen in $\mathfrak{G}(\Theta)$ genau K_i. Knoten mit dem Rang i existieren. Wir ordnen den Knoten vom Rang 0 die Zahlen $0, 1, 2, \ldots, K_0 - 1$ eineindeutig zu, denen vom Rang 1 die Zahlen $K_0, K_0 + 1, \ldots, K_0 + K_1 - 1$, usw.

Dabei verfahren wir auf folgende Weise:

1. Zuerst betrachten wir die Knoten mit dem Rang 0 (d. h. Knoten, die in Zyklen liegen). Die Zyklen werden nach wachsender Länge geordnet. In dem (nach dieser Ordnung) ersten Zyklus wird ein beliebiger Knoten mit der Zahl 0 ausgezeichnet; die von diesem Knoten ausgehende Kante führt zu einem Knoten, dem die Zahl 1 zuzuordnen ist, usw. bis der Zyklus durchlaufen ist, d. h. alle Knoten dieses Zyklus eine Nummer besitzen. Dann wählt man aus

dem nächsten Zyklus einen Knoten, ordnet ihm die kleinste noch nicht verbrauchte Zahl zu und setzt den Prozeß wie beschrieben fort.

2. Es seien den Knoten, deren Rang kleiner oder gleich i ist, schon die Zahlen $0, 1, 2, \ldots, K_0 + K_1 + \cdots + K_i - 1$ zugeordnet. Dann erhalten die K_{i+1} Knoten vom Rang $i + 1$ die Nummern $K_0 + \cdots + K_i, \ldots, K_0 + K_1 + + \cdots + K_i + K_{i+1} - 1$, wobei man wie folgt vorgeht: Wenn Kanten von Knoten a und b mit dem Rang $i + 1$ ausgehen und zu Knoten a' bzw. b' vom Rang i führen, wobei $C(a') < C(b')$ ist, dann ist auch $C(a) < C(b)$.

In Abb. 7.5 sind die nach diesen Regeln für die Knoten x ($x \in X$) konstruierten Zahlen $C(x)$ in Klammern angegeben.

4. Wir konstatieren nun einige Eigenschaften des Operators Θ über $[C(X), C(X)]$, die sich aus dem Charakter von C ergeben.

a) Die Einschränkung von Θ auf $\{C(x) : \mathrm{Rg}(x) > 0\}$ ist ein monoton wachsender kombinatorischer Operator.

Θ_1 bezeichne einen kombinatorischen Operator, der durch die folgende Automatenfunktion φ_1 erzeugt wird:

$$\varphi_1(C(x)) = \begin{cases} \varphi(C(x)), & \text{falls} \quad \mathrm{Rg}(x) > 0 \\ 0, & \text{sonst.} \end{cases}$$

Es ist offensichtlich, daß Θ_1 ein monotoner Operator über $[C(X), C(X)]$ ist.

b) Wir nehmen an, daß es unter den Zyklen in $\mathfrak{G}(\Theta)$ genau n Zyklen gibt, deren Längen paarweise verschieden sind, diese Längen seien $l_1 < l_2 < \cdots < l_n$. Dann existiert eine wachsende Zahlenfolge

$$0 = \sigma_0, \sigma_1, \ldots, \sigma_{n-1}, \quad \sigma_n = K_0$$

derart, daß die Nummern $C(x)$ der Knoten x aller Zyklen der Länge l_ν und nur diese die Ungleichung $\sigma_{\nu-1} \leqq C(x) < \sigma_\nu$ erfüllen.

Daher kann die durch den Operator Θ erzeugte eineindeutige Abbildung T des Zahlenabschnittes $0, 1, \ldots, K_0 - 1$ auf sich folgendermaßen charakterisiert werden:

Es sei $\sigma_{\nu-1} \leqq C(x) < \sigma_\nu$. Dann gilt: Wenn $C(x)$ eine der Zahlen $\sigma_{\nu-1} + + l_\nu - 1, \sigma_{\nu-1} + 2\,l_\nu - 1, \ldots, \sigma_\nu - 1$ ist, d. h. $l_\nu/(C(x) - \sigma_{\nu-1} + 1)$[1]), so ist $T(C(x)) = C(x) - (l_\nu - 1)$; sonst ist $T(C(x)) = C(x) + 1$. In Abb. 7.6 ist diese Situation für $\sigma_{\nu-1} = 5$, $l_\nu = 3$, $\sigma_\nu = 26$ dargestellt, dabei ist $T(10) = 8$, $T(24) = 25$, usw.

Die erwähnten Eigenschaften von Θ legen folgende Synthesemethode nahe.

5. Synthese und Abschätzung. Das Netz, das den Operator Θ über $[C(X), C(X)]$ realisiert, besteht aus den Blöcken **A**, **B** und **C** (siehe Abb. 7.7), deren Funktion jetzt beschrieben wird.

---

[1]) a/b bedeutet „a teilt b" (ganzzahlig).

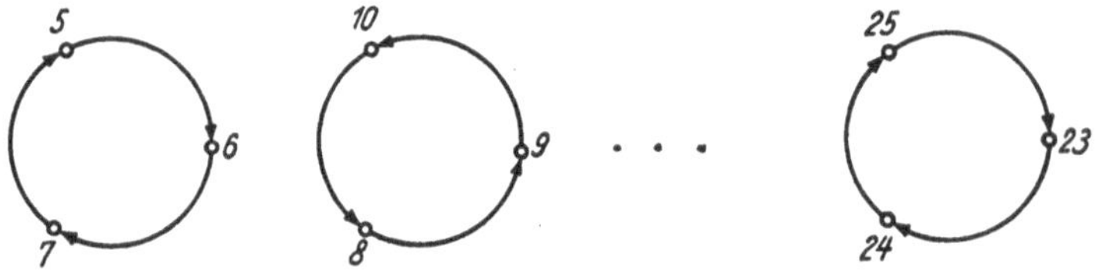

Abb. 7.6

Der Block A. Bei Anwendung des Operators auf das Codetupel $[x_1, x_2, \ldots, x_k]$ (die Dualdarstellung von $C(x)$ $(x \in X)$) wird eine der folgenden Operationen ausgeführt:

1. Subtraktion der Zahl $l_\nu - 1$ $(\nu = 1, 2, \ldots, n)$,
2. Addition von 1,
3. Anwendung des monotonen Operators Θ_1.

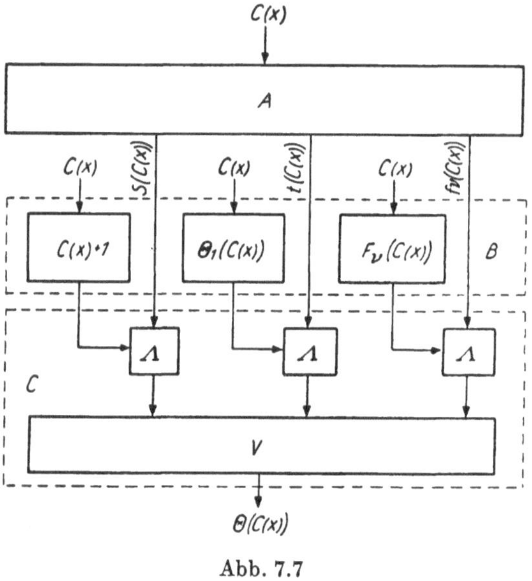

Abb. 7.7

Welche dieser Operationen auszuführen ist, „bestimmt" der Block A durch Realisierung der Booleschen Funktionen

$$f_\nu(x_1, x_2, \ldots, x_k)\,, \qquad \nu = 1, 2, \ldots, n\,,$$

$$S(x_1, x_2, \ldots, x_k)\,,$$

$$t(x_1, x_2, \ldots, x_k)\,,$$

wobei diese Funktionen durch Prädikate wie folgt definiert sind:

$$f_\nu(C(x)) =_{\mathrm{Df}} [\sigma_{\nu-1} \leqq C(x) < \sigma_\nu] \wedge [l_\nu/(C(x) - \sigma_{\nu-1} + 1)],$$

$$S(C(x)) =_{\mathrm{Df}} [C(x) < \sigma_n \wedge \forall\, \nu\, (\nu \leqq n \to \bar{f}_\nu(C(x))],$$

$$t(C(x)) =_{\mathrm{Df}} [\sigma_n \leqq C(x)]^{1)}\,.$$

Dazu werden zunächst n Vergleiche $\sigma_\nu < C(x)$ und n Prüfungen auf Teilbarkeit durch l_ν realisiert, dann werden mit Hilfe von $4\,n$ $\wedge$-Zellen und $2\,n$ $\sim$-Zellen (in dieser Zahl sind n $\sim$-Zellen zum Umformen der Vergleiche $C(x) \geqq \sigma_\nu$ in $\overline{\sigma_\nu > C(x)}$ enthalten) die Funktionen f_ν, S und t realisiert. Da oben die Kosten eines Vergleichs als linear und die einer Teilbarkeitsprüfung als quadratisch in k erkannt wurden, erhalten wir

$$\mathrm{L}(\boldsymbol{A}) < n\,(C_1\,k + C_2\,k^2 + 4\,L_\wedge + 2\,L_\sim)\,.$$

Der Block $\boldsymbol{B}$. Dieser Block realisiert die Operatoren $F_\nu(C(x)) = [C(x) - l_\nu + 1]$ $(\nu = 1, 2, \ldots, n)$, Θ_1 und $[C(x) + 1]$. Unter Berücksichtigung der linearen Kostenabschätzung für Addition und Subtraktion und der Kostenabschätzung für den monotonen Operator Θ_1 erhalten wir (für $k \to \infty$)

$$\mathrm{L}(\boldsymbol{B}) < n\,C_3\,k + C_1\,k + 2\,\Lambda\,\frac{2^k \cdot \operatorname{ld} k}{k}\,(1 + o(1))\,.$$

Der Block $\boldsymbol{C}$. Ausgehend von den in den Blöcken $\boldsymbol{A}$ und $\boldsymbol{B}$ realisierten Operatoren realisiert dieser Block den Operator Θ. Der Block $\boldsymbol{C}$ besteht aus $(n + 2)\,k$ $\wedge$-Zellen und ebensovielen $\vee$-Zellen, also

$$\mathrm{L}(\boldsymbol{C}) = (n + 2)\,k\,(L_\wedge + L_\vee)\,.$$

Beim Abschätzen der Größe $\mathrm{L}(\Theta) = \mathrm{L}(\boldsymbol{A}) + \mathrm{L}(\boldsymbol{B}) + \mathrm{L}(\boldsymbol{C})$ können offensichtlich alle Summanden außer $C_2 \cdot n \cdot k^2$ und $2\,\Lambda\,\frac{2^k \cdot \operatorname{ld} k}{k}$ bei $k \to \infty$ vernachlässigt werden.

Wir untersuchen zunächst den ersten dieser beiden Summanden. Den größten Wert der Zahl n von Zyklen verschiedener Länge erhält man offenbar dann, wenn man annimmt, daß genau ein Zyklus der Länge 1, ein Zyklus der Länge 2, usw. vorliegt, wobei gleichzeitig die Summe der Längen dieser Zyklen höchstens gleich 2^k (der Anzahl aller Buchstaben im Alphabet X) ist. Folglich gilt

$$1 + 2 + 3 + \cdots + n = \frac{(1 + n)\,n}{2} \leqq 2^k;$$

daraus ergibt sich, daß

$$n < 2^{\frac{k+1}{2}}\,.$$

[1]) Als Argument von f_ν, S und t steht $C(x)$ abkürzend für $[x_1, \ldots, x_k]$; in den rechten Seiten der Definitionsgleichungen ist $C(x)$ die oben definierte natürliche Zahl. — Anm. d. Red.

Damit erhält man schließlich

$$\mathrm{L}(\Theta) < C_2 k^2 \cdot 2^{\frac{k+1}{2}} + 2\Lambda \frac{2^k \cdot \mathrm{ld}\, k}{k}\bigl(1 + o(1)\bigr) .$$

Wenn in $\mathfrak{G}(\Theta)$ alle Knoten den Rang 0 besitzen, so gilt offensichtlich

$$\mathrm{L}(\Theta) < C_2 k^2 \cdot 2^{\frac{k+1}{2}} . \tag{7.32}$$

Für den allgemeinen Fall erhalten wir dagegen

$$\mathrm{L}(\Theta) < 2\Lambda \frac{2^k \cdot \mathrm{ld}\, k}{k}\bigl(1 + o(1)\bigr) . \tag{7.33}$$

Diese Abschätzungen sind tatsächlich besser als die bei einer willkürlichen Codierung geltenden (vgl. (7.31)).

§ 5. Synthese von Netzen mit Speichervermögen

In diesem Paragraphen beschreiben wir eine Synthesemethode für Netze zur Realisierung von Operatoren Θ aus der Klasse $\mathfrak{K}_{m,n,k}$ $(k > 0)$, wobei die Kosten mit $\Lambda \frac{\mathrm{ld}\, \mathrm{N}(m, n, k)}{\mathrm{ld}\,\mathrm{ld}\, \mathrm{N}(m, n, k)}$ nach oben abgeschätzt werden können, wie bereits in § 1 kurz erwähnt wurde. Wir beginnen mit einer Bemerkung über die Codierung der Alphabete, über denen ein abstrakter Automat, der den zu untersuchenden Operator darstellt, erklärt ist. Die Codewörter (Tupel) der Eingabe- und Ausgabebuchstaben sind gewöhnlich im voraus festgelegt, die einen sind der Quelle angepaßt, aus der die Eingangsinformationen des Netzes stammen, die anderen dem Verwendungszweck der vom Netz ausgegebenen Imformationen. Die Codierungen der Zustände haben einer geeigneten Darstellung der im System zu speichernden Informationen zu dienen, ihre geschickte Wahl kann zu Vereinfachungen des Netzes führen.

Wir setzen voraus, daß die Eingabe- und Ausgabebuchstaben eines abstrakten Automaten, der einen vorgegebenen Operator darstellt, durch Tupel $[x_1, x_2, \ldots, x_m]$ und $[y_1, y_2, \ldots, y_n]$ binär codiert sind. Ferner seien die Zustandsbuchstaben irgendwie (einstweilen beliebig) durch Tupel $[z_1, z_2, \ldots, z_{\tilde{k}}]$ binär codiert, wobei $\tilde{k}$ die kleinste natürliche Zahl ist, für die das Gewicht des Operators kleiner oder gleich $2^{\tilde{k}}$ ist. Die Funktion f bzw. g des abstrakten Automaten $\mathfrak{A} = [X, Y, Z, f, g]$ ist dann darstellbar als n-Tupel bzw. $\tilde{k}$-Tupel von $(m + \tilde{k})$-stelligen eindeutigen Abbildungen aus $\mathsf{X}_{\varkappa} Z_\varkappa \times \mathsf{X}_{\mu} X_\mu$ in Y_ν bzw. $Z_\varkappa$:

$$y_\nu = f_\nu(z_1, \ldots, z_{\tilde{k}}, x_1, \ldots, x_m) \tag{7.34}$$

$$z'_\varkappa = g_\varkappa(z_1, \ldots, z_{\tilde{k}}, x_1, \ldots, x_m) \qquad (\nu = 1, \ldots, n;\ \varkappa = 1, \ldots, \tilde{k}) .$$

Wir schätzen zunächst die Kosten L des Netzes ab, das man durch getrennte Realisierung dieser $n + \tilde{k}$ Funktionen von $m + \tilde{k}$ Variablen nach der

LUPANOWschen Methode erhält, wenn man anschließend Rückkopplungen über $\tilde{k}$ Verzögerungselemente herstellt. (Dabei seien die Kosten eines Verzögerungselements gleich L_{Ve}.) Für $m + \tilde{k} \to \infty$ erhalten wir unter Vernachlässigung der Größe $\tilde{k} \cdot L_{Ve}$

$$\mathrm{L}(\Theta) < \Lambda \frac{(n + \tilde{k})\, 2^{m+\tilde{k}}}{m + \tilde{k}} \left(1 + o(1)\right). \tag{7.35}$$

Wir nehmen an, daß folgende Bedingungen erfüllt sind:

1. Das Gewicht des Operators ist eine Potenz von 2 und folglich gleich $2^{\tilde{k}}$.
2. $m \to \infty$ (eine Bedingung, die stärker ist als $m + \tilde{k} \to \infty$).

Unter diesen Voraussetzungen ist $k = \tilde{k}$, $(2^m - 1) \cong 2^m$, und darum zeigt ein Vergleich mit dem Satz über die untere Grenze (siehe (7.9) und (7.10)), daß (7.35) nicht verbessert werden kann, und folglich gilt

$$\mathrm{L}(m, n, k) \cong \Lambda \frac{\mathrm{ld}\, \mathrm{N}(m, n, k)}{\mathrm{ld}\, \mathrm{ld}\, \mathrm{N}(m, n, k)}.$$

Unter den Bedingungen 1 und 2 liefert eine getrennte Realisierung der Funktionen f_ν, $g_\varkappa$ aus der Darstellung (7.34) für fast alle Operatoren realisierende Netze mit minimalen Kosten. Wenn man jedoch nur eine dieser Bedingungen fallen läßt, so ergibt sich eine Differenz zwischen der unteren und oberen Abschätzung. Das läßt vermuten, daß die Synthesemethode durch geeignete Wahl der Codierung des Zustandsalphabets verbessert werden kann. Zur Darstellung einer derartigen verbesserten Synthesemethode gehen wir jetzt über.

Wir betrachten einen Operator Θ mit einem Gewicht λ, das nicht notwendig eine Potenz von 2 ist. Es sei $\tilde{k}$ diejenige natürliche Zahl, für die gilt $2^{\tilde{k}-1} < \lambda \leqq 2^{\tilde{k}}$. Die Eingabe- und Ausgabebuchstaben des abstrakten Automaten $\mathfrak{A} = [X, Y, Z', f, g]$ mit $\mathrm{Kz}(Z') = \mathrm{G}(\Theta)$, der Θ darstellt, seien mit Tupeln $[x_1, \ldots, x_m]$ bzw. $[y_1, \ldots, y_n]$ binär codiert, und das Zustandsalphabet Z' bestehe aus den Buchstaben

$$z_0, z_1, \ldots, z_{\lambda-1}.$$

Es sei $f = [f_1, \ldots, f_n]$, wobei

$$y_\nu = f_\nu(z, x_1, \ldots, x_m), \qquad \nu = 1, \ldots, n,$$
$$z' = g(z, x_1, \ldots, x_m). \tag{7.36}$$

Wir erweitern das Alphabet Z' zu einem Alphabet Z mit $\mathrm{Kz}(Z) = 2^{\tilde{k}}$, dazu nehmen wir zu Z' genau μ ($\mu = 2^{\tilde{k}} - \lambda$) Buchstaben $z_\lambda, z_{\lambda+1}, \ldots, z_{2^{\tilde{k}}-1}$ hinzu. Alle Zustände aus $Z \backslash Z'$ seien mit einem gewissen ausgezeichneten Zustand z_τ ($z_\tau \in Z'$) äquivalent.

Wir definieren eine eindeutige Abbildung $g^{(0,\ldots,0)}$ von Z' in Z': $g^{(0,\ldots,0)}(z) =_{\mathrm{Df}}$ $=_{\mathrm{Df}} g(z, 0, \ldots, 0)$ $(z \in Z')$ und konstruieren wie in § 4 für die Menge Z' und die Abbildung $g^{(0,\ldots,0)}$ einen gerichteten Graphen $\mathfrak{G}(Z')$, dessen Knoten mit Hilfe einer eineindeutigen Abbildung C (siehe § 4) codiert werden. Als Zustand z_τ zeichnen wir den Knoten aus, für den $C(z_\tau) = \max_{z \in Z'} C(z)$ gilt.

Nunmehr setzen wir die Funktionen f_ν und g so auf $Z \times X$ $(X = D^m)$ fort, daß die Zustände aus $Z \backslash Z'$ zu z_τ äquivalent sind. Wir setzen hierzu

$$f_\nu(z, x_1, \ldots, x_m) = f_\nu(z_\tau, x_1, \ldots, x_m), \quad \nu = 1, 2, \ldots, n,$$

$$g(z, x_1, \ldots, x_m) = g(z_\tau, x_1, \ldots, x_m) \qquad (z \in Z \backslash Z').$$

Für die derart auf Z fortgesetzte Abbildung $g^{(0,\ldots,0)}$ und die Menge Z konstruieren wir eine „Fortsetzung" $\mathfrak{G}(Z)$ des Graphen $\mathfrak{G}(Z')$. Für alle Knoten z aus $Z \backslash Z'$ gilt hierbei $\mathrm{Rg}(z) = \mathrm{Rg}(z_\tau)$. Schließlich setzen wir die Codierung C auf Z so fort, daß die beiden folgenden Bedingungen erfüllt sind:

I. Die Abbildung $g^{(0,\ldots,0)}$ von $C(Z)$ in $C(Z)$ ist in einem logischen Netz mit den Kosten $O\left(\frac{2^{\tilde{k}} \cdot \mathrm{ld}\, \tilde{k}}{\tilde{k}}\right)$ realisierbar.

II. Für jedes z_j aus $Z \backslash Z'$ (d. h. $j \geqq \lambda$) ist $C(z_j) = [z_1, \ldots, z_{\tilde{k}}]$ genau dann, wenn $j = |z_1, \ldots, z_{\tilde{k}}|$ $(z_\varkappa \in D)$.

Wir zeigen, daß ein Operator Θ, der in dem abstrakten Automaten $\mathfrak{A} = [X, Y, Z, f, g]$ mit $X = D^m$, $Y = D^n$, $Z = D^{\tilde{k}}$,

$$\left.\begin{aligned} f &= [f_1, \ldots, f_n],\ g = [g_1, \ldots, g_{\tilde{k}}], \\ y_\nu &= f_\nu(z_1, \ldots, z_{\tilde{k}}, x_1, \ldots, x_m), \\ z_\varkappa &= g_\varkappa(z_1, \ldots, z_{\tilde{k}}, x_1, \ldots, x_m) \end{aligned}\right\} \tag{7.36}$$

dargestellt wird, mit den Kosten

$$\mathrm{L}(\Theta) < \left[n\, \Lambda\, \frac{2^m \cdot \lambda}{m + k} + k\, \Lambda\, \frac{(2^m - 1)\, \lambda}{m + k}\right] (1 + o(1)) \tag{7.37}$$

realisiert werden kann $(k = \mathrm{ld}\, \lambda)$.

Ein logisches Netz, das den Operator Θ realisiert, besteht aus folgenden Blöcken: Einem Block zur Realisierung der Funktionen f_ν $(\nu = 1, \ldots, n)$, einem Block, der die Funktionen $g_\varkappa$ $(\varkappa = 1, \ldots, \tilde{k})$ realisiert und aus $\tilde{k}$ Verzögerungselementen. Also gilt

$$\mathrm{L}(\Theta) < \mathrm{L}(\{f_\nu, \nu = 1, \ldots, n\}) + \mathrm{L}(\{g_\varkappa, \varkappa = 1, \ldots, \tilde{k}\}) + \tilde{k} \cdot L_{Ve}. \tag{7.38}$$

Wir untersuchen die Bestandteile des Netzes einzeln:

A. Für jede Funktion f_ν $(\nu = 1, 2, \ldots, n)$ gilt auf Grund von (7.36) und der gewählten Codierung für jedes Tupel $[x_1, \ldots, x_m]$ und für das ausgezeichnete Tupel $[\tau_1, \ldots, \tau_{\tilde{k}}]$ $(|\tau_1, \ldots, \tau_{\tilde{k}}| = C(z_\tau))$

$$f_\nu(z_1, \ldots, z_{\tilde{k}}, x_1, \ldots, x_m) = f_\nu(\tau_1, \ldots, \tau_{\tilde{k}}, x_1, \ldots, x_m)$$

falls $|z_1, \ldots, z_{\tilde{k}}| \geqq \lambda$.

Also liegen die Funktionen f_ν in der Klasse $K_{\beta'}$. Folglich gilt (siehe Seite 298):

$$\mathrm{L}(\{f_\nu, \nu = 1, \ldots, n\}) \leqq \sum_{\nu=1}^{n} \mathrm{L}(f_\nu) \leqq n\Lambda \frac{2^m \lambda}{m + \tilde{k}} (1 + o(1)) \cong n\Lambda \frac{2^m \cdot \lambda}{m + k} (1 + o(1)), \tag{7.39}$$

da $m + \tilde{k} \cong m + k \; (k = \operatorname{ld} \lambda)$.

B. Bei der Realisierung des Systems $\{g_\varkappa, \varkappa = 1, \ldots, \tilde{k}\}$ betrachten wir zwei Konstruktionen; je nachdem, ob (für $m + \tilde{k} \to \infty$) $2^{\tilde{k}} \geqq \operatorname{ld} m$ oder $2^{\tilde{k}} < \operatorname{ld} m$ ist, wird die eine oder die andere verwendet.

B_1. Es sei $2^{\tilde{k}} < \operatorname{ld} m$, d. h., bei $m + \tilde{k} \to \infty$ gilt auch $m \to \infty$. Aus der gewählten Codierung folgt, daß das Funktionensystem $\{g_\varkappa, \varkappa = 1, \ldots, \tilde{k}\}$ einen Operator aus der Klasse K_δ (siehe § 3, Punkt 4) beschreibt. Folglich gilt

$$\mathrm{L}(\{g_\varkappa, \varkappa = 1, \ldots, \tilde{k}\}) < \Lambda \operatorname{ld} \lambda \cdot \frac{2^m \cdot \lambda}{m + \operatorname{ld} \lambda} (1 + o(1)). \tag{7.40}$$

Da $(2^m - 1) \cong 2^m$ für $m \to \infty$ gilt, erhält man aus (7.39) und (7.40) schon (7.38), wenn man noch beachtet, daß $m + k = (m + \operatorname{ld} \lambda) \cong (m + \tilde{k})$ und daß der Summand $\tilde{k} L_{V_e}$ in (7.38) zu vernachlässigen ist.

B_2. Abschließend betrachten wir den Fall, daß $2^{\tilde{k}} \geqq \operatorname{ld} m$ ist, d. h., aus $m + \tilde{k} \to \infty$ folgt $2^{\tilde{k}} \to \infty$ und $\lambda \to \infty$.

Es sei für $\varkappa = 1, \ldots, \tilde{k}$

$$g'_\varkappa(z_1, \ldots, z_{\tilde{k}}, x_1, \ldots, x_m) = \begin{cases} 0, & \text{falls } [x_1, \ldots, x_m] = [0, \ldots, 0] \\ g_\varkappa(z_1, \ldots, z_{\tilde{k}}, x_1, \ldots, x_m), & \text{sonst.} \end{cases}$$

Dann gilt

$$g_\varkappa(z_1, \ldots, z_k, x_1, \ldots, x_m) = \bar{x}_1 \wedge \bar{x}_2 \wedge \cdots \wedge \bar{x}_m \wedge g_\varkappa(z_1, \ldots, z_{\tilde{k}}, 0, \ldots, 0)$$
$$\vee\, g'_\varkappa(z_1, \ldots, z_{\tilde{k}}, x_1, \ldots, x_m).$$

Aus dieser Darstellung folgt unmittelbar

$$\mathrm{L}(\{g_\varkappa, \varkappa = 1, \ldots, \tilde{k}\}) \leqq \mathrm{L}(\{g'_\varkappa, \varkappa = 1, \ldots, \tilde{k}\})$$
$$+ \mathrm{L}(\{g_\varkappa(z_1, \ldots, z_{\tilde{k}}, 0, \ldots, 0), \; \varkappa = 1, \ldots, \tilde{k}\}) + m \cdot L_\sim + k\,(L_\vee + L_\wedge).$$

Die beiden letzten Summanden können vernachlässigt werden.

Auf Grund der gewählten Codierung liegen die Funktionen $g'_\varkappa$ in der Klasse

$K_{\gamma'}$ (siehe Seite 298). Daher gilt

$$\mathrm{L}(\{g'_{\varkappa'}, \varkappa = 1, \ldots, \tilde{k}\}) \leqq \sum_{\varkappa=1}^{\tilde{k}} \mathrm{L}(g'_{\varkappa}) \leqq \tilde{k}\, \Lambda\, \frac{(2^m - 1) \cdot \lambda}{m + \tilde{k}} \bigl(1 + o(1)\bigr)\,.$$

Wegen $\lambda \to \infty$ ist $\tilde{k} \simeq k$ (insbesondere $\tilde{k} \to \infty$). Außerdem gilt wegen (I) (Seite 312) für $\tilde{k} \to \infty$

$$\mathrm{L}(\{g_{\varkappa}(z_1, \ldots, z_{\tilde{k}}, 0, \ldots, 0), \varkappa = 1, \ldots, \tilde{k}\} \leqq O\left(\frac{2^{\tilde{k}} \cdot \mathrm{ld}\, \tilde{k}}{\tilde{k}}\right).$$

Also ist dieser Summand gleich $o\left(\tilde{k}\, \Lambda\, \frac{(2^m - 1)\, \lambda}{m + \tilde{k}}\right)$ und daher zu vernachlässigen. Folglich gilt

$$\mathrm{L}(\{g_{\varkappa}, \varkappa = 1, \ldots, \tilde{k}\}) < \tilde{k}\, \Lambda\, \frac{(2^m - 1)\, \lambda}{m + \tilde{k}} \bigl(1 + o(1)\bigr)\,. \tag{7.41}$$

Wie wir schon erwähnten, gilt $k \simeq \tilde{k}$. Damit folgt (7.38) aus (7.39) und (7.41).

Bemerkung. Es seien $\mathfrak{A}$ und $\mathfrak{B}$ endliche abstrakte Automaten mit gleichen Eingabe- und Ausgabealphabeten, und es existiere zu jedem Zustand aus $\mathfrak{B}$ ein äquivalenter Zustand in $\mathfrak{A}$. Unter dieser Voraussetzung gilt natürlich: Realisiert ein logisches Netz $\mathfrak{N}$ den Automaten $\mathfrak{A}$ (und damit die Menge der von $\mathfrak{A}$ dargestellten regulären Automatenoperatoren), so realisiert es auch den Automaten $\mathfrak{B}$. Es zeigt sich, daß diese Abschwächung des Realisierbarkeitsbegriffes zu keiner Verbesserung der oberen Schranke für die Realisierungskosten führt.

ANHANG

Wie wir schon in der Einleitung anmerkten, behandelt das vorliegende Buch nicht die gesamte Theorie der endlichen Automaten. Es war aber auch nicht möglich, eine Reihe von (hauptsächlich in der allerletzten Zeit publizierten oder abgeschlossenen) Untersuchungen zu berücksichtigen, die sich unmittelbar an die in diesem Buch betrachteten Probleme anschließen. Daher wird hier in großen Zügen die Thematik einiger dieser Arbeiten sowie ihr Zusammenhang mit dem Inhalt dieses Buches angegeben und auf entsprechende Literatur hingewiesen.

Wenden wir uns zunächst der am stärksten auf die Anwendungen orientierten und zugleich auch historisch ersten Richtung in der Theorie der endlichen Automaten zu, der sogenannten *Strukturtheorie der Automaten*, in der Methoden zur Konstruktion komplizierter Automaten aus Elementarautomaten untersucht werden. (Siehe Kapitel II, §§ 5–7, Kapitel IV, § 5 und Kapitel VI–VII des vorliegenden Buches.) Resultate, die in dieser Theorie für Schemata einer bestimmten Art, nämlich logische Netze, gefunden wurden, lassen sich in bemerkenswertem Ausmaß auf Schemata anderen Typs übertragen. Jedoch existiert bisher keine allgemeine Theorie, und dementsprechend werden die Untersuchungen stets für logische Netze durchgeführt. Einige allgemeine Ergebnisse für Schemata aus beliebigen Elementen finden sich in Arbeiten von O. B. Lupanow [42][1]). A. N. Kolmogoroff erarbeitete eine Reihe von Begriffen, die der Klassifikation und Untersuchung bekannter Schemata adäquat sind, wobei er von der Frage ausging, ob sich im Laufe der Zeit die Elementarautomaten, aus denen das Schema aufgebaut ist, oder die Verknüpfungen dieser Elementarautomaten ändern können.

Auf Initiative von A. N. Kolmogoroff untersuchten seine Schüler die Automatensynthese unter gleichzeitiger Verwendung von asymptotischen Abschätzungen der Kompliziertheit von Schemata (siehe Kapitel VII) und Abschätzungen der Entropie funktionaler Räume. (Diese Konzeption gestattet es zum Beispiel, die besten Methoden zur Berechnung der Werte analytischer Funktionen durch Automaten zu finden.)

O. B. Lupanow [44] untersuchte das Prinzip der lokalen Codierung, mit dessen Hilfe man Klassen von Operatoren, die eine einfache Realisierung gestatten, aussondern kann (vgl. Kapitel VII, § 3).

---

[1]) Die Zahlen beziehen sich auf das Literaturverzeichnis am Schluß des Buches.

Vollständigkeitskriterien für Systeme von Elementarautomaten wurden in den Arbeiten von W. B. KUDRJAZEW [36] aufgestellt; eine andere Konzeption für diese Frage findet sich in einem Artikel von A. A. LETITSCHEWSKI [39].

Eine verhältnismäßig junge Richtung in der Theorie der endlichen Automaten ist die sogenannte *Theorie der abstrakten Automaten,* in der nur das Verhalten der Automaten (d. h. der Charakter der von ihnen realisierten Informationsverarbeitung) untersucht und von der speziellen Art und Weise ihrer inneren Konstruktion abstrahiert wird (vgl. Kapitel II, §§ 1—4, Kapitel IV, §§ 1—4, § 5 Pkt. 5 und Kapitel V). Im Rahmen der Theorie der abstrakten Automaten erschöpft sich der Inhalt der Begriffe „Automat" und „Maschine" im wesentlichen in einer formalisierten Beschreibung der von dem Automaten realisierten Informationsverarbeitung, d. h. in unserer Darstellung, der vom Automaten dargestellten Automatenoperatoren bzw. Automatenfunktionen. Die Mehrheit der Autoren neigt dazu, wie wir den Terminus „endlicher abstrakter Automat" zu benutzen; andere Synonyma sind „sequentielle Maschine", „MEALY-Automat", „MOORE-Automat". Ein typisches Problem der Theorie der abstrakten Automaten, dessen Untersuchung in Arbeiten von GINSBURG [20], A. A. KARAZUBA [31], W. W. MARTYNJUK [45] und anderen fortgesetzt wurde, ist die Aufgabe, Experimente an Automaten vorzunehmen (vgl. Kapitel IV, § 3). In vielen Arbeiten werden Verfahren zur Minimisierung des Zustandsalphabets betrachtet (vgl. Kapitel IV, § 5).

In der Theorie der abstrakten Automaten besteht das Syntheseproblem im wesentlichen darin, von einer Beschreibung der Arbeitsbedingungen des gesuchten Automaten in einer passenden Sprache nach einem Synthesealgorithmus zur Festlegung der Ausgabe- und Überführungsfunktionen überzugehen. Augenscheinlich sind gegenwärtig gewisse algebraische Sprachen am bequemsten (z. B. die Sprache der regulären Ausdrücke nach S. C. KLEENE [34] und ihre Vervollkommnung durch W. W. GLUSCHKOW [23], COPI, ELGOT und WRIGHT [13]) und solche Sprachen, die auf dem Prädikatenkalkül (vgl. Kapitel V) aufbauen. Auf die Möglichkeit, logische Sprachen zu verwenden, wurde zuerst von B. A. TRACHTENBROT [70] und A. CHURCH [12] hingewiesen. In der letzten Zeit erschienen einige Arbeiten, in denen logische Sprachen untersucht (R. BÜCHI [7], B. A. TRACHTENBROT [74], C. ELGOT [14]) und die in Kapitel V, § 4, dargestellten Resultate verallgemeinert und verschärft wurden. Dabei entsteht die folgende Aufgabe: Es ist ein Algorithmus anzugeben, mit dem für einen beliebigen Ausdruck der gegebenen Sprache erstens entschieden werden kann, ob ein regulärer Automatenoperator existiert, der diesem Ausdruck genügt, und der es zweitens ermöglicht, einen endlichen abstrakten Automaten zu konstruieren, der einen oder alle derartigen Operatoren darstellt, falls wenigstens einer regulär ist.

Eine Untersuchung des Problems, ausgehend von gegebenen regulären Ausdrücken algorithmisch bestimmte Eigenschaften des durch diese Ausdrücke festgelegten Operators festzustellen, findet sich in einem Artikel von M. O. RABIN und D. SCOTT [56].

In Arbeiten von J. W. Glebski [22], W. I. Löwenstein [28] bzw. E. N. Gilbert und E. F. Moore [19] werden Verfahren zur Codierung und Decodierung mit Hilfe der von endlichen Automaten realisierten Abbildungen untersucht.

Auch Methoden aus der Wahrscheinlichkeitsrechnung werden in der Automatentheorie angewendet, hauptsächlich zur Untersuchung der Zuverlässigkeit von Schemata, die aus unzuverlässigen Elementen aufgebaut sind [52]. M. L. Zetlin [75] benutzt solche Methoden in einer Arbeit über die Verhaltensweise von Automaten in einem zufälligen Milieu.

Es ist interessant, daß die Forschungen in der Theorie der abstrakten Automaten zu einer wechselseitigen Durchdringung von Begriffen und Methoden aus der Automatentheorie einerseits und solchen aus der Algebra und der mathematischen Logik andererseits geführt haben. Auf dieser Grundlage erschienen Arbeiten, die vom Standpunkt der für Algebra und Logik traditionellen Themen Interesse erwecken. Dazu gehören zum Beispiel die Artikel von W. M. Gluschkow [23], J. I. Sorkin und anderen, in denen der Zusammenhang zwischen Automaten und Halbgruppen betrachtet wird. R. Büchi [7] machte zuerst darauf aufmerksam, daß Probleme aus der Automatentheorie mit rein logischen Aufgaben adäquat sind. Wir merken noch an, daß sich der Begriff des endlichen Automaten und seine Analoga auch in der mathematischen Linguistik [11] und in der dynamischen Programmierung als nützlich erwiesen haben.

Schon aus dieser kurzen Übersicht ist ersichtlich, daß die Theorie der endlichen Automaten, die zunächst unter dem Einfluß von Ansprüchen der Rechentechnik entstand, in ihrer Entwicklung mit einem ständig wachsenden Teilgebiet der Mathematik in Kontakt tritt und dabei eine eigene mathematische Problematik aufweist.

LITERATURVERZEICHNIS

[1] Aiserman, M. A., Gussew, L. A., Rosonoer, L. I., Smirnowa, I. M., Tal, A. A. (Айзерман, М. А., Гусев, Л. А., Розоноэр, Л. И., Смирнова, И. М., Таль, А. А., Конечные автоматы I. Автоматика и телемеханика; Конечные автоматы II. Автоматика и телемеханика) Endliche Automaten I/II. Automatik und Telemechanik **21** (1960) Nr. 2/3.

[2] Aufenkamp, D., Hohn, F., (Ауфенкамп, Д., Хон, Ф., Анализ последовательностных машин. Периодич. сб. переводов иностранных статей ,,математика") Die Analyse sequentieller Maschinen. Matematika, Verlag für ausländische Literatur, Moskau 1959.

[3] Automata Studies ed. by C. E. Shannon and J. McCarthy. Annals of Mathematics Studies **34**, Princeton 1956.

[4] Basilewski, J. J. (Базилевский, Ю. Я., Вопросы теории временных логических функций. Сб. ,,Вопросы теории математических машин") Fragen der Theorie logischer Zeitfunktionen. In: ,,Fragen der Theorie mathematischer Maschinen". Fismatgis, Moskau 1958.

[5] Bloch, A. S., Über Probleme, die mit sequentiellen Maschinen gelöst werden. Probleme der Kybernetik **3**, Akademie-Verlag, Berlin 1963. Übers. a. d. Russ.

[6] Bontsch-Brujewitsch, A. M. (Бонч-Бруебич, А. М., Применение электронных ламп в экспериментальной физике) Die Anwendung von Elektronenröhren in der Experimentalphysik. 4. Aufl., Gostechisdat, Moskau 1956.

[7] Büchi, J. R., Weak second-order arithmetic and finite automata. Zeitschr. Math. Logik und Grundl. Math. **6** (1960) No. 1.

[8] Burks, A. W., Copi, J. M., The logical design of an idealized general-purpose computer. J. Franclin Inst. **261** (1956) No. 3–4.

[9] Burks, A. W., Wang, Hao, The logic of automata. Univ. of Michigan, Eng. Res. Inst., Ann Arbor, Michigan, 1956.

[10] Burks, A. W., Wright, J. B., Theory of logical nets. Proc. of IRE **41** (1953) No. 4.

[11] Chomsky, N., On certain formal properties of grammars. Inform. and Controll **2** (1959).

[12] Church, A., Application of recursive arithmetic in the theory of computers and automata. Univ. Michigan 1959, 1–68.

[13] Copi, J. M., Elgot, C., Wright, J. B., Realization of events by logical nets. J. Ass. Comp. Mach. **5** (1958) No. 2.

[14] Elgot, C., Decision problems of finite automata design and related arithmetics. Trans. Amer. Math. Soc. **98** (1961) No. 1.

[15] Elgot, C., Wright, J., Quantifier elemination in a problem of logical design. Michigan Math. J. **6** (1959) No. 1.

[16] Feldbaum, A. A., (Фельдбаум, А. А., Введение в теорию нелинейных цепей) Einführung in die Theorie der nichtlinearen Ketten. Gosenergoisdat, Moskau 1948.

[17] Gawrilow, M. A., Relaisschalttechnik für Stark- und Schwachstromanlagen. VEB Verlag Technik, Berlin 1953. Übers. a. d. Russ.

[18] Gawrilow, M. A., (Гаврилов, М. А., Основные формулы синтеза релейно-контактных схем. Автоматика и телемеханика) Grundlegende Formeln zur Synthese von Relaisschaltungen. Automatik und Telemechanik **15** (1954) No. 6.

[19] Gilbert, E. N., Moore, E. F., Variable-length binary encodings. Bell System Techn. J. **38** (1959), No. 4, 933–967.

[20] Ginsburg, S., On the length of the smallest uniform experiment which distinguishes the terminal states of the machine. J. Ass. Comp. Mach. **5** (1958).

[21] Ginsburg, S., Some remarks on abstract machines. Trans. Amer. Math. Soc. **96** (1960) No. 3.

[22] Glebski, J. W., (Глебский, Ю. В., Кодирование с помощью автоматов. ДАН. СССР) Codierung mit Hilfe von Automaten. Doklady **141** (1961) Nr. 5.

[23] Gluschkow, W. M., Theorie der abstrakten Automaten. VEB Deutscher Verlag der Wissenschaften, Berlin 1962. Übers. a. d. Russ.

[24] Gluschkow, W. M., (Глушков, В. М., Некоторые проблемы синтеза цифровых автоматов. Вычисл. матем. и матем. физика) Einige Probleme bei der Synthese von Ziffernrechenautomaten. Angew. Math. und math. Physik (1961) No. 3.

[25] Hilbert, D., Ackermann, W., Grundzüge der theoretischen Logik. Springer-Verlag, Berlin/Göttingen/Heidelberg 1959.

[26] Huffman, D., The synthesis of sequential switching circuits. Franclin Inst. **257** (1954) No. 3.

[27] Huffman, D., The design and use of hazard-free switching networks. J. Ass. Comp. Mach. **4** (1957) No. 1.

[28] Jablonski, S. W., (Яблонский, С. В., Функциональные построения в k-значной логике. Тр. математич. ин-та им. В. А. Стеклова) Funktionale Konstruktionen in der k-wertigen Logik. Arbeiten des Steklow-Inst. **51**, Verlag d. Akad. d. Wiss. d. UdSSR, Moskau/Leningrad 1958.

[29] Jablonski, S. W., Über algorithmische Schwierigkeiten bei der Synthese minimaler Kontaktschaltungen. Probleme der Kybernetik **2**, Akademie-Verlag, Berlin 1963. Übers. a. d. Russ.

[30] Jablonski, S. W., (Яблонский, С. В., Об одном семействе классов функций, допускающих простую схемную реализацию. УМН) Über eine Familie von Funktionenklassen, die eine einfache Realisierung besitzen. Uspechi mat. nauk **1** (1957).

[31] Karazuba, A. A., (Карацуба, А. А., Решение одной задачи из теории конечных автоматах. УМН) Die Lösung einer Aufgabe aus der Theorie der endlichen Automaten. Uspechi mat. nauk **15** (1960) 3.

[32] Keister, W., Richi, A., Wachburn, S., The design of switching networks. J. Ass Comp. Mach. **4** (1957) No. 1.

[33] Kleene, S. C., Introduction to Metamathematics. Amsterdam 1952.

[34] Kleene, S. C., The Representation of Events in Nerve Nets and Finite Automata. In: Automata Studies, Princeton 1956.

[35] Kobrinski, N. E., Trachtenbrot, B. A., (Кобринский, Н. Е., Трахтенброт, Б. А., О построении общей теории логических сетей. Сб. „Логические исследования“) Über den Aufbau einer allgemeinen Theorie der logischen Netze. In: „Logische Untersuchungen“, Verlag d. Akad. d. Wiss. d. UdSSR, Moskau 1959.

[36] Kudrjawzew, W. B., (Кудрявцев, В. Б., Теорема полноты для одного класса автоматов без обратных связей. ДАН СССР) Ein Vollständigkeitssatz für eine Klasse von Automaten ohne Rückkopplungen. Doklady **132** (1960) No. 2.

[37] Kudrjawzew, W. B., (Кудрявцев, В. Б., Вопросы полноты для систем автоматов. ДАН СССР) Vollständigkeitsfragen für Systeme von Automaten. Doklady **130** (1960) No. 6.

[38] Löwenstein, W. I., (Левенштейн, В. И., Самонастраивающиеся автоматы для декодирования сообщений. ДАН СССР) Selbsteinstimmende Automaten zur Decodierung von Nachrichten. Doklady **141** (1961) No. 6.

[39] Letitschewski, A. A., (Летичевский, А. А., О синтезе конечных автоматов. ДАН УССР) Über die Synthese endlicher Automaten. Doklady Akad. d. Wiss. Ukr. SSR (1961) No. 2.

[40] Letitschewski, A. A., (Летичевский, А. А., Условия полноты для конечных автоматов. Вычисл. матем. и матем. физика) Vollständigkeitskriterien für endliche Automaten. Angew. Math. und math. Physik (1961) No. 4.

[41] Lunz, A. G., (Лунц, А. Г., Алгебраические методы анализа и синтеза контактных схем. Изв. АН СССР, серия матем.) Algebraische Analyse- und Synthesemethoden für Kontaktschaltungen. Iswestija Akad. d. Wiss. d. UdSSR, Ser. Math., **10** (1952) No. 5.

[42] Lupanow, O. B., (Лупанов, О. Б., О возможностях синтеза схем из произвольных элементов. Тр. математич. ин-та им. В. А. Стеклова) Über die Möglichkeiten der Synthese von Schaltungen aus beliebigen Elementen. Arbeiten des Steklow-Instituts **51** (1958).

[43] Lupanow, O. B., (Лупанов, О. Б., Об одном методе синтеза схем. Изв. высших учебных заведений. Радиофизика) Über eine Methode zur Synthese von Schaltungen. Hochschulberichte, Radiophysik (1958) No. 1.

[44] Lupanow, O. B., (Лупанов, О. Б., О принципе локального кодирования и реализации финкций из некоторых классов схемами из функциональных элементов. ДАН СССР) Über das Prinzip der lokalen Kodierung und die Realisierung von Funktionen gewisser Klassen durch Schaltungen mit funktionalen Elementen. Doklady **140** (1961) No. 2.

[45] Martynjuk, W. W., Über Beziehungen zwischen der Speicherkapazität und der Leistungsfähigkeit endlicher Automaten. Probleme der Kybernetik **5**, Akademie-Verlag, Berlin 1964. Übers. a. d. Russ.

[46] Medwedjew, J. T., (Медведер, Ю. Т., О классе событий, допускающих представление в конечном автомате. Сб. „Автоматы", Добавления) Über eine Klasse von Ereignissen, die in einem endlichen Automaten darstellbar sind. In: „Automaten", Anhänge, Verlag für ausländische Literatur, Moskau 1956.

[47] Mejerowitsch, L. A., Selitschenko, L. G., Impulstechnik. Verlag Technik, Berlin 1962. Übers. a. d. Russ.

[48] Moisil, Gr. C., Interbuintarea logicilor trivalente in teoria mecanismelor automate. Communicarile Acad. RPR **6** (1956) No. 2, 3.

[49] Moore, E. F., Gedanken-experiments on sequential machines. In: „Automata Studies", Princeton 1956.

[50] Murrey, F. D., (Муррей, Ф. Д., Механизм и автоматы. Кибернетический сборник) Mechanismen und Automaten. Kybernet. Sammelbd. **1**, Verlag für ausländische Literatur, Moskau 1960.

[51] Nelson, E., Mathematical models of the logical structure of digital computers abstract. Comp. Automation **5** (1956) No. 10.

[52] Neumann, J. v., Probabiistic logics and the synthesis of reliable organisms from unreliable components. In: „Automata Studies", Princeton 1956.

[53] Powarow, G. N., (Поваров, Г. Н., О логическом синтезе электронных вычислитель ных и управляющих схем. Сб. „Логические исследования", Изд. АН СССР) Über die logische Synthese elektronischer Rechen- und Steuerschaltungen. In: „Logische Untersuchungen", Verlag d. Akad. d. Wiss. d. UdSSR, Moskau 1959.

[54] Powarow, G. N., (Поваров, Г. Н., Метод синтеза вычислительных и управляющих контактных схем. Автоматика и телемеханика) Eine Methode zur Synthese von Rechen- und Steuerkontaktschaltungen. Automatik und Telemechanik **18** (1957) No. 2.

[55] QUINE, W., The problem of symplifying truth functions. The Amer. Math. Monthley **58** (1952) No. 8.

[56] RABIN, M. O., SCOTT, D., Finita automata and their decision problems. IBM J. Res. and Develop. **3** (1959).

[57] ROGINSKI, W. N., CHARKEWITSCH, A. D., (Рогинский, В. Н., Харкевич, А. Д,. Релейные схемы в телефонии. Связиздат) Relaisschaltungen in der Telefonie. Moskau 1955.

[58] SAWOLOKINA, S. I., (Заволокина, З. И., Магнитные элементы в цивровых вычислительных устройствах) Magnetische Elemente in Ziffernrechenanlagen. Gosenergoisdat, Moskau – Leningrad 1958.

[59] SCHECHTMAN, L. M., (Шехтман, Л. М., Алгебраический метод синтеза ферродиодной дроссельной схемы. Сб. ,,Вопросы радиоэлектроники") Eine algebraische Methode zur Synthese von Ferritkern-Dioden-Drossel-Schaltungen. In: ,,Fragen der Radioelektronik", Serie 12, Bd. **18** (1959).

[60] SCHESTAKOW, W. I., (Шестаков, В. И., Алгебраисекий метод синтеза многотактных релейных систем. ДАН СССР) Eine algebraische Methode zur Synthese von Mehrtakt-Relais-Systemen. Doklady **99** (1954) No. 6.

[61] SCHESTAKOW, W. I., (Шестаков, В. И., Моделирование операций исчисления высказываний посредством релейно-контактных схем. Сб. ,,Логические исследования") In: Logische Untersuchungen, Verlag d. Akad. d. Wiss. d. UdSSR, Moskau 1959.

[62] SCHREJDER, J. A., (Шрейдер, Ю. А., Задача динамического планирования и автоматы. Проблемы кибернетики) Die Aufgabe der dynamischen Planung und die Automaten. Probleme der Kybernetik **5**, Fismatgis, Moskau 1961.

[63] SHANNON, C. E., The synthesis of two-terminal switching circuits. Bell System Technical Journal **28** (1949) No. 1.

[64] SHURAWLEW, J. I., (Журавлев, Ю. И., Об отделимости подмножеств n-мерного единичного куба. Тр. математич. ин-та им. В. А. Стеклова) Über die Trennbarkeit von Teilmengen des n-dimensionalen Einheitskubus. Arbeiten des Steklow-Instituts **51**, Moskau – Leningrad 1958.

[65] SKORNJAKOW, L. A., Über eine Klasse von Automaten (Nervensysteme). Probleme der Kybernetik **4**, Akademie-Verlag, Berlin 1964. Übers. a. d. Russ.

[66] SVOBODA, A., Synthesa releovych siti. Stroje na zpracovani informace **2**, Praha 1954.

[67] Synthese elektronischer Rechen- und Steuerschaltungen (Синтез электронных вычислителъных и управляющих схем). Verlag für ausländische Literatur, Moskau 1954. Übers. a. d. Engl.

[68] TRACHTENBROT, B. A., (Трахтенброт, Б. А., Об операторах, реализуемых в логических сетях. ДАН СССР) Über in logischen Netzen realisierbare Operatoren. Doklady **112** (1957) No. 6.

[69] TRACHTENBROT, B. A., (Трахтенброт, Б. А., Синтез логических сетей, операторы которых описаны средствами исчисления одноместных предикатов. ДАН СССР) Die Synthese logischer Netze, deren Operatoren mittels einstelliger Prädikate beschrieben sind. Doklady **118** (1958) No. 4.

[70] TRACHTENBROT, B. A., (Трахтенброт, Б. А., К теории бесповротных контактных схем. Тр. математич. ин-та им. В. А. Стеклова) Zur Theorie wiederholungsfreier Kontaktschaltungen. Arbeiten des Steklow-Instituts **51**, Moskau – Leningrad 1958.

[71] TRACHTENBROT, B. A., (Трахтенброт, Б. А., Асимптотическах оценка сложности логических сетей с памятью, ДАН СССР) Die asymptotische Abschätzung der Kompliziertheit logischer Netze mit Speicher. Doklady **127** (1959) No. 2.

[72] TRACHTENBROT, B. A., (Трахтенброт, Б. А., Некоторые построения в локике одноместных предикатов. ДАН СССР) Einige Konstruktionen in der einstelligen Prädikatenlogik. Doklady **138** (1961) No. 2.

[73] TRACHTENBROT, B. A., (Трахтенброт, Б. А., Конечные автоматы и логика одноместных предикатов. ДАН СССР) Endliche Automaten und der einstellige Prädikatenkalkül. Doklady **140** (1961) No. 2.

[74] ZETLIN, M. L., Über sequentielle Schaltungen. Probleme der Kybernetik **1**, Akademie-Verlag, Berlin 1962. Übers. a. d. Russ.

[75] ZETLIN, M. L., (Цетлин, М. Л., Поведение конечных автоматов в случайных средах. Автоматика и телемеханика) Das Verhalten endlicher Automaten in zufälligem Milieu. Automatik und Telemechanik (1961).

[76] ZETLIN, M. L., SCHECHTMAN, L. M., Ferritkern-Transistor-Schaltungen im Zweitaktbetrieb und eine algebraische Methode ihrer Synthese. Probleme der Kybernetik **2**, Akademie-Verlag, Berlin 1963. Übers. a. d. Russ.

Literaturhinweise zur deutschen Ausgabe

AIKEN, H. H., Theory of switching. Computation Lab., Harvard Univ., Cambridge, Mass., Rep. No. BL-23, June 1959.

ARBIB, M., Turing-Machines, Finite Automata and Neuronal-Nets. J. Ass. Comp. Mach. 8 (1961.

Абстрактная и структурная теория релейных устройсть. Изд. Наука, Москьа 1966.

Баршавскии, В. И., Функциональные возможности схем из пороговых елементов. ДАН **139**, № 5 (1961).

Баршавский, В. И., Некоторые ворпосы теории логических сетей, построенных из пороговых элементов. Сб. „Вопросы теории математических машин", Физматгиз, 1962.

Барздинь, Я. М., Моделирование логических сетей на автоматах Неймана-Черча. Проб. киб. **17**, Москва 1966.

BARTEE, T. C., LEBOW, I. L., REED, I. S., Theory and Design of Digital Machines. McGraw-Hill Book Company, New York 1962.

BARTON, R. S., A New Approach to the Functional Design of a Digital Computer. Proc. WICC **19** (1961) 393–396.

Басильев, Ю. Л., О сравнении сложности тупиковых и минимальных дизьюмнктивных нормальных форм. Проб. киб. **10**, Москва 1963.

BELLMAN, R., Sequential Machines, Ambiguity and Dynamic Programming. J. Ass. Comp. Mach. **7** (1960).

BENNETT, W. S., Minimizing and Mapping Sequential Circuits. Trans. AIEE **74** (1955).

BÈRGE, C., Théorie des graphes et ses applications. Paris 1962.

BURKS, A. W., MCNAUGHTON, R., POLLMAR, C., WARREN, D. W., WRIGHT, J. B., Complete decoding nets: general theory and minimality. J. Soc. Industr. and Appl. Math. **2**, No. 4 (1954) 201–243.

Блох, А. Ш., Эквивалентные преобразования последовательностных машин. Автоматика и телемеханика **XXI** (1960).

Бородянский, Ю. М., Эксперименты с конечными автоматами Мура. Кибернетика **6**, Киев 1965.

BÖHRINGER, M., Strichvariable und ihre Anwendung – eine Erweiterung der Schaltalgebra für Schaltungen mit Impulsgattern. EIK **2**, 1 (1966).

BRAUN, E. L., Digital Computer Design, Logic, Circuitry and Synthesis. Academic Press Inc., New York 1963.

BÜCHI, J. R., Mathematische Theorie des Verhaltens endlicher Automaten. ZAMM **42** (1962).

BÜCHI, J. R., Regular canonical systems. Archiv für math. Logik und Grundlagenforschung 6, 3–4 (1964).

CEDERBAUM, I., Applications of matrix algebra to network theory. Trans. 1959 Internat. Symposium on Circuit and Information Theory. Special supplement of Trans IRE, IT-5 (CT-6), May 1959, 127.

CARLYLE, J. W., Reduced forms for stochastic sequential machines. J. Math. Analysis and Appl. 7 (1963), 167–175.

DAVIS, A. S., Markov chains as random input automata. Am. Math. Monthly 68 (1961) 264–267.

DUSCHSKI, W. A., Über charakteristische Experimente mit Automaten. Probleme der Kybernetik 7, Akademie-Verlag, Berlin 1966.

FITCH, F. B., Representation of sequential circuits in Combinatory Logic. Phil., Sci. 25 (1958).

Вопросы теории математических машин, 2. Физматгиз, Москва 1962.

GILL, A., Analysis of Nets by Numerical Methods. J. Ass. Comp. Mach. 7 (1960).

GILL, A., State-indentification Experiments in Finite Automata. Information and Control 4 (1961).

GILL, A., Introduction to the theory of finite-state machines. McGraw-Hill Book-Company, New York 1962.

GINSBURG, S., An Introduction to Mathematical Machine Theory. Addison-Wesley Publishing Company, Inc., Reading, Mass. 1962.

GINSBURG, S., HIBBARD, T. N., Solvability of Machine Mappings of Regular Sets toRegular Sets. J. Ass. Comp. Mach. 11, No. 3 (1964) 302–312.

Глебский, Ю. В., Дудич, А. М., Коган, Д. И., Лиогонький, М. И., Марков, А. А., Алгоритмы, осуществляемые повторяющимися применениями конечных автоматов. Проб. киб. 13, Москва 1965.

Глушков, В. М., Синтез цифровых автоматов. Физматгиз, Москва 1962.

Глушков, В. М., Введение в кибернетику. АН УССР, Киев 1964.

Глушков, В. М., Теория автоматов и вопросы проектирования структур цифровых машин. Кибернетика 1, Киев 1965.

Горбовицкая, Н. А., Эквивалентные преобразования автоматов некоторых типов. Проб. киб. 12, Москва 1964.

GOTO, E., A minimum time solution of the firing squad problem, dittoed course notes for applied mathematics. 298, Harvard Univ. 1962, 52–59.

GOULD, R., The application of graph theory to the synthesis of contact networks. Ph. D. thesis of Harvard Univ., 1957.

HARRISON, M. A., Introduction to switching and automata theory. McGraw-Hill Book Company, New York 1965.

HAŠKOVEC, J. S., PILZ, S., Vereinfachte Verfahren zur Berechnung der Strukturgleichungen von Folgeschaltungen. EIK 1, 2 (1965).

HIBBARD, T. H., Least Upper Bounds on Minimal Terminal State Experiments for two Classes of Sequential Machines. J. Ass. Comp. Mach. 8, No. 4 (1961) 601–612.

HOŘEJŚ, J., Durch endliche Automaten definierte Abbildungen. Probleme der Kybernetik 6, Akademie-Verlag, Berlin 1966.

HOTZ, G., Eine Algebraisierung des Syntheseproblems von Schaltkreisen I, II. EIK 1, 3, 4 (1965).

HUZINO, S., Reduction Theorems on Sequential Machines. Chem. Fac. Sci. Kyushu Univ., ser. A, 12 (1958).

JIGGS, B. H., Recent results in comma-free codes. Canad. J. math. 40, 1 (1963).

KÄMMERER, W., Zur Konstruktion selbstkorrigierender Automaten. EIK 2, 3 (1966).

Калбертсон, Д. Т., Математика и логика цифровых устройств. ,,Просвещение'', Москва 1964. (Russ. Übersetzung)

Капитонова, Ю. В., Об изморфизме абстрактных автоматов. Кибернетика 3, Киев 1965.

Кармазин, М. А., Решение одной задачи шеннона. Проб. киб. **2**, Физматгиз, Москва 1964.

Кириенко, Т. И., О самокорректирующихся схемах из функтиональных элементов. Проб. киб. **12**, Физматгиз, Москва 1964.

Kitow, A. I., Krinizki, N. A., Elektronische Digitalrechner und Programmierung. Teubner Verlagsgesellschaft, Leipzig 1962.

Кратко, М. И., Формальные исчисления поста и конечные автоматы. Проб. киб. **17**, Москва 1966.

Krohn, K. B., Rhodes, J. L., Algebraic Theory of Machines. Seminar Notes, University of California, Berkeley 1963.

Kudrjawzew, W. B., Vollständigkeitstheoreme für eine Klasse von Automaten ohne Rückführung. Probleme der Kybernetik **8**, Akademie-Verlag, Berlin 1965.

Кузьмин, В. А., Реализация функций алгебры логики автоматами, нормальными алгорифмами и машинами Тьюринга. Проб. киб. **13**, Москва 1965.

Lee, Y. Y., Automata and Finite Automata. Bell Syst. Tech. J., **39** (1960).

Левенштейн, В. И., Об обращенииконечных автоматов. ДАН **147**, 6 (1962).

Löwenstein, W. I., Zur Existenz stabiler Fortsetzungen partieller Automaten. Probleme der Kybernetik **7**, Akademie-Verlag, Berlin 1966.

Löwenstein, W. I., Über einige Eigenschaften von Codierungen und von selbstkorrigierenden Automaten zur Decodierung von Nachrichten. Probleme der Kybernetik **7**, Akademie-Verlag, Berlin 1966.

Левенщтейн, В. И., Декодирующие автоматы, инвариантные относительно начального состояния. Проб. киб. **12**, Москва 1964.

Летичевский, А. А., О минимизации конечных автоматов. Кибернетика **1**, Киев 1965.

Летичевский, А. А., Эквивалентность автоматов с заключительным состоянием. Кибернетика **4**, Киев 1966.

Литвинов, В. В., Алгоритм синтеза порогового элемента. Кибернетика **5**, Киев 1966.

Löfgren, L., Solution to the realizability problem for irredundant Boolean branch-networks. J. Franklin Inst., Nov. (1959), 352–377.

Löfgren, L., Irredundant and redundant Boolean branch-networks. Trans. 1959. International Symposium on circuit and information theory. Special supplement of Trans., IRE, IT-5 (CT-6), May 1959, 158.

Lupanow, O. B., Über den Schaltaufwand bei der Realisierung logischer Funktionen. Probleme der Kybernetik **3**, Akademie-Verlag, Berlin 1963.

Machner, J., Über Ereignissysteme und die von ihnen erzeugten Halbgruppen. EIK **2**, 3 (1966).

Мадатян, Х. А., Синтез контактных схем ограниченной ширины. Проб. киб. **14**, Москва 1965.

McNaughton, R., Yamanda, H., Regular expressions and state graphs for automata. IRE Trans. on Electronic Computers, EC-9 (1960), 39–47.

McNaughton, R., The Theory of Automata. Academic Press, Inc., New York 1961.

Metz, J., Grundriß einer allgemeinen Schaltungstheorie (Analyse). EIK **1**, 1 (1965).

Mezei, J. E., Minimal Characterizing Experiments for Finite Memory Automata. IRE Trans., vol. EC-10, 1961.

Minsky, M. L., Some Universal Elements for Finite Automata. "Automata Studies", Annals of Math. Studies **34**, Univ. Press, Princeton 1956.

Moore, E. F., Minimal complete relay decoding networks – IBMJ, Nov. 1960, 525–531.

Moore, E. F., The firing squad synchronisation problem. "Sequential machines" reading, Mass., Palo Alto, London, Addison Wesley Publ. Co., Inc., 1964, pp. 213, 214.

Мурский, В. Л., Об эквивалентных преобразованиях логических сетей. ДАН **151**, 4 (1963).

Мурский, В. Л., О преобразованиях некоторых типов схем, связанных с конечными автоматами. ДАН **156**, 3 (1964).

Мурский, В. Л., О преобразованиях конечных автоматов. Проб. киб. **15**, Москва 1965.

Myhill, J., Linear boundet automata. WADD Technikal note 60—165, Wright Air Development Division, Wright-Patterson, Air Force Base. Ohoi 1960.

Netschiporuk, E. J., Über die Synthese von Netzen aus Schwellenwertelementen. Probleme der Kybernetik **7**, Akademie-Verlag, Berlin 1966.

Neumann, P. G., Error-limiting Coding Using Information-lossless sequential Machines. IEEE Trans. Inform. Theory, vol. IT-9, April, 1964.

Oberst, E., Über eine Möglichkeit zur Bestimmung der Primkonjunktionen einer kanonischen alternativen Normalform. EIK **2**, 3 (1966).

Okada, S., Topology applied to switching circuits. Proc. Symposium on Information Networks, Polytechnic Inst. of Brooklyn (1954) 267.

Ore, O., Theory of Graphs. American Mathematical Society Colloquium Publications **38**, Providence, R. I., 1962.

Paz, A., Homomorphisms between Finite Automata. Bull. Res. Council Israel **10** F, no. 3 (1962).

Piatowski, T. F., n-head Finite State Machines. Doctoral thesis. University of Michigan, 1963.

Пухов, Т. Е., Избранные вопросы теории математических машин. Изд. АН УССР, Киев 1964.

Редько, В. Н., О связи автоматов и полугрупи. Вопросы теоретической кибернетики, АН УССР, Киев 1965.

Reed, J. S., Mathematical Structure of Sequential Machines, "A Survey of Switching Circuit Theory". McGraw Hill Book Company, Inc., New York 1962.

Робишо, А., Буовер, М., Робер, Ж., Направленные графы и их прложение к электрическим цепям и машинам. Изд. „Энергия", Москва 1964. (Russ. Übers.)

Rösler, U., Der Laddic als universelles Logikelement. EIK **2**, 2 (1966).

Rohleder, H., Ein Verfahren zum Aufstellen optimaler Normalformen bei gegebenen Primimplikanden. Zeitschr. f. Math. Logik u. Grundl. d. Math. **5** (1959) 334—339.

Rohleder, H., Über die Synthese von Reihenparallelschaltungen bei unvollständig gegebenen Arbeitsbedingungen. Zeitschr. f. Math. Logik u. Grundl. d. Math. **8** (1962) 165—199.

Rohleder, H., Reduktion der Anzahl der Variablen bei gewissen Syntheseproblemen. Zeitschr. f. Math. Logik u. Grundl. d. Math. **9** (1963) 111—112.

Rohleder, H., Ein Verfahren zum Aufsuchen minimaler Ausdrücke. Zeitschr. f. Math. Logik u. Grundl. d. Math. **9** (1963) 125—140.

Sacharowa, E. J., Über die Synthese von Schaltungen aus Schwellelementen. Probleme der Kybernetik **6**, Akademie-Verlag, Berlin 1966.

Salomaa, A., Axiom Systems for Regular Expressions of Finite Automata. Ann Univ. Turku, Ser. AI, **75** (1964).

Salomaa, A., Theorems on the Representation of Events in Moore-Automata. Ann. Univ. Turcu, Sev. AI, **69** (1964).

Журавлев, Ю. И., Дискретный анализ. Новосибирск 1963.

Schützenberger, M. P., Un probléme de la théorie des automates. Seminaire Dubreil-Pisot, Paris 1959.

Schützenberger, M. P., On the definition of a family of automata. Information and Control **4** (1961) 245—270.

Schützenberger, M. P., Certain families of elementary automata and their decision problems. Proc. Sympos. on Math. Theory Automata XII, MRI Symposia Series, 1962.

Schützenberger, M. P., Finite counting automata. Information and Control **5** (1962) 91—107.

SESHU, S., On electrical circuits and switching circuits. Trans. IRE, CT-3 (1956), 172.

SESHU, S., REED, M. B., Linear Graphs and Electrical Networks. Addison-Wesley, Reading, 1961.

SHANNON, C. E., A Universal Turing Machine with Two Internal States. Automata Studies, Princeton 1956.

SHEPHERDSON, J. C., The reduction of two-way automata. IBM-J. Res. Delvelop. **3** (1959) 198–200.

SORKIN, J. I. Theorie der definierenden Relationen für Automaten. Probleme der Kybernetik **6**, Akademie-Verlag, Berlin 1966.

SPEISER, A. P., Digitale Rechenanlagen. Springer-Verlag, Berlin 1965.

Спивак, М. А., К методу анализа абстрактных автоматов с помощью уравнений в алгебре событий. Кибернетика **1**, Киев 1965.

Спивак, М. А., Алгебраическая характеристика вычислительной силы автомата. Кибернетика **4**, Киев 1965.

STARKE, P. H., Eine Bemerkung über homogene Experimente. EIK **2**, 4 (1966).

STARKE, P. H., Einige Bemerkungen über nicht-deterministische Automaten. EIK **2**, 2 (1966).

STARKE. P. H., Stochastische Ereignisse und stochastische Operatoren. EIK **2**, 3 (1966).

STARKE, P. H., Theorie stochastischer Automaten I, II. EIK **1**, 1. 2 (1965).

STEINBUCH, K., Taschenbuch der Nachrichtenverarbeitung. Springer-Verlag, Berlin 1962.

Теория конечных и вероятностных авроматов. Изд. наука, Москва 1965.

UNGER, S. H., Simplification of State Tables, "A Survey of Switching Circuit Theory". McGraw Hill Book Company, Inc., New York 1962.

ZEIGER, H. P., Loop-free Synthesis of Finite State Machines. Ph. D. Thesis, MIT, Cambridge, Mass., 1964.

NAMENVERZEICHNIS

Aiken, H. 5, 231
Asser, G. 17

Barychew, A. I. IX
Basilewski, J. J. 8
Beljakin, N. W. IX
Birjukow, B. W. IX
Boole, G. 12
Burks, A. W. 6, 88
Büchi, R. 317

Church, A. 3
Copi, J. M. 316

De Morgan, A. 22

Elgot, C. 316

Gawrilow, M. A. 5, 8, 224, 293
Gilbert, E. N. 317
Glebski, J. W. 317
Gluschkow, W. M. 6, 7, 8, 316, 317
Gödel, K. 55

Huffman, D. A. 5, 8

Jablonski, S. W. IX, 5, 9, 10, 29, 293

Karazuba, A. A. 316
Kleene, S. C. 8, 225, 316
Kobrinski, N. E. 4
Kolmogoroff, A. N. 315
Kudrjawzew, W. B. 97, 316
Kusnezow, A. W. 5

Letitschewski, A. A. 316
Löwenstein, W. I 317
Lunz, A. G. 5
Lupanow, O. B. IX, 5, 9, 47, 277, 282, 292, 293, 304, 315

Martynjuk, W. W. 316
McCarthy, J. 6
Medwedjew, J. T. 8
Moisil, Gr. C. 5
Moore, E. F. 5, 7, 8, 168, 317

Péter, R. 3
Powarow, G. N. 5, 259, 293

Rabin, M. O. 316
Roginski, W. N. 5, 40

Schechtman, L. M. IX, 10, 157, 248, 251, 255
Schestakow, W. I. 5
Scott, D. 316
Shannon, C. E. 5, 6, 9, 277, 279
Shurawlew, L. I. IX, 40
Sorkin, J. I. 317
Svoboda, A. 5

Trachtenbrot, B. A. 5, 7, 8, 9, 270, 316

Wright, J. B. 6, 88, 316

Zetlin, M. L. IX, 5, 8, 10, 186, 198, 246, 248, 251, 317

SACHVERZEICHNIS

abgeleitete Periodenlänge einer periodischen Signalfolge 171
abgeschlossene Menge von Zuständen 164
Abhängigkeit, effektive 41
Absorption 32
Absorptionskriterium 32
abstrakte Synthese 183
—r Automat 76
— —, Arbeitsweise 78
— —, Ausgabematrix 198
— —, Erreichbarkeitsgrad 165
— —, Matrixdarstellung 186, 198
— —, Überführungsgraph 163
— —, Überführungsmatrix 198
Adder, sequentieller 293
Addition modulo Zwei 28
adjungierte Funktion 43
Algorithmus für das Verhalten der Maus im Labyrinth 270
allgemeingültiger Ausdruck 54, 59
Allheitsaussage 50
Allheitsquantifikator 49
Allprädikat 58
Alphabet 64
—, Codierung 65
—, äußeres, eines Elementarautomaten 84
—, inneres, eines Elementarautomaten 84
Alternative 14, 18, 20
—, Diodenschaltung für die 111
—, leere 21
—, Realisierung der 118, 154
—, verallgemeinerte 50
alternative Normalform 30
Analyse von Automaten 6
—-Problem 78, 160
Analysesatz 92
Anfangszustand eines Automaten 74
Anodenbasisschaltung 106
Anschließfunktion eines Triggers 240
Äquivalenz 14
—, semantische 55
— von Ästen eines Baumes 73
— von Ausdrücken 17
— von Automaten 77
— von Zuständen 76
Arbeitshalbperiode 149
Arbeitsweise eines abstrakten Automaten 78
Argumente, Gleichsetzung 27
—, Transposition 27
Ast eines Teilbaumes 187
—, Wurzel 70
Attribut 48
Ausdruck 15, 16, 50, 52
—, allgemeingültiger 54, 59
—, Begleiter 211
—, charakteristischer 200
—, eindimensionaler 209
—, erfüllbarer 55, 59
—, prädikativer 52
—, regulärer 225
—, Standardform 215
—, Wert 16
—, zusammengesetzter 52
Ausdrücke, Äquivalenz 17
—, Wertverlaufsgleichheit 17
Ausgabealphabet 76
Ausgabefunktion 76
—, Fortsetzung 77
Ausgabematrix eines abstrakten Automaten 198
Ausgabeprädikat 203
Ausgabewort 64
Ausgang 84
ausgeschlossenes Drittes, Satz 19
—er Widerspruch, Satz 19
äußere Zerlegungsfunktion 43
—s Alphabet eines Elementarautomaten 84
Aussage 13
Aussagenkalkül 14
—, klassischer 14, 15
aussagenlogisch vollständige Menge von Elementarautomaten 96
—e Verknüpfung, n-stellige 13
—er Funktor 52
Aussagenvariable 15
—, Belegung 16

Automat, abstrakter 76
—, Anfangszustand 74
—, autonom arbeitender 63
—, determiniert arbeitender 1
—, digitaler 1
—, endlicher 2, 63
—, — abstrakter 80
—, initialer abstrakter 77
— ohne Speicher 2
—, stark zusammenhängender 164
—, stochastischer 1
—en, Analyse von 6
—, Äquivalenz von 77
—, Experiment mit 162
Automatenfunktion 67
—, Gewicht 75
—, reguläre 80
—, Zustand 75
Automatenoperator 67
—, Gewicht 74
—, kanonische Gleichungen 202
— mit endlichem Speichervermögen 80
—, regulärer 63, 80
—en, formalisierte Beschreibung von 186
autonom arbeitender Automat 69

Basis 277
Basisschaltung 113
Baum, Äquivalenz von Ästen 73
—, bewerteter 71
—, Standardrepräsentantensystem 166
—, unendlicher gerichteter 69
Begleiter eines Ausdrucks 211
Belegung einer Aussagenvariable 16
— von Individuenvariablen 54
— von Prädikatenvariablen 54
benachbarte Fundamentalkonjunktionen 33
beschränkt quantifiziert vorkommende Individuenvariable 59
—er Quantifikator 60
Beschränkung, Normierung 208, 209
—, normierte, eines eindimensionalen Ausdrucks 210
Bestimmungshalbperiode 149
bewerteter Baum 71
— Teilbaum 186
Binärcode 65
binäre Codierung von Alphabeten 9
— Tetrade 304
—r Differentialzähler 246
black box 83
BOOLEsche Funktion, elementare 13
— —, Eins-Reproduktion 28
— —, getrennte Realisierung 230
— —, klassische 13
— —, Linearität 28
— —, Monotonie 28
— —, normale G-Darstellung 250
— —, n-stellige 12
— —, Null-Reproduktion 28
— —, partielle 40
— —, Repräsentation, durch einen Ausdruck 17
— —, R-Normalform 255
— —, Selbstdualität 28
— —, Superposition 14
— —, partielle, Vervollständigung 40
— —, Zerlegung 20, 42
Buchstabe 64

charakteristische Funktion 200
—r Ausdruck 200
CHURCHsche Hypothese 3
Codegruppen 12
Codewort 12
Codierung von Alphabeten 65
— — —, binäre 9

Darstellbarkeit eines Ereignisses in einem Automaten 226
Dechiffrator 237, 267
—, universeller 285
DE MORGANsche Regel 22
determiniert arbeitender Automat 1
digitaler Automat 1
Differentialzähler, binärer 246
Diodenschaltung 107
— für die Alternative 111
direkte Vereinfachung, Methode 36
diskretes Signal 63
— —, synchrone Verarbeitung 63
Disjunktion 14
— von Ereignissen 225
Division, parallele Realisierung 296
Dreitakt-Schaltung 148
Dualadder, kombinatorischer zweistelliger 85
—, sequentieller 85
Dualzähler 85
dynamischer Trigger 139

echte k-Unterscheidbarkeit von Ästen eines Teilbaumes 188
— — von Zuständen 169
effektive Abhängigkeit 41
eindimensionaler Ausdruck 209
— —, erweiterter 219
— —, retrospektiver 212

Einfach-Experiment 168
Eingabealphabet 76
Eingabeprädikat 203
Eingabewort 64
Eingang 84
einpoliges logisches Netz 231
Einsetzung 26
Eins-Reproduktion von BOOLEschen Funktionen 28
einstelliger Zähler modulo Zwei 241
einstelliges Prädikat über *Nz* 203
Eintakt-Schaltung 146
Elementaralternative 22
Elementarautomat 3, 84
—, äußeres Alphabet 84
—, inneres Alphabet 84
—, Speicherkapazität 84
—, spezifischer Kompliziertheitsgrad 281
elementare BOOLEsche Funktion 13
Elementarereignis 226
Elementarkonjunktion 22
Elementarschema 3
Emitterschaltung 112
endliche Signalfolge 66
—r abstrakter Automat 80
—r Automat 2, 63
—s Signalwort 66
Ereignis 225
—, Darstellbarkeit, in einem Automaten 226
—, Disjunktion 225
—, Iteration 225
—, Multiplikation 225
—, reguläres 225
Ereignisalgebra, KLEENEsche 225
erfüllbarer Ausdruck 55, 59
Erreichbarkeit 162
— von Zuständen 164
Erreichbarkeitsgrad eines abstrakten Automaten 165
— eines Teilbaumes 190
erweiterter eindimensionaler Ausdruck 219
— *t*-Ausdruck 219
Existenzaussage 50
Existenzquantifikator 50
Experiment mit Automaten 162
extensional 13

Ferritkern-Dioden-Drossel-Schaltung 143
fiktive Variable, Hinzunahme 27
— Zelle 85, 120
— —, Vereinigung 121
formalisierte Beschreibung von Automatenoperatoren 186
Fortsetzung der Ausgabefunktion 77
— — Überführungsfunktion 78
— eines Teilbaums 190
freier Pol eines Schemas 84
Fundamentalalternative 30
Fundamentalkonjunktion 30
—, isolierte 33
—, Orthogonalität 30
—en, benachbarte 33
Funktion, adjungierte 43
—, charakteristische 200
—, sequentielle 67
—, SHEFFERsche 27
funktionale Vollständigkeit 26
Funktor 15
—, aussagenlogischer 52
—, prädikatenlogischer 52

gebunden vorkommende Individuenvariable 54
Generalisator 49
Generalisierung 50
gerichteter Graph 69
geschlossener Kanal 87
getrennte Realisierung BOOLEscher Funktionen 230
Gewicht einer Automatenfunktion 75
— eines Automatenoperators 74
Gleichsetzung von Argumenten 27
Gleichung, kanonische 7
Graph, gerichteter 69
Grenzwertsatz 281
Grundzeichen 15

Hinzunahme von fiktiven Variablen 27
Hypothese, CHURCHsche 3
Hysteresesschleife 141

Implikation 14
—, materiale 14
Individuenbereich 48
Individuenvariable 52
—, Belegung 54
—, beschränkt quantifiziert vorkommende 59
—, gebunden vorkommende 54
—, quantifiziert vorkommende 53
—, Rang einer quantifiziert vorkommenden 54
—, *t*-beschränkte 210
—, vollfrei vorkommende 53
initialer abstrakter Automat 77
innere Speicherkapazität 2
—s Alphabet eines Elementarautomaten 84
isolierte Fundamentalkonjunktion 33
Iteration eines Ereignisses 225

Kanal, geschlossener 87
—, unverzögerter 87
kanonische alternative Normalform 21
— Gleichung 7
— —en eines Automatenoperators 202
— — eines Operators 76
— konjunktive Normalform 22
Kante, Rang 70
k-Fortsetzbarkeit eines Teilbaumes 191
klassische BOOLEsche Funktionen 13
—r Aussagenkalkül 14
KLEENEsche Ereignisalgebra 225
Knoten, Rang 70
Kollektorschaltung 113
kombinatorischer Operator 7, 68
— zweistelliger Dualadder 85
Komplement 13
Kompliziertheitsgrad eines Netzes 277
— — Operators 278
Konjunktion 13, 18, 20
—, leere 21
—, Realisierung 118, 155
—, verallgemeinerte 50
Konjunktionsschaltung 110
konjunktive Normalform 30
konstanter Operator 69
Kontradiktion 55, 59
korrekte Numerierung eines Schemas 177
— Organisiertheit eines Schemas 87, 160
Kosten eines Netzes 277
— — Operators 278
k-Unterscheidbarkeit von Ästen eines Teilbaumes 188
— von Zuständen 168
k-Vorgriff, Operator mit 223

Labyrinth, Maus im 196, 269
leere Alternative 21
— Konjunktion 21
—s Wort 67
Lesewicklung 153
Linearität von BOOLEschen Funktionen 28
logische Netze, Synthese 8
— —, Zuverlässigkeit 9
— Summe 14
—s Netz 5, 63, 88, 174
— —, einpoliges 231
— —, mehrpoliges 231
—s Produkt 13
LUPANOW, Satz von 292

materiale Implikation 14
Matrixdarstellung eines abstrakten Automaten 186, 198
Maus im Labyrinth 196, 269
— — —, Algorithmus für das Verhalten 270
Mehrfach-Experiment 168
mehrpoliges logisches Netz 231
Menge von Elementarautomaten, aussagenlogisch vollständige 96
— — —, vollständige 96
Methode der direkten Vereinfachung 36
— — unbestimmten Koeffizienten 37
minimale alternative Normalform 35
monotoner Operator 302
Monotonie von BOOLEschen Funktionen 28
Multiplikation, parallele Realisierung 296
—, sequentielle 167
— von Ereignissen 225

Negation 13, 20
—, Realisierung 118, 153
Negator 102
Netz, Kompliziertheitsgrad 277
—, Kosten 277
—, logisches 5, 88, 174
—, pyramidisches 236
—, — mehrpoliges 259
normale G-Darstellung einer BOOLEschen Funktion 250
Normalform, alternative 30
—, kanonische alternative 21
—, — konjunktive 22
—, konjunktive 30
—, minimale alternative 35
—, optimale alternative 30
normierte Beschränkung eines eindimensionalen Ausdrucks 210
Normierung der Beschränkungen 208, 209
n-stellige aussagenlogische Verknüpfung 13
— BOOLEsche Funktion 12
— Relation 48
—s Prädikat 48
Null-Reproduktion von BOOLEschen Funktionen 28

Obere Grenze, Satz über die 283
Operation, prädikatenlogische 49
Operator 6, 66
—, kanonische Gleichungen 76
—, kombinatorischer 7, 68
—, Kompliziertheitsgrad 278
—, konstanter 69
—, Kosten 278
— mit k-Vorgriff 223
—, monotoner 302
— ohne Speichervermögen 68
—, Restoperator 73

Operator, retrospektiver 67
—, sequentieller 7
—, Zustand 73
optimale alternative Normalform 30
Ordnung des Astes eines Teilbaumes 187
Orthogonalität von Fundamentalkonjunktionen 32

Paralleladder 293
parallele Realisierung der Division 296
— — der Multiplikation 296
partielle BOOLEsche Funktion 40
— — —, Vervollständigung 40
Partikularisator 50
Partikularisierung 50
Pentodenschaltung 106
periodische Signalfolge 171
— —, abgeleitete Periodenlänge 171
— —, Vorperiodenlänge 171
Periodizitätstreue 162
Pol 84
—, freier, eines Schemas 84
—, Unterordnung 87
Prädikat, einstelliges, über Nz 203
—, n-stelliges 48
Prädikatenkalkül 15, 48
— der ersten Stufe 50
— der zweiten Stufe 58
Prädikatenkonstante 51
prädikatenlogische Operation 49
—r Funktor 52
Prädikatenvariable 52
—, Belegung 54
prädikativer Ausdruck 52
Primimplikant 34
Produkt, logisches 13
pyramidisches mehrpoliges Netz 259
— Netz 236

Quantifikator 49
—, beschränkter 60
—en, Vertauschungssätze für gleichartige 56
Quantifizierung 50
quantifiziert vorkommende Individuenvariable 53
quantisiertes Signal 1
Quantor 49

Rang einer Kante 70
— eines Knotens 70
— einer quantifiziert vorkommenden Individuenvariablen 54
— eines Restoperators 73
Realisierung der Alternative 118, 154
— der Konjunktion 118, 155
— der Negation 118, 153
— der SHEFFERschen Funktion 119
Rechteckschema 268
reinperiodische Signalfolge 171
Redundanz eines Teilbaumes 196
Regel, DE MORGANsche 22
reguläre Automatenfunktion 80
—r Ausdruck 225
— Automatenoperator 63, 80
—s Ereignis 225
Relais-Kontakt-Schaltung 5
Relation, n-stellige 48
Repräsentation einer BOOLEschen Funktion durch einen Ausdruck 17
Reproduzierbarkeit von Zuständen 164
Restoperator eines Operators 73
—, Rang 73
retrospektive Begleiter, Zerlegung 212
—r eindimensionaler Ausdruck 212
— Operator 67
R-Normalform einer BOOLEschen Funktion 255

Satz vom ausgeschlossenen Dritten 19
— — — Widerspruch 19
— von LUPANOW 292
— über die obere Grenze 283
— — — untere Grenze 283
Schema 84, 176
—, freier Pol 84
—, korrekte Numerierung 177
—, korrekte Organisiertheit 87, 160
—, Überlagerungsfreiheit 87
Selbstdualität von BOOLEschen Funktionen 28
semantische Äquivalenz 55, 59
sequentielle Funktion 67
— Multiplikation 167
—r Adder 293
— Dualadder 85
— Operator 7
— Vergleich zweier Dualzahlen 243
SHANNONsche Funktion 282
SHEFFERsche Funktion 27
— —, Realisierung 119
Signal, diskretes 63
—, quantisiertes 1
Signalfolge 66
—, endliche 66
—, periodische 171
—, reinperiodische 171
—, unendliche 66
Signalwort 64
—, endliches 66

Signalwort, unendliches 66
Speicherkapazität eines Elementarautomaten 84
—, innere 2
spezifischer Kompliziertheitsgrad eines Elementarautomaten 281
s-stelliger Zähler modulo Zwei 243
Standardform eines Ausdruckes 215
Standardrepräsentantensystem eines Baumes 166
— eines Teilbaumes 189
stark zusammenhängender Automat 164
statischer Trigger 131
stochastischer Automat 1
Stufenmethode 259
Summe, logische 14
Superposition BOOLEscher Funktionen 14
synchrone Verarbeitung von diskreten Signalen 63
Synthese, abstrakte 183
Synthese-Problem 78
Synthesesatz 97
— von logischen Netzen 8
σ-Ausdehnung 99

Takt 1
t-Ausdruck 209
—, erweiterter 219
technisches Zeichen 15, 52
t-beschränkte Individuenvariable 210
Teilbaum 186
—, Ast 187
—, bewerteter 186
—, echte k-Unterscheidbarkeit von Ästen 188
—, Erreichbarkeitsgrad 190
—, Fortsetzung 190
—, k-Fortsetzbarkeit 191
—, k-Unterscheidbarkeit von Ästen 188
—, Ordnung eines Astes 187
—, Redundanz 196
—, Standardrepräsentantensystem 189
—, Unterscheidbarkeitsgrad 189
—, Unterscheidbarkeit von Ästen 188
—, Verträglichkeit von Ästen 188
—, vollständiger 187
Teilsystem 83
Tetrade, binäre 304
Transformatorschaltung 141
Transposition von Argumenten 27
Transistor 112
Trigger 126
—, Anschließfunktion 240
—, dynamischer 139
—, statischer 131
TURING-Maschine 3
τ-Verschiebung 99

Überführungsfunktion 76
—, Fortsetzung 78
Überführungsgraph eines abstrakten Automaten 163
Überführungsmatrix eines abstrakten Automaten 198
Überlagerungsfreiheit eines Schemas 87
unbestimmte Koeffizienten, Methode 37
unendliche Signalfolge 66
—r gerichteter Baum 69
—s Signalwort 66
universeller Dechiffrator 285
untere Grenze, Satz über die 283
Unterordnung von Polen 87
Unterscheidbarkeit 162
— von Ästen eines Teilbaumes 188
— von Zuständen 168
Unterscheidbarkeitsgrad eines Teilbaumes 189
unverzögerter Kanal 87

verallgemeinerte Alternative 50
— Konjunktion 50
Vereinigung fiktiver Zellen 121
Verschiebungssätze für $\forall$, $\exists$ 57
Vertauschungssätze für gleichartige Quantifikatoren 56
Verteilungssätze für $\forall$, $\exists$ 56
Verträglichkeit von Ästen eines Teilbaumes 188
Verzögerungselement 85
vollfrei vorkommende Individuenvariable 53
vollständige Menge von Elementarautomaten 96
—r Teilbaum 187
Vollständigkeit, funktionale 26
Vorperiodenlänge einer periodischen Signalfolge 171

Wahrheitswert 13
Wert eines Ausdrucks 16, 54
Wertverlaufsgleichheit von Ausdrücken 17
Wirkungsbereich 53
Wort 15, 66
—, leeres 67
Wortfunktion 67
Wurzel eines Astes 70

Zähler modulo Zwei 134, 207
— — —, einstelliger 241
— — —, *s*-stelliger 243
Zeichen, technisches 15, 52
Zeichenreihe 15
Zelle, fiktive 85, 120
Zerlegung einer BOOLEschen Funktion 20, 42
— nach retrospektiven Begleitern 212
Zerlegungsfunktion, äußere 43
zusammengesetzter Ausdruck 52
Zustände, abgeschlossene Menge 164
—, Äquivalenz 76
—, echte *k*-Unterscheidbarkeit 169
—, Erreichbarkeit 164
—, *k*-Unterscheidbarkeit 168
—, Reproduzierbarkeit 164
—, Unterscheidbarkeit 168
Zustand einer Automatenfunktion 75
— eines Operators 73
Zustandsalphabet 76
Zustandsprädikat 203
Zuverlässigkeit von logischen Netzen 9
Zweitakt-Schaltung 148
∨-Zelle 284
∧-Zelle 284
∼-Zelle 284

FSC
www.fsc.org
MIX
Papier | Fördert gute Waldnutzung
FSC® C083411

Kolibri 360 GmbH
Ferdinand-Jühlke-Straße 7
99095 Erfurt, Deutschland
produktsicherheit@kolibri360.de